U0165476

警察與犯罪預防

·增訂第三版·

黃翠紋、孟維德——著

五南圖書出版公司 印行

自　序

　　在犯罪預防的領域，過去三十年來發生了許多促進警政變革的發展，其中有兩項發展別具前瞻性。一是來自警政體系內部的運動，也就是警察開始針對受理報案及主動蒐集的資料進行分析，並將分析結果轉化成回應策略的基礎。另一則是學術研究的發展，大部分是發生在警政體系之外，也就是學界對於犯罪問題有了更精進的瞭解，發掘了許多犯罪預防的新思維。很明顯地，這兩項發展應該相互關聯，在許多方面，甚至應該是相依的。但實際上，它們之間的連結卻很薄弱。作者撰寫本書的目的，就是希望建構警察實務與學術研究之間的橋樑，促進兩者的連結。

　　警界有許多精進作為，是根據問題導向警政概念執行的。這個概念是要警察把已發生的類似案件組織起來，然後針對群組內的類似案件重新且深入的進行分析，並探索是否有其他回應此等案件的途徑，如果有，依可行性列出各回應措施的先後順序，並檢測這些新措施的價值與功能。以往，這些案件很可能是在警察用普通態度、依例行方式的情況下處理的。現今，我們雖然可以看到警察使用這種探索態度處理案件，但多是某部分員警的個別行為，而非全面性的。其主要原因，就是警察組織從上到下，尚未完整建制「深入研究治安問題以獲取改善警察實務所需資訊」的能量。因此，警察有必要具備基本的學界研究知識。事實上，警察欲獲得這些知識，並不困難。

　　在犯罪學界，促進警政變革的有關發展，主要是出現在環境犯罪學及修復式正義的領域。根植在日常活動理論、理性選擇理論、情境犯罪預防、婦幼安全、被害人保護等基礎之上，犯罪學界已經建構出與警察實務關係密切的知識體。對於犯罪問題的瞭解，學界的研究提供了新視野，以及正確評量預防策略效能的方法。令人感到遺憾的是，儘管學界研究成果的質量與時俱進，但為警界所用者並不多。巧合的是，學界研究如欲更精進，除需更多具特定研究技能的人員參與，更需和警界緊密合作，善用警察實務者尚未開發的洞見以及他們所握有的大量資料。

　　雖然，警界及學界至今皆有實質的、重要的進步，但多侷限在各自的發展範圍，而且品質常有變化，並不穩定。若與他們各自的真正需求相比，進步其實並不大。如果要加快各自的進步速度，必須投入大量資源和技術，同時警界

與學界也要做出強而有力的承諾。因此，將警界與學界的發展結合，尤其是把現今已具應用價值的學界研究成果分享給警察實務者，反而是一個既經濟又有效的途徑。這也正是我們撰寫本書的原因。

為了讓讀者更有效率地瞭解學界累積的豐富研究，我們精心設計了共16章的內容。從警政模式的演變出發，接續討論警察預防犯罪的角色、犯罪預防理論與思維、社區警政、民力運用、犯罪熱點、犯罪轉移、少年犯罪、婦幼安全、毒品犯罪、組織犯罪、跨境犯罪、被害人保護等多項議題，這些都是現今警察實務者經常面臨的犯罪預防領域。歸納這些議題的討論，本書在結論中提出了三項提升警察預防犯罪效能的建議，分別是改善犯罪分析的能力、客觀評量犯罪預防策略的成效，以及強化外部夥伴關係。

基於警察學術「科學化」的理念，我們採用行為科學的觀點來探討警察預防犯罪的實務工作，希望藉本書能喚起未來更多的警政研究，促進警察工作品質的提升。我等才疏學淺，本書雖經多次校訂，仍難免錯誤與疏漏，尚祈各方賢達、讀者諸君不吝賜正。

黃翠紋　孟維德　謹識

大崗誠園

目 錄

Contents

第一章　緒論

第一節　前言

　　隨著不同時期的實務方案及學術研究，「犯罪預防」（Crime Prevention）的定義也有所不同。基本上，犯罪預防的目的在於減少犯罪的發生或降低民眾的犯罪被害恐懼感。許多有關犯罪預防的定義，僅強調減少犯罪的發生數量，甚少觸及犯罪被害恐懼感。考量定義的完整性，本書將犯罪預防定義為：「設計用於降低犯罪數量或犯罪被害恐懼感的作為」。事實上，這些作為並不限於刑事司法機關所做的努力，尚包括其他公、私部門、團體和個人的活動。誠如犯罪原因的多元性，犯罪預防也有許多具潛在功能的途徑。然而，在諸多犯罪預防途徑中，警政體系卻是人員編制最多、組織分布最廣、與民眾接觸最頻繁的犯罪預防機制。顯然，警察預防犯罪的效能，影響社會治安與民眾生活品質甚鉅，其重要性不言可喻。

　　針對警察預防犯罪的討論，從警政相關思想和運作的發展脈絡出發，應該是很適當的。瞭解歷史，可說是最佳出發點。綜觀世界各國警察制度的發展，經常隨政治、社會、經濟及文化的改變而演化。我國現代警察制度的起源，始於清末甲午戰爭之後國家情勢的改變，這是我國警政學者所公認的。根據我國警政學者酆裕坤（1981）的研究，我國現代警察發軔於清末的原因有四：首先為欲變法以圖強，蓋經歷了八國聯軍一役之後，清末的有志之士體會到若非效法國外體制，難以在變動的環境裡生存；其二，欲革差役之害，由於清末吏治不良，導致差役嚴重影響民眾生活，認為建立警察制度可以有效興利除弊；其三，在於求司法改革，我國自古以來刑事案件的偵辦皆繫於政府官員，然而地方事務繁雜，並無一專責調查及蒐集證物的單位，導致冤獄案件層出不窮，司法制度無法有良好的發展；最後一個原因即城市保甲制度的漸形崩潰，最主要的因素在於傳統的互助警衛組織無法因應環境轉變所帶來的重大變化，隨著社會進步，必須朝著分工的趨勢發展，促使責有專司的現代警察制度產生。

　　清末的建警對於我國往後警察制度的演變有一定程度的影響，當時

確立了警察制度、裁汰綠營兵力改為巡警及教育警察人員，並且制定了警察法令規範，這些警察法令對於往後警察立法例的影響甚鉅。例如，光緒32年公布的「內外城巡警廳區試辦章程」，即類似於往後所訂立的勤務須知及警務規例。又如光緒34年公布的「違警律」、「違警律施行辦法」及「違警律應添解釋及更正各款」等，更是往後制定「違警罰法」的參考依據（陳禮中，1977）。然而，由於當時對於警察的意義認識不明，雖空有制度但卻無法貫徹執行，多數人仍認為警察僅止是另一種型態的軍隊，並且各省對於中央政令的下達亦多無法徹底遵行，導致清末建警的失敗命運。

清廷建警的失敗並未使袁世凱記取教訓，民國甫成立時，多數人仍然將警察的角色定位為政府的統治工具，認為警察是執行政治菁英意志的主要力量之一，而且當時雖有警察教育的實施，但由於時代背景的影響，警察領導幹部的遴任多由政治人物擇其親信為之，便於遂行其控制社會的意向。袁世凱政權之後，軍閥割據是民國成立後的一個特色，雖然中央訂有統一的警察規制，但如同清末一般，軍閥占領的各省間難以完全執行中央規定，致使由袁世凱為首建立起來的警察制度，本質上並無顯著進步，我國警察制度發展於此，處於停滯狀態。

蔣中正北伐成功之後，基本上確立了我國警政的體制，並因中央政府權力較以往為大，政治上也擺脫以往軍閥分治的局面。儘管反對蔣中正的人仍不在少數，大體而言，中央政令是足以下達地方的，我國警政制度始能上下整體脈絡一致。其後，由於對日抗戰發生，我國警政制度深受影響，警政擔負著鞏固非戰區治安的重要使命。抗戰勝利之後，雖然蔣中正亟欲整建警政，但國共內戰迫使國民黨政權退守臺灣，在日據時期遺留下來的基礎上復原警政制度。

戒嚴時期的警察權力是相對較大的，此時的社會風氣仍屬單純，警察所擔負的社會責任是秩序的維護而非破大案、抓要犯，為民服務的觀念並不明顯。民國70年代以後，在許多具有革新思想的警政首長推動下，警察雖仍無法擺脫政治力量的牽制，但在警政措施及勤務作為上有長足進步，由於犯罪率持續攀升、治安惡化的社會觀感時有所聞，警察組織的專業化發展勢在必行。

解嚴之後，社會開放，民主發展快速，人民愈來愈注重自身權益，

加以教育普及，民眾對於警察應有的功能有了更多的期待，警察被期待提供一個治安良好的生活環境，執行因應措施以回應社會的需求。中立執法成為警察重要任務之一，犯罪預防及為民服務的觀念愈來愈受倡導，警察作為主要在於回應外在環境的變化。「社區警政」應運而生，地方警察機構莫不積極推動相關措施，「問題導向警政」更是展現警察專業化的重要策略。邇來，受全球化及科技發展的影響，治安問題的質與量有了顯著變化，跨境（國）犯罪逐漸成為警察預防犯罪的重要議題。全球化治理成為警政發展的新方向，透過海峽兩岸警政部門的合作，以及臺灣與他國所進行的國際警察合作方案，我國警察有了更加寬闊的發展道路。

第二節　警政發展的解讀思維

在組織行為學的領域，「權變理論」（Contingency Theory）學者認為，環境是解釋及預測組織行為的重要變項（Thurman, Zhao & Giacomazzi, 2001；孟維德，2011a）。組織的活動，受制於其所處的環境，權變理論的內涵可從底下四項命題來瞭解（Weisburd & Braga, 2006）。命題一，策略、結構及環境是討論組織行為的基本要素。策略，是指組織為達成目標所做的決策及運作程序；結構，是組織用以協調運作的安排，諸如回報與監督機制；環境，係指組織外部影響組織運作的因素。

命題二，組織的外在環境形塑了組織的策略與結構。外在環境改變時，組織必須調整以適應環境，組織的策略與結構是依變項，環境是自變項。命題三，組織的外在環境並非靜止的，而是動態且經常改變的。環境一旦改變，組織就必須有所調整以適應新環境，諸如實施新策略或重新設計組織結構。命題四，在改變的過程中，組織致力於追求本身與環境的緊密契合。例如，一個成功的企業必然會尋求產品能夠契合市場的需求，如此產品才有競爭力，企業才能生存及獲利。

權變理論的架構可歸納如下：一、組織原先與環境相契合；二、環境改變導致契合降低；三、由於組織與環境的契合降低，導致績效不佳，促使組織必須進行對應的改變（調整組織結構與策略），若不改變，組織可能有瓦解風險；四、組織調整後，又與環境有了新契合（Thibault, Lynch

& Mcbride, 2007）。

顯然，警察組織無法置身於環境影響之外。民國成立之初，軍閥割據、政治環境動盪不安，警政受其影響而無法有健全開端，大多承襲清末的觀念，使得民國初期的警政發展是非常有限的。北伐成功之後，國民政府力求政治統一，相對而言，警政有了較嚴謹的組織、職權及職能概念，警政發展露出一線曙光。國民黨政權遷臺之後，因為實施戒嚴以求政治及社會的穩定，警政附屬於軍事體制之下，「軍管警察」的思想濃厚，黨國體制造成警察中央集權化。解嚴後，政黨政治逐漸成型，促使警政制度朝向行政中立的方向發展，警政不再只是為鞏固政治菁英的利益而存在，至此，警政發展邁向專業化時期。

本章目的在於探討我國警政制度的變遷，筆者藉由分析警政發展的相關文獻，期望針對我國警政制度的過去與現在建構系統性的發展脈絡。由於探討範圍橫跨百年，為便於清楚呈現我國警政發展各階段的主要內涵，本章選擇七項與警察組織變遷有高度關聯的指標，作為區分各發展階段的基礎。根據七項指標擷取重要的代表事件，透過對該等事件的分析與歸納，呈現各階段的警政態貌與特徵。七項指標如下：

一、環境

環境，係指警察執行工作時不可忽略的組織外在情勢。環境會影響警察組織設定的目標、日常作業，甚至警察的執勤方式。環境至少包括了科技的、經濟的、社會的及政治的成分，其中政治成分是最具影響力且複雜的，從政治文化到影響執法程序的司法決策都與政治成分有關。

二、職權來源

授予執法部門執行公務權力的來源有許多，法律、政治及慣例是常見的來源。職權不僅提供警察存在的合法性，更建構了警察執行公務的範圍。就維持公共安全而言，警察比其他人員擁有較大的職權，工作執行的範圍相對也較廣泛，警察被賦予使用強制力的權利，可說是警察組織的特徵。

三、功能

如同其他組織，警察組織的功能取決於警察的目標與任務，而功能又形塑了警察用以達成目標的方法。組織通常是多功能的，或企圖達成多元目的，但各功能並非都是相同重要，組織必須瞭解各功能的重要性及順序。大致而言，警察組織的功能包括犯罪控制、秩序維護及社會服務的提供，不同時期的警察組織所重視的功能可能不同。

四、組織設計

警政部門的組織設計包括組織結構、管理風格、人力資源的分配方式及執行工作所使用的技術等。組織設計可說是組織運用資源達成目標的方法，警察組織自然也不例外。有關計畫、領導、控制及績效獎懲的管理議題，反映出管理者動員組織成員達成目標的方式。

五、運作策略

運作策略是警察為達成警察任務中的特定目標，所採取的方法及程序。策略，大多受制於目標。在警政領域，運作策略頗多，主要在於實踐犯罪控制、秩序維護及提供社會服務的功能。

六、警察績效

警察績效是警察組織的運作結果，也是為評量警察組織效能的指標。警察組織運作的結果可能是正面的，也可能是負面的。當結果是正面時，警察組織會將正面結果視為運作策略有效的標誌，也反映出組織設計的適當性，甚至是警察職權的適當性。相對地，負面結果表示警察組織可能需要重新思考運作策略、組織目標，甚至是更上位的組織任務。

七、警政管理的理論架構

理論架構有助於解釋為何警察組織會在某特定時期表現出某特定行為，例如在威權時代，警察組織大多採取Max Weber的官僚模式（bureaucratic model），在民主時代，警察組織強調行為學派（behavioral school）及科學分析的問題導向警政概念（Whisenand & Ferguson, 2005）。

根據上述針對警政發展的解讀思維，筆者將我國警政的變遷與發展區分為四個時期：雛形時期、整建時期、在臺復建時期及專業時期。四個時期劃分的時間點分別是民國17年的北伐成功、民國38年的播遷來臺及民國76年的解除戒嚴，這三個重要的歷史事件，將我國警政劃分為四個發展階段。

觀察我國警政發展的整個過程，有相當長的一段時間，警政扮演著國家統治機器的角色。從清末建警開始，一直到解除戒嚴，警察的主要任務在於維持秩序、鞏固政權，人民的需求與權益，相對較不受重視。現代警察雖被視為維護人民權益的公僕，但在舊時受政治力量的操縱，警察無疑是執行政府統治理念的利器。自解除戒嚴後，受民主思想影響，要求政治改革的民意高漲，復以經濟發展，都市化與科技化交互推波助瀾，社會結構明顯改變，犯罪數量漸增且犯罪手法惡質化，民眾的犯罪被害恐懼感上升，致使民眾對於警政工作的要求愈趨嚴厲，警政決策者面臨以往不曾有的挑戰。警察組織開始加快改革腳步，從「破大案、抓要犯」到推行「社區警政」、「問題導向警政」，愈來愈重視犯罪預防，並逐漸朝向「全球化的安全治理」發展。底下將依警政發展的解讀思維，說明我國警政模式的變遷。

第三節　我國警政發展的第一階段——雛形時期（民國1～17年）

文獻指出，我國現代化的警察制度創建於1901年，當時因八國聯軍退出北京後，清朝政府為維持地方秩序，仿照外國安民公所的制度，改設為工巡總局以掌理警察業務及其他事項。當時，工巡總局雖實際掌理了警察、行政及司法等權責，仍不是以警察業務為主的機構，惟其執行警察事務的權責非常明確，可視為清末現代化警察制度的開端，故自此現代化警察制度的雛形於焉而成（酆裕坤，1981）。

在探討這時期警政特色時，須先瞭解袁世凱政權對於民初警察制度的影響。清末時，袁世凱即倡議設立巡警部，成立了我國最早的中央警察

機關，後參酌外國體制，改設為民政部，將警務置於其下，設警政司，從此警察事務劃歸為內務行政的一部分。而袁氏擔任直隸總督之際所設立的天津及保定巡警局，更是清末地方警察機關的濫觴。至於警察教育，當時除了京師高等巡警學堂之外，直隸省的警察教育制度也是當時各省中最完整及嚴謹的，袁世凱分別在天津及保定創辦巡警學堂，並通令其管轄各州縣設立巡警傳習（教練）所，欲將警察教育普及於地方（朱匯森，1989）。

隨後1911年10月10日辛亥革命成功，1912年1月1日民國成立，為因應當時政治、社會環境的劇變，現代化的警察制度亦隨之變化。袁世凱掌權期間，在既有基礎上，從中央到地方，藉由制定各種法令規章，他建立了一套警政制度，強化警察鞏固其政權的職能，以遂行其獨裁統治的慾望。然而，民國5年袁氏逝世之後，各地方軍閥由形式上的統一轉為正式分裂，袁氏建立的警政制度在某種程度上遭受了破壞。

地方軍閥割據及獨裁統治的思想尚未消除，是本時期最主要的特徵。由於袁氏政權短暫，其所建構之警察制度未能一以貫之，雖開啟了警政制度的雛形，卻因地方軍閥的破壞而無長足發展。本時期的警政制度缺乏強而有力的中央領導力量，各地方皆有自己的運作模式，亦多因襲清末的警察制度，警察的主要功能在於維護軍閥的統治，政治菁英的利益大於民眾利益及社會治安，導致建國初的警察制度紊亂，警政建設乏善可陳。直到國民政府北伐成功之後，我國的警政始邁入另一紀元。

一、環境

軍閥割據、政治未臻統一、社會不安定及戰爭頻仍是影響本時期警政最主要的外在情勢。因為政治無法一統，警政制度無法有一致性的發展；因為社會動盪不安，警政體系難以有效運作；因為戰爭頻繁，警政只是安全體系中較弱勢的一環。

從民國成立至北伐成功這十幾年間，因為袁世凱獨裁統治的思想仍未消褪，且民主政治的理念尚未深根，於是民國初期各省區乃呈現軍閥割據、各自為政的局面，警察僅是各個軍閥政府用來穩固政權以管理民眾的工具。而民初中央的國會運作和不同政黨間的鬥爭，亦是影響警政工作的重要因素（陳添壽，2010）。當時政治上的局面未能獲得實質統一，以

至於警察機關的組織及名稱除了不斷改組與更名，缺乏全國一致性的改革，更遑論針對警察功能有深層的探討。而後，從民國6年廣州護法軍政府成立，至民國12年孫中山重返廣州設立大本營為止，中國處於分裂狀態，除南北兩個政府對峙之外，各省區的軍閥政府亦據地為王、各行其政。此時期，警政受地方政治菁英掌控，地方政治勢力是影響警政運作的主要因素。

由於民國肇建、舉步維艱，社會上動盪不安，警政經費籌措困難，軍閥之間亦多以擴充軍事力量為主要考量，難以對警政有良好的建樹。當時警察裝備簡陋，待遇微薄，難以傾心全力鞏固地方治安、維持秩序，警察形象自然不佳。因北京為政府所在地，使館林立，警政辦理尚佳；沿海商埠，如上海天津等處，因係國際觀瞻所繫，警政尚能差強人意，然而其他地方省區，由於民生塗炭，社會動盪不安，加以社會對於警察角色的認知不明確，因此很難期待本時期的警察能依照社會大眾的需求而予以回應。

二、職權來源

政治菁英及地方軍閥是本時期警察職權的主要來源，亦即警察職權來自於具獨裁統治思想之政治人物的授權，警政是依照政治菁英的喜好而運作的，與現今民主社會的觀念有很大不同。

雖然，民國初年中央的袁氏政府制定了許多警察法令，但其主要目的並非提供警察正當的法律職權，而是為警察機關約制人民政治權利提供法律依據。當時中央警察法令難以下達地方普遍執行，本時期警察的職權來源主要是各地方的割據政府，法律僅是掩飾軍閥政府統治企圖的工具而已。警察人員的任用權也由地方軍閥政府控制，警政首長多為軍閥親信，基層長警的任用、獎懲亦由地方軍閥掌控，警察體系不遺餘力地效忠地方軍閥政府，警察領導者的想法相當程度地反映出政治生態或政府型態的特性。

三、功能

秩序維護是本時期警察的主要功能。由於軍閥割據的影響，警政制度雖然受政治菁英的重視，但僅將其視為統治工具，而不是為社會大眾謀福利及解決社會秩序問題的政府部門。此時期警察的職權範圍甚廣，舉凡治

安維護、違警處分、刑事偵查、保安正俗、警衛、戶籍管理、交通管理、營業建築管理、消防管理、衛生管理、危險物品管理、醫藥管理及著作出版管理等，皆為警察應執行的功能（六十年來的中國警察編輯委員會，1971）。

　　然而，此時期統治者及社會大眾對於警察機關的職權及所要擔服的任務未臻明確，況且警察人員本身對於自身的職能亦不甚明瞭，縱有警察法令的具文，惟多屬空泛，因此警察乃是捍衛地方軍閥勢力的一股力量，或與地方士紳相結合，警察實質為社會大眾維持治安、緝捕盜匪的功能並不明顯。

　　最顯著的例子為特務機構的設置，袁世凱政府基於維護獨裁統治的需要，命令成立特務機關，探訪局、軍法課、綏靖處、軍警聯合會等在各地紛紛成立，這些特務機關採取特殊手段，控制人民的反動思想，製造許多流血事件。另一為保安警察隊的建制，其目的在保護列強於我國的殖民利益，並維持首都的社會秩序，此武裝警察隊伍的創制很有影響力，成為各省建立武裝警察隊的楷模（中國社會科學院法學研究所法制史研究室，1985）。

　　因此，本時期的警察以秩序維護為主要功能，惟秩序維護並非是為人民福利，而是為了鞏固政治菁英及軍閥的權力，執法不是本時期警察所關注的焦點。至於社會服務之提供，當時政治環境異常複雜，加上生活困難，各地軍閥多彼此爭奪地盤，局面混亂，警察人員又多受軍閥驅使，因此很難依據民眾需求予以服務。

四、組織設計

　　相對於其後的警政發展，本時期的警察組織是較地方分權的。民國元年將清末的民政部改為內務部，並於其下設立警政司欲以其綜理全國警察事務。但由於當時政權混亂，袁世凱獨裁政權結束後，軍閥割據地方並控制地方資源，中央政令難以下達，中央規制顯得軟弱無力，難以避免分權走向。

　　地方分權的特徵可從警察組織結構及指揮體系看出端倪。警察組織在實質上仍沿用清制，而在形式上僅作局部改組及名稱變更而已。在組織結構方面，上下層級並不多，分工程度較低。當時雖依法令規定應分別設

立省警務處、省會警察廳、商埠警察廳（局）、縣警察所等，然就省警務處而言，即非全國各省皆有設立，各省區財政多屬困難，通常為節省經費起見多採省會警察廳兼任方式辦理。此時首都、省會、商埠及縣城所在地雖有設置警察機關，惟鄉鎮地區則多缺乏設立，警察基層勤務執行機構未建置完全，維持地方治安秩序之任務則多與地方的民團或保甲併為執行（六十年來的中國警察編輯委員會，1971）。

次就警察人員之指揮體系而言，由於地方重要警察職務多屬政治任命、私人酬庸性質，由地方軍閥委以自身親信擔當警政首長，據以執行鞏固地方軍閥政權之任務，因此由中央到地方的警察組織指揮體系難以發揮。

五、運作策略

步巡及守望是本時期最主要的運作策略。民初的警察運作策略基本上是承襲滿清舊制的，透過步巡及守望來確保社會秩序的穩定。於巡邏期間發現狀況，立即處理並迅速往上報告。舉例來說，本時期的首都「北京」設有警察廳，其下並分設署與分所，衝要或偏僻處所則設置巡警閣子，裡面擺有各種簿冊及配置電話，擔任值班的警察要隨時注意是否有人民前來請求告訴。而在外巡邏站崗的警察統一身穿黃色的布制服，繫上寬皮帶，散腿褲子大皮鞋，手中拿著警棍並配有東洋刀和捕繩、哨子。他們主要的任務在於維持當地的秩序、交通、環境衛生等（李文超，1969；六十年來的中國警察編輯委員會，1971）。諷刺的是，當代警察機關所推行的社區警政也熱衷於步巡，希望透過步巡增進警察與社區居民的互動，只是當時的步巡較屬統治與控制的性質，當代社區警政的步巡較屬解決治安問題與服務性質

六、警察績效

本時期並沒有系統性評量警察組織效能的指標，警察組織的工作表現，在於政治菁英及地方軍閥的滿意與否，地方居民的滿意度並不是評量警察績效的指標。與現今重視系統性及量化評量指標相比，本時期的評量標準是較非系統性與主觀的質化形式，經由系統性的資料蒐集與分析來評量警察績效，也不過是最近三十年的事。

七、警政管理的理論架構

本時期警政因襲於晚清時期建立的警察制度，警察組織的運作受執政者所掌控，當時並沒有針對警察而設計一套特定的組織運作模式，傳統的政治文化影響警察及政府其他部門。中央政府想推行由中央到地方具一致體制的警政模式，因軍閥政府割據地方而無法達成。總括言之，該時期的警政運作雖名義上有相關法令以資遵循，然而地方警察組織僅為軍閥的附庸，其所為在於滿足軍閥的需求。警政管理多屬人治，深受傳統政治文化的影響。

雛形時期的特徵可歸納如下：
一、環境：軍閥割據、政治未臻統一、社會不安定及戰爭頻仍。
二、職權來源：政治菁英及地方軍閥。
三、功能：秩序維護。
四、組織設計：分權及缺乏監督。
五、運作策略：步巡與守望。
六、警察績效：缺乏系統性的評量標準。
七、警政管理的理論架構：傳統的政治文化。

第四節　我國警政發展的第二階段——整建時期（民國18～37年）

民國17年，國民革命軍北伐成功，國民政府奠都南京後，力求政治統一，在「安內唯警」的思維下，中央與地方省（市）縣、商埠要衝等各級警察組織，以及基層警察機構，陸續有較完整的法令頒行，警政制度逐漸有全國統一的規劃。本時期可分為三個階段，分別為復原階段（民國18～25年）、對日抗戰階段（民國26～34年）及遷臺前階段（民國35～38年）。

經歷前期之後，警政運作有了較明確的推展。除陸續制定相關警察法令，頒令全國遵行之外，組織架構亦有較完整的建立。國民政府希冀建立全國性、整體性的制度，避免再發生前期各省區各自為政的情況，確立了

我國警政中央集權化的制度。雖然，該制度的推行受經費短缺的影響，各省區間有所落差，但對於我國後續警政建設已奠定良好基礎。

對日抗戰期間，警察角色轉變為維持交戰區後方的秩序、組訓民眾及管制戰爭時的經濟作為等。民國26年6月，根據之前的警察官吏任用暫行條例、省警務處長任用規程、訓練公安局長辦法及警察錄用暫行辦法，頒行了警察官任用條例，對於警察人員的晉用有了更制度化的規範。民國25年9月1日，警官高等學校及浙江省警官學校合併，於南京成立中央警官學校，警官教育統一於中央，專責培養警察幹部（邱華君，1997）。

對日抗戰結束，國共內戰接續發生，國民黨政府失利，遷臺前最重要的警政事蹟為內政部警察總署成立，以及試行警員制與警察勤務區制。對日抗戰勝利後，社會環境變化甚鉅，復以國際情勢的影響，警政體制無法只延續之前的做法，當時蔣中正總統為加強中央主管機關統整全國警察事務的能力，於民國35年成立內政部警察總署。此外，為有效提升整體基層警察的素質及形象，建全整體基層警察組織及提高工作效率，取得人民的信賴感，於民國36年11月由內政部公布建警試行警員制方案及實施辦法，並指定由各院轄市警察局及部分省會警察局推行，此為我國警政重要改革（陳禮中，1977；杜陵，1982）。

受戰爭及專業人才培育不易的影響，當時軍警角色難以區別，警察仍有政府御用色彩，且並非行使警察權的唯一機關。例如，當時的特務組織亦得以行使警察權，可從事監控、搜索、逮捕等活動。對日抗戰結束後，內政部亟欲推展建警計畫，但礙於政治力量的影響無法順利推展，國共內戰，國民黨政權失利，播遷至臺。

一、環境

政治不穩定、外國勢力介入及國共內戰是影響本時期警政最主要的外在情勢。北伐成功後，中央國民政府的訴求為國家實質統一，但地方的訴求則是反獨裁、民主憲政的推動，因此即使完成北伐，中央與地方仍處分裂狀態，難有統一之實。

國民黨與共產黨兩個政黨都曾受俄國列寧主義者的鼓動影響，在民國成立初期，兩黨為對抗軍閥勢力及排除帝國主義，曾共同合作，但也相互競爭。兩黨於民國16年分道揚鑣，民國25年12月12日發生西安事變。民

國26年日本侵華，中日戰爭爆發，兩黨再度組成統一戰線聯合抗日，惟兩黨競爭始終未止。

　　本時期國民政府的體制變遷與警政發展是建立在「以黨治國」的黨國體制基礎上，雖然國民政府嘗試努力要從軍政過度至訓政，再實施憲政制度，可是推動民主制度所需要的穩定環境並未具備，導致國民政府徒有實施憲政之名，而無真正憲政之實。

二、職權來源

　　中央政府及各種警察規章，是本時期警察職權的主要來源。民國25年，蔣中正兼行政院院長時，認為各省行政首長對於警察職權多不尊重，對於警察經費則是儘量減少，而對省的保安團隊則不斷擴充，認為是軍閥思想遺留的結果。繼而指示內政部擬訂建警三年計畫，命令各省的保安團隊於三年內裁撤，並將經費移充辦理警察及保甲之用（朱匯森，1989）。民國25年6月3日，行政院密令頒「整理警政原則」九點，要點如下：

（一）各省保安團隊自民國25年起於三年內裁撤，所有保安團隊職務逐漸　　　改由警察擔任。

（二）逐年裁減保安團隊經費，節餘之經費移作縣辦理保甲及改革警政之　　　用。

（三）各級警察機關之設置與組織務求劃一。

（四）鄉村警察未普遍設置之地方，得以保甲代行警察業務。

（五）改良警察素質。

（六）提高警察待遇。

（七）警官教育應統一於中央警官學校。

（八）警士教育應由省（院轄市）依照部頒規程集中辦理。

（九）裁汰團隊所餘之槍械，應撥歸警察應用。

　　此為我國警察史上重要文件，影響後期建警甚鉅。由於中央的重視，避免軍閥割據的情形再度發生，影響民國統一的基礎，在中央大力推動之下，各種警察法令規章相繼訂定，作為警政制度的建立原則。例如，各級警察機關組織法、警察官任用條例等警察任用及待遇相關法令，警察經費及制服相關法令、警械使用條例等警察服務及服勤法令，警察教育相

關法令等（六十年來的中國警察編輯委員會，1971；酆裕坤，1981）。顯示此時中央政府已做全面建警準備，期望藉由法令的齊備，建立系統化的警察制度。

三、功能

穩定社會秩序、協助動員抗日及鞏固政權是本時期警察的主要功能，亦即秩序維護的功能仍較受重視，犯罪控制及提供社會服務的重視程度相對較低。

民國17年時，蔣中正曾謂：「警察在國家的地位，比軍隊更重要，軍隊只是對外，在國防上保護國家，警察都是對內，要在國內維持秩序，保護百姓的生命財產。」揭示了「攘外唯軍、安內唯警」的理念，對我國以後的警察政策有相當影響。雖然在北伐成功之後，國民政府亟欲改革警政使其步上正軌，然因民國20年代開始，日本不斷有侵華舉動，警察乃著重於維持秩序、維護交通通訊、發動民眾，協助政府撤退，疏散物資，救助傷患官兵，護送流亡難民，或是編成戰時警察隊參加作戰，擔任前哨、後衛者，或間接選練民眾，充當嚮導、運輸、搜索敵情等因應戰時工作的角色（六十年的中國警察編輯委員會，1971）。

此時期，警察、特務與憲兵有相互結合聯繫的現象，且相當程度表現在組織的聯繫上。例如，民國35年，國民政府軍統局局長唐縱就任甫成立的內政部警察總署署長，當時大城市警察局的領導權也有為特務人士所掌握。是以，儘管特務與警察在國民政府體系中分屬不同系統，各自有自己的組織制度及活動方式，但因特務進入警政機關，兩者之間有實質關聯，這也是本時期的重要特點。另外，憲兵則係直接主管軍事警察，兼管行政警察與司法警察，本身即執行警察職能，因此與警察關係密切，甚至有「非常警察組織」之稱，可知當時軍警實質上有緊密聯繫。

四、組織設計

與前時期不同，本時期的警察組織為中央集權制。民國17年10月3日國民政府組織法公布，改行五院制，置行政院為全國最高行政機關，掌理全國警察行政事務之內政部隸屬於行政院。內政部下設警政司，掌理全國警察行政業務。國民政府北伐期間曾仿廣東省規制，將警察事務委由事務

繁多之民政廳主管，縣市警察組織以公安局為名，當時改制的意義在於簡化行政組織體系，並非警政制度應有的常軌，導致後續指揮監督不易落實，地方治安公務日益廢弛，國民政府遂於民國18年6月27日明令公布省警務處組織法，通令各省警察應統一由各省警務處整頓訓練（朱匯森，1989）。

為使警政運作更加完善，國民政府於民國23年6月15日公布警察官任用條例，行政院於民國25年7月25日公布各級警察機關編制綱要，省會、行政院直隸市及縣市公安機關名稱一律改為警察局。民國25年9月1日中央警官學校成立，統一全國警官教育，確立警官教育由中央統一辦理之政策。民國25年國民政府為確保治安行政一元化，及「治安唯警」之政策，通過整理警政原則，決定裁團改警辦法，裁撤民初以來之地方自衛武力，所有保安團隊職務須漸次由警察擔任以統一治安事權。惟因應抗日戰時措施，依軍事需要致裁團改警原則稍有停頓。

民國26年起，國家進入抗日戰爭階段，戰區警察機關的組織及功能，均依戰事發展情形及地方治安狀況而定。民國34年抗戰勝利後，國民政府開始實施「警政建設五年計畫」，並擬定「警政建設實施辦法」九項。民國35年6月19日國民政府公布內政部警察總署組織法，並於同年8月15日成立，掌理原警政司所轄警察業務，目的在加強中央警政機構權力，以有效指揮監督全國各省縣市之警政運作。至於各地方省會部分，則於民國36年5月27日由國民政府公布省警保處組織條例，統將各省警務處、民政廳警務科及保安司令部（保安處）裁併為警保處，並直隸於省政府，負責掌理全省警察及保安事務，其餘則漸回歸抗日戰爭前之原制（陳禮中，1977）。

自民初建國以來，基層警察人員皆採警士警長制度，惟警士程度為高級小學及訓練六個月。故為提高基層警察人員之素質，內政部於民國36年11月公布建警試行警員制方案及試行警員制實施辦法，將基層警員程度提高至初級中學畢業以上及訓練一年。另外，如設置刑事警察及確立警察勤務制度等，亦為本時期對於警政工作之統一規劃及現代化警制的特色之一（朱匯森，1989）。

五、運作策略

本時期警察的運作策略仍偏重「重點巡邏及守望」，值得注意的是，警察勤務區的概念逐漸發展。民國25年7月，行政院公布各級警察機關編制綱要，其中第11項規定「各級局所警察勤務以採用巡邏制為原則，並得劃分警管區，為警察擔任勤務之基本單位（六十年來的中國警察編輯委員會，1971）。」

到了民國37年11月，內政部為統一行政警察勤務，期望能構成嚴密的警政網絡，有效提升警察效率以確保地方的秩序與安全，乃公布警察勤務試行通則，並規定以推行警員制為原則，其中有關勤務機構、劃區、實施及督導等均有詳細規定，為我國警察勤務制度確立的開始。關於警察勤務配置，在民國38年前，因人力物力不足，一般均採重點制，除了重要城鎮設有警察機關或警察勤務機構外，形成鄉村沒有警察的現象。當時江蘇省政府曾於民國24～26年間試辦警管區，但因為抗日戰爭的發生而中斷。等到抗日勝利後，民國36年國民政府開始實施警員制，曾於重要都市籌設警勤區，又因國共內戰挫敗，退至臺灣後，始於每一村里普設警勤區，警察勤務配置才由重點轉向全面配置（丁維新，1986）。

六、警察績效

本時期在許多內憂外患因素的影響下，能否有效促進國家統一及安定，是本時期評量警察績效的主要指標。自北伐成功之後，國民政府即致力於政治統一，警察是執行政府意向的主要機構之一，尤其是安定地方的社會秩序。對日抗戰開始，警察又成為安定非軍事區社會秩序的重要力量。

與前時期類似，本時期仍然沒有一個獨立且系統性之評量警察績效的指標，警察作為的好壞皆繫於政治菁英的判斷，人民或警察本身的感受並不是衡量的主要基準。犯罪率、民眾的治安滿意度、民眾對警察的服務滿意度、犯罪被害恐懼感等評量指標，此時期尚未出現。

七、警政管理的理論架構

傳統政治文化、設官分職、層級節制等觀念，主宰了此時期的警察組

織與管理政策。軍、警、特務關係密切，可謂是傳統政治文化的體現，另可從民國23年3月蔣中正的表述中可窺知當時警政管理的思維：

> 「警政良窳，攸關政績，貴有完善組織，統一規劃；庶幾政令推行，可無迂迴歧出之虞；訓練編配，得收整齊劃一之效。現在我國警察制度，內外組織未充，當茲訓政時期，舉凡清查戶口；辦理自治諸端，有待於警察機關之努力協助者益夥，自應及時改制，用明系統（六十年來的中國警察編輯委員會，1971：5）。」

相對於前期，系統性的組織運作策略是有效增進警察組織效率的重要觀念，雖然本時期的政治與社會環境複雜多變，影響警察組織的正常發展，但警政專業化的曙光逐漸展露。

整建時期的特徵可歸納如下：
一、環境：政治不穩定、外國勢力介入及國共內戰。
二、職權來源：中央政府及各種警察規章。
三、功能：穩定社會秩序、協助動員抗日及鞏固政權。
四、組織設計：中央集權。
五、運作策略：重點巡邏及守望。
六、警察績效：促進國家統一的各種作為。
七、警政管理的理論架構：傳統政治文化、設官分職、層級節制。

第五節　我國警政發展的第三階段——在臺復建時期（民國38～76年）

1895～1945年是日本帝國主義統治臺灣的期間，在二次大戰前「脫警察化」思想尚未屬行的年代，日本警察係仿照歐陸體系的警察制度，一般行政凡涉及干涉取締者皆由警察機關處理，例如消防、衛生、建築、經濟等。當時警察權力相對來說是非常大的，也由於臺灣是殖民地的緣故，日本警察制度影響甚鉅。

日本統治臺灣初期，軍警共同擔負維護治安的功能，1897年實施的「三段警備制」將臺灣分成三種區塊，軍警皆須確保區域內秩序的穩定，此時警察尚非最主要的維護治安力量。而從兒玉源太郎廢除「三段警備制」開始，警察逐漸成為控制臺灣社會治安的主要力量。自1919年日本在臺灣實施同化政策時起，警察組織對於臺灣社會的影響力達到了極致。而與警察相輔相成的保甲組織，則係有效掌握臺灣居民日常生活作息與其它一切行動最有力的行政體，與民眾的接觸程度高，因此最有能力控制基層秩序（李文超，1969；陳添壽，2010）。也因為保甲組織的配合與輔助，警察權力有效率的滲透至臺灣社會許多角落，促使臺灣治安體系的完整建立，並提升警察組織的效率及影響力，有效鞏固日本在臺灣的統治基礎。

由於日本統治臺灣時留下來的基礎，使國民政府於接收臺灣時免於兵荒馬亂，雖然在遷臺之前曾發生228事件（民國36年），造成國民政府與臺灣人民之間的對立與緊張，但也促使國民政府將「臺灣省行政長官公署」撤銷，於民國36年4月24日改制成立臺灣省政府。由於國共內戰激烈，民國38年4月6日發生四六事件，臺灣也被捲入國共內戰的漩渦，國民政府於同年5月1日實施臺灣全省戶口總檢查，並於同年5月20日正式宣布臺灣省實施戒嚴，實行黨政軍警一體的政治體制，並責由臺灣省警備總司令部擔負治安、保防、山地管制、水上管理及入出境管理等工作，扮演維護國家政權與社會秩序的角色（六十年來的中國警察編輯委員會，1971）。

在戒嚴體制下，鞏固國家安全、維護秩序是本時期警察最主要的職能。然而與前期不同的是，本時期後半階段的社會環境逐漸穩定，經濟發展快速，民主思想逐漸在臺灣綻放。警察加強打擊犯罪能力、防處群眾運動成為本時期後半階段警察組織運作的主要特色。

一、環境

兩岸對立、實施戒嚴及「黨外」民主運動是本時期影響警察的主要環境因素。民國34年，二次世界大戰結束，我國雖然脫離外患的干擾，但是國共兩黨之間的鬥爭並未因此結束，戰火仍不斷持續。民國38年國民政府撤退到臺灣，形成臺海兩岸分治的局面，由於當時強調鞏固臺灣為復興

基地，國民黨播遷後的臺灣仍處於戰時的政治體制。國民政府撤退到臺灣後，從初期大陸的武力進犯，如民國43年向金門砲擊、民國44年攻擊一江山及大陳列島、民國47年的823砲戰等，到後期國際間的杯葛與打壓，如民國60年我國退出聯合國、67年與美國斷交等，皆起因於兩岸對立。兩岸的對立關係，直接影響了警政體制的運作。

國民黨在內戰中失敗，退守臺灣，臺灣成為接戰區。臺灣省警備總司令部於民國38年5月19日公布「臺灣省戒嚴令」，5月20日起執行。戒嚴期間，軍事權高於一切，警察置於軍事指揮之下。戒嚴令的實施形成了警政國家化的體制，警察在此階段的角色是政府穩定社會秩序的最佳助力。但是，此時立法院結構不健全、司法審判不獨立，在戒嚴時期為加強整頓治安，軍警聯合擔負舉發、追查犯罪的職責，造成軍警角色混淆，致使對人權缺乏保障的現象，常受輿論撻伐。戒嚴時期，軍人一直扮演著重要的治安角色，建立「以軍領警」的體制，警察機關須受警備總司令部、憲兵司令部的指揮監督，以及軍人擔任警政首長，即為明顯實例。

因當時實施戒嚴，人民集會結社的自由受到限制，包括組織政黨。反對派人士在尚未成立政黨前，以「黨外」為名，推動臺灣民主。至民國70年代，群眾事件激增，民眾遊行示威活動嚴重衝擊警察的執法角色，警察針對群眾事件處理模式的改變，反映出警政思維的變化。

二、職權來源

警察法令是本時期最主要的職權來源。臺灣光復後警政工作的重心在接收與重建，推行警政一元化政策，民國40～50年代最重要的工作是建立警察法制。民國42年6月15日公布的警察法，具有劃時代的歷史意義，它是建警的重要基礎措施，國民政府遷臺初期的建警成就，就是依據憲法建立警察制度的警察基本法典，可謂健全警察體制的起點。警察法針對警察組織、職權、人事、教育、經費、設備等，均有原則性規定，可據以制定各種子法推行警政，我國警察體制從此定型。再者，規定我國警察權由中央與地方均權行使，採中央、省、縣（市）三級例，各有其事權，警察人事採官職分立制。警察法的制定，成為警政部門追求警察職權明確化、警察人員專業化的發展目標。民國45年11月，警察法施行細則公布實施後，我國警察法制漸趨妥善。

雖然警察多項法令規章漸全，但本時期的警察職權卻有權力過大的疑慮。以違警罰法為例，該法賦予警察組織甚大權力，包括拘留、罰役及矯正處分等有關人身自由權的制裁方式，由身為行政機關的警察組織來實施偵訊甚至裁決處罰。人民不服警察機關的裁決提起訴願後，僅能接受受理訴願機關的決定而不得再行使救濟權，嚴重違反「法官終審裁判」的法則。不確定法律概念的普遍運用，導致解釋空間過大及違反法律保留原則等，對於民眾權益的保障欠周全（蔡震榮、黃翠紋，2008）。

三、功能

秩序維護及犯罪控制是本時期警察的主要職能，在後期，服務的職能角色逐漸浮現。整體而言，警察雖逐漸脫離戰時軍人角色，但在兩岸對立的環境下，政府以戒嚴令、國家總動員法、懲治叛亂條例、動員時期匪諜檢肅條例、臺灣地區戒嚴時期出版物管制辦法、非常時期人民團體法等有關法令，加強對國家安全及社會秩序的維護，仍然延續軍警政一體的結構（陳汝瑩，2005）。警察擁有準司法裁判權，其所採取的各項強勢管制政策，顯示在戰時國家安全至上，警察仍偏重維護政權的角色定位。

當時臺灣的警備治安是由警備總部指導，警察屬於執行單位，掌握戶籍是最基層的布建工作。警察透過戶口查察的勤務方式，對於民間社會進行監控，警察成為市民社會的基層保防員，也是政府安定政權與社會秩序的基層力量。民眾所感受的是被監控的個體，不易對警察產生好感與信任。此外，戒嚴時期警察代表的是「革命、建國、治國」的形象，以「三作牌」為警察威權角色的標竿，當年各警局皆懸掛此標語，除惕勵員警外，市井小民也能映入眼簾，而有所同感。警察，是國家長治久安的基礎，更是革命建國治國的重要力量，「作之親、作之師、作之君」成為各警察單位的標語（陳禮中，1977；梅可望，1999）。

四、組織設計

以軍領警及中央集權，是本時期警察組織的特色，而建立全面考試用人的機制，也使得警察人員之任用有所準據。軍人擔任警政首長是明顯實例，即使民國61年內政部順應情勢而成立警政署，前期多任警政署長（民國61～79年）皆為軍人轉任，警察並不是治安決策的主要核心，警察本

身的訴求及專業也容易被忽略。警政最高首長由軍事將領轉任，軍人背景的警政首長難以規避軍中模式領導警察。警察系統長時間在軍人首長的領導下，自然形成科層制文化，鞏固國家安全，維持社會治安是首要任務，強調服從。

然而，軍人警政首長對於警政制度的貢獻亦不容忽略。例如，民國61年，警務處處長張國疆提出「日新專案」，提升警察勤務的功能，主要目的在強化分駐（派出）所的警勤區功能，將分駐（派出）所、警勤區予以適當裁併，期望能透過專責警勤區發揮為民服務的工作（李湧清，1995）。而民國66年起，由警政署署長孔令晟所推動的「改進警政工作方案」更是我國推動警政現代化的翹楚。「改進警政工作方案」又被稱為「警政現代化」，其主要立意在於改造警察的組織、勤務方式以及提升警察人員之素質。孔令晟在位三年餘，其「警政現代化」方案確是推動警政大幅改革的先聲，帶動一連串的改革方案，如「警力機動化」、「警察效率之講求」、「警察人員教育訓練之精實」、「充實警勤裝備」、「提高警察待遇」及「革新警察勤務制度」等，此外，嚴格規範警察的執法行為，期能「嚴正而中立」，減少警民之間的衝突（郭世雅，1999）。

另外，為因應當時臺北市改制為直轄市及臺灣省警務處實質上扮演警政領導機關的角色，民國60年11月17日總統令制定公布內政部警政署組織條例全文11條。隔年將警政司擴充為「內政部警政署」，並與臺灣省政府警務處合署辦公，警政署的成立使警察機關有了一中央統籌指揮機關。

自民國39年起，不再錄用試用警員，民國40年5月起，調整警察待遇，開始比照一般公務員待遇，並加發勤務津貼30%。唯在人事任用仍未建立合理的制度，沒有保障，雖然高階警官的人事調動已稍微穩定，但基層的調動情況仍嫌不安定，遑論合理的升遷。臺灣光復後，警察人事的發展方面，確立實施警員制是重要貢獻，不再採用過去在大陸上警長、警士制，同時提升警察的素質，有利警政發展。不過光復初期，警察人員的任免，由於我國警察人事法令的不完全，人事制度尚未達到制度化的階段（朱金池，2007）。至民國43年1月9日修正公布公務人員任用法後，始建立了全面考試用人機制，我國警察人員之任用有了嶄新面貌。

至於警察教育，民國59年11月10日警察教育條例頒行，期間經過多次修正，截至民國71修正為止，中央警官學校原於民國39年6月停辦，民

國43年8月復辦，為我國警察高級教育機關，分別設有本科行政警察及刑事警察學系，後陸續增設公共安全、犯罪防治、戶政、消防、交通、外事、役政、行政管理、資訊管理、國境警察、水上警察、鑑識科學及法律等學系，並於民國59年起設立行政警察研究所招收碩士班學生，民國63年起招收女性學生。而警察學校為我國警察初級教育機關，增設專科警員班，有助於提升基層警察人員的素質。

五、運作策略

犯罪控制及防處群眾運動是本時期警察最主要的運作策略。如前所述，「改進警政工作方案」是孔令晟警政現代化的具體規劃，該方案於民國67年奉行政院院會核定，分三階段實施，分別從民國67年持續至民國74年。而其實際改革成果則有：成立勤務指揮中心系統、基層警力的機動化、建立自動化報案系統、確立集中制與散在制並用的勤務制度等（章光明，2003）。

戒嚴後期，黨外活動愈趨盛行，訴求民主改革的呼聲強烈。民國66年底因公職人員選舉引發的「中壢事件」，以及民國67年12月10日的高雄事件（亦稱美麗島事件），揭開了警察邁向民主社會執法者角色的序幕。中壢事件與高雄事件結束之後，群眾運動迅速蔓延全臺，包括臺北市甚至桃園中正機場，各種街頭示威遊行事件層出不窮。

六、警察績效

穩定的社會秩序及執法公正是本時期的評量標準。臺灣光復初期的228事件曾造成部分臺灣民眾對於執政者的不滿，引起彼此的對立。國民政府於中國大陸失勢退守臺灣，記取在中國大陸失敗的經驗，加強對於社會秩序的控制。後期由於發生諸多社會運動，警察防處群眾活動的方式備受當時所謂黨外人士的挑戰，執法公正成為社會檢驗警察作為的重要項目。

值得一提的是，民國71年4月14日，發生轟動臺灣社會的銀行搶案，李師科持著先前殺警搶來的警槍，闖入臺北市土地銀行古亭分行搶劫，搶走新臺幣531萬餘元後逃逸。案發後，計程車司機王迎先因酷似李師科被人檢舉，逮捕後因調查小組刑求被迫承認犯案，導致王迎先墜河死亡，李

師科後被捕及判處死刑。持槍搶劫銀行在當時甚為罕見，不僅給警察維護治安的工作帶來重要警訊，更因王迎先的死亡，立法院通過刑事訴訟法第27條修正案，規定被告得隨時選任辯護人，以避免刑求的情形再度發生，要求警察遵守程序正義原則。

七、警政管理的理論架構

經國先生於民國61年出任行政院長後，為袪除積弊、刷新政風、整飭官箴，提出「10項行政革新」，為當時社會造成相當大的震憾力，有助於推動廉能政府，提高行政效率。本時期的警政管理思維亦受其影響，優秀軍事將領轉任警政首長，強化與重視警察組織的合理性，層級節制的結構、分工、依法行政等科層制觀念落實於警察組織。警察組織的用人作業亦有深刻改革，實績制的採行，警察人員的晉用與升遷愈加重視合格與合用的具體條件。警察組織的運作除受政治影響，愈來愈重視效率、廉正等管理議題。

在臺復建時期的特徵可歸納如下：
一、環境：兩岸對立、實施戒嚴及「黨外」民主運動。
二、職權來源：警政法令。
三、功能：秩序維護及犯罪控制。
四、組織設計：以軍領警及中央集權。
五、運作策略：防處群眾運動、快速反應。
六、警察績效：穩定的社會秩序及執法公正。
七、警政管理的理論架構：官僚模式。

第六節　我國警政發展的第四階段——專業時期（民國77~迄今）

解除戒嚴、社會變遷、科技精進、兩岸關係等，皆為本時期主要的影響因素。由於威權體制的瓦解，促使警察逐漸擺脫工具性的角色，政治對於警察組織的影響力也相對減低。本時期政治的轉型、經濟的發展、科技

的精進、社會結構的改變、兩岸關係的變化都促使警察組織的改變。法規完備化，也讓警察組織在執法及為民服務的功能上更加有具體根據，當然更能夠保障人民權益。

解嚴至今，平均每人國內生產毛額顯著增加（民國80年9,008美元至98年增為16,423美元）、女性勞動力人口增加（民國98年達473.7萬人，較20年前增加50%）、家庭平均每戶人數顯著減少（民國80年4.2人至98年減為3.0人）、離婚率亦有顯著增加（民國80年1.4對／千人至98年增為2.5對／千人，前述資料引自「社會指標統計年報」），社會結構的改變影響治安問題甚鉅。

科技的精進對於警察組織亦造成很大的衝擊，除了硬體方面的科技進步之外，網際網路的發達更是不容忽視。民國90年代中後期，網際網路的無遠弗屆改變了人與人之間的互動模式，國際間的交流更顯得頻繁，各國間的相互合作成為趨勢，「全球治理」的概念逐漸在警政體系發酵。官方資料顯示，跨越區域與國界的犯罪組織與犯罪活動正快速地崛起，並改變邇來的犯罪模式，犯罪類型變得多元且複雜化，對於社會治安形成了重大衝擊，跨國詐欺、人口販運、毒品販運、電腦犯罪等即為明顯實例（孟維德，2010a）。犯罪不再只是區域性的問題，若欲有效控制犯罪問題，國際及跨境警察合作成為必然趨勢。

最顯著的例子當屬民國89年9月12日所簽訂的「金門協議書」，作為兩岸雙方遣返違反相關規定入境的民眾或刑事罪犯等。由於該協議主要針對遣返問題，且非由官方進行遣返，係透過民間機構，更因受限於協議內容，以至於兩岸在進行共同打擊犯罪的過程中困難甚多，兩岸警方不易啟動聯合行動。隨著我國兩岸政策的鬆綁，兩岸人民往來及經貿交流日漸密切，衍生出了各式各樣的法律糾紛及犯罪樣態，亟需雙邊政府協調與處理，以保障人民的權益。對此，儘管兩岸早在民國82年的「辜汪會談」中，嘗試就兩岸「共同打擊犯罪」及「司法機關相互協助」事宜進行後續事務性協商，卻未有進展。民國87年「辜汪會晤」，雙方對於「涉及人民權益的個案積極相互協助」達成共識，其後雖開啟兩岸查緝跨境犯罪及司法互助個案協助模式，惟始終缺乏制度化的共同打擊犯罪與司法互助機制（廖訓誠，2010）。近年來，我國政府積極整合司法院、法務部、法務部調查局、內政部警政署、內政部入出國及移民署、行政院海岸巡防

署、行政院金融監督管理委員會、財政部關稅總局等相關機關，就毒品、走私、洗錢、詐欺、貪污、經濟犯等刑事犯罪，及司法文書送達、調查取證、民事裁判與仲裁判斷之認可執行等事項，規劃「海峽兩岸共同打擊犯罪及司法互助協議」的相關事宜，兩岸終於在民國98年4月舉辦第三次「江陳會談」中達成共識並簽署協議。

因應兩岸執法機關合作之必要性與迫切性，第三次江陳會談乃簽訂「海峽兩岸共同打擊犯罪及司法互助協議」。該協議的目的在於將長期以來兩岸治安機關間協助緝捕，以及遣返人犯的個案協處狀態，予以制度化。並在「全面合作、重點打擊」原則下，共同防制各類不法犯罪，重點打擊超越國界、跨境蔓延的電信詐欺、經濟犯罪、毒品走私、人口販運等犯罪，以確保兩岸民眾的財產安全。根據該協議，兩岸治安主管機關將建立犯罪情資交換機制，使雙方得以利用犯罪情資的即時交換，機先掌握犯罪行動的相關情資，並直接進行犯罪打擊，阻絕犯罪機會，減少民眾生命財產的損害。透過文書送達、調查取證、罪贓移交、人道探視、罪犯接返等方式，建構兩岸刑事司法互助機制，以利進行犯罪之偵辦、追訴與審判，提供共同打擊犯罪整體一貫的刑事互助機制（孟維德，2010a）。而民國99年10月26日警政署王卓鈞署長首次帶團訪陸，與大陸公安部部長商談共同打擊犯罪事宜，可說是兩岸警務合作的重要歷史事件。

新興類型的犯罪不斷出現，為有效降低被害損失，警察不再只是將工作重心擺在犯罪制壓上，而是愈加重視犯罪預防的觀念。社區警政（社區犯罪預防）可說是當代重要的警政策略，而問題導向警政的推廣更強調運用科學分析的方法來解決警政問題（陳明傳，1994；林燦璋，1995）。不同於以往的警政管理，警察組織成員的滿意度逐漸成為受重視的議題，人性化管理的觀念逐漸在警察組織萌芽。在專業化的發展、科技設備的更新、行政中立角色的確立、警察法令規範的完備、警察勤務的人性化、警政策略的科學化及國際警察合作的氛圍下，我國警政有了更進步的前景（楊文友，2010）。

一、環境

解除戒嚴促成了本時期警察制度的開展。民國76年7月政府公布「動員戡亂時期國家安全法」和宣布臺灣地區解除戒嚴，開放黨禁、報禁與大

陸探親，並呼應社會要求政黨退出校園、軍隊、警察及法官不得參加政黨活動，促使黨國政府不得不解散設在大學校園的「孔知青」、軍隊的「凱旋」、警察的「劉中興」等黨部組織。而一連串的民主化改革，諸如通過「集會遊行法」、「資深中央民代自願退職條例」、「選罷法修正案」、「人團法修正案」，並於民國80年5月1日正式終止「動員戡亂時期」，廢除「懲治叛亂條例」，民國81年通過「刑法第一百條修正案」，民國84年通過「組織犯罪防制條例」以及廢除出版法等攸關國內政經體制轉型的重要法案。也才有自民國87年以降的行政救濟制度改革、行政執行法修正、行政程序法、行政罰法制定，行政法制終於朝向落實正當程序原則、周延保障人民權益和促進民眾參與的民主法治精神邁進，直接衝擊著警察機關傳統執法思維與法治的內容（陳添壽，2010）。

而本時期政府及社會對於警察應扮演的角色亦有了不同的期待。民國85年，周人蔘電玩弊案起訴了上百名官警，導致社會大眾對於警察的嚴重不信任感，要求改善警察風紀的呼聲甚囂塵上。再如民國99年5月28日發生的臺中市翁奇楠命案，爆發出警察人員與黑道分子交往過從的風紀疑慮而引起輿論撻伐，也造成警察組織重新思考偵查技巧的改進等，警察風紀成為警察組織必須面對的重要議題。

本時期的警察組織被期望傾聽及回應民眾的聲音和需求，更重要的是，警察與社區之間的互動愈來愈頻繁。並非只是閱讀報紙或只是瞭解地方消息而已，警察開始進入社區建構獲知社區需求的資訊管道，並確保管道的正確性及具代表性。實例之一，就是警察開始與社區民眾定期的召開社區治安會議，向民眾諮詢對於社區治安的需求及改進意見，警察繼而調整勤、業務予以適當回應，地方民意逐漸進入警察決策過程。

二、職權來源

法律及社區民眾的意向主導了警察組織運作的方式及發展方向。司法院大法官會議於民國90年12月14日做成釋字第535號解釋，就警察臨檢的要件、程序及對違法臨檢的救濟等方面，做明確的闡明與規範，並認定若非掌握相當的危害憑據或可能危害憑據，警察不得進行任意臨檢。同時，大法官會議亦訂下「二年落日條款」，要求有關機關通盤檢討訂定警察執行職務法規，保障人權。司法院強調，自該號解釋公布日起，警察執行臨

檢勤務，應遵循解釋意旨行事（章光明，2003）。

　　民國98年11月6日大法官會議亦做成了釋字第666號解釋，認為社會秩序維護法第80條第1項第1款就意圖得利與人姦、宿者，處三日以下拘留或新臺幣3萬元以下罰鍰之規定，與憲法第7條之平等原則有違，因此應自解釋公布之日起至遲於二年屆滿時，失去其效力。社會秩序維護法自民國80年6月29日公布以來，歷經將近二十年的實施，因釋字第666號解釋而再度引起重視，並引發了該法存廢的爭論。同時，也勢必造成警察組織於執行法律時有所調整，以符合法律對警察組織的期待。

　　另外，地方性的社區也逐漸成為辨識問題、資源及評量警察績效的來源，警察不再是犯罪問題的唯一專家。相反地，警察愈來愈積極尋求社區的投入來幫忙警察決定如何分配有限的資源。民國88年至今，臺灣已完成三次大規模的「犯罪被害調查」，三次調查均發現，警察所獲知的犯罪被害案件，大多數（超過90%）都是因為被害者或其親友報的案，警察主動獲知的比例甚低，警察需要民眾勇於報案始能掌握犯罪被害事件的全貌（許春金，2010）。雖然法律仍然被視為警察職權的重要來源，但警察也逐漸瞭解不是所有的法律都可以被完全地執行。有關警察應該在那些議題上給予較多的關切，社區已逐漸成為警察重要的協力者。換言之，警民之間類似夥伴的關係逐漸發展，藉由志願服務者的加入（如民間自組巡守隊、警察志工等）以及民眾提供治安資訊和更有效的處理治安資訊，幫助警察得以正確決定服務焦點應置於何處，並有助於增加警察的資源。

三、功能

　　犯罪控制、秩序維護及提供社會服務是本時期主要的警察功能。治安問題，已成為中央及地方政府施政的主軸，治安的優劣，攸關政府的施政品質，政府曾多次向犯罪宣戰，如「全民拼治安行動方案」、「犯罪零成長」、「六個月改善治安」等政策。

　　每年警政署長的元旦賀詞及警察節賀詞，可說是警政署長治警理念的代表性文件，從解嚴後歷任署長這兩項文件進行縱貫性分析中，可以發現解嚴初期警察重視高度的破案績效，犯罪預防受重視的程度相對較低。愈接近當代，除積極破案外，犯罪預防的重要性愈來愈受到注意。警察逐漸瞭解並非所有犯罪都能被偵破，犯罪預防很可能有較令人滿意的效果。此

外，警政署的治安政策愈來愈重視研究，即愈來愈傾向以證據為基礎的政策擬定（evidence-based policy making），諸如警察勤務、犯罪及被害現象、民眾的治安意向、女警政策、人力資源規劃等議題，均曾先委託學界進行研究，警政署再參考研究內容擬定政策，問題導向的安全治理思維已成為本時期警察政策的重要模式（孟維德，2011a）。

外國的成功經驗也對本時期警政產生顯著影響，美國近三十年犯罪率持續下降給臺灣帶來相當大的啟示作用。美國許多大型城市參考「破窗理論」（Broken Windows Theory）的觀念擬定治安政策，結果改善了城市治安，大幅提升民眾的安全感。該理論認為，如果社會失序（social disorder，如物理環境的損壞、攤販、青少年遊蕩聚集、飆車、流浪漢等）沒有妥善控制，犯罪隨之而來。社會失序之所以與犯罪關係密切，是因為引發社會失序的狀況如果沒有受到抑制，那麼就會散發缺乏管理、無人在意、社區缺乏凝聚力的氛圍，有犯罪動機之人感應此種氛圍就會覺得在此犯罪被逮捕的風險較低（孟維德，2011a；Wilson & Kelling, 1982）。根據破窗理論，修復「破窗」或維護秩序成為減少犯罪的第一步。臺北市所推動的「零容忍方案」，即是破窗理論的本土實踐，其他城市相繼做效。

至於提供社會服務的功能，近年來在社區警政的提倡之下，亦逐步擴大推展中。根據歷任警政署長元旦、警察節賀詞內容的縱貫性分析，顯示「為民服務」內容所占的篇幅比例有逐漸增多趨勢。而且在各篇賀詞內容的項目順序上，為民服務項目以往居中間偏後的位置，惟近年來已居前位，隱喻為民服務愈來愈受警察組織重視。除一般性服務外，警察逐漸提供民眾專業性的服務，諸如住宅防竊環境檢測評估服務的「治安風水師」、開設婦幼保護服務專線電話「113」、反詐騙服務專線電話「165」、強化校園安全的「校園安心走廊」、在民眾住家附近裝設錄影監視系統等。此外，警察機關開始廣設志工，一方面增加不足的資源，另方面擴大為民服務的範圍。

值得一提的是，警察專業性愈來愈受重視，一些原隸屬警察機關的工作逐漸朝向脫離警察化的趨勢發展，警政署分別於民國81、84及96年將戶口、消防及移民等業務交由專責機關管轄，彰顯警察專業化發展的表徵。

四、組織設計

政黨政治促使警察朝向行政中立及專業化的方向發展，警察為特定政黨服務的傾向愈趨減少，而「軍警分離」亦是警察專業化的重要指標。此外，縣市警察局局長派任權的歸屬，亦是本時期警政發展的重點。在本時期，警察組織的決策有逐漸朝向分權方向發展，基層員警被賦予較多資源及責任與地方民眾合作，以有效回應社區需求。同樣地，與社區民眾橫向式的溝通，成為蒐集社區資訊及營造參與式和員工導向之警察組織的要件。

民國75年9月28日民主進步黨成立，開啟了政黨政治的先聲，民國81年第二屆立法委員選舉、民國82年新黨成立、民國83年臺灣省長、省議員及北高市長選舉、民國84年第三屆立法委員選舉、民國82年新黨成立與民國89年親民黨成立，選舉結果影響政治權力結構的重大變化，政黨政治儼然形成。民國85年第三屆國大代表與中華民國第九任總統、副總統的選舉，是我國建立自由民主體制最關鍵時刻，顯示臺灣已能從威權政經體制的轉型中，建立以「主權在民」為機制的自由民主政經體制。民國89年5月20日陳水扁、呂秀蓮就職中華民國第十任總統、副總統，更完成我國歷史上首次的政黨輪替。

在這樣的環境變遷下，警察不再是戒嚴時期政黨維護政權的工具，提升警察專業地位、樹立警察尊嚴，成為警察組織內部的自我期待。其中較為具體的做法包括充實裝備器材、修（制）定警察法規、學歷與經歷相配合的精實教育方案、改善人事調遷制度、建全警察組織、改善勤務制度、建立標準作業程序、改善福利待遇等（朱金池，2007）。警察系統出身的莊亨岱，在解嚴前後的民國76年5月26日擔任警政署刑事警察局局長，在民國79年8月6日起就任警政署署長，成為首位非軍人、非特務出身的警政署署長，可說是警察邁向專業化的里程碑（章光明，2003）。「軍警分離」象徵警政已有長足的進步，警察系統出身者擔任警政首長，才能充分瞭解警察系統的真正需求以及未來發展的方向及挑戰。

民國83年通過之「省縣自治法」及「直轄市自治法」整合自治法規，確立了省市長民選的法源，而有民國84年警政署與臺北市長對臺北市警察局局長派任的人事主導權之爭，突顯警察人事權應有合理歸屬。此地

方自治民主化的轉變對警察角色造成下列影響：「（一）民選首長依民意有權決定警察首長，並賦予人民交付之任務，警察跳脫國家統治的工具，而以人民的警察自居；（二）警政首長需對社會發生重大治安事件負政治責任，民選首長倡導人民做頭家的理念及社區意識，強調警察工作應以社區民眾需求作為工作重心。」而民國88年實施「精省」，臺灣省警政廳建制隨之調整，同時地方自治法治化對地方警察局局長之任免權影響甚鉅，除警察人事權外，警察業務內容及勤務方式都受到地方首長主觀意念的主導（陳汝瑩，2005）。

　　警察教育部分，中央警官學校於民國83年設立博士班，而於民國84年底更名為中央警察大學，警察教育邁向更高階的專業化發展。

　　受全球化的影響，我國警察組織當然無法自外於國際社會。雖然我國目前並非「國際刑警組織」（INTERPOL）的成員，但為加強國際交流合作，我國有駐外警察聯絡官的機制，以因應國際警察合作的需求，防制跨國犯罪及緝捕潛逃至境外的通緝罪犯（孟維德、江世雄、張維容，2011）。我國自民國87年即欲推動實施駐外警察聯絡官制度，惟歷經多年爭取，民國93年行政院始核定於菲律賓馬尼拉、泰國曼谷及越南胡志明市等三地派駐警察聯絡官。首批駐外警察聯絡官經過訓練後於民國94年5月赴任。後續於民國96年派駐馬來西亞吉隆坡、印尼雅加達及日本東京等三地；民國97年又派駐美國華盛頓、南非開普敦等二地（孟維德，2010a；楊文友，2010）。而民國99年亦派駐於澳門，有助於兩岸共同打擊犯罪的合作。截至民國110年止，共計13處派有駐外警察聯絡官，對於我國推展國際警察合作事務、促進國際交流、追捕通緝要犯及防制跨國犯罪等均有貢獻。

五、運作策略

　　迅速、機動化反應及社區與問題導向警政是本時期的運作策略。機動車輛巡邏配合E化勤務指揮中心警力派遣系統的建置，使得警察的回應機動性提升，民眾報案後警察快速抵達現場，已成為警察重要的運作策略。日益增多的證據顯示，警察反應速度固然重要，但警察所執行的「工作」可能更為重要。有關的研究顯示，將較多的警力散布在整個城市，以及縮短警察的反應時間，有其效能極限，以較多的警力打擊犯罪的風險因子，

如街頭上的槍枝、毒品及犯罪熱點,對犯罪較能造成實質上的改變(孟維德,2011a)。在問題導向警政概念的指引下,警察預防犯罪策略及民眾安全感影響因素的實證研究愈來愈多,警察組織的運作策略也愈加理性。此外,犯罪偵查的效能也在偵查單位的擴編、科學鑑識設施裝備的改善、偵查及鑑識人員素質的提升之後而有顯著精進。

由於犯罪預防的觀念逐漸受警察機關重視,警察機關體認到若沒有社區民眾的協助,警察是難以有效防制犯罪的。單靠犯罪事件發生後的積極回應並無法有效防制犯罪,警察勤務並不是降低犯罪者犯罪意圖及提升社區民眾安全感的萬靈丹,「社區警政」的概念的蓬勃發展,動員社區資源、警民合作共同解決與治安有關的社區問題,是本時期警政運作的另一策略。

六、警察績效

犯罪率、破案率、民眾的治安感受是本時期評估警察績效的主要指標,而警察風紀亦為民眾對於警察形象的評量標準。

解嚴後,警察逐漸邁向專業化發展,維護治安成為警察組織最重要的任務,犯罪率及破案率的高低自然成為評量警察績效的指標。綜觀政府過去所推動的重要治安政策,諸如「全民拼治安行動方案」、「犯罪零成長」、「六個月改善治安」等,皆著重於犯罪破獲率及發生率的增減。

而在臺灣社會愈加民主化的同時,民意已成為各級政府施政的準據,因此民眾對於治安的滿意度亦是衡量警察績效的重要指標。證據顯示,官方所公布的犯罪率下降及破案率上升,並不代表民眾的治安滿意度就一定上升,民眾在意的是自己的親身感受。因此,警察不再像過去關起門來做決策,蒐集及分析民意,納入警察決策過程,已成為本時期警察決策的常態。由於民眾的治安滿意度有相當比例是來自主觀感受,而警察風紀可說是直接影響警察形象的因素,民國85年喧騰一時的「周人蔘電玩弊案」,曾大幅降低民眾對警察的信賴感。警政署設置政風室及督察系統深受重視,便是警察機關維護風紀的具體實踐。

七、警政管理的理論架構

到了近代,警察組織瞭解良好的社會治安並非警察可以獨力建構,

結合社區資源、警民合作共同生產良好社會秩序遂成為努力目標。警察與其他政府部門、社區組織、守望相助隊、民間團體等建立合作關係，已成為警政管理的核心概念。此外，行為學派（Behavioral School）的觀念也成為本時期警政管理的另一理論架構，諸如非正式工作團體在職場中的影響、員警的需求種類及需求層次、工作豐富化的概念等（曾靜欽，1999）。而品質管理的思維也在20世紀末導入警政管理的範疇，內部顧客及外部顧客的觀念已逐漸在警察組織萌芽與成長。

專業時期的特徵可歸納如下：
一、環境：解除戒嚴、社會結構改變、科技精進、兩岸關係的變化。
二、職權來源：法律、地方政治、民意。
三、功能：犯罪控制、秩序維護、社會服務。
四、組織設計：行政中立、軍警分離、分權趨向、國際合作。
五、運作策略：提高見警率、迅速及機動化反應、社區與問題導向警政。
六、警察績效：犯罪率、破案率、民眾治安滿意度。
七、警政管理的理論架構：警民共同營造良好的社會秩序、行為學派觀點、品質管理。

第七節　結語

政治力量對於前三個時期的警政運作影響甚鉅，警察組織與政治菁英團體結合，警察的多數作為皆與其相關，維護社會秩序是主要目標，執法及提供社會服務相對的重視程度較低。然而，解嚴前社會日漸開放，追求民主及改革開放的群眾運動隨之增多，復以教育普及、經濟發達、社會結構改變、科技精進及犯罪率上升等，警察不再只是鞏固政權、維持秩序的角色，警察開始朝向民主社會的專業執法者發展。根據七項論述警政發展的指標，可將我國警政模式的變遷歸納如表1-1。

表1-1　我國警政的發展

指標＼時期	雛形時期 （民國1～17年）	整建時期 （民國18～37年）	在臺復建時期 （民國38～76年）	專業時期 （民國77～迄今）
環境	軍閥割據 政治未統一 社會不安定 戰爭頻仍	政治不穩定 外國勢力介入 國共內戰	兩岸對立 實施戒嚴 「黨外」民主運動	解除戒嚴 社會結構改變 科技精進 兩岸關係的變化
職權 來源	政治菁英 地方軍閥	中央政府及警察規章	警政法令	法律 地方政治 民意
功能	秩序維護	穩定社會秩序 協助動員抗日 鞏固政權	秩序維護 犯罪控制	犯罪控制 秩序維護 社會服務
組織 設計	分權及缺乏監督	中央集權	以軍領警 中央集權	行政中立 軍警分離 分權趨向 國際合作
運作 策略	步巡 守望	重點巡邏及守望	防處群眾活動 快速反應	提高見警率 迅速及機動化反應 社區與問題導向警政
警察 績效	缺乏系統性的評量標準	促進國家統一的各種作為	穩定的社會秩序 執法公正	犯罪率 破案率 民眾治安滿意度
管理理論架構	傳統的政治文化	傳統政治文化 設官分職 層級節制	官僚模式	警民共同營造良好的社會秩序 行為學派觀點 品質管理

資料來源：作者自行整理。

　　我國警政在過去一百多年來歷經了四個時期的演變，這四個時期的演變是漫長且延續的，變遷的過程雖然可用幾個時期來劃分，但並不代表各時期是相互獨立的，變遷是漸進性的，在先前基礎上緩慢變化。每個時期的環境背景都可能影響之後的警政發展，明顯的例子就是清末建警對於後續警政制度的影響。我國警政模式的變遷可用圖1-1來呈現。

資料來源：作者自行整理。

圖 1-1　我國警政模式的變遷

　　對於我國警政發展而言，解除戒嚴可以說是相當重要的分水嶺，因為其後出現一些不同的典範觀念（如社區警政、問題導向警政及犯罪分析等）衝擊著警察的傳統思維（權威式介入及象徵式正義的模式），這些新出現的典範觀念均與犯罪預防有關。現今，我國警政機關致力於實踐這些典範的背後，可能不只是對於警政策略的一種選擇而已，它更顯示出控制警察的權力，在某個程度上已逐漸由政府手中轉移到人民身上。

　　警察被建立之初，主要是用來保護政府的利益。警察主要是為掌控國家權力的菁英而維護社會秩序，在本質上，警察的職能是壓制社會不安及管理百姓，也就是國家導向的警政。不過到了民國70年代，我國警政陸陸續續發生了一些重大變革。在政治參與面不斷擴張的影響下，警察逐漸對民眾的治安需求產生回應。值此同時，科技精進（尤其是通訊科技、鑑識科學導入警察機關）也強化了警察回應民眾治安需求的能力，以及增強警察回應的意願。對於警察服務的需求，不再只是來自於國家本身，而是散落在廣大的民眾身上。換言之，對於警察服務的需求，不再是集中在政府的手中，民眾逐漸成為警察新的且更為重要的服務對象。雖然，對於警察在今日民主社會中的「反應式作為」（如110報案系統），可以很輕易地提出批評，但警察對於民眾個人需求所提供的立即反應，其所代表的政治意義是不容忽視的。與早期警政對照，此種改變代表了國家強制權受到某種程度的調整甚至是抑制，這未嘗不是一種優質的民主演化。

第二章　警察角色變遷與犯罪預防

第一節　前言

　　犯罪不僅造成被害人生命與財產的損失、民眾恐慌，亦可能進而危害國家的安定，其損害經常是難以估算的。美國司法部在1994年的一份報告中指出，美國每年因犯罪所耗費的直接成本是176億美元。然而，此項金額並沒有包括刑事司法系統的運作、保險費的增加、犯罪被害後的搬遷費用與心理創傷等，因犯罪所必須支付的潛在代價或損害；此項金額只包括財產犯罪的損失、現金的遺失、醫藥的花費，以及與犯罪有關的傷害或是行為所需的花費。如果把這些潛在代價也估算在內，那麼美國每年因犯罪而損失的金額將高達4,250億美元，而犯罪的非直接代價（如：社會其他民眾也往往會間接受到犯罪的影響）則更加難以計算（Regoli & Hewitt, 1996）。由於犯罪的間接代價難以估算，犯罪所造成的社會損害雖然相當龐大，但事實上卻沒有人能夠精確地回答「犯罪的真正代價究竟有多大？」因此，從古至今，各個社會莫不企圖控制犯罪之發生。但犯罪問題仍存在於各個社會之中，未曾間斷過。如何預防與抗制犯罪，始終是各個時代與國家必須嚴肅面對的重要社會問題，只是各個時代與國家可能會因為其社會文化與資源之差異，而有不同的犯罪預防與抗制措施。

　　在臺灣，雖然依據警察法第2條之規定，警察的任務為：「依法維持公共秩序，保護社會安全，防止一切危害，促進人民福利。」但是在過去，我們將警察的任務侷限在打擊犯罪及逮捕人犯上，警察之主要工作在犯罪偵查，並強調「最好的犯罪預防工作就是偵破犯罪」，因此不僅不重視犯罪發生前的預防工作，處理犯罪事件過程中，亦常造成被害人二度傷害。警察偵查犯罪過程中，充其量只是對當事人所涉及的刑事案件加以調查、蒐證及移送地檢署偵辦，使得被害人對於和警察的接觸經驗常感不滿。但從警察法第2條的精神觀之，警察的任務不應只侷限在這些範圍，還應該包含積極促進人民福利在內，所以警察也應負有犯罪發生前之預防工作與被害人服務的義務。隨著犯罪被害人權益受到關注與婦幼人身安全

專屬法規之施行，都要求警察必須積極介入過去被定位為社會服務的工作範圍中。當然，這並非意謂著警察角色將由執法者（law enforcement）全然轉換為社會工作者（social worker）。事實上，此種趨勢並不是期待警察人員成為一位專業的社工人員，可以去輔導個案；而是強調：社會工作中有許多技巧與知識是可以讓警察運用到犯罪預防工作上，而且警察在與被害人接觸的過程中，應該更能夠瞭解其在犯罪被害後的內心感受，避免其遭受二度傷害。尤其近年來，隨著社區警政之逐漸受到重視，其所強調的警民互惠模式，更是強調警察必須深入社區，重視民眾需求。在犯罪預防與被害人保護已為許多先進國家所重視之今日，臺灣警察也應該逐步調整自己的心態，強化在這些工作的角色與功能。

依據角色理論，角色乃是在社會規範制約下，團體分子藉著社會互動所產生的相互期待所構成。警察角色雖是由警察扮演，但卻無法由警察來決定，常會受到警察工作多變性的影響，而產生衝突。警察角色如果沒有給予清楚的定位，則可能因警察人員對於角色的不同認定，而在工作上經由執勤的態度與做法表現出來，因而影響社會大眾對警察的認知與態度。再從系統理論而言，警察亦不能獨立於政治之外，政治力量往往是形塑警察角色的重要因素。使得警察在不同的政治與時代背景下，將有不同的角色扮演，亦將賦予警察不同的概念與職能；警察所擔負的角色與任務往往會隨著時代而變遷。促成一個國家興盛繁榮的因素固然有許多，但能否維繫一個相對安寧的社會，往往是促進國家現代化的重要磐石及指標。而社會治安與警察工作密切相關，警察是維護社會治安極為重要的手段之一。然而，警察發展之模式或其取向的正確與否，將直接影響警察維護社會安寧與秩序的效率與效果。為釐清警察機關犯罪預防之應有方向，本章將分就不同時期警察的角色與職能，論述其與犯罪預防的關係。

第二節　現代警察出現前的治安維護

此處所指的「現代警察」，係指根據英國皮爾爵士（Sir Robert Peel）於1829年所提「都市警察法案」而建立的現代警察。在人類早期歷史中，報應、復仇及報復是人類社會抗制犯罪的主要動力。在大約紀元

前1900年的漢摩拉比法典（the Code of Hammurabi）中，「同態復仇法」（Lex talionis，即以牙還牙觀念）可說是此法典的主要原則，被害人或其家人對加害人傷害行為所採取的報復行為，是可以被社會接受的犯罪處理方式。此種法典及思想，賦予民眾個人回應犯罪事件的正當性。在這個時期（如羅馬帝國時期），於城市中的治安維護工作是由軍人執行，且僅負責處理中央政府與貴族的問題（孟維德，2005）。一般民眾的問題，則留給民眾自行處理。

　　此時期的犯罪預防模式最大特色為民眾志願或義務參與犯罪預防工作，犯罪預防主要是民眾的責任。1066年，英國諾曼王朝實施了一項民眾義務性的警察工作。該措施要求男性民眾為監控彼此而組成團體，當團體中某人的行為造成損害時，其他成員則需負責捉拿及處罰製造損害的人。此外，許多仰賴民眾參與以維護社區安全的合作措施亦相繼出現。譬如，成年的男性民眾於夜間輪流執行區域守望（watch and ward）即是一例。當守望者發現安全上的異狀或威脅時，便發出警報聲通知其他人並請求支援（hue and cry，或稱巡呼制度），逮捕犯罪者的工作通常由民眾自己來執行，處罰有時也是由民眾來做，對守望者所發出警報予以回應支援的人，並不是政府人員，而是一般民眾。1285年，上述兩種措施（守望以及發出警報請求支援）的理念被納入英國的「溫契斯特條例[1]」（Statute of Winchester）。該條例要求成年男性當被徵調或請求支援時需佩帶武器（assize of arms），此時已勾勒出「警衛員」（constable）的角色外貌，但警衛員並無支薪，負責協調及監督守望措施的執行，以及監督相關法律的執行（Roberg, Crank & Kuykendall, 2000）。從這些措施中吾人可以發現，此時期係由民眾擔負起犯罪預防工作的責任。

　　除英國外，民眾參與犯罪預防的措施也在其他地區或國家出現，世界各國於此時期維持治安的方式普遍採行此種模式。譬如美國在獨立革命之前原是英國的殖民地，因此當時地方治安的維持，多採英國的方法。美國早期所實施的義勇警察運動（vigilante movement）可說是當時執法及

1　「溫契斯特條例」（Statute of Winchester）是英國愛德華一世就位第13年時所制定，該條例與社會治安關係密切。溫契斯特條例要求成年男性自備武器及防護裝備以協助維護和平及治安，成年男性所被賦予的責任，類似自衛隊的任務。該條例的名稱源自該王國古都之名。參閱Black, H. C. (1990). *Balck's Law Dictionary* (6th ed.). St. Paul, MN: West Group, p. 1601.

維護秩序的要件，若需對犯罪者發動逮捕及處罰時，便組合民眾執行。在殖民地時期，犯罪並不多見，大多數的民眾經常為維持基本的生計而忙於農場事務。當時的違法行為大多是道德義務上的違反或忽略，譬如在安息日（Sabbath）工作、在公眾前叫罵、未將飼養的動物關好、或未婚生子等。在17世紀，僅有兩次較為醒目的犯罪高峰，都發生在麻州。第一次發生在1656～1665年間，教友派信徒（Quakers，17世紀中葉在英國創立的基督教之一派【Society of Friends】之會員的通稱；其信徒不用此稱呼，而稱Friend）因挑戰清教徒（Puritan）的教義而遭鞭刑、驅逐和絞刑。第二次的犯罪高峰則與巫術有關，在1692年，多位巫師被執行絞刑，另外還有多位巫師受到長期監禁（Peak, 1997）。

在中國，自宋朝王安石變法後至晚清建警前，所採行的保甲制度是地方基層治安體系的藍本，係類似於今日居民守望相助、警民聯防制度精神。宋朝的保甲組成係以10戶為一保，選保長一名；以50戶為一大保，選大保長一名；以10大保為一都保，選正、副都保正各一名。而保丁的來源，則是當每戶有兩丁以上時，選一名為保丁。在治安任務上，每一大保，每晚有五人輪流於保內巡邏，當遇有盜賊等犯罪事件時，則打鼓報告大保長，以尋求其他同保保丁支援。當盜賊遭緝捕時，捉拿盜賊之保丁依法將可獲得賞金。不僅如此，當保內有犯罪事件發生時，知而不告者依法將會被處罰（曾榮汾，1995）。

在日本的傳統上，由於他們能夠很成功地將民眾納入到犯罪預防工作之中，也是其治安可以傲居世界第一的另一個不可忽視的因素。在日本，每一個鄰里街坊都有他們自己的犯罪預防組織——犯罪預防協會，這是由自願的市民所籌組而成的，與當地警察局之間有密切的聯繫。犯罪預防協會活動方式在日本各地都不盡相同，主要是取決於成員的構想及熱忱。而透過犯罪預防協會與正式的地方政府機構相連結，則可以深入到每一個日本家庭中。其中，最小的政府正式組織是在城市中的區公所，以及在鄉下的村落。在這些組織之下，存在著數量相當多的防治犯罪連絡所，稱為

han[2]，他們是距今大約六百年前就已經設立的[3]。一個han是由20～30戶緊鄰的住家所組成的，數個han則組成一個cho-kai。在han以及cho-kai中的成員是很自動自發的，他們的組織活動情形則會隨著地區的不同而有所不同。來自於政府的通告在大多數的地區中，會透過cho-kai的領導者而傳遍整個社區（黃翠紋，1998）。

　　雖然，前述內容大多強調個人行動與自力救濟，但並非意指治安維護作為僅是報應與復仇而已，尚有其他許多具預防性質的做法，例如：運用城牆、護城河、升降吊橋及其他維護安全的環城物理設計。此外，巡守員所提供的守望及監控，也讓治安問題於爆發之前被發現及處理。武器管制，也是早期另一重要的犯罪預防作為，直接或間接減少暴力行為的發生。本時期犯罪預防之機制，係由民間力量主導，所採取之犯罪預防策略，可說是一種全面性的集體安全預防作為，人民以自己力量保護自我人身與財產上之安全；或是成立地方性之義勇組織，負責巡邏維護村落安全（Lab, 2000）。然而，隨著城鎮的興起，執法工作也隨之困難和花費時間，仰賴民眾於夜間輪流執行區域守望或巡邏工作維持治安之模式產生變化，有愈來愈多民眾開始逃避擔任警衛員或守望人的義務。1692年，英國隨著「搶匪防制法」（the Highwayman Act）的制定，營利性的警察工作逐漸增加。該法規範捉拿竊賊及尋回財物的賞金，而自願捉拿竊賊追求賞金的人被稱為「捉賊者」（thief taker）。到了18世紀中葉，這些捉賊者受英國治安法官的非正式統轄。然而，捉賊者通常是改過自新的犯罪者，他們靠尋回民眾失竊的財物來領取賞金，此種情況一直到1829年倫敦都會警察成立後，逮捕竊賊才由自願活動轉變成政府管轄下的正式組織來執行（Roberg & Kuykendall, 1990）。同樣地，美國波士頓也因為民眾逃避執法義務，而使當地政府不得不使用嚴屬的罰金刑，後來又引進支薪的方式，但最後因為造成政府開支上的負擔而取消。此時，城鎮的人口愈來愈多，犯罪的問題日益嚴重；另一方面，城鎮的經濟也在成長之中。義務性的執法模式再次遭受考驗，民眾大多不願意在深夜起床擔任巡守員，

2　防治犯罪聯絡所的名稱在日本各地均有所不同，通常在一些鄉下地區稱之為kumi，在Osaka地區稱之為tonari-gumi，在東京地區稱之為han，在Kochi地區稱之為chonaikai。

3　在日本，防治犯罪聯絡所已經存在了六百年之久，最初的設立是日本軍方在戰爭期間，為了動員民力並加以編組的目的，而使用此一組織系統。

顯然變革的動力已逐漸醞釀成熟。

第三節　現代警政的發展

　　「警察」一詞係源自希臘文「politeia」，是由polis與teia兩個字合成，係指管理城鎮及其周圍之一切公共事務而言。在中世紀時，此概念首先為法國所用，再經由法國而傳入歐洲其他國家。當時約在14世紀末至15世紀初，歐洲仍屬封建主割據之時代，封建主為保有勢力範圍，乃運用警察力量以維繫其政權。此時警察與政權係屬並列之同義詞，而稱警察為「良好公共秩序」公權力的維護者，亦即警察之任務為執行封建主轄區內之和平，並防止一切自救之行為。在此階段內，警察執行一切封建主所下令或所禁止之行為，並得對違反之行為加以處罰，因此警察執行職務之範圍並不明確。至18世紀，依據警察組織之型態，歐洲的警察可以區分為二種模式，一是大陸派的警察制度，採集中形式的半軍事化指揮系統，全國有統一的組織，而且中央政府有權指揮監督地方警察機關，當時法國的警察即採行此種制度；另一個則是以英國為主的警察組織體系，他們的警察是屬於地區性的分權體系，稱為海洋派的警察制度。此時期英國有許多殖民地，英國本土雖然採行分權體系的警察制度，但在愛爾蘭和其他殖民地國家則採行大陸派的警察制度。英國警政學者May By在分析世界200多個國家的警察制度後，依據警察的合法性、組織結構及作用等標準，認為可以區分為四種模式：英格蘭－威爾斯模式、美國模式、大陸模式及殖民地模式，區分情形如表2-1所示（轉引自王大佛，1995）。從本表的區分方式可以發現，在四種警察模式中，英格蘭－威爾斯模式與美國模式頗為類似，大陸模式與殖民地模式兩者亦頗為類似。此後，各國陸續建立現代化的警察，大陸派的警察制度以德、法、義大利、西班牙、日本及我國為代表；海洋派的警察制度以英、美、加拿大等國為代表（梅可望，1999）。至今世界各國警察制度雖仍大致依循此二種模式，然而，隨著全球化與社會變遷，警察制度已逐漸產生變化。

表 2-1　各國現代警察於專業化時期前體制模式的劃分

模式 區分標準	英格蘭—威爾斯模式	美國模式	大陸模式	殖民地模式
合法性	警察權力來自法律與地方政府	警察權力來自法律與地方政府	警察權力來自中央政府、國家首腦和皇帝	警察權力來自殖民地政府
組織結構	組織結構為地區自治、分散型、非武裝的文職力量	組織結構為地區自治、分散型、非武裝的文職力量	組織結構為中央集中領導、武裝的軍事力量	傾向於中央集中領導、武裝的軍事化力量，僱用外國人充當警察
作用	警察的主要任務是打擊犯罪、提供社會服務以及行政等三種職能	警察的主要任務是打擊犯罪、提供社會服務以及行政等三種職能	打擊犯罪只是警察工作的一部分，承擔更多的政治與行政職能	打擊犯罪只是警察工作的一部分，承擔更多的政治與行政職能

資料來源：整理自王大佛（1995）。《英美警察科學》，頁102，北京：中國人民公安大學出版社。

　　雖然「警察」一詞在中世紀已出現於歐洲，但歐洲大陸設立專屬之警察機關，則至18世紀前葉才在法國巴黎設立；而接受專業訓練、穿著制服的現代警察，則是根據1829年的英國「都市警察法案」所建立的。當時歐洲各主要國家受到工業革命影響，社會產生急遽變化，傳統以家庭為生產主體或以職業繼承所架構的公會團體逐漸解體，伴隨而來的則是貧窮與社會適應問題叢生，進而引發相當頻繁的暴動事件。為確保社會安寧秩序與安全之維護，許多國家陸續成立現代化警察組織。在德國，除軍隊處理大型暴動外[4]，就是所謂的「Gendarm」（憲兵）來承擔警察任務，此組織最初係護衛國王之貼身侍衛，而普魯士王國將其轉變為兵團，至1807年則改稱之為警察。由於鄉村地區騎士與地主的抗爭，普魯士乃於1812年頒布「Gendarm」敕令，設置「Gendarm」而防衛鄉村地區之安全。「Gendarm」之成員係由軍隊中服務滿十二年之下級軍官所擔任，而投入警察陣營。其主要任務屬地區性的事務，由於常駐於地區人數眾多，包括當地居民納稅、兵役之執行，監督人民遵守國家義務皆屬於其職責，因此職掌工作範圍頗大（蔡震榮、黃翠紋，2008）。

4　德國軍隊之產生，係基於拿破崙占領普魯士之後，為確保國家安全而設的。

　　在英國，民眾自行負責犯罪預防工作一直持續到19世紀，而維護特殊行業和團體安全的支薪式私人警衛，則是該時期的例外[5]。推動「都會警察法案」（Metropolitan Police Act）的R. Peel爵士以及當時倫敦警察局長C. Roman，均將犯罪預防視為警察工作的基本原則，犯罪預防的觀念，可說是倫敦都會警察的重要基石。其他更早的治安維護工作，譬如在17世紀的巴黎，也都強調諸如預防性巡邏、增加夜間照明以及市容整理等犯罪預防工作（許春金、孟維德，2003）。

　　繼受英國的做法，美國正規警政出現於19世紀中葉，但僅集中在東北部的大都市，而其他地區的民眾則仍需靠自力救濟來維護治安。工業革命之後，改變了人民的生活型態。當民眾逐漸聚集，村落形成後，譬如波士頓、費城等城市，地方上的法令具有警衛員（constable）及警長（sheriff）派任的規定，他們的工作與英國體制的情形相似。其中由地方行政首長所派任的警長，可說是最重要的執法官員，他們執行逮捕、送達傳票、出庭作證以及收稅等。雖然警長的薪資會因為處理事件的多寡而有所不同，但他所徵收的稅愈多，薪資也就愈多（Johnson, 1981）。美國現代警察機關的建立，可說是與19世紀初瀰漫全國主要都市的群眾暴動事件有關。早期的警察機關約在1830～1850年代間建立，波士頓於1837年成立全美第一個警察局，紐約市警察局成立於1844年，費城警察局成立於1854年（Roberg & Kuykendall, 1990）。新的警察機關取代了民眾義務性的守望制度，社會治安的維護責任逐漸由自願市民轉移到支薪、受有訓練的專責警察身上。

　　到了20世紀，社會對於失序行為的回應有了巨大改變。不僅是正規警察已成為常態性的社會控制機構，其他控制犯罪及偏差行為的力量也如雨後春筍般地出現。而有關犯罪及偏差行為蓬勃發展中的科學研究，也在犯罪及偏差行為的回應中具有相當大的影響力。研究人員從科學研究中逐漸瞭解犯罪的原因，並根據研究發現，改善導致犯罪發生的社會結構及犯罪者的人群關係。科學研究的結果，並不像傳統的犯罪回應作為（鎮壓、

5　英國在16世紀所出現為羊毛業界提供安全維護的「商人警察」（merchant police），便是早期私人警衛的實例。富人所僱用以保護其財產安全的地區警察（parochial police），也是另一實例。

復仇、報應等），而是根據犯罪原因進行操縱，繼而使得刑事司法體系導入許多預防導向的作為。少年法院的建立與發展，即是早期犯罪預防作為的重要實例。少年法院的功能範圍，包括打擊低下階層所存在的貧窮、缺乏教育資源及養育資源貧瘠等問題。少年司法制度的預防性質可從「國家親權哲學」（*parens patriae philosophy*）中看出，該哲學強調少年需要輔導與幫助，成人法院的運作是導向處罰而非預防。少年法院管轄擴及至身分非行（status offenses，或稱虞犯行為）的範圍，反映出違反宵禁規定、抽煙、好玩、放縱及其他類似行為（均不是刑法明文禁止的行為）是未來犯罪行為徵兆的一種信仰。因此，處理身分非行，便是預防未來犯罪的一種方法。換言之，少年司法制度無疑是一項犯罪預防的思考。

　　「芝加哥區域計畫」（Chicago Area Project），也是早期犯罪預防作為的實例。Shaw與Mckay（1942）發現，少年犯罪行為大多集中在芝加哥市中心，這些地區經常是居民遷徙頻繁以及明顯缺乏社會連結的地區。Shaw與Mckay認為，居民持續且頻繁的搬遷導致當地民眾無法運用非正式的社會控制力量來影響他人的行為。當地民眾在意的是改善自己的經濟狀況並搬至其他社區，並不重視改善當地環境及考慮繼續留下來。結果，違法者在這些地區較可能躲避懲罰。1931年所推動的芝加哥區域計畫，目的就是要協助當地民眾建立屬於自己的社區意識及榮耀感，鼓勵民眾認同自己居住的社區，長久居住當地，並運用當地的力量約束他人行為。提供青少年休閒娛樂場所及設施、社區警戒、社區更新、調解都是該計畫中的要項。本質上，該計畫就是要建構一個具持續改善及發展犯罪預防能力的社區，使該社區能夠約束當地居民及外來者的行為（孟維德，2005）。

　　至1960年代後期，隨著犯罪率不斷攀升，專業執法模式倍受挑戰，出現愈來愈多的運動希望將民眾帶回從前積極參與犯罪預防的模式。儘管許多人將此種社區行動視為新法，事實上，若從犯罪控制層面客觀分析其內容，個人責任的傳統（即民眾自行負責預防犯罪）遠多於改革創新。犯罪預防，必須從社會整體面廣泛運用任何有幫助的理念及資源。社區規劃、建築、鄰里活動、青少年支持運動、安全規劃、教育、技術訓練、跨系統或非跨系統的活動等，都會對犯罪數量及民眾的犯罪被害恐懼感產生潛在影響。

綜觀現代警察建立後，警察於犯罪預防工作中角色之轉變，可將其區分為以下二大時期：

一、傳統警察時期

警察功能涉及警察工作內涵，也會影響警察業務範疇，因此警察的功能可指：警察所做的工作（the work police do）；警察所扮演的角色（the role police play）；以及警察行為的結果（the result of police behavior）（章光明，1999）。不可否認地，警察工作有其時間與空間性，而警察的功能也是隨著時空在轉變，此種對於警察角色的期待，也將影響警察角色的扮演。根據功能論的說法，由於社會資源有限，個體為了求生存就必須競爭。同樣地，警察也受限於其資源，因此也必須在競爭生存的過程中改變功能，由所服務的區域、依其需要與特性，要求警察著重不同功能的發揮。其次，由於警察不能獨立於政治之外，政治力量往往是形塑警察角色的重要因素。使得警察在不同的政治與時代背景下，將有不同的角色扮演，亦賦予警察不同的概念與職能。因此，警察所擔負的任務往往隨著時代而變遷，在封建時代警察的任務與封建主的權力息息相關，而進入專制國家又發展所謂的警察國[6]。至19世紀初，法治國家逐漸形成，警察的角色與職能被侷限在干預行政上。而至20世紀初，世界各先進國家的警察發展已逐漸專業化，在這個時期裡，警察人員幾乎將自己的角色定位成「執法者」。然而，當他們在面對某些情況選擇執法以外的處理方式時（如在處理群眾事件時），他們不使用逮捕手段，而採取隔離或驅散的方式處理，他們往往會藉由聲稱專業知識、技巧及價值觀等理由來合理化自己的行動。藉由專業化的主張，以及擺脫地方政治勢力的影響，以使警察機關變成一個具有高自主性的政府機關。傳統時期之警政發展又可區分為警政建立與專業化二個時期，茲分述如下：

---

6 18世紀「警察國家」（police state）的觀念，只是一種表達權力已經賦予人民，使法律條文化，以法律限制合法行為的界限而已。警察的強制力有其存在的必要，如此才能確保人民都能夠遵守法律的規定。至於警察的存在則是為了保障國家的利益與完整，並且依照國家的法律規定來達成此項任務，此時沒有像早期一樣，有一些過於專斷的法律規定。警察的強制力是為了達成維持社會秩序，以及其他警察任務（如維持交通秩序、街道的清潔）的情況下，才可以使用的。當時警察的業務相當廣泛，有許多目前已經不屬於警察的業務，至於犯罪偵查在當時只是警察任務的一小部分。

（一）警政建立時期

　　此時期從現代化警政建立後持續至二次世界大戰前。在英、美等採取地方分權之海洋法系國家，警察的權力主要來自地方自治市鎮（local municipalities）。因此，警察為了自己所需要的資源，使得他們就不得不依附於政治領導人士之下，也因此把警察與地方上的政治體系緊密的連接在一起。政治體系提供資源給警察（如增加警力），警察也經常以鼓勵民眾把選票投給特定候選人的方式來回報政治體系。有時，警察甚至會涉及操縱選舉的不當活動。雖然警察機關中有一個領導中心以及統一的指揮體系，但並不是集中制的，事實上管轄區才是最重要的單位。警察通常與地方上的政治領導者建立有合作的關係，因為當時的員警與警察領導中心在空間上存有距離，而當時的通訊及交通設備並不完善，以至於員警在自己轄區的事務處理方面，被賦予了實質的裁量權。員警通常居住在自己負責巡邏的轄區裡，同時他們大多與該地區主流的政治團體同一種族，並與當地的政治領導者關係緊密，這些因素使得他們成為真正的「地方官」（local officers）。員警對於民眾需求可說是相當的瞭解，也提供相當廣泛的服務給民眾。譬如幫失業者找工作，在冬天給需要取暖的民眾送炭，在聖誕節發放禮物給貧窮家庭的小朋友，提供遊民食物，提供新移民住宿，以及其他的社會服務工作。然而，警察透過這些工作也實現了他們的本分工作：犯罪控制與秩序維護。

　　警察服務的請求，主要是來自當地政治人士和民眾。而服務請求的接獲、解讀瞭解以及回應，通常都是在轄區或街道上進行的。當時的警察大多數是以步巡方式來執勤的，在巡邏時發覺和處理犯罪及失序的問題，當時並沒有今日的科技。之後，雖然已設立了聯絡用的電話亭，但目的是為了監督和管理之用；雖然警察的執勤工作中引入了汽車，但也只是方便警察人員的活動。雖然這些發展擴大了警察的分布範圍，但是並沒有改變警察活動集中於當地轄區的情形。當時的警察機關雖然設有極為原始的犯罪偵查單位，但是和現今的刑警單位有很大的出入。犯罪負荷量指的是「人」而非「案件數」，警察大多靠這些「人」來獲知其他犯罪人。而在偵訊嫌疑人時，嚴刑拷打是經常使用的技巧。雖然和今日的警察一般，當時警察的主要任務是控制犯罪及維持秩序，不過他們還被期待去解決許多

社會問題，例如遊民及失業者安頓等問題。他們工作的成效，通常要看當地民眾及政治人士的滿意程度來評量。

　　相反地，在大陸法系國家中，警察權力則是來自中央政府。如德國於1850年頒布的普魯士警察行政法，明白指出警察的對象係指那些「所有應被警察規範之範圍者」。在此時期警察工作範圍相當廣，警察機關不僅執行防止一切危害的內部行政，包含一般警察機關如護照、戶口登記與流動人口登記等業務；與特別授權成立的特別警察機關，如鐵路、水電、港口、漁業、狩獵、營業、衛生與醫療以及其他特別警察機關。另外，還有一些屬社會福利事宜而非屬防止危害的業務，如濫建、賭博、沼澤以及森林警察等。當時尚未區分一般行政警察與秩序機關，故上述這些單位皆以警察機關稱之。至1882年，透過普魯士高等行政法院所謂的Kreuzberg判決，才將警察任務侷限在危害防止上，警察國家的警察概念才被摒棄。至20世紀初，德國所建立的威瑪共和國仍以普魯士行政法院所發展出來的警察概念為藍本，並未加以改變。此時期警察職權範圍雖排除福利措施之執行，但仍含括防止危害下所有行政行為。因此，其職權範圍仍相當寬廣，幾乎已涵蓋大部分的內部行政（蔡震榮，1990）。

　　此時期，較為特殊的警察制度當屬日本。在日本，自二次世界大戰之前的警力部署即是以鄰里為中心。他們的制服警察被派駐在派出所（Kabon）中，因而能夠散布在每一個社區之中，進行巡迴聯絡的工作[7]。而最基本的工作則是警察每年會有二次的時間，到當地居民的家中進行家戶訪問，設法使居民提供一些發生在當地的訊息以掌握當地治安動態，警察也會訪問一些小型商家，以獲得具有員工基本資料的名冊。巡迴聯絡是為了增加派出所對於社區的瞭解、展示警察的可及性、以及發展警民之間關係的一種工作設計。日本警察藉此而能夠很深入地瞭解轄區狀況，並且也因此強化了警民之間的關係，增進警民之間的互動，而能夠將民眾納入警察的犯罪預防工作之中（Fishman & Dinitz, 1995）。經由家戶訪問所蒐集到的資料，幾乎都是由地區警察獨自使用，不會跟其他政府機關共享。假使其他政府官員因為犯罪調查或是情報蒐集而需要使用這些檔案時，則必須

---

[7]　日本派出所的管轄區域，係依一定的標準劃分成數個「受持區」，並且指派專人負責執行巡迴聯絡的工作，我國派出所的警勤區制與其類似（鄭善印，1997）。

告訴基層警察他們所需要的資料是什麼。

（二）警政專業化時期

在美國，August Vollmer於1920年代末期擔任加州柏克萊市（Berkeley, California）警察局長，揭開了警政專業化時期（police professionalism）的序幕，1950及1960年代，是專業化時期的高峰。其中有兩位人士對警政專業化扮演了極為重要的推波助瀾角色，一位是前芝加哥市警察局長O. W. Wilson，後來擔任加州大學著名警政教授，對於警察組織策略有極具影響的研究。另一位是前聯邦調查局（FBI）J. E. Hoover局長，在Hoover領導FBI時，他將FBI轉化成一個專業化的警察機關（孟維德，2005）。FBI被公認是警察專業化的一個典範。於警政建立時期所發生的警察貪瀆、暴力、執法不公，以及能力不佳等問題，促使警察專業化運動的興起。基於對上述這些問題的回應，建立時期警察的權力不再是來自地方上的政治人士，而是來自法律以及專業的觀念。此時，政治影響逐漸被視為美國警政上的一個亟需改革問題，同時也日益受到排斥。

在專業化的初期，美國各地區警察首長的派任方式相當多元。某些地區警察局長的職位需要經過考試始可擔任，如洛杉磯、辛辛那提等地；在某些地區，警政委員會可以授予警察局長終身職，如密爾瓦基；另外在某些地區，警察局長的任期被刻意調整與市長任期不一致，如波士頓；也有某些地區，為了要排除地方勢力的影響，禁止警察住在自己負責巡邏的轄區內，例如費城。在這個時期裡，警察人員幾乎將自己的角色定位成「執法者」。然而，當他們在面對某些情況需要選擇執法以外的處理方式時，譬如處理群眾事件時，他們不使用逮捕手段，而採取隔離或驅散的方式處理；處理家庭暴力案件時，警察則是使用調停的手段來勸導民眾，他們往往會藉由聲稱專業知識、技巧及價值觀等理由來合理化自己的行動。藉由專業化的主張，以及擺脫地方政治勢力的影響，警察機關很快的就變成一個自主性很高的政府機構。此時期的警察工作被窄化為犯罪控制以及罪犯的逮捕。警察機關變成了執法機關，警察機關的主要目的在於犯罪控制。任何其他解決社區問題或提供服務的活動，均被視為「社會工作」，且被排除在警察工作之外，這些工作被認為不是真正的警察工作。譬如救助傷患的工作，就被轉移給消防救災或其他機構來處理；而保護婦幼的工作，

則歸屬社會福利機構。這些變革受到1960年代「執法及司法行政總統委員會」（President's Commission on Law Enforcement and the Administration of Justice）的支持。執法是本時期警政運作的核心思想，而警察人員的裁量權也受到相當程度的限制。當有一些特殊問題出現時，警察機關的典型回應，就是成立特定任務的單位，例如緝毒組、少年警察隊、處理色情問題的單位等。這些特定任務的單位大多均隸屬警察總局，以盡可能減少地方勢力的影響（Roberg & Kuykendall, 1990；許春金、孟維德，2003）。警察人員的工作受到流程規範的限制，資訊的流通也受到記錄系統的約制。工作的內容也經過分析與歸類，讓警察人員的工作技巧得以熟練化。警察人員的獎酬與其個人的生產率密切相關。

在德國，二次大戰後警察職權範圍再度受到限縮，此即所謂的脫警察化。此時期警察的權限大幅限縮，主要任務在於保護人民生命及財產安全，維護法秩序，預防及偵查犯罪以及犯人之移送法院等，且警察以處理公共事務，不介入私法、私人領域為原則（蔡震榮，1990）。早期警察所執行的行政任務，如建築警察、衛生警察、營業警察、醫療警察等，以及安全警察性質，如出版、戶口、證件以及外事警察等亦被排除於警察權之外，而列入德國所稱的秩序機關中。戰後德國於1953年訂定經濟刑法典，但不久之後就被廢除，有些列入一般刑法典中，部分則轉為戰後所定的「社會秩序違反法」中。該法仍為秩序機關處罰之根據，與我國仍屬警察機關所專用有所不同（蔡震榮、黃翠紋，2008）。

在日本，二次大戰後警察的家戶訪問工作型態有所轉變，居民不被強迫回答警察家戶訪問時所提出的問題。警察通常只是請居民填寫表格，就回到派出所。大多數的民眾通常都願意與警察合作，不明原因的完全拒絕與警察合作的情況是很罕見的。整體而言，居民的抗拒可以被警察個人的持續性與慰勉態度所克服，警察們執勤時最經常面臨的困難是調查那些新興城市中的大型公寓。家戶訪問大多數是在早晨或是下午進行，此時段其他請求警察緊急的協助較少（黃翠紋，1998）。

從前述介紹可以發現，這個時期大多數的國家由於現代國家政體的建立，透過國家司法權的行使，將犯罪預防作為聚焦於犯罪事件之處理上，並透過法律、刑罰與觀護等制度介入處理犯罪事件；且由刑事司法體系負責處理犯罪事件，而警察工作則被窄化為犯罪控制以及著重罪犯的逮捕

（Gilling, 1997）。警察機關變成執法機關，警察機關的主要目的在於犯罪控制。任何其他解決社區問題或提供服務的活動，已逐漸排除在警察的主要工作業務範圍之外，這些工作被認為不是真正的警察工作，只是警察的協辦業務而已。執法，可以說是本時期警政運作的核心思想，而警察人員的裁量權也受到相當程度的限制。警察關切的焦點在於破案，民眾任何有關以服務為導向的請求都不是警察應該回應的工作對象，使得警察的回應相當被動。至於民眾所扮演的角色，亦僅是警察專業服務的接受者（就如同處理社區健康問題是醫生的專責一般，處理犯罪問題乃是警察的專責），屬於被動的性質，民眾介入警察工作的活動，往往會被認為是不適當的干預（Roberg & Kuykendall, 1990）。在此時期，警察被描繪成保護社區安全的唯一力量，警察英雄主義受到強調，但這種情況也顯露在警察與被取締的民眾之間，形成一種懷疑甚至敵對的氣氛。警察機關積極在媒體上推銷警察是「打擊犯罪者」的形象，警察的工作績效，也主要是以犯罪控制以及破案的結果來評量，「社會服務」的功能幾乎不在工作績效評量的範圍。

在這種模式下，英美等國的警察是專業的公正執法者，但也因為維持中立而與民眾日漸疏遠。警察關切的焦點在於破案，民眾任何有關以服務為導向的請求都不是警察應該回應的工作對象。而民眾所扮演的角色，僅是警察專業服務的接受者，屬於被動的性質，民眾介入警察工作的活動，往往會被認為是不適當的干預。就如同處理社區健康問題是醫生的專責一般，處理犯罪問題乃是警察的專責。在此時期，警察被描繪成保護社區安全的唯一力量，警察英雄主義受到強調，但這種情況也顯露出在警察與被取締的民眾之間，形成一種懷疑甚至敵對的氣氛。全國上下的警察機關均積極在媒體上推銷警察是「打擊犯罪者」的形象，雖然仍有許多民眾需要警察提供步巡之類的服務，但因警察發展出對民眾報案迅速反應的科技，使得警民之間的實際接觸逐漸不被重視。當報案系統建立後，使得民眾更加缺乏主動前去與警察面對面接觸的動機。對於民眾報案予以快速反應，成為警察專業方案中的主軸之一。警察的工作績效，主要以犯罪控制以及破案的結果來評量，「社會服務」的功能幾乎不在評量的範圍。

在此情況下，當論及警察工作內容時，一般人多將警察與「犯罪」聯想在一起，因此總以為「執法」（law enforcement）是警察唯一的功能。

然而，值得注意的是：現代化警察的建立，雖然使得警察組織得以制度化，並讓警察業務得以有一定的範圍，但是在警察實務上，他們仍然需要擔負起許多的社會服務工作。主要是因為他們在執勤時使用強制力，往往會招致人民的反感，而經由他們在工作上顯現出仁慈的一面，則可以弭平人民對其敵對的態度。而學者亦根據現代警察創始者皮爾爵士的倫敦警察模式，提出好警察應該具備的原則為：1. 促進社區福利：警察工作的目的是促進社會福利，達成社會和諧。而預防犯罪、嚇阻犯罪及執行法律，亦屬於有益社區的工作（benefit the community）；2. 維持良好的警民關係：好警察應該尊重個人的權力、價值、以及人性尊嚴，這也是民主社會的大原則，警察可以透過公平執法及服務大眾達到此一目標（許春金、孟維德，2003）。另在相關的研究亦發現，於警察實際的工作上，無法只單純地處理犯罪問題，而不需處理其他的社會服務工作。例如，根據Reiss（1971）在芝加哥的調查，發現在警察所處理的事情中，有83%的案件是與犯罪無關；而Bercel（1970）在底特律也有相同的發現，警察所接觸到的個案中，只有16%的案件是與犯罪有關的；Manning（1977）的資料則顯示警察日常工作中處理犯罪的比例稍高，但也僅27%而已；Comrie與King（1975）的調查發現，警察的工作有34%與犯罪預防有關，30%與社會服務有關；Punch與Naylor（1973）的研究發現，警察執勤的時間有41%花在執法的職責上，卻有59%是花在做服務的工作上（轉引自吳學燕，1993）。雖然社會建立警察的目的，不僅是期望警察成為執法的工具，更期望警察作為應付社會變遷所產生失序問題的機構，促進人民生活發展，此對警察勤務最大的影響即是服務活動的增加。但是隨著警察工作的專業化，民眾與警察面對面的機會愈來愈少，而警察本身並未去增加其與民眾相處的機會，也使得警察與民眾的關係日漸疏遠。

美國社會在1960及1970年代所發生的變遷形成了一種不穩定的狀態，這種狀態更加催化了警察的改變。當時主要的社會變遷事件包括民權運動、少數民族向城市遷徙、人口年齡的變化、犯罪率與恐懼感的上升、以及除罪化和犯罪處理的非機構化（轉介）等運動。在這些事件的影響下，社區顯現出需要更具預警能力以及更能夠涉入社區事務的警察。民眾對警察服務的需求愈來愈大。約自1960年代末期起，警察機關的規模急速擴張，甚且經常為了購置新式科技設備而擴大預算的編列（黃翠

紋，2004）。然而，犯罪率卻持續在上升，民眾在許多方面表現出不滿的情緒。譬如，民眾因為害怕成為犯罪的被害人，而漸漸不使用大眾運輸工具，公園的使用率也下降，夜晚不出門等。一直到了1970年代後期和1980年代初的時候，失序與恐懼感之間的關聯性愈來愈受到重視，其重要性甚至高於對犯罪的恐懼感。此訊息的出現有其重要意義，因為維護秩序原本是警察的工作之一，但在警政專業化時期卻被警察所忽視，警察人員大多未接受維護秩序有關的訓練。在另一方面，少數民族團體也對自己所受到不平等及不適當的待遇發出不平之聲，而且經常以暴動或群眾活動的方式來表達，警察處理這些活動的方式往往難以避免暴力，甚至會激化暴力事件。而民權運動團體也對警察進行挑戰，他們強調警察人員中應該要有相當的比例是少數民族及女性。實證研究更揭示，「純正的執法活動」僅占警察工作時間中的一小部分，其他活動占據了警察大部分的工作時間，同時警察對於這些活動的處理方式大多享有裁量權（Roberg & Kuykendall, 1990；許春金、孟維德，2003）。

二、社區警政時代的來臨

1960年代末，隨著社會轉型、經濟的急遽變遷與資訊革命的衝擊，許多國家都經歷了群體解組、個人疏離、原有賴以維持社會安定的文化價值，又在震盪中失去規範行為的功能。犯罪率高漲、犯罪手法殘暴、與治安日益惡化，此一社會問題成為許多國家人民共同的夢魘，也是各國政府急於解決的問題。促使警察從以往秩序維護者的角色，轉變為社區服務者的角色，社區警政（community policing）理論的概念於焉興起。不僅如此，歐美國家在1980年代以後，也面臨許多類似的挑戰，於是有所謂的政府再造運動（reinventing government或government reengineering）的風行，主張引進企業精神，講求創意與品質，視民眾為顧客，爭取民眾的向心等，落實在警政改革的實際作為就是：社區警政。隨著時代腳步的變遷，傳統警察的角色已經無法符合現代民眾的諸多需求，民眾不僅期待警察保障其生命與財產的安全，還要求他們解決相關的治安與失序問題。

社區警政之風潮最早始自1970年代初期的美國，也受到許多國家的警政學者與實務工作者的青睞，並且爭相推動（Kelling & Moore, 1988）。不過，也有其他學者認為社區警政觀念的根源，應追溯至18世

紀初Robert Peel爵士在英國倫敦所建立的現代警察；也有學者認為，社區
警政模式的運作開端，是始自1960年代美國社會動盪不安之後；甚至還
有學者認為社區警政模式始自1970年代Kansas市巡邏實驗之後（許春金、
孟維德，2003）。但不論社區警政於何時開始？由哪一個國家所率先推
動？此種模式被認為是社會變遷下，警政思想轉變的結果。

專業化時期的警察在以「執法者」自居的同時，警察受政治的干涉
固然獲得某種程度的舒緩，但也讓警察與民眾的實際生活漸行漸遠，警察
所執行的工作終至無法確實反應社會的實際需要。此外，社區警政模式的
發展，還受到下列三項洞察的影響（孟維德，2005）：第一，若沒有民
眾（社區）的協助警察是無法有效預防犯罪的：犯罪控制事實上並不是警
察給予民眾的一種服務，而必須是民眾共同參與的一種活動。所以，良好
公共安全的建立，民眾是不可或缺的貢獻者。第二，警察無法僅靠犯罪案
件發生後的被動式反應（reactive）達到犯罪預防的目的：由於犯罪和失
序行為的發生地點並不是隨機分布的，因此預警式的勤務作為較為符合實
際所需。有非常多的研究發現均顯示，都市中少數的地點，解釋了大多數
民眾對警察服務的請求[8]。研究更顯示，強盜、強姦、家庭暴力，以及不
法目的的侵入等犯罪有較高的地區集中（concentrate geographically）趨
勢。其中，家庭暴力和強盜搶奪犯罪行為的集中性最為明顯。第三，警察
勤務過於消極（尤其是巡邏）：過去研究顯示出，單靠警察的可見度，事
實上並不足以嚇阻犯罪的發生。標示鮮明警察標幟的警車巡邏，可以說是
警察最為普遍的巡邏方式，但在實際的效果上並不能滿足民眾安全感的需
求，同時也無法有效嚇阻犯罪者的犯罪意圖[9]。在另外一方面，實證資料
則顯示，警察所應有的作為，反而是應該積極地且可以被民眾看見的，在
公共場所協助創造出一種秩序的、安全的、以及信賴的氣氛，尤其是在那
些犯罪較為集中的地區。警察可以藉由導正或平息民眾非犯罪的失序行為

8 學者Sherman、Pierce和Kelling等人在不同的研究中均發現，在都市裡，大約有60%民眾對
於警察所提出的服務請求，是集中在整個都市10%的地區。Sherman, L. W., Gartin, P. R. &
Buerger, M. E. (1989). "Hot spots and predatory crime: Routine activities and the criminology of
place." *Criminology* 27: 27-55.
9 有關這方面的研究，應該以「堪薩斯市預防巡邏實驗」（The Kansas City Preventive Patrol
Experiment）最具代表性。

以及引起恐懼的行為，而達到上述的目的。基本上，這三項洞察可以說是形成「社區警政」策略性思考的主要基礎。至於警察由傳統秩序維持者的角色轉換到社區警政的跑道，有以下幾點特點（黃翠紋，2004）：（一）警察的工作範疇更為擴大，不再只是以犯罪為中心，也強調為民服務；（二）警察系統重新檢討工作順序，對於與民眾生活息息相關的治安與非治安的案件均加以重視；（三）警政重點由原先的反應式（reactive）處理案件的方式，改為以尋求有效解決問題的預防式（proactive）警政；（四）體認到警察機關必須在結構上改進，同時必須鼓勵創新，提倡參與式管理，才能更有效因應社區警政的需求。

　　社區警政幾乎可以代表警察自「專業模式」發展以來，一種最令人注目的改變。雖然社區警政的意義，在實務界並沒有建立一致性的看法，但一個常被引用的概念為D. H. Bayley對於許多國警政模式（包括：美國、加拿大、英國、澳洲、日本、新加坡等國家的警察機關）進行研究後所提出的概念。他發現，這些警察機關所採行的改良式犯罪預防策略在實施上雖然有很大的變異性，但其中有四項要件是一再重複出現的。這四項要件包括：諮詢（consultation）、調適（adaptation）、動員（mobilization）、問題解決（problem solving）（Bayley, 1994）。從這四個要素可以發現，社區警政的主要前提是：警察的主要責任應該透過維持社區秩序、問題解決與服務導向的工作等行動，來處理社區的問題（Goldstein, 1990）。換言之，當代警察的角色職能已有所擴充，不再只侷限於案發後事後派遣的反應模式，而是含括了對於各種社會服務的功能。因此，警察的勤務作為不再只是扮演犯罪打擊者的角色，而必須結合社區中的相關組織與資源共同解決社區問題。在此模式下，警察所扮演的角色非常多元，包括：促進能力者的角色、協調團體者的角色、社會設計的參與者角色、提倡者的角色，以及輔導行動者的角色。而為了有效解決問題並節省警察資源，警察必須努力發展與社區中各種相關團體（除其他政府部門外，還包括民意機構、民間團體與社區居民等）的合夥關係。此外，社區警政的重要要素為社區的參與，它強調：**在警察回應社區的需求時，警察與社區民眾合作也扮演著同樣重要的角色**。在社區警政模式中，社區的參與不但是警察工作中最重要的部分，而且由於警察應該處理何種問題的決定權不再只是由警察管理階層所決定，部分是來自於社區民眾的意見，也

使得它成為決定警察該處理何種問題的關鍵要素（Manning, 1997）。在民眾參與警察工作的範圍方面，則除犯罪問題解決外，還應包括犯罪被害恐懼感之排除在內。為達成此一目標，在警察作為方面，則必須採取：分權化的決策模式、問題解決，以及滿足顧客的需求等作為（Eck & Rosenbaum, 1994）。在此趨勢下，警察組織中已有許多人不再將自己的工作限定於犯罪打擊者的角色，而會將工作擴及到產生犯罪根源的犯罪被害恐懼感、失序與不道德的行為等議題上。而為了拉近與社區民眾的距離，警察亦改變巡邏勤務的方式，許多警察局再度實施腳踏車巡邏、步巡，以及巡守合一等勤務方式。而其中最大的改變當屬在警察的角色扮演上，已從犯罪打擊者轉變成社區問題的解決者（Goldstein, 1990）。

社區警政之所以受到許多專家的重視，主要在以社區問題為中心，以根本解決製造犯罪的問題源頭為標的，藉以建立具有生活品質的安全生活空間為願景，所發展出來的警民合作策略聯盟。這種模式若能發揮其功能，不僅能改善傳統式警政的缺陷，更由於其因時、因人、因地、因事制宜的彈性，不僅能發揮與時俱進的特色，亦因犯罪的國際化，而可突破國界的限制，成為具有本土性質的草根做法。

第四節　變遷社會中警察犯罪預防角色的調適

雖然對於社會秩序的維護，警察機關始終扮演著最為重要的角色，但不同時期的警察卻有著不同的犯罪抗制職權，與民眾的關係亦有所差異。晚近社區警政的肇始，係延續了多年來警政學者及實際從事警察工作者，不斷努力改良警政措施的試驗及成果，其中也隱然反映許多警察工作中的挫折。舉例來說，多年來學者的研究發現一再建議：警察工作的手段及做法，與其目的早已嚴重脫節；中外各國警察一向將打擊犯罪列為首要任務，有80%以上的警力都部署在抗制犯罪上，而根據統計顯示，所有警察處理的業務中與犯罪有關者不到20%。換言之，真正與民眾最有關的事務，反而被忽視了。例如，幾乎在世界各國的暴力犯罪案件統計中都反映出「婦女與兒童」是主要的犯罪標的，是最容易成為犯罪被害人的族群，但是，幾乎各國的警政機關都是清一色的以男性為主，並未針對婦幼被害

人的需求營造一個可以信任與依賴的環境，而傳統警政的缺失，正是社區警政力圖改正的重點（孟維德，2005）。在社區中，不論是婦女或是兒童都是屬於弱勢團體，而亟需警察積極保護的對象。同時，家庭暴力案件不僅是社區秩序的亂源，而且這些問題亦可能導致其他問題的發生，例如從過去研究顯示：有許多的受虐兒童日後可能演變成犯罪者或是家庭暴力的施虐者，使得警察必須積極結合社區其他資源介入此類案件的處理（黃翠紋，2000）。因此，近年來警察在動員社區民眾的努力，有許多是朝向了被害人及證人的支持方案上努力，目的是期望能夠鼓勵這些人在偵查和審判過程中勇於作證，以期能夠更提升犯罪追訴的效果。例如，在美國和加拿大有近半數的被害人輔助方案是由警察來運作，這些方案主要是提供被害人情緒上的支持、提供被害人在填寫保險文件時有關的建議與協助、協助被害人蒐集政府所提供的福利資料等（許春金，2010）。

　　近年來，許多國家的警政管理者與學術界已經逐漸地體認到傳統犯罪抗制策略的限制，也因此帶動了實務與學術界致力於探究其他更為有效的策略模式。在1970年代，英美等國的警政管理者是以增加警力的策略來對抗漸增的犯罪，但是到了1970年代末期，由於市政以及國家財政的緊縮，使得此種策略面臨考驗。因此到了1980年代，人們轉而希望以自願的民力來抗制犯罪。此時所出現的「社區犯罪預防理論」（Community Crime-Prevention Theory）即是植基在：犯罪控制策略若是能夠深植於民間的自願組織，將可以節省很多國家預算的理論基礎上。因此，許多國家在犯罪的抗制策略上乃轉而強調社區取向的犯罪預防策略，它是經由刑事司法系統與社區組織的合作，共同來抗制漸增的犯罪。這個理論假設：單是靠警察與其他刑事司法人員的力量，並無法有效的遏止犯罪的發生，以及減少人們的犯罪被害恐懼感。在這個觀點中，假使國家要在現實的財政壓力下獲得安全的社會，而且能夠使得市民的自由受到保障，那麼運用社區的自願組織來控制犯罪並減輕民眾極端的犯罪被害恐懼感，將必須與運用政府的力量同樣受到重視。因此，影響社區犯罪預防方案的產生，大約可以歸結為以下三個因素（White & Perrone, 1997）：

一、受到國家財政危機的影響：過去政府在維持傳統的刑事司法運作上所需要的費用相當大，而今面臨了財政上的危機，政府已經不能沒有限制地將國家經費運用在刑事司法的開銷上。使得政府不得不採取以社

區為基礎的犯罪預防方案，以設法將一部分的社會治安維持責任轉移
到民眾的身上。

二、警察實務上不可避免的要素：若是沒有民眾的協助，警察是無法有效
抗制犯罪的發生。因此，警察為了增加其效能與效率，在其運作上必
需有效地動員民力以作為其耳目。

三、社區本身從事犯罪預防的動力：由於犯罪率急遽升高帶來民眾高度的
犯罪被害恐懼感，使得民間自組許多與犯罪抗制有關的社區組織，其
出現主要即是因為國家的力量無法有效地抗制一些特殊的犯罪，必須
仰賴民眾自己的力量來解決，使社區民眾能夠直接參與犯罪預防的工
作。

在各國推動社區警政模式的經驗中，又以日本的社區犯罪預防模式
最為世人所普遍關注與讚揚。相較於歐陸與美國，日本警察在其與社會大
眾日常非緊急的聯繫中，非常注重犯罪預防工作，這也是日本警察長久以
來非常強調的工作項目之一。其重要性並不亞於犯罪調查、巡邏，以及交
通執法。在日本的傳統上，由於她能夠很成功地將民眾納入到犯罪預防的
工作之中，也是其治安可以傲居世界第一的另一個不可忽視的因素。在日
本，每一個鄰里街坊都有他們自己的犯罪預防組織——犯罪預防協會，這
是由自願的市民所籌組而成的，與當地警察局之間有密切的聯繫。其活動
方式在日本各地都不盡相同，主要是取決於成員的構想及熱忱。他們的活
動非常地多元，例如：會在公共場所設立標誌，並且散發有關家宅防護的
傳單；不斷地提醒社區居民，當遇到緊急情況時，打110報案電話的重要
性；宣傳及販售經檢驗合格的門鎖與窗戶上的鎖扣；捐錢給當地警察局從
事犯罪預防的工作，或是出版犯罪預防的刊物等。對於有問題的人物持續
地進行非正式的監控，特別是幫派分子；針對幫派分子他們會提醒商家：
不要懼怕幫派分子、不要提供金錢給他們，以及不要接受他們的幫助（黃
翠紋，1998）。

而從1977年開始，日本警察每年10月會選定一個主題（例如：汽車
竊盜或是住宅竊盜等），舉辦全國性的犯罪預防活動。這些將會引起全面
性的宣導、動員、示範，以及訊息的擴散。之後，他們將會選定犯罪案件
較高的社區作為特別預防區，以1988年為例，他們在全國選定了818個這
樣的地區加強推動犯罪預防與宣導工作。警察會針對這些社區加強工作，

以使這些計畫能夠確實地解決問題。此外，每年警察也會在全國選出70～80個社區作為示範區域，來推動新的犯罪預防方案。日本警察會定期地與當地居民和商家討論安全的問題，以及提供住宅防盜的技術給居民。派出所警察在執行家戶訪問時結合了犯罪預防的工作，當警察到民眾家裡訪問時，如果沒有人在家，警察會留下他幫住家檢查防盜設施的缺失而記載下來的卡片，其內容包括：住戶房門未關妥、窗戶沒有安全地上鎖、貴重的財物留在院子中無人看管等。在犯罪預防的聯繫上，派出所已經建立了特殊的文件，他們會印製傳單及製作卡通影片宣導犯罪預防的資訊。傳單的內容會隨著時間與地區而有所不同，它的內容可能會包括：暑假即將來臨，請留意小孩會在街頭遊蕩；在新年期間酒醉的人，可能會增多；在一些特殊的商業區，發生很多扒竊案件等。傳單的內容也會包括社區所發生的事件與即將舉辦的會議。當管區警員換人時，也可能會介紹新警員的簡短自傳。此外，日本警察也會與其他政府機關和社區組織一起合作，共同降低那些容易產生犯罪和失序的情境。由此可知，日本警察不但深及社區，而且其工作的內容也不單單地侷限在執法的工作上。因此，日本警察所扮演的角色不僅只是一個救火隊員，他們更像是郵差——他們已經將工作融入到民眾日常的生活之中了。

在臺灣地區，近幾年來警察的立法趨勢，由於受到美國的影響，增加了一些原本不被視為警察職權的任務，亦即所謂婦幼人身安全法規。由於這些規定，使得警察介入私人生活領域中有關犯罪預防的工作，而使警察概念不再侷限於防止危害，且發展至犯罪預防的工作上。警察在人民有困難之際，亦應積極介入其中，而盡國家保護人民生命財產的義務，在這些法規中，警察執行法律所頒發的保護令。亦即，警察權已再擴及於司法活動上，警察權不再單純屬於行政權，司法活動有明顯增加的趨勢。此種發展，目前正方興未艾，人民有要求國家保護義務，應屬目前世界各國的趨勢，這連帶使警察概念也產生變遷，警察要求減少任務，在此趨勢下勢必不可行。而警察概念的變遷，也使得警察任務更具多面性（蔡震榮、黃翠紋，2008）。

在過去，警察機關常有「避免介入民事」的認知，犯罪預防先機的掌握難免因此受到負面影響，以致警察採取行動時，多已達「不得不」採取行動的時刻。而婦幼人身安全法規的立法，強調跨部門整合及事前預防的

重要性，也使得警察角色的定向受到衝擊。體察此一趨勢，近年來警政署亦開始推動社區警政，以全民治安防制理念，融入社區，結合社區民眾力量、統合社區資源，使治安向下扎根，讓民眾自己參與自身生命、財產的保護，並與警察工作結合，作良性互動式的循環。根據孟維德（2005）的研究發現，以往警察的犯罪打擊者角色，因受某些新立法的影響，除著重破大案、捉要犯外，如何結合民力與統合社區資源、參與社會工作等，已成為警察新的工作重點。另從歷任警政署長賀詞內容進行縱貫性比較分析，亦可發現：「為民服務」所占篇幅比例有逐漸增多的趨勢。也使得警察的價值觀有逐漸往社區導向價值觀發展的趨勢。但在警察的實際工作上卻仍有一段相當長的路要走，以2001～2003年這三年的全國模範警察當選人受表揚事蹟觀之，「偵破重大刑案」所占比率最高，高達54%，而為民服務則僅有8%（參閱表2-2）。顯見目前警察機關所定義之「優秀警察」與過去相比變化不大，仍是著重於對重大刑案偵破的獎勵。

表 2-2　2001年至2003年全國模範警察當選人受表揚事蹟一覽表

受表揚項目	人次	百分比
偵破重大刑案	47	54%
考績甲等達年資五分之一以上	24	28%
為民服務、緊急救護、內部團結、ISO9000認證工作	7	8%
國家安全專案工作	4	5%
教育、營建、後勤工作	3	3%
交通專案相關工作	2	2%
合計	87	

附註：受表揚84人中，有三人符合上述項目二項以上。
資料來源：吳啟安（2004）。《家庭暴力防治官性別平權意識與工作滿意度研究》，中正
　　　　　大學犯罪防治研究所碩士論文，頁39。

至於民眾的意向如何？為廣泛瞭解民眾對警察行為的期待內容，黃翠紋（2002）在中央警察大學「警政民意調查中心」2002年第二次警政民意滿意度調查中，特別針對民眾所認知之「適當的警察工作內涵為何」，以及「警察最重要的工作項目為何」二個問項進行瞭解。本次訪查時間為2002年12月2～10日每日晚上18時30分至22時。本研究共抽取4,075個電

話號碼，成功接受調查的受訪者共計有1,090位，在95%的信賴水準下，抽樣誤差大約在正負3%之間。從表2-3可以發現，在「民眾所認為適當的警察工作內涵」方面，認為「服務民眾與打擊犯罪一樣重要」的受訪民眾占比率最高，為32.07%；其次為「打擊犯罪為主服務民眾為輔」，所占比率為27.65%，再次為「打擊犯罪」，所占比率為24.15%。換言之，民意調查資料顯示，民眾認為警察若能兼顧服務民眾與打擊犯罪是最理想的情況，否則應以打擊犯罪為主。在「民眾認為警察最重要的工作項目」方面，選擇「保護人民及財產安全」的受訪民眾百分比最高，為25.01%；其次為「維護社會秩序」，所占百分比為21.26%；再次為「預防犯罪發生」，所占百分比為17.57%（本題可複選，受訪者最多可選三個選項）。至於警察機關長期以來所重視的「犯罪偵查」工作，在10個選項中居第六位，所占比率僅有5.46%，可見民眾期待與警察實際工作重心之間，有一段相當大的差距。

表 2-3　民意調查各選項之次數分配

次數分配 變項名稱	次數分配		
	選項	次數	百分比
民眾所認為適當的警察工作內涵	服務民眾	68	6.27%
	打擊犯罪	262	24.15%
	服務民眾為主打擊犯罪為輔	107	9.86%
	打擊犯罪為主服務民眾為輔	300	27.65%
	服務民眾與打擊犯罪一樣重要	348	32.07%
	總和	1,085	100.00%
民眾認為警察最重要的工作項目 （本題可複選，受訪者最多可選三個選項）	預防犯罪發生	328	17.57%
	提供民眾服務	186	9.96%
	維護社會秩序	397	21.26%
	保護人民及財產安全	467	25.01%
	執法	179	9.59%
	犯罪偵查	102	5.46%
	管制交通	100	5.36%
	降低民眾的犯罪被害恐懼感	35	1.88%
	保護人民權利	65	3.48%
	解決人民衝突	8	0.43%
	總和	1,867	100.00%

第五節 結語

　　警察的概念與職能是時代變遷下的產物，不同的時代將有不同的警察角色；不同的國家亦可能賦予警察不同的職能。但有一項對於警察概念卻始終存在，即警察是社會秩序的維護者與執法者。當國家為解決社會變遷所產生的社會問題時，即可能會賦予警察新的任務。同時，從前述討論，吾人可以發現：犯罪預防的概念出現的非常早，當有犯罪的發生，犯罪預防也就隨之出現。雖然隨著時代之轉變，預防作為之形式隨之變化，「犯罪預防」也變為一個新名詞，但人們對於安全的關切，仍舊是長久以來就存在的觀念。貫穿人類歷史，不論是義務性或出於自願，處理犯罪及犯罪者，大部分都是民眾自己的責任。一直到近代，人類社會才發展出警察組織、法院及監所等刑事司法體系，承擔起處理犯罪的主要責任。然而，刑事司法體系是否能有效預防及控制犯罪？仍待更完整及嚴謹的科學證據證明之。過去研究隱喻，僅增加該體系的預算並無法改善其抑制犯罪的能力。犯罪，是一項社會問題，並非僅是刑事司法體系的問題。

　　在犯罪的抗制上，若是單純地仰賴國家的強制機構（如警察、法院與監獄），將只不過是經由暴力的使用或是威嚇暴力的使用來維持社會秩序，其功效是十分有限的。而當提及犯罪預防的概念時，則將不單單只是仰賴國家所設立的犯罪抗制機構，尚需運用其他社會組織的力量來抗制犯罪。其中，社區民眾直接參與犯罪預防的工作，即是經由這些措施確保自身生活環境的安全，避免其生命財產的犯罪被害。許多國家體認其重要性後，乃轉而尋求社區犯罪預防模式來抗制犯罪。然而，在實務的運作上，犯罪預防的成效並不單單只是涉及選擇技巧與策略的問題而已。從許多的案例中發現，適當的犯罪預防介入措施需要清楚的政策取向來引導，而不是技術的取向。換言之，若要使犯罪抗制策略發揮其功效，則除了採取新的技術之外，更重要的應該是組織變革的配合（White & Perrone, 1997）。

　　在世界各國紛紛採行社區犯罪預防模式來抗制犯罪之時，很不幸地我們卻發現，單單是仰賴此種策略來抗制犯罪其效果仍是十分有限。以社區警政的推動為例，其面臨的困境在於：實施社區警政的國家幾乎完全仰賴少數上層領導者的推動，一旦當這些社區警政倡導者退休或是離職，他們

所推動的方案便充滿變數。另一方面，從許多研究結果也顯示出，大部分的民眾對於參與犯罪預防的態度仍是十分冷淡的。不同於其他國家，日本在其傳統上，由於已經有長期的警民合作抗制犯罪模式。日本的警察能夠深入社區與獲得民眾的信任，而且民眾樂於協助其警察，使得警察能夠掌握轄區的狀況、獲取治安的情報。因此，日本雖然高度的工業化，卻仍能維持良好的治安。由於日本的派出所警察非常強調服務的取向，加上在他們的傳統中又能夠將社區民眾納入到犯罪預防的工作之中，使得許多西方的學者推崇日本是世界上實施社區政策的典範。反觀臺灣地區，近半世紀來的國家社會變遷與發展，隨著時代的不同，而有不同的面貌。伴隨而來的則是社會治安惡化已成為嚴重的社會問題，不僅引起社會各界對社會治安問題的關注，更對警察機關寄予深厚的期望。而警察政策雖經不斷的改善與強化，然而，在「抓要犯、破大案」之非正常化的績效導向下，仍嚴重的忽視了組織內部員警以及民眾的感受，遂使警察工作仍然未能發揮其應有之效果。我國雖然有與日本相類似的派出所制度，但是在實際的執行上卻存在著諸多問題，使其功能無法發揮。同時，在民眾的參與社區事務上的意願也相當地薄弱，這些都是我國政府與警政領導者目前亟需解決的難題。唯有在民眾的積極參與以及警察組織在績效評比方式上有所調整的前提下，才能發揮犯罪預防應有的功能。

第三章　警察預防犯罪的理論與策略

第一節　前言

　　有關犯罪的理論，大致上可以分為解釋犯罪人如何形成以及解釋犯罪事件如何發生兩類。其中，前一類理論，即解釋犯罪人如何形成的理論和研究，長久以來，一直是犯罪學發展的主流，而此類研究大多把焦點集中在，為什麼某些特定類型的人會犯罪，以及應該如何處理這些人之上。近年來，學術界的注意焦點才逐漸轉移到犯罪事件，而不像以往多集中在犯罪人的特質上。對於犯罪機會、地點、情境等的關切，正是此途徑中極為重要的部分。

　　針對犯罪問題的解釋，儘管解釋事件發生的理論以及解釋犯罪人特性的理論偶有不一致的情況，但是如果能把犯罪人及犯罪事件的解釋整合互補，那麼對於犯罪現象的瞭解將是更有助益的。事實上，某人或許有極高的犯罪傾向或動機，但是除非當事人實際犯了罪，否則解釋犯罪人如何形成的理論也就沒什麼好解釋的。在功能方面，解釋犯罪人形成的理論最後應該要告訴吾人，某些人是如何成為犯罪人，以及在什麼情況下，他們不再繼續犯罪。犯罪人理論或許可以針對那些未來可能成為暴力犯或累犯的標的團體或個人提出相關防治對策，但此等理論並無法在犯罪預測上做到百分之百的準確，同時該等理論未來的發展，在學術界仍缺乏一致性的共識。換言之，植基於犯罪人理論的犯罪預防策略，還有許多尚未確定以及待澄清之處。就算未來犯罪學家能夠更瞭解犯罪人的犯罪特性是如何形成的，但是否能夠讓更多具犯罪特性之人不去從事犯罪行為，恐怕仍是一個未知數（孟維德，2011b）。

　　因此，對於犯罪人的發展與形成，現有的犯罪學知識已經可以提供相當程度的解釋，而對於犯罪事件的發生，犯罪學的知識當然也需具備解釋能力的必要。在犯罪學的知識領域裡，特別是需要一個能夠告訴吾人，為什麼犯罪者會選擇某些目標？也就是為什麼某些目標會對潛在犯罪人造成吸引？以及為什麼某些目標會令犯罪人感到嫌惡？還有，哪些事物是犯

罪人進行犯罪時的障礙?犯罪人又是如何克服這些障礙的?犯罪者、被害者以及監控者何種型態的日常活動,助長了犯罪發生的可能?雖然,一個能夠對這些問題提供明確答案的周詳理論,尚需一段時間始能建立,但是許多針對犯罪事件進行研究的犯罪學家,對於此種理論的架構已有相當共識。此外,有愈來愈多的證據顯示,基於「事件」的預防策略,對於某些犯罪問題可以提供立即且顯著的正面影響。

過去,警察與民眾普遍認為,破案就是最好的犯罪預防途徑,也就是把犯罪者繩之以法,讓犯罪者為自己所犯的罪行負出代價。警察機關為達此任務,主要策略就是運用預防性巡邏、快速反應以及案發後的犯罪偵查作為。然而,多年的警察實務經驗顯示,犯罪率並未因此而下降,破案率也沒有因此而提升,如此的策略無法滿足社會大眾的治安需求。之後,警察機關改採攻勢成分較強烈的犯罪預防策略,希望能威嚇犯罪的發生,這些攻勢策略包括指示性的巡邏、針對特定人為目標的巡邏、臨檢盤查、誘捕、臥底偵查、監聽等。雖然這些策略與過去不同,它們把焦點置於未來可能發生的犯罪上,而不是只對犯罪進行事後反應,但這些策略仍舊是想透過逮捕、懲罰的手段對犯罪產生威嚇效果,同時還在做法上引起一些與法律、人權保障有關的爭議。近年來,警察機關開始運用犯罪分析及預警式思維,研擬理性與權變策略,也就是根據系統化分析後的資料處理轄區治安問題。這些機構一方面向學界求助,一方面重新檢視內部資料系統的健全性及分析能量,在犯罪預防上逐漸顯現正面效果。

刑事司法及犯罪學者普遍認為,針對犯罪問題進行廣泛且清楚的分析,是犯罪預防的關鍵基礎。犯罪預防政策的研擬,絕非憑空想像,必須植基在理性、客觀的分析基礎之上。當代,警察預防犯罪策略的背景及內涵,主要受到晚近相關學術理論與思維的影響,這些理論與思維臚列如下。

第二節　警察預防犯罪的理論

犯罪學者Felson與Clarke(1998)指出,機會,是所有犯罪行為的基本條件。僅有機會,雖不一定促成犯罪發生,但犯罪必須要有機會始能發

生。他們更明白表示：「個體的行為，乃是該人與環境互動的結果（Felson & Clarke, 1998: 1）」。機會影響行為的方式很多，Felson與Clarke提出10項有關機會的原理，詳如表3-1，並透過這些原理來說明機會如何影響及塑造犯罪行為，其中，多數原理與時間、空間及情境有關。他們認為，減少機會，可以控制犯罪的發生。這10項機會原理，與三個犯罪學理論關係密切，它們分別是日常活動理論（Routine Activity Theory）、理性選擇理論（Rational Choice Theory）及犯罪型態理論（Crime Pattern Theory）。此外，Wilson與Kelling（1982）指出，失序（disorder）是自變項，犯罪是依變項，若能妥善控制失序，將能減少犯罪的發生，即「破窗理論」（Broken Window Theory）的基本概念。由於維持社會秩序是警察的重要任務之一，因此破窗理論無疑也是警察預防犯罪不可忽略的理論。

表 3-1 機會原理與犯罪

1. 所有犯罪的發生，機會都扮演重要的角色。
2. 犯罪機會具有高度的特定性，不同犯罪，需要不同機會。
3. 犯罪機會在時間與空間上，具有集中特性。
4. 犯罪機會，受個人日常活動的影響。
5. 某一件犯罪可能為另一件犯罪製造機會。
6. 某些物品提供了較具吸引性的犯罪機會。
7. 社會及科技的變化，製造了新的犯罪機會。
8. 犯罪機會可因外力介入而減少。
9. 減少機會，原本可能發生的犯罪不會轉移至其他地點。
10. 特定機會的抑制，可能產生多種類型犯罪的減少。

資料來源：Felson, M. & Clarke, R. V. (1998). *Opportunity Makes the Thief: Practical Theory for Crime Prevention*. London, UK: Home Office Police and Reducing Crime Unit.

一、日常活動理論

日常活動理論主張，潛在犯罪者與被害者的日常活動對於犯罪的發生影響甚鉅。Cohen與Felson（1979）指出，犯罪的發生，需要三個條件，分別是合適的標的（suitable target）、有動機的犯罪者（motivated offender）以及缺乏監控（absence of guardians），如圖3-1。他們從研究中發現，多數犯罪導自於機會。該理論並不認為犯罪者不會主動尋找機會，

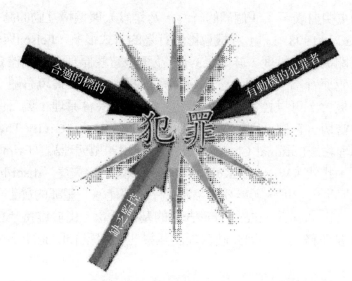

資料來源：孟維德（2011）。《犯罪分析與安全治理》。五南圖書出版公司。

圖3-1　日常活動理論概念圖

只是當事人選擇犯罪標的及從事犯罪行為，是上述三個條件互動的結果。

　　換言之，日常活動理論將犯罪事件的發生解釋為下列幾種條件聚合的結果（Felson, 2002）：第一，必須出現有動機的犯罪者；第二，必須要有前者所希望或想獲得的標的；第三，標的與有動機之犯罪者必須在相同的時間出現在相同的地點，並且，在當時、當地缺乏監控或監控失效。監控通常有三種，具親近關係的監控者（intimate handlers，如親友）、守衛（guardians）及地點管理者（place managers），如圖3-2。

　　所謂「具親近關係的監控者」，係指對潛在犯罪者具有直接私人影響力的人（譬如父母、老師、教練、朋友或上司等）。當這些人出現時，潛在犯罪者原本打算進行的犯罪便有可能受到抑制。對許多犯罪者而言，不論是少年犯或是成年犯，往往缺乏這種具親近關係的監控者或其監控功能不彰。

　　所謂「守衛」，就是有能力保護標的之人。他們必須不在特定的地點出現，犯罪才有可能發生。守衛不一定是正式的警衛人員，非正式的人員有時也具備守衛功能，例如數位女子於夜間結伴回家，彼此保護，就有守

犯罪

潛在犯罪者

標的/被害者

地點

具親近關係的監控者

地點管理者

守衛

資料來源：Clarke, R. V. & Eck, J. E. (2007). *Understanding Risky Facilities. Problem-oriented Guides for Police, Problem Solving Tools Series 6*. Washington, D.C.: U.S. Department of Justice, Office of Community Oriented Policing Services.

圖3-2　日常活動理論的三種監控

衛功能存在。守衛當然還包括正式機構的人員，如私人保全人員及警察即是。人或財物若與守衛分離，被害的風險便會增高。

　　所謂「地點管理者」，就是指看管地點的人。地點管理者（例如公寓大廈管理員及其他類似人員）的目的，就是要管理出現在他們所控制場所之人員的行為。他們就好比救生員，除了謹防他人溺水之外，同樣也對游泳池邊（岸上）人員的不當或危險行為予以管制。犯罪若要發生，此等人員必須不在現場、或是失去其效能、或是疏忽。

　　Cohen與Felson發現，社會變遷改變了人們的日常活動，例如科技發展、交通工具普及、教育機會增多、婦女就業率增加等，使得人們在家以外的時間愈來愈長，不論是工作或休閒，無形中增加了許多犯罪機會。當人們的移動或活動愈頻繁，人們自己本身及其財物就愈可能脫離監控，潛在犯罪者也就愈容易接觸缺乏監控的標的。另一方面，Cohen與Felson以VIVA來描述犯罪的合適標的，VIVA指的是價值（Value）、慣性（Inertia）、可見性（Visibility）及可接近性（Access）。價值，由潛在犯罪者所決定，不一定是標的的金額，由於犯罪者成熟度的變化、標的在社會上是否到處充斥、品味的改變或其他因素的影響，今日有價值的標的，明日可能失去吸引潛在犯罪者的興趣。慣性，與標的的重量及可移動性有關。此外，標的若易於被潛在犯罪者所見及接近，其風險就愈高。標的具備這四項特性的程度，將影響犯罪發生的機會。最後監控的缺乏或失去效能，有可能將標的陷於高風險中，監控指能夠對標的產生控制及保護功能的人、物或機制，監控的目的在於抑制機會。

　　雖然日常活動理論的驗證，大多以財產性犯罪（property crime）為對象，但暴力犯罪的發生也深受日常活動的影響。在早期的驗證中，Cohen與Felson（1979）發現人們在戶外停留的時間，與犯罪數量顯著相關。戶外的活動，增加了潛在犯罪者與被害者接觸的機會。Mustaine與Tewksbury（1998）的研究發現，家宅竊盜的發生，受到戶外活動、監控數量以及外出活動類型的影響。有關暴力犯罪的研究，也有類似的發現，諸如強盜、搶奪及性侵害犯罪，經常與當事人的日常活動有關（Lab, 2010）。

二、理性選擇理論

　　理性選擇理論的內涵，係指犯罪是一種目的導向的行為，行為者以犯罪來滿足需求，諸如金錢、地位、性及刺激等需求，而這些需求的滿足，涉及抉擇，抉擇常受限於時間、能力及資訊等因素，當行為者認為犯罪利益大於犯罪成本時，便有可能選擇犯罪（Braga & Weisburd, 2010）。事實上，犯罪預防策略的設計與研擬，也必須植基在犯罪者某種程度的理性選擇基礎之上，譬如犯罪者通常是根據自己主觀感受的需求、風險、成本及其他因素，而選擇犯罪與否。犯罪者如何選擇犯罪標的，這個議題吸引許多犯罪學者的興趣，近年來也累積了相當豐富的研究文獻。文獻顯示，多數犯罪行為受制於當事人的選擇，有關竊盜犯罪的研究，提供了犯罪者如何在其日常活動中做選擇的最佳實例。Bennett（1986）、Bennett與Wright（1984）、Reppetto（1974）等人的研究均發現，竊盜犯決定在何時及何地犯罪前，曾經進行明確的選擇。接受研究訪查的竊盜犯表示，他們在計畫犯案時曾考量一些因素，譬如隱蔽性、照明的情形、鎖的種類、

門的種類、窗戶的種類、有無警報器或保全設備、是否容易被周圍的人發現等。竊盜犯的犯罪抉擇，與其評估所花費的工夫、被逮捕及懲罰的風險、及其他類似因素密切相關。研究顯示，犯罪者在犯罪行為上所做的抉擇，與其在非犯罪活動上的抉擇類似。

　　許多研究提出了更詳盡的證據說明犯罪是當事人理性選擇的結果。英國有一項針對家宅竊盜受刑人的研究，這些竊盜犯都是曾運用行竊地點照片及地圖進行犯罪的人，研究發現這些竊盜犯較喜歡選擇住宅背後容易接近、隱蔽性、與其他住戶相隔的獨立住宅、附近缺乏監視功能的住宅行竊（Nee & Taylor, 1988）。該研究還指出，犯罪者經常會被目視到的有價值標的所吸引，譬如豪宅、豪華汽車等。Rengert與Wasilchick（1985）曾對31名監禁中的住宅竊盜犯進行深度訪談，發現這些竊盜犯的犯行中有明顯的計畫與抉擇，他們通常選擇民眾離開住家的時間侵入住宅行竊，譬如上午的中段時間和下午的前段時間等。該研究另一重要的發現是，犯罪計畫通常是在犯案前一兩個小時所做的，也就是在探查標的的時候。住宅竊盜犯經常會根據一些機會線索來選擇適當的標的，譬如夏季未開冷氣但門窗緊閉的房子、附停車位的住戶但車子不在、全家人正準備外出、適當的隱蔽、目視有價值之物、容易接近與進入的住宅等。Rengert與Wasilchick進一步發現，犯罪者傾向選擇離自己住處不遠的地方行竊，因為地區較熟悉，主觀的風險較低，當事人通常可以省下複雜的計畫。

　　除了竊盜，理性選擇的現象也存在其他犯罪行為中。Tunnell（1992）針對竊盜、強盜、搶奪及偽造貨幣等累犯進行研究，發現犯罪活動係當事人對所處情境的一種理性回應，較嚴重的持續犯採取了更多的犯罪計畫，傾向選擇隱密性較高的犯罪標的。強盜、搶奪等犯罪行為一再被證實，犯罪者有計畫及理性抉擇進行之（Gill & Matthews, 1994; Lab, 2010; Morrison & O'Donell, 1996）。此外，理性選擇也是一個洞察人際間暴力行為的觀點。犯罪學的研究發現，多數暴力行為屬目的導向，即行為者為實現某種目的而使用暴力行為（Lab, 2010）。行為者可能利用暴力屈服他人、報復他人或爭取自尊。總之，研究證據顯示，大多數犯罪與當事人某種理性選擇有關。

三、犯罪型態理論

有關犯罪預防的研究，犯罪型態理論也是一個非常重要的理論，因為它結合了理性選擇及日常活動理論，對於犯罪的發生地點很有預測和解釋力。潛在犯罪者、標的、親近關係監控者、守衛及地點管理者在不同時間與地點上的分布，無形中就勾勒出了犯罪的型態。社會的變遷，增加了遠離保護者（親近關係監控者、守衛及地點管理者）保護的潛在標的。一般的理性犯罪者，在他們所從事的日常活動當中，會注意或發現缺乏守衛及管理者的地點，以及親近關係監控者不太會出現的地點。犯罪型態理論，便是在探究犯罪者與其所處的物理、社會環境之間，影響犯罪者選擇標的的互動關係。

Felson與Boba（2010）認為，犯罪者通常透過底下三個途徑發現合適標的：

（一）透過對被害者的瞭解（例如，你的鄰居大概知道你何時不在家）。

（二）透過工作（例如，電話線維修人員偷聽到某住戶下週將出國旅遊）。

（三）透過重疊的「活動空間」（activity spaces）。

活動空間的概念是犯罪型態理論的核心，犯罪型態理論是由兩位加拿大犯罪學家Pat Brantingham及Paul Brantingham所研發的，他們運用活動空間的概念來描述犯罪者如何在自己每天的動線附近發現標的。他們認為，犯罪者從居住地出發，去工作、去休閒，因此建構出一個由居住地點、工作地點、休閒地點所組成的三角圖（如圖3-3）。在這三個「點」（nodes）周遭（除緩衝區外，因在該區犯罪極易被認出身分）及三條「路徑」（paths）的附近，犯罪者尋找或發現犯罪機會。犯罪者也許在離路徑旁一小段距離的地方發現標的，但通常不會遠離自己所認識的區域。理由很簡單，找一條特殊的、陌生的路徑去犯罪，遠不如在自己日常動線附近犯罪來得容易。

兩位理論者還使用「邊緣」（edges）概念，來描述人們的居住、工作、購物及休閒區域的邊界。有些犯罪經常發生在這些邊緣區，例如強盜、搶奪、竊盜等，因為在邊緣區出現的人們大多來自不同社區，彼此較不認識。兩位理論者曾研究美國Florida州Tallahassee市的住宅竊盜，他們

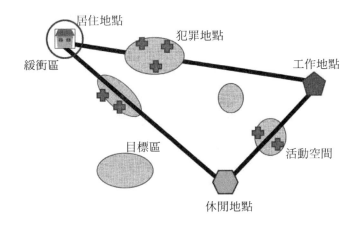

資料來源：Clarke, R. V. & Eck, J. E. (2005). *Crime Analysis for Problem Solvers in 60 Small Steps*. Washington DC: U.S. Department of Justice.

圖 3-3　犯罪型態理論概念圖

發現許多案件是發生在貧窮區旁的富裕區邊緣，原因是這些富裕區顯現出許多吸引附近貧窮區竊盜者的標的，貧窮區竊盜者由於不太熟悉富裕區，在富裕區容易被認出不是當地人，而且在富裕區中偷竊後帶著贓物的回程距離較遠、風險較高，因此不願意深入富裕區，較喜歡在富裕區的邊緣犯案（Brantingham & Brantingham, 1993）。換言之，人們在其日常活動中所使用的路徑，以及人們所居住、工作及休閒的地點，均有助於解釋其被害風險及犯罪型態。

　　根據犯罪型態理論的內涵，標的物如何被潛在犯罪者發現或注意，影響了犯罪事件在時間、空間及標的上的分布。而標的能否被潛在犯罪者發現或注意，主要是受潛在犯罪者的日常活動所影響。在活動場所的本質上，犯罪者類似非犯罪者，大多是在他們的家庭、學校、工作場所、購物場所及娛樂場所等範圍內活動，只是犯罪者與非犯罪者的活動場所形式可能有所差異。當潛在犯罪者從事正常的合法活動時，他們可能較會注意周遭的犯罪機會。換言之，不是接近潛在犯罪者日常活動範圍的犯罪機會，就不太可能被潛在犯罪者注意到。因此，潛在犯罪者所能注意到的標的是有限的，或許還有許多其他更合適的標的，但沒有被潛在犯罪者發現。在

潛在犯罪者注意範圍內的犯罪機會，便有較高的風險成為犯罪標的。儘管
少數犯罪者會在其日常活動範圍外找尋犯罪機會，但是大多數犯罪者還是
在自己所熟悉的日常非犯罪活動中，找尋犯罪機會。

在犯罪型態理論中，「地點」的觀念是不可或缺的。地點，在邏輯
上不僅是必須的（犯罪者必定是在某一個地點實施犯罪行為），同時其特
徵更會影響犯罪發生的可能性。根據日常活動理論所強調的地點特徵，包
含監控者、管理者的出現及效能，以及有能力守衛者的出現。犯罪型態理
論，藉由針對某地點如何被潛在犯罪者所發現或注意的解釋，而將具有合
適標的的地點與該地點的背景環境相連結。

值得注意的是，犯罪型態理論和日常活動理論在許多方面是彼此相
互支持的。但是，這兩個理論對於某些發生在特定地點的犯罪，似乎有不
同的解釋。例如，就某些具高犯罪率的地點而言，犯罪型態理論者，就會
把解釋重點放在犯罪者如何發現及接近該地點。而日常活動理論者，則把
解釋焦點集中在標的的型態或行為，以及控制者（守衛、監控者以及地點
管理者）不在現場的原因上。換言之，對犯罪型態理論者而言，地點的問
題，主要是其座落的位置以及和環境之間的關係。另一方面，對日常活動
理論者而言，地點的問題，主要是某些特定人的出現及消失。因此，可以
明確的看出，這兩個理論在不同的背景和情境下，均有其解釋力。對於某
些犯罪，犯罪型態理論或許可以提供較適當的解釋；對於某些犯罪，日常
活動理論則可能有較理想的分析。對於某些犯罪，或許需要結合兩個理論
共同來解釋。

四、破窗理論

1982年，J. Q. Wilson與G. Kelling在其發表之「警察與鄰里安全：破
窗」（The Police and Neighborhood Safety: Broken Windows）論文中首先
使用「破窗」一詞，極力促請警察人員、犯罪防治決策者、犯罪研究人員
多注意擾亂公共秩序的行為（disorder）。破窗，為一比喻，泛指較輕微
的犯罪或擾亂秩序的非犯罪行為，諸如違法攤販、塗鴉、破壞公物、流浪
者或醉漢四處遊蕩或聚集、大聲喧嘩等（Wilson & Kelling, 1982）。當此
類行為出現且持續存在時，當地就會散發出一種缺乏管理的氣氛，即代表
監控力量減弱，可能吸引具潛在犯罪動機的人前來此地，當其遇有適當犯

罪標的，極易促成犯罪事件的發生。

　　Kelling（2000）的研究清楚發現，人們對犯罪被害的恐懼感不僅與他們所聽到或看到的犯罪事件有關（因親眼見到或親耳聽到犯罪事件，以致犯罪被害恐懼感升高），更與他們所在的周遭環境有關。環境一旦散發出違序、缺乏管理的氣氛，就算尚未發生犯罪事件，處於該環境人們的犯罪被害恐懼感還是會隨之上升。破窗理論的概念可以下列五點及圖3-4來說明。

（一）當社區環境出現衰敗、塗鴉、毀損、垃圾、廢棄物等現象，當地民眾或有關部門如果不加以適時處理，一段時間後，民眾的犯罪被害恐懼感逐漸上升。

（二）民眾考量自身安全，逐漸退縮，不願參加公共事務，對於所見所聞的治安事件或犯罪事件，表現出冷漠態度。

（三）具有潛在犯罪動機之人（如不良青少年）感覺此處無人注意、關切或監控，可以大膽的做想做的事（如搶劫、竊盜、飆車等）。當地的違序狀態，逐漸惡化。

（四）由於潛在犯罪人出沒頻繁，使得當地民眾更加不安、更加只注重自身安全、更加退縮，公共參與性大幅減少，甚至連出入公共場所的時間也隨之減少。

（五）此時，該社區以外的潛在犯罪人獲知該社區的情況，判斷在該社區從事非法行為被發現及取締的可能性很低，所以逐漸由外地移往該社區。最後，該社區的犯罪率上升。

　　Wilson與Kelling認為，如果「失序」無法被有效控制，犯罪隨即而來。換言之，失序與犯罪相關，如果引發失序的條件未被排除，其後將導致犯罪的發生。當一棟建築、一條街道、一個社區顯現出沒有人或團體願意維護該空間或地區人們及財物的安全，那麼潛在犯罪者可能會感受到這種氛圍，覺得在此犯罪被發現或逮捕的風險很低。根據破窗理論的意涵，修復破窗是建立秩序及減少犯罪的第一步。警察工作的模式如果是直接回應社區的失序問題，便會對犯罪造成立即性的影響。因此，警察機關有必要改變工作模式，為了更有效的減少犯罪，就必須考慮從現有的執法角色，延伸至犯罪預防及其他預警性的警察策略。

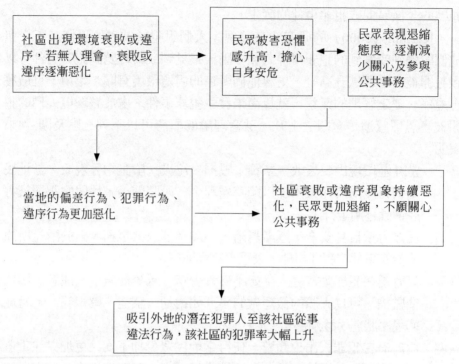

資料來源：孟維德（2011）。《犯罪分析與安全治理》。五南圖書出版公司。

圖3-4　破窗理論概念圖

第三節　警察預防犯罪的策略

一、問題導向警政

　　傳統的警察運作模式，就是當警察接到民眾報案或警察自行發現犯罪時，在最短期間內趕赴現場處理，這種處理個別案件的警察作為稱為「案件導向警政」（incident-driven policing），如圖3-5。在該模式下，警察機關的目標在於解決個別案件，而不是解決一再發生的犯罪問題。員警面對重複的報案做回應，並沒有探究那些引發類似群組案件的背後情況，由於回應性質是相似的重複回應，對於問題的解決並無實際進展，員警因此

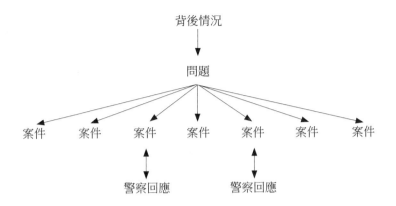

資料來源：Eck, J. E. & Spelman, W. (1987). *Problem-solving: Problem-oriented Policing in Newport News*. Washington, D.C.: U.S. Department of Justice, National Institute of Justice.

圖3-5　案件導向警政

感到挫折。另一方面，導致民眾重複報案的問題依舊存在，也讓民眾對於治安現況感到不滿意。事實上，執法（law enforcement）不過是警察處理社區問題的多種方式之一，尚有其他方法可達到相同目的。所謂的「問題導向警政」（problem-oriented policing），就是在這種背景下產生，如圖3-6。

　　該觀念的源頭可追溯至警政學者H. Goldstein（1979）討論問題導向警政的專著，其論點是指，「在每一個重複發生問題（recurring problem）的背後存在著某些情況（underlying conditions），是這些背後的情況引發了問題。案件導向警政並不處理這些背後情況，所以類似案件也就不斷重複發生。回應民眾報案是重要的工作，不應中止，但員警更須針對於源自相同問題的重複報案予以系統性回應（Braga, 2008: 10-11）。」為了讓警察控制犯罪的工作更有效率及效果，Goldstein（1990）認為警察必須蒐集案件有關資料，根據引發問題的背後情況設計適當回應措施。

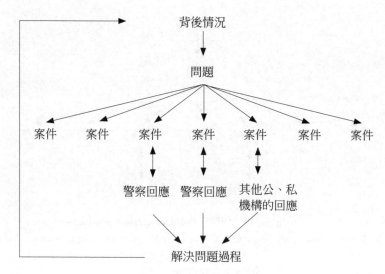

資料來源：Eck, J. E. & Spelman, W. (1987). *Problem-solving: Problem-oriented Policing in Newport News*. Washington, D.C.: U.S. Department of Justice, National Institute of Justice.

圖3-6 問題導向警政

　　Goldstein指出，過去警察過於強調組織的議題，而未把重心放在警察應該解決的犯罪問題上。他進一步表示，警察勤務的最終目的在於維護治安，警察勤務的效能可以藉由詳盡的犯罪問題分析以及解決問題之適當途徑的發展而獲得改善與提升，並非靠組織與管理的改變得以達成。Goldstein所主張的解決問題過程包括：詳盡的犯罪分析、精準的辨識犯罪問題、瞭解目前的警察回應作為、提出現行以外的可行方案、評估資源及所有方案的優缺、選擇最適當的方案。自從Goldstein提出該觀念後，美國許多警察機關接受並採取問題導向途徑，而且有愈來愈多的學術評估研究發現，問題導向警政策略可以有效防處許多類型的犯罪問題，諸如財產犯罪、暴力犯罪、毒品犯罪及少年犯罪等問題（Peak & Glensor, 2004）。

　　根據問題導向警政的思維，該策略是結合三項基本命題而產生的新執法方式，三項基本命題分別是：（一）藉由針對導致事件發生的背後問題予以適當回應，以提升警察工作的效能；（二）鼓勵員警運用專長和發揮創意，謹慎研究問題並發展解決問題的方法；（三）積極動員民眾及有關的公、私部門，確保警察工作能符合社會需求，共同參與解決問題的過程

（Thibault, Lynch & McBride, 2007）。圖3-7中的「解決問題過程」包括下列四項工作步驟：

（一）掃描（Scanning）：發現問題及辨識問題。

（二）分析（Analysis）：蒐集資料以瞭解問題的範圍、性質及原因。

（三）回應（Response）：尋求各方資源與協助，設計及執行解決問題的方法。

（四）評估（Assessment）：測量與評估解決方法的效能。

　　上述工作步驟，簡稱為「莎拉模式」（SARA，如圖3-7）。該模式意指，當警察試圖解決所面臨的某項治安問題（如竊盜），警察應先確認問題的內涵與範圍，然後運用各種可用的資訊加以調查分析，發展不同的解決方案，最後，評估解決方案實施的結果。在評估步驟之後，警察人員可以運用評估的結果去修正回應步驟的過程、蒐集更多的資料（修正分析步驟的過程）或重新界定問題。

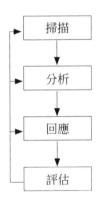

圖3-7　問題導向警政的解決問題過程（SARA模式）

二、情境犯罪預防

（一）情境犯罪預防的概念

　　所謂「情境犯罪預防」（Situational Crime Prevention），係針對特定型態的犯罪，設計、操縱和管理立即的環境，讓潛在犯罪者感覺從事該犯

罪較困難及較具風險，或讓潛在犯罪者感覺從事該犯罪缺乏適當利益或可饒恕的藉口（Clarke, 1997）。情境犯罪預防與一般犯罪學理論的基本論點不甚相同，它主要是針對引發某些特定犯罪的環境條件進行分析，繼而改變管理運作及環境以減少犯罪發生的機會。因此，情境犯罪預防的焦點在於犯罪的情境，而不是犯罪人；情境犯罪預防的目的是期望在犯罪發生之前就先阻止犯罪的發生，而不是要偵查或懲罰犯罪人；情境犯罪預防並不是透過改造社會的方式來消除人們的犯罪或偏差行為傾向，而是要降低犯罪活動對潛在犯罪人的吸引力。在情境犯罪預防的概念裡，最重要的部分是「減少機會」及「增加犯罪者所感知的風險」。也就是說，環境可以被改變，使犯罪行為變得對於潛在犯罪者不是那麼具有吸引力。情境犯罪預防的概念是假設犯罪者並非僅因衝動而行事，犯罪者可以控制行為或不行為，即犯罪行為是犯罪者的選擇結果。犯罪之所以能被嚇阻，是因為犯罪者從所處的情境中感受到風險。所以，犯罪者所欲尋找或實施犯罪的對象是，能夠提供較低風險的地點、時間及潛在被害者。在實際運作方面，情境犯罪預防方案包括下列五個階段：

1. 針對標的犯罪問題的性質及範圍，蒐集資料。
2. 針對容許及促進標的犯罪問題發生的情境條件，進行分析。
3. 針對阻礙標的犯罪問題發生的方法，進行系統性的研究，包括成本分析。
4. 實施最具功能、可行性及經濟的措施。
5. 監控結果及傳播經驗。

情境犯罪預防的倡導者Clarke（1997）曾表示，情境犯罪預防觀念的發展受問題導向警政某種程度的影響，兩者雖有相似處，其間仍有顯著差異。例如問題導向警政是警察機關一種管理運作途徑，並不一定都以犯罪問題為處理焦點，但情境犯罪預防則是許多機構皆可使用的一種犯罪控制途徑。總之，情境犯罪預防策略強調，犯罪事件有其脈絡性和機會性的特徵。情境的改變，一旦人們因此認知到犯罪風險的變化，潛在犯罪者極可能改變其行為，繼而造成犯罪事件發生頻率的改變。儘管有學者提出情境犯罪預防可能造成犯罪轉移的質疑，但實證研究顯示，情境犯罪預防是有效的，情境犯罪預防甚至還會產生直接或間接的「利益擴散」（diffusion of benefits），即在一地實施情境犯罪預防，卻在該地外圍或其他地區產

生犯罪控制效應（Clarke, 1997; Eck, 1995）。

（二）情境犯罪預防的技術

　　情境犯罪預防的技術持續在研發中，Clarke（1983）早期揭示情境犯罪預防概念時，僅提出三項干擾犯罪發生的途徑，分別是監控（surveillance）、強化標的（target hardening）及環境管理（environmental management）。監控途徑包括自然監控、正式監控及員工監控等概念，強化標的包括使用鎖、強化玻璃及其他安全裝置，環境管理則指改變環境以減少犯罪的機會。之後，Clarke（1992）將情境犯罪預防的技術具體化為三類：增加犯罪阻力、增加犯罪風險、減少犯罪誘因。並在每一類中建構出四項預防技術，共計12項情境犯罪預防技術，如表3-2。

表 3-2　早期的12項情境犯罪預防技術

增加犯罪阻力	增加犯罪風險	減少犯罪誘因
1.強化標的	5.出入口檢查	9.移除標的
2.管制通道	6.正式監控	10.財物辨識標記
3.使犯罪者轉向	7.員工監控	11.移除犯罪誘因
4.管制犯罪促進者	8.自然監控	12.訂定規範

資料來源：Clarke, R. V. (1992). *Situational Crime Prevention: Successful Case Studies*. Albany, NY: Harrow & Heston.

　　經過幾年的實踐經驗及研究後，Clarke與Homel（1997）針對前述12項技術加以改良，認為應將犯罪行為的社會性及心理性脈絡納入情境犯罪預防中，加入了能夠激發犯罪者罪惡感或羞恥心的技術，而將情境犯罪預防的技術擴充為四類，計16項技術。改良式的16項技術比較強調心理性及社會性因素（psychological and social factors），先前的12項技術則較重視物理性因素（physical factors）。原先三類的名稱也重新命名以反映犯罪者的感受，分別是：增加犯罪者所感知的犯罪阻力、增加犯罪者所感知的犯罪風險、減少犯罪者所預期的犯罪誘因。情境犯罪預防技術的目的不僅是要真實改變犯罪的阻力、風險或誘因，同時也要改變犯罪者的感知。情境犯罪技術也許不一定能夠產生多大的物理性效應，但必須產生足夠的心理性效應。改良式的16項情境犯罪預防技術，如表3-3。

表 **3-3**　改良式的16項情境犯罪預防技術

增加犯罪者所感知的犯罪阻力	增加犯罪者所感知的犯罪風險	減少犯罪者所預期的犯罪誘因	激發犯罪者罪惡感或羞恥心
1.標的強化	5.出入口檢查	9.標的移除	13.訂定規範
2.通道管制	6.正式監控	10.財物辨識標記	14.喚起良知
3.使犯罪者轉向	7.員工監控	11.減少犯罪誘因	15.管制導致行為失控之物
4.管制犯罪促進物	8.自然監控	12.拒絕給予利益	16.促進守法

資料來源：Clarke, R. V. & Homel, R. (1997). "A revised classification of situational crime prevention techniques." In Lab, S. P. (ed.), *Crime Prevention at a Crossroads*. Cincinnati, OH: Anderson.

　　儘管情境犯罪預防技術經過多年的實踐與改進，仍引發一些討論與建議，其中以R. Wortley的意見最具代表。Wortley（1996）認為四類的情境犯罪預防技術仍然不夠完整，尤其是「激發犯罪者罪惡感或羞恥心」這一類的技術不夠詳盡，他指出罪惡感與羞恥心並非同一件事，這兩種概念應該要分開。此外，Wortley（2001）還認為情境犯罪預防過於強調那些能夠控制或抑止犯罪發生的因素，而忽略了促使或導致犯罪發生的因素。他進一步提出四種促發因素：**催促因素**（有助於強化犯罪機會的事件或情境，例如敞開的門或他人犯罪）、**壓力因素**（引發行動的直接刺激，例如偏差同儕、隨團體行事、依指示做壞事等）、**允許因素**（容許犯罪行為的情境或觀念，例如每個人都會犯法的觀念或該犯罪係由被害者所引發的，繼而容許或接受犯罪的發生）、**挑釁因素**（讓人感到不舒服、挫折、煩躁的因素）。Wortley認為，這些因素並未納入情境犯罪預防的技術。Cornish與Clarke（2003）參考Wortley的意見，將先前的第四類技術「激發犯罪者罪惡感或羞恥心」更名為「移除犯罪藉口」，另又增加一類技術來涵蓋犯罪的促發因素，名稱為「減少犯罪刺激」。情境犯罪預防技術發展至今共有五類，每一類包含五項技術，共計25項技術，如表3-4。

表 **3-4** 現今的25項情境犯罪預防技術

增加犯罪阻力	增加犯罪風險	減少犯罪誘因	減少犯罪刺激	移除犯罪藉口
1.強化標的 ・駕駛盤鎖及防止車輛啟動裝置 ・防搶屏幕 ・防篡改包裝	6.擴大監控 ・夜晚結伴外出 ・留下有人在的跡象 ・攜帶手機	11.隱匿標的 ・不在街上停車 ・性別中立電話目錄 ・無標誌運鈔車	16.減少挫折與壓力 ・有效率的排隊 ・有禮貌的服務 ・擴充座位 ・柔和的音樂與光線	21.訂定規範 ・租賃合約 ・騷擾防制規範 ・旅店登記
2.管制通道 ・入口對講機 ・電子通行卡 ・行李檢查	7.輔助自然監控 ・改善街道照明 ・防衛空間設計 ・支持舉發人	12.移除標的 ・可拆式汽車音響 ・女性庇護區 ・公用電話預付卡	17.避免爭端 ・隔離對立球迷座位區 ・減少夜店內擁擠 ・訂定計程車收費標準	22.公告守則 ・「禁止停車」 ・「私人土地」 ・「熄滅營火」
3.過濾出口 ・出口需驗票 ・出境文件 ・商品電子標籤	8.減少匿名 ・計程車內標示司機識別證 ・不良駕駛投訴電話貼紙 ・學校制服	13.財物識別 ・財物標記 ・車輛牌照與零件標記 ・畜牧動物標記	18.降低誘惑與亢奮 ・管控暴力色情 ・球場內嚴守規矩 ・禁止族群性誹謗	23.激發良知 ・路旁超速警示 ・關稅申報簽名 ・「偷拿店內商品是竊盜」標語
4.使犯罪者轉向 ・街道封閉 ・女性獨立盥洗室 ・分散夜店	9.運用地點管理者 ・雙層巴士裝設監視器 ・便利商店配置兩名店員 ・獎勵警覺	14.干擾市場 ・監控當舖 ・控管分類廣告 ・街頭攤販證照	19.舒緩同儕壓力 ・「酒駕是白痴」 ・「說不，沒關係」 ・分散學校裡的麻煩製造者	24.助其守規矩 ・簡化圖書借書手續 ・設置公廁 ・設置垃圾桶
5.管制工具及武器 ・使用者身分辨識機制之槍枝 ・限制販售噴漆給少年 ・強化材質啤酒杯	10.強化正式監控 ・闖紅燈照相 ・防盜器 ・安全警衛	15.否定利益 ・商品防盜墨水標籤 ・清洗塗鴉 ・手機遭竊無法開機	20.阻礙模仿 ・立即修復毀損公物 ・電視安裝節目過濾器 ・檢視犯罪手法細節	25.管制毒品及酒 ・夜店提供酒測器 ・服務人員調處措施 ・無酒精活動

資料來源：Cornish, D. B. & Clarke, R. V. (2003). "Opportunities, precipitators, and criminal decisions: A reply to Wortley's critique of situational crime prevention." In Smith, M. J. & Cornish, D. B. (eds.), *Theory for Practice in Situational Crime Prevention*. Monsey, NY: Criminal Justice.

三、修復式正義

（一）修復式正義的概念

20世紀末，許多國家對於犯罪事件及人際間衝突問題的處理，出現了一種新趨勢，那就是「調解」模式。調解，是一種衝突解決的合意模式（consensual model），與傳統刑事司法系統處理犯罪問題的方式不同，被視為是刑事司法系統處理方式的一種替代措施，也是一種透過調整人際關係來解決糾紛的模式（黃富源、孟維德，1997）。

1970年代以前，許多國家的刑事司法決策者採取增加經費和人力的策略，來對抗漸增的犯罪。但是到了1970年代後期，由於政府財政緊縮、犯罪率節節升高、犯罪人低齡化，使得此種策略遭受嚴峻挑戰。理論上，現代國家的刑事司法制度是使用罪責相當的刑罰，主持公義、嚇阻犯罪。然而，它對於矯正犯罪人及嚇阻未來犯罪的效果卻很有限，而且經常讓事件更加惡化。為改善此種情況，學界開始反思犯罪抗制策略的成效，試圖尋求新出路，以維護社會治安。此時所出現的「社區犯罪預防理論」（Community Crime-Prevention Theory）即是植基在：「犯罪抗制策略若能深植於民眾對犯罪抗制的覺醒，將可節省國家許多經費支出」的觀念基礎上。其中，以調解為核心的「修復式正義」（restorative justice）便是社區犯罪預防方案中，廣為推廣的策略之一。

有幾個因素促進了修復式正義的普遍化（黃翠紋，2001）：

1. 此方式較有彈性，適用範圍廣泛，以問題解決為導向，而且是傳統刑事司法程序的一種替代方式。
2. 是一種參與式的問題解決方式，較能滿足當事人（包括被害人與加害人）、犯罪事件有關的其他人，甚至是參與事件處理過程之社區的需求。
3. 由於有愈來愈多的被害人認知，自己對於犯罪被害事件的處理過程和結果有表達的權利，例如與加害人談判、獲得道歉與賠償等。
4. 鼓勵加害人為自己的行為負起責任，並且有機會解釋自己的行為，是很重要的。因為這對於預防他們未來再犯，以及復歸社會是相當重要的。
5. 調解，在處理犯罪或其他人際間衝突的問題上，扮演很重要的角色。

6. 此方式提供社區民眾參與解決犯罪事件的機會，有助於讓政府和民間的力量相結合，共同處理犯罪問題。

在修復式正義的觀念裡，犯罪被害人是那些直接或間接受到加害人傷害的人。犯罪被害人都具有期盼自己生活能夠重新恢復正常的需求，以及能夠為其被害事件辯解的需求。因為被害人無法有效預防被害事件的發生，所以被害人經常對自己的被害經驗感到無力感，甚至產生犯罪被害創傷症，所以很需要安全感和恢復活力。由於犯罪被害也是一個由他人錯誤所造成的結果，這意味著被害人也需要從政府人員處獲得有關該不法行為的訊息、案件處理的進度，以及如何獲得賠償等資訊[1]。就社區而言，社區所遭受的損失就是秩序、價值觀、社區成員對社區的信賴感、安全環境等，均因犯罪事件而遭受挑戰甚至破壞，使社區成員難以避免感受到犯罪被害的恐懼。至於加害人，往往同時從犯罪事件中獲得利益及遭受傷害，其所受傷害或許在犯罪前就存在，因某些因素促使加害人發動犯罪行為。

在修復式正義模式中，政府及社區所扮演的角色，就是要建立一個祥和的社會。此目標能否達成，政府維護秩序的能力是很重要的，而社區也需要在社區成員之間建立強健、穩定與和平的互動關係。事實上，社區與政府之間良善的合作關係，是犯罪預防的重要基石。在政府與被害人、加害人的關係方面，政府的角色就是要確保賠償得以實現，以及重建社區秩序；當確信加害人受到公平的處遇後，經由復原和賠償，使被害人能夠受到有利的補償。在社區與被害人、加害人的關係方面，社區的角色就是要尋求重建被害人與加害人的和諧關係。對被害人而言，社區的目標就是使其蒙受的損失得以恢復；對加害人而言，社區的目標就是使其接受有效的矯治（黃翠紋，2006）。

---

1 實證研究顯示，若能提升民眾對警察服務的滿意度，將有助於降低民眾的犯罪被害恐懼感。犯罪被害人需要警察提供其預防未來重複被害的訊息（例如，如何使住家更安全以防再度被竊）。被害人所迫切需要的警察服務，除儘速破案外，無疑就是警察能提供有效預防犯罪的資訊，以舒緩其犯罪被害恐懼感。此外，警察若能善加分析與處理所接獲的犯罪訊息，繼而剷除犯罪滋生的根源，那麼被害人也因此能獲得較好的保護。警察若能提供犯罪可能於何時、何地，以及如何發生的訊息給社會機構（如家庭、學校、社會福利機構等），鼓勵他們共同預防犯罪，絕對有助於降低犯罪的發生。參閱 Walker, S. (2006). *Sense and Nonsense about Crime*. Belmont, CA: Thomson Wadsworth.

（二）修復式正義的實務運作

　　修復式正義的運作模式，如圖3-8。該圖所顯示的意義是，社會雖有祥和，但缺乏秩序，仍是不完善的，就好比被害人只獲得賠償卻無辯解機會一樣；僅對被害人進行復原工作，卻無法使其獲得補償，就好比加害人只接受矯治卻無法受到公平處遇一樣，也是不完善的。社會不能只選擇這個模式中的某一部分，忽略其他部分，每一部分都有存在的必要（Van Ness, 1996）。因此，修復式正義所尋求的是：被害人、加害人、社區及政府四者之間權力和責任的平衡。

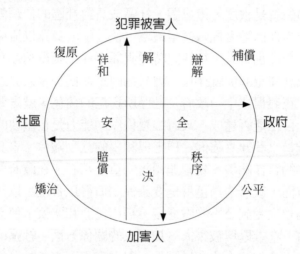

資料來源：Van Ness, D. W. (1996). "Restorative justice and international human rights." In Galaway, B. & Hudson, J. (eds.), *Restorative Justice: International Perspectives*. New York, NY: Criminal Justice.

圖3-8 修復式正義的運作模式

　　至於修復式正義的實務運作，思維重點如下（黃翠紋，2005）：

1. 讓被害人及其家人獲得支持與協助。
2. 復原比金錢賠償重要。
3. 被害人若願意與加害人調解，討論犯罪事件對其的影響，以及加害人如何補償，那麼可考慮辦理被害人與加害人的調解會議。會議須由受過訓練的調解人員主持，調解人員對於被害人及其家人的需求應有專業敏感度。

4. 社區應有可以提供加害人協助的志工人員。

5. 社區應提供加害人處遇方案或工作機會，強化其賠償被害人的能力。

6. 加害人應有參與社區服務方案的機會。

7. 提供加害人合適的教育服務方案，內容包括教導其瞭解被害人感受、對被害人產生同理心等。教育方案也應協助加害人認知，作為社區一分子應有的責任。

8. 透過被害人與加害人的調解，讓加害人坦然面對其行為所造成的後果，並讓被害人、其家屬、甚至社區成員，訴說被害經驗及被害事件對其之影響，使其從被害陰霾中復原。

9. 要求加害人對其犯罪行為所造成的傷害提供補償，會比單純地懲罰加害人更重要。

10. 法院和矯治機構每年應對加害人賠償的情形進行分析，並建立資料庫。

11. 社區居民應成立諮詢委員會，適時向法院和矯治機構提供建言。

12. 企業和社區團體應協助加害人，提供機會助其復歸社區。

13. 社區的宗教團體應協助加害人改變生活。

14. 解決衝突的方式，應該要比讓加害人進入矯治體系，能夠獲得更好的營生技能。

　　根據聯合國所建構的標準，一個國家的刑事司法及犯罪預防程序，應致力達成以下目標（United Nations, 1992）：

1. 國家必須負擔起平衡被害人、加害人及社會大眾之間利益的責任。

2. 存在於被害人及其加害人之間有形或無形的衝突，需有解決管道。

3. 政府及社區必須採取犯罪預防的行動。

4. 政府在回應犯罪上所應扮演的角色，就是提供被害人及其加害人公正無私之解決衝突的環境。

5. 社區扮演的角色，應是幫助被害人及其加害人儘速復原。

　　檢視上述標準，修復式正義所主張的理念，與之相符。修復式正義強調，每件犯罪案件均包含被害人及其加害人，處理犯罪問題的程序，應是幫助雙方共同解決存於其間的問題。總之，修復式正義的運作重點是：

1. 重視被害人的康復，而非花費成本在加害人的懲罰上。

2. 經由參與和服務，提升被害人在處理程序中的重要地位。
3. 要求加害人對於被害人及社區負起直接責任。
4. 讓加害人負起責任的同時，鼓勵社區參與，以對加害人及被害人的需求，提供具復原性功能的回應。
5. 強調使加害人直接為其行為負起責任，並改善本身的行為，而不是嚴刑峻罰。
6. 社區須為促成犯罪發生的社會情境負責。

第四節　犯罪被害恐懼感

　　犯罪預防的主要目的，除了是減少未來犯罪的發生外，就是要降低民眾的犯罪被害恐懼感。因此，瞭解犯罪被害恐懼感的影響因素，將有助於警察預防犯罪策略的研擬與執行。此外，犯罪被害恐懼感也是評估警察預防犯罪效能的重要指標，並非僅是犯罪數量。轄區的犯罪發生數，通常是評估警察預防犯罪效能的客觀指標；轄區民眾的犯罪被害恐懼感，則是評估警察預防犯罪效能的主觀指標。

　　犯罪被害恐懼感與人口變項有關，基本上，居在都會地區的人們、老人以及女性通常有較高的犯罪被害恐懼感。犯罪學的研究發現，都會中超過六成以上的民眾表示具有犯罪被害恐懼感，相對地，鄉村地區只有三成的民眾表示具有犯罪被害恐懼感。多數研究均發現，老人及女性是社會中犯罪恐懼感最高的人口群（Lab, 2000; Braga, 2008）。有文獻記載，具有犯罪被害恐懼感的女性數量是男性數量的3倍，在60歲以上的人口群中，超過四成表示具有犯罪被害恐懼感。此外，研究尚發現，低社經地位、大型社區中的居民有較高的犯罪被害恐懼感（孟維德、楊士隆，2006）。有關犯罪被害恐懼感的影響因素，討論如下。

一、犯罪被害的替代效應

　　當我們知道某人遭受犯罪侵害，或是經他人告知我們某人遭受犯罪侵害，極有可能引發我們的同情及犯罪被害恐懼感。Hough（1995）運用「英國犯罪調查」（British Crime Survey）的資料分析後發現，犯罪被害

恐懼感與「替代被害」（vicarious victimization）有關。例如，媒體對於犯罪事件真實的或戲劇性的報導，可能會在閱聽者身上產生替代的犯罪被害恐懼感。諸多媒體中，又以電視最具代表。電視節目中有許多警匪片，而新聞節目也經常以犯罪案件當作頭條新聞來播報，在在都讓民眾持犯罪氾濫的眼光來看待社會。雖然媒體的描述並非僅侷限於「街頭犯罪」案件，但大多聚焦在引人憎惡和驚嚇的內容。美國律師協會（American Bar Association）曾指出（1999），1990～1995年間美國的犯罪率呈現遞減，但民眾的犯罪被害恐懼依然攀高，其中部分原因極可能是電視新聞有關殺人案件的報導，在這一段期間增加了439%。除電子媒體外，平面媒體也會影響犯罪被害恐懼感。Williams與Dickinson（1993）研究發現，報紙中不同形式的犯罪事件報導，會引發不同的犯罪被害恐懼感。另外，Chiricos及其同儕採用電話隨機調查的途徑發現（1996），曾先後暴露於電視及收音機所播報犯罪新聞中的受訪者，其所表示的犯罪被害恐懼感較高，尤其是白人女性。誠如犯罪學家所言，犯罪行為可以經由媒體途徑而被學習，同理，恐懼犯罪的行為也可能經由媒體而習得。

二、感知的風險與損害

　　另一個解釋犯罪被害恐懼感的因子，則是某人一旦遭受犯罪侵害，犯罪對其所可能產生的潛在損害。本質上，某些人感覺自己有較高的被害風險。上文曾提及，老人及女性通常有較高的犯罪被害恐懼感，但事實上他們卻甚少被害。然而，當吾人考量老人及女性被害後所可能引發的損害，這種感覺上與事實上的「差距」很容易就會消失。多數老人的收入有限，因犯罪（如竊盜、強盜或搶奪等）所造成的損失很有可能讓當事人的財務狀況受到顯著影響，甚至使其生活陷入困境。同樣地，犯罪給老人所帶來的肉體傷害，比發生在年輕者身上更加痛苦，需要更長的時間恢復。老人及女性身陷犯罪情境、面對犯罪人（經常是年輕的男性）時，也常因生理上的劣勢而使傷害加重。換言之，當犯罪者與被害者之間是處於一種生理及社會力量不對等的時候，犯罪的潛在損害在感覺上將會被放大。在經由對美國Florida州Dade County大約1,500名老人進行調查後，McCoy及其同儕發現（1996），這種「感知上的弱點」（perceived vulnerability）是犯罪被害恐懼感的一個重要預測變項。Smith與Torstensson（1997）在瑞典

斯德哥爾摩（Stockholm, Sweden）針對女性及老人所進行的研究，也獲得類似的發現。

弱點，也可能是一種「社會孤立」的形式。社會上有許多老人獨自居住，或是只有少數親友住在附近，面對犯罪問題時，他們往往會覺得一旦被害後可能沒有親友可以提供適時的協助。與年輕人相比，老年人較缺乏社會支持網絡，使得他們對犯罪表現出較高的恐懼感（孟維德、楊士隆，2006）。

Ferraro（1995）在針對犯罪被害恐懼感的研究中，發現許多有關感知風險、潛在損害對恐懼感影響的證據。Ferraro調查大約1,100名受訪者，探究他們的感知風險、犯罪被害恐懼感、人口變項及居住地的鄰里特徵等。Ferraro在分析樣本的感知風險中發現，較高的風險感知與下列變項相關：社區中較多的犯罪、缺乏公德心與失序跡象、直接與間接被害、女性以及非白人種族。在犯罪被害恐懼的預測模型中，Ferraro指出感知風險是綜合性恐懼、暴力犯罪被害恐懼、財產犯罪被害恐懼的重要預測變項。值得注意的是，被害並非恐懼感的重要預測變項。這些結果支持感知弱點的相關論述。

三、失序

文獻記載，有兩類「失序」與犯罪被害恐懼感有關，一是物理性的失序（physical disorder），另一是社會性的失序（social disorder）。物理性的失序跡象包括：建築物的物理衰頹、環境髒亂、塗鴉、物品與設施的破壞、廢棄的建築及車輛等。社會性的失序跡象包括：公共場所中的酒醉行為、遊民、集結青少年的遊蕩、飆車、騷擾行為（如街頭乞丐的行乞行為）、民眾可見的販毒或吸毒行為等。上述這兩類失序跡象都可能被社會大眾及潛在犯罪者解讀為具下列意義的指標：社會凝聚力缺乏、不安、資源不足、無人關心等（Felson, 1998; Kelling, 2000）。處於此種環境下的民眾經常感覺環境是缺乏管理的，繼而產生較強烈的犯罪被害恐懼感。

文獻除證明失序與犯罪被害恐懼的產生有關，更有研究進一步分析失序對恐懼感程度上的影響。McGarrell及其同儕（1997）發現，鄰里中的失序現象對居民被害恐懼感的變化有顯著影響。Roundtree（1998）針對美國西雅圖（Seattle）5,302名居民所做的調查，也獲得類似的發現。居

民若有環境失序的感覺，那麼就會大幅提升他們對暴力犯罪及竊盜犯罪的恐懼感。McGarrell及其同儕在其研究結論中指出，民眾對自己居住鄰里的不滿（可能是一個失序指標），是犯罪被害恐懼感形成與變化的關鍵。

四、犯罪與犯罪被害恐懼感

犯罪發生的數量與犯罪被害恐懼感有關，雖然前文曾提及，犯罪被害恐懼感與實際的被害風險及犯罪數量之間的關係不是非常明顯，但如果因此認為犯罪率完全不會影響犯罪被害恐懼，恐怕是一種過於天真的想法。媒體以醒目詞語播報犯罪及特殊暴行的數量增加，很難不會影響民眾對於社區安全的感觀。相對地，犯罪率降低，犯罪被害恐懼感是否會隨之降低？並未獲得實證上的支持。換言之，媒體並未將「好消息」（犯罪率降低）的效果發揮的像「壞消息」（犯罪率上升）一般。總之，民眾的意向一旦形塑後，要反轉或修正它，要比定型前困難許多。

第五節 結語

觀察晚近警察預防犯罪策略的發展與演變，可在其背後找到兩股主要動力。其一，就是警政部門逐漸對民眾反映的治安問題進行理性分析，並以分析結果作為回應對策的基礎。另一力量則是來自學界，研究人員針對犯罪問題從研究過程中獲得新的、更進一步的洞察，繼而向實務部門提出政策建言。近年來，這兩股力量交流匯集，產生了互利作用。

問題導向警政已成為當代警政運作的主流思維，該思維希望員警對過去發生的一組類似治安事件重新、並且深入檢視，大多數的類似案件先前可能被員警以處理日常事務的態度結案。該思維還希望員警探尋處理這些案件或問題的其他回應方式，並評估其優劣。現今我們在警察機關中經常可看到有些員警自行研發出個人處理案件的訣竅，例如尋找失蹤人口、贓車、查緝毒品等，績效頗佳，顯示警察人員的潛力若能善加開發，犯罪預防的效能必能提升。但問題導向警政的全面性推動與運用，仍受到某些因素的影響，其中最主要者，就是警察機關目前尚未建立機構性的研發能量，以致無法適時滿足員警實務工作的需求。此外，員警個人基本的問題

分析能力亦待加強。

　　學界有關犯罪預防的研究發現，許多是出現在「環境犯罪學」（Environmental Criminology）的領域（Braga, 2008; Brantingham & Brantingham, 1993）。研究人員從日常活動理論、理性選擇理論、犯罪型態理論，破窗理論、犯罪被害恐懼感及情境犯罪預防等觀念，已累積了相當豐富的研究發現，這些研究成果為警察實務工作提供了嶄新的洞察與視野。值得注意的是，近年這些研究的質與量又有大幅擴充的趨勢，可供實務運用者甚多，警政部門應有與時俱進的積極態度。

　　警察機關欲提升治安維護工作的效能，應鼓勵或培育研發人才參與警政工作，並提供更完整的資料給學術研究機構。顯然，這要靠學界與實務界的緊密合作始可達成。可以預期的，警察預防犯罪效能的提升，警界應重視和運用學界的研究成果；而學界有關犯罪預防研究領域的精進，也需要刑事司法機關願意提供精確詳實的資料給學界。

第四章　社區警政與犯罪預防

第一節　前言

　　擴大刑事司法體系（criminal justice system）的規模，可說是多年來我國政府對於犯罪率上升及社會秩序變化的主要回應。就警察在預防犯罪的作為上，提高見警率及快速反應，始終是當代警察策略的兩大支柱，其中蘊含警力愈多愈好的涵義。但是，1970年代在美國Missouri州Kansas市所進行的巡邏實驗結果，卻顯示出令人印象深刻的發現。那就是警察的高可見度及迅速反應，並不一定能在犯罪的降低方面產生顯著效果。日益累積的研究證據卻顯示，在街頭上警察「數量」的重要性，遠不及警察所執行的「工作」重要。研究顯示，將大量警力散布在整個城市，以及縮短警察反應時間，並不會對犯罪產生顯著效應。但是，集中警力打擊犯罪的風險因子，如街頭上的槍枝及犯罪熱點，卻可能對犯罪造成實質上的改變。

　　警察過去曾把較多的注意力擺在風險因子而非可見的巡邏及快速反應上，譬如，過去警察經常在夜晚檢查商店的門戶安全，檢查特定場所是否有人非法攜帶槍械，對再犯及犯重罪的假釋出獄者進行監控等。但是，自從警察大規模啟用電話報案系統之後，民眾使用該系統的頻率大增，不僅超過犯罪發生的數量，更包含許多與犯罪無關的服務請求，使得以往所執行諸如此類的犯罪預防工作被冷落一旁。電話報案系統使用頻率急遽增加的原因尚待研究，同時也不是本章的重點，但其導致的結果卻非常明顯：那就是目前警察工作主要是針對已發生的犯罪作反應，而不是預防未來的犯罪。

　　就如同企業投資人要顧及目前企業收益與未來發展之間的平衡一樣，納稅人也應該介於過去犯罪與未來犯罪之間，考量如何平衡分配警察資源。在傳統的警察實務工作上，警察靠打擊過去的犯罪伸張社會正義，並希望藉所伸張的正義威嚇未來的犯罪。但是，事實似乎並非對警察這麼有利，犯罪被害調查（Crime Victimization Survey）顯示，有相當高比例的犯罪沒有進入警察系統，進入警察系統的犯罪只有部分獲得解決，甚至

只有少數的犯罪人被處以刑罰（孟維德，2011c；Braga, 2008）。為了預防未來可能發生的犯罪，警察應思考是否需要重拾舊法，並從中創造新策略。或許不及警匪電影那樣吸引人，但研究顯示，致力於犯罪機會的降低，對於犯罪預防有正面效應。

第二節　警察預防犯罪的傳統策略

一、擴充警力的理想與現實

　　有關預防犯罪，經常問到的一個問題，就是到底需要多少警察？美國總統B. Clinton於1992年競選時曾誓言當選後要增加10萬警力（大約是增加當時全美20%的警力），該政見隨Clinton當選總統而持續推動，並於1999年完成10萬警力的增置，這是20世紀最大規模的擴充警力方案，同時也是探討警力資源的極佳案例。

　　以此警力增置案為例，全美在1992年大約有50萬4,000名負責執行州及地方法律的警察人員，另外還有6萬1,000名警察負責運輸系統、公共設施、州立大學及其他特別地區的治安（Reaves, 1993）。就負責執行州及地方法律的警力數而言，與民眾的比率是1：500，即每1萬名民眾當中有20名警察。學者Sherman（1995）曾針對美國警力的分配做過深入的分析，他認為當扣除掉管理幹部、刑警及後勤支援人員——如訓練、無線電通訊、電腦作業人員等——之後，那麼擔任外勤巡邏的制服警力，大概只有原先總數的一半。不過巡邏警察的數目還必須經過更進一步的調整，也就是扣除掉下班、休假、訓練等之後，實際花在外勤巡邏的時數是多少。一項理性的估計是，每一年每一位巡邏警察要執行約200班次的巡邏，每班的巡邏大約是七小時，合計是每年總小時數的16%。所以，在任何時間，全美擁有近50萬警力平均約只有4萬名（8%）巡邏警察在街上服勤。

　　將此8：100的比率運用到Clinton總統的提議上，那麼美國在任何時間，一位服勤的巡邏警員所面對的民眾人數將從6,250人（每1萬人口中有1.6位巡邏警察）減到5,208人（每1萬人口中有1.9位巡邏警察）。因此，增加20%的巡邏警力似乎並不會對犯罪產生太大的改變，至少在提升見警

率及縮短反應時間的傳統理論判斷下是如此。同時，也沒有造成逮捕率顯著的變化，而提升逮捕率亦是支持增加警力者的重要論調之一。從另一角度觀察，即使增加警力果真能夠改善見警率、反應時間及逮捕率，但在現代警察創立至今的歷史中，以及近四十年來的實證研究中，顯示這三個問題要比倡議增加警力者所想像的複雜許多。

二、見警率的效能

　　許多學者相信，見警率對犯罪率並沒有直接的影響效應。例如，犯罪學者Gottfredson與Hirschi兩人就曾表示：「就增加警察的數量可以對犯罪率產生實質效應的看法，並未獲得實證研究的充分證實（Gottfredson & Hirschi, 1990: 270）」。此外，Klockars甚至說：「警察例行性地開著巡邏車去打擊犯罪，就如同消防人員例行性地開著消防車去巡邏滅火一般（Klockars, 1983: 130）」。

　　如果以警民比率來作為見警率之指標，則概略檢視都市的警力數與犯罪率，即可發現支持前述觀點。一些非常安全的城市，卻僅有非常低警民比的警力，而一些具有高警民比警力的都市，反而有較高的犯罪率。例如，San Diego在1992年的殺人犯罪率為每10萬人口受理發生13件，暴力犯罪率（包括殺人、強制性交、強盜及傷害）為每10萬人口受理發生1,284件。再看看Washington D.C.在同年的情形，Washington D.C.的殺人犯罪率約是San Diego的6倍多，為每10萬人口受理發生75件；而暴力犯罪率約為San Diego的2倍多，為每10萬人口受理發生2,832件。但是Washington D.C.所擁有的警力比率卻幾乎是San Diego的5倍，前者為每千人口有7.5位警察（還未包括Washington D.C.的其他制服警察，諸如公園警察、大使館的警察等），後者則為每千人口有1.6位警察。即使是當Washington D.C.在國會的命令下增加了19%的警力，從1989年的3,974名警力增加到1990年的4,740名警力，但其暴力犯罪發生數並沒有下降，反而增加15%，其中殺人犯罪就增加9%（Federal Bureau of Investigation, 1993）。表4-1顯示2020年國內北、中、南四個城市的警民比資料，新北市（1/519）遠低於臺北市（1/322）及高雄市（1/378），即新北市的警力數比臺北市及高雄市稀薄，但臺北市及高雄市的犯罪率比新北市高。觀察臺中市的資料，類似新北市的情形。

表 4-1　2020年警民比與犯罪率

城市 ＼ 類別	警力數	人口數	警民比	犯罪率
新北市	7,774	4,030,954	1：519	866.77
臺北市	8,088	2,602,418	1：322	1,476.75
臺中市	6,686	2,820,787	1：422	852.55
高雄市	7,312	2,765,932	1：378	944.73

註：犯罪率以每10萬人口之犯罪發生數為代表。
資料來源：警政署。

　　警力數不一定能影響犯罪率，1970年代早期在美國Missouri州Kansas市所進行的實驗，也有類似發現。該實驗有系統地比較了三種巡邏區內的犯罪率。這三種巡邏區分別是：第一種巡邏區為取消巡邏，除非是為了回應民眾報案才進入此區，即見警率近乎等於零；第二種巡邏區為保持原來的巡邏密度，即維持原見警率；第三種巡邏區是巡邏密度比平常增為2～3倍，即見警率增為2～3倍。實驗結果顯示，三種巡邏區內的犯罪發生數並沒有顯著不同（Kelling et al., 1974）。

　　簡單說，該實驗針對Kansas市中15個巡邏區加以操縱，改變例行性預防巡邏（routine preventive patrol）的班次數量。這15個巡邏區被隨機分為三組，每組有五個巡邏區。其中一組為「反應巡邏區」（reactive beats），在實驗期間，這一組巡邏區的例行性預防巡邏被取消，警察只有在接獲民眾報案或請求服務的情況下才進入這組巡邏區。第二組為「控制巡邏區」（control beats），在實驗期間，這一組巡邏區的例行性預防巡邏維持原狀，每一巡邏區有一輛警車巡邏。第三組「預警巡邏區」（proactive beats），在實驗期間，將反應巡邏區多餘的警力及車輛調來本區，把例行性預防巡邏的數量增為2～3倍。

　　基於實證資料分析與測量上的考量，研究人員在實驗前建立如下的研究假設：

（一）根據被害調查及報案資料，犯罪數量不會因為巡邏形式的不同而改變。

（二）民眾對於警察服務的感受不會因為巡邏形式的不同而改變。

（三）民眾的犯罪被害恐懼感不會因為巡邏形式的不同而改變。

（四）警察的反應時間以及民眾對反應時間的滿意度，在不同實驗區而有差異。

（五）反應巡邏區的交通事故會增加。

　　實驗結果並未如社會大眾及警察所想像的，研究發現三種巡邏狀態並沒有影響犯罪發生數、民眾對警察服務的感受、以及民眾安全感。說明如下：

（一）根據實驗期間所進行的被害調查顯示，不同形式的巡邏並沒有對家宅竊盜、汽車竊盜、強盜搶奪、毀損行為的數量造成顯著影響。傳統上，這些犯罪被認為是較能被巡邏勤務抑制的標的犯罪。

（二）在民眾報案的犯罪率方面，不同組的巡邏區只呈現微幅的差異，而且差異缺乏一致性。

（三）在警察局本身所發現的犯罪數量方面，不同組的巡邏區雖有差異，但該差異被判斷為隨機誤差所造成。

（四）在民眾對警察服務的感受方面，不同組的巡邏區只呈現極少數的顯著差異，而且這些少數的顯著差異缺乏一致性的脈絡。

（五）整體而言，民眾的犯罪被害恐懼感並未受不同巡邏區的影響。

（六）在民眾自行採取的防制犯罪措施方面，不論是數量或形式，不同組的巡邏區只呈現少數差異，而且這些少數的差異缺乏一致性的脈絡。

（七）商業人士對於犯罪及警察服務的感受，並沒有因為巡邏區的組別不同而受影響。

（八）不同巡邏形式，並沒有顯著影響民眾對於警察的滿意度。

（九）不同巡邏形式並無顯著影響警察反應時間以及民眾對警察反應時間的滿意度。

（十）不同巡邏形式並無顯著影響交通事故及傷亡情形。

（十一）員警約有60%的時間通常是空著（可以回應報案及服務請求），在這些時段，員警大多處理一些與警察無關的事務。

（十二）員警對「預防性巡邏」勤務並無一致性的定義，也缺乏衡量預防性巡邏效能的客觀方法。員警對預防性巡邏防制犯罪的效能，在看法上呈現正反或衝突的反應。許多員警認為預防性巡邏是警察

職能的一部分，所以預防性巡邏是重要的。

許多市長與警察局長從此證據獲知，增加警察巡邏密度來預防犯罪，恐怕並不是最值得投資和最有效的途徑。不過，其他後續的研究發現，見警率對於犯罪的影響是有條件的（conditional），警察的出現有可能降低特定地點、特定時間的犯罪發生。這些資料，我們可以從警察歷史、警察罷工、犯罪熱點、警察臨檢有關研究中找到證據。

（一）警察歷史

大多數警政學者公認，英國內政部長Robert Peel爵士於1829年根據「都會警察法案」（Metropolitan Police Act）所建立的倫敦警察，是現代警察的起源（孟維德，2011c）。在Robert Peel爵士建立現代警察之前，歐洲及北美等國家並沒有隨處可見的巡邏警察。夜間守望模式（night watch system）僅見於較大的城市，不過功能有限，無法有效嚇阻犯罪者。當時的治安維護工作，在本質上屬於一種自願性的活動，由民眾自行組織團體，當遇有特殊情況，例如有人發現犯罪狀況大喊「捉賊」或求救時，由這些團體回應處理（Klockars, 1985）。當時在英國，如果某一地區或鄰里無法逮捕逃逸的嫌疑犯到案，那麼該地區或鄰里的民眾甚至會受到君主的懲罰（通常是罰錢）。

到了18世紀中葉，英國的思想家發現此模式並不適合倫敦這種龐大且匿名性強烈的城市。當時倫敦甚至還出現了收費型的私人偵探行業，之後，成立專責警察的呼聲逐漸響起。到了1829年，長期以來有關公共安全與個人自由的爭辯，終於獲得調和。一支規模龐大、政府支薪、穿著正規制服的巡邏警力終於成立，這就是「倫敦首都警察」（Metropolitan Police of London）的誕生。而後，紐約及許多其他都市相繼效法倫敦的例子，當時在這些人口稠密的都市環境中，就好比實施了一項徒步巡邏效應的實驗。而那時老百姓不再向他們的鄰居大喊「捉賊」，此時已有正式的「警察」來受理並回應他們的「報案」。在這些人口密集的都市社區中，徒步巡邏警察的可見度是相當明顯的，一位正在值勤的警察，可能會被上百名民眾看到。

雖然，此種發展的結果不易被準確測量，但仍有歷史記載，當時因為

顯見的警察巡邏被創造出來，暴力犯罪及公共失序現象受到抑制。儘管，當時在其他方面的社會變化與犯罪率的降低似乎也有關係，例如民主腳步的邁進以及投票權的擴張等，皆有助於和緩社會疏離及犯罪問題的惡化。另外，都市中產階級的成長以及公共教育的發展等，亦有助於非正式社會控制的強化（Sherman, 1995）。但是，倫敦在1830年後暴力犯罪的明顯減少，不能否認仍是一項與見警率有關的事實。

（二）警察罷工

警察罷工，可以作為一項檢驗見警率功能的實驗。假設社會沒有警察，那會發生什麼事？1919年的Boston及Liverpoor、1969年的Montreal、1973年的Helsinki、甚至第二次世界大戰納粹占領期間的Copenhagen等城市均曾發生警察罷工事件，相關資料顯示出非常一致的結果，那就是「魔窟大門打開了」。強盜、搶奪犯罪發生數明顯增加，鬥毆及竊盜犯罪也有類似情形。在Helsinki警察罷工的那一段時期，醫院接受傷患急診顯著增加；在Montreal，竊盜犯罪率及搶劫銀行的犯罪率均呈現大幅度的增加（Gilling, 1997）。這些證據毫無疑問地顯示出，儘管在同質性高、教育良好、低犯罪率的社會，仍舊需要警察來控制犯罪。

（三）犯罪熱點

犯罪學家發現，犯罪發生的時間和空間，在分布上，類似青少年的休閒型態，而與成年人的職業生活態樣大相逕庭，許多犯罪於夜晚或清晨發生在都市某些特定地點（Felson & Clarke, 1998）。根據警務統計及犯罪被害調查資料，強制性交、傷害及強盜等暴力犯罪，多數發生在夜晚及清晨。汽車竊盜多數發生在夜晚，住宅竊盜發生的可能性則趨於白天與夜晚各一半。

此外，多數暴力犯罪發生在家庭以外的場所。根據犯罪被害調查資料顯示，70%的強盜案件以及50%的傷害案件是發生在街頭上或其他公共場所。官方資料也顯示，多數的強盜、傷害、強制性交等案件發生在家庭之外，特別是發生在街頭之上。同時，不論是官方資料或是犯罪被害調查，皆顯示大多數的犯罪是發生在都市裡，並且都市裡的犯罪大部分是發生在某些特定地點。一般而言，高收入地區，犯罪率較低。

　　從警察罷工事件來分析，也可以發現相類似情形。警察罷工，可說是同時將整個城市的警力抽離，而在警察罷工期間，犯罪並沒有在城市各個角落發生。有一半以上的犯罪反而是發生在城市中不到3%的地點，這些少數的地點卻解釋了大多數的犯罪，犯罪學者稱之為「犯罪熱點」（hot spot of crime）。而發生在這些「熱點」的犯罪，大多集中在一個星期當中的某幾天，以及這些「熱門日子」（hot days of week）中的某些「熱門時段」（hot times of day）（Sherman, Gartin & Buerger, 1989）。換言之，城市有許多場所或地區，甚至是在犯罪頻繁處的外圍，長期以來可能沒有太多犯罪事件的發生。

　　換個角度思考，若把警察巡邏的可見度均勻撒在整個空間和時間裡，那麼對犯罪事件發生的特性而言，並非是對應的。雖然每一個市民獲得了「公平分配」的警察出現，但是這樣子的策略就好比是開了一帖相同劑量的藥方給每一個人，不管他或她生病與否。因此，對於病情重者，藥量可能不足；對於病情輕者或無病者，可能造成浪費。Kansas市預防巡邏實驗的結果便指出，非常均勻地把警力分配到各巡邏區，無視犯罪在時間與空間上分布多寡的落差現象，並不能對犯罪產生有效的預防。如同一般標準化的警察勤務運作，該實驗把大量警力放在低犯罪發生的時間與空間上，卻沒有在高犯罪發生的時間與空間分配特別警力，這是一種相當不符合邏輯的「公平分配」策略。

　　接下來的問題就是，如果把焦點放在高犯罪發生的時間與空間上，那麼見警率對於犯罪是否能產生嚇阻作用？實證研究所提供的答案為「是的」，當警察採取此途徑後，評估研究顯示，警察可以預防犯罪的發生（Lab, 2010）。換言之，見警率能夠產生犯罪預防效應，但並非是透過「公平分配」的途徑。將見警率集中在犯罪較常發生的時間與空間，這對市民的安全保障要比均勻分配的策略來得有效。因為，多數市民較可能在公共場域的熱點遭受陌生人的犯罪侵害，而較少在自己家中被害。在Minneapolis市的研究發現，全般強盜案件僅發生在整個城市2%的地區，這些地區大多數都在公共場域（Sherman, Gartin & Buerger, 1989）。研究證據顯示，分配足夠的警力到犯罪熱點，有助於預防犯罪的發生。這些證據來自於：警察臨檢效能的評估研究，以及犯罪熱點警察巡邏的實驗研究。

（四）臨檢掃蕩與犯罪轉移

警察臨檢勤務，可以說是警察突然且大量的出現，或進行執法活動。臨檢可以在短期內降低臨檢區內諸如酒後駕車、強盜、販毒、娼妓、青少年滋事等犯罪行為。這些犯罪是否因警察臨檢而被轉移到其他地區，有一項研究分別檢視了美國及其他五個國家的18次警察臨檢行動，結果發現其中15次幾乎沒有犯罪轉移現象的發生（Sherman, 1990）。另外一個例子，則是倫敦警察所實施的娼妓區臨檢，實施結果也沒有發現臨檢區內的娼妓被驅離至其他區域（Lab, 2010）。

其他尚有許多支持無轉移現象的證據，其中之一就是觀察許多臨檢實例的評估。這些評估顯示出不同於轉移的現象，亦即警察臨檢不僅沒有將犯罪轉移至其他區域，反而降低鄰近未實施臨檢的區域的犯罪。潛在犯罪人的此種「錯覺」，實際上就是無轉移現象的證據——犯罪集中於熱點。這個意思就是說，如果犯罪的機會是出現在熱點內，那麼在某一個熱點所實施的犯罪預防措施，應該不會將犯罪驅趕至熱點之外，就算是有任何的轉移現象發生，也應是轉移到能夠提供類似機會結構的其他熱點裡去。但是，如果在城市中的所有熱點，均保持足夠的見警率，那麼犯罪轉移的可能性，應是非常低的。

研究發現及警察實務經驗皆顯示，有效臨檢的要點是「短暫且難以預測」（short and unpredictable）。長時間的臨檢會弱化臨檢的威嚇力量，相反地，短期臨檢反而在實施後會產生一種「殘餘威嚇力量」（residual deterrence），因為潛在犯罪者並不會很快確認警察是否真的已經離開臨檢區。換言之，對於不同目標保持短暫的、隨機輪換式的高見警率，將可獲得不錯的犯罪預防效果，也就是見警率效能的展現（Sherman, 1995）。就算有犯罪轉移現象的可能，但只要在各犯罪熱點保持足夠的見警率，並且讓潛在犯罪者難以預料警察的出現，那麼就可以在相同的警力資源條件下，創造出較佳的犯罪預防效果。

（五）犯罪熱點的巡邏實驗

Sherman及其同僚曾經針對見警率的效能進行實證檢驗，該研究名為「Minneapolis市熱點巡邏實驗」（Minneapolis Hot Spots Patrol Experiment）。Sherman等人將Minneapolis市犯罪發生最頻繁的110個熱點隨機分為兩組，其中一組的55個熱點，每天接受三個小時間歇性的及不可預知的警察出現；另一組的55個熱點則接受原來的巡邏運作，僅主要回應民眾所請求的服務。這兩組見警率的淨差，在經過研究團隊長時間的詳細觀察後，確認實驗組的見警率高於控制組2.5倍。實驗結果顯示，實驗組的報案量少於控制組，尤其是暴力犯罪的生數，實驗組少於控制組，研究團隊指出，實驗組的鬥毆及滋擾事件少於控制組達50%之多（Sherman & Weisburd, 1992）。

　　該實驗進一步發現，警察如果頻繁且隨機在不同熱點之間輪換巡邏，犯罪預防的效果更佳；如果長時間停留在一個熱點內巡邏，效果反而有限。在研究團隊謹慎觀察下，該實驗得以測量出當警察離開某熱點多少時間後第一件犯罪或失序行為發生，即計算出警察離開與其後第一次犯罪發生之間的相隔時間。分析結果顯示，警察停留熱點的時間愈長，該熱點就能在警察離開後有愈長的時間免於犯罪（即相隔時間愈長），但這種關係只限於某範圍之內。警察出現熱點五分鐘比出現一分鐘有效，而出現十分鐘又比出現五分鐘來得有效，但是當警察出現熱點的時間超過十分鐘，卻發現其功能呈現消褪趨勢。另也發現，僅駕車駛過熱點未做停留，幾乎是沒有犯罪預防的效果。因此，見警率的適當運用方法，應該是派遣警察在各熱點之間隨機輪替巡邏，並在熱點停留能達犯罪預防最大邊際效應的時間（例如十分鐘）。

　　此結論與警察停留熱點期間所執行的工作內容有關，例如，Minneapolis市巡邏警察是相當被動的，警察很少走出巡邏車與民眾互動或盤查可疑之人，該實驗建議主動性的警察作為較能提升預防犯罪的效能。但需注意的是，不當的主動作為也可能將治安事件的處理變得複雜化，「挑釁的警察作為」（provocative policing）一詞，可以用來描述過當的警察作為造成反效果的現象。有一位英國蘇格蘭場（Scotland Yard）高階警官，曾經就此現象提供其個人的經驗，他說在他早期於徒步巡邏區執勤時，由於當時尚未使用無線電，因此他必須用口語說服的方式來控制年輕的酒醉滋事者，他或許會因為一些小問題與滋事者起爭執，但狀況通常不會太嚴重。他說，現今警察處理類似狀況遭遇抗拒時，警察必定會使用通訊設備請求支援，然後數輛警車抵達現場，但結果卻招惹更多年輕人加入這

一場原本單純的事件，導致好幾名年輕人因傷害被送入警察局（Sherman, 1995）。

總之，有關見警率的效能，誠如Sherman（1995: 334）所言：「見警率的效能顯然不像阿斯匹靈般的單純和一致，它對犯罪的效果，要看它如何被調配，以及如何被吸收。」有關犯罪熱點的預防策略，本書第六章將會有更詳盡的探討。

三、警察反應時間的效能

一般人的感覺是儘管看不到警察，但只要確認一旦通知警察，警察就會立即出現，那麼自然就會產生一種安全感。在現實環境裡，民眾對於警察迅速反應的能力，有很高的期待和需求。

理論上，警察快速反應，應可在預防傷害、增加逮捕及威嚇犯罪等方面產生正面效應。在實務上，警察快速反應是否能夠達成上述目標，卻不無疑問。通常，犯罪人是在犯罪的第一秒鐘造成傷害，不太可能讓被害者在第一時間就向警察報案。例如，在歹徒搶劫超商和金融機構的案件中，往往是店員或行員要按下警報器時遭歹徒傷害。另外，還有被害人遭歹徒跟蹤的傷害案件，當被害人落單時被侵害。就算警察是在歹徒仍在現場時抵達，還有可能引發槍戰、誤傷路人、或被害人遭挾持為人質的情況。基於這些緣故，難怪國外有許多金融機構廢除了武裝警衛及防搶警報器，就是害怕有上述情況的發生。而當宵小侵入，正好有人在家時，多數警察通常會建議民眾先儘快離開現場，然後再報案。這個道理，就好比正常人不會等到消防車抵達時才離開正在著火的房子一樣。

有關縮短反應時間以減少傷害的更基本問題是，在警察受理的所有報案中，僅有一小部分的案件具立即傷害性，大多數的報案為吵架、停車糾紛、鄰居衝突、誤按警報器、犯案結束一段時間的竊盜案件、及其他服務請求等。因此，要求警察對所有報案立即反應，不僅是一種浪費，同時也是陷警察於危險情境之中（因為警察要趕赴現場，可能發生意外事故）。如同見警率的效能是展現在少數地點之上，警察快速反應的功能也僅是落在有限的報案上。

警察反應時間在邊際面上的降低，例如從合理的速度減低到更為快速，似無顯著意義。在實務運作上，二十分鐘或十五分鐘的反應時間，效

果上可能沒有太大的分別，但成本上卻有顯著差異。警察快速反應對於正在進行中的犯罪，是有意義及重要性的。但是，在警察受理的報案中，進行中的犯罪只占很小的一部分。在大多數案件中，當被害人或目擊者打算報案時，犯罪人多已逃離現場。Walker（2006）稱這種犯罪為「冷案」（cold crime），並估計此種犯罪至少占全般犯罪約三分之二，多數的竊盜及街頭搶劫都是典型的冷案。在這種情況下，警察的反應速度便顯得並非十分重要。另外，學者Sherman（1995）也曾估計，警察對於進行中的嚴重犯罪立即反應，其逮捕率只占嚴重性犯罪報案中的2.9%。事實上，想要透過縮短反應時間以增加逮捕率，可能性並不高，因為警察快速反應的效能，受制於報案者的快速報案或延遲報案，在被害者與加害者接觸的案件中，幾乎有一半的案件，報案者是在案發後約五分鐘才向警察報案。在案發後五分鐘報案，逮捕犯罪人的機會，不見得會比案發後三十分鐘報案來得大。更何況，許多犯罪的被害人是在犯罪結束一段時間之後才發現被害，報案前已有一段時間的延遲，警察快速反應的意義不大。換言之，警察逮捕現行犯的能力，實受制於民眾的報案時間是否有延遲，而警察要改變此現象，並非容易之事。

四、逮捕的效能

儘管警察可以增加逮捕，但是否一定可以因此減少犯罪，其間的關係恐怕並非如此單純。在理論上，較多的逮捕應該可以增加懲罰的確定性，而以其所產生的威嚇達到犯罪預防的功能。但是在實務上，增加逮捕可能反而會衍生若干意料外的副作用，這不僅會抵銷掉增加逮捕所帶來的好處，有時甚至還會導致與預期相反的後果，例如，引發更多的犯罪。

有關逮捕的第一個問題是，每一次逮捕都可能使執行逮捕的警察消耗大量時間處理逮捕後的文書或其他作業，諸如做筆錄、按捺指紋、照相、甚至是送醫急救或驗傷等，而排擠到這些警察原有的其他外勤工作（如巡邏）。所以只要執行愈多的逮捕，無疑就會降低最近未來的見警率。對於逮捕與見警率兩者的犯罪預防效果，雖然尚未有系統性的比較分析，只要整個逮捕過程（包括後續作業）規模愈大、耗時愈久，對例行的外勤工作就愈不利。如果見警率比逮捕更具犯罪預防效果，那麼增加逮捕等於是增加犯罪。

　　如果大多數的逮捕是針對嚴重犯罪案件，那麼剛剛的問題可能就會有不同的推論。但事實卻非如此，大多數的被逮捕者並非是嚴重犯罪的犯罪人，反而是一些較輕微的犯罪者，例如普通竊盜、妨害風化或因口角引發的打架事件等，而不是像殺人或持槍搶劫那樣的重罪。學者Smith與Visher（1981）曾對警察與被害者、犯罪者的互動，做過深入的觀察研究。他們的研究顯示，警察就所有具充分法律逮捕要件的案件，只對其中不到50%的案件進行逮捕。而警察執行逮捕的原因，從犯罪嚴重性的考慮到犯罪者蠻橫無理的態度皆有可能。當警察遇到應逮捕的情況而不執行逮捕，通常是因為他們發現其他的解決方法，例如叫犯罪人負責損壞賠償，或隔離當事人。常見實例有，警察勸嫌疑人賠償、歸還財物，或訓斥嫌疑人立即離開現場，這種方式稱為「維護和平」（peace keeping），而非「執行法律」（law enforcement）（Walker, 2006）。

　　就算逮捕如果不會降低見警率，但在預防未來的犯罪方面，逮捕不見得一定比和平維護有效。許多犯罪的發生其實是出自犯罪者的報復心理，對其加諸法律制裁可能會激發更多的報復，逮捕或許可以免除一場紛爭，但在未來可能引發更多的暴力。另外，有些被逮捕者可能在短期內就會被保釋或釋放出來，使得警察對被害者的保護顯得不足。這種兩難現象，在家庭暴力事件的處理上格外明顯。

　　Sherman與Berk（1984）的實驗研究發現，當警察執行逮捕而不是運用其他替代或和平維護的策略時，可以使Minneapolis市的家庭暴力事件獲得實質上的降低。之後，這個結果受到廣泛宣傳，並使美國多處警察局在處理家庭暴力事件時採取逮捕途徑。美國國家司法研究所（National Institute of Justice）接著又在其他幾個城市複製上述的實驗，雖然這些複製實驗的結果在宣傳及影響方面，或許不及最初在Minneapolis市的實驗，但其重要性卻有過之而無不及，因為有部分的複製實驗顯示，犯罪者並未因逮捕而受到威嚇（Sherman, 1992b）。

　　更進一步的分析，有助於洞悉不同結果的細節。在Milwaukee、Omaha、Dade County（Florida）以及Colorado Springs四處的複製實驗發現，逮捕對於有職業的施暴者具威嚇效果，但對於失業的男性卻會增加其再犯（Sherman & Smith, 1992）。而在Milwaukee市的實驗做了更詳盡的分析，結果發現被逮捕者鄰居的職業狀態可能是更重要的變項。分析發現，

即使當事人是有職業者，但其鄰居若大多為失業者，那麼對其輕微的家庭暴力行為而言，警告比逮捕更具威嚇效果；另外，當事人若為失業者，而其鄰居僅有少數的失業情形時，逮捕具較高的威嚇效果（Marciniak, 1994）。無論造成這些結果的原因為何，這些研究明白顯示，較多逮捕並非就能夠保證減少未來的犯罪。上述實驗的發現，隱喻逮捕效能與被逮捕者的背景狀況有關。因此，以增加逮捕作為警察預防犯罪的策略，並非是萬靈丹。

第三節 社區警政的定義與運作

社區警政（community policing）的出現，主要是因為警察預防犯罪傳統策略效能不彰。有三個直接影響的觀念：第一，若沒有民眾（社區）的協助，警察是無法有效預防犯罪的；第二，僅靠犯罪事件發生後的被動式反應（reactive），警察是無法達到犯罪預防的目的；第三，警察勤務的積極面向不足（尤其是巡邏）。

第一，警察無法單獨解決社會中的犯罪問題。在獲知及處理犯罪事件的過程中，警察至少需要民眾提供有關潛在犯罪者、犯罪或潛在犯罪事實、以及其他犯罪線索等方面的協助。根據犯罪被害調查的資料顯示，在警察所獲知的犯罪事件中，絕大多數是因民眾報案，警察才知道的，警察剛好在犯罪現場或主動發現的比例，事實上是非常低的（Mon, 2001）。換言之，犯罪預防，並不是警察給予民眾的一種服務，而是必須要民眾共同參與的一種活動。所以，良好社會秩序的建立，民眾是不可或缺的貢獻者。第二，警察資源應根據預警式（proactive）的部署途徑來預防犯罪[1]，在意義上，就是對應引發犯罪的環境。一般實務中，警察大部分的時間是花費在犯罪發生後的反應作為上，而花在預防犯罪作為的時間卻甚為有限。

第三，警察勤務的積極性不足（尤其是巡邏）。傳統的警察勤務策

---

1 「預警式的」勤務作為，就是由警察發動並選擇目標的勤務方式；另將由民眾發動而警察加以反應的勤務作為，稱為「反應式的」勤務作為。

略，經常是藉由警察的出現來嚇阻犯罪發生，也就是盡可能提高見警率。但是，研究卻顯示，單靠見警率的提升，事實上並不足以嚇阻犯罪的發生。標示鮮明警察標幟的警車巡邏，可以說是警察最為普遍的巡邏方式，但在實際的效果上並不能完全滿足民眾安全感的需求，同時也無法有效嚇阻犯罪者的犯罪意圖。在另一方面，實證資料顯示，警察應有的作為，反而是應該積極且可以被民眾看見與感受到，在公共場所營造出一種有秩序的、安全的、以及信賴的氣氛，尤其是在那些犯罪較為集中的地區（Sherman, Gartin & Brueger, 1989）。警察可以藉由導正或平息民眾非犯罪的失序行為以及引起被害恐懼的行為，而達到前述目的，這些行為諸如：出現在公共場所的酒醉行為、噪音、乞丐行為、飆車、違法設攤、賭博等。同時，警察也應該積極地協助社區減少有形的「犯罪標誌」，諸如亂丟的垃圾、廢棄建築、塗鴉、廢棄車輛、損壞路燈等，因為這些「標誌」會讓環境散發出一種不安全、被忽視、及管理不當的感覺（Wilson & Kelling, 1982）。

雖然警察對抑制犯罪根本原因的貢獻頗為有限，但是警察應該有能力減少促使犯罪發生的失序行為（disorder）（Skogan, 1990; Kelling, 1987）。誠如一位資深的警察實務者所言：「如果你發現周圍都是垃圾，那麼你就可能會漸漸行如垃圾[2]」。警察勤務（尤其是巡邏）的目的之一，就是協助社區建立一種易於感知的秩序。

基本上，前三項觀念可說是「社區警政」（community policing）策略思維的主要基礎。現今，針對社區警政已有許多專論及研究，有關的研討會更是不計其數。美國國家司法研究所（National Institute of Justice）及許多研究機構，均曾執行為數少的社區警政專題研究。國際警察首長協會（International Association of Chiefs of Police）、警察基金會（Police Foundation）、警察首長研究論壇（Police Executive Research Forum）等專業性組織，都曾加入倡導社區警政的行列。甚至在密西根州立大學（Michigan State University），還成立了「國家社區警政研究中心」

---

2 此段話是美國Wisconsin州South Milwaukee市警察局局長E. V. Slamka於1997年9月2日在第七屆中美防治犯罪研究會（於臺北舉行）發表論文時所講的一段話，當時筆者係擔任Slamka局長發表論文時的中文翻譯人。

（National Center of Community Policing）。事實上，並非僅有美國對於社區警政表現出高昂興致，澳洲、英國、加拿大、日本、新加坡、我國等，均曾廣泛且熱烈的討論過這項主題。有關社區警政的實驗、前導方案與試行計畫等，都曾經在這些國家出現。社區警政，可說是一項高度受人矚目的警政改革。

社區警政，並沒有一致性的定義。有人將步巡、增進警民互動、家戶訪問、購物中心實施電子監控等，視為社區警政。事實上，僅顧及表面上的做法而忽略其背後精神，是無法真正洞悉社區警政的意涵。D. H. Bayley曾經對許多國家的警政模式進行研究，甚至親身前往這些國家蒐集資料，Bayley的見解應具代表性。因此，社區警政的定義，本章採用Bayley的觀念。Bayley對許多國家警察機關（包括美國、加拿大、英國、澳洲、日本、新加坡等國家的警察機關）現行的犯罪預防策略以及它們過去的傳統策略進行比較研究後，將這些策略的內涵具體描述出來。他發現，這些警察機關所採行的犯罪預防策略，在實施上雖然有很大的差別，但其中有四個項目卻是相同的，分別是：諮詢（consultation）、調適（adaptation）、動員（mobilization）、以及解決問題（problem solving），簡稱為CAMPS（Bayley, 1994）。在經過理性思考後，Bayley在CAMPS與社區警政的策略內涵之間劃上等號，認為CAMPS就是社區警政的操作性定義（operational definition）。底下將針對這四項要件予以說明。

一、諮詢

諮詢，意指定期地且系統性地諮詢社區民眾，以瞭解他們對治安的需求，以及警察可以如何更有效地滿足社區的需求。Bayley（1994）在其研究中發現，現今有許多警察機關藉由新建立的機制來與社區民眾討論社區問題及解決之道，以達改善犯罪預防效能的目的。這種溝通機制有的警察機關是藉由與社區中現有團體深度接觸和會議的方式，有的警察機關則是建立新的委員會。例如，英國在1984年就已經建立了200多個社區諮詢委員會；而加拿大皇家騎警則是在各地警局中設立民眾諮詢委員會（citizen advisory councils）；在澳洲新南威爾斯（New South Wales）的每一個警察局均設立了社區諮詢委員會；美國西雅圖市（Seattle）警局設有諮詢討論會，另在各分局亦設有社區諮詢委員會（Feden & Klinger, 1992）。

　　這些諮詢委員會至少具有下列四項功能：第一，它們將社區問題及社區需求的有關訊息提供給警察。社區民眾對於治安的關切經常是與警察自己所認為者，有著很大的不同。警察較傾向注意諸如殺人、強制性交、強盜、及擄人勒贖等嚴重性犯罪，但是當警察與民眾團體接觸時，警察可能就會發現，民眾固然要警察打擊犯罪，但是民眾更對許多其他社區問題感到關切（這些問題不見得會比犯罪嚴重）。例如筆者曾對新北市八個警察分局進行焦點團體訪談（focus group interview），請受訪警察舉出民眾的治安需求項目，並依重要性排序。另一方面，筆者隨機抽選3,026名新北市民進行問卷調查，請受訪民眾舉出治安需求項目，並依重要性排序。結果發現，民眾最希望警察增加巡邏，增加巡邏是新北市民最熱切需要的治安服務。然而，受訪的警察卻把增加巡邏列為後段順位的項目（Mon, 2001）。在美國的奧瑞岡州波特蘭市（Portland, Oregon），社區最常需要警察解決的問題是販毒以及住宅竊盜問題，此外，還有廢棄建築物、損壞物品行為、幫派、遊蕩青少年、不安全的公園、不當售酒給青少年等問題（Portland Police Department, 1991）。位於芝加哥南方有一個社區諮詢委員會曾提出如此的問題：夜間時車中音響聲音過大、餐廳前的併排停車、青少年在街角逗留阻礙通道、酒醉者在公共場所解便及衝突漫罵聲。而在澳洲維多利亞省（Victoria State）的民眾認為最需要警察所解決的問題是，私有或公有物品被損壞的問題（24.4%）、不良青少年聚集的問題（22.1%）、偷竊／闖空門（12.9%）、青少年飲酒（9.9%）、騎乘拆除消音器的機車（8.6%）（Victoria Police, 1983）。而在美國鄉村，警察最常聽到民眾所抱怨的是，青少年在夜間開車駛過別人住家前，故意敲擊信箱的把手。顯然，許多問題並非是警察平時所關切者。

　　第二，社區會議可以幫助警察教育民眾有關犯罪與失序行為方面的知識，這對警民合作以共同處理這些問題而言，是很有幫助的。社區會議，可以說是警察鼓勵民眾參與以共同建立公共安全的一個好方法。

　　第三，社區會議可以讓民眾與警察面對面地表達對警察的不滿，比較不會受到官僚體制的阻擾。因此，社區會議可以發揮宣洩的作用，提供民眾直接向警察說出心中話的機會，這有助於讓民眾的心理獲得滿足感。雖然，聆聽民眾的抱怨會使警察感覺不舒服，但這也正好可以提供警察表達意見或說明立場的機會，諸如表達未能阻止某犯罪事件發生的遺憾，或說

明警察對於某事件處理方式不當的原因及表示歉意等。

第四，社區會議可以提供警察判斷工作績效的重要資訊。社區會議可以說一種「現成的」績效評核會議，會議中所提供的訊息正好可以作為警察修正勤務方式的參考。

Bayley認為（1991），在建立社區會議的過程中，通常可能會經歷底下幾個階段。首先，會議開始時大多會被民眾的抱怨所主宰，警察常因困窘而中斷會議的持續舉行。然而，假若警察能夠具備相當的耐心，那麼民眾的抱怨就會逐漸轉為對治安的關切。在這個階段，警察就可以運用會議來解釋警察作為的限制，以及邀請民眾來共同策劃解決問題的方法。最後，當彼此之間的信賴感建立之後，就可以用社區會議來評估犯罪預防作為的效果。所以，良好的「諮詢」發展過程，通常會是一個「從抱怨到合作」的演變過程。

此處值得一提的是，「諮詢」的設計與實施，可以轄區為根據，如上文所述。但是，「諮詢」的對象，也可能是基於某種考量而以特定團體為標的。此種型態的諮詢，通常稱為「協調聯絡」（liaison）。紐約市警察局就特別花功夫與新移民保持密切的聯絡，溫哥華警察局與亞裔團體保持密切聯絡，澳洲則與原住民，洛杉磯則與同性戀者。較為特殊的是，澳洲維多利亞省警察「協調聯絡」的對象之一是律師（Bayley, 1991）。

二、調適

調適，意指決策權下放以使基層管理者能夠決定滿足社區需求的因應作為。由於警察認知處理犯罪及失序問題的方法，會隨地區不同而有很大的差異，因此就有必要調整組織的指揮結構，俾利當地警察主管能較具彈性地運用資源。這當中便涉及了將指揮權分散至地方上，或稱為決策權下放。社區警政是要地方上的警察主管針對地方的需求，規劃並調整有關資源，而非仰賴總局所規劃的策略模式[3]。

---

3 「調適」的重要意涵之一乃為分權（decentralization），從不同組織之間的關係來看，分權
　制的行政組織可用兩個觀點來說明其意義：
　1. 為完成一定任務或使命，特設置不同的上下層級機關如中央機關、中間機關及基層機關；
　　或總機關與分機關，使各在其權責範圍內，能獨立自主的處理事務者為分權制。
　2. 各機關為適應各地區的需要，分別在各地成立或設置下級或分支機關，並使之具有獨立的

　　Bayley認為（1994），「調適」的第一步驟，通常是建立可管理的轄區指揮體系（manageable territorial commands）。例如，德州的休斯頓市警察局轄下就設立了四個分局，加州的聖塔安娜市（Santa Ana, California）警察局轄下設置了若干個鄰里警察局（neighborhood police station）。而對於那些已經設有分局或類似單位的警察機關而言，這種變革似乎並非是一種創新。像在一些國家及美國東部城市的警察機關，就多設有散在制的（分權式的）警察指揮結構，但該指揮結構並不見得完全讓警察更有效的預防犯罪。其中原因之一，可能是指揮結構的劃分不當，也就有重劃指揮範圍界限的變革，以讓警察的指揮結構能夠符合社區的需求範圍。例如澳洲南方的阿得雷德市（Adelaide, Australia），就將警察局底下原有的四個巡邏隊改換成16個警察分局，每一個分局的轄區正好就是地方政府諮詢會所涵蓋的區域。倫敦市警察局的指揮結構與阿市相當，只不過地區諮詢會的轄區較大，設69個警察分局，但僅有38個地區諮詢會（Bennett & Lupton, 1992）。

　　一般大型警察局大多具有類似分局的次級指揮結構，在這種情形下，Bayley認為較有意義的「調適」作為，就是將若干團隊的員警分派至分局的轄區中，並賦予規劃的責任。例如紐約市警察局局長Lee Brown所主導的社區警政方案，就是將第七十二分局的轄區分為三個區域，每一個區域由五個比特區（beat）組成。每一個區域則是由一位巡佐負責指揮，並由其決定如何運用人力資源以符合地方民眾的需求。在每一個區域中，長久派駐若干輛巡邏車、社區警察以及兩位刑警，這些資源均可供巡佐善加運用。因此，在每一個分局的轄區中，就好比有三個迷你分局，而每一個迷你分局與社區建有廣泛的接觸網。

　　倫敦在1991年開始實施的「分部警察策略」（sector policing），也是一種極類似的制度。分局的轄區分為兩個或三個區域，每一個區域設有一警察分部（sector），每一個分部則由一位巡官負責指揮，底下有四位巡佐及若干位警員，他們的職責就是共同來評估轄區內民眾的需求，並

　　法律人格，有處理其該管事務之全權者為分權制。

　　另就一個組織的內部而言，如果一個組織之內，各級主管都做較大程度的授權，即決策權下移分散到較低層管理職位，這就屬於分權組織。參閱陳德禹（1996）。《行政管理》。三民書局。

規劃適當的回應措施。巡官的職責之一，就是要建立一個分部工作團隊（sector working group），以達到社區諮詢的目的。團隊的成員一般會包括有政府官員、民間組織人員、居民或公寓管理委員、及政治人物等。

加拿大的愛德莫頓市（Edmonton, Canada）警察局「調適」組織結構的方式，與上述有些不同。在針對民眾所提出之服務請求，仔細分析其地理型態之後，愛市警察局將轄區中21個經常發出服務請求的地區轉化為比特區（beat），並指派一或兩名社區警察至各個比特區。每一名社區警察均配備巡邏車，他們的職責就是瞭解社區需求，並規劃適當的回應措施。他們自行規劃工作時間，並在地方上設置辦公室，以便民眾能隨時找到他們，或方便讓民眾留言。同時，在工作時，他們通常是靠徒步去處理公務。此制度的目的，就是要在每天與社區接觸之員警的身上賦予權力與責任[4]。在歐美的傳統警政制度中（尤其是美國），同一個轄區則是由好幾位員警以輪班式的勤務來維護治安，而不是由專人負責。兩種制度最大的差異就在於「擁有感」（ownership）的有無，比特區是屬於社區警察的，在比特區中所發生與治安有關的事務，都是社區警察所關心的事務，而不能搪塞給下一班執勤者或上級。

三、動員

動員，意指積極徵募非警察人員及非警察機構的協助，以資源整合的模式解決社區治安問題。Bayley在其跨國性的比較研究中發現，由於無法靠一己之力而能有效的預防犯罪，警察已逐漸發展出鼓勵民眾積極參與協助的方案和措施。在美國內布拉斯加州林肯市（Lincoln, Nebraska）警察局的任務陳述中，就有下列這一段內容：

> 「本局的首要任務，就是積極領導並提供專業協助，以維繫和改善社區在發展警民預防犯罪方案上的努力。」

---

4 「調適」另一重要意涵就是授權（delegation）。授權就是由上級長官（主管）或權力者，將其職權範圍內的部分職權及職責指定給某一下級職位者負擔，使該下級職位者在其監督與指揮下，可以代表他相當自主的處理與行動。參閱陳德禹（1996）。《行政管理》。三民書局。

　　在普遍被推行的社區犯罪預防方案中，有「三大項」是典型的代表措施，即鄰里守望（neighborhood watch，例如村里巡守隊）、在財物上標示記號（operation ID，例如機車烙碼）及環境安全檢測（security survey，例如治安風水師）三項。美國自1970年代初所實施的一些方案，其中主要包含了提供警察犯罪線索的鄰里會議，以及鼓勵民眾自行實施守望與主動報案的措施。這些方案同時也鼓勵民眾在個人財物上標記辨識號碼，以及加強在住宅和商業區實施環境安全檢測。守望、標記及環境安全檢測這些原則，也在其他許多國家被廣泛地使用，其中鄰里守望的方式就呈現出多樣化。譬如，在大廈公寓中，就呈現出「垂直式守望」（vertical watch）；在商店區，就有所謂防竊為主要焦點的「商業守望」（business watch）；針對私人船隻安全的「船舶守望」（marine watch）等。

　　這些方案大部分都是警察所鼓勵或協助設計的動員方案之一，基本上這些方案較趨於守勢。除了這些較趨於守勢的方案外，還有一些民眾直接參與發現及阻止犯罪行為的方案（攻勢方案）。譬如，車中配備有無線電的計程車司機就經常被動員接受訓練，使其具備發現犯罪活動及通知警察的能力與技術。民眾透過自己的無線電頻道與警察勤務指揮中心連線，所執行的車巡，一般都可以獲得警察的支持及適當的訓練。另外，在許多都市中較可能發生犯罪的地點，出現一些穿著鮮明制服的自願者實施徒步巡邏。以上這些巡邏，雖不鼓勵執行實際的執法行動（如逮捕），但其確實發揮了某些犯罪威嚇的效應，或記錄犯罪事實的功能（如拍照街頭色情交易和毒品交易的情景）。

　　在澳洲南方阿得雷德市的亨德利街（Hindley Street），以及在芝加哥市海德公園（Hyde Park）內的五十三街，有一些民眾自願在夜間擔任巡邏，他們的職責主要是針對行為不當的青少年提出建言或警告。而青少年為何會聚集在這些街道上，主要是因為交通方便、街道旁開有許多速食餐廳、電影院、唱片行、商店及拱廊等。這些巡邏者就像熟悉且溫和的大哥哥和大姊姊，當警察在這些街道區域發現青少年輕微的失序行為時，警察通常會將青少年交給這些自願巡邏者，而他們就會對青少年施予輔導，必要時還會與青少年的家人或學校聯繫，並進行追蹤輔導。這種替代警察逮捕的措施，不僅降低了執法成本，同時也減少了民眾對警察不當干涉的怨言。

　　Bayley更發現，有一些事情因礙於法律的規定或保障，原本是不太可能由警察來處理的，但警察已逐漸瞭解到這些事情的處理可以在民眾的同意下來進行。譬如，西雅圖工會大道（Union Avenue in Seattle）旁有許多商店的老闆同意讓警察進入他們所經營的商店，以驅逐或逮捕在他們店中從事違法活動的販毒者；許多經營私人停車場的老闆也有同樣的反應。另外，在加拿大安大略省（Ontario Province, Canada）較為偏僻的地方，有些家庭的父母因事外出而將小孩留於家中，這些父母經常會允許警察進入他們的家中巡視小孩和環境的安全。在另外一方面，警察也經常實施宣導，讓民眾注意及降低犯罪發生的機會。譬如，許多便利商店就被建議在晚間最好以男性店員或多名店員來管店，或在商店停車場設立禁止遊蕩的禁告牌。速食餐廳和一些青少年經常聚集的商店或場所，經營者簽訂了共同協議，那就是當群眾太多或難以控制時，可以暫停營業。

　　警察想動員的對象並非僅有民眾而已，有些政府機構如果能夠將本身行動予以適當的調整，並與警察和社區的行動相互協調，那麼它們在犯罪預防上也可以扮演重要的角色。為了去除犯罪的跡象和表徵，清潔單位清除廢車、空地上的垃圾及預占停車位的雜物；公園管理單位為了青少年在夜間仍舊開放有關的設施，並籌劃適合青少年的活動；防火及建築物檢查單位公開並譴責那些用作吸毒及販毒場所的廢棄建築物；有些國家政府中的衛生機構及安全管理部門更企圖尋求合法的理由來關閉那些經常招引非法交易的酒吧和夜總會；學校針對成績不佳的學生開設輔導課；社會服務機構介入那些長期存有問題的家庭，以防止家庭暴力和兒童虐待事件的發生。洛杉磯警察局就設計一個名為「警察協助社區執行方案」（Police-Assisted Community Enforcement, PACE），透過這個方案，社區警察引導跨政府單位計畫的擬定，以消除或紓解促使犯罪發生的狀況，尤其是針對販毒的犯罪事件。而在英國，1985年開始實施的「多部門犯罪預防方案」（Multi-Agency Crime Prevention Initiative, MACPI）也是一個具有相同目的的方案。

　　就如同消防單位對民間及政府有關部門提出專業指導和建言一般，有些警察單位也逐漸開始向政府有關部門及私人營造商提供犯罪預防的專業資訊。美國西雅圖市警察局及加拿大安大略省警察廳的專業人員就受邀參與都市及社區發展的聽證會，並針對犯罪預防提出都市及社區設計

的建議。英國更有一些營造商在興建方案中融合警察的專業建言後，使得他們所推出的興建方案（如房地產）獲得了「安全設計」（secured by design）的標記，在加拿大愛德莫頓市也有類似的「信心守護」（shield of confidence）標記。消費者在購買具有這些標記的房子時，都可以獲得支付較低保險費用的優待。

近來，警察「動員」努力則是朝向了被害者及證人，目的是期望能夠鼓勵這些人在偵查和審判過程中勇於作證。在美國和加拿大，有近半的被害人輔助方案是由警察來運作，這些方案主要是提供被害人情緒上的支持、提供被害人在填寫保險文件時有關的建議與協助、協助被害人蒐集政府所提供的福利資料等。此外，這些方案更透過一些法定行動來達到支持被害者的目的，譬如協助他們瞭解整個案件的處理流程，提供到法院的交通工具，在審判中有專人陪同他們，在法院中提供適當的場所作為他們的休息室。澳洲的「證人保護方案」也有非常類似的措施。在基本的觀念上，證人與被害人都會對犯罪感到驚嚇，同時對法定的處理流程也都感到不方便[5]。

動員社區以預防犯罪的發生，對警察而言並非是新的作為。以往在大多數的警察機關中均設有犯罪預防單位，或辦理相關業務，使得在警察機關中討論犯罪預防似乎有些唐突，因為大多數的警察認為他們已經做了犯罪預防的工作。然而，有關「動員」的新理念，乃是將社區為基礎的犯罪預防思想當成一項重要且正式的警政策略，同時也是每一位員警的重要職責。

當考量各階層政府預算拮据的壓力，以及增加警力所需支付的成本時，動員社區可能是一項較為務實的增加資源方法。一分社區預防的效

5　被害者及證人，是刑案能否偵破的重要關鍵，所以，應盡可能避免讓他們受到非必要的不便或麻煩。底下是一些避免被害人及證人遭受不必要麻煩或不便的考量：除非有必要，否則應避免被害人及證人重複作證；避免讓被害人及證人不必要或無效往返警察單位、檢察署、或法院；以及避免案件起訴不必要的時間延遲等。除了以上避免被害人及證人遭受不必要麻煩或不便的考量外，尚有一些其他需注意之處：應告知被害人及證人案件目前的進度狀態；應予證人適當的保護；應重視被害人及證人參與作證的意願等。此外，警察管理者必須對證人的需求及所關切的事務要具有相當的敏感度，以確保犯罪偵查的有效性。而這些對於其他層面的警察工作而言，也會產生正面的效益，例如，社區的民眾可能會更與警察合作，更支持警察的活動。

能，可能是十分警察單獨努力始能達到的。

四、解決問題

解決問題，意指矯正或去除引發犯罪或失序行為的原因。長久以來，警察往往是在犯罪或緊急事件發生後才做反應，如今警察已逐漸開始重視並探究引發犯罪和失序行為的背後因素，並規劃改善這些因素的可行方案，以及評估各方案的優缺點，選擇最適當的方案予以執行。換言之，警察已洞察應將犯罪及失序行為視為需要妥善處理的「問題」（problems），而非將其當作執法或提供緊急服務的「個別事件」（isolated events）看待（Goldstein, 1990）。解決問題模式，強調針對警察及社區所能實施的所有犯罪預防行動予以分析及評估，它所導引出來的犯罪預防方案是具體且特定的，而不是廣泛或普遍性的方案。

底下有四個解決問題模式的實例。美國威斯康辛州麥迪遜市區的購物中心有許多商店受到精神病患的騷擾，不僅購物民眾感受驚嚇，更使購物中心蒙上負面聲譽，警方也收到了數以百計的民眾報案電話。當警方針對有關情況做了一番探究之後，警方發現其實並沒有數以百計的精神病患滋事，而是僅有13位。同時，警方也發現只要讓這13位精神病患適當服藥，就可以預防滋擾行為的發生。因此，警方的結論是，這些人沒有適當服藥是最主要的「問題」。隨後，警方就與當地的精神醫療機構和社會服務機構協調，給這13位滋事的精神病患服藥，不久之後，購物中心的騷擾事件就消失了（Goldstein & Susmilch, 1982）。

在某些地區，警察可能經常重複前往某些酒吧、夜總會等特種營業場所，處理打架、販毒、製造噪音、騷擾安寧等事件。加拿大愛德莫頓市有一位社區警察透過他個人簡單的研究，解決了這種問題。他蒐集了一家夜總會當初申請營業的有關文件影本，其中包含了售酒執照、准允跳舞及現場表演執照等。該名警察發現有一份文件內容有誤，此家夜總會的停車場容量不及法規所規定的容量，他就以此資料提報至市府有關單位，結果該夜總會必須停止營業，直到停車場問題解決始可營業，但該夜總會所在位置限制了增設停車場的可能。最後該夜總會只有關門一途，不僅周遭民眾感到歡喜，警方也樂於驅除一個治安死角（Edmonton Police Department, 1989）。

在馬里蘭州巴爾的摩郡（Baltimore County, Maryland）有一處社區公園因為被吸漆（paint-sniffing，類似吸食強力膠）青少年所聚集，使得居住在公園周圍的民眾不敢使用公園。警方嘗試以巡邏的方式來驅除及逮捕吸漆的青少年，但這種方法既不經濟又沒有太好的效果。最後警方在瞭解情況之後，擬定了一個解決方案。方案內容是警方一方面繼續取締及逮捕吸漆者，另一方面則協調檢察官對被逮捕者予以重罰。此外，更重要的是警方擬定了一份累犯名單給當地的油漆商，希望他們不要販賣油漆給這些人。同時，警方也說服油漆商不要陳設吸漆者所喜好的油漆。經由這些協調性的行動，該公園終於又恢復了以往的平靜，警察才又能夠將注意力放在其他的事務處理上（Cordner, 1985）。

最後一個例子是，洛杉磯市中心南方的牛頓街（Newton Street）區域（70%人口是中南美洲後裔，30%是黑人），在80年代末期時，因為受到街頭販毒及與販毒有關的暴力犯罪所影響，使得該區域帶有恐怖的氣息。居民在夜間都不敢出門，甚至睡覺都要選擇較內側、隱密的房間，以防遭屋外槍戰子彈射入所傷。在經過仔細的探究、討論、以及挨家挨戶的訪談後，警方提出了一個改善治安的方案。該方案就是在社區的同意下，計畫在該區域九條街道的末端設立鐵門，形成一種死巷網，讓不熟悉該地區的人不易開車駛過。同時，警方也增派警力至該區域加強執法，尤其是針對販毒行為的取締與逮捕。在白天時間，警察多以腳踏車的方式執行巡邏，這可以讓他們的出現受到廣泛的注意，也可以讓他們在這個區域中來往自如。在州政府的經費補助下，有兩位年輕的工作人員受僱輔導青少年的課業，以及規劃一些體康活動。結果這些在協調上所花費的努力產生了驚人的功效，槍擊事件幾乎減少了八成，而且沒有轉移至鄰近的區域。毒販也幾乎完全被清除，儘管之後警力有所減少，效果持續維持。最令人感到驚訝的是，當地青少年的高中就學率增加了1倍。當地警察與民眾認為，當初低就學率，可能是因為恐懼被害所致，而非學生缺乏就學的動機（Sparrow, Moore & Kennedy, 1990）。

基本上，這種犯罪預防途徑的巧妙處，就在於從無數的民眾報案或請求服務當中，找出引發報案或請求服務的「問題」所在，然後儘快的以警察及社區適當的資源予以解決。但是，解決問題的途徑不見得對每一種犯罪或失序行為都可以奏效，許多導致犯罪及失序行為的背後因素（問

題），有時是無法靠地方上的力量能予以改變的，譬如長期性的失業、家庭功能不彰等問題。基本上，解決問題途徑並非是一項重建社會結構（social restructuring）的方法，但其所代表者，則是遠超過傳統權威式介入及象徵式正義的警察反應模式。解決問題途徑，需要警察培養診斷民眾報案及請求服務原因的能力，以及探究解決問題可行方案、蒐集資源、參與合作解決方案及評估結果等方面的能力。

學者Goldstein認為，在警察實務中，要正確診斷出引發事件背後的問題，並不太困難。警察一般都可以容易地在事件與結構性的社會變革（structural social reform）之間，找到關聯性。在美國一般最常處理的問題，就是聚集在便利商店及購物中心的不良青少年、出現在住宅區的街頭娼妓、停車場的竊車賊、不法目的之侵入者（burglars）、獨居老人、經常騷擾甚至恐嚇鄰居的家庭、以及在某些特定場所經常發生的搶奪案件等。而警察解決這些問題的方法，有很大的不同。這些方法可能包括焦點地區的加強執法，調解，透過當事人的父母、老師、朋友及雇主來強化對當事人的社會控制，物理環境的改善與重新設計，請求立法，以及提供新的政府服務等（Goldstein, 1990）。

在警察實務中，「解決問題」並非是新的途徑。長久以來，警察就曾針對一些問題予以特別的注意，而不知自己採用了不同的途徑。學者Bayley就指出（1985），美國警察在處理少年非行（juvenile deliquency）以及青少年幫派問題時，就經常採用此種途徑。一般被調派至處理此類事件單位的員警，大多會採用一種包含執法、協商以及動員等三方面的途徑。Bayley更指出，交通管理或許是傳統上解決問題途徑的最佳實例。交通專家先仔細分析交通事故的各種型態，然後再設計出包含改善交通工程、修訂交通法規、提升執法品質以及加強交通教育等多面向的解決方法。執行後，再進行經常性的評估，並做適當的修正。

第四節　社區警政的多樣化

實施社區警政的國家或地區由於各自的環境的不同，使得社區警政在施行的外觀上呈現多樣性。換言之，此種新犯罪預防模式（CAMPS），

可以由許多不同的方式來實行。我們可從下列諸面向，瞭解社區警政在施行上的多樣化。

一、人員

社區警政可能是由警察局全體人員來推動，也可能是由警察局某一個專門的單位來施行。例如，美國維吉尼亞州紐波特紐斯市（Newport News, Virginia）以及德州丹頓市（Denton, Texas）警察局，不論人員的工作職能為何，堅持局內所有人員均需採用社區警政的途徑；而紐約市及澳洲新南威爾斯的社區警政，則是由社區警察人員及比特區警員來施行；英國的巡邏警察分為實施社區警政的比特區勤務警員（beat duty officers, BODs），以及實施傳統巡邏的一般勤務警員（general duty officers, GDOs）；值得一提的是，英國倫敦市的分部警政方案（sector policing），則計畫將所有的巡邏警察轉化為社區警察[6]。

二、組織

社區警政可以歸屬在警察局中既有的指揮體系下，也可另創新的指揮體系。譬如紐約市的社區警政，就歸屬在巡邏部門的指揮體系下；而底特律、愛德莫頓及麥迪遜三市的社區警政，則直屬警察局長（McElroy, Cosgrove & Sadd, 1992）。

三、部署

社區警察可以直接部署在此特區，例如愛德莫頓市、新南威爾斯、及紐約市等。他們也可能是編定成隊，在較大的地區執行社區警政，例如聖地牙哥市及巴爾的摩郡的社區警政就是以分局轄區為執行根據地。有的社區警察則是部署在總局，例如負責民眾報案的分析，或是針對少年非行及青少年幫派的處理等，明顯的例子是澳洲昆士蘭警察局。

6　如此一來，將有助於倫敦市警察局評估整個區域在實施社區警政之後的效果（至少排除了巡邏警察所造成的影響）。

四、執行模式

　　社區警察可能是藉由徒步（如新南威爾斯及紐約市）、腳踏車（如波士頓）、機車（如丹佛）、鄰里辦公室（如愛德莫頓市）、機動式的迷你警察單位（如德州的Fort Worth）或車輛（如聖地牙哥）的方式來執行工作。

五、職能

　　社區警察的工作職能為何？社區警察的活動有哪些是與傳統巡邏警察所不同的？在愛德莫頓市及安大略省，社區警察會對民眾緊急性的報案予以回應，但底特律的社區警察則不會，除非所發生的事件就在附近；西雅圖及新加坡的社區警察與底特律的社區警察相類似。紐約市的社區警察須以徒步的方式來巡邏，底特律的社區警察則不一定以徒步的方式來巡邏。在愛德莫頓市及紐波特紐斯市，「解決問題」受到社區警察的高度重視；但英國的比特區警察對於「解決問題」的重視程度則沒有這麼高。有些地區的社區警察較會對地方上特殊的團體或人群進行「協調聯絡」，如愛德莫頓市，有些地區則不見得如此，如日本。

六、範圍

　　有的警察局是在其轄區上全面推行社區警政，如德州的丹頓市；有的警察局則是選擇特定地區為目標來實施社區警政，如愛德莫頓市及麥迪遜市。

七、諮詢

　　有些地區的社區警察會特別設置諮詢委員會來達到諮詢民意的目的，新南威爾斯的警察局就是如此。加拿大安大略省的社區警察則是與社區中現有的民間團體進行頻繁的互動，或專設委員會來達到諮詢民意的目的。紐約市及倫敦市的社區警察則是靠執勤時與民眾接觸，或與現有的社區組織頻繁接觸，而達到諮詢民意的目的，他們並沒有創立新的諮詢體系。

八、協調

社區警察可能經由特設的正式機制來獲得其他政府部門的協助，英國的Thames Valley就是如此。也可能是透過原有的官僚結構的途徑來獲得其他政府部門的協助，如澳洲的Toowoomba。

九、民眾參與

警察單位可能請民眾直接參與警察的工作，也可能與民眾保持某種距離。譬如底特律及休士頓警察局就實施一種市民無線頻道的巡邏模式（civilian-band radio patrols），並運用市民充當鄰里警察局的職員。而紐約市及新南威爾斯的社區警察則大多由自己完成工作，較不鼓勵民眾直接參與警察工作的執行。

上述有關社區警政的九個面向，可說是代表了警察機關在謀求改善犯罪預防效能上所作的選擇。從眾多國家和地區的經驗中可以得知，欲實施社區警政的警察機關，在實施前應仔細評估這些選擇的優缺點。否則可能會落於導致員警產生困惑和挫折的深淵，使方案的實施喪失信度而終至失敗。

從社區警政的意涵及實際運作的模式中，吾人可以發現社區警政似乎並沒有標準化的運作楷模。不過對當代警政而言，「何謂社區警政？」恐怕並非是最重要的問題，而「如何讓警察能夠更有效預防犯罪？」才是警察機關所關切的議題。在許多國家和地區，似乎已把CAMPS當作是「如何讓警察更有效預防犯罪？」的答案。這些措施，不管是稱為社區警政或其他名稱，已被認為是警察預防犯罪的要件。

第五節　社區警政的效能

社區警政是否能有效的預防犯罪？針對社區警政的犯罪預防效能，過去已有許多專門性的評估。在這些評估的結果中，僅有新加坡及日本兩個國家所實施的社區警政，較有一致性的正面效果。研究發現，這兩個國家將社區警政妥善的制度化，可說是該國警政體系中的運作典範（operating paradigm）。至於其他國家或地區的施行成效，尚未有一致性的正面效果。

　　有關社區警政犯罪預防效能的正面證據，主要來自特定的解決問題案例。譬如公園從販毒者的盤踞下獲得「收復」，購物中心被精神病患騷擾事件的減少，以及某些地區竊盜事件的減少等。但在另外一方面，針對社區警政的核心要件，即以社區為基礎的犯罪預防（也就是CAMPS中的「動員」），評估結果顯示其效能有愈來愈多的質疑。在社區警政的概念中，有一項極具關鍵性的假設，那就是如果能夠經由適當的指導和組織化，民眾參與可以降低犯罪的發生。但事實上，在美國和英國的實證資料中，顯示社區犯罪預防方案的「三大項」——鄰里守望、財物標示記號、環境安全檢測（如治安風水師），並無法有效預防其主要標的犯罪（竊盜）的發生（Rosenbaum, 1988）。而針對住家的自我保護措施、建築物及環境的重新規劃與設計、觸及犯罪根本原因的社區方案、整修（如路燈）清理（如廢棄車輛）運動、迷你警察局，以及發送社區犯罪預防通訊刊物給民眾等，均缺乏肯定的、且一致性的證據（Skogan, 1990; Rosen-baum, 1988）。

　　在廣泛檢視社區犯罪預防方案的評估之後，學者Skogan（1990: 9）做出不甚樂觀的結論：「社區犯罪預防方案的評估，並未充分顯示明確的成功證據。」Skogan同時也指出，社區犯罪預防方案最不常在犯罪率較高的社區中實施，就算有實施，效果也最為不良。換言之，在最需要實施社區犯罪預防的地區，反而較少實施，或實施效果不良。如果這是事實，那麼社區警政的立論根基就受到了嚴厲挑戰。不過此處值得注意的是，Skogan的結論並不一定為真，因為缺乏明確證據顯示，到底是因為理論錯誤？還是警察執行不落實？抑或評估研究本身有瑕疵？目前還不確定。換言之，由於執行和評估研究的不足，使得社區警政是否能有效預防犯罪？至今無法明確判斷。

　　在實施社區警政的實務上，警察機關通常都會要求員警盡力配合，但社區警政與警察組織難免有不相容之處。例如，警察機關在實施社區警政之前，可能已經有相當多的事務需要處理，員警不認為有多餘的資源可以分配到社區警政方案的施行上，員警因此欠缺落實該方案的動機。此外，社區警政效能無法被明確驗證，也使員警對其產生質疑。警察與學者難免

懷疑社區警政的效能檢測是否太過於苛求，但是當較佳設計的評估依然趨向發現相似結果時（即社區警政的效能有限），社區警政的價值的確受到嚴重質疑。對於犯罪預防新策略的尋求，往往是因為傳統策略的有效性缺乏支持證據。如果社會科學無法證實新途徑的成功，那麼舊途徑要被完全的取代或剔除，便失去科學證據的支持。

科學性的評估無法證實社區警政的預防效能，亦無法否證傳統策略的預防效能，這對於警察政策的制定者而言，可能會產生兩項隱喻：第一，欲改善犯罪預防策略的警察機關會愈來愈重視理論、邏輯、甚至是直覺，而非根據科學證據；第二，必須告知民眾，犯罪預防並無良方，警察無良方，社區亦無良方。並非意謂我們從此不需要再去追求更佳的策略，但這至少顯示，以警察為基礎的犯罪預防策略，恐怕不宜過分渲染其效能。

第六節　社區警政與犯罪預防模式

本書第一章曾定義犯罪預防為：「設計用於降低實際犯罪數量或犯罪被害恐懼感的作為」，類似於「疾病預防的公共衛生模式」（Public Health Model of Disease Prevention），犯罪預防也可以分為三種途徑，分別為初級犯罪預防（primary crime prevention）、二級犯罪預防（secondary crime prevention）和三級犯罪預防（tertiary crime prevention）。各級犯罪預防的內容，分別處理不同階段的問題。根據公共衛生的觀點，初級預防採取的作為，係為避免疾病或相關問題開始發展，預防接種及清理環境衛生等，都算是初級預防工作。二級預防採取的作為，則將焦點從一般性的社會關切轉移到表現出初期疾病徵兆的個人或情境上，譬如肺結核篩檢、針對處理毒物的工人進行系統性檢測等。三級預防採取的作為，則針對明顯發生疾病之人或相關問題進行處置，包括立即性問題的排除、抑制未來再發生的必要步驟等（蔡德輝、楊士隆，2005；Brantingham & Faust, 1976; Lab, 2010）。而犯罪預防的途徑，與公共衛生模式相似。

本章以此模式來分析社區警政，文獻中尚有其他犯罪預防模式，譬如van Dijk與de Waard（1991）在公共衛生模式上增加另一面向，即被害者、社區及犯罪者，企圖將公共衛生模式精緻化。他們將初級預防技術分

為以被害者為標的、以社區為標的、以潛在犯罪者為標的三類。Crawford
（1998）也採取類似方式，以公共衛生模式為基礎，採取二面向途徑，
即在三個層級預防中加入社會性途徑及情境性途徑。這兩種模式及其他本
章未討論的模式，其內涵都在於提供犯罪預防的觀點以及建構犯罪預防作
為的方法，惟這些模式的觀點過於複雜，對於檢視犯罪預防的範圍，與公
共衛生模式相較，並沒有明顯的差異。基於明確性及具體性的考量，本章
遂採用公共衛生模式來分析社區警政。

一、初級犯罪預防

　　刑事司法領域中的初級預防作為，係指辨識出那些提供犯罪機會或促
進犯罪發生的物理和社會環境。初級預防途徑的類型非常多元，涉及廣泛
的社會組織。表4-2所列的初級預防途徑包括：環境設計、鄰里守望、一
般威嚇、私人保全以及有關犯罪及犯罪預防的教育措施。環境設計通常指
增加潛在犯罪者的犯罪困難度、讓居民易於監控周遭環境、讓安全感瀰漫
生活空間等犯罪預防技術。有助於提升安全監控效果的建屋計畫、增加照
明及鎖具、財物上標示記號以易於辨識所有權等措施或方法，都算是環境
設計的範圍。鄰里守望及民眾自組巡守隊則可增加居民對於社區的控制能
力，增加潛在犯罪者被發現的風險。

　　刑事司法體系的活動也落於初級犯罪預防的範圍。譬如，警察的出
現，可以減少該區域發生犯罪的機會以及民眾的犯罪被害恐懼感。法院及
監所可藉由讓潛在犯罪者感受犯罪風險上升（如增加刑罰執行上的確定性
及嚴厲性），而產生初級犯罪預防的效能。另一方面，有關犯罪現象以及
刑事司法體系與社會大眾互動的公共教育，也可以影響民眾對犯罪的認知
和感受。同樣地，私人保全也可以與刑事司法體系配合，擴大威嚇犯罪的
力量。

　　此外，初級犯罪預防還包括其他更廣泛的社會議題。譬如降低失業
率、改善教育品質、消弭貧窮及其他社會病態問題，這些問題均與犯罪原
因有關，故有助於減少犯罪及降低犯罪被害恐懼感，此等方案通常稱為社
會性預防（social prevention）。初級犯罪預防的主要目的，乃是在最上游
的階段紓解犯罪，不讓未發生的犯罪發生，或讓已發生的犯罪未來不再發
生（Lab, 2010; Rosenbaum, 1998）。

二、二級犯罪預防

二級犯罪預防的焦點，乃是在犯罪發生之前儘早發現潛在犯罪者並介入處理。而二級犯罪預防的關鍵，在於能否正確辨識及預測具犯罪傾向的當事人及情境。情境犯罪預防（situational crime prevention），可謂是最常見到的二級預防做法。情境犯罪預防係從微觀層次辨識問題，繼而根據該問題建構特別的干預措施，諸如變更原有的環境設計、改變社會行為、改善監控等。而社區警政，也與情境預防關係密切，社區警政的運作有賴於民眾採取解決問題的途徑來面對鄰里關切的問題，因此，社區警政是屬於二級犯罪預防的範圍。

許多二級預防的作為與初級預防類似，初級預防較偏重於不讓導致犯罪發生的問題出現，而二級預防的焦點則針對已經存在且促使犯罪發生的問題。惟二級預防也會處理引發犯罪的偏差行為，譬如飲酒及嗑藥與其他偏差行為有高度的相關，以嗑藥當作犯罪傾向的指標，繼而採取相關措施，就是一種二級預防的途徑。此外，學校在二級預防層面也扮演相當重要的角色，一方面學校可以發揮辨識問題學生的功能，另一方面還可以作為介入處理的場所。顯然地，許多二級預防措施的關鍵，經常是掌握在家長、教育人士及社區領導者的手上，因為這些人往往有機會與偏差或犯罪被害恐懼感有關的個人或情境接觸。

三、三級犯罪預防

三級犯罪預防主要是針對已犯罪之人的處理，目的是防止其未來再犯。刑事司法體系的作為乃是三級預防的主軸，逮捕、起訴、監禁（隔離）、處遇等作為都落於三級預防的範圍。另外，三級預防還包括一些非司法性的作為，諸如民營矯正方案、轉介方案及某些社區矯正方案等。由於刑事司法體系及上述非司法性作為經常在其他議題的文獻中被討論，也就是它們在傳統上的歸類之處，主要並不在於犯罪預防的範圍，所以三級預防經常在犯罪預防的討論中受到忽略。

每一層級犯罪預防所採途徑及措施的種類，並非僅侷限於前文所提及的範圍。事實上，在三個層級的預防中，存有許多不同甚至特殊的途徑來處理犯罪問題。換言之，若有豐富的想像力和創造力，就可能研發出多元

化減少犯罪及降低犯罪被害恐懼感的犯罪預防技術。有關公共衛生模式的犯罪預防途徑，如表4-2。

表 4-2　犯罪預防的模式

初級預防	
1.環境設計－ 　(1)建築設計 　(2)照明 　(3)通道控制 　(4)財物標記 3.一般威嚇－ 　(1)逮捕及定罪 　(2)判刑方式 5.私人保全	2.鄰里守望－ 　(1)監控 　(2)民間自組巡守隊 4.公共教育－ 　(1)犯罪數量 　(2)犯罪被害恐懼感 　(3)自我防護 6.社會性預防－ 　(1)失業 　(2)貧窮 　(3)職業訓練
二級預防	
1.辨識及預測－ 　(1)儘早辨識問題個人 　(2)犯罪地區的分析 3.社區警政 5.學校及犯罪預防	2.情境犯罪預防－ 　(1)辨識問題 　(2)根據情境採取特定干預 4.藥物濫用－ 　(1)預防及處遇
三級預防	
1.特殊威嚇 3.矯正及處遇	2.監禁、隔離

資料來源：Lab, S. P. (2010). *Crime Prevention: Approaches, Practices and Evaluations*. Cincinnati, OH: Anderson Pub.

第七節　結語

　　幾乎全世界的警察都在追求更為有效的犯罪預防方法。而社區警政可以說是近年來警察在犯罪預防策略上改革努力的代表。從其運作內涵來看，社區警政涉及了諮詢、調適、動員及解決問題等四個要項。對許多國家而言，雖然這些要件可說是現今警政重要的策略性考量，但要保證實施

必有效能，似乎過於一廂情願。事實上，由於上層長官的承諾不夠明確，再加上欠缺系統性的執行方案，使得許多警察機關處於紙上談兵的狀態，未有具體作為。有些警察機關嘗試實施一段時間，又改變了方向，不少實務者對社區警政半信半疑。最近的文獻資料顯示，在世界上實施社區警政的國家中，僅有日本和新加坡的社區警政被全然的制度化，也就是說只有這兩個國家將社區警政變成警察機關的運作傳統。反觀其他國家，大多數實施社區警政的警察機關幾乎是仰賴少數上層領導者的推動，當這些社區警政倡導者退休或離職，他們所推行的方案，未來便充滿變數。

儘管如此，在許多社會追求實施社區警政的背後，可能不只是該社會對警政策略的一種選擇而已，它更顯示出操控警察的權力，已由政府的手中逐漸轉移到人民的身上，民眾逐漸成為警察新的且更為重要的服務對象。社區警政，顯示另一控制警察活動的權力已形成。如果社區能夠決定警察的工作，那麼一個新的權力中心便被建立。社區警政，並非僅是警察策略的改變而已，更代表警察與社會之間一種新契約的協商。

第五章　民力運用與犯罪預防

第一節　前言

在某些學者的眼中，自1970年代起是「資源缺乏」（Resource Scarcity）的時代，為了因應此種時代，學者Levine甚至提出所謂的「裁減管理」（Cutback Management）方案。他認為：過去半世紀的預算成長已成過去，未來面臨的將是「預算負成長」（Negative Budgeting）時期的來臨，因此公共行政必須以新的方法來因應（李湧清，1995）。同樣地，在傳統上，許多國家政府的犯罪抗制策略亦多半是透過資源（包括財力、物力及人力等）的大量投入，希望藉由增加預算及刑事司法政策的改革來控制犯罪。然而，因應市政以及國家財政緊縮之問題，使得此種措施面臨了考驗。因此，到了1980年代，警政管理者乃必須以組訓志願民力的方式來抗制犯罪。而美國警政學者Bayley（1994）更是認為，警察不能有效預防犯罪是所有專家及警察本身都知道的事，縱使給警察再多的資源（尤其是人力資源），警察機關仍然沒有能力解決犯罪問題。因此，他提醒我們，不得不承認警察機關在打擊犯罪的能力上是有其限制的。此外，美國著名學者Sherman（1983）在一篇探討警察巡邏策略的文章中亦指出：「警察所看到的只是熟悉的建築物，但並不熟悉建築物裏面的人們；而民眾所看到的也只是熟悉的巡邏車，但是並不認識車內的警察。」這些論點均不約而同地暗示，在治安維護的工作上，無法單靠警察維持社會治安，亦需要仰賴民眾為社區貢獻一己之力（李湧清、蔣基萍、黃翠紋，2000；孟維德，2005）。而這種仰賴民眾力量，以社區自覺及犯罪預防為導向的治安策略觀念的轉變，在今日臺灣社會亟需推展，其體現方法之一，即是致力發展社區犯罪預防策略；而為落實推動，具體的做法則是有賴警察機關運用社區志願服務人力協助警察維護治安的工作。

事實上，志願服務在先進國家是普遍存在的觀念，並且已具體地成立各式各樣的組織，企圖以組織化的方式實踐服務的理念，為更多需要救助的人提供服務。同樣地，志願服務在我國亦有久遠的歷史。我國最早的

志願服務可說是均以行善為主，如造橋鋪路、設立糧食互助之「義倉」、
飢者施粥、濟貧及大家耳熟能詳的慈濟事業等，這些措施在在皆是志願服
務的具體表現。近年來，政府除於1995年頒布「廣結志工拓展社會福利
工作——祥和計畫」，期待以完善的規劃，全面性地推展志願服務的專業
服務和管理外，至2001年為響應「國際志願服務年」，則更進步公布實
施「志願服務法」。根據內政部2006～2008年對國民參與社會層面活動
之滿意度調查結果顯示，國民對參與社會各項活動之滿意度，最高的項目
皆為「參與志願服務活動」（參閱表5-1）。另根據內政部2006年出版的
2004年臺閩地區國民生活狀況調查報告亦顯示，臺灣地區有13.5%的成年
國民最近一年有參與過志願服務工作（內政部統計資訊服務網，2011）。
顯示，臺灣民眾參加志願服務的國民數量頗多，儼然形成一種服務的社會
風氣。未來隨著社會結構急遽轉型，民眾需求日益殷切，諸如：社會治
安、婦幼保護、青少年輔導、老人照顧、交通安全、生態保育、消防救
災、環境保護等議題均受民眾高度的關切與重視。面對這些與民眾生活息
息相關的問題與衝擊，除有賴政府公權力伸張與大力執行外，更需民眾鼎
力協助。

在志願服務人力的運用上，多數人認為，公務部門引進志願服務人
力的最大貢獻，是可以提升部門的服務品質。公共部門可以將志工運用於
服務工作上，藉以降低政府人員和民眾對立，提升政府形象，並讓政府人
員朝向專業發展，一般事務則委由來自民間的志工或是非營利性團體來從
事。這是一種雙贏且有益政府與民眾和諧相處的人力資源應用政策（徐立

表 5-1　2006～2008年國民參與社會層面活動滿意度之調查分析

分析單位：%

年度 社會參與層面	2008	2007	2006
與鄰居相處情況	86.7	87.0	85.7
參與社區或村里活動情形	90.8	87.1	72.9
參與人民團體活動情形	93.3	92.2	81.6
參與志願服務活動情形	94.4	94.9	95.4

註：自2009年起，由於調查項目分類有所變動，故本表統計至2008年止。

德，1996；陳金貴，1994）。例如，徐立德（1996）引用世界知名的美國管理學者杜拉克（Peter Drucker）的論點指出，非營利性的民間團體在未來的社會中將扮演更重要的角色。他以美國為例，非營利性的民間組織不僅在數量上穩定成長，他們的成員也有增加的趨勢。更重要的是，這些團體和組織都能運用現代的管理知識來提高效率與效能。可以說，這些組織是否活潑旺盛，是一個國家現代化的重要指標之一。擴大運用志工參與公共事務不僅可以提供一般民眾或退休人員參與社會服務的機會，滿足心理的需求；另一方面，又可以減輕政府人力負荷，避免員額持續膨脹，如果能廣為推展，吸引民眾參與志願服務工作，良性循環、風行草偃，志願服務的人力資源將不虞匱乏。

　　而在警政工作上，誠如Goldstein（1977）所言：「警察，是自由社會中的異象，……雖然政府體系賦予警察相當大的職權，但人民和議會卻不太願意將權力賦予政府體系，就算賦予，也是備受削減的。」正因如此，在民主國家中，警察代表限制，及政府對人民所加諸的權威。而這也是為何在民主的社會中，警察難以規避人民的批評、反對甚至敵視了。但儘管如此，在民主社會中，警察仍應不斷改善其效能及公正態度（孟維德，2005）。因此，許多國家亦體察此一趨勢，均積極運用志願服務人力協助治安維護工作。以英國、日本及美國為例，其今日在治安維護工作上，皆積極結合社區內民間資源，以提升服務品質、民眾安全感與員警工作滿意度，使得在預防及控制犯罪工作上已獲得甚佳效果（王一飛，1998）。而在國內，許多政治領導人亦期勉警察應積極組訓民力，朝向全民警察之方向發展。例如，馬總統於擔任臺北市市長時，於1998年底即已承諾將實踐「警察勤務社區化」、「建立社區自衛體系」、「落實警勤區制度」等警政社區聯防體系，強調治安是全民的工作。而行政院於2005年所提出之「臺灣健康社區六星計畫」[1]，期待運用社區民眾力量，

1　本計畫係以產業發展、社福醫療、社區治安、人文教育、環境景觀、環保生態等六大面向作為社區發展的目標，稱之為「六星」，並以2002～2004年實施之新故鄉社區營造計畫為基礎，擴大其面向與範圍。同時為促進社區健全多元發展，鼓勵社區透過自我評鑑的方式，提出社區整體發展的藍圖與配套需求，整合政府目前相關部會既有計畫資源，分期分階段予以輔導，協助其發展。2006年初行政院強調「社區治安」為現階段的重點計畫，將全力啟動警政、社政、民政、消防、家暴防治等單位，連同社區民眾一起來拼治安，務必使臺灣的社會、居家生活安全，並善用村（里）及社區人力資源，共同推動社區治安工作，強化社區自

共同推動社區治安工作,則進一步揭示了警民力量合作的新里程碑。

第二節　志願服務人力之特性及其參與的動機

　　行政革新、人力資源有效運用、組織再造等工作,是當前公共部門強調廉潔、效率、便民的主要課題;運用志工以提升服務品質,及拉近政府與民眾之良性互動,則更是近年來政府施政的重要政策方向。由於擴大運用志工參與公共事務,既可提供一般民眾或是退休人員參與社會服務的機會,滿足心理的需求;又可以減輕政府人力負荷,避免員額持續膨脹,如果能廣為推展,吸引民眾參與志願服務工作,良性循環風行草偃,志願服務的人力資源將不虞匱乏。在本節將探討志願服務人力之特性及其參與之動機。

一、志願服務的定義與特性

　　我國志願服務源自於早期守望相助之「義莊」及糧食互助之「義倉」等措施,因此在志願服務發展之初,社會上常以「義工」來稱呼志願從事助人工作,不支領酬勞的人。有關志願服務的名稱,目前的文獻資料或是實務工作上與志願服務相關的用語很多,如:志願服務、志願服務工作、志願服務人員、志願服務者、志願工作、志願工作者、志工、義工等。許多人將志工與義工等同或混用,並無明顯之區別,現在則有愈來愈多人不用「義工」而用「志工」這個名詞,藉以強調這些人是「志願」而非「義務」。但學者則有兩派不同之看法。如林勝義(2006)主張稱「義工」,取其義勇、義氣、義事之精神;李鍾元、王培勳、李瑞金、孫建忠(1993)亦認為,義工之「義」字視為見義勇為的「義」字,較能

<hr>

我防衛能力,以建構優質的治安社區。本計畫之主要目標有以下三項:1.推動全面性的社區改造運動,透過產業發展、社福醫療、社區治安、人文教育、環保生態、環境景觀等六大面向的全面提升,打造一個安居樂業的「健康社區」;2.建立自主運作且永續經營之社區營造模式,強調貼近社區居民生活、在地人提供在地服務、創造在地就業機會、促進地方經濟發展;3.強化民眾主動參與公共事務之意識,建立由下而上提案機制,厚植族群互信基礎,擴大草根參與層面,營造一個「永續成長、成果共享、責任分擔」的社會環境,讓社區健康發展,臺灣安定成長(內政部六星計畫社會治安聯合推動小組,2008)。

符合志願服務之精神，也與我國傳統與現代之義舉、義田、義診等相互輝映。但另亦有學者提出不同之看法，例如陳金貴（2002）即將志願服務分為廣義與狹義二種。他認為，廣義的志願服務係指：以個人的社會認知，不受團體規範限制，不考慮報酬的獲得，所顯示的自願性個人助人行為，可稱為廣義的志願服務，也可歸類為非正式的志願服務。而狹義的志願服務則指：志願服務的執行是由組織因應社會需求，協調相關人員在組織的系統下所提供的服務，也就是經由公共組織或非營利組織的志願服務人員所展現的服務，則稱為狹義的志願服務，或是正式的志願服務。在一般的認知中，志願服務應該是採取廣義的角度，因為它的認定較為容易，也為大眾所接受。然而，在目前的發展趨勢中，愈來愈多的看法採取狹義的觀念，究其原因至少有以下三項：（一）志願服務法規定，志工要接受志願服務運用單位的基礎訓練及特殊訓練，方能頒授志願服務證及志願服務紀錄冊。由於近年來，大量志工訓練的舉辦已培育了許多持有志願服務證的志工，對這些志工來說，服務證已等同為被認可的志工，所以志願服務也應被視為組織運作的形式；（二）依據志願服務法第2條之規定：本法之適用範圍為經主管機關或目的事業主管機關主辦或經其備查符合公眾利益之服務計畫。而且前項所指之服務計畫不包括單純、偶發，基於家庭或友誼原因而執行之志願服務計畫；（三）研究者基於研究的需求和範圍的考量，若將志願服務限定在組織或團體的運作，將使資料的蒐集和分析較為明確。

我國自2001年正式訂定「志願服務法」，在該法第3條中將「志願服務」定義為：「民眾出於自由意志，非基於個人義務或法律責任，秉誠心以知識、體能、勞力、經驗、技術、時間等貢獻社會，不以獲取報酬為目的，以提高公共事務效能及增進社會公益所為之各項輔助性服務。」並將「志工」定義為「對社會提出志願服務者」。是故，在志願服務法的依據下，從事志願服務工作者之名稱由「志工」逐步取代「義工」。故志願服務是一種民眾出於自由意志，非基於個人義務或法律責任，以其知識、體能、勞力、經驗、技術、時間等貢獻社會，不以獲取報酬為目的，以提高公共事務效能及增進社會公益所為之各項輔助性服務。

至於志工參與志願服務之特性方面，許多學者認為，志工特性是具備利他的思想，而且可以發揮服務精神。因此，志工的特性不僅協助公

共部門處理專職員工不克的工作，也能潛移默化行政部門，提升服務效率。因此，就警察機關而言，為推動為民服務工作，有必要擴大招募志願服務工作者。例如，張信雄（1996）指出，參與志願服務者應該具備以下理念：（一）濟世的胸懷，助人利他的意志；（二）不計報酬，勞而無怨；（三）追求自我成長，滿足於工作；（四）結合同好，共表愛心，我為人人；（五）助人為善，積功累德；（六）喜悅自信，犧牲奉獻，不沽名釣譽；（七）愛人如己，人重於己，里仁為美；（八）急公好義，成人之美，工作有力，行路有光；（九）扶危濟傾，患難相助，人溺己溺；（十）施比受更有福；（十一）慈悲喜捨，誠實不欺。志工往往從社會層面的實際參與中，體認到某些亟待改善的事務，從而運用服務經驗中所得的資訊，透過內部反應的具體行動，以促進參與機關修正行政方針。志工能夠發揮彌補差距的功能，對於行政機關當前無法履行的服務環境加以補充，尤其在民眾詢問的功能上，應可發揮極大的功能。

　　綜合以上所述，可知志願服務的特質至少可以包括以下數項（黃翠紋、陳家銘，2007）：

（一）為基於人本主義之服務精神的表現。

（二）其行為乃源自個人內在之意願，為自動自發不待外力壓迫或強制之行為。

（三）不以求取私利報酬為主。

（四）參與志願服務工作可提供志工自我實現的機會。

（五）志願服務可以是個人的，也可以透過團體的方式來提供服務。

（六）志願服務工作是自發性、長期性投入的工作，在持續服務中達到服務者與受服務者之間的雙向互惠結果。

（七）志願服務人員不是機關中正式的專職人員，是為奉獻個人自我餘力的個人或團體。

（八）志願服務目的在彌補政府服務的不足，以擴大公共福利的範圍並達到社會發展與和諧之目的。

（九）是一種持續性、普遍性的服務，本著「人人可參與，處處可開展」的信念來達到其服務的宗旨。

（十）參與人員並無年齡上的限制，志願服務的領域非常廣泛，可包括營利機構（如企業機構）、非營利機構（如民間基金會）、公共部門

（如行政機關）、文教機構、醫療院所、警察機關等。

二、志工參與動機與需求

在志願服務人力的組訓效果方面，從國內、外許多研究皆顯示，要激發居民對社區犯罪預防計畫的責任感，必須先讓他們有接受是項計畫的意願（willingness），而最重要的莫過於志工參與動機（motivation）的獎勵措施之實施。例如，Sherman（1983）認為，「……激發及維持志工賣力工作的關鍵是動機。」由於協助警察維持治安工作，常是一件既簡單又無聊的工作，擔任志工極可能很快就產生倦怠感。因此，志工在新計畫實施時會有滿腔的熱忱，但是卻常常無法經過時間的考驗，時間久了，熱心便很容易冷卻下來（轉引自鄧煌發，1999）。因此，徐立德（1996）指出，志願服務工作在行為動機上固然是主動的、積極的、自發的、也是不計任何代價的。但是志工不應該是以「自我犧牲」的形象被看待，他們從事志願服務工作時，應該包含利他性和利己性的動機，是「助人助己」的行為。他們可以在幫助別人的時候，也幫助自己，在工作中得到快樂和滿足，在經驗中獲得學習和成長。因此，志工雖不以金錢為追求目標，但是從事志願服務工作仍有金錢以外的目標。這些目標需建構在期許、期望或是希望的基礎上，志工所追求的雖非物質金錢，但理念、理想自是追求目標及引起參加志工行列動機。因此，絕大多數學者認為，公共部門引進志願人力的最大貢獻是可以提升部門服務的品質，直截的說，志工在公共部門的主要工作是服務，降低政府人員和民眾對立，提升政府形象，並讓政府人員朝向專業發展，一般事務則委由來自民間的志工來服務民間人士。這是一種雙贏且有益政府與民眾和諧相處的人力資源應用政策（黃翠紋、陳家銘，2007）。

一般公共部門係屬於官僚組織的型態，其特點為依目的政策執行，例行事務、複雜程序、責任專化、權威和地位的權力以及抗拒改革，公務人員本身久習於此種組織氣氛之下，自易養成注重繁文縟節、聽命行事、推諉責任、保守觀念等的心態。而志工通常係以不同的動機和需求進入公共部門，他們缺乏足夠的訓練，也不熟悉公共部門的規範和價值；他們期待較高的自由意志，更大的彈性運作空間，也要求快速的反應和明確的責任。因此，當志工被引進公共部門時，對公共組織和公務人員都將造成衝

擊，帶來種種影響。這些影響在積極面將有助於公共部門各項工作的改進，使其更有效率。但另一方面，也可能產生消極的負面作用，反而造成推動工作的妨礙與浪費。因此，在引進公共志工時，不能不在事先研議可能產生的問題與負面效應。

根據以上文獻，志工參與志願服務的動機雖不在追求金錢物質，「服務」是人們加入志工行列的最主要動機。然而，志工仍有其所欲追求的目標，這些追求目標不外乎服務他人、自我成長、回饋社會等。因此，加入志工行列者亦有其理念，並可以引用相關理論來解釋志工參與動機、行為及需求。有鑑於此，警察機關於運用志工時，應該對志工參與的動機有深入的瞭解。志工參與警察工作之動機與需求為何？他們可協助警察機關處理哪些工作？在參與之過程中，又面臨哪些困境？如何才能夠持續其參與警政工作之意願？為瞭解這些問題，黃翠紋、林至聰（2004）曾針對桃園縣政府警察局所推動的婦女志工隊實施概況進行調查[2]。

從表5-2可以發現，在「成立婦女志工隊的必要性」方面，不論是警察人員或是婦女志工，大多數的受訪者認為：成立婦女志工隊有其必要性，只是婦女志工支持此一見解的比率比警察人員來得多。在受訪者對於「婦女參與志工隊的動機」認知上，警察人員與婦女志工的認知頗為一致，二組皆以認為可以為民服務所占比率最高，其次為與社區民眾之互動增加，第三為有多餘的時間。在受訪員警對於「輔導婦女志工隊運作所面臨的困境」認知上，以欠缺經費來源所占比率最高，其次為欠缺協勤之技能性，第三為民眾之參與感不足；受訪婦女志工對於「輔導婦女志工隊運作所面臨的困境」認知上，以欠缺協勤之技能性所占比率最高，其次為欠缺經費來源，第三為民眾之參與感不足。因此，不論是警察人員或是婦女志工對於推動困境的認知頗為一致，只是在所面臨的困境內容順序上，稍有不同而已。在受訪員警對於「婦女志工應接受何種訓練」認知上，以認為應加強法律常識所占比率最高，其次為協勤安全講習，第三為受理報案後之通報處置訓練；婦女志工對於「婦女志工應接受何種訓練」認知上，以認為應加強法律常識所占比率最高，其次為受理報案後之通報處置訓

---

2 本調查分別針對警察與志工進行問卷調查工作。其中，警察人員之調查期間為2004年7月20日至8月31日止，有效樣本數為262份；志工之調查時間為2004年7月20日至8月31日止，有效樣本數為432份。

練，第三為協勤安全講習。因此，不論是警察人員或是婦女志工對於婦女志工所應該接受的訓練課程認知頗為一致，只是在所應該接受的課程內容順序上稍有不同而已。綜合上述這些研究可以發現，由於目前婦女志工隊運作時所面臨的困境，除欠缺所需的運作經費外，則是這些志工缺乏所需要的執勤技巧。因此，為提升其工作效能，則需從加強對其訓練著手。而在訓練課程的安排上，則應加強法律常識、協勤安全講習，以及受理報案後之通報處置訓練。

表 5-2　警察與婦女志工對於婦女志工隊運作情形之認知對照表

變項	組別	警察人員		婦女志工	
		次數	百分比	次數	百分比
成立婦女志工隊必要性	非常有必要	70	26.72%	137	32.01%
	有必要	165	62.98%	282	65.88%
	沒什麼必要	16	6.11%	7	1.64%
	其他	11	4.20%	2	0.47%
婦女參與志工隊的動機	可以為民服務	253	45.02%	357	44.57%
	曾親身接受他人幫助過	46	8.19%	68	8.49%
	為了宗教因素	6	1.07%	6	0.75%
	做生意可多認識人	8	1.42%	12	1.50%
	基於人情邀約	13	2.31%	27	3.37%
	有多餘的時間	66	11.74%	151	18.85%
	社區民眾之互動增加	169	30.07%	161	20.10%
	其他	1	0.18%	19	2.37%
輔導婦女志工隊運作所面臨的困境	欠缺經費來源	158	35.67%	172	28.71%
	成員之年紀偏高	62	14.00%	33	5.51%
	協勤之技能性	127	28.67%	246	41.07%
	民眾之參與感不足	59	13.32%	79	13.19%
	與警方之互動不佳	33	7.45%	66	11.02%
	其他	4	0.90%	3	0.50%
婦女志工應接受何種訓練	受理報案後之通報處置訓練	113	22.47%	263	24.72%
	法律常識	155	30.82%	287	26.97%
	防竊與防盜訓練	57	11.33%	166	15.60%
	急救術訓練	39	7.75%	138	12.97%
	協勤安全講習	133	26.44%	205	19.27%
	其他	6	1.19%	5	0.47%

　　從表5-3可以發現，不論是警察人員或是婦女志工皆認為婦女志工隊可以扮演的功能非常多元。其次，從平均數可以發現，就警察人員而言，認為婦女志工隊可以協助的前三項工作依序為：協助為民服務工作、協助民眾路況洽詢，以及協助維護或辦理婦幼安全工作。就婦女志工而言，認為婦女志工隊可以協助的前三項工作依序為：協助為民服務工作、協助維護或辦理婦幼安全工作，以及協助民眾路況洽詢。因此，雖然順序稍有不同，但是二者對於婦女志工隊可以協助警察執勤工作內容的認知頗為一致，皆認為：婦女志工隊的主要功能，是可用以協助警察處理為民服務的工作。

表 5-3　警察與婦女志工對於婦女志工隊可以扮演的功能認知對照表

變項＼組別		警察人員		婦女志工	
		次數	百分比	次數	百分比
協助為民服務工作	非常同意	148	56.49%	197	45.60%
	同意	113	43.13%	235	54.40%
	不同意	1	0.38%	0	0
	非常不同意	0	0	0	0
	平均數1.439			平均數1.544	
協助派出所環境維護	非常同意	74	28.24%	93	21.58%
	同意	162	61.83%	276	64.04%
	不同意	26	9.92%	57	13.23%
	非常不同意	0	0	5	1.16%
	平均數1.817			平均數1.940	
協助民眾路況洽詢	非常同意	98	37.40%	128	29.63%
	同意	161	61.45%	292	67.59%
	不同意	3	1.15%	10	2.31%
	非常不同意	0	0	2	0.46%
	平均數1.637			平均數1.736	
協助受理報案	非常同意	65	24.81%	121	28.01%
	同意	153	58.40%	289	66.90%
	不同意	36	13.74%	21	4.86%
	非常不同意	8	3.05%	1	0.23%
	平均數1.950			平均數1.773	

表 5-3　警察與婦女志工對於婦女志工隊可以扮演的功能認知對照表（續）

變項	組別	警察人員		婦女志工	
		次數	百分比	次數	百分比
協助維護或辦理婦幼安全工作	非常同意	98	37.40%	170	39.35%
	同意	155	59.16%	249	57.64%
	不同意	8	3.05%	12	2.78%
	非常不同意	1	0.38%	1	0.23%
		平均數1.664		平均數1.639	
協助提升社區整體生活品質	非常同意	78	29.77%	119	27.55%
	同意	166	63.36%	280	64.81%
	不同意	17	6.49%	31	7.18%
	非常不同意	1	0.38%	2	0.46%
		平均數1.775		平均數1.806	

　　從表5-4可以發現，不論是警察人員或是婦女志工皆認為，婦女志工隊頗具成效。而且從平均數可以進一步發現，二者皆認為婦女志工隊所具有的最大成效為可以使警民之間相處更加和諧團結，其次為可以使警察為民服務工作更加落實，最後則是可以提升民眾生活品質。因此，婦女志工隊所具有的效能，除可以充當警民之間的橋樑外，就警察組織而言，也可以用以協助從事為民服務工作，拉近警民之間的距離。

表 5-4　警察與婦女志工對於婦女志工隊的成效認知對照表

變項	組別	警察人員		婦女志工	
		次數	百分比	次數	百分比
使警民之間相處更和諧團結	非常同意	104	39.69%	171	39.58%
	同意	152	58.02%	255	59.03%
	不同意	6	2.29%	6	1.39%
	非常不同意	0	0	0	0
		平均數1.626		平均數1.618	
提升民眾生活品質	非常同意	81	30.92%	121	28.01%
	同意	153	58.40%	278	64.35%
	不同意	28	10.69%	33	7.64%
	非常不同意	0	0	0	0
		平均數1.798		平均數1.796	

表 **5-4**　警察與婦女志工對於婦女志工隊的成效認知對照表（續）

變項 \ 組別		警察人員		婦女志工	
		次數	百分比	次數	百分比
使警察為民服務工作更落實	非常同意	95	36.26%	162	37.50%
	同意	159	60.69%	264	61.11%
	不同意	7	2.67%	6	1.39%
	非常不同意	1	0.38%	0	0
		平均數1.672		平均數1.639	

　　從表5-5可以發現，有超過九成的受訪婦女志工表示未來仍願意繼續參與志工工作，但也有將近一成（9.26%）的受訪志工表示，由於未曾思考過這個問題，因此還不知道是否會繼續參與。而在「最期望從參與警政工作中瞭解警察的哪些作為」方面，以期望瞭解婦幼安全工作所占比率最高，為41.90%；其次為警察工作內容，占19.44%；第三為值勤態度，占11.81%。在「目前所參與的工作內容」方面，以協助受理報案所占比率最高，為35.82%；其次為民眾路況洽詢，占25.18%；第三為婦幼安全維護工作，占21.28%。在「從事婦女志工行列時期望獲得的保障」方面，以志工協勤安全所占比率最高，為42.18%；其次為人身安全，占27.42%；第三為志工工作機會，占17.73%。綜合而言，絕大多數的婦女志工皆有意願繼續從事志願工作，而在其對於期望瞭解的警察工作內容上，則是最希望瞭解婦幼安全工作，顯示其對於婦幼安全工作頗有興趣。但另一方面，在其參與警察的工作過程中，所最期待獲得保障的是有關人身安全的維護部分。因此，警察機關除可擴大運用婦女志工於婦幼保護案件的處理外，也應該教導婦女志工有關人身安全維護的犯罪預防知識。如此，除可讓其將所學運用於協助警察執勤工作外，亦能使其對於本身的人身安全或是協勤安全有更為周全的防範作為。

表 5-5 志工對於參與婦女志工隊之期望

問項	選項	次數	百分比
是否願意長期參與婦女志工隊工作	非常願意	135	31.25%
	願意	255	59.03%
	不願意	2	0.46%
	不知道	40	9.26%
最期望從參與警政工作中瞭解警察的哪些作為	值勤方式	35	8.10%
	值勤態度	51	11.81%
	警察工作內容	84	19.44%
	分工合作網絡	10	2.31%
	權利義務	44	10.19%
	婦幼安全	181	41.90%
	以上項目皆想要瞭解	27	6.25%
目前所參與的工作內容	民眾路況洽詢	213	25.18%
	協助受理報案	303	35.82%
	婦幼安全維護	180	21.28%
	協助分局或派出所環境清潔	113	13.36%
	其他	37	4.37%
從事婦女志工行列時期望獲得的保障	志工工作機會	119	17.73%
	人身安全	184	27.42%
	志工協勤安全	283	42.18%
	心理安全	85	12.67%

第三節 警察機關運用志願服務人力的現況

事實上，公共部門引進志工早見於警察機關實施，近年來行政院也鼓勵各行政機關引進志工。為能瞭解警察機關運用志願服務人力之現況，以下將分別探討警察機關運用志願服務人力之必要性、警察機關運用志願服務人力現況以及警察機關運用志願服務人力的問題及困境等面向。

一、警察機關運用志願服務人力的必要性

現代化警察的建立，雖然使得警察組織得以制度化，並讓警察業務得以專精化，但是在警察實務上，他們仍然需要擔負起許多的社會服務工作。主要是因為他們在執勤時經常必須使用強制力，往往會招致人民的反感，若能經由志工協助警察在工作上顯現出仁慈的一面，則可以弭平人民對警察敵對的態度。而過去研究亦一再顯示，於警察實際的工作上，無法只單純地處理犯罪問題，而不處理其他的社會服務工作。社會建立警察的目的，不僅是期望警察成為執法的工具，更期望警察機關作為應付社會變遷所衍生之社會問題的機構，促進人民生活發展，此對警察勤務最大的影響即是服務活動的增加。但是在早期警察工作專業化的時代，民眾與警察面對面的機會愈來愈少，而警察本身並未增加其與民眾相處的機會，也使得警察與民眾的關係日漸疏遠。

歐美等國因應1970年代犯罪率居高不下之社會問題，於1970年末期出現了「社區犯罪預防理論」（Community Crime-Prevention Theory）。其基本思維之一，即是植基在：社區在犯罪預防工作上扮演了極其重要的角色，而且犯罪控制策略若是能夠深植於民間的自願組織，將可以節省很多國家預算的理論基礎上。因此，許多國家在犯罪的抗制策略上乃轉而強調社區取向的犯罪預防策略，它是經由刑事司法系統與社區組織的合作，共同來抗制漸增的犯罪。這個理論假設：單是靠警察與其他刑事司法人員的力量，並無法有效的遏止犯罪的發生，以及減少民眾的犯罪被害恐懼感。同時，社區的特性亦左右了犯罪發生的狀況。在這個觀點中，假使國家要在現實的財政壓力下建構安全的社會，而且能夠讓市民的自由受到保障，那麼運用社區的自願組織來控制犯罪並減輕民眾極端的犯罪被害恐懼感，將必須與運用政府的力量同樣受到重視。在1970年代末期至1980年代之間所發展的社區取向犯罪預防策略，即是在這種情況下獲得實務人員的重視。他們強調，若是能夠經由民眾的自願參與以及花費少許的預算，將比其他的犯罪抗制策略來得合算。這個理論不但為保守派者所支持，而且由於它促使貧窮的組織受到重視，並供應金錢於社區組織的建設上，因而受到自由派的支持（Skogan, 1988）。

而在社區犯罪預防方案的運作上，則有許多不同程度的控制與涉入措

施，並存在著許多不同的運作方式。例如，在推動與設計社區犯罪預防方案時，將可能有三種不同的方式與層次：第一，它可能單純地只是由於專家的介入與服務的提供而發起，因此將是由警政領導者、犯罪學家、社工人員，或是其他專家優先來推動；第二，它的推動可能是和那些經由社區的改革，與財產的保護而能夠獲得實質利益的人員有關，例如：一些有錢人以及擁有自用住宅的人；第三，存在於鄰里這個層級的組織必須有政治行動的介入，才能改變現存的社會結構以及有效動員人力，以便運用最少的資源或是在政經系統的支配上沒有太大的反對聲音出現。其次，在設計不同的社區犯罪預防方案時，必須考量的因素是：當使用社區犯罪控制策略或是發動社區參與的組織時，其間將存在著不同的利益、不同的團體、不同的努力、不同的議程、不同的策略，以及跟政府有不同程度的關係。至於社區犯罪預防方案實際上可能運作的策略，一般而言大致上可以區分為以下幾個方式（Sutton, 1994；黃翠紋，2004）：

（一）經由環境設計預防犯罪：這個策略主要是經由提高對於環境的監督機會，以便改善不安全的環境。

（二）情境犯罪預防：情境犯罪預防方案運用了許多與環境設計預防犯罪相同的要素。但是整體而言，這個方案在本質上是較為目標導向的，主要是處理特定地區或是議題的問題。

（三）社區警政：其意義在實務上並沒有一致的看法。有的警察機關將步巡、增進警民互動、家戶訪問、購物中心實施電子監控等，即視為社區警政。然而，若是只顧及表面上的做法而忽略其背後的精神，是無法真正洞悉社區警政的意涵。至於其精髓則在於「警察」與「社區」之間的互惠關係。

（四）運用輔助的司法：這個方案是以某種方式使民眾在現存的刑事司法系統運作中，扮演著輔助的角色。

（五）羞恥與整合的策略：這個策略強調──羞恥是一種強而有力的社會控制機制。澳洲犯罪學家Braithwaite指出，羞恥的形式隨文化不同而有所差異，可以從諸如刑事審判之類的極正式化儀式，到極細微的非正式動作。他並更進一步將羞恥分為兩種類型：一種是修復性羞恥（reintegrative shaming），另一種是烙印性羞恥（stigmatizative shaming）。修復性羞恥（明恥）意謂著：1.非難的同時依然維繫尊

敬的關係；2.確認（certify）偏差行為的儀式會被取消確認（decertify）偏差行為的儀式所終止；3.對行為的罪惡非難，但並沒有把人標籤為邪惡之人；4.並沒有把偏差行為變成主要的身分特徵（黃富源、孟維德譯，1997）。在犯罪並非可恥的文化中，民眾並不會內化對於犯罪的羞恥感和可恨感，使得這個社會的犯罪率將會比較高。相反地，在某些社會中，由於民眾對於犯罪具有羞恥感，因而有相當低的犯罪率。同時，這個策略的提倡者也認為，採取整合性的羞恥方式應是比較好的犯罪控制模式。而有關這個策略最具體的推動模式即是修復式正義模式。

（六）社會預防：這個策略是植基在——若要有效地預防社會上的偏差與犯罪或是反社會行為，那麼我們將必須為青少年提供正當的娛樂或是才能。這個方案所關注的焦點不是犯罪控制，或是犯罪被害恐懼感的降低，而是提供正當的休閒方式、工作與教育的機會，以及教育與慈善團體的支持。

（七）運用志願服務人力：這個方案主要是動員社會上的人力，將民眾納入刑事司法體系的運作中，經由他們的幫助，而能夠彌補刑事司法人力的不足。

綜而言之，在犯罪的抗制上，若是單純地仰賴國家的強制力執行機構（如警察、法院與監獄），將只不過是經由暴力的使用或是威嚇暴力的使用來維持社會秩序，其功效是十分有限的。因此，在犯罪預防的概念上，犯罪抗制的力量將不單單只是仰賴國家所設立的犯罪抗制機構，而尚需運用其他社會組織的力量來抗制犯罪。其中，警察機關運用志願服務人力協助參與犯罪預防的工作，除可彌補警察人力不足之問題外，更期待經由此措施讓民眾可以以自己力量，確保自身生活環境的安全，避免其生命財產的被害。

二、警察機關運用志願服務人力現況

在社區警政的風潮下，近年來世界各國警察機關莫不積極尋求運用民力，以推動各種犯罪預防及為民服務工作。警察機關運用志工縱然有諸多優點，但卻無法忽略一件事實，那就是要能善用志工，方能產生正面的功能。若要善用志願服務者提供服務，則需要認識志工屬性、妥善規劃制

度和做好志工管理工作才能奏效。而在臺灣地區，警察機關目前志願服務
人力的編制，主要有義警、民防、義交、山警、守望相助隊及警察志工。
雖然都是協助分局、分駐（派出）所執勤，共同維護社區村里治安或從事
協助為民服務、犯罪預防宣導等工作，但在過去由於其法令依據及性質不
同，分別隸屬於不同單位。其中，「義勇警察」主要在有效運用民力，協
助警察機關維護地方治安工作，輔助警察勤務，充實地方警衛力量；「交
通義勇警察」主要為協助警察機關執行疏導交通等地方交通工作；「山地
義勇警察」則係協助警察機關維護山地警備治安工作；「民防團隊」是為
因應戰時需要所創立的編組，以完成戰時全民動員為目標，平時則協助維
護地方治安；「守望相助巡守隊」則是地方自發性成立協助社區、村里擔
任守望相助工作。

　　回顧我國最早運用志願服務人力組織之行政機關，當屬警察機關。
警察機關首先於1963年成立義勇消防隊（簡稱為義消）其他義勇警察、
義勇交通警察、山地義勇警察等組織，成為國內最早的公。同時，也是國
內使用志願服務人力最多的公共部門（甘雯，1993）。昔日警察機關所
運用之義勇警察、義勇交通警察、民防團隊、守望相助巡守等協勤民力
之志工組織，在實務上均是稱為「協勤民力組織」。但於2003年1月1日
民防法的正式實施，直接影響整個警察機關傳統運用志願服務人力的結
構，將民防工作性質，擴充為以民間自衛、自助、協助防救災害、協助維
持地方治安及支援軍事勤務等為主要任務，希望藉以整合政府及民間力
量，因應急速變遷的社會環境。此外，內政部警政署亦依據行政院及所屬
各機關推動公教志工志願服務要點（2002年6月20日行政院院授人力字第
0910023375號函修正），研擬「推動警察志工服務實施計畫」。自2004
年1月起，全國各警察機關正式全面推動成立警察志工，讓熱心的民眾能
透過不同的管道共同參與志願服務工作。而此一計畫並再度地掀起警察機
關運用民力的熱潮。以下針對不同之民力組織作一簡要介紹[3]。

3　在本部分將僅針對義勇警察、民防團隊、義勇交通警察、山地義勇警察、守望相助隊及警察
　志工等六個協勤民力加以介紹，至於義勇消防警察，因消防署成立後，已不屬於警察機關，
　在此不再探討。

（一）義勇警察

我國義勇警察之運用，可上溯自清朝保甲制度，主要目的在協助政府防範盜匪及維護地方安寧，日本占據臺灣續予沿用並強化而成立「義勇團」組織。國民政府遷臺後，此一制度亦繼續沿用，乃我國政府所運用民力，發動最早、歷史最久並具完備法源者。「義勇警察」顧名思義，即「義務勇敢的警察」，用以協助地方社會治安工作，警察機關編訓義警，希望能協助警察，充實地方警衛力量。目前其維護治安功能雖評價不一，但我國民眾普遍均知有義警之存在，卻是無庸置疑。尤其每當歲末年關天寒地凍之際，深夜陪同警察人員佇立街頭或崗亭，執行路檢或巡邏等勤務，無怨無悔奉獻犧牲之形象，更深植人心。此對於其他部門，後續民力運用，確實發揮相當程度的引導示範功能。義警的原法令依據為「義勇警察編組服勤作業規定」，現已廢除停止適用，改依據「民防法」及「民防團隊編組訓練演習服勤及支援辦法」，但其仍為警政署保安組主管之業務，縣市警察局成立義勇警察大隊，義警的業務主管單位仍為保安民防課（保安股）。

（二）民防團隊

民防的原法令依據為「防空法」及「民防團隊組訓練服勤實施規定」，現亦已廢除停止適用，改依據「民防法」及「民防團隊編組訓練演習服勤及支援辦法」。但其仍為警政署民防組主管之業務，縣市警察局成立民防大隊，民防的業務主管單位仍為保安民防課（民防股）。

（三）義勇交通警察

義交主要為協助警察機關維護地方交通工作，其原法令依據為「交通義勇警察服勤實施要點」，現亦已廢除停止適用，改依據「民防法」及「民防團隊編組訓練演習服勤及支援辦法」。但其仍為警政署交通組主管之業務，縣市警察局成立義交大隊，義交的業務主管單位仍為交通隊（大隊）。

（四）山地義勇警察

山地義警可說為義警的一種，有部分法令與義警相同，山地義警則主

要為協助警察機關維護山地警備治安工作，其原法令依據為「臺灣地區山地義勇警察組訓服勤辦法」。現亦已廢除停止適用，改依據「民防法」及「民防團隊編組訓練演習服勤及支援辦法」，但其仍為警政署保安組主管之業務，縣市警察局成立山地義勇警察大隊，山地義警的業務主管單位仍為保安民防課（保安股）。

（五）守望相助隊

　　臺灣地區守望相助之萌芽，始於1965年臺灣省辦理「推行守望相助發展工作」時，將之納入社區倫理精神建設之一，是現稱「守望相助工作」之始。1973年，蔣故總統　經國先生在擔任行政院長時，曾在立法院提出八點政治與社會革新事項，其中第七項為「家家做到守望相助，人人都能互相照顧，如果遇見意外事故，應發揮互助互愛之精神，並在國民的心理上，培養救人第一，助人為先的觀念。」針對守望相助之精神有所提示。內政部遂於同年6月，訂頒「守望相助推行要點」分函省、市政府辦理[4]。同年6月8日臺北市政府亦曾訂定「臺北市政府推行守望相助實施計畫」暨「臺北市政府建立民間守望巡邏試行實施要點」，函送臺北市政府警察局試辦。及至1996年1月，臺北市政府警察局依據「臺北市政府85年度施政計畫」規定推行「警察社區化」工作，希望藉由警察融入社區中，以主動熱忱服務，關懷民眾，服務民眾，建立良好警民關係，共同經營社區防制犯罪。其中，「推行守望相助工作」更是列為五大工作項目之首。可見「推行社區守望相助工作」早已是政府的重要施政之一。但隨著社會價值觀轉變，民眾急功近利之心態隨處可見，加上1995、1996年間相繼發生多起嚴重影響社會民心的刑案後，政府於1996年12月乃由行政院邀集各界召開「全國治安會議」，會後重要決議之一，便是將「社區守望相助」列為犯罪預防對策之一，獲得「積極推行社區守望相助」、「普遍推廣家戶聯防警報連線系統」之結論。為落實該會議結論，內政部乃於1998年3月10日依臺（87）內警字第8702078號函頒「內政部建立全

4　內政部所頒行要點之互助項目包括：1.協力防盜、共策安全；2.共同防火、減少災害；3.救助急難、疾病相扶持；4.共同維護環境衛生、確保居民健康；5.其他有關居民利益之事項。而省市政府在其所訂之「實施要點」中，則分別加入「敬老慈幼」、「保護安寧」等項目，使其範圍更具體擴充到居家生活的各個層面。

國社區治安維護體系——守望相助再出發推行方案」函發省市及縣市政府實施。而自2005年7月起，內政部為配合行政院「臺灣健康社區六星計畫」，運用村（里）及社區人力資源，推動社區治安營造工作，強化社區自我防衛能力，建構優質治安社區，函頒「內政部補助社區治安守望相助隊作業要點」，將社區守望相助巡守隊亦納入治安社區重要一環，為擴大其功能性，並將「守望相助巡守隊」更名為「守望相助隊」，擴大其服務功能，分成巡守組、家暴防治組及減災組，全面落實治安社區化理念。其工作事項如下：1.維護巡守區域及其周圍之安全與交通秩序；2.提供犯罪線索，舉發違法、違規案件；3.協助社區防災及急難救護；4.通報及防範家庭暴力或兒童少年受虐待事件。目前守望相助隊的形式主要有村里守望相助隊、社區守望相助隊及公寓大廈巡守隊三種，其中以社區守望相助隊數量最多，也是目前推動六星計畫治安社區之重點。守望相助隊仍為警政署保安組主管之業務，縣市警察局成立守望相助大隊，守望相助隊的業務主管單位仍為保安民防課（保安股）。

（六）警察志工

　　「警察志工」係指各警察機關依據「志願服務法」及「內政部警政署推動警察志工服務實施計畫」遴選的警察志工服務工作人員（簡稱警察志工），志願從旁積極協助警察人員「為民服務」及「預防犯罪」等柔性服務工作者。就警察機關而言，警察志工大隊最早是於2000年5月8日前署長謝銀黨在高雄市警察局長任內推動，首批成員共有120位民眾參加，獲得各界好評，其後桃園縣政府警察局及其他縣市政府警察局陸續加入。在聯合國將2001年訂為「國際志願服務年」後，我國響應此活動，隨及於2001年1月20日由總統公布施行「志願服務法」。本法總則第1條即開宗明義規定立法目的：「為整合社會人力資源，使願意投入志願服務工作之國民力量做最有效之運用，以發揚志願服務美德，促進社會各項建設及提昇國民生活素質，特制定本法」，第2項：「志願服務，依本法之規定。但其他法律另有規定者，從其規定」。本法第2條第1項就適用範圍規定：「本法之適用範圍為經主管機關或目的事業主管機關主辦或經其備查符合公眾利益之服務計畫」，第2項：「前項所指之服務計畫不包括單純、偶發，基於家庭或友誼原因而執行之志願服務計畫」。志工全稱為「志願服

務工作者」，依據志願服務法第3條的定義如下：「一、志願服務：民眾出於自由意志，非基於個人義務或法律責任，秉誠心以知識、體能、勞力、經驗、技術、時間等貢獻社會，不以獲取報酬為目的，以提高公共事務效能及增進社會公益所為之各項輔助性服務。二、志願服務者（以下簡稱志工）：對社會提出志願服務者。三、志願服務運用單位：運用志工之機關、機構、學校、法人或經政府立案團體」。

志願服務法公布施行後，內政部乃邀相關單位研商，對「依志願服務法規定辦理事項及辦理單位」、「依志願服務法規定應擬訂之各項子法、書表格式及負責單位」予以釐清，並達成決議，由相關部會及直轄市、縣（市）政府依會議決議應辦事項規劃辦理並加強志願服務法宣導、輔導志願服務運用單位及志工依本法規定從事志願服務工作。配合此政策，內政部警政署於2003年11月26日函頒「內政部警政署推動警察志工服務實施計畫」，各縣市警察局分三個階段成立警察志工大隊，並於2004年1月正式於各縣市上路，警察志工為警政署行政組主管之業務，縣市警察局成立警察志工大隊（或警察志工協會），警察志工的業務主管單位為警察局行政課。

三、警察機關運用志願服務人力的問題及困境

一般說來，公部門運用志工具有節省經費支出、增加專職人力之生產力、增加政府服務品質與效能、提升政府公共形象等功能（曾華源、曾騰光，2003）。就警察機關而言，警察工作為能維持一個良好的社會秩序，若缺乏民間社會的參與將注定失敗。至於警察工作運用民力，至少有如下效能（陳家銘，2006）：

（一）招募民眾主動參與，以志願服務人力熱心奉獻及柔性關懷之態度，提供民眾詢問各項治安訊息、協助報案人情緒安撫、心理關懷，並協助各單位犯罪預防宣導等為民服務工作。

（二）藉由員警與志願服務人力接觸，進而學習其服務與奉獻之熱忱，以提升員警服務品質。

（三）讓民眾認識警察勤務運作方式，體會警察工作之辛苦，改變民眾對警察刻板印象，以志願服務人力為點，縮短警民距離，發揮橋樑的功能，由點而面擴展警民關係。

（四）藉由志願服務人力參與警察工作，期能發揮監督員警受理民眾報案之態度，提升警察形象。

（五）志願服務人力以「服務」為出發點，以「奉獻」為目的，揭櫫警察機關轉型之決心，關切民眾的「柔性警政」，拉近了警民距離，也提升了警察形象。

（六）「安全」的概念深植人心，可以有效減少被害及害人的機會，保障生命財產安全。透過志願服務人力的力量，在社區宣導各項犯罪資訊、預防犯罪方法及聯合社區力量，形成社區防禦系統，有助於社區安全標準之提升。此外，加強交通安全法令宣導，減少交通違規及民怨，提高民眾生命財產安全保障。

（七）藉由志願服務人力的協助，提升警察機關工作效率與效能，促進民眾對警察機關之信任感。

（八）秉持「服務」、「安全」、「效率」理念，及志願服務人力之反映意見，積極處理回應民眾之建議與需求，營造民眾對警察機關警政服務感到「滿意」的環境。

　　民防法頒布施行後，諸如義警、民防、義交、山警、守望相助隊，以及最晚成立之警察志工，其中大部分目前雖已具有共同法源依據，各縣市並已依法辦理重新整編，惟整個組織架構、任務區分、教育訓練管理，仍存在許多問題有待克服。尤其警察單位對於志願服務人力的運用，多偏重於如何動員及籌組更多的義警、民防與巡守組織，然而，卻總是忽略社區意識與情感認同，流於形式虛設、尾大不掉的局面，空有組織之名，獨缺實質協勤。再者，警察忙於應付各級長官及民意代表的要求，既存業務又未能簡化，且勤查時間有限致未能配合民眾作息，加上勤務未能落實，致民眾與警察接觸機會較少，使得在志願服務人力的來源方面往往相當有限。受到種種因素影響，從過去諸多評估研究發現，警察機關在志願服務民力之運用成效上並不盡理想。例如：早在1991年內政部警政署便對「如何有效統合民力編組」進行探討，發現志願服務人力在編組及運用上的缺失有（楊文友，1991）：

（一）編訓不一致：民力種類繁多，其編訓各有依據，組織型態編組人數及訓練不同，影響整體運作，且各行其政，事權無法統一。

（二）裝備欠齊全：因預算來源不同，經費有限，服裝及應勤裝備不足時，仍由民力自行購置。相較之下，裝備欠缺者，怨言四起，影響執勤意願。

（三）考核未切實：因民力屬義務性質，出於服務之熱忱，因協勤關係而與其幹部和警消人員有所情誼，致考核未盡確實。至少數不適者未即時淘汰，甚或損及義勇人員整體形象。

（四）福利仍待改善：義勇人員之保險金額偏低，且配合出勤時僅能領取少數誤餐費，不符實際需求。

（五）人員遴選困難：協勤人力老化，年輕者不願加入，新進人員遞補困難。人員老化致體能衰弱，難以應付深夜勤務或激烈繁重之勤務。此外工商社會生活忙碌，普遍欠缺互助服務的精神，造成遴選人員困難重重。

（六）人員極需加強訓練：長久以來協勤民力學歷偏低，基本法律知識欠缺，協勤時間多在上班時間或夜間，時常影響自身工作，出勤意願低落。更由於人員素質參差不齊，執勤難以勝任，且服裝、儀容欠佳，無法獲得社會認同，嚴重影響警察形象。目前民力運用，只求形式化，造成可貴人力浪費，無實際效用。

（七）缺乏有效管制法令：部分協勤民力另有目的，或利用此身分招搖撞騙或滋生事端，影響警譽。且平時協勤甚難落實，編訓及運用無法有效約制，實為警察負擔。

（八）服勤欠保障：協助警消工作都有相當危險性，惟對義勇人員之指揮或管制不從、甚至對其加害，都沒有明確加重處罰規定，欠缺特別保障。

　　有關社區巡守隊效能的評估研究亦發現，存在以下幾項問題（李湧清、蔣基萍、黃翠紋、張文川，2000）：

（一）社區居民參與意願不高、缺乏共識。

（二）社區守望相助組織的目標不夠明確，人員招募、素質、裝備、訓練、考核不夠。

（三）後續經費不足，造成運作困難：政府對於各地社區守望相助組織之經費挹注是採取獎勵金之方式補助，而且其補助經費也愈來愈少，

使許多社區守望相助組織之成員因籌措經費之困難而萌生退意、熱
心冷卻，造成在持續運作上之不可能，嚴重影響到其成效。

（四）法令依據的問題：由於社區守望相助組織之性質在本質上，屬於民
間自願性的活動，政府很難以法令規定強加組織之。

（五）社區守望相助組織的外在環境問題：並不是所有的社區都有成立守
望相助組織的條件，然而，弔詭的是，往往最需要社區守望相助的
地區，卻是最沒有能力實施社區守望相助的地區。

雖然晚近成立的婦女志工，普遍被認為較其他志願服務人力的效能
佳。但根據黃翠紋、林至聰（2004）對於桃園縣政府警察局所運用的婦
女志工進行研究則發現，雖然桃園縣政府警察局各分局普遍皆頗為重視婦
女志工隊在協助警察執勤上的功能，認為有其存在的必要性；而參與婦女
志工隊的婦女也有同樣的認知。婦女志工隊所具有的效能除可以充當警民
之間的橋樑外，就警察組織而言，也可以用以協助從事為民服務工作。但
其仍存在部分問題，包括：

（一）由於警察機關對婦女志工所需的執勤技巧與相關基本知識之訓練相
當欠缺，而影響其運作之成效。

（二）欠缺所需的運作經費，不僅影響志工組織持續運作，亦嚴重其功能
之發揮。

最後，陳家銘（2006）在歸結警察機關志願服務之相關研究後指
出：

（一）警察機關傳統運用協勤民力與警察志工確實存在差異，不同的志願
服務人力推動運用上應有不同之重心與策略。

（二）警察志工應係當前警察機關推動志願服務人力之重心，有必要深入
探討研究，以利其運用推展。

（三）志願服務人力個人屬性、參與動機、組織環境及工作滿意均可能影
響其服務績效，也可能影響志工持續服務意願。

（四）志工管理的過程中仍有志工招募不易、教育訓練不足、督導考核欠
落實、素質參差不齊、經費不足、維繫不易、中高階層主管未重視
等問題。故警察志工管理者，除依「內政部警政署推動警察志工服

務實施計畫」辦理外，對志願服務的方案設計、工作設計、招募策略、教育訓練規劃、督導技術、激勵措施及績效評估等有待加強。

（五）運用志工組織人員的志願服務概念、素養、認知仍須加強教育、訓練。

　　雖然上述研究不論是在時空背景，或是研究樣本皆不相同，但綜合上述這些研究，我們仍不難發現，在警察機關民力之運用上，主要存在以下問題：

（一）經費不足：不僅影響志願服務組織之運作，亦影響參與民力之福利。

（二）社區民眾參與意願不高：人員來源與組訓有困難，嚴重影響民力素質[5]。

（三）欠缺完善之民力管理與教育訓練：不僅影響民力持續參與志願服務工作之意願，並影響其運作之效能。

（四）資源連結不足：雖然民力之組織繁多，但彼此間卻缺乏有效的連結，甚且與警察機關之連結亦不足，使得現有已組訓之民力未有效運用。

第四節　警察機關運用志願服務人力的改進策略

　　目前已有愈來愈多人體察到：治安工作的良窳，並非警察或是任何政府機關所能夠獨立承擔的。所謂「警力有限，而民力無窮」，今後要有效改善社會治安，首重運用民間力量、結合社區資源，藉由動員社區整體力量，共同協助政府來防制犯罪，以建構全面性安全防衛體系。雖然警察機關在志願服務人力之運用上已行之有年，但至今卻存在諸多缺失有待改善。綜合前述之論述，以下將提出改進之建議策略，以供警察機關於志願服務人力運用上參酌。

5　此種現象於志工部分比較不明顯，故晚近有愈來愈多人認為可以加強對於婦女及老人志工之招募。

一、改變心態積極結合治安社區理念發展各具特色民力組織

　　警察的功能，隨著執法環境的變遷，已逐漸由戒嚴時期的「秩序維護者」角色，遞移為「執法者」。更在歷經憲政改革、總統直選、政黨輪替等民主化洗禮後的臺灣社會發展牽引下，使警察機關在本質上朝「服務者」的方向演進。回應民意的需求，已然是時代洪流，故警察機關運用志願服務人力的策略，自然應有所變革，以因應時代的脈動。2004年警察志工於各縣市政府警察局全面成立，即是最佳例證。警察機關向來以服從、紀律見長，但亦因此而相對較為保守且改革速度緩慢，運用志願服務人力亦是如此。目前各警察機關運用志工之方式，多以配合警政署專案性工作為主，志工團體在工作項目上，缺乏自主性。事實上，各警察機關於志工之運用方式上，應該針對地區特性作不同的規劃，不要一昧地要求相同，才能使警察志工在運用上達到功效。另外，各警察機關應適度回應志工需求，多讓志工參與任務及工作規劃，並給予自主、獨立完成的空間，畢竟警察志工所從事的工作不涉人民權利、義務，而在服務性的工作上，給予更大、更寬廣的發揮空間，協助警察機關延伸公共服務的範圍，擴及更多的服務對象，有利於提升警察機關為民服務滿意度。

　　在此警察角色重大轉折及角色功能轉換之際，如何結合治安社區理念，發展各具特色之志願服務人力組織，有效協助警察機關成功遞移警察功能，當是重要課題。民眾不願走出來參與，其中的一個原因是警察機關很少給社區參與的機會；民眾不願支持警察的作為，更因為警察未能諮詢社區的真正需求。因此，警政署乃至各運用單位主管，應重視警察志工業務，視各單位特性、需求以鼓勵方式逐步加強推展。其次，警察機關在民意之運用上，應該明確定位在犯罪預防上，而一般秩序的維護與強調，則必須求取社區全體居民之間共識的最大公約數。亦即在目標的確立上，優先順序應先將犯罪預防這類較無爭議的範圍確立，再透過社區居民之間的溝通共識，確定一般秩序維護的明確範圍。第三，警察機關可以勤區警察及警察志工為中心，積極向社區推展，遊說鼓勵民眾，共同參與治安工作。以勤區同仁及警察志工熱心的服務，爭取社區民眾的認同，並利用社區治安會議，全力宣導全民治安理念，鼓勵社區視需要自發性成立守望相助隊，真正發揮志願服務精神。而非憑藉警察人脈，浩浩蕩蕩成軍，樹立

另一個樣板，或成為另一個政治人物表演的舞臺。當激情過後，又留給警察機關，另一個拋不掉的沉重負擔。警察應該將社區當作服務的對象，當作協力的夥伴，協助社區建構良善的生活空間，將警察的角色從監視者、轉變為兼具執法與服務的角色，以達成「治安全民化」的理想。

二、重新合併整編淡化政治色彩

　　就專業的角度而言，治安事務應該是無關政治的。因此，警察機關對於民力之組訓，應該力求排除政治人物或組織的介入。警察機關目前運用志願服務人力種類繁多，且因時空背景因素各不相同，造成疊床架屋權責不清，甚至部分民力具有民代或公職身分，其組織動員皆基於政治力，選舉時被視為票源重點，漸由地方山頭政治勢力刮分，除無法真正有效分工及發揮志願服務人力功能外，亦不符志願服務之精神。2003年1月民防法正式實施，依本法第1條規定：「為有效運用民力，發揮民間自衛自救功能，共同防護人民生命、身體、財產安全，以達平時防災救護，戰時有效支援軍事任務，特制定本法。」已明確統一警察運用志願服務民力協勤之法源依據，並明確律定其任務及權利義務。警察機關志願服務民力，是否考量依據其協助警察機關工作性質不同（如：協勤方式及危險性），直接區分成協助執行勤務之協勤民力及協助警察為民服務與犯罪預防的服務性警察志工兩大類。協勤民力部分則建議整合重編成警察志工（或義警，名稱待研議）及守望相助隊兩類即可；並將警察機關主動推動遴選招募運用協勤民力統稱警察志工；而由社區自發性成立協勤民力則為守望相助隊，以資區分。守望相助隊部分，警察機關宜退居以鼓勵輔導聯繫角色，真正以社區為主體，結合治安社區理念，徹底改善權責不清、疊床架屋及多頭馬車缺失。並藉整合重編時機，排除地方政治色彩，注入活水源頭，重拾民眾參與意願和信心。至於整合重編，筆者建議應改變以往由上而下，配額式遴選招募方式，朝單純化參與動機及重質不重量原則，授權各基層實際運用單位，視本身需要，決定招募名額，並可考慮建立儲備候補制度。強化篩選過濾把關功能，讓參與警察機關志願服務工作，真正成為一種榮譽。

三、建立溝通平臺強化資源連結

警察機關運用志願服務人力，雖已歷史悠久，但始終停留在應付上級要求，缺乏前瞻性之長遠規劃，即使2004年1月全國同步成立之警察志工，許多縣市警察局在其成立之初，亦是在內政部警政署一聲令下，在極短時間內籌備成立，毫無前瞻性可言。警察志工如同其他志願服務人力一般，願意奉獻自己的時間、精神，不求報酬來從事服務工作，但不能完全忽略其需求。警察機關若無長遠的運用志願服務人力策略，肆無忌憚的揮霍濫用志願服務人力，則非但無法發揮應有的功效，反而浪費志願服務人力寶貴的資源，更可能影響其志願服務意願及熱忱。因此，警察機關應建立志願服務人力與警察溝通平臺，隨時瞭解志願服務人力參與警察工作反應，並聽取其建言，適時調整回應。此外，在當今社會資短缺時代，如何有效連結各方資源，統籌有效運用，藉由溝通平臺，擴大治理範圍。以便資源交換與互惠互動，交流彼此情感，如此才能真正將志願服務人力，充分有效發揮。

四、適度合理教育訓練拋棄形式主義

志願服務人員的適當教育訓練，攸關志願服務人力編組運用之成敗。然目前警察機關由於運用之志願服務組織五花八門，非但種類繁雜且人數龐大，形成基層警察機關沉重負擔，疲於奔命而難以招架。警察機關長久以來形式主義掛帥，辦理志願服務訓練，往往重形式而輕實質，缺乏對於志願服務人力運用之整體而長遠的規劃。加上評比方式，重過程而輕結果導引下，雖定期辦理各類志願服務人力訓練（除警察志工外），卻幾乎成了例行大拜拜。為了表現團隊精神紀律，爭取良好成績，參與訓練反成為志願服務人力最重要的工作。本末倒置，甚至有民力藉集體缺席要脅警察機關，如此惡性循環，教育訓練成效大打折扣，甚至落空。筆者建議拋棄形式主義，僅律定原則性教育訓練規定，授權基層視實際需要彈性實施，並改以實質評估教育訓練結果，取代形式主義。如此不但能減輕基層警察單位負擔，更能發揮實際教育訓練成效。

五、落實考核管理制度明定退場機制

　　警察機關傳統協勤民力，因招募時空背景不同，少數參與者的動機是為利而貪圖小利。利用協勤民力身分至警察機關關說，規避交通違規取締、甚或在外招搖撞騙，比比皆是。動輒以集體退隊要脅，利用民意代表向警察機關施壓等，造成嚴重問題。協勤民力良莠不齊，加上考核不落實，又缺乏明確的退場制，隨著社會的變遷，其協勤功能逐漸式微，已是不爭的事實。雖然協勤民力對治安的貢獻不容全盤否定，但其成員的素質、態度、行為，無法為社會肯定，甚至被部分警察機關視為負擔。這已不只是人的問題而已，更是制度及法令的問題。考量志願服務工作者素質之良窳，對地方治安及志願服務組織本身的形象好壞有直接的影響，為了避免或降低諸如「道德危害」等弊病之發生，故必須加以監督與考核。為提升運作之效能，避免衍生弊端，應該明定考核及退場機制，寧缺勿濫，使全體志願服務人力，明確瞭解考核及退場機制，知所警惕遵循，以提升警察機關志願服務人力素質，樹立優良志工形象。因此，除了由警察機關先針對參與民力之背景、素行及形象有初步之審定外，志願服務組織本身亦應訂出嚴謹的考核監督標準，持續管理、追蹤巡守人員執勤狀況、品性操守，斷然淘汰形象不佳之人員，以維持志願服務組織在社區居民心目中之形象與地位，取得社區居民之信任與愛護。

六、輔導成立非營利組織透過立法加重企業責任

　　警察機關業務包山包海，乃眾所周知之事。歷任警政署長幾乎均提過簡化警察業務政策，但檢視現況，戶政、消防、安檢、海巡，乃至移民署，雖紛紛由內政部警政署架構中獨立，然警察主、協辦業務非但未精簡，反而愈精愈繁雜。警察機關未來實應配合時代潮流，將不涉及核心價值或全國統一事項，逐步授權各縣市政府警察局、分局，各自發展具有地方特色的社區警政，中央宜扮演支援地方之角色，避免直接涉入過多，對於志願服務民力運用，更是如此。警察機關應研議，將部分志願服務民力組織，輔導成立非營利組織，雖單獨成立組織，但仍以協助警察機關執行各項為民服務工作為主要目的。另外，亦可考慮透過推動立法，比照日本等先進國家，加重企業責任（如風景遊樂區自行協調，洽請民力協助疏導交通事宜），共同分攤社會責任。如此，不僅可減輕警察機關沉重負擔，

更可改善經費普遍不足之窘境。

七、適時修訂民防法確立志願服務信念

「立法從嚴、執法從寬」是臺灣長久以來最為民眾所垢病之處。警察代表公權力執法，受害更深。民防法雖賦予警察運用民力之法源依據，然檢視民防法內容，仍不脫「立法從嚴」情形，部分條文（如民防法第24條）對於協勤民力具有強制規範，更有明文處罰規定，實過於嚴苛窒礙難行。另該法第8條「參加民防團隊編組人員接受訓練、演習、服勤時，辦理機關（構）得依實際需要供給膳宿，交通工具或改發代金；參加服勤期間得發給津貼，其津貼發給標準，由中央主管機關定之。前項人員接受訓練、演習、服勤期間，其所屬機關（構）、學校、團體、公司、廠場應給予公假。」對於協勤民力權利與福利看似優沃，惟若深入調查瞭解，該法條實際付諸給付者幾乎沒有，形同具文。有如畫餅充饑一般，看得到卻吃不到，不但再一次損傷政府威信，更可能間接傷害警察機關與協勤民力感情。目前民防法規範之權利與義務，實務上幾乎都以妥協方式處理，未實際執行（既不強制要求亦不給付津貼），仍循以往模式辦理。筆者淺見認為，協勤民力既然屬於志願服務民力，即應依據志願服務法之精神，採取開放式鼓勵自動自發參與模式，儘量減少強制性規範，至於權利與福利，亦不應該是其參與志願服務主要目的，亦是根本不切實際的空法。建議應適時修訂民防法，確立志願服務精神，並朝「立法從寬執法從嚴」角度思考修正，期望能研修出，真正符合志願服務精神且具體可行的民防法。讓全體協勤民力有所遵循，同時也可解決部分學者專家，質疑警察機關傳統協勤民力並非志工之爭議。

八、經費之籌措應朝多元化目標邁進

經費短缺，向來是大多數非營利組織所共同面臨的困境，而警察機關在志願服務民力之運用上，長久以來亦存在此一問題。未來在經費之籌措上，一方面可由各級政府持續撥款補助；另一方面則建議應由地方公、私機構或財團捐助。而警察機關與各地鄉鎮市公所亦應主動加強宣導、聯繫民間企業、個人與巡守組織周知，廣為利用此一資源，使經費籌措之來源更形多元化。

第五節　結語

　　因應經濟不景氣，各級政府預算緊縮，大力倡導人事精簡政策，再加上民眾的自主性提高，對政府的各項需求及服務能力期待增多，致各政府機關的工作量增加。面對此重重的困境，政府為了解決人員不足問題及滿足民眾對政府服務項目及品質之要求，運用民力的措施應運而生。就警察工作而言，隨著社會之變遷，民眾不僅要求警察從事執法者之工作，保障其安全，更進一步要求警察能夠提供完善的服務，使人民生命財產有所保障，生活更安心，此種現象可由全國警察機關，不斷增加之為民服務工作比重，明顯感受其改變。而在社區犯罪預防之潮流下，警察機關運用志願服務人力亦已成不可避免之趨勢。因此，若能透過志願服務民力之運用，除可彌補警力不足，另藉由警民合作，使警民互動關係，更為密切與和諧外，亦可同時營造全民共同參與警政、關心警政之環境，共同為良好的治安環境來努力。警察機關運用志願服務民力參與警察公共事務，不僅可以促進警民關係、節約資源、彌補警力不足，亦可提升警政服務品質、減少民眾對警察之疏離感、增加警民信任感、警察人員工作之滿意度及警察形象等正面效益。而志願服務民力亦可在參與的過程中，自我充實、自我成長、自我實現與獲得學習人際溝通及心理報酬的互惠行為。

　　然而運用志願服務民力的組織政策亦不可流於形式，必須針對志工之特性、招募管道、福利報酬、工作項目、管理訓練、考核獎勵等，做最妥善有效之規劃與管理制度，以免造成負面影響，而損及警察志工運用單位及志工的形象，造成雙輸局面。為提升運用志願服務民力之效能，在志願服務民力之運用上有諸多問題必須考量，諸如：志願服務組織運作方法是否恰當？如何避免志願服務民力「所用非人」、「用人不當」之情形？如何管理志願服務民力並使他們的經驗、專長、潛力加以整合、激發，由被動參與到主動積極開拓，達到組織的目標？如何加強管理與教育訓練讓志願服務民力參與服務之意願得以持續，諸多問題皆是警察機關運用志願服務民力協勤時應該注意的問題。

　　研究顯示，目前警察機關在志願服務民力之運用上，仍普遍存在著經費不足、社區民眾參與意願不高、欠缺完善之民力管理與教育訓練，以及資源連結不足等問題。為提升警察機關運用志願服務民力之效能，筆者

建議應從：改變心態積極結合治安社區理念發展各具特色民力、重新合併整編淡化政治色彩、建立溝通平臺強化資源連結、適度合理教育訓練拋棄形式主義、落實考核管理制度明定退場機制、輔導成立非營利組織透過立法加重企業責任、適時修訂民防法確立志願服務信念，以及經費之籌措應朝多元化目標邁進等方向改善。綜而言之，警察機關運用社區民力，協助警察推行公共服務與警政政策，相關部門主政者須有跳脫以往觀念的新思維，從整合觀點讓民間志願服務系統所具有的充沛力量，能突顯其實質的功能與定位。絕不能將其視為工具，應多加尊重，並有效規劃與運用。設計一套適切可行的方案，讓志願服務民力得以發揮才能，提高工作熱忱，產生成就感願意為民服務。

第六章　犯罪熱點的預防策略

第一節　前言

犯罪學的研究在1980年代發現，犯罪事件的發生地點並非是隨機、平均分布的，大量犯罪事件集中發生在少數地點，這些地點稱為「犯罪熱點」（Hot Spot of Crime）。後續相關研究指出，在犯罪熱點導入犯罪威嚇機制（如提高見警率），並不會產生顯著的犯罪轉移現象。此外，縱貫性資料更顯示，大量犯罪集中少數地點呈現長期穩定性。經過約三十年的研究，學界幾近確認：少數地點集中大量犯罪、犯罪熱點低度甚至無犯罪轉移、犯罪熱點具穩定性，三個重要現象。在以證據為基礎的犯罪預防政策潮流下，犯罪熱點自然成為適當的犯罪預防目標，尤其是在警察預防犯罪策略的運用上最受矚目。

近年來，先進國家的警察機關開始大量運用犯罪分析（crime analysis）及預警式思維（proactive thought），研擬理性與權變策略，也就是根據系統化分析後的資料處理轄區治安問題。「犯罪分析」，是一套針對犯罪問題的系統性分析過程，其功能在於提供犯罪防治人員適時的與適切的資訊，協助犯罪防治人員做出正確的決策（許春金，2008；Vito, Maahs & Holmes, 2007）。這些警察機關一方面向學界求助，一方面重新檢視內部資料系統的健全性與效能，在犯罪預防上逐漸顯現正面效應。而針對民眾電話報案資料加以分析，發現犯罪發生的聚集地點，繼而在犯罪聚集地點採取犯罪預防措施，即為警察機關運用犯罪分析結果轉化為犯罪預防策略的實例，被稱為「犯罪熱點警政策略」（hot spot policing）。所謂的「犯罪熱點」，乃是犯罪聚集的小地點，可能是少數幾棟建築或街區，也可能是一小群建築或街區，當犯罪集中在這些地方，即為犯罪熱點[1]（Braga & Weisburd, 2010）。本章宗旨在於探討警察部門如何根據犯

1　Sherman等人在其研究中，曾對犯罪熱點做了如下的操作型定義：「是一些小地方（small places），在這些地方，犯罪的發生是如此的頻繁，以至於有相當高的可預測性，而其頻繁發生犯罪的時間至少達一年以上。」參閱Sherman, L. & Weisburd, D. (1995). "General deterrent

罪熱點的特性，規劃與執行犯罪預防策略。筆者首先介紹與犯罪熱點有關的研究文獻，繼而選擇國內一警察局，蒐集該局一年110報案資料，分析案發地點，實證犯罪熱點的存在事實，最後論述警察有效回應犯罪熱點的犯罪預防策略。

第二節　犯罪與地點的研究文獻

在現有的犯罪學知識中，有三項理論觀點——理性選擇理論、日常活動理論及犯罪型態理論——最能夠解釋「地點」（place）在犯罪預防上的意義。有關此三項理論的內涵，請參閱本書第三章。

這三項犯罪學理論觀點，提供了建構犯罪地點理論的重要基礎。然而，這些理論的發展必定是與研究文獻的累積有關。本節將從相關實證研究中，歸納出五種類型（如圖6-1），每一類型的研究均對「地點」在犯罪事件上所扮演的角色有特別的解釋。其中，三種類型的研究把地點當作一個分析單位，研究者在開始進行研究時，把犯罪事件視為一個「問題」。研究者想要瞭解地點上的設施（facilities）是如何影響犯罪？為何犯罪會聚集（cluster）在某些地點？以及地點上的社會性及物理性特徵（social and physical characteristics）如何改變犯罪機會？

另外兩種類型研究的焦點則是在「人」的身上，焦點雖是人，但最終目的還是想要瞭解地點在犯罪事件中所扮演的角色。在犯罪者移動脈絡（mobility）及標的選擇（target）的兩類研究中，可以發現犯罪者如何選擇犯罪地點，以及抑制犯罪者接近犯罪地點的社會性因素（Eck & Weisburd, 1995）。

---

effects of police patrol in crime hot spot: A randomized controlled trial." *Justice Quarterly* 12: 625-648.

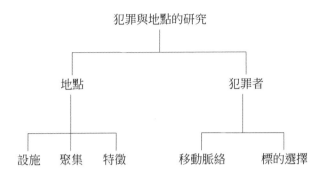

資料來源：Eck, J. E. & Weisburd, D. (1995). *Crime and Place*. Monsey, NY: Criminal Justice.

圖6-1　犯罪與地點的研究類型

一、地點的設施與犯罪

所謂「設施」（facilities），是指基於特別目的所建造的建築物，這些建築物均有特定的功能，例如學校、酒館、便利商店、教堂、公寓、國宅等。不同類型的設施有可能增加或減少該地點的犯罪。誠如解釋犯罪人形成的理論所揭示，不同的設施會吸引不同的人前來該地點，當中可能包含潛在犯罪者。又誠如日常活動理論所揭示，犯罪的發生主要是因為設施管理的方式、設施中的標的被潛在犯罪者所認知的價值及可接近性、具親近關係監控者出現的可能性、以及守衛的監控程度等所致。支持這兩種理論的證據，都可在許多相關研究中找到（Roncek, 1981）。

Roncek與其同僚曾在美國Cleveland及San Diego兩個城市進行有關設施的研究，發現街區內有無酒吧及高中學校，與街區的犯罪數量多寡有關，而且某街區酒吧及高中學校的影響效應，並不會延伸至鄰近街區影響其犯罪數（Roncek & Meier, 1991）。研究還發現，Cleveland的國宅與其所在街區內的微增犯罪數有關，而且犯罪數的微增量達統計上的顯著水準。

Engstad（1975）曾針對一些有旅館的小區域，以及這些區域旁沒有旅館的小區域，比較這兩種區域內有關汽車竊盜及酒吧傷害的犯罪數，發現旅館的出現與較高的犯罪率顯著相關。Engstad（1975）另以汽車竊盜及其他財產犯罪為觀察值，針對有、無購物中心（shopping center）的區

域進行相類似的比較分析，結果發現有購物中心的區域具有較高的犯罪率。

Spelman（1992）曾針對街區內的廢棄住宅與犯罪之間的關係進行實證研究，發現兩者具有顯著相關。同時他還證明了有廢棄屋的區域與沒有廢棄屋區域之間的差異，乃在於後者有較多的自有住宅。

Brantingham等人（1982）曾針對街區內商店遭竊率與有無五種「商業地標」（commercial landmark）進行關聯性研究，五種商業地標係指：速食餐廳、傳統式餐廳、超級市場、百貨公司、酒吧。研究發現，有超級市場或百貨公司的街區與無此商業地標的街區，商店遭竊率相近，但有其他三種地標街區的商店遭竊率，卻比無此三種地標區域高出2～2.5倍之多。

Rengert與Wasilchick（1990）從訪談竊盜犯中，發現販毒區會引導暴力犯至該區購買毒品，之後這些買毒者可能在販毒區的附近從事暴力犯罪。他們的研究支持了潛在犯罪者因某目的被吸引至某地區，而後犯下其他犯罪。Weisburd等人（1994）也發現，毒品市場的區域經常發生多樣性的犯罪。這些研究認為：地點的某些事物促使偏差行為的發生；設施吸引人們來這些區域；設施吸引人們來這些區域，區域內的某些事物促使偏差行為的發生。

有些研究顯示，人們若愈容易接近某地點，那麼該地點的犯罪就愈多。Friedman等人（1989）曾對美國大西洋城（Atlantic City）賭場所造成的影響進行研究，他們觀察通往該城幹道旁的小鎮犯罪情況是否受賭場影響，結果發現這些小鎮的犯罪率比不在幹道旁的小鎮要來得高，這些小鎮之所以有較高的犯罪率，主要歸因於有較多的外地人經過。

Duffala（1976）及Nasar（1981）曾針對不同被害次數的商店進行研究（便利商店的強盜與竊盜被害數量），發現被害次數最多的商店均位於大馬路旁。另有研究比較高犯罪數與低犯罪數的鄰里和路段，發現地區的可接近性與高犯罪數有顯著相關；愈多的人經過某地區，那麼該地區成為犯罪地點的機會就愈大（White, 1990; Frisbie et al., 1977），此結論與愈吸引人潮的地點愈可能造成犯罪被害的假設相契合。其隱喻，設施吸引人們前來設施所在區域，這些人中可能包含具犯罪動機之人。

雖然，設施會吸引潛在犯罪者來到設施所在的區域，但具有相同設

施的不同區域，犯罪率並不一定相同，這表示不同區域的社會結構可能不同，因而影響區域的犯罪率（Engstad, 1975）。此外，大多數有關設施的研究，是針對引發監控不良及地點管理不善的設施，相對地，那些能產生高監控力和地點管理效果的設施（如教堂、政府機關等），其對犯罪影響的研究，便顯得有意義且重要。

二、犯罪的聚集現象

　　眾所皆知，犯罪不是均勻散布在每個地方。Sherman等人（1989）的研究證實，犯罪地點並不是隨機分布的，他們發現大約有60%的電話報案，是集中在整個城市約10%的地區。從犯罪聚集的程度來看，有些地區很少發生犯罪；Bayley與Garofalo（1989）的研究發現，一般都市約有95%的地區未發生過暴力性犯罪。另從地點的角度來看，聚集現象指的是相同地點一再發生犯罪事件；Pierce等人（1986）在Boston的研究，以及Sherman等人（1989）在Minneapolis的研究均證實此現象。此外，有些特定類型犯罪的聚集現象也被研究過，例如強盜、強制性交、家庭暴力、不法目的侵入（burglary）等犯罪有較高的地區集中趨勢，其中又以家庭暴力和強盜的集中性最顯著。發生於室內的犯罪，諸如強制性交、傷害、殺人等犯罪，比發生在室外的犯罪更具集中性（Sherman, Gartin & Buerger, 1989）。上述研究發現自然成為犯罪預防策略的重要素材，其重點就是將目標瞄準在所謂的「犯罪熱點」。Sherman等人在其研究中，曾對犯罪熱點做了如下的操作型定義：「是一些小地方（small places），在這些地方，犯罪的發生是如此的頻繁，以至於有相當高的可預測性，而其頻繁發生犯罪的時間至少達一年以上（Sherman & Weisburd, 1995）。」Sherman的定義，頗具參考價值。

　　Forrester等人（1988）就曾經研擬一個成功的犯罪預防方案，該方案即是根據重複遭竊的住宅資料。一再發生犯罪的地點，大多是該地點上的標的並未受到妥善監控（即缺乏有效的地點管理者）。潛在犯罪者之所以會選擇這些地點犯案，可能是刻意找的，也可能是在日常活動中巧遇的。

　　至今，雖有個案研究採民族誌途徑，針對單一地點或同一鄰里中若干地點的社會結構進行探討，但仍缺乏針對大樣本地點的犯罪率及社會結構進行系統性研究，以瞭解地點的社會結構與犯罪之間的關聯性。到底是地

點的社會結構吸引潛在犯罪者至該地點,還是社會結構影響出現於該地點潛在犯罪者的行為,這個問題尚待釐清。不過,我們倒是可以藉由檢視地點特徵對犯罪的影響,進一步探討這個問題。

三、地點的特徵

有關犯罪聚集的研究顯示,犯罪並非是隨機分布的,而是聚集在某些地點。但是這些研究並沒有說明,為什麼這些地點會聚集犯罪,其他地點就不會。難道這些地點是偏差行為者的巢穴?還是這些地點的特徵吸引附近的潛在犯罪者來此處?我們藉由檢視地點特徵與犯罪之間關聯性的研究,可以洞察出一些解答。

「防衛空間」(defensible space)的策略,就是透過適當操縱物理環境以提升人們的領域感,使人們能夠注意或觀察環境,並將此注意或觀察訊息傳達給潛在犯罪者知曉(Newman, 1972)。Newman(1972)研究發現,有防衛空間特徵的國宅比沒有該特徵的國宅,較少發生犯罪。

不過,Newman的理論與研究招致了一些批評。Mawby(1977)就指出,Newman以錯誤的方式來表達其研究發現,他認為Newman以立意抽樣法選擇兩個研究地點來支持自己的理論,而沒有陳述這兩個地區居住人口的特徵及犯罪人口率。另外,Merry(1981)也發現,儘管環境設計可以讓人們輕易監控自己的環境,但人們並不見得會主動去檢視自己的環境,而且潛在犯罪者也認為大多數的人們會如此。她更批評防衛空間理論忽略了犯罪預防的社會構面(social dimensions)。Mayhew(1981)發現,民眾的生活環境要由民眾自己做持續監控,是不太可能的,除非由當地組織或機構員工介入始有可能。英國內政部贊助的一些研究,支持了此項論點(Poyner, 1988a; Poyner, 1988b; Webb & Laycock, 1992)。

有關便利商店預防犯罪的研究,也支持Mayhew(1981)所主張,組織或機構員工可以經由改良式的監控而能預防犯罪的假設。許多研究比較了遭多次搶劫以及很少甚至沒有被搶劫的商店後,發現高透視的窗戶及櫃檯位置等物理特徵,可以提升商店入口被監控的強度,同時也可以讓店員從店內清楚看到停車場的情況(Hunter & Jeffrey, 1992; La Vigne, 1991)。Clifton(1987)在對佛羅里達州Gainesville市商店於夜間須有兩名店員的規定進行評估研究後,發現該規定確實減少了商店所發生的強盜

案件數。

　　有關監控者威嚇效應的研究發現，犯罪者會避免前往設有專人監控的場所。Hannan（1982）曾運用多變量分析法，探究費城銀行警衛的威嚇效能。他發現有設置警衛的銀行，較少發生強盜案件。Landes（1978）的研究指出，美國劫機事件的減少，主要是因為機場設置金屬探測器，另飛機上派駐配備武器的警務人員也是原因之一。紐約市地鐵強盜案件的發生率，因為警衛的設置而有明顯的下降（Chaiken et al., 1978）。圖書館因為建置電子安全系統，使竊書事件得以減少（Scherdin, 1992）；在停車場設置管理人員（Laycock & Austin, 1992）及錄影監視系統（Poyner, 1988a），可使汽車竊盜事件減少。總之，犯罪者不願意選擇被高度監控的標的。值得注意的是，監控的效能與地點管理（place management）密切相關。上述研究中，設置的安全系統（人員或設備）均是由地點所有人或管理者設置的，而不是地點使用者。

　　地點的特徵不僅能夠提升地點的監控力，同時還可以控制地點的可接近性。有關安全系統的研究文獻指出，適當的物理障礙具有防止標的被接近的效能。Grandjean（1990）的研究發現，瑞士銀行中有設置安全屏風者，較少發生強盜案件。而Ekblom（1987）的研究也發現，設置安全屏風的郵局比未設置者，較少發生強盜案件。但是，地點特徵的影響，可能還要看犯罪類型而定。Eck（1994）就發現，販毒者就比較喜歡設有出入控制設備的公寓，作為販毒處所。換言之，此種特徵可以防止竊盜的發生，但也可能吸引毒販來此進行毒品交易。

　　地點特徵影響犯罪者下決定的另一種方式，就是讓犯罪者對地點上的標的不感興趣，或使標的難以侵犯。保護標的，可以藉由強化標的安全、移走標的、或使標的不具吸引力等方式來達成。在財物上標示記號可以減少竊盜案件的發生，因為標示記號可以降低贓物在市場上的流通方便性，因而使其價格降低（Laycock, 1985）。另有研究指出，「現金控制法」（例如設定收銀員存留現金的上限、設置定時鎖的保險箱等）可以降低賭場強盜案件（Clarke & Mcgrath, 1990）。英國的研究發現，將住宅區住戶的瓦斯表移至較隱密處，結果降低了該住宅區的竊盜案件（Forrester et al., 1990）。

　　地點如何受到管理，也會影響潛在犯罪者在該地點犯罪的風險。例

如，酒店的酒保和保鏢對於酒客在店內飲酒行為的規定，可產生抑制酒店暴力鬥毆的作用（Homel & Clark, 1995）。潛在犯罪者通常會考慮或感覺店主或其聘僱者管理營業場域的情形，這會影響當事人是否選擇在此犯罪。針對潛在犯罪者根據地點管理情形選擇犯罪地點，可以從犯罪與非犯罪地點的系統性比較中找到證據。在美國San Diego同一地區中販毒地點與非販毒地點的特徵進行比較之後，Eck（1994）發現販毒者似乎較喜愛選擇小型公寓作為販毒場所。小型公寓的屋主通常不是職業房東或擁有大量資產的人，在販毒公寓裡，房客常有欠債、賭博輸錢、房子遭侵入、欠房東租金的情形。換言之，這些地點的管理並不理想，房東不是不知道如何控制房客的行為，要不然就是對販毒問題無能為力。販毒者選擇管理不良的地方，有可能是他們無法接近管理品質良好的地方，也可能是因為他們喜歡管理不良之處，或兩者均是。

總之，那些吸引潛在犯罪者的地點，大多具有許多物理性或社會性特徵，這些特徵包含：明顯缺乏監控、容易接近、容易取得有價值的東西（或潛在被害者出現）。具有這些特徵的地點比沒有這些特徵的地點，發生較多的犯罪。此外，許多犯罪預防方案的評估亦顯示，排除這些吸引特徵可以減少犯罪發生。最後，地點管理的情形，也會影響該地點的犯罪多寡。研究顯示，潛在犯罪者會根據地點的社會和物理特徵，選擇從事犯罪行為的地點。

四、犯罪者的移動脈絡

對犯罪學家而言，犯罪者所表現出來的移動脈絡，更加突顯了地點的重要性。犯罪者絕不會固定不動，犯罪的發生便可能涉及數個場景、地點及活動事件。有關犯罪者移動議題的研究，大多數是根據警察機關或檢察機關所掌握的案件發生及逮捕資料。由於檢警單位所掌握的犯罪只占全般犯罪的一部分，因此這些研究的結果難免有不足之處。如果在自己居住地附近犯罪的人比遠離居住地犯罪的人較容易被逮捕，那麼上述研究就可能低估犯罪者的活動距離。

底下將檢視犯罪者的兩個移動面向：距離及方向。犯罪學家曾採用多種方式來測量犯罪者的移動距離，其中最主要的，就是計算犯罪地點與犯罪者居住地之間的距離。研究顯示，犯罪地點與犯罪者住所之間的距離通

常不會太遠，而且距離犯罪者住所愈遠的範圍，犯罪頻率愈低（Rhodes & Conley, 1981）。不過，犯罪者為避免自己的身分被辨認出來，所以不會選擇太靠近自己住所的標的犯案。

犯罪者的移動脈絡，也可能是出現在若干犯罪地點之間。Weisburd與Green（1994）研究發現，相近的毒品市場各自均有明確界限，該界限通常是由不同性質的毒品活動所營造出來的。在針對Jersey City被逮捕一次以上的販毒累犯進行探究之後，Weisburd與Green發現，販毒者很少在毒品市場附近被逮捕，販毒者平時都有高度的領域感，被逮捕的地點反而較常在其他地區。

實證資料也顯示，犯罪者的年齡、種族、性別、犯罪類型均會影響犯罪者的移動脈絡。年輕的犯罪者比年長的犯罪者較不會到離住所太遠的地點犯罪；黑人犯罪者比白人犯罪者較不會到離住所太遠的地點犯罪；女性比男性至離住所較遠處犯罪，但在強盜犯罪方面，男女的情況正好相反（Phillips, 1980）。就犯罪類型而言，表達性犯罪（expressive crimes，如強制性交、傷害等）的發生地點通常比工具性犯罪（instrumental crimes，如竊盜、強盜等）較靠近犯罪者的住所（Phillips, 1980）。單就強盜犯罪而言，搶劫商店的搶匪會比搶劫個人的搶匪，選擇較遠的標的。販毒者通常是犯案地點最接近其住所的犯罪者，大多數被逮捕的販毒者，是在其住所被逮捕的（Eck, 1992）。

在犯罪者移動脈絡的研究中，有關「方向」的探討均一致顯示，犯罪者的移動方向是從住所前往較多標的之處。如果犯罪者的住所附近就有很多標的，那麼犯罪者的移動距離通常就會較短（其住所到犯罪地點之間的距離）。不過，財產犯罪者較不會選擇離住所太近的標的，以免自己身分被辨認（Phillips, 1980）。Rand（1986）曾分析大量案件的犯罪發生地、犯罪者住所及被害者住所三類地址，發現大多數案件的三個地址分別落於不同的行政區域。此外，標的分布會隨時間而改變，犯罪者的移動方向和距離通常也會隨之而變（Lenz, 1986）。

雖然，潛在犯罪者尋找犯罪機會的區域是有限的，但並非隨機的。潛在犯罪者的年齡、種族，甚至性別都有可能影響其尋找標的的策略。Carter與Hill（1976）的研究指出，黑人與白人犯罪者就有不同的認知圖（cognitive map，對環境的心理意象），這可能影響他們尋找標的的模

式。

上述這些研究發現，可說是「理性尋找標的之行為」的證據，以及「個人特徵和標的分布對此種理性行為之影響」的證據。這些研究發現，與底下兩個尋找標的的假設相契合：（一）潛在犯罪者較會尋找缺乏監控的標的；（二）潛在犯罪者從事日常非犯罪的活動時，巧遇了這些標的。Rhodes與Conley（1981）曾對底下不規則的發現感到困惑：犯罪者跳過出現在自己住所附近的機會，反而去捕捉遠離自己住所的機會。在推測上，如果潛在犯罪者正積極且具攻擊性的尋找標的，那麼近距離的機會比遠距離者較可能成為被害標的。Rhodes與Conley後來發現，如果犯罪者是在從事日常非犯罪的活動中（如上下學時、上下班時、或購物往返時等）剛好發現該機會，而且此機會離犯罪者住所有一段距離時，那麼就可以解釋為什麼犯罪者會跳過近處機會選擇遠處機會了。

五、犯罪者如何選擇標的

犯罪者應該能夠陳述自己的決定過程（選擇犯罪地點或標的），許多研究便是從犯罪者觀點來探究犯罪地點的選擇。這些研究大多數是採用訪談法，訪談對象則是監獄中的受刑人，受訪者多為成人累犯。這些研究一致性的結論，就是犯罪者是理性的，儘管該理性是有限理性（Rengert & Wasilchick, 1990）。受訪的竊盜犯陳述他們在犯案前會尋找一些線索，雖然不同竊盜犯所尋找的線索內容不盡相同，但主要還是如何能降低犯罪風險及擴大犯罪利益。此外，犯罪者在犯罪前通常沒有擬定計畫，而且愈有經驗的犯罪者，犯罪前愈不會計畫。犯罪者之所以會發現標的，是他們在日常從事非犯罪的活動中巧遇標的，或是刻意去尋找時遇到的（Cromwell et al., 1991）。

訪談犯罪者的研究也證實了那些根據官方資料的研究發現：犯罪者是根據地點的表徵（線索）選擇犯罪地點，他們大多是在從事非犯罪的日常活動中發現犯罪地點。這說明了那些頻繁發生掠奪性犯罪的地點，大概都是容易接近（位於大馬路邊）、有價值之物，以及散發低風險訊息的場所。

第三節　犯罪熱點的辨識與分析

筆者曾以警察局勤務指揮中心110報案系統所記錄的報案資料為根據，分析民眾所報案件的發生地點。為求資料完整，筆者蒐集北部一警察局勤務指揮中心一年期間，受理民眾報案的電話紀錄，共計有109,351件紀錄資料，繼而分析這些案件的發生地點（孟維德，2001）。由於所蒐集之資料數量龐大，足夠進行較為細緻的分析，故以警察勤務的基本單位——警勤區——作為犯罪及治安事件發生地點的最終分析單位。從一縣、市警察局轄區的面積大小來觀察，應可將犯罪或治安事件發生頻繁的警勤區視為犯罪或治安熱點（甚至從警察分局的轄區大小來觀察，警勤區也都是相當小的地點）。換言之，本研究欲瞭解10萬多筆的民眾報案，案件發生地是否有集中於某些警勤區的現象，若有集中趨勢，其集中幅度如何？

表6-1所列為該警察局勤務指揮中心有關民眾報案一年期間的紀錄資料，警察局將其區分為列管案件類（指重大刑案，如殺人、擄人勒贖等）、一般刑案類、交通案類、為民服務類、檢舉案類，以及災害類等六種類型。其中數量最多的為一般刑案類，占全數的47.01%；其次為交通案類，占全數的34.54%；第三為為民服務類，占全數的12.39%。這三類占民眾報案總數的93.93%。

筆者繼而根據110報案紀錄分析案件的發生地點，案件以發生數較多且與治安關係密切的一般刑案類及為民服務類二種為主。交通案類因與治安關係較不密切，列管案件、檢舉案類及災害類因數量過少無法進行較細緻的分析，故不分析。分析的方法是先以分局的轄區為範圍，然後找出該分局轄區中案件發生數最多的前五個警勤區。在分析過程中，筆者針對警察局所轄各分局的所有警勤區進行分析與歸納，共計分析2,265個警勤區。由於警勤區數量眾多，資料在呈現上所占篇幅過大，故底下以列舉方式呈現一個警察分局轄區的分析結果，以便讀者瞭解詳細的分析方式與發現（詳如表6-2及表6-3）。有關各警察分局轄區的完整分析結果，本文依案件類型各將其歸納成一總表（詳如表6-4及表6-5）。

表 6-1　警察局勤務指揮中心有關民眾報案的紀錄資料

轄區分局	列管案件類	一般刑案類	交通案類	為民服務類	檢舉案類	災害類	合計
A分局	38	4,722	2,310	940	451	22	8,483
B分局	39	4,977	2,705	1,156	573	29	9,479
C分局	36	7,404	4,471	1,850	897	48	14,706
D分局	29	6,815	5,603	1,509	734	52	14,742
E分局	22	4,956	4,182	1,520	613	50	11,343
F分局	16	3,362	1,778	889	391	32	6,468
G分局	35	2,955	3,345	1,035	400	41	7,811
H分局	46	4,312	2,598	854	418	27	8,255
I分局	63	3,281	2,175	889	251	14	6,673
J分局	10	2,035	1,712	707	194	16	4,674
K分局	4	1,785	1,628	556	171	17	4,161
L分局	19	1,602	1,426	471	166	10	3,694
M分局	9	1,533	1,878	746	201	13	4,380
N分局	7	236	198	70	44	5	560
O分局	14	426	215	112	70	1	838
其他	10	1,003	1,547	239	273	12	3,084
合計	397	51,404	37,771	13,543	5,847	389	109,351
百分比	36%	47.01%	34.54%	12.39%	5.35%	36%	100.00%

註：「其他」欄，係指發生地點非屬該警察局轄區的案件。

一、單一分局的分析

　　該分局轄區包括有165個警勤區，而案件發生最多的五個警勤區大約占了整個分局案件總數的20%，有些案件的比例更超過30%，如疾病救護（32.5%）、家庭紛爭（34.78%）等案件。換言之，在該分局的轄區中，僅3.03%的警勤區就可以解釋大約20%的案件量。顯然，犯罪及治安事件發生的地點具有集中趨勢，且集中幅度頗大。這些少數卻發生大量案件的警勤區，應可視為該分局轄區內的犯罪或治安熱點。除此之外，這些熱點往往不是僅發生一種類型的治安事件，而經常是多種類型案件的集中處，譬如編號為0102409的警勤區在統計期間便發生了147件機車竊盜、11件麻藥、204件一般車禍、30件打架、七件妨害安寧、四件疾病救護、二件家庭紛爭。詳如表6-2及表6-3。

表6-2 民眾報案之主要「一般刑案」發生地點分析（A分局轄區）

案件類別	機車竊盜（發生案件總數：3,473）			一般竊盜（發生案件總數：525）			汽車竊盜（發生案件總數：230）			麻藥（發生案件總數：275）		
所名	警勤區	案件數	百分比	所名	警勤區	案件數	百分比	所名	警勤區	案件數	百分比	所名	警勤區	案件數	百分比
板〇	0101146	276	7.95%	板〇	0101330	25	4.76%	大〇	0103130	20	8.70%	後〇	0102401	12	4.36%
後〇	0102409	147	4.23%	板〇	0101603	24	4.57%	後〇	0102539	12	5.22%	後〇	0102409	11	4.00%
後〇	0102628	146	4.20%	沙〇	0104112	20	3.81%	後〇	0102401	10	4.35%	板〇	0101330	11	4.00%
板〇	0101603	142	4.09%	後〇	0102401	18	3.43%	板〇	0101146	8	3.48%	板〇	0101603	10	3.64%
板〇	0101101	109	3.14%	板〇	0101118	17	3.24%	沙〇	0104112	8	3.48%	沙〇	0104106	9	3.27%
	合計	820	23.61%		合計	104	19.81%		合計	58	25.21%		合計	53	19.27%

說明：表中所列為板橋分局轄區四種「一般刑案」案件數最多的前五個警勤區，板橋分局警勤區總數為165個。「所名」欄中所列為分駐、派出所名，「警勤區」欄中所列為警勤區編號。

表6-3 民眾報案之主要「為民服務」發生地點分析（A分局轄區）

案件類別	打架（發生案件總數：710）			妨礙安寧（發生案件總數：106）			疾病救護（發生案件總數：43）			家庭紛爭（發生案件總數：46）		
所名	警勤區	案件數	百分比	所名	警勤區	案件數	百分比	所名	警勤區	案件數	百分比	所名	警勤區	案件數	百分比
板〇	0101603	45	6.34%	後〇	0102409	7	6.61%	後〇	0102409	4	9.30%	沙〇	0104112	6	13.04%
後〇	0102409	30	4.23%	板〇	0101539	6	5.66%	板〇	0101146	4	9.30%	大〇	0103223	3	6.52%
板〇	0101510	25	3.52%	沙〇	0104112	5	4.71%	板〇	0101421	2	4.65%	板〇	0101330	3	6.52%
後〇	0102118	23	3.24%	板〇	0101236	4	3.77%	板〇	0101607	2	4.65%	後〇	0102404	2	4.35%
後〇	0102401	22	3.09%	板〇	0101332	4	3.77%	後〇	0102622	2	4.65%	後〇	0102409	2	4.35%
	合計	145	20.42%		合計	26	24.52%		合計	14	32.5%		合計	16	34.78%

說明：表中所列為板橋分局轄區四種「為民服務」案件數最多的前五個警勤區，板橋分局警勤區總數為165個。「所名」欄中所列為分駐、派出所名，「警勤區」欄中所列為警勤區編號。

二、各分局的綜合分析

表6-4所列為各警察分局主要「一般刑案」發生數最多的前五個警勤區案件百分率分析，表中主要呈現兩類百分率資料，一類是這前五個警勤區占各該分局警勤區總數中的百分率【即表中第二欄資料，計算方式為（5÷分局警勤區總數）×100%】。另一類是這前五個警勤區的一般刑案發生數占各該分局一般刑案發生總數的百分率【即表中第三、四、五、六欄資料，計算方式為（前五個警勤區一般刑案發生數÷分局所有警勤區一般刑案發生總數）×100%】。從表6-4所呈現的數據中，我們可以發現F分局五個警勤區所占百分率最低（1.88%），表示F分局擁有最多數量的警勤區（總數為266個警勤區）。值得注意的是，全F分局30.33%的機車竊盜、29.49%的一般竊盜、30.87%的汽車竊盜、及35.84%的麻藥案件集中發生在五個警勤區中，而該五個警勤區僅占F分局警勤區總數的1.88%。

其次，N分局五個警勤區所占警勤區總數的百分率最高（11.36%），這表示N分局擁有最少數量的警勤區（總數為44個警勤區）。在N分局轄區，38.64%的機車竊盜、39.24%的一般竊盜、54.16%的汽車竊盜以及44.00%的麻藥案件，集中發生在五個警勤區中，而該五個警勤區占N分局警勤區總數的11.36%。

若從平均值來觀察，在各警察分局轄區中，30.33%的機車竊盜、29.49%的一般竊盜、30.87%的汽車竊盜以及35.84%的麻藥案件，是集中發生在分局的4.33%警勤區中。換言之，在該警察局下區，4.33%的警勤區平均大約可以解釋30%的一般刑案發生量。其所顯示的意義為，大約有三成的一般刑案集中在不到5%的警勤區中，集中趨勢應是相當明顯。

表 6-4　各警察分局「一般刑案」發生地點集中幅度分析

(以警勤區為單位)

警察分局	五個警勤區占分局警勤區總數百分率	機車竊盜 (前五個警勤區案件數占分局案件總數百分率)	一般竊盜 (前五個警勤區案件數占分局案件總數百分率)	汽車竊盜 (前五個警勤區案件數占分局案件總數百分率)	麻藥 (前五個警勤區案件數占分局案件總數百分率)
A分局	3.03%	23.61%	19.81%	25.21%	19.27%
B分局	1.95%	20.29%	17.94%	16.01%	20.00%
C分局	2.11%	14.85%	17.51%	21.16%	23.44%
D分局	2.58%	25.70%	29.44%	28.57%	27.15%
E分局	2.72%	32.73%	37.67%	31.56%	47.50%
F分局	1.88%	29.95%	31.67%	28.70%	42.02%
G分局	4.81%	31.85%	25.53%	29.41%	36.81%
H分局	3.76%	29.16%	28.23%	21.58%	31.58%
I分局	6.33%	30.02%	27.46%	34.40%	48.15%
J分局	5.44%	29.34%	20.07%	34.71%	31.61%
K分局	6.25%	45.10%	41.58%	40.94%	47.83%
L分局	2.05%	28.76%	29.15%	23.47%	27.91%
M分局	5.32%	30.63%	40.63%	28.43%	52.17%
N分局	11.36%	38.64%	39.24%	54.16%	44.00%
O分局	5.38%	44.25%	36.46%	44.74%	38.21%
平均值	4.33%	30.33%	29.49%	30.87%	35.84%

說明：本表中「前五個警勤區」，係指案件發生數最多的前五個警勤區。

　　表6-5所列為各警察分局主要「為民服務」案件發生數最多的前五個警勤區案件百分率分析，從表6-5所呈現的數據中，我們可以發現C分局為民服務案件發生數最多的五個警勤區，其案件數占分局案件總數的百分率是15個分局中百分率最低的一個分局，但仍有全C分局轄區14.34%的打架、19.11%的妨礙安寧、21.11%的疾病救護以及25.51%的家庭紛爭集中在這五個警勤區中，且五個警勤區在數量上，僅占全C分局警勤區總數的2.11%。所以，治安事件發生的地點仍是頗為集中的。其餘的14警察分局轄區，幾乎20%～40%的案件發生地點是集中在五個警勤區中，其中O分局有65.79%的打架事件以及87.50%的家庭紛爭事件是集中在五個警勤區

中，N分局更有83.33%的妨礙安寧事件以及86.67%的疾病救護案件是集中在五個警勤區中。由於N分局轄區警勤區較少，只有44個警勤區，所以五個警勤區所占的百分率也隨之較高，為11.36%。其餘警察分局的五個警勤區占警勤區總數百分率均在6.33%以下，15個警察分局的平均值為4.33%。

最後，觀察平均值，在各警察分局轄區中，32.67%的打架事件、38.84%的妨礙安寧事件、41.70%的疾病救護案件以及43.03%的家庭紛爭案件是集中發生在分局的4.33%警勤區中。換言之，該警察局4.33%的警勤區，平均大約可以解釋超過30%的為民服務案件發生量。其所顯示的意義為，大約有三成到四成的為民服務案件集中在不到5%的警勤區中，集中趨勢應是相當明顯。

表 6-5　各警察分局「為民服務」案件發生地點集中幅度分析

(以警勤區為單位)

警察分局	五個警勤區占分局警勤區總數百分率	打架（前五個警勤區案件數占分局案件總數百分率）	妨礙安寧（前五個警勤區案件數占分局案件總數百分率）	疾病救護（前五個警勤區案件數占分局案件總數百分率）	家庭紛爭（前五個警勤區案件數占分局案件總數百分率）
A分局	3.03%	20.42%	24.52%	32.56%	34.78%
B分局	1.95%	16.36%	25.23%	25.71%	26.83%
C分局	2.11%	14.34%	19.11%	21.11%	25.51%
D分局	2.58%	25.03%	23.18%	26.31%	28.81%
E分局	2.72%	37.44%	32.19%	47.50%	44.44%
F分局	1.88%	27.76%	29.41%	33.82%	38.88%
G分局	4.81%	29.17%	33.06%	30.44%	44.44%
H分局	3.76%	31.54%	32.37%	41.67%	45.48%
I分局	6.33%	29.48%	41.32%	40.00%	42.00%
J分局	5.44%	32.87%	45.00%	31.81%	41.93%
K分局	6.25%	42.68%	52.28%	58.62%	45.23%
L分局	2.05%	24.17%	28.57%	25.80%	28.57%
M分局	5.32%	32.08%	46.37%	52.00%	33.33%
N分局	11.36%	60.98%	83.33%	86.67%	77.77%
O分局	5.38%	65.79%	66.67%	71.43%	87.50%
平均值	4.33%	32.67%	38.84%	41.70%	43.03%

說明：本表中「前五個警勤區」，係指案件發生數最多的前五個警勤區。

綜合上述實證資料的分析，可將研究發現歸納如下：

一、上述犯罪及治安事件集中的警勤區，往往不是僅發生一種類型的犯罪或治安事件，而經常是多種類型案件的集中處。譬如A分局的0102409警勤區在統計期間便發生了147件機車竊盜、11件麻藥、204件一般車禍、30件打架、七件妨害安寧、四件疾病救護、二件家庭紛爭。尚有許多其他類似的警勤區。

二、從平均值來觀察，在各警察分局轄區中，30.33%的機車竊盜、29.49%的一般竊盜、30.87%的汽車竊盜及35.84%的麻藥案件，是集中發生在分局的4.33%警勤區中。換言之，4.33%的警勤區平均大約可以解釋30%的一般刑案發生量。其所顯示的意義為，大約有三成的一般刑案集中在不到5%的警勤區中，集中趨勢應是相當明顯。

三、觀察平均值，在各警察分局轄區中，32.67%的打架事件、38.84%的妨礙安寧事件、41.70%的疾病救護案件及43.03%的家庭紛爭案件是集中發生在分局的4.33%警勤區中。換言之，4.33%的警勤區平均大約可以解釋超過30%的為民服務案件發生量。其所顯示的意義為，大約有三成到四成的為民服務案件集中在不到5%的警勤區中，集中趨勢應是相當明顯。

第四節　犯罪熱點與犯罪預防

根據前述與犯罪地點有關的研究發現，是犯罪機會吸引了犯罪者來到犯罪熱點。換言之，是特定地點背後的情況、情境及動力產生的機會結構，造成了高比率的犯罪及違序行為。警察有許多方式回應犯罪熱點上的問題，Sherman等學者過去所進行的犯罪熱點巡邏實驗（Minneapolis Hot Spots Patrol Experiment）曾發現，在犯罪熱點增加見警率可獲得犯罪預防的效果，但幅度不大（Sherman & Weisburd, 1995）。因為此種單一向度的策略（one-dimensional strategy）並無法將造成犯罪聚集的地點特徵改變太多，巡邏車的出現或許可以在短期間嚇阻有犯罪動機者不犯罪，但是當巡邏車駛離，犯罪熱點的問題依然存在。為減少及妥善管理犯罪熱點的問題，警察就必須改變那些吸引犯罪者之地點背後的情況、情境及動力。

　　圖6-2所示為警察預防策略的連續構面，左端為傳統策略，向右延伸至右端的創新策略，該等策略均是警察得以運用於犯罪熱點預防犯罪的策略。在圖6-2的左端，警察機關使用傳統的、案件導向式的策略來預防犯罪。這些警察作為並無特定目標，是屬機會主義式的，它們不是以犯罪熱點為目標，因此在效能上有許多限制。Braga與Weisburd（2010）將「犯罪熱點警政策略」（Hot Spot Policing）區分為「執法式的」（Enforcement POP）及「情境式的」（Situational POP）問題導向警政方案。執法式的問題導向警政方案，就是採取傳統策略面對高犯罪發生風險的時間與空間，這些策略包括指示性的巡邏（directed patrol）、高強度的交通執法、在公共地點採取攻勢執法作為管制違序行為（disorderly behavior）等。

　　此種執法式的途徑，本質上是透過增加熱點上被偵查及逮捕的實質風險和感知風險，來改變熱點上導致犯罪發生的日常活動。潛在犯罪者原本企圖在某特定地點進行犯罪，可能因為見警率或警察行動的增加而遭阻止。在犯罪高發生地點增加巡邏密度應是最簡易的犯罪預防作為，而透過管制違序行為、盤查可疑之人、執行臨檢，把大量執法資源投入在特定地點，讓資源短暫停留該地點，增加警察與可能犯罪之人接觸，以擴大巡邏密度增加後的犯罪預防功能。在美國Minneapolis市熱點巡邏實驗（Minneapolis Hot Spot Patrol Experiment）、Kansas市槍械管制執法研究（Kansas City Gun Project）、Kansas市掃毒研究（Kansas City Crack House Raid Study）中，均發現這些執行方式具有良好的犯罪控制效能（Braga & Weisburd, 2010）。

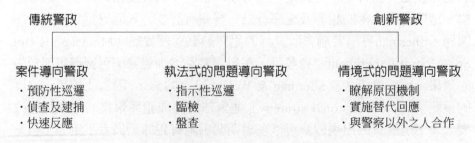

資料來源：Braga, A. A. & Weisburd, D. L. (2010). *Policing Problem Places: Crime Hot Spots and Effective Prevention*. New York, NY: Oxford University.

圖6-2　犯罪熱點警察預防策略的連續構面

　　雖然這些方案均屬「問題導向」性質，但在策略上，這些方案針對犯罪問題並非完全依照H. Goldstein（1990）所主張的「個化處置」（individualized treatment）。執法式問題導向警政方案的重點在於犯罪事件的發生時間及地點，而不是聚焦在導致該地點成為犯罪熱點的特定原因及特徵上。在圖6-2連續構面右端的創新警政，則是Goldstein的情境式問題導向警政觀念，在此觀念下，警察機關所採取的途徑是：分析地點上的犯罪問題、與社區成員及其他部門合作、針對問題廣泛探究情境式的回應作為（situational responses）。底下將檢視一些控制犯罪熱點的問題導向警政途徑，並討論員警在面對犯罪熱點時可能遭遇的困難。

一、在犯罪熱點實施問題導向警政

　　與其他問題導向警政有關研究的發現類似，「Jersey City暴力熱點問題導向警政實驗」（Jersey City Problem-Oriented Policing at Violent Places Experiment）也同樣發現，想要把解決問題的觀念轉換成實務工作，對員警而言並非容易之事。暴力犯罪熱點的問題既複雜又多樣，確實給負責該地點犯罪預防工作的員警帶來很大的挑戰（Braga & Weisburd, 2006）。在該實驗中，每一個暴力犯罪地點確認的問題數量，從三個到七個問題不等，平均每個熱點約有五個問題（Braga, 1997）。圖6-3為Jersey City員警在某一個暴力犯罪熱點實施問題導向警政時所面臨的不同問題。

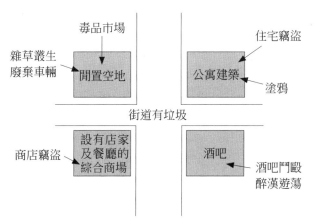

資料來源：Braga, A. A. (2008). *Problem-oriented Policing and Crime Prevention*. Monsey, NY: Criminal Justice.

圖6-3　Jersey City暴力犯罪熱點的特徵

　　Jersey City員警從訓練及閱讀相關資料中，希望能夠掌握導致犯罪聚集某地點的特定條件或情境因素，以預防該地點暴力犯罪發生。當仔細檢視這些暴力犯罪熱點後，員警發現他們需要控制這些地點上許多的犯罪及違序（disorder）問題（Braga, 2008）。熱點數共計12個，每一個熱點都有社會性的違序問題（social-disorder problems），諸如遊民、公共場所醉漢遊蕩、乞丐等。其中11個熱點有物理性的違序問題（physical-disorder problems），諸如街道髒亂、閒置空地、廢棄建築等。其中七個熱點有販毒問題，三個熱點有竊盜犯罪問題。

　　在這些熱點的外圍及內部，只有極少數問題需窮極分析（竭盡所能地分析）始能瞭解。Eck與Spelman（1987）曾指出兩種分析問題的方式：簡易分析及窮極分析（limited analysis and extended analysis）。Eck與Spelman是以有無明顯的資訊來源未被使用，將問題的分析方式予以分類，而不考慮問題的性質。如果所有的資訊來源都需使用於分析過程，則歸類為窮極分析。根據此分類模式，Jersey City研究中只有不到三分之一的問題需達窮極分析的程度（Braga & Weisburd, 2006）。

　　值得注意的是，Jersey City暴力犯罪熱點中有許多問題，簡易分析就已足夠（例如，獲知某地點沒有垃圾桶之後，因而解決該地點的垃圾問題）。只需簡易分析就可解決問題，主要有兩個原因。第一，在全部12個熱點中有10個熱點的員警根據自己的工作知識及親身經驗，便可理解問題到底是怎麼一回事。第二，員警相信街頭犯罪大多直接或間接與該地點的物理性或社會性違序有關，從過去有關問題導向警政的訓練中，員警瞭解並熟悉破窗理論的意涵，採取不過於複雜的措施就可恢復該地秩序及減少犯罪，而不是經由SARA模式的諸項步驟（掃描、分析、回應、評估），來控制熱點上多元及相關的問題（Braga & Weisburd, 2006）。

　　雖然特定策略及其順序會隨地點不同而有所差異，Jersey City員警並未將重點僅侷限於暴力犯罪，員警透過積極性的秩序維護及改善物理環境作為（諸如加強維護廢棄空地的安全、清除街頭垃圾等）來建構環境的整潔與秩序。因此，介入方案是若干特定問題導向策略的集合體，這些策略可稱為「掃除違序的警政策略」（policing disorder strategy）。Jersey City警察局控制暴力熱點的方案超越了執行式的問題導向介入模式，也與Goldstein所主張問題導向警政的解決問題過程（SARA）不甚相同。但

是，Jersey City控制暴力犯罪熱點的方法，確實減少了民眾的報案數量及犯罪案件。

在美國Massachusetts州Lowell曾進行另一項類似研究，評估問題導向警政方案對犯罪熱點的影響效應（Braga & Bond, 2008）。實施問題導向警政方案的單位，員警（包括基層主管）除分析官方資料外，並與社區成員討論問題。與Jersey City的經驗相似，Lowell警察在犯罪及違序熱點介入方案中所進行的問題分析，大多數也是簡易型的（僅少數問題需窮極分析），所以實施的問題導向警政策略也是屬於一般性的掃除違序警政策略（a general policing-disorder strategy）。該策略包含三個主要項目：改變違序狀態的情境預防策略、短期性的社會服務策略（如為地區遊民尋找棲身處所）、針對違序行為增加微罪行為（misdemeanor）的逮捕數量。

在Lowell所進行的研究顯示，與對照組熱點相較，實驗組熱點有關犯罪及違序案件的報案數量呈現顯著減少[2]。分析前述三個主要項目的效果，發現預防犯罪的主要效果係來自情境預防策略，因為該策略較能改變犯罪及違序熱點中的犯罪機會結構（Braga & Bond, 2008）。逮捕微罪行為產生的犯罪預防效果相對地小了許多，此外，警察所實施的短期性社會服務策略也不影響民眾對於熱點的報案數量（即無顯著的犯罪預防效果）。Lowell的研究還發現，警察機關針對犯罪熱點的策略規劃，必須要能夠改變引發犯罪問題的情境、動力及背後情況，而不是僅採取「零容忍」（zero tolerance）警政模式，只是單純的聚焦在社會違序問題，例如透過逮捕方式，將出現在公共場所的酒醉者、喧鬧粗暴的青少年、遊民等逐出街頭之外。微罪逮捕對於違序問題的處理甚為重要，但此策略並不一定直接觸及引發這些問題的有關情境及物理情況。

在警察控制犯罪熱點策略的連續構面中，Jersey City及Lowell警察機關所採取的方案，可以說是介於執法式及情境式問題導向策略兩者之間。儘管Jersey City及Lowell所採取的方案，在理想與實際間雖有落差，但兩地的研究確實發現，問題導向警政能有效減少犯罪及違序問題（Braga & Weiburd, 2010）。這個結果顯示，為達犯罪預防目的，問題導向警政策

2　實驗組於實驗期間接受：改變違序狀態的情境預防策略、短期性的社會服務策略、針對違序行為增加微罪行為的逮捕，三項實驗處置。對照組則無。

略並不一定要完全依照Goldstein的方式去執行，或許只要將警察資源聚焦在風險目標上（如犯罪熱點），即可能產生相當程度的犯罪預防效果。相對於許多研究證明警察預防犯罪的許多努力是無效的，此發現顯然是很有價值的。

當然，這並不意謂如果警察對犯罪及違序熱點採取愈多的問題導向方案，使用愈具特定性的方法，就一定可以產生愈大的犯罪控制效果。事實上，這需要透過反覆試驗，累積解決問題的經驗，並且勤於演練，尤其是在問題分析的領域。事實上，這樣子的努力，是非常值得的。「Campbell犯罪與司法合作研究團體[3]」（Campbell Collaboration Crime and Justice Group）曾針對九項有關犯罪熱點警政策略研究進行過「後設研究[4]」（meta-analysis），發現愈契合問題分析結果的回應（more tailored responses）所產生的犯罪預防效果愈大（如Jersey City Drug Markets Analysis Program, DMPT及Jersey City Problem-Oriented in Violent Crime Places Project）。相對而言，單一向度的傳統式執行策略（one-dimensional traditional enforcement strategies）的犯罪預防效果較小（如Minneapolis Hot Spots Patrol Program及Kansas City Crack House Raids Program）。另一值

3 「Campbell犯罪與司法合作研究團體」（Campbell Collaboration Crime and Justice Group）成立於2000年，成立宗旨在於針對過去有關犯罪控制之研究進行系統性的科學檢視，並將檢視結果製作成電子檔分享給學界、實務界、決策人士及社會大眾。該團體所檢視之犯罪控制研究，為研究設計嚴謹且高效度的研究。參閱Farrington, D. P. & Petrosino, A. (2001). "The campbell collaboration crime and justice group." *Annals of the American Academy of Political and Social Science* 578: 35-49.

4 九項研究分別為：1. Minneapolis Repeat Call Address Policing (RECAP) Program (Sherman, Buerger & Gartin, 1989); 2. Minneapolis Hot Spots Patrol Program (Sherman & Weisburd, 1995); 3. Jersey City Drug Markets Analysis Program (DMAP; Weisburd & Green, 1995); 4. Jersey City Problem-Oriented Policing at Violent Places Project (Braga et al., 1999); 5. St. Louis Problem-Oriented Policing in Three Drug Market Locations Study (Hope, 1994); 6. Kansas City Gun Project (Sherman & Rogan, 1995); 7. Kansas City Crack House Police Raids Program (Sherman & Rogan, 1995); 8. Houston Targeted Beat Program (Caeti, 1999); 9. Beenleigt, Australia, Calls for Service Project (Criminal Justice Commission, 1998).
後設研究的（meta-analysis）係指研究者有系統地運用統計技術，綜合以前好幾項獨立執行之量化研究結果，予以評述的程序（review procedure）。其焦點置於相同的問題，且使用類似的變項，若干研究所得量化資料作系統結合的方法。即分析的分析（analysis of analysis），為了統整發現，大量蒐集個別研究的分析結果，再做統計分析，蘊含著對研究的因果的、敘述的討論，提出替代性處理，以賦予迅速擴充之研究文獻的意義。參閱王文科、王智弘（2008）。《教育研究法》。五南圖書出版公司。

得注意的研究，是在Lowell的研究發現，能夠改變犯罪熱點中犯罪機會結構的情境式問題導向警政策略，所產生的犯罪預防效果最大（Braga & Weisburd, 2010）。

二、在犯罪熱點實施情境式問題導向警政策略

雖然概括性的介入方案可以產生犯罪控制的效果，同時也成為執法機關的犯罪預防方法，但是警察策略若能聚焦在犯罪熱點中引發犯罪發生的情境或原因上，那麼警察的功能就愈佳。換言之，調整巡邏勤務以增加監控強度是一種預防犯罪的方法，但是改變地點的特徵、設施及管理方式（例如增加街頭照明、拆除廢棄建築、動員居民等）可能可以產生更深遠的犯罪控制效果。然而，如前所述，研究發現警察並不容易發展出控制那些造成犯罪熱點之複雜問題的策略（Braga & Weisburd, 2006）。

在那些以地點為導向、而且成功解決問題的方案中，設計用來控制犯罪熱點的情境式介入方案，如同地點上的問題，是多樣的、多向度的。此外，這些成功的方案還有另一特徵，就是警察與非警察部門建立有效的夥伴關係。底下是三個值得介紹的方案，它們都是針對問題地點的多元性質回應方案，均是根據當地犯罪問題所發展建構的情境式回應方案，都具有很好的犯罪預防效能。

第一個方案是Jersey City針對發生嚴重犯罪問題的六個公共住宅區（政府出資建造租給民眾居住），所實施的問題導向警政策略。當時在這六個住宅區，各自均成立一個「問題導向的地點團隊」（a problem-oriented site team），由社區成員、警察、租戶代表、地點管理公務員（civilian site manager）、社會服務聯絡人所組成。這些團隊每個月固定開會來辨識社區中嚴重犯罪及毒品市場的確實位置，釐清導致這些問題的因素，協調實施符合地點特性的介入作為，並報告介入作為的成效。在掃瞄問題階段，辨識出兩種不同的問題地點：室外公共區域（諸如停車場、公園遊戲區、人行步道）及個別式公寓。列為目標的公共區域接受了情境式的回應處置以改變該區域的犯罪機會，諸如將公用電話改為只能外打（不能內接），並在照明不佳處增設泛光燈（floodlights）（Mazerolle, Price & Roehl, 2000）。警察也配合採取強度的傳統作為，諸如監控、臨檢、盤查等。在那些有問題的公寓地區，針對患有毒品、酗酒問題及曾有

違反租約紀錄的租屋者，進行輔導並提供相關處遇措施。如果這些製造麻煩的公寓租屋者不善用這些服務，就可能因為不配合而遭驅逐。如果所規劃的社會服務無法有效處理問題，問題解決團隊就會採取諸如逐出公寓或逮捕等積極策略。該方案實施後評估發現，與先前的傳統策略相較，該方案的問題導向策略確實減少了嚴重犯罪的報案量，暴力及竊盜犯罪的發生數亦隨之降低（Mazerolle, Price & Roehl, 2000）。

第二個方案，紐約港務局公車總站（New York Port Authority Bus Terminal）幾年前曾幾乎陷於荒廢狀態，引發許多令人關注的問題，諸如不肖之徒從公車總站裡面接通架設違法使用的免費國際電話、遊民盤踞（公車總站宛如遊民熙攘的社區，伴隨發生的是任意大小便、吸毒、阻礙通行及激烈的乞討行為等）、娼妓、牽連造成「時代廣場」（Times Square）周圍的犯罪問題等。知名犯罪學者M. Felson及其同僚接受委託，執行一項名為「地獄改建」（Redesigning Hell）的綜合性研究，目的是希望能有效整頓該公車總站。研究團隊前後實施了62項措施，包括隔離空間、改善購物設施、清理環境、增加執法，以及其他能夠排除——促進犯罪發生、促進非法消費者（買毒者、買春者等）增加、促其彼此通風報信——之情境的措施。紐約港務局除了提出導致大批遊民盤踞公車總站的物理性因素外，還提出了一個「轉介或逮捕」（refer or arrest）方案。該方案是先與社會服務部門建立合作關係，讓警察提供遊民其他選擇的地方或措施，遊民如果拒絕，就會被警察趕出車站，遊民再不配合，就會被逮捕。非法使用電話問題則由幾項措施來解決，包括減少公用電話的數量、取消公用電話撥打國際電話的功能、改變電話鍵盤功能（使詐騙電話的路線無法經由私人企業的交換系統）（Bichler & Clarke, 1997）。分析官方犯罪資料後發現，車站所發生的強盜及傷害案件均有顯著減少（Felson et al., 1996），車站外圍附近的案件也隨之減少。Felson及其同儕認為，很可能是因為在車站實施的犯罪預防措施所產生的功能擴散現象，使得車站外圍的犯罪受到抑止。在該問題導向策略實施的同一年，也開始針對使用車站的一般民眾進行民意調查，調查結果顯示車站的違序現象有顯著的減少。

就地點導向的犯罪預防策略而言，若能更完善分析犯罪熱點的問題，甚至還可以讓街道變得更整潔與美觀。美國North Carolina州Charlotte

所實施的情境式問題導向警政方案即是一例，該方案主要是針對市區的汽車竊盜問題（Clarke & Goldstein, 2003）。針對標的問題詳細分析後，發現市區幾座室外停車場因圍籬不當、照明不佳、缺乏管理員等因素，導致停放在這些停車場之車輛的遭竊風險高於其他停車場。根據分析結果，有關回應措施如下：

（一）Charlotte市警察局與地方檢察署共同研發逮捕嫌犯、提高定罪率及嚴懲累犯的積極性政策，並持續改善政策。

（二）要求停車場經營者將停車場地址標示於停車場的出入口，此措施有助於汽車竊盜被害者報案、警察接獲報案後的迅速回應，並有助於未來對於汽車竊盜案件的分析，辨識案件集中發生的地點。

（三）修正市政規範。市政府過去基於市容美觀的考量，規定所有新的停車場必須架設圍籬，高度不超過四英呎，鏤空部分不得超過表面積的25%。這些圍籬，大部分都是完整無鏤空的，因而降低了乘車經過者、路過行人及巡邏警察的監控效果。此外，市區多數停車場是該規定實施以前完工的停車場，這些停車場是可以不必架設圍籬的。修正後的市政規範則是規定新停車場架設的圍籬必須是能「透視」，有架設圍籬的舊停車場需在三年內改正。

（四）警察與停車場經營者達成合作協議，警察實施停車場的安全評鑑方案，該方案係根據一些指標來評定各停車場的安全等級。評鑑工作由警察或建築安全檢驗人員執行，評鑑等級會標示在停車場出入口，該方案有助於鼓勵停車場經營者改善設施安全。

（五）籌募資金，實施停車場的腳踏車安全巡邏，並對巡邏人員進行訓練，強化巡邏人員發現及處理可疑人、事、物的能力，以及何時和如何報警的能力（他們的無線電可與警用無線電相容）。

此外，還在特定的停車場架設了錄影監視系統。在錄影監視系統尚未運作之前，前述方案就已降低38%的汽車竊盜案件（Clarke & Goldstein, 2003）。評估人員發現，在實施問題導向警政策略之後，原本具有高犯罪風險的停車場，被賦予高見警率及安全巡邏，搭配實施新設計的情境策略，導致竊盜案件的發生數持續下降。

三、地點管理者參與的重要性

　　事實上，大多數的財物和不動產乃是由民眾或機構所擁有，並非警察。一個地點究竟是吸引抑或排斥可能的犯罪者，擁有者扮演著提供內在動力及潛在犯罪機會的關鍵角色。因此，警察有必要與「地點管理者」（place manager）合作或鼓勵他們瞭解犯罪熱點的問題。所謂地點管理者，包括的範圍很廣，諸如銷售員、門房、公寓大廈管理人員、企業主及鄰居等。另外，像學校老師及酒吧經營者等也是地點管理者，只是不會整天都看管他們所在的環境（Felson, 2006）。除非是短暫或膚淺的反應，否則真正要改變地點的特性，非靠地點管理者的行動不可。警察機關所欲追求的變革式犯罪預防策略，經常需涉及財物所有人、企業經營者等的參與，始能有效控制當地的犯罪及違序問題。

　　Madensen與Eck（2008）曾針對美國Ohio州Cincinnati的酒吧暴力行為進行分析，他們發現，地點管理的決策（place-management decisions）對於一個特定場所是否會發生犯罪是極具影響力的。如同以往的研究，他們找不到證據支持高犯罪率酒吧只是因為位於高犯罪率地區的假設。相反地，Madensen與Eck（2008）的研究卻發現，經營者經由商業有關的抉擇後，所創造出來的酒吧環境，是抑制或促進了暴力行為的主要因素。酒吧的常客類型及其在酒吧的行為特徵，是酒吧經營決策下的產物，例如酒吧的主題、裝飾品的特色、酒吧所在的位置、酒吧安排的活動、工作人員的特色及訓練、酒吧的安全維護、行銷策略等。這些決策都是彼此相關且具動態的，某一項有助於抑制或促進暴力行為的決策，其效果可能會因為另一項決策而被縮小或放大。例如，與以成年人為主要顧客群、提供餐點、紅酒及雪茄的酒吧相較，以大學生或年輕人為顧客導向的夜店型酒吧，就較可能吸引大量的飲酒青年人聚集在有限空間，在彼此近距離靠近對方的同時，就有較高風險引發暴力衝突。當夜店型酒吧發生酒客衝突事件時，經營者如何調度人員處理事件的抉擇，諸如經訓練的安全人員出面，或在衝突即將發生前停止供應當事人酒類飲料並請其離場，是影響暴力事件發生數量的關鍵。

　　Madensen（2007）發展出一項頗具概化性的地點管理決策理論，能適用於許多場所，例如銀行、賣場，甚至是以網路為基礎的商業活動空間等（如圖6-4）。這個設計原適用於私人企業的管理觀點，也可以適用於

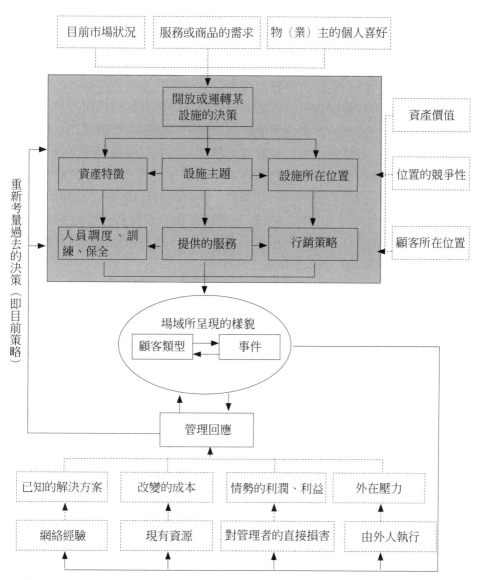

資料來源：Madensen, T. D. (2007). *Bar Management and Crime: Toward a Dynamic Theory of Place Management and Crime Hot Spots*. Unpublished PhD dissertation, University of Cincinnati, Ohio.

圖6-4　一般化地點管理理論

公共場域的管理。Madensen（2007）列舉了一些有關地點管理者決策的實例，如民選或官派人員，改變公園發生犯罪及違序問題的類型與機率。公園的主題（如森林公園、遊樂園、休閒等）會影響設施的特徵及公園位置，供家庭使用的公園設有野餐區，供兒童使用的公園設有遊樂區，供青少年用的公園設有籃球場，供老年人使用的公園設有座椅休憩區及適合老人使用的設施。安全防護措施可能包括可透視的圍籬、公廁夜間上鎖、減速路障、照明、張貼使用規則及實施宵禁等。如果這些場所發生犯罪或違序行為，那麼擁有豐富經驗或與瞭解這些問題之民眾相處過、或能方便獲取資源（如社區或政府贊助）的管理者，就有能力且迅速的改善場所的環境。如果管理者不住在本地，或對公園管理缺乏承擔責任的足夠意願時（如民選人員會比官派人員更願意承擔責任），這些負面因素將會影響管理者不積極回應問題（Madensen, 2007）。

許多實例顯示，地點管理者願意主動的處理犯罪及違序問題，並且願意與警察合作共同營造安全的環境。不幸的是，警方有時仍需強制未盡責或疏忽的地點管理者採取行動。有學者提出另一類似概念──「第三造警政」（Third Party Policing），也就是警察努力去勸導、有時甚至是強制組織或個人，諸如國宅管理單位、物主、家長、衛生及營建檢驗員、企業主等，承擔一部分預防犯罪或減少犯罪問題的責任。警察運用民事、刑事或行政法規，促使第三造承擔部分的犯罪控制責任，在特定地點從事偏差或犯罪行為的人，如販毒者、幫派分子、毀損公物者、微罪者等，可說是第三造警政策略的主要目標。地點管理者的參與及運用民事賠償的方式，可以成為警察尋求控制犯罪熱點的重要情境策略。研究證據顯示，第三造警政是一個有效控制毒品問題的機制，且有望控制暴力犯罪、青少年違序行為及財產犯罪等問題（Mazerolle & Ransley, 2005）。

第五節　結語

本文所述實證資料顯示，有相當大量的犯罪是集中在少數地點，這些犯罪熱點可以長期作為犯罪預防方案的穩定標的。哈佛大學犯罪學者R. Sampson（2002）指出，以犯罪熱點（crime hot spots）為導向的犯罪預

防方案，可能會比以家庭或個體（families or individuals）為導向的犯罪預防方案更為有效。Sampson進一步建議，與以「人」為目標的犯罪預防策略相較，針對犯罪熱點及犯罪集中的社區採取預警式回應，更能夠有效減少犯罪的發生及蔓延。值得注意的是，犯罪雖然集中發生在少數地點，但也集中在少數犯罪者上，這是Wolfgang、Figlio與Sellin（1972）在四十年前發現的現象。他們曾針對美國費城將近1萬名男孩進行研究，發現整體樣本所犯下偏差行為總數的51.9%，是集中由整體樣本6%的男孩所犯下的。

　　近年來，多項研究證據顯示，犯罪集中在地點上的幅度，可能要比集中在人身上來的大。其中較著名的研究〔由「警察基金會」（Police Foundation）贊助〕是Weisburd（2008）針對美國西雅圖（Seattle）1989～2002年間的犯罪案件所進行的比較分析，研究發現如果以犯罪預防目標作為標準，地點（place）確實比犯罪人（offender）更是有效的目標。該期間的資料顯示，平均每年約有1,500個街段解釋了該年50%的犯罪發生量。相對地，同期資料顯示，平均每年約6,108個犯罪人解釋了該年50%的犯罪發生量。換言之，欲辨識等量的犯罪，若以「人」作為目標，警察所處理目標數量，就是以「地點」為目標的4倍。

　　執法目標的穩定性，無疑是警察發展犯罪預防策略的重要考量。如果選擇的執法目標會隨時間變化而有高度的不穩定性，那麼警察策略的效果就會大幅降低。例如，犯罪人犯案會隨著時間而有很大變化，在某一時段犯案達到高峰，其後時段的犯罪活動就甚少。因此，監禁此類犯罪人所投資的資源，除滿足應報需求外，其實所能獲得的利益是很小的。同理，如果犯罪預防措施很難辨識及追查目標，那麼策略效率就大有疑問了。

　　犯罪學研究曾建構一項事實，即個體的犯罪行為會隨著生命週期而呈現變化及不穩定性。變化的主因，是因為多數犯罪者通常是在年輕時犯罪，之後會隨年歲增長而脫離犯罪軌道（age out of crime）（Gottfredson & Hirschi, 1990; Laub & Sampson, 2003）。另外，還有證據顯示多數犯罪者的犯罪行為呈現強烈的不穩定性，儘管是短期觀察依然有不穩定的現象。研究證據指出，犯罪熱點反而呈現長期、高度穩定的犯罪現象（Weisburd et al., 2004）。因此，以犯罪熱點為導向的警察策略，不僅在執法目標的選擇上較有效率，同時在選定目標後，策略的運用也較有效

果。簡言之，地點不是活動靶。以高犯罪率之犯罪熱點為目標的警察策略，目標不太可能在一年後就冷卻了。地點上的犯罪，呈現長期穩定的特性，讓犯罪熱點成為警察非常值得投入資源的標的。

犯罪熱點不是活動靶的另一意義，就是它不像犯罪人會移動，它就停在那裡。以「美國人口統計局住家調查」（American Housing Survey, United States Census Bureau）為例，該調查顯示美國人平均每七年搬家一次（American Housing Survey Branch, 2005）。可以合理推測，犯罪人的搬家頻率可能要比此數據更頻繁。過去有研究不斷指出，要找到犯罪人對其進行研究（如訪談、施測問卷等），是一件不容易的工作（Laub & Sampson, 2003）。另一類似的常例就是，警察到犯罪者住處找人，往往發現犯罪者已不住在該處。但是以犯罪熱點為導向的警察策略，目標卻一直在原地。當考量警察應如何分配資源，這無疑是重要的判準。

犯罪學多數的研究聚焦於探究為何有些人成為犯罪者，以及犯罪者為焦點的犯罪預防方案，希望能夠減少個體的犯罪動機，但結果都具有相當的困難度。以「人」為焦點的犯罪預防方案，如果有充足的經費、時間及全力投入，也許有效。但是，當警察處理某一犯罪問題時，「當事人為何會犯罪」這個疑問，通常並不會與警察所採取的行動有直接關係。警察最關切的重點反而是：犯罪者為何在此犯罪？為何選擇這個被害者（或標的物）？以及犯案時間？警察可說是民眾接觸社會服務的一個開端，換言之，警察可說是居於絕佳地位，將執法工作的重點置於引發犯罪的情境機會以預防犯罪發生，而不是企圖去操縱社會經濟結構、家庭及個體的狀況來預防犯罪，雖然這些都是犯罪學研究的重要主題，但卻是歸屬其他政府部門負責的問題。顯然，處理犯罪的「根本原因」，通常並非是警察的工作範圍。處理犯罪機會，以及犯罪者、被害者及相關他人如何受機會影響而抉擇其行為，反而是警察設計犯罪預防方案時非常有用的素材。

犯罪熱點為導向的警察策略，因能改變高犯罪率地點的犯罪機會，故可擴大警察預防犯罪的能力。研究顯示，僅在犯罪熱點增加見警率，只能產生短暫的犯罪預防效果。改變犯罪熱點引發犯罪的情境、特性及動力，才能產生較大的犯罪預防效應，不僅是長期的效應，還可擴散至熱點的外圍區域。管理並排除犯罪熱點的問題，一方面有助於營造安全的社區，另一方面更可以吸引經濟投資、生意及購屋者。因此，規劃妥善的犯罪熱點警察策略，可以作為改善治安不良社區的首要途徑。

第七章 犯罪轉移與預防效益擴散

第一節 前言

　　以往評估犯罪預防措施的結果或效應，主要是著重於標的犯罪的數量和民眾被害恐懼感的變化程度，希望預防措施能減少犯罪數量和降低民眾被害恐懼感。有些預防措施雖可產生正面效應，但結果不見得都是一致的、絕對的。有些預防措施反而產生預期以外的影響，這些影響可能是正面、也可能是負面的。評估研究發現，有些環境設計、社區犯罪預防及情境預防技術的措施，產生犯罪轉移（crime displacement）或效益擴散（diffusion of benefits）的結果。實施某項犯罪預防措施，意外地讓其他區域的犯罪增多、或使犯罪原本的目標發生轉變、或讓犯罪原本的發生時間改變。在本質上，犯罪或被害恐懼感因實施犯罪預防措施而發生轉移，稱為犯罪轉移。但也可能相反，也就是針對某地的特定犯罪問題實施預防措施，結果不僅對該地特定犯罪產生正面影響，還對對其他地方或其他犯罪產生正面影響，稱為效益擴散。

　　由於評估犯罪預防措施並非簡易之事，所以通常不太會考慮犯罪轉移或效應擴散的問題。儘管有些評估觸及這兩個問題，但也只關注從某地轉移到另一地的現象，過於窄化轉移和擴散的真實範圍。幸好，近年有愈來愈多的研究注意到了犯罪轉移和效益擴散，至今已逐漸累積較豐富的文獻。因此，本章首先說明犯罪轉移和效益擴散的概念，然後對轉移及擴散有關的文獻進行探討，最後歸納犯罪者轉移犯罪活動的可能樣貌。

第二節 犯罪轉移

　　犯罪轉移，係指因個人或社會採取的預防作為而產生的一種犯罪變化。大多數有關犯罪轉移的討論，著重於犯罪從一地轉移到另一地的現象，通常稱為「犯罪外溢」（crime spillover）。這些討論的基本假設

是：許多犯罪預防措施只是將犯罪移至周遭，並沒有消除犯罪。舉例而言，某鄰里因提高見警率而犯罪減少，卻讓附近鄰里的犯罪增加。然而，犯罪轉移還包括其他形式，並非只有犯罪在地理上的移動。

一、犯罪轉移的類型

有關犯罪轉移的類型，Reppetto（1976）曾提出五種，分別是犯罪地轉移、犯罪時間轉移、犯罪手法轉移、犯罪標的轉移、犯罪類型轉移。而犯罪地轉移是最常被討論的類型，係指犯罪從一地轉移到另一地。犯罪時間轉移則是犯罪仍在同一地、但發生時間改變，例如原本在夜晚發生的竊盜，改變至清晨發生。犯罪手法轉移則是指犯罪者使用新方法來進行同樣的犯罪，例如原本計畫從未鎖之門入侵行竊，改為破壞窗戶入侵行竊。犯罪標的轉移則是犯罪者在同一地、但選擇不同的被害標的，例如便利商店增設預防設施後，使強盜犯轉而找附近年長行人下手。犯罪類型轉移是指犯罪者改換另一新犯罪類型犯案，例如從街頭扒竊改換為家宅竊盜，或從家宅竊盜改換為強盜。上述Reppetto所提出的五種犯罪轉移，皆指犯罪者在其不法行為上的改變。其後，Barr與Pease（1990）又提出了第六種轉移——犯罪者轉移，也就是某犯罪者中止其不法行為，改由其他犯罪者取代進行。在邏輯上，犯罪轉移是因為實施犯罪預防措施而造成的。六種轉移類型如表7-1。

表 7-1　犯罪轉移的類型

轉移類型	說明與實例
犯罪地轉移	犯罪從某地移動至另一地，經常是鄰近之地。 某鄰里實施守望相助後，該地的家宅竊盜犯移往另一鄰里行竊。
犯罪時間轉移	犯罪的發生，從某時間轉變為另一時間。 市民自組巡守隊開始在夜間執行巡邏，該地的家宅竊盜犯改到上午時間行竊。
犯罪手法轉移	犯罪者改變進行犯罪的方法。 在門上安裝輔助鎖，結果竊盜犯破壞窗戶入侵行竊。
犯罪標的轉移	犯罪者在原地選擇另一被害標的。 某鄰里實施守望相助方案，但只有半數的家戶參與，導致犯罪者把未參與的家戶當作侵犯目標。

表 7-1　犯罪轉移的類型（續）

轉移類型	說明與實例
犯罪類型轉移	犯罪者停止進行某犯罪，改進行另一犯罪。 因設置標的強化設施而難以行竊，犯罪者決定改為行搶。
犯罪者轉移	某犯罪者停止行動，另一犯罪者代替進行。 某人因犯罪預防措施而停止未來犯行，另一人卻見機犯案。

資料來源：Lab, S. P. (2020). *Crime prevention: approaches, practices, and evaluations* (10th edition). New York, NY: Routledge.

二、犯罪轉移的基本假設

表7-2為犯罪轉移的基本假設，主要是關於潛在犯罪者及其標的。這些假設愈真，犯罪轉移的可能就愈高。

（一）犯罪無彈性

犯罪無彈性是犯罪轉移的第一個假設，係指犯罪者在定量的時間內會犯下定量的犯罪（Reppetto, 1976）。此假設若為真，那麼犯罪預防措施並沒有消除犯罪，犯罪只是循著上述轉移類型的脈絡變化而已，受某些因素驅使犯罪的犯罪者，仍會找到機會進行犯罪。因此，適當機會就是犯罪轉移的關鍵。Felson與Clarke（1998）指出，由於機會是有限的，也就影響了轉移發生的可能性。

表 7-2　犯罪轉移的基本假設

1. 犯罪無彈性。
2. 犯罪者具移動性。
3. 犯罪者理性選擇。
4. 有其他替代標的和選擇。

（二）犯罪者具移動性

犯罪者具移動性，是犯罪轉移的第二個假設。所謂移動性，係指在時間、地點、手法及其他轉移面向上的移動性，但並非所有的潛在犯罪者都有相同移動性（Brantingham & Brantingham, 1984）。例如兒童和少年平

時較少長距離的移動，所以兒少犯罪發生犯罪地轉移的情形相對較少；兒少平時在學校上課，夜晚外出受家長管制，所以兒少犯罪發生犯罪時間轉移的情形也相對較少。另外，種族或族群因素可能讓有些犯罪者不願意進入某種族或族群居住的區域，有些犯罪者則在心理上無法轉換犯罪類型。雖然上述這些因素可能限制犯罪發生轉移，但對所有的潛在犯罪者而言，這些因素並非一定完全排除犯罪轉移。

移動性並不是僅取決於潛在犯罪者的特質，也受周遭環境性質的影響，尤其是對犯罪地轉移這一類型的轉移現象（Brantingham, 2010）。犯罪者將犯罪轉換至另一地點、時間或犯罪類型的能力，通常受限於犯罪者可選擇的範圍。舉例而言，如果犯罪者在一個孤立的小社區犯案，就會因為附近沒有可替代的犯罪地而不易造成犯罪地轉移的結果。即使是在大城市，有些社區也可能因為周遭環境的阻礙而顯得孤立。如圖7-1，某社區的西側是高速公路，北側是城市主要幹道，東南側是河流。如果某人在該孤立社區犯罪，那麼未來可選擇轉移的犯罪地明顯受限。相較在河的另一

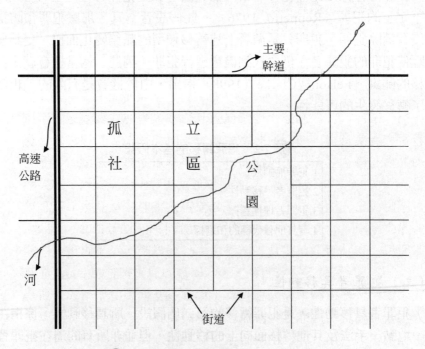

圖7-1 城市裡的孤立區與犯罪轉移

側犯罪，就有較多的選擇機會。孤立區或許不至於讓轉移無法發生，但對於可能發生轉移的犯罪事件，難以避免限制了犯罪者可選擇的範圍甚至方向（Brantingham, 2010）。

雖然，移動性受地點的限制，但有些區域特性反而會提高犯罪發生的可能（Brantingham, 2010）。例如，某甲住在周遭有許多犯罪標的之處（如住、商、娛樂混合區），存在多樣化的犯罪機會，如果當地實施家宅竊盜預防措施，原本想侵入家宅行竊的某甲，可能轉而在當地商圈偷竊店家或搶劫店家。換言之，當環境條件抑制某些犯罪機會的同時，也可能激化了當地的其他犯罪機會。

（三）犯罪者的理性選擇

第三個重要假設，與潛在犯罪者的判斷力程度有關。「理性選擇理論」（Rational Choice Theory）現已成為犯罪研究的焦點（Cornish & Clarke, 1986），該理論假設潛在犯罪者基於物理和社會環境中諸多因素而做抉擇。犯罪者在抉擇是否犯罪時，會考量犯罪的利益、所需付出的功夫、同儕的支援、被捕風險及其他類似因素（Cornish & Clarke, 1986）。換言之，犯罪之所以會發生轉移，是因為犯罪者能夠做出符合自己所知資訊和自由意志的抉擇，犯罪者能夠評估自己所處環境和抉擇的利弊得失，並根據這些因素做抉擇。

明智抉擇是犯罪者得以轉移犯罪所必要的能力，如果不能理性抉擇，那麼預防措施可能產生的犯罪轉移就會受到阻礙。此假設似乎與先前討論的「犯罪無彈性」假設有所矛盾，但犯罪者在定量時間內犯下定量犯罪，與其選擇何種犯罪及選擇在何處犯罪的能力，並不互斥。也就是說，某人可能除犯罪外別無選擇，但他仍可在自己可選擇的範圍內，抉擇後犯罪。

（四）有其他替代的標的和選擇

最後一個假設，就是犯罪者有其他替代標的和選擇。從犯罪預防的角度來看，可以很容易接受這個假設，因為犯罪預防措施是無法完善、滴水不漏的，總是會有人未參與預防方案、有標的未被強化、有行動未產生效果、有點子未妥善解決問題等。更重要的是，犯罪預防方案通常僅聚焦於

有限的區域或犯罪，這些情況讓潛在犯罪者有了其他替代標的和選擇。

三、犯罪轉移究竟是好或壞？

有關犯罪轉移的討論，不論是針對哪一類型的轉移，多數所反映的是負面或令人失望的感覺。然而，犯罪轉移也可能是正面的。Barr與Pease（1990）就把轉移區分為惡性與良性兩種。所謂惡性轉移（malign displacement），就是造成不樂見結果的轉移。例如，努力想減少家宅竊盜案件的發生，卻造成強盜及傷害案件的增加。又如，犯罪者為了彌補犯罪獲利的減少，反而增加了犯罪發生的數量（Gabor, 1990）。犯罪轉移到那些未備妥因應措施的地區，也算是一種惡性轉移。諸如此類的惡性轉移，社會通常難以容忍。

至於良性轉移（benign displacement），是指因轉移而生的變化對社會有助益。例如，犯罪者的新犯罪或使用的新手法比較不嚴重，或帶給潛在被害者的危險較輕，由強盜轉變為家宅竊盜、由持致命武器傷害轉變為普通傷害、由家宅竊盜轉變為普通小型竊盜等皆是實例。犯罪轉移也可能降低民眾的犯罪被害恐懼感，而舒緩犯罪所衍生的實際問題。

Barr與Pease（1990）甚至認為，可以利用犯罪轉移分散犯罪，讓社會更公平。由於犯罪在社會光譜各面向上並不是均勻分布的，導致某些人或地區承受不公平的犯罪數量和被害恐懼感。Barr與Pease因而提出一項有趣建議，就是允許社會有意或無意的讓某些地方或鄰里成為所謂的「犯罪保險絲」（crime fuse），即允許犯罪在這些地區較不受控制，作為社會其他地區或人群免遭犯罪侵害的安全閥。如同電器中的保險絲，它的功能就是承擔危險、融斷及發出警訊，不讓問題擴大、整個電器損壞。犯罪保險絲就是允許犯罪發生的地方，讓社會其他地區免受犯罪干擾，除非犯罪保險絲的犯罪爆增，解決方法就是在問題給整個社會造成重大危害之前，找到問題關鍵加以處理。如果犯罪轉移到「保險絲」區，就是一種良性轉移；只是對居住在保險絲區的民眾而言，很難說是良性轉移。犯罪與被害在社會中的重新分配，乃是Barr與Pease所關注的轉移問題。他們認為真正的良性轉移，應該是提供社區更均勻或更公平的被害分布。

第三節　犯罪預防效益的擴散

犯罪預防措施可能產生的另一影響，就是「效益擴散」。Clarke與Weisburd（1994）將利益擴散定義為「因實施犯罪預防措施所產生良性影響的擴散，良性影響可能從預防措施的目標地點擴散至其他地點、從主要的防護對象擴散至其他人、從主要的標的犯罪擴散至其他犯罪、或主要的標的時段擴散至其他時段」。效益擴散並非犯罪移轉，而是指犯罪預防措施不僅對措施目標產生效益，還對目標以外的其他人或地點產生效益。有些研究者把效益擴散現象用不同的名詞稱呼，諸如「月暈效應」（halo effect）（Scherdin, 1986），「免費增益效應」（free bonus effect）（Sherman, 1990）。

如何解釋效益擴散呢？Clarke與Weisburd（1994）認為，效益擴散有兩個潛在因素——威嚇（deterrence）與阻止（discouragement）。威嚇有多種形式，例如，許多預防措施的實施雖短暫，但對犯罪的影響比實施時間還久。同樣地，實施以某地點或特定財物為預防目標的措施後，其他地點或財物也因此受防護。換言之，預防措施的實施，讓被逮捕的機率提高，潛在犯罪者因被捕風險而受到威嚇。至於阻止效應的產生，得力於犯罪利益降低，以及犯罪難度升高。

近年來，犯罪轉移與效益擴散愈來愈受到關注，許多評估研究發現明顯的轉移或擴散現象。不幸的是，犯罪轉移與利益擴散在評量上所存在的難題，以致尚未成為評估研究的核心。事實上，犯罪轉移或效益擴散能否發生，端視犯罪者對犯罪行為所能掌握和判斷的程度。

第四節　犯罪者的選擇與移動

犯罪者並非是完全隨機性地進行犯罪，他們不會只是單純走在街上、毫無理由攻擊他人、搶劫、侵入住宅或從事其他犯罪行為。如果犯罪者真的全然隨機行事、毫無顧慮在任何時間進行犯罪，那麼街道上必然隨時充斥犯罪，任何人都將束手無策。所幸，眾人皆知有許多地方和時段是沒有犯罪發生的，為了預防犯罪，其實有很多事情可以做。至少在某種程

度上，這意味犯罪者會「決定」進行何種犯罪、決定在何時、決定在何地、及決定如何實行。因此，犯罪預防的關鍵在於理解這些決定的影響因素。

Felson與Clarke（1998）認為，「機會」是所有犯罪行為的根本。儘管只有機會並不足以促發犯罪，但對於犯罪而言，機會是非常重要的。他們指出，個體的行為是當事人與環境交互作用下的產物。Felson與Clarke並列出10項機會原理（如表7-3），說明機會如何形塑犯罪行為。其中有多項原理，與時間、空間及情境的變化有關。他們甚至認為，減少機會可以減少犯罪的發生，而且甚少造成犯罪轉移現象。

表7-3　機會與犯罪的10項原理

1.所有犯罪的發生，機會都扮演重要角色。
2.犯罪機會具有高度的特定性，不同犯罪需要不同機會。
3.犯罪機會在時間與空間上，具有集中特性。
4.犯罪機會，受個人日常活動的影響。
5.某一件犯罪可能為另一件犯罪製造機會。
6.某些物品提供了較具吸引性的犯罪機會。
7.社會及科技的變化，製造了新的犯罪機會。
8.犯罪機會可因外力介入而減少。
9.減少機會，通常不會造成犯罪轉移。
10.致力於減少機會，可擴大犯罪數量的降幅。

資料來源：Felson, M. & R. V. Clarke (1998). *Opportunity makes the thief: Practical theory for crime prevention*. London: Home Office.

這10項機會原理有三個基礎理論：日常活動理論（Routine Activity Theory）、理性選擇理論（Rational Choice Theory）及犯罪型態理論（Crime Pattern Theory），Felson與Clarke視三者為機會理論（Opportunity Theory）。這些理論有關犯罪者及其抉擇的隱含假設，有助於解釋犯罪轉移和效益擴散發生的可能性。

一、日常活動理論

日常活動理論指出，犯罪事件的發生，潛在犯罪者及被害者的日常活動扮演重要角色。Cohen與Felson（1979）提出這個理論，他們認為犯罪發生必須要有三個條件：合適標的、有動機的犯罪者、缺乏監控。他們相

信，大多數的犯罪導因於機會，但並不是說犯罪者不尋求機會，反而是當這三個條件同時發生，影響了當事人的實際選擇，決定進行犯罪。

隨時間變化，人們的日常活動也產生了很大變化。Cohen與Felson（1979）觀察美國社會的變化，發現二戰結束後，許多家庭轉變成雙薪家庭，許多家宅白天沒人在，缺乏監控的家宅增多。由於人口移動日益頻繁，市郊住宅區（bedroom community）因運而生，這些區域在白天經常脫離了上班族和路人的視線範圍。他們認為，不論是因為工作或休閒活動，人們在家以外的時間逐漸增多，為犯罪開啟了許多機會。

另一重要變化，則與犯罪合適標的增加有關。何種財物較可能成為犯罪目標，即標的風險的概念，與Clarke（1999）所討論的「熱門產品」（hot products）關係密切。所謂熱門產品，即引人注意、被犯罪者視為目標的東西。Clarke指出，熱門產品的風險甚高，經常成為有動機犯罪者的目標，這些商品具有所謂的「CRAVED」特徵，即可隱藏的（Concealable）、可移動的（Removable）、可到手的（Available）、有價值的（Valuable）、令人愉悅的（Enjoyable）、可處理的（Disposable），如表7-4。換言之，具CRAVED特徵的產品，是潛在犯罪者看得到、想得到、易於隱藏、運送及處理的東西。犯罪者現在認為有價值的標的，未來可能失去吸引其注意的價值，可能是因為犯罪者的成熟因素、該物品在社會上的飽和度、人們品味的改變或其他因素的影響（Clarke, 1999）。符合CRAVED條件的財物愈多，有利於犯罪發生的機會愈多。

表 7-4　竊盜標的之「CRAVED」模型

內容項目	解釋
Concealable（可隱藏的）	在犯罪過程中，犯罪者可將物品隱藏起來。
Removable（可移動的）	某些物品因大小和重量，較易於拿得動、帶得走。
Available（可到手的）	物品必須存在，而且能夠被偷。
Valuable（有價值的）	價值愈高的物品愈可能成為目標。
Enjoyable（令人愉悅的）	能帶給犯罪者愉悅的物品。
Disposable（可處理的）	必須有處理該項贓物的市場。

資料來源：Clarke, R. V. (1999). *Hot products: Understanding, anticipating and reducing demand for stolen goods*. London: Home Office.

　　雖然，大多數對於日常活動理論的檢驗聚焦於財產犯罪，但暴力犯罪的機會也隨人們日常活動的改變而增加。Cohen與Felson研究發現（1979），人們花在家戶以外的時間量，與財產犯罪數量顯著正相關。同樣地，Mustaine與Tewksbury（1998）研究也發現，竊盜犯罪的發生受下列因素影響：家戶外的活動、採取的預防措施（監控）數量、被害者從事的戶外活動類型；而且，有關財產犯罪發生的因素，同樣也適用於解釋人際間暴力衝突機會的增加。換言之，諸如強盜、搶奪、性侵害等人際間暴力犯罪，也受人們日常活動的影響。

二、理性選擇理論

　　日常活動理論有一隱含假設，就是犯罪者在何時、何地進行犯罪，是其理性選擇的結果。以此假設為基礎，犯罪預防措施若要發揮效能，應以「犯罪者是根據其感知的需求、風險、回饋及其他因素而做出某種程度的理性決定」——這樣的觀點來設計。而犯罪是否為當事人選擇的結果？這個問題可以透過直覺思考或研究文獻來回答。

　　在直覺上，大多數人相信人有自由意志。然而，人們也承認選擇受時間、地點或環境的影響，也就是人僅是在可獲得的機會範圍內做選擇，即「軟性決定論」（soft determinism）的意涵。這對所有行為的解釋皆是如此，不只是犯罪行為。例如，人人都希望過舒適的生活，某些人富有到可以自給自足，但有些人必須工作，而工作的選擇取決於個人身心能力、地區經濟狀況、申請工作的競爭性及其他多項因素。每個人都需在生活中做選擇，自然導引出「犯罪者同樣也會做選擇」的觀點。而且，犯罪者的大部分時間通常花在一般正常、可被社會接受的活動事務上，他們在參與這些事務時也要做選擇。當某人思索是否或如何犯罪時，將其抉擇能力排除在外，這是不切實際的想法。

　　許多研究發現犯罪者理性抉擇的證據。英國一項針對家宅竊盜犯的研究顯示，家宅竊盜犯喜歡選擇後側容易接近、具隱蔽性、與其他家戶隔離、附近缺乏監控、沒有警鈴和監視器、沒人在的家宅行竊（Nee & Taylor, 1988）。有關研究還發現，犯罪者會被「有錢的」景象所吸引，例如透過打開的窗戶看到室內精美裝飾的房子（Hearnden & Magill, 2004; Nee & Taylor, 1988）。

　　Rengert與Wasilchick（1985）曾對美國31名被監禁的家宅竊盜犯進行訪談，發現他們通常選擇在居民不在家的時段行竊，諸如上午的中段時間和下午的前段時間。值得注意的是，竊盜犯通常根據一套既有的「機會提示」（opportunity cues）來辨識適當目標。這些提示包括：夏天門窗緊閉但未開空調的家宅、有車庫（停車位）但車子不在的家宅、全家人一起外出、具隱蔽性、「有錢的」景象、容易進入的家宅（Rengert & Wasilchick, 1985）。

　　Wright與Decker（1994）曾在美國St. Louis針對家宅竊盜犯進行一項大規模的研究，他們發現家宅竊盜行為中兼具計畫性的和自發性的（非計畫性的）成分內容。其研究指出，許多家宅竊盜犯在最終決定出手行竊之前，心中都有潛在目標。犯罪者根據眼前目標所呈現的訊息來判斷它是不是合適標的，諸如高價值的跡象、財物的狀態、所用汽車的型態、是否有人在、監控性等。

　　Bennett（1986）研究指出，家宅竊盜犯的行竊決定看似快速，好像沒什麼思考的樣子，其實他們是根據自己先前的經驗和綜合知識所做的理性選擇。Cromwell與其同儕（1991）在訪談家宅竊盜犯時，請受訪者回顧過去的犯行，結果發現受訪竊盜犯根據目標的監控性、是否有人在、是否可接近，做出理性選擇後行竊。受訪竊盜犯所重建的犯行比較接近「有限理性」（limited rationality）的狀態，和Cornish與Clarke（1986）兩位學者的觀點類似。這些竊盜犯受訪時，指出自己在日常活動中如何對所遇到的情境作回應，描述了不同目標的機會特徵。換言之，他們是在日常活動中偶遇脆弱目標後行竊（Cromwell et al., 1991）。而竊盜犯所表現的回應，乃是根據自己過去經驗和知識所形成的一套內化提示，而不是每一次竊盜時所特別做的詳細計畫。

　　雖然前面的討論都聚焦在家宅竊盜，但選擇性的行為並不限於此種犯罪。Tunnell（1992）曾針對家宅竊盜、強盜、偽造貨幣和證券等獲取不法利益行為的累犯進行研究，他發現犯罪活動是犯罪者對於所處情境的理性反應。該研究進一步指出，持續犯是較嚴重的累犯，他們的理性選擇更明顯，喜歡在自己不易被發現的地方選擇目標（Tunnell, 1992）。另有研究指出，強盜、汽車竊盜、偽造貨幣和證券等犯罪行為，皆顯現犯罪者理性抉擇的證據（Lacoste & Tremblay, 2003; Petrosino & Brensilber,

2003）。

　　許多研究將犯罪者描述為理性決策者，他們根據自己所感知的成本和利益，考慮盤算後表現出行為。這些研究同時指出，犯罪者通常不會為每一次犯行建構新的詳細計畫。相反的，當犯罪者偶遇符合適當條件的情境或目標時，理性選擇和先前計畫就會啟動。時間、地點、目標、監控及其他因素，都會在瞬間納入犯罪者的考量，然後做出理性選擇。事實上，許多日常與犯罪無關的抉擇，也多在潛意識層面所為，而非意識層面。

三、犯罪型態理論

　　犯罪型態理論是由P. L. Brantingham與P. J. Brantingham兩位學者所提出，他們認為，當檢視犯罪發生的時間與地點，就可看出和瞭解犯罪行為的型態（Brantingham & Brantingham, 1993）。也就是說，如果我們針對特定的犯罪事件、其地點、情境、活動背景、可能的犯罪模式、促發事件、及影響當事人犯罪準備或意願的綜合因素進行檢視及分析後，就會發現事件與事件的相似處，繼而洞察出所謂的犯罪型態（crime pattern）。

　　如欲理解犯罪型態，就需先理解環境背景及犯罪者的社會和犯罪模式。所謂環境背景，係指當事人所身處的社會、經濟、文化及物理性條件。這些條件經常會改變，通常可以辨別出不同的型態。所謂社會和犯罪模式，係指人心中存有觀念模式，預期在何時、何地會發生什麼事，隨其表現出對應的行為。本質上，該模式告知犯罪者在某特定地點、時間或情境應該會發生什麼事。欲知犯罪是如何發生的，就必須先理解人們是如何認識環境及如何建構這些模式的。

　　一開始，每個人因為日常活動的關係，把自己暴露在不同的時間和地點。所謂日常活動，係指上下班、購物、社交、上學及其他平時的一般活動，這些活動讓當事人建立了環境方面的知識。現今城市的區域設計，很容易讓人形成個別的日常活動。現代城市通常是由一些小型、土地具特定使用的區域所組成，提供民眾不同的活動與需求滿足。私人和大眾運輸工具讓民眾能夠在他們選擇的地方居住、工作、購物和休閒，人們平時在這些地方穿梭移動，這些地方可視為「活動節點」（nodes of activity），節點之間的通道就是路徑（path），如圖7-2（Brantingham & Brantingham, 1993）。個人對於每個節點及其間路徑的使用程度，攸關其認知空間

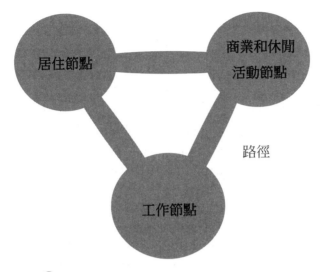

居住節點

商業和休閒
活動節點

路徑

工作節點

圖7-2　包含節點和路徑的多核心社區簡圖

（awareness space）。如果一個人對於不同節點及其間路徑愈瞭解、愈附著，他在該地區的舒適感通常就愈高（Andresen, 2014）。

　　有關個體如何瞭解環境的另一思考，就是認知圖（cognitive map）。Smith與Patterson（1980）認為，個體會建構環境認知圖（心理圖像），以供行為抉擇時所用。認知圖的形成包含四個部分：辨認、預測，評估及行動。辨認，係指能夠辨識自己的所在位置及該地特徵。辨認引發預測，預測係指針對該地辨識出的目標與可能的行為方式之間建立連接。評估，則是個體使用先前蒐集的資訊來判斷哪些行為方式是可接受的選擇。根據前三步驟獲得的資訊，個體決定採取其中一項適當行動。本質上，認知圖會將變化的節點和路徑納入個體的認知空間（awareness space）。當認知圖讓個體對某地點的恐懼與不確定感降低至相當程度時，該認知圖即可協助個體做出明智選擇，繼而把該地點轉變成當事人的活動空間（activity space）。

　　當個體愈遠離節點或路徑，對於所在地就愈感陌生、缺乏有用的認知圖。因此，行動（不論是犯罪或合法行為）的機會就會減少。換言之，潛在犯罪者傾向在他們所熟悉的節點和路徑附近尋找標的。除節點和路徑

外，活動空間還包括區域的邊緣（edges）。區域的邊緣可以促進或阻礙偏差行為，邊緣可能是物理性的、社會性的、或經濟性的。潛在犯罪者和被害者的動線，可能因為物理性的邊緣而受到限制。所以，此種邊緣抑制了認知空間因而限制犯罪的發生。相反地，社會性的和經濟性的邊緣可以提高陌生人間的匿名性，這些地方經常有各式各樣的人出現，把潛在被害者、犯罪者及監控受限等條件聚在一起。邊緣兩側的人和活動差異愈大，邊緣處發生犯罪的機率愈大（Brantingham, 2010）。

節點概念除了可以為認知圖、認知空間及活動空間的發展提供一個框架，節點還可以透過其他方式促使犯罪發生。有些節點如同犯罪製造器（crime generator），吸引潛在被害者至該地。有些節點像是犯罪吸引器（crime attractor），把潛在犯罪者和被害者都吸引來，諸如毒品市場、街頭色情區、成人夜總會及酒吧等。最後，有些節點則像是犯罪者的狩獵地（hunting ground），即犯罪者覺察潛在被害者經常出現於某地，而該地又缺乏監控，結果犯罪者尾隨被害者至該地（Brantingham, 2010）。

另一個發展認知圖及獲知潛在標的訊息的可能途徑，就是四通八達的網際網路。現今，包括視覺影像在內的大量資訊都可從線上找到，例如Google地圖、Google街景等軟體都可對特定地址和地區提供詳細訊息。以Google街景為例，使用者可以透過該軟體查看某一地址附近的街景，不僅是360度的畫面，而且還可以沿街道上下左右移動畫面，甚至放大查看附近的住家、商店等。雖然這只是某一時間點的訊息，但它仍可提供閱覽者有關該地路徑、動線、目標等基本訊息。潛在犯罪者自然也可使用這些資訊來建構有關目標、鄰近區域、犯案計畫的心理地圖，而且還不必親赴現場。因此，跳脫日常活動理論和犯罪型態理論的假設去計畫犯罪，其可能性逐漸上升。

雖然，有關認知圖的討論通常著重於行為的地點特徵，也可推論至行為的其他面向。提供潛在犯罪者選擇安全地點的方法，同樣也可應用在選擇最合適標的、犯罪手法、犯罪類型和犯罪時間上。當潛在犯罪者邁向犯罪行動前，在其認知圖的預測和評估階段，這些行為面向通常都會納入考量。

四、小結

　　研究文獻提供了有力證據證明犯罪不是隨機的，犯罪行為是犯罪者根據自己所處情境做出的理性決定。犯罪者不會為特定犯罪花很多時間做計畫，反而是根據普通日常活動或與他人互動中所獲得的資訊，引導潛在犯罪者在無意識間做出了決定（unconscious decision making），如同一般人平時所做無關於犯罪的選擇一樣。這些事實顯示，犯罪轉移和效益擴散皆是對犯罪預防措施的潛在反應。

第五節　轉移與擴散的證據

　　雖然，犯罪轉移和效益擴散是預防措施的可能結果，但在評估研究中很少被直接檢視。許多有關犯罪預防的研究忽略了犯罪轉移和效益擴散的問題，或將其視為後續研究的議題，對於有發生轉移或沒有發生轉移的說法，不一定都是適當的。就算是在一開始就針對轉移進行分析的研究，也因為基本的調查缺陷限制了其論證強度。

一、轉移效應

　　評估犯罪轉移，需要考慮一些因素。首先，所有轉移類型均應被檢視。過去大多數有關轉移的分析只考量犯罪地轉移，忽略了其他類型的轉移。第二，應詳細檢視預防措施所針對的每一種犯罪或問題，並回答下列問題：誰是可能的犯罪者？犯罪發生在什麼時間？犯罪是如何進行的？犯罪發生在什麼地方？犯罪的目的是什麼（即為什麼發生）？及其他類似問題。這些問題的答案，對於犯罪預防措施的選擇及犯罪轉移的可能性都是至關重要的。有趣的是，在研擬犯罪預防措施時都會注意到這些問題，但是當討論犯罪轉移時，這些問題卻經常被忽略。這是令人遺憾的，因為這些問題的答案有助於瞭解犯罪轉移的類型和程度。

　　舉例而言，現在要針對家宅竊盜研擬一項犯罪預防方案。檢視犯罪資料後發現，發生在非假日上午中、後段時間的家宅盜竊案件數增加，歹徒從未上鎖的門或破壞門鎖侵入，遭竊財物主要是珠寶首飾和高端電子產品，警方懷疑是成年的職業竊盜犯所為。根據這些訊息，研擬了預防方案

並實施之，包括請民眾安裝更安全的門鎖、財物標示記號、增加白天的警察巡邏班次、成立守望相助組織、民間自組巡邏等措施。其實根據前述訊息，也可洞察出可能發生的犯罪轉移類型。如果的確是成年職業竊盜犯所為，那麼可以推測發生犯罪地轉移的機率會很高，犯罪發生時間也可能轉移至下午或晚上巡邏較少的時段。犯罪者也可能改變目標，專找未安裝新鎖的家宅行竊。針對預防措施所進行的任何評估都應如此分析，才能清楚掌握轉移發生的類型和程度。遺憾的是，大多數的犯罪預防評估人員只尋找犯罪有沒有轉移到毗鄰區，而未關注有沒有轉移到其他地區，以及有沒有發生其他類型的轉移現象。

事實上，若要評估犯罪轉移，需明確分析潛在犯罪者、犯罪類型、地點、被害者，以及現有犯罪活動中所涉及的其他因素。若能深入瞭解犯罪事件及其關係人，將有助於犯罪預防規劃人員和評估人員模擬出可能的犯罪轉移態樣，繼而建構適當的衡量和干預方法（Brantingham & Brantingham, 2003）。當然，我們沒有理由去期待所有犯罪都會發生轉移，無論是哪種類型的轉移。同理，不會發生犯罪轉移的假設，也過於天真。在犯罪預防評估中，應將犯罪轉移視為一個可能出現的干擾因素。

（一）犯案路線

犯罪者行進至某地犯罪，其間所經路線稱為犯案路線（journey to crime）。而犯罪者的移動距離，與犯罪類型、地區的物理特徵、犯罪者的背景特徵有關。移動距離有兩種測量方式：其一，測量起迄點的直線距離，即歐式距離（或稱直角坐標距離，Euclidean distance），但這種測量方式忽略了建物、河川、公路等阻礙直線行進的物理特徵。相反的，人們通常沿道路行進，選擇可縮短距離和時間的道路移動，測量出的這種距離稱為曼哈頓距離（Manhattan distance）。

姑且不論如何測量距離，犯罪「隨距遞減」（distance decay）是一個值得注意的現象，也就是離犯罪者住處愈遠，犯罪者所犯案件愈少。換言之，個人對於自己住家附近區域具有最充分的認知圖，在此活動空間犯下較多犯行，經常是較短的犯案路線。Elfers與其同儕（2008）認為，之所以會有隨距遞減的現象，與當事人行進起迄點之間的犯罪機會有關。對於這種以犯罪者住處為中心的犯罪研討，Bernasco（2010）加入了一個有

趣的維度。他檢視犯罪者現在住處附近的犯罪，時間為兩年。結果發現，犯罪者在現在住處附近所犯下的犯罪數量，遠多於在先前住處附近犯下的數量。而且犯罪者在先前住處附近的犯罪機率，隨時間流逝而降低。這顯示，個體較常在其認知空間（awareness space）中犯罪，且認知隨時間而改變。

　　隨距遞減是犯案路線中的一個要素，而機會、潛在報酬、移動能力皆在長距離移動中扮演重要角色。而較富理性選擇色彩的財產犯罪，通常有較長的平均移動距離。較長的移動距離，也帶給犯罪者較大的期望報酬（Van Daele & Vander Beken, 2011）。研究證實，當交通工具及道路愈方便取得或使用時，比較會延伸犯案路線的移動距離（Vandeviver et al., 2015）。與財產犯罪不同的人身犯罪（personal crimes，如殺人、傷害、強制性交等），較為自發性、突發性的、非籌劃安排的，常發生在相識人之間，犯案路線的移動距離相對較短（Amir, 1971）。

　　財產犯罪者犯案路線的距離較長，此特性對於社區犯罪預防方案（community crime prevention programs）的研擬深具意義，因為此種方案大多以財產犯罪為預防目標。另犯案路線的距離也隨犯罪者的年齡增加而增加，因為人隨年齡增加就會離開學校、自己住、擁有或使用交通工具的可能較高，移動能力也隨之提升。年少者也可能因為認知圖尚未充分，限制了其犯罪抉擇。當理解犯罪者移動的存在事實，就可合理推測犯罪地轉移是犯罪預防措施的一個可能結果。

（二）犯罪地轉移

　　犯罪地轉移，可說是最常被評估研究所考量的轉移類型。有些研究表示，發現犯罪地轉移的證據。Fabricant（1979）研究發現，對於少年犯罪者的逮捕行動，導致少年犯罪者轉移至鄰近地區從事不法行為。另美國Dallas所實施的犯罪預防方案，也將部分犯罪者轉移至鄰近市郊從事不法行為。該評估報告指出，Dallas的犯罪雖減少，但同時間在鄰近的九個郊區中，有六個郊區的犯罪增加（Dallas Area Criminal Justice Council, 1975）。Forrester與其同儕（1988）針對標的強化（target hardening，如加裝保全設施）和社會性犯罪預防措施的效應進行調查研究，發現當地的家宅竊盜雖減少了60%，但鄰近區域的家宅竊盜增加了25%。Barclay等

人（1996）針對某一犯罪熱點所實施的腳踏車巡邏預防汽車竊盜方案進行研究，發現在方案實施期間，熱點外面有兩個區域的汽車竊盜大幅增加，而且一直到預防方案結束後仍持續增加。犯罪轉移，應該是這些研究發現的最佳解釋。Braga等人（1999）針對美國New Jersey州Jersey City警方所進行的掃黑行動進行分析，發現了財產犯罪轉移的證據。另Brown（1995）針對市中心錄影監視器（CCTV）的效應進行分析，發現強盜和扒竊案件轉移到其他區域。另外，還有一些預防方案的評估研究也發現了轉移證據（Tilley, 1993; Home Office, 2003; Hesseling, 1995）。

但是，並非所有研究都發現犯罪地轉移的證據。Farrington等人（2007）針對錄影監視器的效應進行檢視，並無發現犯罪轉移的證據；Ditton與Short（1999）的類似研究，也沒有發現犯罪地轉移。Armitage等人（1999）針對安裝錄影監視器的三個警察轄區進行研究，未發現犯罪地轉移。Sherman與Rogan（1995）針對美國Kansan City警察威力掃蕩黑槍方案進行分析，也未見犯罪地轉移的證據。Wesiburd與Green（1995）針對Jersey City警察掃蕩販毒熱點行動進行評估研究，未發現犯罪地轉移。在一項以色情和毒品為標的犯罪，特別設計用以檢視有無發生犯罪地轉移的研究中，Weisburd等人（2006）並未發現轉移證據。顯然，有些研究發現犯罪地轉移，但並非所有研究皆發現。最後，「社區新政計畫」（New Deal for Communities Program）是英國政府在一些最貧困地區所實施的復興方案，McLennan與Whitworth（2008）研究指出，在對該計畫所進行的383項檢視中，僅2%發現犯罪地轉移的現象。

上述研究，之所以有不一致的發現，可能是因為分析轉移時使用不同區域作為檢視對象。Bowers與Johnson（2003）便指出，選擇什麼區域來檢視有無發生犯罪轉移，至關重要。雖然，大多數研究聚焦在毗鄰區，但不宜假設最近的鄰近區域即為評估犯罪地轉移的最佳選擇。評估前應在標的區（實施預防方案之區）外面找出緩衝區（沒有發生轉移之區），並確認離預防方案實施地點不同距離之區域其預防措施的變化情形。Bowers等人（2003）曾針對巷弄安裝門控設施進行評估，發現在實驗點的毗鄰區並無發生轉移，但在實驗點的稍遠處發現轉移。因此，評估前正確掌握可能發生轉移的區域，乃是證明有無發生犯罪地轉移的關鍵。

（三）犯罪時間轉移

有研究明確指出，犯罪時間發生轉移。有兩項研究發現，裝設路燈以提高照明，雖可減少當地的犯罪發生數，但白天發生的犯罪卻對應增加，顯示犯罪可能從晚上轉移到白天發生（Wright et al., 1974）。Hesseling（1995）的研究也發現，市區增加監控設施，導致犯罪時間轉移。相反地，Barclay等人（1996）以汽車竊盜為標的犯罪，進行有關犯罪時間轉移的研究，結果並未發現轉移的證據。

（四）犯罪手法轉移

預防犯罪措施可能讓犯罪者更加努力進行犯罪，這可從犯罪者對相同標的使用新方法進行相同犯罪得到證明。例如，犯罪者原本經由未鎖之門侵入行竊，後因預防措施，改為破窗侵入行竊。許多研究顯示，家宅竊盜犯行竊遭遇阻礙時，願意尋求和使用新方法進行犯罪（Bennett & Wright, 1984）。針對美國Seattle犯罪預防方案的評估指出，受到門窗安裝保全設備的影響，家宅竊盜犯改從未鎖入口處侵入行竊（Seattle Law and Justice Planning Office, 1975）。Bowers等人（2003）也同樣發現，巷弄門控設施使家宅竊盜的侵入點，從建築物的後側轉移至前側。Allatt（1984）的研究指出，實施標的強化措施後，許多住家改裝強化門鎖，但竊盜犯也改變手法，破窗侵入行竊。Weisburd與其同儕（2006）透過訪談犯罪者，也得到犯罪手法轉移的證據。

信用卡植入晶片預防偽卡，此措施雖有正面效應，但也衍生出其他的信用卡詐欺手法。Finch（2011）研究發現，該預防措施實施後，涉及竊取信用卡和密碼的盜刷案件增多。Francis與Kim（2015）指出，由於在網路使用信用卡無需簽名，植入晶片措施實施後，在線上發生的信用卡詐欺案件增加了120%，幾乎沖銷掉了植入晶片的價值。顯然，植入晶片預防偽卡，引發了信用卡詐欺手法的轉移。

（五）犯罪標的轉移

有些犯罪預防的研究發現了犯罪標的轉移。Gabor（1981）曾針對美國所推行的竊盜預防方案——「財物標記」（Operation Identification）進行研究，「財物標記」是全國性的竊盜預防方案，民眾可免費自由參

加，警察機關提供參加民眾個人辨識號碼（PIN）及烙碼器，參加者就可
將自己的PIN烙印在私人財物上（如腳踏車、手機、電視機、手提電腦、
除草機、遊艇引擎等）。烙印PIN的財物在贓物市場的價格受到貶抑，且
不易流通，同時也易於警察查贓。Gabor發現，財物標記方案轉移了竊盜
被害者，即從方案參加者轉移至未參加者。即使是控制了方案之前的被
害率，結果仍然相同。另外，財物標記方案還導致犯罪者從住宅區轉移
至商業區行竊。證據顯示，犯罪者改以未標記的財物為行竊標的（Gabor,
1981）。Tilley與Webb（1994）有關財物標記的研究，也得到了類似發
現。Allatt（1984）的研究也發現，社區中部分建築物安裝保全設備後，
其他未安裝保全設備的建築物遭竊案件增多。Miethe（1991）在美國Se-
atttle的研究指出，保全設備的裝設，會把犯罪轉移到同區域內未裝保全
設備的家宅或建築。Forrester與其同儕（1990）針對英國Kirkholt地區的
家宅竊盜預防方案進行研究，發現方案中的重複被害預防措施導致被害
者轉移，即未參與該措施的民眾反而成了新的被害者。在英國Stirchley地
區所實施的家宅竊盜預防方案，也把竊盜案件從住宅轉移至非住宅建築
（Home Office, 2003）。

（六）犯罪類型轉移

　　最後一種犯罪轉移，就是犯罪者所犯之犯行上的變化。探究此種犯
罪轉移的方法，通常是透過比較各類型犯罪的犯罪率在預防方案實施前後
的變化。Cabrini-Green曾經是美國芝加哥市治安惡名昭彰的區域，後來當
地推行公共住宅改建及相關的犯罪預防方案，是頗為知名的犯罪預防方
案。評估研究指出，這些方案實施後竊盜案件雖然減少，但傷害及強盜案
件增加。換言之，這些方案雖然提升了住宅和財物的安全，但促發了更多
人際接觸型的犯罪（Arthur Young & Co., 1978）。Allatt（1984）也曾針
對公共住宅改善方案進行研究，其中特別關注安裝保全設施與犯罪轉移的
議題，結果也發現犯罪類型轉移的證據。Letkemann（1973）研究發現，
銀行強化防竊設施後，竊盜犯反而以搶劫銀行的方式為回應。另Laycock
（1984）的研究則發現，藥局強化防竊設施後，導致藥局遭搶及其他毒
品犯罪案件增加。Brown（1995）研究市中心安裝錄影監視器的預防效
能，發現車輛竊盜案件減少，但竊取車上物品的案件卻增加。Felson等人

（1996）針對紐約市公車總站改善及犯罪預防方案進行研究，發現該地點的犯罪及失序問題大幅減少，但有轉移至輕微財產犯罪的證據，算是一種良性轉移。最後，Finch（2011）針對信用卡植入晶片及增設安全碼（通常在背面）措施進行研究，發現犯罪類型從信用卡詐欺轉變為其他形式的信用卡竊盜。

（七）小結

從上述的文獻回顧中可以發現，確實有不同類型的轉移發生。但轉移並不是預防犯罪措施不可避免的結果，不是百分之百一定會發生，而是在討論犯罪預防時，一個值得關切的議題。雖然，大多數有關犯罪預防領域的研究僅有限度的討論轉移問題，可能是因為這些研究並未重視轉移的緣故。有趣的是，Eck（1993）及Hesseling（1994）曾經大量蒐集過去有關犯罪預防的評估研究，然後針對些研究進行分析，二人皆聲稱並未發現轉移的證據，認為轉移不是重要問題。但他們的研究其實已揭露不同類型的轉移，而且數量還不少。根據Hesseling與Eck的分析，他們所蒐集的研究中，約有一半顯示犯罪轉移的證據，多數是犯罪地轉移和犯罪標的轉移。由於他們並未發現百分之百的研究都發生轉移，因而下了「轉移不是重要問題」這樣的結論。要百分之百都發生轉移才算是轉移的證據，這是不切實際的標準。事實上，有關轉移的任何證據，都應該受到關注和研討。

Guerette與Bowers（2009）分析了102項研究，這些研究總共進行了572次犯罪轉移或擴散的檢驗，檢驗結果如表7-5。表7-5的資料顯示，在整體檢驗中，發生犯罪轉移達26%。若觀察各類型，犯罪時間轉移最常發生（36%），犯罪手法轉移最少發生（22%）。雖然，犯罪轉移不是百分之百發生，但每五次檢驗中至少有一次檢驗到犯罪轉移的證據。最後，Guerette與Bowers從其所進行的後設分析（meta-analysis）中發現，大約42%的預防措施出現犯罪轉移。雖然，不是所有的預防措施都會引發犯罪轉移，犯罪轉移也並未全然抵消預防措施的正面效應，但犯罪轉移還是蠻常發生的。

然而，此處必須強調的是，與犯罪預防措施所減少的犯罪相比，發生轉移的犯罪數量其實是很少的。有關轉移的發現，或許修正了預防措施的效果，但轉移並沒有抹滅了預防措施的正面結果。發生犯罪轉移，顯示預

表 7-5　犯罪轉移與效益擴散的檢驗分析

類型	檢驗次數	發生犯罪轉移	發生效益擴散
犯罪地	272	62（23%）	100（37%）
犯罪標的	80	26（33%）	19（24%）
犯罪時間	31	11（36%）	5（16%）
犯罪手法	49	11（22%）	6（12%）
犯罪類型	140	36（26%）	22（16%）
總數	572	146（26%）	152（27%）

資料來源：Guerette, R. T. & K. J. Bowers (2009). "Assessing the extent of crime displacement and diffusion of benefits: A review of situational crime prevention evaluations." *Criminology* 47: 1331-1368.

防措施是可以改變犯罪者行為的。換言之，可將犯罪轉移視為犯罪者對於預防措施的一種反應。當然，如果想確實知道到底有沒有發生轉移，或許最好的方法就是直接訪談犯罪者，問犯罪者是否因犯罪預防措施而改變行為。

二、擴散效應

在某種程度上，犯罪預防措施的效益擴散，彌補了犯罪轉移的影響。所謂效益擴散，係指某犯罪預防措施未列為目標的地點、犯罪類型、財物或個人，也因該預防措施的實施而受防護、免於被害。例如，社區中約有一半的住戶參加守望相助、財物標記、社區監控活動，結果整個社區的住戶都感受到被害風險和恐懼感下降。社區部分民眾所參與的預防措施也對未參與的民眾產生正面效應，這就是效益擴散。與犯罪轉移有同樣的問題，效益擴散不易測量。

檢視預防措施目標區外面毗鄰區的犯罪和恐懼感有無變化，是測量效益擴散的典型方法。這些毗鄰區的犯罪和恐懼感若降低，可能是預防措施效益擴散所造成。然而，目標區及其他區域的犯罪和恐懼感皆下降，也可能是整個社會的犯罪和恐懼感普遍下降，並非來自目標區預防措施的影響，這就不是效益擴散。若欲判斷某區域的犯罪或恐懼感變化是否源自目標區預防措施的效益擴散，可將該區域與一些因距離或其他環境因素而不受效益擴散影響的區域加以比對，透過對照比較後應可判斷。

　　辨識擴散效應的另一個問題是，當轉移和擴散同時發生，造成非目標區的犯罪和恐懼感無明顯變化。在這種情況下，犯罪預防措施雖成功降低目標區的犯罪和恐懼感，但其中有部分的降低導因於犯罪轉移至其他區域（Weisburd & Green, 1995）。一個同時發生且強度相當的擴散效應，剛好抵銷轉移效應所增高的犯罪或恐懼感，使得目標區外的犯罪和恐懼感沒有明顯變化。

　　儘管擴散效應的辨識有許多困難，但評估研究也逐漸在研究設計和資料分析上愈來愈重視擴散發生的可能性。Green（1995）針對一項防處社區毒品問題的方案進行分析，結果在目標區外面的周圍區域發現擴散效應，目標區外有兩個街區的偏差行為出現減少跡象，只是減少的幅度比目標區小。Miethe（1991）針對美國Seattle社區守望方案進行研究，發現預防效益擴散到方案未參與者之處。Painter與Farrington（1999）針對夜間增設路燈照明方案進行分析，發現方案實施區白天時段的犯罪也有減少情形，即預防效益的時間性擴散。英國政府推行的「安全城市計畫」（Safer Cities Program）是一項降低犯罪及恐懼感以建構安全城市的方案，關鍵工作是強化跨部門夥伴關係以解決市區的社會、物理環境、經濟等問題。Ekblom與其同儕（1996）發現該方案也有效益擴散的現象，尤其是積極推行方案的區域。本章先前提到的另一英國方案——「社區新政計畫」，McLennan與Whitworth（2008）研究指出，在對該計畫所進行的383項檢視中，23%顯示效益擴散的現象。Guerette與Bowsers（2009）回顧了情境犯罪預防有關的研究文獻，發現這些研究文獻所做的檢視中有27%檢視出效益擴散（參閱表7-5）。

　　Felson等人（1996）發現，擴散效應也可能反向進行。也就是目標區以外區域的犯罪或恐懼感先降低，然後影響目標區，顯現出預防方案的效果。Felson等人研究紐約市巴士總站的犯罪預防方案時就發現，巴士總站外面區域的犯罪先降低，然後促使總站內的犯罪降低。也就是，總站外面區域的強盜及傷害案件先降低，然後此預防效益進入總站區內。

　　相較於犯罪轉移已在研究文獻中討論了一段時間，效益擴散則是一個較新議題。實務上，有些預防方案同時出現兩種效應，相互抵消其影響，效益擴散猶如犯罪轉移的反向平衡。有鑑於轉移和擴散可能同時出現於預防方案中，因此在預防方案的研發、設計過程中，就應該要有揭示這兩種

效應的機制，否則未來將難以正確評估預防方案的真正效能。

第六節 結語

　　由於犯罪預防方案可能引發犯罪轉移和效益擴散，所以任何預防方案都應考量轉移和擴散的問題。研究文獻顯示，轉移似乎是犯罪預防方案的合理結果，但這並不表示犯罪或恐懼感的降低完全是因為當地原應發生的犯罪轉移至其他地方、時段、犯罪手法，或預防方案僅能對方案目標有影響，無法對以外的對象產生影響。在數量上，轉移的犯罪並不是目標區受到預防方案影響的所有犯罪，僅是其中的一部分而已。另外，擴散也不是百分百都會發生，其發生可能性也需要詳細考量與分析。總之，為了清楚瞭解和掌握犯罪轉移及效益擴散對於犯罪預防方案的影響，未來的研究需更加重視轉移和擴散議題。

第八章　婦女人身安全保護

第一節　前言

　　雖然婦女人身安全問題存在已久，對被害人的傷害亦極為深遠，卻始終未受應有重視。直至近世紀以來，對於婦女人身安全之保護才成為世界許多先進國家的基本國策；而我國憲法增修條文第10條亦明文規定，國家應維護婦女之人格尊嚴，保障婦女人身安全。究其原因，主要是在廿世紀中葉之後受到：一、女權運動及受虐婦女支持者所推動的政治與立法上壓力；二、在性侵害與家庭暴力等領域，行為科學研究的盛行；三、被害人權益保護運動之掘起；四、社會大眾對於犯罪問題的處理態度轉趨於嚴格化等因素的影響，而使婦女人身安全議題逐漸受到各國的關注（黃翠紋，2004）。在臺灣地區，又以第一項因素之影響層面最為深遠，隨著多件婦女人身安全事件發生所帶來的社會關注與民意壓力，除了於1996年底通過婦女人身安全三法之一的「性侵害犯罪防治法」，亦於1997年接續通過「家庭暴力防治法」，並促使教育部在1997年婦女節前夕成立性別平等教育委員會；而行政院會也於1998年5月14日通過「教育改革行動方案」。這些法律不僅對加害人有實體上的處罰規定，亦對於婦女人身安全提供了更為周全的保護規範。

　　由於婦女運動與女性主義的興起與蓬勃，帶動了世界各地對婦女傳統角色地位的省思與檢討，促使社會中既存已久的男尊女卑、性別不平等現象，遭受質疑與批判。公平就業機會、權力義務的賦予、性別刻板角色地位的模塑等破除性別區隔與追求性別平等權益之議題，皆隨著全人發展與女性自主意識的興起，而受到批判與檢視。而1995年在北京所召開的世界婦女會議，則進一步揭開了國際間性別主流化的序幕。基本上，性別平等是我們社會應該要達到的願景，而性別主流化則是達到性別平等的策略與方法，亦是達到性別平等最終目標的重要因素（王如玄、李晏榕，2007；陳惠馨，2005）。一個社會若要真正落實性別平等，必須在法律上與實際生活上皆能達到平等。法律上平等表示法律制定層面上性別的平

等，是消除任何歧視性的法律、法規和法條，以確保法律上的平等。由於法律上的平等只是提供形式上的平等（如均等的機會），但這並無法確保女性在真實生活中實際地享受平等的權利。因此，法律上的平等只是性別平等的第一步，是取得性別平等的先決條件。法律上對權利平等或是機會均等的要求，並不會自動的為實際生活帶來均權，亦即擁有法律上的平等對取得實際生活上的平等，是一個不可或缺的要素，但並不能保證它的存在。故而需透過政府機關積極推動性別主流化政策，方能逐步落實性別平等之理念。

在臺灣地區，依憲法增修條文第10條第6項規定「國家應維護女之人格尊嚴，保障婦女之人身安全，消除性別歧視，促進兩性地位之實質平等」，揭櫫政府對婦女人身安全保障之最高指導原則。而2004年行政院婦女權益促進委員會第十八次委員會議所通過的「婦女政策綱領」則更進一步明白揭示婦女政策之內涵主要有六大領域，分別為：婦女政治參與、婦女勞動與經濟、婦女福利與脫貧、婦女教育與文化、婦女健康與醫療及婦女人身安全等。而透過性別主流化政策的推動，將性別觀點帶入各種公共事務推動中，已逐漸讓社會大眾重視性別的議題。本次會議所通過的婦女政策與警察工作最有關係者當屬婦女人身安全之維護。其所揭示的重點工作包括：一、加強專責機構的人力與預算，落實並深化現行婦女人身安全保障的政策；二、從女性不同的處境、年齡、社會地位觀點出發，發展不同的婦女人身安全政策；三、創造婦女參與治安決策機制；四、改造中央與地方警察機關，逐年增加女性警政人員參與決策之比例；五、提升公共環境之安全設計，減少犯罪機會，以保障婦女人身安全；六、推動家庭暴力防治法令的修改，建立客觀且免於性別歧視的審判原則；七、訂定法規嚴禁警政、司法、醫療、教育、社政等單位以作為或不作為方式，導致二度傷害女性之問訊、診療資料或現場畫面流入媒體。而在2011年婦女國事會議，則進一步指出，政府未來在人身安全政策的努力方向應該包括：一、消除對婦女之暴力行為與歧視；二、消除任何形式之人口販運；三、建立具性別意識之司法環境，包括：（一）各體系相關專業工作者應教考訓用合一，並建立專業工作者之證照制度；（二）警察體系應研議提升中央婦幼業務單位之層級與人力配置，並於縣市警察分局層級配置婦幼保護工作專責單位與人員；（三）訓練專業的通譯人才，設置認證制度，並強

化其專業倫理知能訓練；（四）各相關專業養成教育課程中，應包含性別平等、人身安全保護、法令與性暴力防治之研習訓練課程，並應編列經費鼓勵大專院校相關系所開設司法保護學程；（五）司法相關工作人員、調解人員、警政、修復促進員與律師之培訓養成過程及在職教育，應有性別歧視、反歧視、多元文化及同理心之訓練，強化法官性別平等專業知能；（六）司法與警察體系應普設被害人保護服務機制與方案，並研議推動設置司法社工、警察社工及心理諮商員；（七）合理調整保護性業務社工之工作條件，重視工作安全問題，並編制專業津貼與危險加級。這些項目皆和警察機關與人員有著密不可分的關係。而受到婦女權益漸受重視之影響，加上警察角色之轉變促使警察機關近年來之治安政策亦逐漸重視婦女人身安全維護工作。

在政策目標上，政府應該負起創造安全的社會環境，保障婦女人身安全之基本權益，以使所有婦女於公私領域皆不被侵害，充分享有免於恐懼自由、生活幸福並充分享有完整之人權保障。而一旦社會要對婦女人身安全採取保護措施，則可以從三級預防的策略，分級實施預防作為。本章將先分就婦女人身安全之三大領域論述防治現況，繼而論述警察對於婦女人身安全保護之重要性、推動現況及未來之努力方向。

第二節　家庭暴力防治工作推動現況

我國在1998年制定了亞洲第一部家庭暴力防治法，正式宣告法入家門時代的來臨，並且透過法律的規定與執行，也建構了國內以被害人為中心的保護服務機制。家庭暴力防治工作是由親密關係暴力開始受到重視，但完整的保護對象，尚包括兒少保護、老人保護及四等親以內血親、姻親的暴力行為在內。從表8-1、表8-2可以發現，近十年來家庭暴力事件通報事件，每一年皆以親密關係暴力案件所占比率最高。由於本章關注的焦點在於婦女人身安全議題，因此以下論述將著重於親密關係暴力的範圍，而兒少保護將於下章探討，至於老人保護議題，由於目前警察單位在此領域的著墨不多，因此本書將暫不予以討論。

表 8-1　2008～2018年家庭暴力各類型受暴人數

類型 年別	親密關係暴力		兒少保護		老人保護		其他		總計
	次數	百分比	次數	百分比	次數	百分比	次數	百分比	次數
2008年	43,042	57.06	16,989	22.52	2,176	2.88	13,231	17.54	75,438
2009年	47,908	57.22	17,336	20.71	2,548	3.04	15,936	19.03	83,728
2010年	54,921	55.63	21,734	22.02	3,122	3.16	18,943	19.19	98,720
2011年	49,894	52.99	23,986	25.48	2,910	3.09	17,360	18.44	94,150
2012年	50,615	51.44	27,936	28.39	3,090	3.14	16,758	17.03	98,399
2013年	49,633	45.08	34,855	31.66	3,115	2.83	22,500	20.44	110,103
2014年	60,816	53.06	22,140	19.32	3,375	2.94	28,278	24.67	114,609
2015年	61,947	53.06	21,360	18.30	5,971	5.11	27,464	23.53	116,742
2017年	64,978	55.28	16,198	13.78	7,046	5.99	29,328	24.95	117,550
2018年	64,898	54.73	15,779	13.31	7,473	6.30	30,436	25.67	118,586
總計	548,652	53.37	218,313	21.24	40,826	3.97	220,234	21.42	1,028,025

註：在2013年以前的統計人數，若是同一人在同一年度中，不論通報多少次，均只計一
　　人；但2014年之後，的統計並未排除重複通報的情形，因此受暴人次有明顯增加的情
　　形。
資料來源：衛生福利部保護資訊系統，家庭暴力事件各類型受暴人數，http://dspc.moi.gov.
　　tw/mp.asp?mp=1，檢索日期：2019/8/12。

表 8-2　家庭暴力案件通報類型統計表

年度 類型	2002	2003	2004	2005	2006	2007	2008	2009	2010	2011/10
親密 關係 暴力	28,097	30,676	33,927	40,659	41,517	43,788	46,530	52,121	59,704	47,943
（百分 比）	89.26%	87.55%	84.51%	79.51%	76.82%	73.00%	70.62%	72.08%	70.15%	67.02%
兒童 虐待	2,238	3,072	4,840	8,865	10,952	14,243	17,086	17,476	22,089	20,890
（百分 比）	7.11%	8.77%	12.06%	17.33%	20.27%	23.75%	25.93%	24.17%	25.95%	29.20%
老人 虐待	1,144	1,289	1,377	1,616	1,573	1,952	2,271	2,711	3,316	2,704
（百分 比）	3.63%	3.68%	3.43%	3.16%	2.91%	3.25%	3.45%	3.75%	3.90%	3.78%

表 **8-2**　家庭暴力案件通報類型統計表（續）

年度 類型	2002	2003	2004	2005	2006	2007	2008	2009	2010	2011/10
總計（百分比）	31,479	35,037	40,144	51,140	54,042	59,983	65,887	72,308	85,109	71,537
	100.00%	100.00%	100.00%	100.00%	100.00%	100.00%	100.00%	100.00%	100.00%	100.00%

資料來源：衛生福利部家庭暴力暨性侵害防治委員會。

　　1999年6月家庭暴力防治法正式實施後，我國家庭暴力防治工作進入法制期，政府也推動了許多防治作為。這些作為就親密關係暴力三級預防觀點而言，初級預防的目的是希望經由教育或是宣導的方式減少親密關係暴力案件，並且嘗試預防引發親密關係暴力因素的發生。其次，家庭內的攻擊和暴力案件之發生，往往是由於存在著一些特定的因素所誘發而成的。例如，有一些人是在某些特定壓力的情況下，才有親密關係暴力的行為。因此，若能早期發現促發親密關係暴力的原因，及改善潛在的暴力行為將可防止不幸事件發生，而這個時期的處理措施即屬於第二級的防治措施。至於第三級防治措施，則是著重於對已發生的親密關係暴力予以控制與處遇。當親密關係暴力行為已被證實時，就必須使用干預的措施，此時即是屬於第三級的防治措施，乃是著重於對親密關係暴力當事人的處遇，和管理與控制加害人的暴力行為。因此，第三級防治措施的介入時機，是在親密關係暴力案件已經發生後，而且暴力行為已經成為夫妻間互動的一個部分時就應該要啟動了。

一、初級預防

　　教育或宣導在初級預防措施上扮演最重要的角色。其目的是希望經由教育或是宣導方式，以減少親密關係暴力案件，並且希望能夠進一步預防引發親密關係暴力因素的發生。這些干預的措施經常都是在社會的層級，經由大眾的認知來發起運動或是成立支持的團體，然後透過社會、法律，和教育的過程俾以促進家庭良好的互動及增進其健康，其中又以教育所扮演的角色最為重要。透過教育與宣導，我們必須讓一般社會大眾及加害人認知到：社會無法容忍親密關係暴力的存在，親密關係暴力案件不是「家務事」，而是一種犯罪行為，是一個值得社會大眾關注和譴責的公共議

題。

Gelles（1997）認為，在初級預防的階段，可以透過以下行動來預防
親密關係暴力的發生：

（一）減少社會上及家庭內所讚揚的或是合法的暴力行為，例如：減少媒
     體將暴力的使用當成是一種娛樂的方式[1]。

（二）透過教育以改變社會上的男性沙文主義色彩。

（三）改變對於小孩的教育方式，盡量不要使用體罰的方式，以打破暴力
     的代間循環。

（四）將社區內的家庭結合起來，以便形成一個連繫網絡，來降低家庭和
     外在社會的疏離感。

（五）降低社會所製造的促發形成親密關係暴力壓力的因素（如：貧窮和
     不公平）。

上述措施是在親密關係暴力的預防上，針對社會及家庭等社會化機構
應該努力的一些基本措施。然而這些措施的成效卻無法立即可見，其間牽
涉到資源的重新分配，和社會組織的重整等問題。因此，雖然是最重要的
預防層面，卻不容易付諸實施。而且從過去世界各國所投注在親密關係暴
力的資源觀之，大多是用在回應已經發生的親密關係暴力案件上，而不是
預防它的發生。所幸親密關係暴力議題在許多先進國家中已引起政治人物
的重視，認為這是一個頗值得他們關注的社會問題，因此目前已有改善的
趨勢。而我國家庭暴力防治法也於第49條規定：各級中小學每學年應有家
庭暴力防治課程，主要目的即希望能防範家庭暴力於未然。而為增進國民
家庭生活知能，健全國民身心發展，營造幸福家庭，以建立祥和社會，由
教育部所推動的「家庭教育法」，亦已於2003年2月公布施行。此法若能
夠落實，相信對於國人在家庭關係之營造上能夠更加和諧。

此外，政府近年來採取諸多措施進行犯罪預防宣導活動，例如：

（一）編印全國性宣導手冊強化大眾宣導：為避免社會大眾因循傳統父權
     價值觀念，習慣將親密關係暴力視為家務事，且對周遭發生的親密

---

1 雖然「暴力行為會招致暴力行為的發生」（Violence begets violence）這個論點仍是有待考
  驗，但審視過去的實證研究仍不乏支持此論點者。例如，根據Eron等人（1987）的實驗即發
  現，與控制組相較，接受實驗處置的兒童及青少年於觀看暴力影片之後有較多的暴力行為發
  生。參閱Gells, R. J (1997). *Intimate Violence in Families*. CA: Sage Pub.

關係暴力案件缺乏警覺心與敏感度，有必要加強防治觀念宣導，降低社會大眾對親密關係暴力的容忍度。為避免各地方政府礙於資源有限影響初級預防工作之推動，衛生福利部於2000年6月編印「許自己一個未來──家庭暴力被害人權益、救濟及服務手冊」、「許我們一個未來──新婚夫妻手冊」及「許孩子一個未來──新生兒、兒童父母手冊」等宣導手冊，分送各直轄市、縣（市）政府轉發給民眾；2006年為擴大宣導效益，並結合各地戶政事務所於受理民眾辦理結婚及出生登記等相關業務，主動將該手冊發送民眾參考。為持續加強預防宣導工作，衛生福利部每年皆針對重點宣導議題製作相關文宣，且考量族群差異，並提供多國語言版本，讓女性新住民也能輕鬆便利得知相關宣導訊息。

（二）強化大眾宣導教育製作首支宣導劇情片：為落實親密關係暴力防治工作，加強民眾對於家庭暴力問題的辨識及敏感度，衛生福利部於2001年1月首度以劇情片方式攝製家庭暴力防治宣導影片「100公分的世界」，該片從孩子的角度帶領觀眾看到家庭暴力的影響。自此之後，衛生福利部每年皆規劃攝製相關宣導影片。

（三）強化原住民親密關係暴力防治體系與宣導：家庭暴力防治法通過後，開啟公權力與資源介入處理原鄉地區之家暴問題，但礙於地理環境及文化差異等限制，針對平地居民建構之家暴防治網絡體系，對身處偏遠地區且生活與文化經驗截然不同之原住民部落，難以真正落實於原鄉地區推動。為強化原鄉親密關係暴力防治工作，衛生福利部2005年1月結合原住民婦女團體，從部落經驗出發，發展原鄉特色的宣導文宣，並以原住民母語發音之宣導影片「山上的家」，透過原住民電視臺播放，以提供原鄉家庭暨婦女服務中心和相關民間團體加強宣導。

二、次級預防

就某些加害人而言，其訴諸於親密關係暴力的因素並不一致，因此要準確預測親密關係暴力發生的時機並不容易。然而家庭內的攻擊和暴力事件的發生，往往是由於某些特定的因素所誘發而成的。因此，仍然有一些人是在某些特定壓力的情況下，才有親密關係暴力的行為，若能早期發

現促發親密關係暴力的原因，及改善潛在的暴力行為是較為實在的。在這個層級中，衛生和社會服務機構的人員扮演了很重要的角色，他們可能會因為民眾的報案，而定期的與一些需要他們幫助的家庭接觸；也可能是經由被害人（甚至加害人）主動求助而介入。此種監督是次級預防中最基本的措施，其目的在於經由縮短及減低家庭的壓力和負面互動過程的頻率，並經由早期的偵測及立即有效的介入措施，以減低危險因素對於家庭的衝擊。

親密關係暴力風險的介入措施，是對於有限資源彈性和合理分配，及發揮他們最大功效的一種管理工具。這種風險管理措施是將親密關係暴力的層級，區分為高風險和低風險的家庭。其目標是希望這些需要幫助的家庭，在還未發生親密關係暴力之前，即能因為特別的關注而防止暴力的發生。社會福利機構使用這個措施時，是透過對於風險的管理而確認需要幫助的家庭。但是這些程序仍然需要花費每一個社區額外的資源，包括：（一）發展偵測親密關係暴力危險因素的方法[2]；（二）訓練衛生照護和社會工作人員偵測危險的方法；（三）提供介入的措施，以改善無法預知的結果。

然而這些程序涉及了財政和倫理上的問題，特別是在風險的因素已經確認，而現有的資源卻不足以幫助改善這些家庭內的風險因素時。當降低親密關係暴力潛在因素的資源不足時，偵測和評估的成果將無法實

2　「犯罪預測」（或稱風險評估）係指運用統計學的技術，從許多犯罪者過去的生活經歷資料中，篩選使其陷於犯罪關聯性較大的若干重要因子，並根據統計上各因子與犯罪相關聯的程度，予以數量化，製成以得點之多寡表示犯罪可能機率的評量工具，根據此評量工具以預測犯罪者（或潛在犯罪者）未來再犯或犯罪之可能機率。簡言之，即是對於犯罪發生的預估（林山田、林東茂、林燦璋，2007）。因此，犯罪預測主要目的，在於預先推估出何種人在何種因子存在時，產生犯罪的機率高於未有該因子存在的人，並藉此預先制定相關的防治措施以防止犯罪行為發生。就婚姻暴力事件風險評估而言，歐美等國鑑於每年仍有許多人因為遭受家人的攻擊而導致嚴重傷亡案件發生，基於保護被害人之即時性與預防性，以及受到刑事司法體系與精神衛生領域開始對於家庭暴力議題的關切與因應等二股力量影響下，使得許多學者開始致力於加害人危險評估量表之編製（Kropp, 2004; Campbell, Webster & Glass, 2009）。再就過去有關犯罪預測因子之建構屬性加以區分，可分為靜態因子與動態因子。所謂靜態因子（static factor）係指不會改變的特質（例如性別、年齡）或是已經發生的事件（如犯罪經驗、家庭狀況），屬於個人過去的歷史、固定之變項，其主要特質是無法改變的。動態因子（dynamic factor）則是指會隨著時間產生改變之變項，如非正式社會支持網絡、生活型態、兩造當事人之互動情形等均屬之（黃翠紋，2004；李明謹，2009）。

現。其次，將一個家庭定義為有親密關係暴力風險的代價，也必須和他所能獲得的幫助相平衡，否則衛生和社會福利人員的努力將會助長親密關係暴力，而非預防其發生。一般而言，大多數的人（不論是男人或是女人）經常都不願意承認，以及告訴他人自己家庭內所發生的問題，也恥於告訴他人家中有暴力的發生。因此，預先偵測出親密關係暴力家庭的風險程度，是有助於降低親密關係暴力行為發生的危險性。然而在確認風險時卻是要非常小心，這些評估問題的專業人員必須接受過良好的訓練，能夠很準確地評估家庭成員存有壓力的不良互動關係，及影響家庭的不利因素為何。然而考量政府之資源，目前有關親密關係暴力之危險評估，主要在於預防重大家庭暴力事件發生，故未於此層級進行評估工作。事實上，最理想的情形應是由當事人有意願改善其不和諧的婚姻關係，主動尋求社會機構的諮商服務。親密關係者間的諮商服務，主要的目的是降低其間所可能產生的暴力衝突。就像婚姻治療一樣，婚姻諮商是一種社會影響過程，二者都可用於以個人、團體或是家族為基礎的環境中[3]。晚近在婚姻治療上，「心理動力學」（psychodynamic）[4]、「認知行為論」（cognitive-behavioral），以及「人本論」（humanistic）等三種理論，被認為是紓緩造成夫妻間關係不和諧問題的有效方法（Browne, 1995）。

　　此外，目前政府亦提供電話諮詢服務供民眾使用，除提供相關資訊外，亦告知可以獲得協助的資源。主要專線包括：

（一）設置113婦幼保護專線：衛生福利部於2001年1月將全國保護您專線080-000-600及兒童少年保護專線080-422-110，整合為簡便容易記憶的「113」婦幼保護專線。113代表「一個號碼、一個窗口、三種

3　「婚姻諮商」（marriag counselling）係指對婚姻關係發生困難者所做的諮商，其範圍大致包括以下三個問題：1.婚前諮商：對準備結婚但對婚姻觀念及婚姻責任尚不清楚者所做的諮商；2.離婚諮商：對已決定離婚或已離婚者在情緒調適上所做的諮商；3.婚姻關係諮商：對婚姻關係存續中，夫妻感情或性生活有待調適者所做的諮商。至於「婚姻治療」則是心理治療的方法之一，其對象不是個人而是婚姻當事人夫妻之間的關係。換言之，婚姻治療的目的是在協助夫妻兩人改善他們彼此間的關係，夫妻間關係不和諧的原因可能是意見不和、財產糾紛或是性生活不能調適所引起。婚姻治療之目的即在藉由會議諮商，讓受助夫妻改善溝通方式，從而恢復夫妻間的和諧關係。參閱張春興（民87）。《張氏心理學辭典》（二版四刷）。臺北：東華書局，頁390。

4　心理動力學係以心理分析論為基礎，治療者的角色是中立的，對個人和家庭的行為模式提出解釋，強調家庭成員如何去感覺另一個人並互相協調。

服務」：「一個號碼」是指113婦幼保護專線統合以往家庭暴力防
治、性侵害防治保護您專線、兒童少年保護專線，及各直轄市、縣
（市）獨立設置之保護專線，讓「113婦幼保護專線」與110緊急報
案、119消防救災等相同，成為全國統一，方便民眾記憶之專線；
「一個窗口」指無論何時何地，都可以使用一般家用電話、行動
電話或公用電話撥接，讓保護網絡沒有死角；「三種服務」則是
指無論親密關係暴力、兒童青少年保護或性侵害等相關問題都可以
二十四小時通報及諮詢。「113」專線設置之後，已發揮其諮詢功
能。另為使女性新住民也能直接透過113專線求助，2005年4月起，
113保護專線增設英、越、泰、印、柬等五國外語通譯服務；2006年
2月起，增加性騷擾防治相關諮詢及轉介服務；2007年9月並由衛生
福利部集中接線。

（二）設置女性新住民保護諮詢專線：由於女性新住民在臺人數逐年激
增，為協助不幸遭遇親密關係暴力威脅者突破語言障礙，及時尋求
協助，衛生福利部於2003年4月設置「0800088885外籍配偶保護諮詢
專線」，結合英語、越南、印尼、泰國及柬埔寨等五國語言，分時
段提供有關親密關係暴力、性侵害防治及兒童少年保護相關資訊。
該專線自開線以來，由於求助者以生活適應、子女教育及居留定
居等相關法令問題居多，乃於2005年4月轉型為「愛護外籍配偶專
線」，以國語、英語、越南、印尼、泰國及柬埔寨等語言，繼續提
供女性新住民全面性生活適應輔導等資訊，暢通求助管道。

（三）設置0800-013-999男性關懷專線：衛生福利部於2004年6月設置0800-
013-999男性關懷專線，提供男性在夫妻關係與相處、親子管教與互
動、親屬與家屬溝通發生障礙，或對親密關係暴力案件提供相關法
律說明、情緒抒發與支持、觀念澄清，激發個案改變的動機，並視
需要提供諮商轉介服務。期望透過本專線提供潛在的男性加害人傾
訴的管道，以舒緩家內的相處壓力並協助釐清情緒背後夫妻之間的
權利義務角色，以提早預防親密關係暴力案件的發生。

三、再犯預防

親密關係暴力第三級防治措施的目標，是要降低加害人重複發生暴力

攻擊行為的機會，以降低被害人身體和心理重複傷害的危險，進而減少被害人受傷、殘廢，或是死亡的機率。很顯然地，此層級防治措施經常使用的干預方式是控制與處遇親密關係暴力行為。此類措施是對於那些有明顯傷害的被害人，將其與加害人隔離或是經由處遇使其復原。

　　當然，此類措施對於那些在干預和處遇措施介入之前，已因暴力而造成精神和身體上殘廢的被害人幫助可能不大。如：對於某些人而言，當親密關係暴力已經有致命的結果發生時，第三級防治的干預措施已經為時已晚。因此，就親密關係暴力防治措施而言，應是能夠儘早偵測出有親密關係暴力的高危險群，以便在親密關係暴力發生之前，就能幫助那些有嚴重問題的家庭。目前政府所採行的干預措施，大多數是屬於第三層級的防治措施（就刑事司法體系的功能而言，其作為即屬於此層級），但此層級防治作為充其量只能夠管理和控制親密關係暴力行為的惡化，而不能夠及早預防它的發生。同時值得注意的是，雖然一般觀念認為，夫妻二人都必須為親密關係暴力的循環發生負責，但這些干預措施大多數是著重於保護受虐婦女。當然，這可能導因於男性不願意承認自己的過錯，以及主動為暴力關係尋求改善的方法所致（Browne, 1993）。此外，必須提醒的是，在親密關係暴力的控制上並不能夠一味強調對於被害人的保護，否則將無法解決所有的親密關係暴力案件。由於親密關係暴力案件的性質畢竟有別於一般的暴力犯罪，若是要視同一般的犯罪事件處理，並不一定能夠滿足被害人的需求。我們對於親密關係暴力案件之研究除了必須瞭解為何某種類型的人，比起其他人較可能成為犯罪的被害人，也必須瞭解被害人和犯罪人之間的互動，以及如何形成這些互動的結果。尤其在親密關係暴力案件中，由於當事人關係之特殊性，導致許多親密關係暴力當事人常從其自身的觀點出發，多認為自己是該紛爭的被害人，而對造則是生活中的妨礙者或加害人。因此，往往會由於細微的言行，而逐漸加強對方的加害形象與自己的被害傾向。由於此種特質，雙方當事人在案件所扮演的角色往往是互為加害與被害關係，因而導致親密關係暴力案件往往很難切割加害與被害之關係（黃翠紋，2004）。因此，Wiehe（1998）指出，截至目前為止，有許多的加害人處遇方案都秉持著下列六個基本原則，包括：

（一）雙方當事人都必須為其行為負責，被害人不會單獨引發暴力的行為，但亦不可規避其在親密關係暴力中所需負起的責任。

（二）憤怒不能作為暴力行為的合理藉口。

（三）暴力是一種選擇的行為，一種具有負面效果的失常、具破壞性的選擇。

（四）選擇非暴力的替代措施，以作為一種正常、合適的選擇。

（五）暴力是一種經學習而得的行為，加害人過去既然學習到以暴力的行為來解決問題，他也將可以學習使用非暴力的方式來解決問題。

（六）暴力會影響所有家庭成員，雖然子女遭受暴力的短期傷害不如被害人來得嚴重，但卻可能讓他們學習到暴力亦是一種解決問題的方式。

家庭暴力防治法實施後，政府在再犯預防工作上採取相當多的措施，主要包括（衛生福利部家庭暴力及性侵害防治委員會，2011）：

（一）全面實行民事保護令制度：為了避免親密關係暴力被害人遭受加害人繼續施暴，家庭暴力防治法特別引進外國經驗，在國內創設民事保護令制度，並於家庭暴力防治法公布施行一年後實施。保護令制度改變了過去被害人遭受親密關係暴力威脅只能逃家避難，而經由聲請保護令，法官將依被害人實際受暴情形及需要核發一款或數款保護令，內容包括命加害人禁止施暴、遷出住居所、遠離被害人之居所或工作場所、完成處遇計畫、支付相關費用、決定子女暫時監護權與探視會面權等。

（二）制定「家庭暴力加害人處遇計畫規範」：家庭暴力防治法之民事保護令章節規定，法院於通常保護令審理終結後，認有家暴事實且有必要者，應依聲請或依職權核發包括命加害人接受處遇計畫之保護令款項。行政院衛生署為落實推動加害人處遇計畫，於1999年6月發布訂定「家庭暴力加害人處遇計畫規範」，作為國內推動相關工作之依據，2001年2月並針對處遇計畫執行困境修正「家庭暴力加害人處遇計畫規範」，創設家庭暴力相對人裁定前鑑定制度，以促進法官加強裁定命加害人完成處遇計畫，落實被害人保護。

（三）設置未成年子女會面交往處所：為避免因親密關係暴力影響未成年子女享有父母雙方的養育與關愛之權利，及兼顧保護被害人之人身安全，家庭暴力防治法第46條規定直轄市、縣（市）政府應設置未成年子女會面交往處所，並辦理監督會面交往，以執行法院裁定未

成年子女會面交往之保護令款項。鑑於親密關係暴力案件未成年子女會面交往與交付工作在國內係屬創新業務，為輔導各地方政府順利推動該項業務，衛生福利部於1999年7月函頒「直轄市、縣（市）政府辦理家庭暴力事件未成年子女會面交往與交付處理程序範例」及「直轄市、縣（市）政府辦理家庭暴力事件未成年子女會面交往與交付處所設置辦法範例」，並在2005年12月引進美國佛羅里達州之監督親子會面方案，編印監督親子會面訓練手冊及製作教學影片，提供專業人員參考運用。

（四）勞政單位提供親密關係暴力被害人就業輔導措施：受暴婦女陷入暴力循環的因素之一，是經濟上依賴加害人，在試圖擺脫依賴關係，追求經濟自主的過程中，往往因為就業能力、面臨的法律訴訟問題、心理創傷等因素，導致在尋找工作的過程中困難重重。為解決受暴婦女的謀生困境，1999年11月行政院勞工委員會職業訓練局頒布「家庭暴力個案職業輔導處理程序」，落實執行職業訓練、就業輔導、與就業資訊透明化的完整措施，協助被害人增加脫離暴力的動機。

（五）警察機關設置家庭暴力防治官專責處理家暴案件：警察是可見度最高的執法人員，也是多數被害人求助於公部門的第一個窗口，因此第一線員警所提供之服務，往往也決定了被害人未來是否有機會跳脫暴力漩渦的關鍵點。為加強對遭受親密關係暴力之被害人服務，衛生福利部警政署於1999年6月通令各直轄市、縣（市）警察局督導所屬各分局妥派一名熱心服務、資深穩重的官警擔任「家庭暴力防治官」，專責辦理家庭暴力防治相關業務。考量到親密關係暴力案件大多由派出所受理，衛生福利部警政署乃進一步於2007年10月要求各直轄市、縣（市）警察局跟進，於各分駐（派出）所設置一至二名社區家防官，期藉由員警的專業素養，積極的介入處理此類案件，以提供被害人更妥適周延的服務。

（六）警察機關設置專責婦幼保護單位：為符合婦女及民間相關團體期待警政單位應建構以被害人為中心的保護措施，並積極介入處置，落實三級預防，衛生福利部警政署於2000年6月在刑事警察局犯罪預防科增設「婦幼組」，並於臺灣省11個縣（市）警察局設置「女子警

察隊」，餘未設置者，則於警察局少年隊下設置「女警組」，專責婦幼安全工作之推動及處理，2005年9月1日為建立職能區分之正式編組，加強保護婦幼業務功能，嚴密婦幼案件偵處流程，並要求各縣市警察局全面成立婦幼警察隊。從女子警察隊（組）到全面成立「婦幼警察隊」，可體認到警察機關因應婦幼被害的防治工作，在組織運作已有極大的轉變，透過這群默默耕耘的婦幼尖兵，無所不在的服務及奉獻，讓深藏在黑暗中的弱勢找到了一線曙光，為警界打造婦幼品牌新形象。2013年8月6日內政部警政署組織法在立法院三讀通過，自2014年1月1日起，內政部警政署中原本的戶口組轉型為防治組，並將原本隸屬於刑事警察局預防科的婦幼安全業務，提升至警政署防治組中的「婦幼安全科」（黃翠紋等，2019）。

(七) 檢警針對交保飭回之加害人建立相關聯繫機制：2000年臺北縣王姓被害人遭其夫施暴，於是向法院聲請保護令，此一舉動引起其夫不滿再度對被害人施暴，經警察逮捕移送後，法院後來裁定加害人交保飭回，王姓被害人在其夫交保返家後遭到殺害！為避免類似憾事再度發生，衛生福利部警政署於2000年9月29日辦理「家庭暴力防治法保護令及相關刑事程序業務聯繫座談會」，與臺北縣警察局共同訂頒「處理家庭暴力案件違反保護令罪，加害人因交保飭回後，警察機關因應措施及通報規定」；另司法院、法務部、衛生福利部家庭暴力防治委員會及警政署亦於2001年3月共同召開協調會議，針對此類案件「加害人因交保或飭回後對被害人施暴，造成二度甚或更嚴重之傷害」，研議法院、檢察機關及警察機關協調聯繫作業流程，衛生福利部警政署並訂定「警察機關接獲家庭暴力案件加害人經交保或飭回通知後聯繫作業規定」，加強對交保及飭回之加害人進行約制告誡，以落實被害人之安全。

(八) 設立地方法院家庭暴力事件服務處：家庭暴力防治法公布施行後，愈來愈多的親密關係暴力被害人循司法程序維護自身的安全與權益，法院也因此成了必須進出的場所。為就近提供被害人心理支持、福利資源與法律協助，臺北市政府於2002年1月起委託民間團體辦理「家庭暴力事件聯合服務處方案」。由於實施成效頗佳，衛生福利部自2006年起，更有計畫地輔導地方政府相繼結合民間團體成

立駐地方法院「家庭暴力事件服務處」。

（九）落實責任通報強化社區建立家暴防範機制：2004年5月25日臺北市一名疑似精神疾病的母親持菜刀劃傷3歲兒子，惟因醫療人員缺乏辨識家庭暴力之敏感度，未即時在小該受傷就醫時發現異狀並通報社會局，採取緊急保護措施，致發生該名母親後來把1歲大的女兒從11樓丟下摔死之慘劇！此一不幸案件，喚起社會大眾及政府部門的重視，為落實責任通報及強化預防工作，衛生福利部協同相關部會於2004年11月訂頒「落實兒童及少年保護家庭暴力與性侵害事件通報及防治工作實施方案」，加強輔導地方政府訂定教育、警政、衛生醫療、社政等法定責任通報人員行政獎懲措施，及加強對未盡責任通報案件之調查處理；另配合行政院2005年推動「臺灣健康社區六星計畫」，於社區治安面向納入建立家庭暴力防範機制，並於同年4月20日頒布「村里社區宣導兒童及少年保護與家庭暴力及性侵害防治工作獎勵表揚計畫」，藉由鼓勵社區加強家暴預防宣導，並建立社區通報機制[5]。

（十）推動家庭暴力安全防護網計畫：衛生福利部有鑑於家暴問題涉及雙方當事人之感情、親情牽絆處理不易及複雜，且家暴事件對於被害人、家庭及社會所造成重大之影響，絕非單一部門或單位就能克盡其功，家暴防治工作是需要跨領域、跨專業的合作，才能有良好成效。因此於2009年4月30日函頒訂定「家庭暴力安全防護網計畫」，期望透過社政、警政、教育、衛生、司法、勞政等跨部會間之分工與合作，建構綿密之防治網絡，建立以家庭為中心之服務，達到

5　行政院有鑑於健全的社區為社會安定力量，於2005年提出「臺灣健康社區六星計畫」，以產業發展、社福醫療、社區治安、人文教育、環境景觀、環保生態等六大面向作為社區發展的目標，稱之為「六星」，並以2002～2004年實施之新故鄉社區營造計畫為基礎，擴大其面向與範圍。同時，為促進社區健全多元發展，鼓勵社區透過自我評鑑的方式，提出社區整體發展的藍圖與配套需求，整合政府相關部會既有計畫資源，分期、分階段予以輔導，協助其發展。2006年初行政院強調「社區治安」為現階段的重點計畫，將全力啟動警政、社政、民政、消防、家暴防治等單位，連同社區民眾一起拼治安，期使臺灣的社會、居家生活安全，並善用村（里）及社區人力資源，共同推動社區治安工作，強化社區自我防衛能力，以建構優質的治安社區。在六星計畫中，社區治安主要包括：建立社區安全維護體系、落實社區防災系統以及建立家暴防範系統等三項議題。

「落實高危險評估、對抗家暴再犯危機、建置家暴安全防護網」。本方案係透過第一線受理家庭暴力事件相關專業人員實施危險評估，加強高危險個案之辨識與轉介，並強化防治網絡之橫向聯繫與合作，確保被害人安全。而根據黃翠紋、陳義先（2010），針對警察人員所進行訪談發現，受訪者對本方案之推動抱持肯定的態度，認為本方案之推動有助於家庭暴力防治工作，且可以解決防治工作過去推動上所面臨的諸多問題。但由於防治網絡各單位人員之流動皆頗為頻繁，因此建構明確之處理流程與運作模式，當屬本方案推動上所最需解決之問題。而衛生福利部警政署為了更有效建立家庭暴力安全防護網並付予警察執行之權限，於2010年1月6日函訂「家庭暴力加害人訪查計畫」，藉此輔助家庭暴力安全防護網的建立，以及預防再犯。而根據黃翠紋、鄭宇穎（2011）的研究則發現，家庭暴力加害人訪查計畫之實施已達部分成效，而本計畫亦對家庭暴力安全防護網的建立有相當助益，並可對部分家庭暴力加害人之再犯行為有預防效果。但由於本計畫是以家戶訪查的方式實施，並無其他的法律依據，因此建構明確的法律依據，當屬本計畫推動上所需迫切解決之問題。

（十一）推動社會安全防護網：隨著時代變遷，臺灣家庭規模愈來愈小，加上少子化與人口老化問題嚴峻，使得家庭支持功能日漸式微。影響所及，近年社會上時而發生隨機殺人事件、家庭關係疏離與功能失調、家庭暴力等事件頻傳，有些案例雖有相關體系服務在案，卻仍未發揮預警機制或支持家庭及個人的功能，以致無法及時遏止憾事發生。行政院自行政院於2018年2月26日核定「強化社會安全網計畫」（2018～2020年），三年投入近70億元；2021～2025年持續推動第二期計畫，共有五大重點：1.補強精神衛生社區體系與社區支持服務，設置社區心理衛生中心71處及精障者協作模式服務據點49處；2.加強司法精神醫療服務，設置司法精神病房六處及醫院一處；3.強化跨體系、跨專業與公私協力服務，整合各部會、專業與結合民間團體推動25項方案；4.持續優化社福中心資源與保護服務，設置社福中心156處及10家兒少保護醫療整合中心；5.強化人力進用及專業久任，增設資深人員職位，強化

職涯發展，調高各類人員薪資天花板，提升久任意願（黃信雄，
2021）。

第三節　性侵害防治工作推動現況

　　我國舊時法制將性侵害犯罪當作是一般的犯罪行為，基於性侵害犯罪
的特殊性，在婦女團體的努力下，立法院於1994年始仿效外國立法例，
在刑法第77條增訂「犯刑法第十六章妨害風化各條之罪者，非經強制治療
不得假釋」的規定，首度將性侵犯應經「治療」的觀念引進國內。1997
年通過的「性侵害犯罪防治法」，則進一步為性侵犯的社區處遇制度奠定
了基礎。2005年「性侵害犯罪防治法」與刑法的修訂，增訂了對性侵犯
施以科技監控、測謊、驗尿、登記及報到等措施，且性侵犯無故不接受治
療者，新法也增加可以處以刑事罰的規定。在本節中，將先就法規面之變
革，以及性侵害防治作為等二個部分進行探討，

一、法規面之變革

　　有關法規面之變革，可分就訂頒性侵害犯罪防治法、修正刑法相關規
定等二方面分述如下。

（一）訂頒性侵害犯罪防治法

　　我國社會一直到1980年代末期，性侵害犯罪問題才逐漸受到矚目。
當時的時空環境對於性侵害防治並沒有法律的保障，及至1990年代起，
婦女團體才以更積極方式推動法令修訂，期望達到變革社會制度的目標。
從1991年起，現代婦女基金會集合學者與律師，輔以社會工作員的服務
心得，並參考國外性侵害危機處理中心運作模式，開始起草「性侵害犯罪
防治法」。於1994年將法案送進立法院，希望和相關的刑法一起修改，
但遭到男性立委的質疑，因而遭到擱置（王燦槐，2001）。直到1996
年，由於發生致力於婦女運動的彭婉如女士遭性侵後殺害，與白曉燕遭陳
進興等人綁票後殺害等事件，震驚當時的臺灣社會，這些不幸而駭人聽聞
的事件更加速婦運團體在性侵害犯罪相關立法的推展，婦運團體所草擬推

動的「性侵害犯罪防治法」終於在1997年1月順利通過。自此才有較完整的處遇程序與積極的執行，除加強性侵害被害人的保護與扶助外，並成立各級單位，以統籌處理與防治性侵害相關事宜，也建立性侵犯的社區治療制度。內政部並依性侵害犯罪防治法第4條規定於同年5月9日設立「性侵害防治委員會」，在第一年的委員會議中，民間團體代表及學者專家最為關注的問題，就是社區性侵犯身心治療及輔導教育制度應如何規劃。從相關資料顯示，性侵犯社區治療最重要者在於建立社區監督系統，透過相關單位合作減少性侵犯再犯機率，是一項需要高度整合各專業領域的團隊工作。國內在研擬「性侵害犯罪加害人身心治療及輔導教育辦法」草案時，業務單位體認此項工作務必結合矯正、觀護、精神醫療、臨床心理、警察、社工等相關領域工作人員，因之制度規劃過程，考量重點在於透過制度設計以延續監獄內強制診療之療效、掌握其犯罪及治療之資料、評估其身心狀況、規範其治療期間、加強對性侵犯追蹤等。後來，內政部依法會同法務部、教育部、行政院衛生署於1998年11月11日發布「性侵害犯罪加害人身心治療及輔導教育辦法」，開啟我國對性侵犯施以社區治療之處遇措施（吳素霞、林明傑，2001）。

及至2005年，因應刑法修正性侵犯接受強制治療的規定，性侵害犯罪防治法也新增性侵犯接受處遇、治療的規定，令其在接受有期徒刑或保安處分執行完畢、假釋、緩刑、免刑、赦免或緩起訴處分時，經評估認有施以治療輔導之必要者，直轄市、縣（市）主管機關應命其接受身心治療或輔導教育。同時，增加評估機制，在考量個別差異及減少行政資源浪費的前提下，使鑑定評估再犯風險能適切地依據性侵犯的個案差異性（例如未成年兩小無猜之性交、猥褻）而為治療輔導與否之認定；而七年內應定期向警察機關辦理登記、報到，只要身分、就學、工作、車籍等資料有異動時也應主動登記。再者，也增加觀護人在執行保護管束時處遇的選擇，例如密集約談及訪視、協請警察機關查訪、驗尿、限制住居、宵禁、測謊、禁止接近特定場所或對象、轉介其他相關機構以及輔以科技設備（電子腳鐐）監控。

2011年林國政案發生後，「刑後強制治療」制度的執行成效引起相當大的社會輿論與檢討聲浪。林國政在服刑期間共接受七次「性侵害治療評估」，均顯示其再犯機率非常高，因此無法申請假釋。依據「性侵害犯

罪加害人身心治療及輔導教育辦法」的規定，獄方在林國政服刑期滿前一個月應發函至雲林縣政府家庭暴力及性侵害防治中心安排在出獄後一個月內進行輔導治療，卻因雲林縣內心理師人手不足，將林國政的心理評估輔導工作向後排期。且縣警局給予林國政的報到通知是2011年4月2日，依法送達戶籍地，但受刑人是否能接到通知是另一大疑問（聯合報，2011）。顯然在一連串的疏忽空窗期之間，林國政在出獄後沒有立即接受任何輔導與有效的監控下，便回到自由的社會生活，於是這顆不定時炸彈瞬間被引爆了。基於林國政案，引發了國內關於性侵犯矯治政策之思考。按照我國刑事司法體系只針對獲得假釋出獄之性侵犯在假釋中須交付保護管束，但對於服刑期滿者便無法交付保護管束，在欠缺有效監控情況下，行為人再犯的可能性便大幅提升（周佳宥，2011）。因此，在2011年10月25日，「性侵害犯罪防治法」便立即增訂了第22條之1，針對2006年6月30日以前犯有性侵害犯罪的加害人，在刑滿出獄後，可由檢察官或直轄市、縣（市）主管機關檢具評估報告，向法院、軍事法院聲請強制治療。同時增訂了第23條之1，針對未依規定接受治療輔導、辦理登記報到之被告，或經判決有罪確定而有逃亡或藏匿情形經通緝的性侵犯，警察機關得將其身分資訊登載於報紙或以其他方法進行公告。此外，有鑑於警察機關的查訪會帶給性侵犯極大的外部約制力量。為落實性侵犯社區監督，另於第23條第4項修訂性侵犯於登記報到期間，應定期或不定期接受警察機關查訪及於登記內容變更之七日內，辦理資料異動之規定（立法院，2011）。在強化性侵犯社區監督及再犯預防機制上，第20條有關性侵害犯罪加害人於保護管束期間，運用科技設備監控的適用時機與範圍，不再侷限於「宵禁」或「限制住居所」。同時也修正測謊實施對象，觀護人只要認為有實施測謊必要時，於報經檢察官許可後即可實施（內政部警政署，2011）。

　　為建立更友善的性侵害防治網絡體系及社會意識氛圍，性侵害犯罪防治法最近一次修正公布日期是在2015年12月8日。重要者包括：1.任何人禁止傳播與被害人相關資訊：鑑於網路科技進步，社會上屢屢發生性侵害案件被害人個資遭到網友以及媒體的大量播送，對被害人造成嚴重的身心創傷。為遏止網路「肉搜」歪風，加強對被害人個人身分隱私之保護，新增任何人不得以媒體或其他公開方式揭露被害人姓名或足以辨識身分的資訊，若違反規定，媒體、網路事業將處最高60萬元罰鍰，但經有行為能力

的被害人同意，或檢察官、法院依法認為有必要者，不在此限。此次修法也被外界形容為「李宗瑞條款」[6]；2.保障兒少司法權益：實務上，性侵害被害人若為兒童或智能障礙者案件不易起訴或定罪，他們常因年齡、認知、記憶及語言能力等限制，常造成詢問案情與製作筆錄困難，其證詞可信度容易受到質疑。加上過去沒有規範詢（訊）問人員必須受過訓練或偵審階段應由專業人員協助訊問，以至於證詞可信度低。由於專家證人的法律地位不明，使得特殊情況的性侵害被害人在偵審階段無法透過專業予以適當協助。為提升司法上對於兒童及身心障礙者性侵害案件特殊性專業需求，明定對兒童及心智障礙被害人，於偵查或審判階段，經司法警察、司法警察官、檢察事務官、檢察官、法官認為有必要時，應由具相關專業的人士在場協助訊問、確立專家證人之法定地位，並得經適當隔離措施保護被害人；3.建立性別平等的司法環境：未來性侵害犯罪被告或其辯護人，在審判中對被害人有任何性別歧視的陳述與舉止，法官應即時制止。

（二）修正刑法相關規定

我國刑法針對性侵犯再犯危險性而採取強制治療處遇措施的法律規定，係在1994年1月28日所公布之刑法修正案第77條增加第3項規定：「犯刑法第十六章妨害風化各條之罪者，非經強制治療，不得假釋」，要求性侵犯非經強制診療不得假釋，建立獄中強制診療的法源，開啟國內性侵犯必須接受治療的大門[7]。本規定是國內首度認為性侵犯有心理問題因此必須接受治療，並將性侵害犯罪視為一種特殊的犯罪類型。但由於當時尚未修正刑法有關妨害風化罪章以及其他非典型性犯罪的罪名，故當時刑法第77條第3項的規定並非妥適（盧映潔，2005）。

其次，刑法在1999年有了相當大幅度的修正。修正前的舊刑法在在

---

6 例如，現代婦女基金會分析2014年新聞資料中的530件性侵害案件發現，將近一成（9.06%）的性侵犯會公開散布被害人個資，且透過網路無限散播，形成對被害人的網路霸凌，對被害人造成的傷害無遠弗屆。

7 本法條增修緣由係當時法務部為了要解決監獄人滿為患之問題，提出放寬假釋要件的刑法修正案，然卻未考慮性侵害加害人的特性，在立法院將近審議完成時，發生女大學生應徵家教遭到性侵殺害案件，此一事件隨後引起國內各界震驚與立法者注意，女學生就讀之學校學生並與被害女學生家屬於立法院會期的最後一天前往立法院陳情抗議並高喊出「惡魔出獄婦女遭殃」、「強姦犯累犯不得假釋」以及「強制治療病態罪犯」的口號訴求與要求。

顯示女性的性是依附在社會風化上，只要與性有關的犯罪大多脫離不了與貞操或名節之間的關係。所謂的「社會風化」是男性本於性資源的合理分配所制定出來的遊戲規則，女性則是這場遊戲中被分配的對象，她們沒有獨立的人格，更沒有法律值得保護的法益，法律所保護的是家族、國族的利益，是一種社會法益。例如，修正前刑法第221條規定「對於婦女以強暴、脅迫、藥劑、催眠術或他法，至使不能抗拒而姦淫之者，為強姦罪，處五年以上有期徒刑。」在此規範下，男性是性秩序的主導者，被害人的客體僅限於「婦女」，因此男性不可能是強姦罪的被害人，此外，由於社會風化為了維護男性所建立的性秩序，因此課與女性保護自身貞操、名節的義務，反映在法條中，就成為了「使不能抗拒」之要件。儘管強烈反抗可能導致被害人陷入更高的風險當中，但是法院還是會要求女性以生命捍衛貞操（黃翠紋、陳佳雯，2012）。隨著社會的進步，在婦女團體結合女性立法委員的極力推動下，刑法在1999年全面修改並通過修正原刑法第十六章規定，不但改變舊刑法對妨害性自主罪（強姦罪）的構成要件認定，將「妨害風化罪」章改為「妨害性自主罪」章，而且幾乎將該罪章所有條文全面修改，也調整量刑輕重；另外在刑法總則中加入「性交」定義的規定（刑法第10條第5項）並且在第十二章保安處分加入對性侵犯強制治療規定（刑法第91-1條）。有關性侵犯強制診療的部分，取消舊刑法第77條第3款規定，改為刑法第91條之1，其第1項有如下規定：「如犯相關之罪者（即相關性犯罪），於裁判前應經鑑定有無施以治療之必要；有施以治療必要者，得令入相當場所，施以治療。」因此，經過此次修法，性侵犯除了在必要時必須強制接受治療外，有嫌疑的性侵犯也必須經過此鑑定的程序（蕭蒼澤，2009）。對於加害人的治療不再視為假釋要件，將觸犯妨害性自主罪的治療處分，視為保安處分之一種，性侵犯於判決前應經診斷有無強制治療之必要，經診斷有必要者，應於刑之執行前命其強制治療至治癒為止，期間最長不得逾三年（吳素霞、林明傑，2001）。

有關性侵犯強制治療規定（刑法第91-1條）的優點在於將所有性侵害加害人在裁判前就先經過鑑定，有無治療之必要，可以降低不必要的治療人力成本。然而此種立法設計，在實務執行上卻出現困難，特別是有關鑑定評估部分。由於鑑定人質疑行為人有無犯罪不明下，無以憑作鑑定的質疑，亦或有出現判決與鑑定意見相左的情形，且多數學者及精神醫學專家

感認為在出獄前一年至二年之治療對於性侵犯是最具成效。再者，將強制治療提前在刑之執行前，而非即將假釋前為之，則可能導致治療效果大打折扣（周煌智、陳筱萍、張永源、郭壽宏，2000）。因為對於性侵犯的治療概念，特別是對於高危險或高再犯的性侵犯不應該是治癒，而是終身控制，在判刑執行前為之的治療策略，顯然是不恰當的，而且所謂「得令入相當的處所」，大多是指監獄的高度戒護環境而言。然而性侵犯在監獄裡缺乏足夠的犯罪情境進行犯罪，自然難以判斷是否有性衝動「控制」的能力，遑論「治癒」。因此，在假釋之前或刑之執行完畢前為之，配合出獄後延續性的身心治療與輔導教育最為有效（周煌智，2001）。還有，為加強對性侵犯的監控，主事機關（即內政部性侵害防治委員會）曾經提議在性侵害犯罪防治法增列條文，欲仿效美國所謂的「梅根法案」，一方面希望對有多次性暴力犯罪紀錄的犯罪人科予無限期延長的刑罰，他方面則希望針對釋放後的性侵犯建立所謂的登記與公告制度，以達社區監控之效，惟因反聲浪大而未能形成草案共識（盧映潔，2005）。

　　2005年2月刑法再次修正。修法之後關於性侵害防治重大的轉變在於性侵犯治療無效者不得假釋，取消刑前鑑定與刑前治療改採刑後強制治療制度。至於修法主要理由為：其一，將性侵犯接受強制治療的時機從刑前變更到刑後，因性侵犯有無繼續接受強制治療之必要，係根據監獄或社區之治療結果而定，將可避免原規定的鑑定因欠缺確定的犯罪事實或為無效之刑前強制治療。其二，性侵犯的強制治療應以強制治療目的是否達到而定，故期限以「再犯危險顯著降低為止」為妥。惟應每年鑑定、評估，以避免流於長期監禁，影響性侵犯權益（立法院，2011）。

　　為能更清楚瞭解我國性侵害法制面的變革情形，茲將性侵害相關法規修法歷程整理表如8-3所示。

表 8-3　性侵害相關法規修法歷程一覽表

時間	修正條文	重要修法內容
1994年1月28日	刑法修正第77條增加第3項規定：「犯刑法第十六章妨害風化各條之罪者，非經強制治療，不得假釋」。	要求性侵犯非經強制診療不得假釋，可說是國內性侵犯必須接受治療的濫觴。

表 8-3　性侵害相關法規修法歷程一覽表（續）

時間	修正條文	重要修法內容
1997年1月22日	訂頒「性侵害犯罪防治法」。	制定公布全文20條；並自公布日施行。
1998年2月18日	訂頒「性侵害加害人檔案資料管理及使用辦法」。	訂定發布全文八條；並自發布日施行，本辦法依性侵害犯罪防治法第9條第2項規定訂定。
1998年11月11日	訂頒「性侵害加害人身心治療及輔導教育辦法」。	本辦法依性侵害犯罪防治法第20條第6項規定訂定之。
1999年4月21日	修正公布第10、77、221、222、224～236條條文及第十六章章名「妨害性自主罪」章；並增訂第91-1、224-1、226-1、227-1、229-1條條文及第十六章之一「妨害風化罪」章；並刪除第223條條文。	納入兩性平等觀念、性侵犯強制治療施以保安處分賦予法源依據等。重要改變臚列如下：1.增定妨害性自主罪章；2.將性犯罪之被害對象及於男女，肯定男女雙方性自主權及身體自由權；3.以「性交」用語，取代原「姦淫」字眼，性交包括了性器接觸、口交、肛交、異物插入等行為；4.強暴脅迫等行為無須達到「致使不能抗拒」之程度；5.限縮告訴乃論範圍，將妨害性自主罪之行為，原則上列為非告訴乃論罪，亦即除對配偶犯普通強制性交罪（第221條第1項），或未滿18歲之人犯與帥童性交或猥褻罪（第227條）仍保留為告訴乃論外，其餘本章各罪均改為非告訴乃論；6.原則上降低各犯罪類型之法定刑，普通強制性交罪的法定刑（第221條第1項）從舊法強姦罪之五年以上有期徒刑降為三年以上有期徒刑，但是加重強制性交罪（第222條第1項）將八款情形全部加重，科以較重之無期徒刑或七年以上有期徒刑，與舊法輪姦罪之法定刑相同；7.增訂性侵害犯罪加害人需接受強制治療處分之規定。
2005年2月2日	修正公布第10、77、91-1、222、225、229-1；並自2006年7月1日施行。	修法後關於性侵害防治重大的轉變在於性侵加害人治療無效者不得假釋，取消刑前鑑定與刑前治療等，並自2006年7月1日起開始施行。說明如下：1.刑法總則性交定義之修

表 8-3　性侵害相關法規修法歷程一覽表（續）

時間	修正條文	重要修法內容
		正本法之「性交」行為，爰增列法條內「非基於正當目的所為之」等文字；另為顧及女對男之性交行為，並修訂第5項第1、2款增訂「或使之接合」之行為，以資涵括；2.假釋制度之改變，新修正刑法第77條採美國「三振法案」的精神，明示「受徒刑之執行而有悛悔實據者，無期徒刑逾二十五年，有期徒刑逾二分之一、累犯逾三分之二，由監獄報請法務部，得許假釋出獄」，惟於下列情形，不適用之：「犯第91條之1所列之罪，於徒刑執行期間接受輔導或治療後，經鑑定、評估其再犯危險未顯著降低者。」3.取消刑前鑑定與刑前治療將原先第91-1條之「裁判前應經鑑定」與「刑前治療」規定廢除，修改為「徒刑執行中治療」與「刑後治療」。
2005年2月5日	修正公布性侵害犯罪防治法全文25條；並自公布後六個月施行。	1.因應刑法修正性侵害犯罪加害人接受強制治療的規定，性侵害犯罪防治法也新增有關性侵害犯罪加害人接受處遇、治療的規定，也就是提升「社區處遇」的重要性，意即性侵害犯罪加害人在接受有期徒刑或保安處分執行完畢、假釋、緩刑、免刑、赦免或緩起訴處分時，經評估認有施以治療輔導之必要者，直轄市、縣（市）主管機關應命其接受身心治療或輔導教育；同時七年內應定期向警察機關辦理登記、報到，只要身分、就學、工作、車籍等資料有異動時也應主動登記；2.增加觀護人在執行保護管束時處遇的選擇，例如密集約談及訪視、協請警察機關查訪、驗尿、限制住居、宵禁、測謊、禁止接近特定場所或對象、轉介其他相關機構以及輔以科技設備（電子腳鐐）監控。

表 8-3　性侵害相關法規修法歷程一覽表（續）

時間	修正條文	重要修法內容
2005年7月5日	訂頒「性侵害犯罪付保護管束加害人測謊實施辦法」。	全文11條；並自同年8月5日施行，本辦法依性侵害犯罪防治法第20條第9項規定訂定之。
2005年7月26日	訂頒「性侵害犯罪付保護管束加害人採驗尿液實施辦法」。	全文16條；並自同年8月5日施行，本辦法依性侵害犯罪防治法第20條第8項規定訂定之。
2005年8月3日	訂頒「性侵害犯罪付保護管束加害人科技設備監控實施辦法」。	全文16條；並自同年8月5日施行，本辦法依性侵害犯罪防治法第20條第9項規定訂定之。
2005年8月5日	修正性侵害犯罪加害人身心治療及輔導教育辦法。	依性侵害犯罪防治法第20條第8項規定辦理。
2005年11月11日	訂頒「性侵害犯罪加害人登記報到及查閱辦法」。	全文17條，依性侵害犯罪防治法第23條第4項規定訂定。
2010年1月13日	修正公布性侵害犯罪防治法第11、25條條文；並自1999年11月23日施行。	配合修正公布之民法總則編（禁治產部分）、親屬編（監護部分）及其施行法部分條文，將「禁治產宣告」修正為「監護宣告」。
2011年11月9日	修正公布性侵害犯罪防治法第4、7～9、12～14、20、21、23、25條條文；增訂第22-1、23-1條條文；刪除第5條條文；並自101年1月1日施行。	1.增訂性侵害犯罪加害人易服社會勞動者，經評估認有施以治療輔導之必要時，直轄市、縣（市）主管機關應命其接受身心治療或輔導教育，並配合實務運作，修正科技設備監控之運用等觀護人採取之處遇方式；2.為解決1996年6月30日以前犯性侵害犯罪之加害人，於接受獄中治療或社區身心治療或輔導教育後，經鑑定、評估，認有再犯之危險者，因不能適用1996年7月1日修正施行後之刑法第91-1條有關刑後強制治療規定，而產生防治工作上之漏洞，導致具高再犯危險之性侵犯於出獄後不久即再犯性侵害犯罪，衍生法律空窗之爭議，爰增列第22-1條；3.將犯刑法第224、228條及曾犯第227條再犯同條之罪之加害人一併納入登記、報到範圍；且鑑於警察機關對於性侵犯之定期或不定期查訪，對於性侵犯心理發生極大之外部約制力量，為落實性侵犯社區監督，爰增列規定。

表 8-3　性侵害相關法規修法歷程一覽表（續）

時間	修正條文	重要修法內容
2011年12月30日	訂頒性侵害犯罪防治法第22-1條加害人強制治療作業辦法。	全文共14條，自2012年1月1日施行。本辦法依性侵害犯罪防治法第22-1條第5項規定訂定之。
2015年12月8日	修正公布第2、3、8、13條、17、20、22-1及25條條文；增訂第13-1、15-1、16-1及16-2條條文，除第15-1條條文自2017年1月1日施行外，餘自公布日施行。	1.第13-1條明訂，任何人都不得以媒體或其他公開方式揭露被害人的姓名或是足以辨識身分的資訊；2.專業人士除了依性侵害犯罪防治法第15-1條規定，得於偵查或審判中陪同被害人在場並陳述意見外，並賦予其得協助被害人詢問，且詢問筆錄具有證據能力，以維護兒童及智能障礙者司法權益；3.第16-2條明訂，性侵害犯罪被告或其辯護人，在審判中對被害人有任何性別歧視的陳述與舉止，法官應即時制止。

二、性侵害防治作為

　　性侵害犯罪侵犯了人類身體最隱私的部位，對被害人身心靈皆易造成極大傷害與羞辱，所產生的影響可能終其一生。雖然過去有關性侵害對於被害人的長期效應研究，大多數是集中在婦女的身上，然而Lew（1988）提醒我們，不論性別為何，性虐待均對於被害人成年期的適應能力有所影響，只是被害人可能會因為性別的不同，而出現不同的症狀。他發現，就男性被害人而言，可能會複製了他們的被害事件，而顯現於外在的行為（如較易怒及對他人較容易有攻擊行為）；就女性而言，則較可能會內化了被害事件（如較為憂鬱）。

　　一旦性侵害事件發生後，需要許多不同工作層面的單位共同處理，並非一個單位所能解決。其需要警方的介入、醫療的服務、社工的處遇、教育系統的支持、被害人與加害人的輔導、律師的諮詢、司法的偵辦，甚至勞工單位的介入等。在過去，被害人於案件審理過程中，常常需要反覆地接受檢察官或法官之傳喚，如此重複回憶並陳述被害之經過，不僅造成被害人二度創傷，亦將導致被害人因而怯於採取訴訟途徑。如此一來，不

僅讓被害人長期處於恐懼的心理壓力，亦將讓加害人逍遙法外，而可能犯下更多案件。此外，當被害人因年幼或身心障礙等因素致其陳述能力有所欠缺時，則需結合社工、心理、醫療等專業人力資源之協助以完成偵訊。因此，衛生福利部家庭暴力及性害防治委員會乃於1999年第八次會議決議，推動「性侵害案件減少被害人重複陳述制度」。以期整合檢察、警察、社政及醫療等單位處理性侵害案流程，即時提供被害人必要之診療、保護與法律扶助。並自2001年1月1日起，由臺北市、高雄縣、花蓮縣率先實施，第二階段規劃高雄市、基隆市自2003年1月1日實施，再而陸續推廣至其他縣市（衛生福利部家庭暴力暨性侵害防治委員會，2003）。本案實施後，一旦符合「性侵害案件減少被害人重複陳述作業」的性侵害案件進入減述作業程序後，即由警察辦理後續偵查事宜及移送，再由減述作業之承辦檢察官偵辦，採行一案到底制，以期減少被害人之二度傷害。為精進性侵害犯罪防治工作，衛生福利部自2008年起更進一步分階段規劃推動「性侵害案件整合性團隊服務方案」。2008年由基隆市、桃園縣、臺中市、彰化縣及高雄市政府等五個縣市執行第一階段「性侵害案件改進方案」；2009～2010年陸續加入臺北市、新竹市、臺中縣、雲林縣、高雄縣、宜蘭縣、花蓮縣、苗栗縣及臺東縣等九縣市；自2011年起，新北市、新竹縣、南投縣、嘉義市、嘉義縣、臺南市及屏東縣等縣市全面推動，並納為衛生福利部中程施政計畫。本方案以「專責處理」、「全程服務」二大核心概念，結合以被害人為中心的減述作業精神，達到提供被害人完整的服務品質、改善驗傷採證處理及證物保全品質及協助伸張司法正義的目標。為提升各縣市推動本方案之成效，衛生福利部家庭暴力及性侵害防治委員會每年都會舉辦觀摩會議，讓辦理成效較佳的縣市團隊提出執行報告、經驗分享及建議，並引領參與之縣市成員實地觀摩。

　　此外，自2012年起，性侵害犯罪加害人經評估後，具高度再犯危險者，將納入刑後強制治療機制，期使性侵害累犯不再成為社會的潛在威脅。雖然我國有關性侵防治法制已漸臻完整，但能否展現其成效則端賴落實執行程度而定。由於警察機關為性侵害防治專責網絡中極重要之一環，故如何加強專責人員訓練提升專業素養，並善用社會資源落實性侵害犯罪防治工作，以回應性侵害犯罪防治法所賦予之責任已刻不容緩。就性侵害的防治作為而言，至少必須從加害人、被害人和社會文化制度等三個層面

進行才能克盡其功（黃富源，2000）。而警察機關的防治作為亦應從此三領域著手（許春金、黃翠紋、謝文彥，2011）。

（一）加害人防治作為

1. 性侵害治安顧慮人口查訪：性侵害犯罪加害人係「治安顧慮人口查訪辦法」第2條第1項第6款規定之定期實施查訪對象。查訪期間，以刑執行完畢或假釋出獄後三年內為限，每個月實施查訪一次，必要時得增加查訪次數（第4條）。查訪項目包括：查訪對象之工作、交往及生活情形，以防制其再犯為重點（第3條）；警察發現查訪對象有違法之虞時，應以勸告或其他適當方法，促其不再犯（第8條）。

2. 觀護人加強加害人之處遇：依性侵害犯罪防治法第20條第2項規定：觀護人對於假釋或緩刑付保護管束之加害人得實施約談、訪視，並得進行團體活動或問卷等輔助行為。對於有事實足認其有再犯罪之虞或需加強輔導及管束之受保護管束加害人，得密集實施約談、訪視；必要時，並得請警察機關派員定期或不定期查訪之。

3. 執行性侵害犯罪加害人登記報到及查閱作業：依據「性侵害犯罪防治法第23條」、「性侵害犯罪加害人登記報到及查閱辦法」及「性侵害犯罪加害人登記報到應遵守事項及報到須知」等規定，直轄市、縣（市）主管機關接獲矯正機關及軍事監獄、檢察機關、法院之加害人刑期屆滿、假釋出獄、赦免通知書、緩起訴處分書、緩刑及免刑宣告之判決書時，應以書面通知（府函）加害人於指定期日至其戶籍所在地警察局報到並辦理登記。警察（分）局則應於受理加害人登記或報到後，二十四小時內完成資料新增、確認或異動登記，並於法定應登記報到期間完成之翌日零時刪除其登記資料。

（二）被害人保護作為

1. 結合轄內各相關機關、團體辦理性侵害防治觀念及工作之宣導：由於18歲以下年齡層為易受害之潛在被害危險群，故應以此年齡層為「防治教育」之重點目標群。而在辦理之課程內容方面，則可加強女子防身術及性侵害案件危機處理之訓練課程。

2. 性侵害被害人除了需要法律上的保護外，更需有專業的身心輔導與支

援，以助其及家人早日恢復正常的社會生活。故警察人員於偵辦性侵案件過程中應注意被害人之狀況，適時轉介至相關機構。

3. 定期統計、蒐集、分析轄內性侵害犯罪狀況與相關案例，適時發布預警通報。

（三）建構安全生活空間

1. 針對經常發生犯罪地點及治安死角，除加強裝設照明設備、電子監控設備或警鈴外，應加強巡邏密度及實施路檢盤查；亦應針對轄內中、小學校學生上、下學重點時段與所經路線，加強規劃交通安全維護與巡守勤務，配合導護措施。

2. 配合當地性侵害防治中心，建立二十四小時救援、保護系統，提供迅速、專業之服務。

3. 對於轄內設置「警察服務聯絡站」之二十四小時便利商店，協助提供民眾緊急求援、臨時收容、代為報警及代叫計程車之服務，擴展救援與服務點。

4. 配合運用志工、導護媽媽、爸爸，協助辦理護童工作，維護學童上、下學安全。

5. 運用志工、社區守望相助組織或公寓、大樓管理員，協助舉發可疑人物、犯罪死角等情資，並加強宣導相關預防措施。

6. 提供代叫計程車服務，如接獲民眾請求，代為聯絡優良品牌計程車，並於工作紀錄簿上記載。亦可透過相關單位，協調百貨公司、大型餐廳、飯店、戲院、旅館、遊樂場、醫院等單位增設計程車招呼站，協助顧客招呼計程車，並登記備查。

7. 針對轄區內飯店、賓館、汽車旅館、百貨公司及公共場所等加強宣導，防範不法之徒安裝隱密之迷你針孔攝影機。

第四節　性騷擾防治工作推動現況

「性騷擾」是指：與性或性別有關的言語或身體的騷擾行為。對被害人而言，是一種非自願性、不受歡迎且是令人不愉快的感受，而且該行為

的目的或結果會影響被害人正常生活之進行。目前在實務認定上，除會視被害人的主觀感受外，亦會審酌當事人關係、歷史事件、事件發生情境及事後反應。有關性騷擾的判斷，除了法條上的定義外，還可以參考下列要素（Savicki, Cooley & Gjesvold, 2003; Whaley & Tucker, 1998）：一、被害人的主觀感受：被害人在案發時，曾經立即對加害人提出抗議、抱怨，或曾對他人提起，但加害人仍未立即停止行為者；二、加害人已影響到被害人正常生活的進行：此情形特別容易發生在加害人與被害人存有上下隸屬、不對等的關係時，如校園、工作場所或醫病關係；三、加害人性騷擾史：加害人過去是否有性騷擾他人之紀錄，以及其性騷擾行為是否重複發生與發生頻率。值得注意的是：雖然上述要素可作為判斷性騷擾事件發生的參考，但依性騷擾防治法施行細則第2條規定，仍應依個案發生背景、環境、當事人之關係、行為人之言詞、行為及相對人之認知等具體事實個別認定。

　　國際間最早所稱的「性騷擾」，係指工作場所性騷擾。例如，美國平等就業（僱用）機會委員會即將性騷擾定義為：「性騷擾係本質為性，而不受歡迎之口語或身體的行為」。此後校園與公共場所的性騷擾問題亦受到關注，因此，我國目前有關性騷擾防治的相關法規包括：性別工作平等法、性別平等教育法、性騷擾防治法。此三法之適用情境、適用對象、保障權益、受理窗口及主管機關均不相同，茲整理如表8-4所示：

表 8-4　性騷擾防治三法之比較

適用法律	性別工作平等法	性別平等教育法	性騷擾防治法
性騷擾的定義	性別工作平等法第12條 **交換式性騷擾**：雇主對受僱者或求職者為明示或暗示之性要求、具有性意味或性別歧視之言詞或行為，作為勞務契約成立、存續、變更或分發、配置、報酬、考績、陞遷、降調、獎懲等之交換條件。**敵意環境性騷擾**：受僱者於執行職務時，以性要求、具有性意味或性	性別平等教育法第2條 **交換式性騷擾**：以性或性別有關之行為，作為自己或他人獲得、喪失或減損其學習或工作有關權益之條件者。**敵意環境性騷擾**：以明示或暗示之方式，從事不受歡迎且具有性意味或性別歧視之言詞或行為，致影響他人之人格尊嚴、學習、或工作之機會或表現者。	性騷擾防治法第2條 **交換式性騷擾**：性侵害犯罪以外，對他人實施違反其意願而與性或性別有關之行為。並以該他人順服或拒絕該行為，作為其獲得、喪失或減損與工作、教育、訓練、服務、計畫、活動有關權益之條件。**敵意環境性騷擾**：性侵害犯罪以外，對他人實施違反其意願而與性

表 8-4　性騷擾防治三法之比較（續）

適用法律	性別工作平等法	性別平等教育法	性騷擾防治法
	別歧視之言詞或行為，對其造成敵意性、脅迫性或冒犯性之工作環境，致侵犯或干擾其人格尊嚴、人身自由或影響其工作表現。		或性別有關之行為。並以展示或播送文字、圖畫、聲音、影像或其他物品之方式，或以歧視、侮辱之言行，或以他法，而有損害他人人格尊嚴，或造成使人心生畏怖、感受敵意或冒犯之情境，或不當影響其工作、教育、訓練、服務、計畫、活動或正常生活之進行。
適用情境	職場性騷擾。	校園性騷擾。	前二者外之其他性騷擾行為，如公共場所性騷擾。
適用對象	求職者、受僱者於執行職務時。	一方為學生；另一方為學校校長、老師（專兼任老師、教官、護理老師、教育實習）、職員（除了老師以外，在學校執行行政事務或庶務的人員）、工友或學生（在學、進修）。	前二者外之其他對象。
保障權益	工作權	受教育權	人身安全權
受理窗口	被害人向其所屬僱用單位設立之申訴管道提出申訴。	被害人向加害人行為時所屬學校提出申訴。	被害人可向警察局、直轄市、縣（市）政府申訴或向加害人現職所屬僱用單位提出申訴。
主管機關	各直轄市、縣（市）政府勞工局。	各直轄市、縣（市）政府教育局。	直轄市、縣（市）政府社會處（局）。
申訴、告訴	僅申訴。	僅申訴。	性騷擾防治法第2條僅能申訴；性騷擾防治法第25條可告訴，亦可申訴。

表 8-4　性騷擾防治三法之比較（續）

適用法律	性別工作平等法	性別平等教育法	性騷擾防治法
警察處理程序	原則：製作表單後函給勞工局（無需調查）。但如涉性騷擾防治第25條，被害人提出告訴→將案件移（函）送案發生地司法機關。	原則：製作表單後函給教育局（無需調查）。但如涉性騷擾防治第25條，被害人提出告訴→將案件移（函）送案發生地司法機關。	原則：1.已知加害人所屬機關：製作表單後函給該機關（無需調查）；2.加害人所屬機關不知或不明：即行調查。但如涉性騷擾防治第25條，被害人提出告訴→將案件移（函）送案發生地司法機關。

　　在性騷擾防治工作中，警察機關不僅因職務而需受理性騷擾事件；由於警工作特性，在警察機關內部亦可能發生性騷擾事件，而構成性別工作平等法第12條之行為。因此，以下將就警察機關在性騷擾防治上的角色和任務，區分為：警察職務上作為的角色以及警察機關保障無性騷擾的工作環境的角色來探討。

一、警察職務上作為

　　當民眾因遭受性騷擾而向警察機關報案時，警察可依案件情形而採取以下作為（許春金、黃翠紋、謝文彥，2011）：

（一）無法受理之案件：當民眾所報案件未構成性騷擾事實或已超過追訴時限時，除告知無法受理之原因外，可進一步提供相關資訊供當事人參考，諸如：說明未來若再發生此類事件時，應提出申訴的單位為何；此類事件之預防作為等。

（二）已構成性騷擾行為之案件：處理此類案件的重點在於避免事件再次發生。故除於詢問與調查時應嚴格遵守隔離、保密等原則外，亦可提供相關法律諮詢以避免加害人（被申訴人）再犯及預防被害人（申訴人）再受傷害：1.對加害人：除告知依據性騷擾防治法之規定，其行為是不允許及可能的法律效果外，並強調在調查期間請避免與被害人有直接或間接的接觸，並恪守保密義務；2.對被害人：除告知相關之法律規定與權益保障外，並可提供其可運用的資源和對應的窗口。

二、警察機關之性騷擾防治作為

　　相較於其他機關，警察機關傳統組織文化與工作性質等因素均可能提高性騷擾事件發生機率。加以警察機關肩負性騷擾防治宣導責任、為受理性騷擾申訴的重要官方窗口。若警察機關內部無法公正嚴明處理性騷擾事件，警察人員在調查與受理性騷擾事件的專業性亦會遭受嚴重質疑，故機關內部性騷擾防治格外重要。從過去研究顯示，大多數性騷擾事件的原因主要源自兩性相處規範模糊，為避免警察人員在機關內、外對他人構成性騷擾情事，首要預防策略在於確實規範工作場所行為準則並強化教育訓練，以使警察人員都能確實瞭解兩性相處之道，以防止性騷擾事件發生（Ismail & Chee, 2005；陳淑雲、黃富源、周文勇，2008）。

　　以下分就警察機關內部及警民互動兩方面討論警察機關防治性騷擾之措施（許春金、黃翠紋、謝文彥，2011）：

（一）警察機關內部

　　警察人員由於工作時間長且與同仁互動頻繁與密切，加上組織文化與工作性質之影響，許多的性騷擾事件可能源自於小地方的輕忽，若不事先採取預防作為，將可能逐漸累積、演變成性騷擾行為。除了機關主管應表達嚴正的「拒絕性騷擾」的態度外，不同性別警察同仁於互動時亦應謹守以下規範：

1. 以專業而非性別看待同仁。
2. 多以同理心，試圖瞭解不同性別者在警察工作中遭遇到的困境。
3. 上班時間以外，應避免不同性別之同儕一對一相處，並應注意時間、地點的選擇。
4. 當遇有同儕不適當的言行時，應即嚴正制止並要求不再犯。
5. 在工作場合中，目睹同仁有不符規範的行為時應即制止。
6. 定期舉辦性騷擾防治課程，強化同儕對性騷擾事件的敏感度與處理此類事件的能力。

（二）警民互動

　　警民互動的原則，除了避免警察於執勤過程中，對民眾造成不快或被騷擾的感覺外，也為了警察人員的自保，故應注意以下互動規範：

1. 執行職務應儘量在公眾得出入場所。
2. 因執勤而有肢體接觸必要時，儘量由同性為之；若遇無法由同性為之，應先行告知。
3. 因執行職務遇有新住民語言溝通有障礙時，應請通譯到場以免誤會。
4. 民眾提出的要求非警察業管者，應以良好態度予以說明並轉介到相關政府機關。
5. 遇有較敏感問題時，應請民眾偕同家人或友人前來，必要時應錄音。
6. 不對洽公民眾外表、穿著、行為等做出評論，亦應避免在詢問或回答問題時有不適當的神情與表情。

第五節　警察在婦女人身安全保護工作的努力方向

　　雖然警察機關在婦女人身安全案件處理中，一直扮演著相當重要的角色（Goolkasian, 1986）。然而1960年代之前，許多國家的警察在這些案件的處理上卻存在著許多迷思，使其不願意積極介入。以親密關係暴力案件的處理為例，警察存在以下迷思：第一，認為親密關係暴力是家務事，對於此種私人的事件警察不宜積極介入處理；第二，認為親密關係暴力經常是由被害人所促發的；第三，認為親密關係暴力是肇因於貧窮，使得警察對於這個問題的解決抱持著悲觀的態度。由於警察機關普遍存在著上述迷思，造成警察不願積極介入親密關係暴力的處理之情形（黃翠紋，2004）。同樣地，過去臺灣亦由於社會文化、警察組織，以及被害人態度等諸多因素所影響，而使警察不願意介入婦女人身安全案件之處理。例如，根據黃富源（2000）的研究發現，警察不願意介入婦女人身安全案件的原因可能包括以下幾點：警察傳統對婦女人身安全案件的不重視、警察組織缺乏鼓勵處理婦女人身安全案件的誘因、警察組織容易社會化新進人員忽視婦女人身安全、警察文化中存有性別歧視的價值、處理婦女人身安全的風險極高、處理婦女人身安全的法律限制極嚴、婦女人身安全的起訴定罪成功率低、警察人員擔心處理婦女人身安全容易觸法，以及婦女人身安全案件發生的時段常與重大刑案的發生有所衝突等。由於影響因素相當多元，如果沒有強而有力的改變動力，將很難迫使警察改變其舊有對於

婦女人身安全案件的處理態度。

　　然而時至今日，隨著婦女權益保護運動的蓬勃發展，社會要求政府相關人員必須積極介入處理。使得警察人員在婦女人身安全案件的處理上，不論是在訓練、調查，以及與其他機關的合作上都已有顯著的進步。尤其，晚近世界各國警政管理上所推行的「社區警政」（community policing），也對警察積極介入婦女人身安全保護工作具有推波助瀾之效。同時，社區警政也要求警察人員在社會問題的處理上，需與其他機關採取合作模式。誠如Trojanowicz與Bucqueroux（1990）所言：「社區警政是一種哲學與組織策略，它讓警察與社區居民在新的方式下能夠緊密地工作在一起，共同解決犯罪、犯罪被害恐懼感、心理疾病，與社區解組等問題。……社區警政也是植基在社區民眾應該能夠跟警察機關共同合作，以改善社區整體生活品質的理念上（p. xiii）。」社區警政代表著警察傳統組織的重組與分權化，在此組織系統下，其社區警察（community policing Officer）有別於傳統的巡邏警察，是分散在社區之中，大部分的執勤時間是與轄區中的居民在一起。在犯罪問題以及社區其它問題的預防與處理上，社區警察都應該具有更多的裁量權，以處理更多的突發狀況（Wycoff & Skogan, 1994）。他們也被付予公權力，來促使社區中新的機制之建立，以改善公共秩序並提升社區居民的安全感，這些措施包括：市民巡守隊、自我保護與目標物強化課程，以及犯罪被害人服務等。

　　同樣地，臺灣地區警察機關過去亦將警察的任務侷限在打擊犯罪及逮捕人犯的工作上，而許多婦女人身安全案件則多不被視為刑事案件或是犯罪，使得在婦女人身安全專屬法規實施前，對於女性被害人的保護常由社工人員扮演最前線的角色，警察人員充其量只是對於當事人所涉及的刑事案件加以調查、蒐證及移送地檢署偵辦，而被害人對於和警察的接觸經驗亦多感不滿（黃翠紋，2004）。但從警察法第2條精神觀之，警察任務不應只侷限在這些範圍，還應該包含積極促進人民福利在內，所以警察也應負有社會服務的義務。鑑於警察在犯罪抗制與被害人保護所扮演的角色，近年來通過立法的「性侵害犯罪防治法」、「家庭暴力防治法」及「性騷擾防治法」等婦女人身安全專屬法規，都要求警察必須積極介入過去被定位為社會服務的工作範圍中。

　　綜觀臺灣地區警察在婦女人身安全案件所扮演角色之變遷，係源自

1990年代。當時由於一些重大婦幼安全案件，如1993年爆發鄧如雯殺夫案，1996年11月發生彭婉如命案，以及1997年4月發生白曉燕慘遭撕票案等，在社會輿論（尤其婦女團體）壓力下，促使政府機關對婦女人身安全維護提出各種相關保護措施及制定相關防治專法，以落實婦女權益保障。另為提供婦女適切的保護措施，衛生福利部亦結合各專業體系（社政、警政、衛政、教育等相關機關），建立婦女人身安全保護網路，辦理相關輔導、緊急安置等保護措施。至於衛生福利部警政署為充分保障婦女權益及加強維護婦女人身安全，則依1997年8月國家發展諮詢會議社會治安諮詢會議中，有關「警政制度與犯罪偵防議題」之研討結論，各縣市警察局成立「女子警察隊」（後更名為婦幼警察隊）。而1998年所公布的「家庭暴力防治法」更促使警察對於婦女人身安全案件的處理，必須扮演更為積極的角色。因應此種角色變遷，警察機關除於2000年各縣市警察局陸續成立婦幼警察隊，自2001年6月15日起各警察分局三組亦成立專責處理家庭暴力案件之人員——家庭暴力防治官。此後，考量家庭暴力防治工作過於仰賴分局家防官執行，致家防官工作負荷沉重，然而與民眾接觸最為頻繁的分駐（派出）所員警，又常因不盡嫻熟致有處理不當情形發生。為使家庭暴力防治官已建立之專業形象，向下紮根至派出所層級，以指導協助派出所同仁正確、妥適及依法處理家庭暴力案件，並保護被害人的安全，衛生福利部警政署乃規劃研訂「警政署推動分駐（派出）所設置社區家庭暴力防治官實施計畫」，並自2007年7月份起實施。以期透過社區家防官制度之實施，專責婦女人身安全工作之推動與執行。

　　隨著婦女人身安全議題逐漸受到社會大眾的重視，警察作為第一線與民眾接觸最為頻繁的政府人員，乃肩負著最為直接與重要的責任。而相關案件是否能依法及正確程序快速而有效的處理，則均在在考驗著警察的案件處理能力。然而近年來由於婦女人身安全案件之數量呈現逐年增加的趨勢，不僅警察人員於婦女人身安全保護之工作負荷量越來越大，而分局家防官之流動又頗為頻繁，第一線員警在面對漸增的工作量與生澀的實務流程時，常倍感無力。綜合目前警察機關推動婦女人身安全防治工作所面臨的問題可以區分為以下六項：

一、角色定位模糊的困境

　　傳統警察文化將警察工作定位為專業執法者的角色，警察的主要工作則是在直接和犯罪打擊有關的工作上。而婦女人身安全相關防治法令實施後，雖然要求警察必須積極介入過去被定位為社會服務的工作範圍中，但這並非意謂警察角色將由執法者（law enforcement）全然轉換為社會工作者（social worker）。亦即並不是期待警察人員成為一位專業的社工人員，可以去輔導個案；而是強調：社會工作中有許多技巧與知識是可以讓警察運用到婦女人身安全防治工作上，而且警察在與被害人接觸的過程中，應該更能夠瞭解其在犯罪被害後的內心感受，避免其遭受二度傷害。可惜目前仍有許多警察無法充分掌握處理此類案件應有的角色分際，加上目前與女性被害人接觸最多的員警仍以派出所為主，但由於其要負責的工作範圍相當繁雜，使其難以充分掌握警察在婦女人身安全防治工作中的角色，而影響整體警察在婦女人身安全防治工作中的意願與效能。

二、人力資源短缺的困境

　　為彰顯政府推動婦女人身安全保護工作的決心，自2005年9月所有縣（市）警察局皆已成立婦幼警察隊。然而卻由於面臨政府推動人事精簡的政策以及政府財政困難等現實環境的影響，使得這些新增加婦幼警察隊的縣市皆未因新增單位而在人力與預算資源上有所增加。新成立的婦幼警察隊員額僅能在縣（市）警察局現行編制員額內調整運用；至於辦公費用，從刑事警察局的統計顯示：有12個縣市的婦幼隊全年業務經費低於50萬，甚至有婦幼警察隊出現沒有辦公費用可以支用的窘境。至於中央主管機關——刑事警察局預防科的婦幼保護組僅有五人負責全國婦幼保護業務，相關經費更是有限（張錦麗，2008）。因此，目前警察機關負責推動婦女人身安全防治工作的單位，普遍面臨辦公費用不足、人力短缺的問題。面對人力資源短缺的困境，警察機關除應進行組織變革外，另一改善途徑，則是志工之運用。至於所需辦公經費，則需視各地方政府財政預算以及是否重視婦女人身安全保護工作而定了。

三、專業訓練方面的困境

　　婦女人身安全案件之處理與一般刑事案件有許多相異點，處理人員需要具備有別於一般刑案處理之專業能力[8]。有關婦女人身安全防治之訓練課程方面，近年來隨著婦女人身安全專屬法規陸續實施後，除了警察大學與警察專科學校有開設婦女人身安全相關課程外，衛生福利部警政署亦會定期對警察分局家防官實施婦女人身安全防治課程之訓練，而許多縣市也可能於常年訓練課程中對所屬員警實施相關防治教育，以提升其專業處理能力。但由於這些受訓的人員，係以業務承辦人員為主，絕大多數人員並未實際辦理婦女人身安全案件。反之，警察機關對於實際與被害人接觸之第一線處理婦女人身安全案件的分駐（派出）所員警，所實施之訓練則相對地較少（蔡震榮、孟維德、黃翠紋，2001）。此外，由於臺灣地區分駐（派出）所所承辦之業務相當龐雜，造成員警在處理各項警察工作時所需之專業不足。而在婦女人身安全案件的處理上，即便所有分駐（派出）所員警曾或多或少接受過相關訓練，但由於這些員警所需處理的案類太多，使其並不會特別重視婦女人身安全案件的處理。加上婦女人身安全案件的處理往往需要很長一段時間才能處理好，凡此皆影響分駐（派出）所員警處理婦女人身安全案件的品質與意願。為改善此一問題，若能建立專人專責之專業分工制度，不僅可以克服人力不足之窘境，又可提升處理案件之品質。

四、實際受理婦女人身安全案件人員流動性高與無法專責處理的困境

　　雖然依照規定，各警察分局自2001年6月起皆應指派一名員警擔任「家庭暴力防治官」，專人專責處理婦女人身安全案件。然而實施至今，

8　此類案件之處理所需的技巧非常多，大體上可以分為控制性的行動（control actions）與支持性的行動（supportive actions）二大類。使用命令、言語上的威脅，乃至於使用肢體控制（如逮捕）等控制性的行動，主要是希望透過宣示政府強制力之介入，以達到秩序控制的效果。至於提供民眾諮詢、以及表達敬意與關心等強調對於當事人心理的支持與同理心的支持性行動，則可以提升民眾對於警察處理的滿意度。可惜在傳統的警政模式下，由於警察的角色扮演著重於犯罪打擊者的角色，使得此種支持性的行動並不被重視，而警察亦很少接受此方面專業知識之訓練。

此一變革措施卻存在一些問題而有待改善者。首先，雖然衛生福利部警政署一再要求各所屬警察分局辦理婦女人身安全業務專責化之制度，但是受限於警察分局人力所影響，許多警察分局的家庭暴力防治官與少年事件防制官不僅常為同一人外，至今仍有許多警察分局的承辦人員無法專責於婦女人身安全案件的處理，他們仍需輪服共同勤務，以及執行巡邏、臨檢、偵辦刑案與移送嫌疑犯等工作（吳啟安，2004）。如此不但影響他們的工作滿意度，亦將影響婦女人身安全防治成效。其次，婦女人身安全防治工作係屬刑事警察之邊陲工作，往往不受長官重視，而嚴重影響這些人員之工作士氣，人員流動之現象相當頻繁。整體而言，目前由於許多分局辦理婦女人身安全防治業務之人員需兼辦其他業務，要落實本項工作相當困難，倘若再加上個人主觀認知偏差，將使其缺乏工作熱忱，也無意願辦理本項工作，而這恐怕也是造成目前這些人員之調動非常頻繁的主因。

五、許多警政管理者仍不重視婦女人身安全防治工作的困境

警察機關是一個官僚色彩相當濃厚的行政機關，若能經由警政管理階層共同重視婦女人身安全案件之處理，透過高層單位間的參與意願，進而形成行政命令，方能形成應有之影響力。但根據過去研究發現，由於警察機關的主管以男性為主，而其對於警察角色之認知仍固著於傳統執法者之角色，並不重視婦女人身安全防治工作之推動。如此一來，嚴重阻礙員警辦理婦女人身安全案件的意願（黃翠紋，2004）。而目前在衛生福利部警政署之治安政策上，已能逐漸重視婦女人身安全防治工作，或許將可逐漸改善此種現象（楊文友，2010）。

六、和網絡其他單位連繫與合作尚待加強的困境

由於婦女人身安全的發生原因極為複雜，婦女人身安全的態樣極為多元，使得婦女人身安全防治成效有賴網絡間各相關單位皆能負起其應有的角色與責任，以及不同單位間可以通力合作，方能獲致預期成效。在團隊中，當一個單位的人力資源明顯多於團隊中的其他單位時，將會使其所必須負擔的工作較其他單位多（Garcia, 2003）。在此種不平衡的現象下，可能會造成某個單位的案件負荷量過重，必須處理許多事件，或是各自為政的情況。在這些情況下，團隊的效率已經喪失了（Pence & Wilson,

1994）。為改善此種情形，除了各單位皆必須針對其特有問題尋求解決對策外，亦必須透過共同舉辦業務講習、協調聯繫會報的方式，強化各單位之間的溝通與合作關係，讓彼此瞭解本身以及對方的權責和工作承接的方式。而衛生福利部為改善此種現象，近年來在防治工作上亦逐步推動整合性服務方案，諸如「性侵害整合性服務團隊」及「家庭暴力安全防護網」等，透過這些方案的推動，已使得許多縣市的防治網絡合作關係逐漸改善。

第六節　結語

　　不容諱言，臺灣近二十年來在婦女團體、相關研究學者與政府部門的共同努力下，性別平權運動在法律制度面的改善已有相當成果，婦女意識也已逐漸抬頭。而隨著婦女人身安全相關防治法令之實施，亦已喚起國人對於婦女人身安全的重視。這些法令為能有效防治婦女人身安全案件的發生，期許政府強制力能積極介入，以確保被害人的安全。至於警察機關不僅是政府強制力的主要執行機構，更由於警察機關的全面性分布特性，以及是一個二十四小時、全年無休的政府部門，使得警察機關成為女性被害人在尋求政府協助時，最常接觸的單位。而警察機關的處理情形，則往往左右了被害人後續所能夠接受服務的情形及其品質。因此，在婦女人身安全防治工作上，警察機關無疑地扮演了非常重要的角色。而就警察機關防治婦女人身安全工作推動成效而言，警察機關近十多年來對於婦女人身安全工作的投入與進步是有目共睹的，除了先後成立婦幼警察隊於、分局設置家庭暴力防治官外，基層員警也對於警察工作應納入婦女人身安全護工作漸有共識。但由於目前仍有許多主、客觀因素有待克服，未來仍需持續努力與改善。尤其當我們瞭解遭受人身安全被害事件對婦女身心的傷害，以及其家人與社會所需付出的代價後，就會體察到政府積極投入人力與物力在婦女人身安全防治工作中的重要性。警察作為政府維護治安最重要的一環，亦應持續努力以提升員警處理婦女人身安全案件之效能。

　　1976年聯合國婦女地位委員會通過了消除對婦女一切形式歧視公約（CEDAW）草案，接著聯合國大會並於1979年12月18日通過議案。至

2006年3月止，該條約已有183個成員國（顧美俐，2008）。雖然臺灣不是聯合國的會員，但近年來我國對於婦女人身安全工作的推動不餘遺力，立法院於2007年通過加入聯合國的「消除對婦女一切形式歧視公約」，2009年3月我國發表第一次消除對婦女歧視國家報告，於2011年5月20日經立法院三讀通過的「消除對婦女一切形式歧視公約施行法」，本法將自2012年1月1日起施行。因應行政院組改，2012年1月行政院性別平等處正式成立後，將統籌推動性別平等與人身安全保護等相關事宜，這是人身安全議題的最高政策規劃與協調單位；自2013年1月起，其下設有衛生福利部保護服務司，將統籌兒童保護與成人保護業務，預計將對人身安全防治工作之整合上將有所進展。而未來有關人身安全小組的幕僚工作，亦將隨著衛生福利部家防會的業務移撥到衛生福利部，將由衛生福利部警政署接手擔任人身安全小組的幕僚；主管全國警政婦幼業務的刑事局預防科婦幼組將提升位階到警政署，於警政署下設防治組，期望警察機關於婦女人身安全工作之推動上能有更為積極的作為。

第九章　兒童與少年保護

第一節　前言

　　兒童與少年是國家社會最寶貴的資產。但兒童、少年既無「權」，又無「利」，是一群亟需大人保護與照顧的弱勢團體。甚且由於兒童期乃是人生最重要發展階段，舉凡自我認定，人際關係互動模式，乃至於身心成長，都以兒童期為發展基礎。美好的人生奠基於快樂、健康的童年，但近年來隨著社會變遷與國人價值觀的改變，兒童及少年保護事件（以下簡稱兒少保護事件）時有所聞；有的兒少甚至來不及長大，看見或享受人世間的美好[1]。兒少遭受虐待事件對其日後身心發展有諸多負面影響，諸如：在行為上受虐兒少比非受虐兒少更具攻擊性，且採取更多的反社會行為；在性格上，受虐兒少較不快樂，同時在與人相處時不能扮演適當的角色；從長期影響來看，受虐兒少可能變成日後虐待子女的父母。由此可知，兒少保護事件的發生深切影響兒少的發展，如何在這變遷的社會中，為我們的兒少營造一個安全無虞及健康快樂的成長環境，實為任何國家與社會所必須擔負起的重大職責。

　　很少有事情會比幫助兒少更加有益處，一個社會如果容忍此種行為的發生，將會侵蝕到這個社會未來發展與長治久安的基礎。有鑑於此，政府理當帶領全民共同致力於受虐兒少的保護工作。因此，聯合國秘書長裴瑞茲曾說了一段發人深省的話：「社會對待兒童（少年）的方式，不僅反映出這個社會愛心的程度與保護照顧的品質，還反映出它的正義感、它對未

1　依據我國「兒童及少年福利與權益保障法」第2條明定兒童及少年係指：未滿18歲之人；所稱兒童，指未滿12歲之人；所稱少年，指12歲以上未滿18歲之人。此外，1989年聯合國「兒童權利公約」第1條視兒童為18歲以下之人，此乃國際間所稱「兒童」。因此，本章所謂「兒童及少年保護」係指：18歲以下兒童及少年，遭受父母、養父母、監護人等對兒少負有保護、教養責任者，或具維護兒少權益及福祉者，因違反相關規定，而致兒少遭受身體虐待、性虐待、精神虐待；或因照顧上之疏忽，致使兒少的健康或福祉遭受到損害及威脅；或因權益遭受不法侵害或剝奪時，這些權益或福祉受影響之兒少與其家庭成員，即是兒少保護工作的主要服務對象。

來的承諾，以及它為後代提升人類環境的渴望。這對國際社會來說，就和對個別國家而言，都是無庸置疑的（轉引自王明仁，1995：25）。」

表 9-1　兒少保護事件——施虐者身分

年別		父母（養父母）	照顧者	親戚	機構	同居者	其他（含不詳）	合計
2004年	人數	5,321	494	303	6	197	656	6,977
	百分比	76.26%	7.08%	4.34%	0.09%	2.82%	9.40%	100.00%
2005年	人數	6,690	764	478	11	413	672	9,028
	百分比	74.10%	8.46%	5.29%	0.12%	4.57%	7.44%	100.00%
2006年	人數	7,437	639	474	4	238	593	9,385
	百分比	79.24%	6.81%	5.05%	0.04%	2.54%	6.32%	100.00%
2007年	人數	9,842	665	667	29	340	956	12,499
	百分比	78.74%	5.32%	5.34%	0.23%	2.72%	7.65%	100.00%
2008年	人數	10,054	714	782	22	304	1,201	13,077
	百分比	76.88%	5.46%	5.98%	0.17%	2.32%	9.18%	100.00%
2009年	人數	9,861	753	713	36	307	1,346	13,016
	百分比	75.76%	5.79%	5.48%	0.28%	2.36%	10.34%	100.00%
2010年	人數	13,300	915	991	53	441	2,113	17,813
	百分比	74.66%	5.14%	5.56%	0.30%	2.48%	11.86%	100.00%

資料來源：內政部兒童局（2012）。

從表9-1內政部兒童局對兒少保護事件中施虐者身分的統計可以發現，歷年來，施虐者為受虐兒少的父母（養父母）之比率皆超過七成，顯見兒少保護事件仍以家庭為主要的發生場所。由於家庭是個體成長最重要的社會化機構，早期的哲學家即確定家庭所扮演角色的重要性。為了強調個體生命早期經驗的重要性，Starte指出：「一個人無法斷絕與家庭的關係，它就像天花一樣——當一個人在小時候患了病之後，終其一生都會跟著他。」亦即所謂的「本性難移」（The child is the father of the man）。而美國少年司法及偏差行為預防局（Office of Juvenile Justice and Delinquency Prevention, 1995）針對1,000名成年人從其4歲開始所進行的一個縱貫性研究，也對這個觀點提出有力的解釋。他們發現，只有38%來自非暴力家庭的青少年，在自我報告中自陳曾從事一些類型的犯罪行為；而來

自有暴力家庭中的小孩，則有78%的人自陳曾從事暴力的行為（Barnett, Miller-Perrin & Perrin, 1997）。由於家庭對個體的影響是如此深遠，它可以說是「暴力的搖籃」。

　　與在沒有受虐環境下成長的兒少比較起來，那些在受虐環境下成長的受虐兒少長大後，較可能成為謀殺犯、強姦犯，及在家庭外面較容易有攻擊的行為。而且受虐兒少所承受的虐待愈嚴重、次數愈多，那麼他在家庭外所從事的暴力行為也將會愈嚴重與頻繁（Hotaling, Straus & Lincoln, 1990）。雖然受虐兒少與成年犯罪之間的關係還有待更進一步的研究與確認之必要，但至少已有一些實證研究發現，受虐兒少長大成人之後，比一般家庭長大的兒少更可能成為一個家庭暴力的施虐者（Widom, 1989; Kaufman & Zigler, 1989; 黃翠紋，2000）。這個現象提醒吾人：如果能有效的降低兒少受虐，將可能預防這些受虐兒少長大後成為加害人的危險性。

　　今日臺灣社會由於變遷快速，整個社會結構蛻變加遽，舉凡婦女就業率提高、離婚率升高、單親與核心家庭增加等現象，均直接或間接反映於兒少成長環境與照顧問題上。因而弱化了家庭在兒少養育、保護和社會化的功能。許多家庭必須仰賴社會支持體系的協助，方能發揮其功能。目前社會正值少年犯罪、校園霸凌事件頻傳之際，社會充滿暴戾之時，及時保護兒少、加強家庭功能，方能避免兒少墮入犯罪深淵。警察機關為政府部門的一環，有著抗制犯罪、預防犯罪及保護被害人的職責與使命。虐待兒少的行為不僅是犯罪行為，對於受虐兒少的保護亦是警察人員責無旁貸的工作，應與其他專業團體共同合作，形成一保護網絡，始能讓受虐事件對兒少的傷害降至最低，確保其基本的權利。

第二節　我國兒童及少年保護服務的現況

　　兒少受虐現象可以追溯至人類有歷史記載之時。任何國家、社會、經濟地位的家庭都可能遭遇到此問題，其發生則橫跨了不同的性別、階級、種族及宗教背景的孩童都有可能成為被害人（Besharov, 1988）。在人類早期社會中，兒少被視為家庭的私有產業，如歐洲在中古世紀就盛行以童

工（child labor）來貼補家用，有時兒少甚至被當作牲畜一般作為生產工具。一直到18世紀末期，才開始有立法規定：「父母若無力輔養兒童，則剝奪其監護權將兒童安置於專責機構中。」這種「代行親權」（parental right）的觀念視兒少為社會資源，公權力可於父母不適任的情況下介入。但兒少受虐的現象直到19世紀末，因媒體的報導才受到重視。此時，歐美的民間兒少保護組織隨之興起，因而促成早期的兒少拯救運動。時至今日，兒少權利已受到世界各國的重視，1924年的日內瓦「兒童權利宣言」、聯合國1959年的「兒童權利宣言」與1989年的「兒童權利公約」，以及1979年國際心理學會所提出的「兒童基本心理權利宣言」，皆在在宣示了兒少有與生俱來的權利，國家亦應從法律與制度上來保障兒少的權利（黃翠紋，2000）。

即使在美國這個號稱「兒童天堂」的國家，每年仍有為數相當可觀的兒少受到各種不同類型的虐待。在1963年官方所記錄的兒少保護事件為15萬件，但到了1995年則有超過200萬個兒少保護事件，這個數字尚且不包括為數相當可觀的犯罪黑數在內（Livingston, 1996）。此外，也有許多的兒少死亡是肇因於遭受父母（或照護者）虐待所致。根據美國國家防治兒少虐待委員會（National Committee to Prevent Child Abuse, NCPCA）在1993年的統計指出，當年大約有715個兒少死於身體虐待，520個兒少死於其照護者對其身體的疏忽（McCurdy & Daro, 1994）。而在臺灣，依據內政部兒童局的統計，兒童受虐致死事件於2004年有11件、2005年有11件、2006年有13件、2007年有10件；雖然這幾年的兒少受虐致死事件統計數據相當穩定，但其間恐隱含為數甚多的犯罪黑數。由於有許多此類事件並不易被察覺，故在醫療單位或警察機關很可能被當作「意外死亡」或因病死亡而結案。至於為何父母會虐待其子女則是一個相當複雜的問題，至今仍沒有一個相當清楚的答案。但是可以確定的是，有許多的案件是導因於施虐者遭受家庭生活事件或是家庭產生一些病理所致，當施虐者無法很妥善地處理其生活上的危機，就可能轉而虐待其子女。尤其現今社會，家庭結構轉變、離婚率升高及經濟不景氣衝擊，家庭穩定度受到衝擊而顯得相當脆弱，亦間接使得在人生成長階段中非常仰賴成人照顧的兒少首當其衝。加上部分家庭面臨父母就業不穩定、藥酒癮濫用、患有精神疾病等問題，致使兒少受虐案件有逐年增加之趨勢（參見表9-1）。

一、兒童及少年保護事件之類型及其影響

（一）兒童及少年保護事件的類型與定義

對於兒少保護事件類型的界定，主要是企求能夠反映出社會嘗試設定其兒少照護的最低標準，但是此種努力在愈多元化的社會中，將愈不易達成共識。為了清楚瞭解兒少保護的現象並探求其原因，實在有必要對兒少保護事件類型作有系統的分類與解說，以期化繁為簡，而有助於學術上的研究與專業上之處遇。本書參酌大多數學者對於兒童虐待與疏忽的分類（Browne, 1993；余漢儀，1995；黃翠紋，2000），將其區分為以下四大類型，包括：

1. **身體虐待**（physical abuse）

是指施虐者故意對兒少採取攻擊行為，使其遭受非意外性身體傷害（如：淤血、傷痕、燒燙傷、骨折等），而導致兒少死亡、外型損毀及身體功能損害或喪失，或讓兒少處於可能發生上述傷害之險境中；亦包括來自過度及不符合其年齡、不適合情境的管教或懲罰。因此，本書將其定義為：「父母親或照護者非意外的行為，而造成18歲以下兒童、少年身體上的傷痕、骨折、內傷或灼傷等傷害。」這是首先引起專業人員注意的兒童虐待類型，係由小兒科醫師Kempe等人所提出的「受虐兒童症候群」（the battered child syndrome），而受到社會大眾的重視。

身體虐待和管教之間往往難以區分。一般而言，管教是適可而止的，父母的處罰是為了想改變孩子的行為，使其有好的表現；而虐待則是過重的懲罰，往往是因為父母的需要所致。學者普遍認為，父母親對於子女的管教與虐待行為是不一樣的，其間的差異如表9-2所示（黃富源，1999）。事實上，施虐者與非施虐者之間有許多不同的行為特點，而這些一般都會反映在問題解決，以及親職技巧的缺陷上。整體而言，施虐父母親有較差的問題解決能力；在親子的互動關係上，施虐者比較可能使用無效、以及極端的管教方式，因而形成一些親子關係上的問題。相較於非施虐者，施虐者比較少和子女互動與溝通。即使與子女有互動，施虐者也比較會出現強制、嚴厲，以及前後矛盾的態度，而且經常使用嚴格的管教方式，比較不會使用正面而積極的方式來鼓勵子女（Milner & Chilam-

表 9-2　管教與兒童身體虐待之間的區別

	管教	身體虐待
動機	善意、寬容而溫慰的期待或要求	怨恨、敵對而惡意的報復或處罰
方式	正向、支持的方式示範或告訴子女應所當為者	以忿怒、負向方式所施予子女的不適當懲罰
態度	鼓勵、贊許、支持而恆定一致	衝動、嚴苛、責罰而反覆無常
雙方的認知	父母與子女均知道行為的結果	父母對子女不給予他們瞭解父母動機的機會
規範的制定	非威脅性的，而是允許雙向表達真誠情感的溝通	威嚇性的、強制而單方向的威權式壓迫
對違規行為的定義	任何違規行為有著持續、清晰的定義，和可預見的結果	對於違規行為無持續、清晰的定義，子女無法預期結果
父母對子女遵從家規的反應	子女如果朝著父母所設定的目標或期許的方向努力，會得到獎賞	父母認為是理所當然的，子女不會因此而得到鼓勵
父母對子女不遵從家規的反應	允許子女練習父母所期望的行為，錯誤有更正的機會	錯誤即受到嚴苛的處罰，子女因之而感受到苛責，使其認為自己是一個「壞人」
造成結果	子女可從中得到成長、學習	紀律內化無效，加深雙方的誤解，不信任和仇恨

資料來源：黃富源（1999）。當前我國婦幼安全現況分析與防治對策。收錄於《刑事政策與犯罪研究論文集（二）》，法務部犯罪研究中心編印，頁111。

kurti, 1991）。例如，施虐父母親經常會對子女使用言語和身體上的攻擊行為，而且很少有理由與解釋，對於子女好的行為也幾乎沒有讚賞與獎勵。

2. 性虐待（sex abuse）

性虐待是指：「父母親或是照護者，任何施加於18歲以下兒少身上與性有關的行為」。其間並不一定涉及暴力的使用，引誘和欺騙則往往是施虐者最常使用的方式，以達到控制兒少的目的。因此，不管兒少是否認知到成人施加於其身上的性行為，只要是成人加諸於兒少身上與性有關的行為均屬之。至於性虐待的行為則可能包括：(1)強迫、引誘、容留或媒介兒少為猥褻行為或性交；(2)利用兒少攝製猥褻、色情之出版品、圖書、錄音帶、錄影帶、影片、光碟、電子訊號、遊戲軟體、網際網路等物品等行為。此種虐待不論在國、內外都已逐漸引起大眾的關切，是1980

年代之後，兒少保護領域中的一個新焦點。

3. 精神虐待（mental abuse）

精神虐待是指：「施虐者持續對18歲以下兒少批評、恐嚇、嘲笑，或對其表現有過度的要求，使其感到羞恥、自卑，造成精神莫大壓力，而受到心理上的傷害」而言。此種虐待又包括心理虐待（psychological abuse）與情緒虐待（emotional abuse）二種，心理虐待是指密集、重複的不當行為，以致傷害兒少的心理過程之創造及發展潛力，如智力、記憶、認知、概念、注意力、語言及道德發展等；而情緒虐待則是指對兒少情緒表達的不當反應及一些連帶行為，如持續言語攻擊及嘲諷、冷漠、拒絕等。

值得一提的是：相較於兒少受虐的被害人，在過去目睹婚姻暴力的兒少是最容易受到忽視的高危險群。不管他們是否在婚姻暴力中遭受攻擊，父母的婚姻暴力行為都很可能會使他們在心理和行為上出現嚴重的問題，並因而危及學業的表現。而在和同儕與成人的關係中，他們也可能有很高的危險性，使其陷入暴力的關係中。而目前已經有愈來愈多的人認知到，目睹兒少所受到的傷害並不亞於直接受虐者，及對這些兒少提供安全環境的重要性。在國內，天主教善牧社會福利基金會在2001年2月正式成立「小羊之家——目睹暴力兒童服務中心」，開始以目睹兒童為主體提供多元化的處遇方案，包括個案管理、團體輔導及親職教育等，並接受臺北市政府社會局委託製作家暴目睹兒童紀錄片「我的願望」，2004及2005年陸續協助內政部發展「人生領航員——協助目睹家庭暴力的孩子」及「向家暴說good bye」目睹兒受傷指數測驗宣導單張，提供家長及教師辨識目睹暴力兒童，並鼓勵老師從非治療的取向共同關懷目睹暴力兒童。此後，各縣市亦開始推動目睹婚暴兒少之協助方案，以減少父母婚姻暴力對其傷害，共同為消弭暴力代間傳遞而努力。

4. 疏忽（neglect）

是指：不論有無故意的動機，父母親或照護者不加注意而怠忽執行對於18歲以下兒少應盡的職責，使兒童、青少年的健康或幸福受到傷害或威脅的一種不作為行為。疏忽的行為包括：施虐者對於兒童的食、衣、住、行、育、樂、醫療等基本需求，未能提供適當的照顧，或是未能對於兒童

的身心正常發展提供所需的照護程度而言。疏忽的狀況包括下列行為：
(1)未提供適當的食物、衣物、住所、安全照顧、醫療照顧及成長發展所
需之教養；(2)利用兒少從事危害其健康、危險性活動或欺騙之行為；(3)
利用身心殘障或特殊形體兒少供人參觀；(4)利用兒少行乞；(5)剝奪或妨
礙兒少接受國民義務教育之機會；(6)強迫兒少婚嫁；(7)誘使兒少接觸或
供應毒藥、毒品、麻醉藥品、刀械、槍砲、彈藥或其他危險物品；(8)違
反媒體分級辦法，對兒少提供或播送有害其身心發展之出版品、圖書、錄
音帶、錄影帶、影片、光碟、電子訊號、遊戲軟體、網際網路等物品；
(9)帶領或誘使兒少進入有礙身心健康之場所；(10)將兒少獨處於易發生危
險或傷害之環境；對於6歲以下兒童或特別需要照顧之兒少獨處，或使用
不適當之人代為照顧；(11)促使或准許兒少吸煙、飲酒、嚼檳榔、吸食或
施打迷幻藥、麻醉藥品或其他有害其身心健康之物質；(12)其他利用或對
兒少犯罪或為不正當之行為。

　　除了上述的區別類型外，我們還可進一步從施虐者行為的積極程
度，將兒少受虐的暴力形式列如表9-3。

表 **9-3**　　虐待兒少的暴力行為形式

	身體上的暴力	精神上的暴力	性暴力
積極的虐待行為	1.非偶然的傷害 2.以武力強迫和壓制	1.恐嚇 2.情緒上的虐待 3.物質上的虐待	1.亂倫 2.攻擊與強姦
消極的疏忽行為	1.健康上惡劣的照顧 2.身體上的疏忽	1.缺乏感情 2.情緒上的疏忽 3.物質上的疏忽	1.保護不周 2.賣淫

資料來源：Browne, K. D. (1993). "Violence in the family and its links to child abuse." *Baillier's Clinical Paediatrics* 1(1): 150.

（二）遭受虐待對被害人的影響

　　兒少是個體成長中的重要階段，父母或監護人應負保護、教養的責
任，以促其身心健全發展。兒少受虐不僅傷害其身心健康及影響人格、自
尊、人際關係及親密感之建立，對其造成的影響與傷害將是嚴重與長期
的。長期受虐的被害人普遍呈現心理上的問題，如自我價值感低落、缺乏

依附而產生對人的疏離、對人的不信任而造成人際關係不良，且亦影響行為的偏差及身體發展的遲滯，甚者日後更可能成為犯罪者。綜合學者的研究，將受虐經驗對兒少身心發展的影響歸納如下（黃翠紋，2000）。

1. 影響身體機能發展

若是兒少身體遭受傷害，將可能會影響他們日常生活機能與身體健康，尤其是那些遭受嚴重虐待的被害人。被害人也會有早期發展遲緩、神經機能遭受傷害、嚴重身體傷害，以及皮膚上留有疤痕等情形。若在嬰兒期受虐，則被害人對於外在世界常會不感興趣，他們的警覺性通常顯得特別的被動，例如：對於玩具不感興趣；當別人要拿東西給他（她）時，也不太會有反應；等到他們上學之後，對於學校的事物，也表現出相同的被動態度。

2. 發展與智力上的缺陷

遭受嚴重虐待可能導致被害人的認知或智力的缺陷、認知發展上的限制，以及語言或知覺機能的缺陷。在兒童的發展上，假使遭受虐待，將使被害人在有組織性的思考、概念化、自我概念、談話的機會，以及信賴關係的建立上都會受阻。其中，不良的語言能力發展即是其中一個可能的情況。由於被害人在家裡話太多可能讓其處境更危險，因此可能壓抑其在語言能力上的發展（基本上言語表達也是認知發展的一部分）。其次，兒童的認知機能可能會與照護環境的品質有很大關係，由於受虐環境經常是充滿敵意與不安，將會影響被害人的認知能力。第三，假使施虐者的虐待行為是屬於一種控制行為，那麼被害人雖然無法控制其遭受虐待，但緊接著而來的是，他們將會想要控制生活上的其他部分；被害人可能會合理化自己的行為，認為他（她）雖不能夠控制父母親的虐待行為，但卻可以從生活周遭的其他事物（如從遊戲中，或是從自己房間的擺設中）來取得控制權，將使得部分被害人表現出強迫性（compulsivity）的傾向。有部分的施虐家庭具有相當潔淨的居住環境，而且在生活上也有相當好的秩序，而這即是他們想要控制所處生活環境的一種指標。假使感到失去控制，將會使所有的家庭成員都感到困擾。

3. 情感上的症狀

一般而言，受虐兒童在情感上所出現的負面效應是相當多元的，可以

包括：

(1) 依附與自我概念低落

家庭的氣氛往往會反映在受虐兒少的行為上，從被害人的某一些行為徵兆中，也可以發現這些被害人具有家庭功能失調的一些指標。有一些被害人最初的行為徵兆，通常是在醫療院所中為醫師們所察覺。被害人由於四肢斷裂、瘀傷、鞭痕，以及其他可疑的傷痕而被帶到醫院，其所表現出來的行為與一般的兒童患者不一樣。部分被害人哭得很少，但是在接受檢查的時候卻會歇斯底里地哭泣。若是從嬰兒期開始就遭受虐待的被害人在哭泣時，可能會有很尖銳的哭聲，這與他們特殊的需求相符合。此種高頻率的哭聲會讓施虐者感到極度的焦慮，而會遭受進一步的虐待。當有其他兒童哭泣時，他們會憂慮，且表露出很機警的表情——很安靜地躺在病床上，並且專心地觀察周圍的環境。同時，他們也不會想要從父母親那裡獲得安慰，但卻會不斷想要從醫護人員那裡獲得糖果、寵愛，以及獎品。

(2) 情感困擾

相較於非受虐兒少，遭受虐待的兒少有較高的情感上困擾，並且對於未來不抱希望。被害人在情緒上易呈現沮喪、冷漠、過度抱怨、無助、從憤怒到情緒隔絕、羞恥感、不安全的依附型態、悲傷、害怕、恐懼、敵意、攻擊、比一般人焦慮，並可能有創傷後壓力症候群，也容易產生身心症，即因長期處於極度不安中，而出現胃病、頭痛、失眠、緊張等身心症現象。

(3) 創傷後壓力疾患

兒少長期遭受虐待除了會出現各種情感上的問題之外（如：較差的衝動控制、無助感、較差的依附關係），也可能會出現創傷後壓力症候群（Posttraumatic Stress Disorder, PTSD）。在應付重複的虐待行為上，受傷的兒童會出現類似反應，包括反覆記憶，以及認為人生是很困難，加上對於特殊創傷的恐懼，因而在創傷後會改變行為、態度或人格。通常這些症狀即使隨著時間的改變仍然顯得相當穩定，而且可能反映出個人特質缺陷的現象。在感情的狀態上，有一些被害人可能會出現情感麻木不仁到暴躁等情形；有一些被害人也可能顯現出分離、疏遠、限制的情感，並且認為生活是很艱難的；受虐嚴重的被害人則比較可能顯現出焦慮或是焦躁的症狀。此外，有長期受虐經驗的被害人，也可能出現邊

緣性人格疾患（borderline personality disorder）、注意力欠缺／過動疾患（attention deficit hyperactivity disorder）、對立性反抗疾患（oppositional defiant disorder），或是過度警戒[2]（Hypervigilance）等人格特質（Famularo, Kinscherff & Fenton, 1992）。值得注意的是，吾人至今仍然無法清楚的肯定，創傷後壓力症候群是否屬於一種心理上的疾患（特別是一種焦慮疾患），它也有可能是被害人對於異常處境的一種正常反應，因此需要進一步研究。我們只能確定的是，從研究上顯示出：被害人在臨床上的症狀是相當異質性的，而這可能是創傷的類型、持續性，以及嚴重性的結果（Roy, 1998）。

4. 社會行為與學業上的表現低落

受虐兒少在社會行為與學業上的表現，可能出現下列的現象：

(1) 行為功能失常

受虐兒少最普遍的臨床上效應，是有較高比率的攻擊行為。其他顯現在外的行為還包括：有比較多違反規定、反抗，以及偏差行為。有一些被害人其高比率的攻擊行為是直接針對兄弟姐妹、父母親，甚至是非家庭的成員也有可能。至於外顯功能失常的行為可能與其目睹家庭暴力，以及發生於家庭內的其他因素有關（如：家庭生活事件），這些都會增加家庭成員之間的言語與身體上的攻擊行為。但是被害人在行為的表現上也可能出現退縮的現象，這經常是為了自我保護，避免進一步遭受懲罰的結果，並且會反映在他們生活的每一個環節上。事實上，這是一種變相的攻擊行為，或是對於他人敵對的行為。主要是因為被害人對於無法控制自己的生活，隱藏了壓抑的憤怒。此外，他們也看到父母親使用暴力來解決問題，因而也學會了攻擊行為。有一些被害人會將攻擊行為施加在同儕、動物，或是其他成人的身上。

(2) 不良的同儕關係

受虐兒少除了有比較高比率的攻擊行為之外，他們也可能顯現較少的親社會（prosocial）行為，並且有比較不良的同儕關係。年幼的被害人在與同儕互動時，會表現比較不友善或是較不積極的態度；而年長的被害

2　「過度警戒」是創傷後壓力疾患的一種症狀，與兒童身體虐待有關，特別容易發生在男孩身上。

人也顯現出有限的社會能力、問題朋友，以及和同儕疏離的現象。無法持續社會關係的被害人可能比較無法顯現其同理心，或是有規劃的作為，而此種結果也可能與父母親有限的社會能力，以及處在敵對、貧窮的社會環境中有關。遭受虐待將可能影響被害人的社會技巧，以及朋友關係的經驗相當有限，對於這些被害人的干預措施可以從改善他們與同儕的互動關係著手。被害人由於沒有學會施與受的關係，因而無法與同儕建立積極的關係。甚且他們也害怕結交好朋友，以免暴露不愉快的處境。被害人有時會出現一些不要向其他同儕示弱的行為，如：逞強鬥狠或是極端的膽怯等。施虐的父母親也可能會阻止被害人參與一些活動，使得被害人與同年紀的兒童疏離。由於此類父母親缺乏安全感，以及欠缺支持系統，而不讓子女結交朋友。甚且由於施虐者本身欠缺與人互動的能力與信心，因此當他們的子女結交朋友時，將會使他們有受威脅的感覺。施虐者也可能害怕被害人與其他兒童建立信賴的關係時，將會暴露其虐待子女的事實。至於被害人此種不良的同儕關係，則很可能持續到青春期，甚至成年期。

(3) 學業表現不佳

受虐兒少的學校適應不良情況，還包括在學業上的表現不佳、留級、違反校規，以及中輟等行為。由於被害人常有學習障礙和在學校的適應困難等問題，將使其學業成績低落，甚至衍生中輟、逃學的問題。Eckenrode、Laird與Doris（1993）的研究指出，受虐兒童有比較差的閱讀和數學能力，而且留級的可能是非受虐兒童的25倍。這些被害人的求學生涯，往往因為經常的搬遷、轉換學校，以及遲延等因素，而無法連續。然而，也有一些被害人可能出現不尋常適應各種人與環境的能力。就這些被害人而言，這個能力是他們得以倖存的方式。

5. 受虐的長期後遺症

兒少遭受虐待的不幸經驗，可能會使其產生長期的生理與心理上適應問題。具有身體傷害病史的被害人，在人際互動技巧上所存在的問題，不僅可以預測未來的攻擊行為，而且也在其早期身體傷害與日後攻擊行為之間扮演媒介的角色。主要是因為受虐或是家庭暴力的經驗，與實際的弱點因素之間的交互作用之後，將會讓被害人在兒童期即出現攻擊行為，甚至延續至長大成人後的暴力犯罪行為。截至目前為止，不論國內、外學者皆已發現，早期的受虐經驗對於被害人可能會有長期的不利影響，然而，要

確定其間的關係並不容易。從兒童發展的觀點指出，發展中的個體將會與其所處的社會情境產生互動，因此不論是改變個體或是改變情境，都可能改變兒童發展的歷程。個體早期的適應模式，可能會併入到後來的適應模式中。而且個體早期的機能上障礙，可能會造成日後的偏差行為。因此，遭受虐待的被害人似乎在早期的發展上，會有較大的社會適應危險性，甚至終生都會有這樣的危險性。

二、兒童及少年保護事件的現況

從表9-4可以發現，兒少保護案件數量自2004年的7,837人逐年攀升，到2010年實際查獲兒少受虐人數為18,454人。平均每天約有50人被舉報，其間尚不含未被舉報的犯罪黑數，兒少受虐的情形至今不可謂不嚴重，我們應該認真看待此一社會現象。

表 9-4　兒少保護事件——受虐兒少按年齡分

年別	3歲以下	3歲未滿～6歲	6歲未滿～9歲	9歲未滿～12歲	12歲未滿～15歲	15未滿～18歲	合計
2004年	1,151	1,305	1,524	1,816	1,280	761	7,837
	14.69%	16.65%	19.45%	23.17%	16.33%	9.71%	100.00%
2005年	1,445	1,721	1,879	2,050	1,733	1,069	9,897
	14.60%	17.39%	18.99%	20.71%	17.51%	10.80%	100.00%
2006年	1,341	1,626	1,969	2,054	1,890	1,214	10,094
	13.29%	16.11%	19.51%	20.35%	18.72%	12.03%	100.00%
2007年	1,723	1,952	2,512	2,775	2,662	1,942	13,566
	12.70%	14.39%	18.52%	20.46%	19.62%	14.32%	100.00%
2008年	1,561	2,017	2,420	2,760	2,947	1,998	13,703
	11.39%	14.72%	17.66%	20.14%	21.51%	14.58%	100.00%
2009年	1,457	2,063	2,322	2,594	2,993	1,971	13,400
	10.87%	15.40%	17.33%	19.36%	22.34%	14.71%	100.00%
2010年	2,023	2,563	3,085	3,650	4,321	2,812	18,454
	10.96%	13.89%	16.72%	19.78%	23.41%	15.24%	100.00%

資料來源：內政部兒童局（2012）。

　　由於兒少受虐事件經常發生於室內，而且主要的場域是發生在家庭中，使得政府想要確切知道此類事件的發生，事實上是很困難的，若是要介入處理更非易事。因此，在受虐兒少的保護服務上即需透過責任通報制度，以發掘可能的受虐事件。責任通報制度是將醫學上對於兒少受虐診斷予以法典化的一種作為，賦予醫學上處理兒少保護事件的法律上權力。同時，它也賦予兒少保護機構處理此類事件的法律權力。至於警察人員也因為與民眾的關係密切，深入民間，故負有通報和受理兒少受虐事件的職責。因此，責任通報制度有二個主要的政策上目標：第一，此種規定可以鼓勵那些經常與兒童有接觸的專業人員，以及知道有兒童處於危險情境的社會大眾，將兒少受虐事件通報給兒保社福機構知悉；第二，此種規定由於規範了處理的程序，可以有系統地將發生於家庭內的兒少受虐事件轉介給相關單位。從表9-5亦可發現，通報來源初期以醫事人員通報的案件最多，但近年來則以社會工作人員通報的案件數最多。而從警察人員歷年所通報的案件數，亦占相當大的比率，歷年皆占所有通報案件的一成以上，可見警察人員在兒少保護事件中的重要性。

表 9-5　兒少保護事件——通報來源

年別	醫事人員	社會工作人員	教育人員	保育人員	警察人員	司法人員	其他相關業務人員	父或母	親友	案主主動求助	鄰居及社會人士	其他	總和
2004年	1,198	603	1,100	73	1,092	96	259	894	1,033	220	761	1,165	8,494
	14.10%	7.10%	12.95%	0.86%	12.86%	1.13%	3.05%	10.53%	12.16%	2.59%	8.96%	13.72%	100.00%
2005年	1,515	760	1,350	93	1,327	116	326	1,355	1,162	420	1,332	966	10,722
	14.13%	7.09%	12.59%	0.87%	12.38%	1.08%	3.04%	12.64%	10.84%	3.92%	12.42%	9.01%	100.00%
2006年	2,012	1,958	1,875	63	1,787	162	766	1,500	1,044	600	1,607	612	13,986
	14.39%	14.00%	13.41%	0.45%	12.78%	1.16%	5.48%	10.73%	7.46%	4.29%	11.49%	4.38%	100.00%
2007年	3,008	3,221	2,578	59	2,462	188	937	2,017	1,336	746	2,094	601	19,247
	15.63%	16.74%	13.39%	0.31%	12.79%	0.98%	4.87%	10.48%	6.94%	3.88%	10.88%	3.12%	100.00%
2008年	2,813	3,684	3,093	40	2,352	254	630	2,548	1,540	1,201	2,607	681	21,443
	13.12%	17.18%	14.42%	0.19%	10.97%	1.18%	2.94%	11.88%	7.18%	5.60%	12.16%	3.18%	100.00%
2009年	2,863	4,600	3,295	42	2,463	269	462	2,197	1,198	1,030	2,170	860	21,449
	13.35%	21.45%	15.36%	0.20%	11.48%	1.25%	2.15%	10.24%	5.59%	4.80%	10.12%	4.01%	100.00%
2010年	4,154	6,623	6,030	350	4,078	376	753	2,775	1,496	1,336	2,579	397	30,947
	13.42%	21.40%	19.48%	1.13%	13.18%	1.21%	2.43%	8.97%	4.83%	4.32%	8.33%	1.28%	100.00%

資料來源：內政部兒童局（2012）。

　　歸納過去有關兒少虐待成因的研究，基本上可以區分成三大類，即：第一，精神病理學（psychopathology，經常被認為是精神疾病的同義詞）模式：這方面的研究比較傾向於以個別的施虐者為研究的單位，大多數心理學、精神病學、社會工作、小兒科，甚至是生物學等方面的研究是屬於這個取向；第二，社會學模式：這是從較廣泛的觀點來研究兒少虐待成因，研究設計上採取巨視的分析單位，而且有一些這方面的研究取向會含括第一個模式所探討的變項；第三，整合模式：在研究設計上整合前二者的變項（黃翠紋，2000）。事實上，大部分兒少保護事件的產生，其背後往往牽涉到諸多複雜的原因，甚至個人、家庭、社區、文化、社會大環境等皆包含在內。因此，如果要有效的預防、處遇、研究與政策等也應從生態觀點（ecological perspective）與鉅視結構的角度切入，以真正避免在未來進入高風險情境、個人身心創傷或導致立即可能的致命危機。而我們從表9-6可以發現，近年來兒少保護事件施虐者的施虐因素皆以缺乏親職教育所占比率最高，其次則是婚姻失調，第三則是酗酒或藥物濫用。

表 9-6　兒少保護事件——施虐因素

年別	缺乏親職教育	婚姻失調	貧困	失業	酗酒/藥物濫用	精神疾病	人格違常	迷信	童年受虐經驗	其他	合計
2004年	2,994	1,819	796	709	1,125	333	228	40	156	673	8,873
	33.74%	20.50%	8.97%	7.99%	12.68%	3.75%	2.57%	0.45%	1.76%	7.58%	100.00%
2005年	4,083	2,526	976	792	1,384	507	241	57	110	785	11,461
	35.63%	22.04%	8.52%	6.91%	12.08%	4.42%	2.10%	0.50%	0.96%	6.85%	100.00%
2006年	4,091	2,274	915	777	1,418	391	155	33	89	1,666	11,809
	34.64%	19.26%	7.75%	6.58%	12.01%	3.31%	1.31%	0.28%	0.75%	14.11%	100.00%
2007年	6,348	2,823	1,229	979	1,743	584	283	31	94	2,614	16,728
	37.95%	16.88%	7.35%	5.85%	10.42%	3.49%	1.69%	0.19%	0.56%	15.63%	100.00%
2008年	5,955	2,802	1,166	902	1,464	576	253	35	134	2,653	15,940
	37.36%	17.58%	7.31%	5.66%	9.18%	3.61%	1.59%	0.22%	0.84%	16.64%	100.00%
2009年	5,669	2,703	1,161	1,104	1,672	584	247	37	129	3,120	16,426
	34.51%	16.46%	7.07%	6.72%	10.18%	3.56%	1.50%	0.23%	0.79%	18.99%	100.00%
2010年	13,144	7,032	3,144	1,835	2,558	1,490	422	110	318	3,109	33,162
	39.64%	21.20%	9.48%	5.53%	7.71%	4.49%	1.27%	0.33%	0.96%	9.38%	100.00%

資料來源：內政部兒童局（2012）。

三、兒少保護作為

聯合國在1989年11月通過「兒童權利公約」，明訂「兒童有權接受特別養護與協助」之宣言，規範世界各國應有防止兒少遭受虐待及遺棄的保護措施，是國際人權法上保障兒少人權的基本規範。唯有在安全、自由與尊嚴中成長的兒少，才能創造出一個仁愛、充實和幸福的成人社會，因此「兒童權利公約」代表了人類社會對未來所做出的承諾。雖然我國礙於政治因素無法加入，然為履行聯合國「兒童權利公約」之精神，及因應我國社會變遷下之兒少福利需求，於1993年間修訂「兒童福利法」時即大幅擴充保護措施，具體化兒少保護工作相關規定，據以訂定通報及緊急保護安置等措施，俾以公權力介入保障兒童權益[3]。

此後，為因應兒少之新興議題與需求，民間團體自1997年起即不斷從事「兒童福利法」及「少年福利法」二法合併之工作；而政府部門亦自兒童局成立後，亦開始著手二法合併之修法工作。在朝野共同的合作努力下，「兒童及少年福利法」[4]終於在2003年5月2日三讀通過，5月28日公布。本法將保護對象擴及至18歲以下之少年，除針對受虐兒少責任通報、緊急安置及家庭處遇等保護工作做了更加周延與詳細的規範，避免兒童及少年遭受不當對待，進而保障其人身安全，並新增許多預防性的措施，以落實對兒少的保護工作。而1998年所通過的「家庭暴力防治法」則更向國人宣示，政府公權力有介入家庭的決心，對於家中任何成員施以暴力的行為是政府與社會大眾所不能容忍的違法行為，亦對兒少遭受家庭暴力提供更強而有力的法律保障。這部法令也同時賦予警察機關積極介入父母親及家中其他長輩虐待兒少事件的職權，其中民事保護令制度、監護權改定，探視權之監督等規定，都將對受虐兒少有更為周全的保護。但另一方面，這亦顯示出警察人員在兒少保護事件的防治上，有著比過去更為沉重

3 值得一提的是，「兒童福利法」修訂的動力除了受到聯合國「兒童權利公約」影響外，尚受到其他二股社會運動力量的激勵：一是1987年「中華兒童福利基金會」開始蒐集報章刊載兒虐資訊，並於1988年與東海大學所舉辦的「兒童保護研討會」，正式宣告該會對於本土兒虐事件的深度關懷；二是1980年代婦女團體聯合推動的「反雛妓運動」，批判政府防制兒童性虐事件的行動不足或偏頗，敦促政府採行更積極的立法作為與防制作為（余漢儀，1996；曾平鎮，2003）。

4 本法已於2011年11月30日修正為「兒童及少年福利與權益保障法」，相關條文由75條增列至115條，藉此期能更周延地維護兒少權益，並能展現我國落實聯合國兒童權利公約的努力。

的使命。

　　除了相關法令規定外，根據兒童福利法的規定，內政部應設立兒童局。但是行政院過去一直以組織再造、全盤考量為由，延遲成立兒童局。歷經多年的努力，兒童局終於在1999年11月20日國際兒童人權日正式掛牌運作。適值政府精簡機關組織員額之際，兒童局能順利掛牌成立，誠屬難能可貴，不僅顯示社會各界對兒童福利的高度關切與期許，其所涵蓋的時代意義則更為重大深遠。但日後兒童局所面臨的挑戰仍相當多，諸如：規模迷你編制員額只有35人、兒童保護相關經費嚴重不足等[5]。尤其不論是兒童受虐或是相關福利工作，都脫離不了家庭，要做好兒童保護與相關福利工作非從家庭著手，是無法達成目標。單單成立兒童局是無法有效整合資源，但從兒童局的設立已顯示出，政府在推展兒少保護與相關福利措施的決心，亦使我國對於受虐兒少的保護又邁向一個重要的里程碑。而因應行政院改組，自2013年1月起於行政院性別平等處下設有衛生福利部保護服務司，將統籌兒童保護與成人保護業務，預計亦將對兒少保護工作之整合有所進展。期許未來在受虐兒少保護工作上，仍然有賴各個政府部門的通力合作，共同建立完善的保護網絡才能收其成效。故而各相關部門彼此之間除應加強溝通與聯繫，並應瞭解彼此之間的角色與功能，方能合作無間共同致力於受虐兒童的保護工作。

　　內政部兒童局成立後，協同各級地方政府及非營利的民間團體，共同研擬兒少保護及福利措施，歸納其具體之方案措施包括（兒童局，2011）：

　　（一）**建構兒少經濟安全保障措施**：針對遭遇不幸、高風險、經濟急困且有子女需要照顧的家庭，提供經濟協助度過困境，協助弱勢家庭度過經濟危機，恢復照顧功能。具體措施如中低收入戶兒少生活扶助、弱勢家庭兒少緊急生活扶助。

　　（二）**辦理學齡前兒童之托育照顧暨教育補助措施**：包括幼兒教育券補助、低收入戶兒童托育補助、中低收入家庭幼童托教補助、原住民幼兒

5　內政部社會司每年所編列的兒童保護相關經費僅有2億元，而1999年下半年度及2000年度兒童福利預算為1,299,887,000整，我國兒童人口數約為3,837,000人，平均每位兒童分到339元。與歐美先進國家相比，經費明顯不足（廖志濃，1999）。

托教補助、扶持5歲幼兒教育補助、托育費用補助等。

（三）保障兒少獲得適切的醫療服務：為使其獲得適切健康照顧，保障其使用全民健康保險資源，實施3歲以下兒童醫療補助、中低收入家庭未滿18歲兒少健保費補助、低收入戶及弱勢兒童少年醫療補助等方案。

（四）健全兒童托育照顧服務體系：建構社區化、普及化托育環境、推動社區保母支持系統、賡續推動幼托整合工作。

（五）建置完整發展遲緩兒童早期療育體系：輔導25個直轄市、縣（市）政府建置通報轉介中心及個案管理資訊系統，加強通報轉介及個案管理工作也提供多元療育服務，像是積極推動到宅療育、托育機構巡迴輔導、托育機構兼收遲緩兒童之融合服務方案，使其潛能儘量發揮以及早期療育費用補助。

（六）提供多樣化兒少福利服務：包含辦理收出養業務、推展寄養家庭業務、鼓勵兒少福利機構之設置及輔導、推動弱勢家庭兒少社區照顧服務、推動外籍配偶及弱勢家庭兒童學前啟蒙服務方案、推動離婚「家事商談」服務、推動兒童安全實施方案。

（七）強化少年輔導服務：辦理司法轉介及轉向少年安置輔導、行為偏差、逃家少年高度關懷團體工作及外展服務、落實兒童少年性交易防制條例相關工作，包括定期召開兒少性交易防制督導會報、緊急救援工作、陪同應訊、設置關懷中心、緊急及短期收容中心、配合辦理中途學校安置輔導工作、設置全國未成年懷孕諮詢專線等措施。

（八）建構兒少保護服務網絡：除了訂定跨部會兒少保護通報防治方案、協助地方政府按其特性建立「社會福利資訊及預警系統」來建立高風險群篩檢預警機制外，並訂頒高風險家庭關懷輔導處遇實施計畫。鑑於國內兒少保護事件頻傳，內政部兒童局為建立兒少虐待預警機制，乃於2004年頒訂「高風險家庭關懷輔導處遇實施計畫」，並自2005年起推動高風險家庭關懷輔導方案。期望結合村里幹事、公衛護士、教育人員、托育人員、警察、就業服務中心、醫事人員等基層人力，篩選有失業、貧困、入監服刑、藥酒癮、精神疾病、婚姻失調等問題的高風險家庭，轉介地方政府社會處（局）提供關懷訪視，而當發現有兒少遭受虐待時，則將該案轉介至縣市政府家防中心處理。本方案讓我國於兒少保護工作正式邁入次級預防的層次，除由地方政府連結其所屬區域型福利中心提供案家相

關福利服務，亦透過兒少福利相關經費補助民間團體聘用社工專業人力提供案家家庭訪視、電話訪視、情緒支持、社福資源轉介、經濟補助、兒少心理與課業輔導、家務指導、親職教育等服務，期望能及早篩選、發現遭遇困難或有需求之高風險家庭，提供預防性服務方案，以預防兒少虐待、家庭暴力等事件發生（簡慧娟，2009）。本方案之主要特色除希望落實受虐兒少通報制度外，更期望建立跨領域資訊分享及資源整合機制，建立6歲以下兒童特定族群之主動關懷機制，以期發揮次級預防之效能。然而，實施至今卻存在諸多問題，主要包括（李宏文，2009；胡婉雯、王娟惠，2009）：1.高風險個案與兒少保護疏忽個案區分不易：目前在實務上，高風險家庭個案與兒少保護疏忽個案之判別，存有模糊地帶，不但通報人難以區分，甚至連部分縣市的兒少保護受案單位（家防中心）和高風險家庭通報窗口（社會處），亦會因分案標準不清楚，而發生案件不知該由何單位受理的情形。相信若能有清楚之評量工具與方案實施策略，將可有效解決此一問題。2.「高風險家庭評估表」不夠具體：目前高風險家庭的篩選指標雖以內政部兒童局所公布之高風險家庭評估表為主，但其涵蓋範圍相當廣泛、模糊而不夠具體，在使用上有其困難，致使評估之案件不夠準確。同時，評估表與兒少保護系統評估有高度重疊，易形成不同處理系統處理人力重疊或互相推諉的情形，故而許多實務人員認為應建構更為清楚的篩選指標與評量工具，讓真正有需要幫助的家庭可以獲得適當的服務。3.兒少保護及高風險社工人力不足：近年來由於婦幼安全受到重視，致使保護性社工人力嚴重不足。而此種問題亦反映在本方案上。雖然目前內政部已研擬「充實地方政府社工人力配置及進用六年中程計畫」，將自2010年起逐年完成全國1,427名社工人力之編制。但社工人力增加的速度是否能追趕上案量上升的速度，實有待觀察。而另一配套措施，仍在於必須持續針對評估表之信、效度進行檢驗，以能確實篩選出有真正風險之個案，避免資源浪費。4.後續銜接性服務不足：由於高風險家庭關懷輔導方案的推動模式著重於短期服務，就目前許多縣市推動現況而言，並沒有後續銜接的資源與措施，當遇有案家是長期功能不足者，服務成效便頗令人擔憂。因此，應在現有架構下，開發與連結正式的社區資源，建立完善與連貫的服務架構，使服務得以銜接而能延續服務成效。

第三節 警察在兒童及少年保護事件的職責

由於警察人員易於辨認、具有高的可見度，以及是除了醫院急診室之外，全國唯一全年無休，每天二十四小時提供服務的政府單位，具有處理緊急事件的資源與設備，使其在兒少保護事件的處理上扮演很重要的角色。但另一方面，由於兒少保護事件的性質特殊，處理往往有別於其他刑事案件，於整個兒少保護事件的處理過程中，往往需要仰賴其他單位的配合處理，才能對被害人提供最完善的保護。本部分將探討警察人員在兒少保護網絡中所扮演的角色與職責，也將一併探討警察與社政人員在此類案件中的合作關係。

一、跨單位的合作取向

由於兒少受虐的因素相當複雜，且被害人的需求相當多元，兒少保護事件是相當複雜的社會問題；在此類事件的處理上，應該由許多領域專家與單位共同合作處理是較為恰當的。沒有任何一個單位擁有足夠的人員、資源、訓練、技巧，或是足夠的法律授權來有效處理兒少受虐的每一個面向。根據「兒童及少年福利與權益保障法」的規定，相關的兒少保護網絡包括了社政單位、教育單位、警政單位、衛生醫療單位、民政單位、司法單位等。這些單位除定期辦理兒童及少年保護或家庭暴力案件相關的人員訓練計畫，也配合社政單位執行其他應配合辦理之兒童及少年保護事項，整理為圖9-1。

在這個保護網絡中，警察人員的主要職責是犯罪行為的處理與事實真相的發現，他們擁有訓練、經驗和技巧來進行犯罪偵查、訊問和資料的蒐集工作。其職責主要是集中在發現可以作為證據的事實認定上，而不是情感上認定某些可能發生的事實上面；是要獲取客觀的事實而非主觀的事實；要作為一個中立的犯罪事實調查者而非只是單純的兒少保護者角色。同時，他們也擁有法律所賦予的逮捕權、執行搜索令，以及將被害人帶到安全的地方等權力。雖然保護網絡中的每一個單位都會影響到調查工作的進行，但是兒少受虐的犯罪調查工作之權責，卻是由警察人員所獨享。因此，警察人員必須認知到，調查工作之得以成功需仰賴其他單位的共同合作，但卻不可以將犯罪偵查之責任推給其他單位，或由其他單位共同分

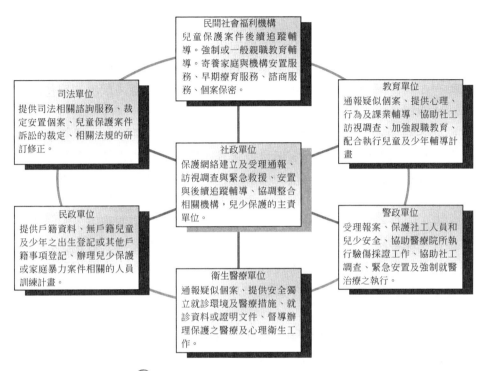

民間社會福利機構
兒童保護案件後續追蹤輔
導。強制或一般親職教育輔
導。寄養家庭與機構安置服
務、早期療育服務、諮商服
務、個案保密。

司法單位
提供司法相關諮詢服務、裁
定安置個案、兒童保護案件
訴訟的裁定、相關法規的研
訂修正。

教育單位
通報疑似個案、提供心理、
行為及課業輔導、協助社工
訪視調查、加強親職教育、
配合執行兒童及少年輔導計
畫

社政單位
保護網絡建立及受理通報、
訪視調查與緊急救援、安置
與後續追蹤輔導、協調整合
相關機構，兒少保護的主責
單位。

民政單位
提供戶籍資料、無戶籍兒童
及少年之出生登記或其他戶
籍事項登記、辦理兒少保護
或家庭暴力案件相關的人員
訓練計畫。

警政單位
受理報案、保護社工人員和
兒少安全、協助醫療院所執
行驗傷採證工作、協助社工
調查、緊急安置及強制就醫
治療之執行。

衛生醫療單位
通報疑似個案、提供安全獨
立就診環境及醫療措施、就
診資料或證明文件、督導辦
理保護之醫療及心理衛生工
作。

圖 9-1 兒童及少年保護工作服務網絡

擔。這也非意味著警察於犯罪偵查期間需獨力為之，不需依賴其他領域專
家的意見；相反地，偵查所需之訊息和觀念往往需要由其他單位提供，才
能使偵查工作得以順利進行。在實務上，警察人員往往需要仰賴其他人
員提供訊息，方能得知兒少受虐案件，這些人員包括：學校老師、醫護
人員、社政人員等。最初的兒少受虐通報通常包括：被害兒少的姓名、
地址、年齡，及其施虐者的相關資料。警察對於所有的通報案件都必須調
查，同時在緊急的情況或是兒童的生命遭受威脅時，警察還必須與社政機
關聯絡，將被害人安置到安全的地方或是庇護所。

　　從建構兒少保護網絡觀點而言，警察人員在職司案件偵查期間，往
往需要與各個機構和專業人員密切往來。除了可能跟檢察官、社政人員合
作外，甚至可能因為施虐者所處的地點不在本轄區內，而需與其他轄區的
警察共同合作偵辦此類案件。此種跨科際的合作取向（multidisciplinary
approach）不僅可以避免重複處理同一案件，對於兒少被害人也是最為有

利的。它不但可以減少被害人接受訊問和上法院的次數，也可以提供給被害人必要的支持。這種團隊合作的取向也可以經由其他工作夥伴的支持，而幫助警察人員處理其壓力和專業上的不足。此種合作取向並不是要參與團隊合作的任何一個專業單位放棄其責任，而是由於每一個專業單位均有其特殊的資源、訓練和經驗，經由團隊合作的方式，使團隊中的每一個專家均能各有所司，發揮其專長。雖然每一個專家在團隊中，都必須瞭解本身所應該扮演角色的內涵，但是瞭解其所應該負擔的責任及角色之間的界限，以及能夠尊重其他單位的權責，也是同樣重要的。因此，團隊合作取向猶如一條雙向的馬路，例如：醫護人員在團隊中主要是負責評估和處遇被害人的身心狀況，而警察人員的主要工作是負責犯罪調查；警察人員在調查過程中應該注意避免被害人遭受二度傷害，而醫護人員也必須關注到，他們的醫療處遇可能會干擾到警察人員的調查工作。唯有相互尊重，各自扮演好其職責，建立起一完善的保護網絡才能將兒少受虐案件處理好。

　　而在臺灣地區，警察機關需與其他機關共同合作處理的法令規定，也見諸於「兒童及少年福利與權益保障法」及「家庭暴力防治法」的規定。例如，依據「兒童及少年福利與權益保障法」第7條之規定：「本法所定事項，主管機關及目的事業主管機關應就其權責範圍，針對兒童及少年之需要，尊重多元文化差異，主動規劃所需福利，對涉及相關機關之兒童及少年福利業務，應全力配合之。」另依「家庭暴力防治法」第8條規定：「各級地方政府應各設家庭暴力防治中心，並結合警政、教育、衛生、社政、戶政、司法等相關單位，……。」等法令觀之，我國在兒少受虐案件的處理上亦希望朝向此種整合各單位共同處理的方向，以期對被害人能有更為周全而完善的保護。

二、警察人員的職責

　　在處理兒少保護事件上，警察人員的職責主要有三大部分：（一）受理報案並通報主管機關；（二）調查可能的犯罪行為；（三）保護兒童。茲分述如下：

（一）受理報案並通報主管機關

　　主管機關對於兒少保護事件的介入，首先是源自「通報」的啟動，於接續的「調查評估」階段決定「成案」與否，再延續至「處遇評估」的發展與「家庭處遇計畫」的擬定，最後終於「追蹤輔導」與「結案」。而警察人員在兒少保護案件中最主要的工作即是通報（許春金、黃翠紋、謝文彥，2011）。由於警察是刑事司法體系的最前線，民眾很可能會將本身所遭受或發現的兒少保護事件向警察報案，這些通報可能來自於幾個不同的管道。直接的通報是來自於願意將其受虐事實向警察人員報告，並提供相關的訊息，例如：被害人可以帶領受理案件的警察人員到現場，或是向警察指認施虐者。假使是由被害人親自通報，必須通知其監護人（非施虐的一方）到場，同時也必須通知社政人員到場。另一個管道則是非直接的通報，通報人則是非施虐的父（母），或是其他照護者。此種通報經常在案發一段時間之後，或是父（母）已經發現被害人身上有傷痕，並且相當擔憂才會採取行動。此種情形經常發生在父母親已經離異或是分居的小孩子身上，這些被害人可能會被具有監護權的父（母）虐待，被沒有監護權的父（母）發現後，向警察人員報案。很明顯地，此種案件相當難以處理，也往往缺乏直接證據而難以清楚的認定（Crosson-Tower, 1999）。其他的引介通報則是來自於學校、醫院或是社會局等機關。而其他的預警式（proactive）通報則是警察在調查其他案件（如：婚姻暴力、自殺、逃家的小孩等）的過程中，發現有兒少遭受虐待的情形而介入處理。

　　至於通報的方式則可以分為一般通報與緊急通報二種。前者應於二十四小時內完成。而後者則是於上班時間以行政電話進行通報；非上班時間則以地方主管機關所提供值機人員緊急聯絡電話進行通報，並以聯繫上值機人員為完成通報，並於二十四小時內填具通報表，送直轄市、縣（市）主管機關。

（二）調查可能的犯罪行為

　　一旦警察人員接獲兒少保護事件的通報之後，在社政機關介入處理前，受理員警應視案情作必要之處置，諸如：提供兒少適當保護及照顧；其有接受診治之必要者，應立即送醫；其有觸犯刑罰法律之行為或觸犯之

虞,或有被害情形者,應逕行調查並通知主管機關。然而,由於在兒少保護事件的調查工作上,警察人員所應該扮演的角色與其他刑事案件的處理不盡相同,使得過去警察機關在處理此類案件上可能發生一些問題:第一,警察人員必須接受適當的訓練以確認和處理兒少受虐的情境,根據Graves (1983) 的研究發現,有90%的警察對於是否進一步調查兒少保護事件,以及是否援用刑法的規定其決策過程完全是根據自己的主觀判斷,主要是因為大多數的警察接受了相當少的訓練來處理此類案件。第二,由於調查此類事件所需具備的專業知識有別於一般刑事案件,其處理應該由專門的單位來專司其職,而這些單位的警察人員則應該接受更為特殊的教育。第三,警察機關在其實務工作上,應該要跟得上新的兒少虐待法令規定。最後,在保護兒少和預防兒少保護事件上,警察人員和其他機關應該共同合作,才能發揮團隊合作的功效。

為了解決上述問題,目前在英、美等國,舉凡施虐者的逮捕、案件的調查,以及與其他機關之間的合作等事宜,這些機關都會提供給其警察人員標準的處理程序。而警察人員也必須要接受特殊的訓練以訊問兒少,並假設兒少可以瞭解調查工作的目的,以及作偽證的後果 (Rubin, 1985)。當警察局內設有婦幼或少年警察隊時,巡邏警察發現有疑似兒少保護事件時,就可以呼叫這些專業警察至現場處理,而巡邏警察也必須進行初步的處理工作。在同時設有婦幼警察隊與兒少保護社政機關的地區,假使是先由警察人員發現兒少保護事件,則應該負責聯絡其他單位共同至現場處理。至於假使是由社政人員先發現,而且案情輕微,特別是在施虐家庭願意合作的情形下,他們往往會自行處理而不需通知警察人員至現場。而在相當嚴重的兒少保護事件中,則往往需要社政人員與警察人員共同合作,來偵辦此類案件。通常是由警察人員負責主導案件偵查的工作,而社政人員則負責後續的兒少保護與瞭解其需求等工作。

英、美警察在進行兒少虐待的調查工作時,會先蒐集追訴施虐者所需的所有資料,並製作警察紀錄[6]。在警察的紀錄中,有大部分的內容是與社政人員的紀錄內容相似,包括:所有案件關係人的資料、案發地點、被

---

6 臺灣地區依照「家庭暴力防治法」也有類似的規定,依照該法第48條第2項:「警察人員處理家庭暴力事件,應製作書面紀錄」。

害人受傷狀況的描述、施虐家庭的組成，以及受理案件的來源等。此外，警察人員也必須在檢查施虐家庭後，製作一個例行性的文書紀錄。在警察人員對於兒少保護事件的調查工作中，一定要對施虐家庭進行訪視的工作。與社政人員的情況相似，在進入這些家庭之前，警察必須要預設一些情況，以應付來自於這些家庭的抗拒與敵意。在一些案件中，這些家庭的成人可能會拒絕讓警察人員進入屋內。而大多數的國家其法律都會規定：「假使有可能的理由相信小孩子在屋內，而且其安全遭受到威脅時，警察人員是可以不持有搜索票即可進入屋內」。至於有可能的理由（probable cause）則可作為逮捕施虐者、申請搜索票的證據，其程度是比完全地確信有人犯罪的程度來得低，比單純地懷疑可信度要來得高[7]（Senna & Siegel, 1987）。

　　為了保障人民的權益，警察對於受虐兒童的父母進行訊問時，必須告知其擁有緘默的權利。然而，社政人員在對相關當事人進行訊問時則不需如此，他們也可以對受虐兒童的父母親進行訊問的工作，蒐集涉案證據，並將這些資料轉交給警察人員。警察人員接著則是根據從社政人員所獲得的資料，推定有那些人涉案，並著手進行犯罪偵查的工作。在警察對於相關的當事人進行訊問工作之後，經常需要對於被害人的受傷部位，或是屋內任何明顯的虐待與疏忽情形進行拍照，以作為日後追訴的證據。因此，很明顯地在犯罪調查階段，警察人員的角色往往會涵蓋了社政人員的角色。但是警察人員所擁有的權力則不能跟社政人員分享，這些權力大多數是針對施虐者或是犯罪嫌疑者，而不是被害人，例如：警察人員可以逮捕施虐者而社政人員則無此權力。只是在大多數的案件中，警察通常不適合立即逮捕嫌疑犯，往往需要經過數日或是數週的證據蒐集工作。而且需要特別注意的是，在許多案件中逮捕和追訴施虐者可能並不是最好的措施（當然也包括被害人在內），特別是在施虐者已經有意願尋求幫助，或

---

[7] 為了有效抗制犯罪，世界上有許多國家的法律即規定，當有足夠的證據確定破壞法律秩序的行為已經在住宅內發生，或是即將發生時，其警察即可以侵入住宅偵查犯罪。假使沒有足夠的證據顯示犯罪已經發生或是即將發生，警察則沒有權力介入處理。在警察處理家庭暴力（包括兒童虐待與疏忽）案件的過程中，經常會面臨的一個情況是：他們接獲家中某一個成員或是鄰居的報案而趕赴現場處理時，卻會有家庭成員告訴他們住宅內並沒有發生任何事。此時，在缺乏正當理由的情況下，除非警察受邀進入住宅，或是警察已經掌握犯罪已經發生的明顯證據，他們是沒有權力進入私人住宅內偵查犯罪。

是承諾要與社政及司法人員合作的情況下。因此，美國「兒童虐待與疏忽中心」（National Center on Child Abuse and Neglect, 1984）乃發展出逮捕施虐者的指導綱領，通常只有在下列數種情況才可以行使逮捕權：1.兒童身上的傷痕相當嚴重；2.證據顯示犯罪情節相當嚴重；3.有合理的理由認定施虐者有脫逃的可能；4.為了確保受虐者的安全而需予以逮捕；5.施虐者很有可能會對其他人的安全造成威脅[8]。假使父母完全沒有意願或是沒有能力來照護受虐兒童，「兒童虐待與疏忽中心」建議警察人員應該將這個案件移送檢察官偵辦。警察人員在偵辦兒少保護事件上，應該要充分瞭解逮捕，以及犯罪追訴對於被害人的利弊得失，應以受虐兒少的「最佳利益」為考量，方不致造成被害人的二度傷害。因此，美國「兒童虐待與疏忽中心」也一再強調，只有在最嚴重的兒少保護事件中才可以逮捕施虐者，而且警察人員在進行逮捕之前應該先與社政人員和檢察官研商逮捕的必要性（Sagatun & Edwards, 1995）。

　　至於在臺灣地區，現階段我們在兒少保護事件的處理上並未如英、美的處理模式，但警察在介入此類事件時仍應秉持以下工作原則：1.盡力維護兒少最佳利益，使其傷害減至最小；2.詢問不公開，為減輕兒少的焦慮，會談的地點應以不被干擾為宜；3.採隔別詢問，與兒少談話時應與施虐者分開；4.與兒少詢問時，應有社工人員在旁陪同；5.每次與兒少詢問之時間不宜過長，應避免重複詢問。而當調查案件有需要詢問受虐兒少時則應注意以下詢問原則：1.與兒少談話時，儘量保持與兒少相同之高度；2.尊重與建立關係：尊重兒少，並以兒少可理解的方法與之談話，以建立關係；3.應使用兒少的語言，確認兒少能聽懂，理解其意義；4.兒少的注意力期間較短及理解力有限，問話以簡單句代替複合句；5.詢問方式應多以開放性問句，避免引導性或封閉性問題。即蒐集受虐（害）事件之發生，宜以「是什麼、在哪裡、怎麼發生的」等問題發問，藉以蒐集兒少受虐（害）的過程；惟不宜問「為什麼」（如：為什麼你會被打），因此類問句，易引起兒少的心理防衛與排斥；6.積極傾聽與同理：應發揮同理心，積極傾聽與同理受虐（害）兒少的感受，協助其事件陳述及情緒表

---

8 在臺灣地區對於施虐者逮捕的規定則可以依「家庭暴力防治法」第29條的規定：「警察人員應逕行現行犯，並依法逕行拘提犯罪嫌疑人。」行之。

達；7.誠實回答兒少所問的問題；8.避免評論施虐者（尤其當施虐者是其父母時）；9.與兒少詢問時，有必要得使用輔具，如偵訊娃娃；10.為避免重複詢問，與兒少詢問時，得使用錄影方式為之（許春金、黃翠紋、謝文彥，2011）。

（三）保護兒童

社政人員與警察人員都有權力將處於危險中的受虐兒少從家中帶走安置於庇護所或是醫院中。因此，大多數的警察都必須接受辨識兒少受虐事件的訓練，至於訓練的內容則與專司兒少保護的社政人員大致相同，如此才能夠及早偵知兒童虐待的徵狀（Shepherd, 1992）。

長久以來，警察人員即被認為是一個保護者的角色。同樣地，對於受虐兒少的保護，如果只是由其他單位提供，而警察人員沒有介入處理，將會使得整個保護工作有所疏漏。根據Graves（1983）的研究發現，大多數兒少保護事件發生的時間是集中在下午3點至晚上9點這一段期間，其中有四個小時（下午5點至9點）的時間是在社政人員沒有上班的期間。在緊急的情況下，警察迅速趕赴現場處理將可以對兒少的安全提供適當而重要的保護。由此可見，警察人員在兒少虐待的保護工作上扮演相當重要的角色。在臺灣地區，依照「家庭暴力防治法」第9條第2項的規定，「被害人、檢察官、警察機關或直轄市、縣（市）主管機關得向法院聲請保護令。」；及第20條第2項：「警察機關應依保護令，保護被害人至被害人或相對人之住居所；確保其安全占有住居所、汽、機車或其他個人生活上、職業上或教育上必需品。」另外依據該法第40條第1項也規定：「警察人員處理家庭暴力案件，必要時應採取下列方法保護被害人及防止家庭暴力之發生：……。」另依「兒童及少年福利與權益保障法」第56條之規定，「……直轄市、縣（市）主管機關為前項緊急保護、安置或為其他必要之處置時，得請求檢察官或當地警察機關協助之。」由此可知，警察人員在兒少保護事件中所扮演角色的重要性。

三、警察與社政人員在處理兒少保護案件上的關係

就警察人員而言，對於兒少保護事件的調查過程與其他犯罪案件的不同點，此類案件的處理尚包括了職司兒少保護服務（child protective services）的社政機關在內。當兒少受虐案件被發現時，往往是由這些職司兒少保護的社政人員首先受理的，他們經常是未受過執法方面的專業訓練。由於警察人員與社政人員往往擁有不同的訓練、政策、決策過程，而在兒少受虐案件的調查上也往往有不同的目標。基本上，社政機關的目標是：（一）保護並確保被害人的安全；（二）提供服務以改變被害人的處境，防止其未來再受到虐待；（三）假使可能，仍然保持家庭的完整性。另一方面，警察人員的目標則是：（一）調查是否有違反法律的行為；（二）確認有哪些人違反法律，並蒐集其犯案證據；（三）逮捕犯罪者，使他們因其犯罪行為而接受審判（Crosson-Tower, 1999）。由於這二種專業領域的目標不同所致，在調查過程中彼此即可能會有一些衝突產生。由於警察人員與社政人員在兒少受虐案件的調查工作上有重疊的地方，而且也都負有保護兒少的責任。而最重要的是依照通報法令的規定，社政機關往往是最先接受兒少受虐案件通報的單位，因而轉移了警察在此類案件處理上的決策權。在這樣的情況下，警察人員必須與社政機關合作，方能取得最初處理所蒐集的資料。事實上，不論是警察人員或是社政人員在兒少保護事件的調查上均相當重要，因此透過訂定協議、召開聯繫會報或是共同舉辦講習會來說明其各自的權責，對於促進雙方的協調合作、減少衝突，是相當有幫助的。

　　由於大多數的兒少保護事件往往是由社政人員首先受理的，當社政人員發現有犯罪嫌疑時，應儘速將其所蒐集到的資料提供給警察人員，否則隨後的犯罪調查工作即可能受阻。由於偵查時機的延誤，很可能使得從案發之後到警察展開實際調查這段期間，重要的身體上證據已經消失、隱匿而無法辨識或是被破壞了。甚至可能會隨著時間的移轉，有時連醫療上的證據都可能完全或是部分地喪失或是減少其功能。為避免此種情況的發生，在一剛開始受理報案時，就必須對目擊者和施虐者進行完全而徹底的訊問。只有雙方密切的合作才能確保被害人的安全，而又能夠使彼此之間的目標得以完成。

　　在過去，臺灣地區兒少福利業務的主管機關為社政機關，故一般直接介入處理兒少保護事件的第一線受理者通常也是社政人員。至於警察人員則多為協助、支援的立場。然而，在社政人員尋求警察人員協助支援的經驗中，卻多為負向評價。究其原因則包括：員警素質不夠專業；傳統警察

所扮演的是執法者的角色；績效掛帥；是非難斷，清官難斷家務事；整個事件處理甚為耗時費力；與社政人員基本立場不同；欠缺主動精神；傳統破大案、頭痛醫頭的積弊心態；施虐者不會給警察人員好臉色，而認為是吃力不討好的工作等（吳學燕，1998）。但近年來，婦幼保護工作受到社會。同時，「兒童及少年福利與權益保障法」即已有相關規定，為使兒童保護工作得以落實，警察人員於社政機關請求協助時，應改變過去心態積極主動協助配合兒少保護事宜。但比較值得注意的是，這並非要求警察人員應該越俎代庖扮演社政人員的角色，而是強調警察人員必須將自己分內的工作做好，而於面對緊急情況時，若社政人員不克在場，能夠應付得體。

第四節　兒童遭受虐待致死案件特性與偵查要領

　　兒童受虐致死案件是兒童被害案件中最為嚴重的一種類型[9]，不論其兇手是否為熟識者或是陌生人，都會受到社會大眾極大的關注。其中，最令人震驚的重大社會事件，又莫過於父母親（或是其照護者）對兒童施虐致死或是因為嚴重的疏忽而導致兒童死亡的案件。同時值得注意的是，由於並非所有的兒童死亡案件都有經過仔細的調查，多數人認為尚有許多兒童遭受虐待，或是疏忽而致死的案件由於未被發現而列入統計，因此其犯罪黑數應該是相當高的[10]（Ewing, 1997）。由於此類案件經常發生在私人住家內，不但缺乏其他的目擊證人，犯罪現場也很容易就被破壞，使得在警察的偵查工作上也往往面臨諸多問題。以下將針對兒童受虐致死案件的特性與影響因素加以論述，並進而提出此類案件的偵查要點。

9　相較於12歲以上的少年，兒童由於生理特徵與求助能力薄弱，一旦遭受嚴重虐待其致死機率將高於少年，因此本節以下的論述將聚焦於12歲以下的兒童。

10 Mitchell（1989）曾經根據美國國家兒童虐待預防委員會（National Committee for Prevention of Child Abuse）所統計的兒童死亡報告而進行的研究指出，已經有愈來愈多的研究發現，有一些的意外致死案件、兒童遭受謀殺和嬰兒猝死症候群（Sudden Infant Death Syndrome）案件，如果經過仔細地調查或許可以發現是導因於兒童遭受虐待之後才死亡的案件。

一、受低估的案件發生數

拜醫學發達之賜,近年來有經驗的醫師對於兒童的死亡,已經能夠相當仔細的予以檢驗,甚至在某些國家已經建立勘驗兒童死亡的覆審團隊,透過來自各個專業領域專家的合作,針對可疑的兒童死亡案件進行勘驗,以便能夠更正確地偵知兒童的死亡究竟是遭受虐待而死亡,或是肇因於其他的因素。以上這些原因都促使吾人能夠更真確地研判兒童的死因。例如:美國密蘇里州由專家所組成的覆審團隊即曾指出,當他們仔細的檢查所有4歲以下的兒童死亡案件後發現,實際因為遭受兒童虐待而死亡的案件事實上是被低估了。他們發現,只有39%的兒童受虐致死案件,和18%的疑似受虐致死案件最後被認定為謀殺案。因此,在FBI的統一犯罪報告(Uniform Crime Report, UCR)上所登錄的謀殺案件數量,事實上是有極大誤差的。這些都顯示出,官方所認定的兒童遭受謀殺案件可能比實際的發生數來得低(U.S. Advisory Board, 1995)。

根據美國「疾病控制與預防中心」(Centers for Disease Control and Prevention, CDC)的估計,遭受虐待或疏忽而致死的兒童其實際死亡數目,應該是在每10萬人中有5.4至11.6人之間(U.S. Advisory Board, 1995)。假使兒童受虐致死案件可以等同於謀殺案件,那麼根據「疾病控制與預防中心」的估計,則官方所登錄的兒童遭受謀殺而死亡的案件,應該要比實際發生數來得低。一旦加入詳細的偵查作為(如:經由專家所組成的團隊,對於證據模糊不清的案件予以仔細偵辦),將可能使登錄有案的兒童遭受謀殺案件比率增加。因此,以美國為例,其幼兒遭受謀殺的比率有增高的趨勢(例如:1985~1992年之間,兒童遭受謀殺案件的比率即從每10萬人1.30人上升至每10萬人1.94人),則可能是受到人為因素的影響,而非實際發生數增加的結果(Weise & Daro, 1995)。然而另一方面,年輕母親未婚生子、藥物濫用和犯罪的增加等,也可能增加兒童遭受謀殺的危險性,進而增加兒童遭受謀殺案件的實際發生與官方受理的案件數量(Finkelhor, 1997)。由此可見,有許多因素會影響到官方所統計的兒童遭受謀殺案件的發生數。因此,雖然官方統計資料上顯示兒童遭受謀殺案件的數目有增加的趨勢,但吾人無法據以斷言其實際發生數量有增加,必須蒐集更多資料才可確認。

　　至於兒童遭受謀殺案件發生率被低估的原因為何？根據學者的研究指出，在兒童死亡案件中，遭受謀殺案件被低估的可能性是由幾個因素所造成的：第一，有許多兒童遭受虐待或是疏忽而死亡的案件，並不符合刑法上謀殺罪的構成要件，例如：兒童因為遭受其父母親或是照護者嚴重的疏忽而墜樓，或是其他意外事故而死亡，可能無法滿足刑法上謀殺罪或是一般殺人罪的構成要件，使法官在量刑時並不是科以謀殺罪，因此就不被登錄。第二，有許多兒童的死亡案件其證據相當模糊，再加上偵查人員的訓練不足，因此無法予以區辨。最後，除非是登錄有案的起訴案件，否則有許多的地區並未將兒童死亡案件認定成謀殺案，而遭起訴的案件又可能因為許多因素而未被登錄。以上這些因素都可能造成官方統計資料上，幼兒遭受謀殺的比率較實際發生數來得低（McClain, Sacks, Froehlke & Ewigman, 1993）。

二、從兒童發展觀點檢視受虐致死案件

　　為了能夠對兒童受虐致死案件的特性有更為深入的瞭解，從兒童的發展觀點來檢視兒童遭受謀殺案件也有其必要性。有幾個原因促使兒童謀殺案件，能夠與此種發展觀點的分析相符。第一，就兒童而言，謀殺案件的定義相當清楚與一致，而其他類型的犯罪被害案件則不見得如此，例如：在處理遭受攻擊的被害案件方面，研究者可能面臨如何將父母親的體罰予以歸類的問題；而在處理性的攻擊行為時，研究者可能會面臨成人和屆臨青春期（prepubertal）的兒童對於此類犯罪行為定義不一致的問題。第二，由於謀殺案件是最嚴重的犯罪類型之一，因此比其他犯罪被害類型更能夠蒐集到完整的資料，而其統計數字也最有用而且可靠。第三，謀殺案件的統計資料對於年齡的區分相當詳細，至於其他許多的犯罪被害資料則往往對於年齡的區分過於粗略，有一些犯罪被害類型甚至沒有對被害人的年齡進行分析。因此，本部分即希望從發展被害者學（developmental victimology）的觀點[11]，來探討兒童被謀殺案件發生率與兒童發展的關係。

　　一般而言，兒童生命發展過程與遭受謀殺案件有關的原則，大約有以

---

11 不同年齡的犯罪被害者其犯罪被害事件，可能是受到不同的原因所影響。因此，發展被害者學的目標之一是先行區分個體生命發展的階段，以便找出與犯罪被害有關的一般原則。

下幾項（Finkelhor, 1997）：

（一）在個體長大成人後，加害人為其家人的比率在謀殺案件中所占的比率將會降至最低。隨著兒童年齡的增加，他們與家庭成員以外人士互動的範圍將會逐漸擴大，而與家人互動的時間則變得很少。因此，謀殺案件為被害人家人的比率在兒童滿17歲之後將會降至最低。

（二）當個體長大成人後，他們的被害事件將與成人的被害事件相似。隨著兒童年齡的增長，將會參與愈來愈多的成人活動，而且也會擔負起成人的責任並具有成人的特質，使得其犯罪被害的類型也就變得與成人相似。

（三）當個體長大成人後，以性別來區別被害類型將會變得更加明確。就幼童而言，性別的差異並不顯著，因此性別將不是區別被害類型或是比率的重要因素。隨著兒童年齡的增加，不同性別的孩童將會有不同的行為和生理特徵，犯罪被害的類型也將會因為性別的不同而有所差異。而就謀殺案件而言，也會隨著犯罪被害人的年齡而有所不同。在12歲之前，男女的被害比率相當接近；但12歲以上的男童其被害的比率則急速的增加，而女童的被害比率則相當穩定，到了17歲時，男童的被害比率約為女童的3倍。

（四）當個體長大成人後，他們的被害危險性受到其家庭關係的影響程度將會降低，取而代之的是一般社會因素對其影響的程度將會增加。由於家庭和父母親直接掌控了幼童的生活，使得父母親的婚姻狀況、家庭的組成，和父母親教養的品質與能力等變項，都對於他們犯罪被害的危險性有相當大的影響。隨著兒童年齡的增長，而且開始與外在社會（如學校）和家庭之外的人互動之後，一般的社會人口變項（如種族）以及其所處社區的犯罪率，都將對其犯罪被害危險性造成相當大的影響。

三、影響兒童受虐致死案件的原因

大多數的兒童受虐致死案件中的加害人是被害人的照護人，誠如Levine與其同僚（1994）在檢視相關文獻後所指出的：「多數兒童受虐致死案件的加害人是被害人的親生父（母）親，接著才是他們的同居人，而且加害人大多數是男性。至於涉案的嫌疑犯，為父親的女朋友所占比率並不高。」他們也指出，男性不但容易成為兒童受虐致死案件的加害人，男

性也容易成為其他兒童受虐案件的施虐者，特別是在身體虐待的案件中其比率更高。根據他們的研究發現，在兒童身體和頭部受傷致死案件中，有80%的案件其加害人是男性。

　　至於被害人的特徵部分，Levine等人指出，就兒童及青少年的被害年齡而言，有二個高危險期：青春期及4歲以下的幼兒。其中，又以4歲以下的兒童危險性最高。他們發現，有超過75%以上的受虐致死案件被害人年齡是4歲以下的兒童。

　　截至目前為止，已有數個研究試圖探討影響兒童受虐致死案件的相關因素。其中，最常被引用的是Alfaro（1991）曾經就美國過去在此一主題的相關研究進行比較分析的資料。就其所整理的過去九個相關研究發現之結果，本書予以摘錄整理如表9-7。從這些資料顯示出，傳統上用以分析被害的人口與社會等變項，與兒童受虐致死案件的相關性並不十分穩定。

表 9-7　兒童受虐致死案件的人口特性

變項	各研究之發現
兒童的年齡	所有的研究都發現，被害人的年齡偏低，通常是在2或3歲以下。
兒童的性別	在九個研究中有七個研究發現，被害人以男童為主（其比率為53%～67%）；另外二個研究則發現不同性別之間並沒有顯著差異存在。
兒童的健康狀況	健康有問題之兒童所占比率很高（27%～67%的案件），而殘障兒童所占的比率也不低（2%～29%）。
種族	在九個研究中有七個研究發現，黑人小孩與一般的人口相比，有較高的被害比率（52%～73%）。
施虐者的性別	在九個研究中有七個研究發現，施虐者為男性（生父、繼父或母親的男友）所占的比率較女性來得高（59%～100%）。
施虐者的年齡	大多數的研究發現，施虐者的年齡以20餘歲所占比率最高。其次，有二個研究發現，此類案件中母親的年齡均偏低，但是其他的研究則發現彼此的差異不顯著。
家庭的社經地位	從所得的資料顯示出，貧窮家庭所占的比率相當高，但是也有二個研究發現彼此之間的關係不顯著。
父母親的健康狀況	多數研究發現，父母親擁有精神疾患（8%～36%），為麻醉毒品成癮者（24%～40%）、酒精成癮者（20%）、藥物濫用者（14%～27%）所占的比率相當高。然而，也有少數研究發現，除了藥物濫用之外，其他變項之關係並不顯著。
家庭暴力	在九個研究中有七個研究發現，此類家庭可能有其他的家庭暴力現象（12%～44%）；然而，也有二個研究發現彼此的差異並不顯著。

表 9-7　兒童受虐致死案件的人口特性（續）

變項	各研究之發現
犯罪史	施虐者過去可能有遭受各種逮捕的紀錄（29%～60%），而且在這個變項上，男性所占比率較女性來得高。
先前的虐待或疏忽報告	大多數的研究發現，約有三分之一的案件曾經有虐待或是疏忽的紀錄；但是也有三個研究發現彼此之間的差異並不顯著。

資料來源：整理自Alfaro, J. D. (1991). "What can we learn from child abuse fatalities? A synthesis of nine studies." In Besharov, D.J. (ed.), *Protecting Children from Abuse and Neglect*, p. 259. Springfield, IL: Charles C. Thomas.

　　另一方面，也有一些學者從女性主義的觀點來探討此一問題，或許可以提供吾人不同面向的觀察。例如，Fiala與LaFree（1988）曾經對國際間的資料進行分析，他們發現：兒童受虐致死的案件與當地婦女和兒童母親的生活狀況有很大的關係，當婦女有很高的勞動參與率，但社會福利和教育的支出卻不高時，將可能有較高的兒童受虐致死發生比率。因此，在婦女較不需參與勞動的國家（如愛爾蘭和義大利），較能夠使其幼兒免於遭受謀殺；而雖然婦女需要工作，但卻有豐富的社會福利和教育作後盾（如瑞典和丹麥），其幼童也有較低的被謀殺率。他們也指出，美國的婦女由於有相當高的勞動參與率，但社會福利的花費卻不高，因而有最高比率的幼童被謀殺。因此，投入適當的社會資源以幫助並教育那些處於高度生活壓力下的婦女，將可能減少此類不幸事件的發生。此外，根據Gelles（1998）的研究發現，性別比率不均等也是預測兒童受虐致死案件發生率的一個重要指標。可能是因為如此一來，將會增加婦女的壓力，並且降低她們保護兒童的能力所致。有趣地是，Baron也發現，一個家庭中其戶長是女性，以及父母親酒精中毒的程度都和兒童受虐致死案件有所關聯。

四、兒童受虐致死案件偵查要領

　　與自然死亡或是因為意外事故而死亡等情況相比，兒童因為遭受虐待而致死的案件並不多見。根據估計，在美國兒童因為遭受虐待或是疏忽而致死的案件每年約為1,300～3,000件之間。但另一方面，學者也指出，此類案件的實際發生數遠比這個數字高出許多，但由於其不易被偵知，使其犯罪黑數相當高。若能對此類案件進行詳細偵查，將可能使登錄有案的

兒童遭受謀殺案件比率增加（Weise & Daro, 1995）。警察人員對於此類案件的偵查工作相當不易，主要的困難通常來自於技巧與情感二方面。在這些死亡案件中，除了可能遭遇在一般兒少保護事件調查時常會面臨的障礙之外，也會面臨與謀殺案件相關的問題，如：驗屍、死亡的原因與方式等。因此，負責此類案件調查工作的人員需要比調查謀殺案件的人員更有經驗——除了要瞭解兒少保護事件如何調查之外，也需要具備調查謀殺案件的技能（Walsh, 1996）。

（一）兒童受虐致死與謀殺的區別

雖然兒童受虐致死案件與謀殺案件有一些共通的特點，仍有一些重要的差異是警察人員必須予以區辨的。從上述對於兒童受虐致死事件之特性與原因的探討，我們可以將兒童死亡的情況，歸納為以下二類：1.由於重複地遭受虐待或是疏忽一段時間所致，至少會有一個以上的人員涉入，或是知道兒童受虐的情況；2.若是兒童只是因為單獨一次的遭受攻擊而致死，施虐者的行為往往是一時衝動所致，而且也比較少有其他目擊者在場（Crittenden & Craig, 1990）。由於大多數的案件均是發生在受虐兒童父母，或是其主要照護者的家中。因此，常常沒有其他目擊證人可以告訴警察，案發當時發生了什麼事情，或是誰應該負起責任，使得此類案件能夠蒐集到的證據，在本質上往往是屬於間接證據。具有證據力的證據則往往包括醫學或是法醫上的證據，或是嫌疑犯的供述。嫌疑犯在兒童受虐致死案件中，往往不是使用傳統謀殺案件的武器，而是使用手、腳、滾燙的水以及其他物品的撞擊，才是受虐兒童致死的原因，因此無法透過DNA或是指紋的鑑定來確認嫌疑犯。從犯罪現場也往往很難發現與犯罪有關的跡證，大多只能尋找一些不太明顯的證物。至於醫生所開立的處方或是受虐兒童的就醫證明，則可用以推定兒童是否生病，或是受到不當的照顧而導致其死亡（Walsh, 1996）。

兒童受虐致死案件的發生原因往往與謀殺案件不同。在確認為非意外事件所致之前，醫護人員往往已經為被害兒童急救數個小時，甚至是長達數天之久。甚至有一些案件要到驗屍時，才會發現是屬於兒童受虐致死案件。兒童也可能會因為疏忽而致死，基本上此種情形是由於其照護者怠於提供適當的營養、醫療照護或是監督所致。有一些案件即使是經由醫護人

員認定為意外事故，其照護者也可能會受到刑事追訴，而這大多數是因為照護者未善盡監督職責所致。在疏忽案件中，警察人員所面臨的挑戰是決定兒童死亡的原因是由於意外事故所致，或是導因於具有刑事責任上的疏忽。

（二）兒童受虐致死案件的偵查

當發生了兒童受虐致死案件時，警察人員的責任是要調查到底發生了什麼事，以及有哪一些人員涉案。必須運用一般標準的刑案調查程序來偵查此類案件，包括：目擊者的訊問、封鎖犯罪現場、犯罪現場的勘查以及嫌疑犯的訊問等。由於有許多兒童的死亡原因並非遭受虐待所致，而是起因於生病、感染疾病或是意外事故，警察人員於偵查工作期間必須具有高度的敏感度以找尋破案的蛛絲馬跡。在警察人員偵查兒童受虐致死案件時，必須要回答的問題是：誰可能會引起此次的傷亡事件？確認何人需負起責任，往往比確定誰有此動機來得重要（陳宗廷，1996）。警察人員必須盡可能地探求受虐兒童生前的一些事情，尤其是其生前是否有先天上的疾病、是否已經受過鹽洗教育（toilet training）、是否有身心障礙等情形。尋找這些問題的解答，可能可以確認是何種因素導致兒童遭受致死的攻擊。因此，應該盡可能至醫院調閱兒童的就醫紀錄，而在調查初期也可以要求受虐兒童的父母簽署一份調閱兒童就醫紀錄的同意書。至於兒童的就醫紀錄也可能留在其他醫院、學校、托兒所或是其他機構內，因此對於這些地區也應該加以清查（Walsh, 1996）。對於可能涉案人的資料也應該盡可能地蒐集齊全，例如：他們過去是否有暴力的紀錄？他們是否有藥酒癮等物質濫用情形？他們是否有精神疾病的就醫紀錄？他們過去是否曾經虐待被害兒童？是否有其他第三者知道嫌疑犯與被害兒童的關係？通常家庭成員可能會目擊事件的發生，或是瞭解可能的案情，但他們卻往往不願意與警察人員合作。此時，警察人員需要先確認案件於何時發生，以及案發時被害兒童可能跟誰在一起，再進一步研判誰可能涉案，以及是否有共犯等問題。

第五節 結語

　　誠如聯合國「兒童權利公約」的介紹文（fact sheets）所言：「對人權的尊重始於社會如何對待兒童。」一個對兒童權利保障不足的社會，不配稱說人權國家。儘管吾人至今無法在事前完全防患兒少保護事件的發生，但事後的保護與處置，甚至輔導和治療均是防治工作上相當重要的環節，如此才能防止受虐兒少遭受進一步傷害，而危及身心的健康。雖然兒少保護工作是以社政系統為主導，但由於兒少保護事件成因相當複雜，受虐兒少的需求可能相當多元，所牽涉的問題涵蓋醫療、警政、司法、教育、社會服務、心理輔導與復建等層面，故而需要各種不同的保護與服務項目。因此，兒少保護工作應該由社政、民政、警察、司法、醫療以及兒少福利機構等系統共同組成團隊的模式，才能提供較為完整的保護服務。經由這些機構間水平和垂直的分工與合作，建構完整的保護網絡，以提供受虐兒少及其家庭必要的福利服務。甚且由於牽涉之單位相當多，理應由政府主導，透過多重專業團體的合作，建立團隊工作的模式，方能有效解決兒少遭受虐待的問題。在網絡中的每一個系統、每位成員在這項工作上均扮演著舉足輕重的角色。因此，家庭暴力防治法第8條第2項也明確規定：「家庭暴力防治中心得與性侵害防治中心合併設立，並應配置社會工作、警察、衛生及其他相關專業人員。」

　　近年來，政府與民間在受虐兒少的保護工作上雖然不餘遺力，對於工作內容、方法，以及所遭遇的困難等問題亦多所討論與研究。而在警察執行受虐兒少保護任務上，警察機關不僅是政府部門的一環，更是人民的褓姆，職司人民生命與財產安全的保護工作，理應與其他政府相關部門共同致力於受虐兒童的保護工作。甚且由於兒少保護工作往往會涉及人身自由、家庭隱私、親權或監護權，故而需以強而有力的公權力作為後盾。可惜過去警察機關所執行之治安工作大抵著重在街頭犯罪之搶、偷、販毒等問題，甚且往往以「不介入民事糾紛」、「清官難斷家務事」為由，不願意積極介入兒少保護事件的處理。更由於基層員警所受之兒少保護訓練相當有限，往往造成受虐兒少的二度傷害。但社會大眾期盼警察機關積極介入兒少保護事件的處理日益殷切，已迫使警察機關改變過去的觀念，改採較為積極的態度與其他政府和民間部門共同合作，致力於兒少保護工作。

面對警察角色之變遷，警察機關在兒少保護工作上，除擬訂處理規範與手冊供員警遵循外，亦加強了員警在職訓練，提升其執行意願與能力。而未來隨著兒少保護運動的蓬勃發展，將使得警察人員在兒少保護事件的處理上，不論是在訓練、調查，以及與兒童保護機關的合作上都必須有所進步，才能符合社會大眾的期待。同樣重要的是，若要建立完善的兒少保護防治網絡，則除加強與各相關機構之間的協調與聯繫外，更有待警政主管機關釐清警察與其他專業人員相互之間，在兒少保護事件防處工作上各自所應扮演的角色與職責，如此才能強化警察與其他專業人員的合作關係。

第十章　兒童與少年犯罪預防

第一節　前言

　　兒童及少年（以下簡稱兒少）是人類生長的一個重要階段，兒少的健全成長與發展，影響著國家社會的繁榮與進步。兒少正值生理快速成長、心智發展尚未成熟的階段，好奇心強但判斷和解決問題的能力不足，且不瞭解如何維護自身權益和保護自己，常易犯錯或被引誘、利用，造成生活適應上的問題，而影響未來的正常發展。由於人類行為發展乃是人與環境互動的結果，不同年代和不同地區的少年，表現會有所不同。因此，兒少犯罪問題亦往往隨著整體社會生活環境的發展，家庭結構的轉變以及個人價值觀的變化而有不同的形貌。兒少的犯行，既是家庭、學校、社會最為棘手的問題，面對這些孩子，如果適時加以輔導以促其改過遷善，將來仍是社會的中堅分子；然而，若是未能及時導正今日的犯罪兒少，很可能是來日各類犯行的淵藪。目前許多已開發國家普遍面臨出生率下降及人口老化的雙重壓力，而臺灣的處境尤其嚴重。臺灣地小人稠，天然資源有限，整體經濟的發展，不僅需要足夠的資金，還要有優質的人力資源配合。觀察國內目前的情況，老人平均壽命增加，而出生率下降，近十年來，兒少人口數與占總人口的比例逐年減少。不僅如此，臺灣地區由於經濟快速的成長，雖帶動了社會的繁榮，卻也帶來了社會結構的變遷。變遷之一是數代同堂的大家庭制度逐漸瓦解，以夫妻為主的核心家庭數量逐漸增加。此類家庭的年輕父母為了家計，通常需要雙雙外出工作，在此情況下，對於兒童的照顧與教養問題便容易疏忽。而父母親又經常因為工作壓力，而導致情緒嚴重失控，不但影響夫妻感情，亦嚴重影響子女教養品質與親子關係。臺灣社會的離婚率屢創新高，單親家庭與隔代教養家庭不斷增加，貧富差距提高，促使更多兒少失去家庭的支柱，或面臨生活壓力。社會問題愈多，兒少被迫進入成年社會的年齡愈早；沒有準備、提早長大的少年愈多，其適應與犯罪問題也會愈多。

　　「兒童及少年犯罪事件」（或稱少年事件）係指：在少年事件法中

規定之未滿18歲之人觸犯刑罰（凡是刑法、刑事特別法上有明文規定之罪行皆屬之）或有觸犯刑罰之虞者，應以少年事件程序處理，而不適用一般刑事案件程序。由於與成年人犯罪之處遇有別，故正確而言，應稱之為「少年保護事件」。少年有犯罪或犯罪之虞時，主要由少年法院處理少年保護事件，僅在特別情形時，才由有管轄權之檢察官處理，稱為少年刑事案件。另外7歲以上未滿12歲的兒童，發生觸犯刑罰法律之行為，也由少年法庭依少年保護事件處理。而觀諸臺灣過去對於兒少犯罪案件的處理，1962年公布實施的少年事件處理法是「教罰並重」，實乃「以刑罰為主」，「以教育為輔」，可稱為「迷你刑法」。少年事件處理法當中將觸法之兒少分為二個層次，第一個層次是所謂的「虞犯兒少」，第二個層次是「犯罪兒少」。成年人必須具有犯罪行為，法院始能對之追訴處罰。而少年事件處理法的基本精神，本於政府監護權以及「預防重於懲罰」之理念，對有觸犯刑罰可能性之兒少，即行開始處理、加以輔導，以防止其進入更嚴重的犯罪之途。少年事件處理辦法第1條即明確指出：「為保障少年健全之自我成長，調整其成長環境，並矯治其性格，特制定本法。」

犯罪學研究屢次證明，於生命早期而觸法者，其未來成為成年犯的比例相當高（蔡德輝、楊士隆，2005；Akers, 1997; Gottfredson, 1999）。被害者學研究亦指出，先前的被害者成為重複被害者的可能性亦是相當高（Fattah, 1997; Laub, 1997）。因此，防處兒少犯罪以及保護兒少人身安全是很重要的課題。長期以來，兒少犯罪一直被界定為重要的社會問題，兒少犯罪之防治亟需橫跨司法、教育、社政、警政、新聞、青少年輔導、勞工以及法務等相關部門，並結合社會整體資源共同推動。警察，是兒少保護網絡及預防各類型犯罪的重要環節，也是最先接觸犯罪事件且次數最頻繁的刑事司法人員，可說位居兒少犯罪防處工作的最前線。警察也是整個刑事司法體系中人數最多的部門，警察機關所實施的預防犯罪政策及執行策略，無疑將對兒少犯罪防處工作產生深遠的影響。以下本章將先從少年犯罪現況與趨勢出發，繼而探討少年及兒童犯罪事件之防制作為，最後則討論警察回應作為，歸納出警察有效防處兒少犯罪的執行策略。

第二節　少年及兒童犯罪現況與趨勢

　　赫胥（Hirsche, Travis）的「社會控制理論」指出，家庭之所以是影響兒少犯罪的主要因素，乃家庭為提供正當社會化和道德化的主要場所。一旦家庭功能不彰，或家庭瓦解，兒少缺乏應有的親情互動和父母關愛，這些現象包括：管教過於嚴苛或放任、冷漠、鬆散，以及父母去世、入獄、重殘、離異、分居等，均足以造成兒少陷入犯罪泥淖而無法自拔。因此深入瞭解兒少犯行現象，針對偏差行為趨勢，擬定防制方案或課程，因勢利導非常重要。

　　從表10-1可以發現，近十年來兒少犯罪總人數暨虞犯兒少人數的變化情形，以2007年的人數為十年來最低，但2008年後又有稍微增加的趨勢。但就犯罪人口率而言（參閱表10-2），整體兒少犯罪人口率係呈現先降低後增加的趨勢，於2005年的犯罪人口率最低，為每萬人16.38人最低，但此後則呈現逐年增加的趨勢，至2010年又增加至每萬人21.62人；而就兒童犯罪人口率而言，近十年來以2010年的比率最高，為每萬人0.80人；而就少年犯罪率而言，雖然亦以2005年的犯罪人口率最低，但至2010年時又上升至每萬人51.57人；就近五年之兒少犯罪趨勢而言，皆以2010年為最高，此種變化情形值得持續關心（法務部，2011a）。

表 10-1　近十年兒少犯罪總人數暨虞犯兒少人數

年別	觸犯刑罰法律少年兒童			虞犯少年兒童（人）
	合計（人）	刑事案件（人）	保護事件（人）	
2001	14,894	493	14,401	326
2002	13,826	514	13,312	644
2003	11,669	493	11,176	929
2004	9,576	392	9,184	1,221
2005	9,089	388	8,701	880
2006	9,073	339	8,734	866
2007	9,072	431	8,641	857
2008	9,441	324	9,117	1,182
2009	9,316	335	8,981	1,385
2010	9,947	314	9,633	1,151

資料來源：司法院統計處（表1712-06-07-05、1712-06-14-05）。摘自《99年少年兒童犯罪概況及其分析》，頁28。

表 10-2　近十年兒少犯罪人口率

年別	合計			兒童			少年		
	人口數	犯罪人數	犯罪人口率	人口數	犯罪人數	犯罪人口率	人口數	犯罪人數	犯罪人口率
2001	5,662,521	14,882	26.28	3,700,255	263	0.71	1,962,266	14,619	74.50
2002	5,544,533	13,821	24.93	3,611,832	231	0.64	1,932,701	13,590	70.32
2003	5,429,950	11,652	21.46	3,517,927	201	0.57	1,912.023	11,451	59.89
2004	5,345,047	9,566	17.90	3,413,894	199	0.58	1,931,153	9,367	48.50
2005	5,550,472	9,089	16.38	3,294,247	238	0.72	2,256,225	8,851	39.23
2006	5,107,181	9,073	17.77	3,176,997	239	0.75	1,930,184	8,834	45.77
2007	5,002,123	9,072	18.14	3,058,061	214	0.70	1,944,062	8,858	45.56
2008	4,868,304	9,441	19.39	2,936,650	204	0.69	1,931,654	9,237	47.82
2009	4,745,159	9,300	19.60	2,808,328	203	0.72	1,936,831	9,097	46.97
2010	4,595,767	9,935	21.62	2,711,482	217	0.80	1,884,258	9,718	51.57

註：本表不含虞犯少年兒童。
資料來源：司法院統計處（表1712-06-07-05、1712-06-14-05）。摘自《99年少年兒童犯罪概況及其分析》，頁29。

　　再就兒少主要犯罪的案類而言（參閱表10-3），雖然近年來主要犯罪類型仍以竊盜罪人數最多，但所占比率有逐年下降的趨勢。再就暴力犯罪而言，歷年來不僅皆以傷害案件人數最多，且其所占比率亦有逐年上升的趨勢，在2001年時僅占9.45%，至2008年時，每年所占比率皆已超過二成。此現象應與此時期正值青春期、血氣方剛較易意氣用事有關，未來應持續加強兒少道德及法治觀念，並讓其有抒發情緒之適當管道，將其精力導向正當活動或興趣培養上，故應加強兒少從事正當休閒活動之宣導。此外，妨害性自主罪及毒品犯罪之變化情形亦值得密切觀察。首先就妨害性自主罪而言，其所占比率有逐年上升的趨勢，在2001年時僅占2.74%，至2010年時，所占比率已上升至7.01%。正確的性教育乃當務之急，務求讓兒少正確的面對異性、培養正確的兩性觀。由於性犯罪的再犯率高，未來政府除應落實性別平等與性知識教育外，亦應著手實施性犯罪高危險之鑑別工作，以期及早針對高危險群啟動治療工作。就毒品犯罪而言，在2001年時僅占1.72%，至2010年時，所占比率已上升至9.11%，政府應重視兒少毒品濫用的防制工作。如何有效教育學生正確認識毒品危害，使其

不受好奇心驅使而施用，及打擊掃蕩販售提供藥物者源頭，應是未來努力的方向。整體而言，兒少犯罪類型趨於暴力化與多樣化，值得相關部門重視。

表 10-3　近十年兒少主要犯罪類型人數統計

犯罪種類	總計		竊盜罪		暴力犯罪					
					傷害罪		殺人罪		強盜、搶奪、盜匪罪	
年別	人數	百分比	人數	百分比	人數	百分比	人數	百分比	人數	百分比
2001	14,894	100.00	6,846	45.96	1,408	9.45	283	1.90	665	4.46
2002	13,826	100.00	6,127	44.32	1,442	10.43	217	1.58	568	4.11
2003	11,669	100.00	5,123	43.90	1,527	13.09	183	1.57	406	3.48
2004	9,593	100.00	4,175	43.52	1,332	13.89	148	1.54	338	3.52
2005	9,079	100.00	3,683	40.57	1,657	18.25	212	2.34	312	3.44
2006	9,064	100.00	3,594	39.65	1,807	19.94	196	2.16	302	3.33
2007	9,072	100.00	3,389	37.36	1,796	19.80	181	2.00	302	3.33
2008	9,441	100.00	3,338	35.36	1,955	20.71	188	1.99	257	2.72
2009	9,316	100.00	3,114	33.43	1,967	21.11	121	1.30	224	2.40
2010	9,947	100.00	3,228	32.45	2,047	20.58	108	1.09	147	1.48

犯罪種類	暴力犯罪						毒品犯罪（含麻藥）		其他	
	恐嚇取財罪		擄人勒贖罪		妨害性自主罪					
年別	人數	百分比	人數	百分比	人數	百分比	人數	百分比	人數	百分比
2001	362	2.43	14	0.09	408	2.74	256	1.72	4,675	31.396
2002	252	1.82	6	0.04	467	3.38	244	1.76	4,507	32.60
2003	253	2.64	8	0.08	502	5.23	181	1.55	4,526	38.79
2004	235	2.01	3	0.03	424	3.63	292	2.50	3,476	29.79
2005	199	2.45	4	0.03	475	4.07	255	2.66	2,282	23.79
2006	204	2.25	3	0.03	509	5.62	177	1.95	2,272	25.07
2007	208	2.29	0	0.00	554	6.11	228	2.51	2,414	26.61
2008	209	2.21	5	0.05	590	6.25	416	4.41	2,483	26.30
2009	198	2.13	4	0.04	613	6.58	624	6.70	2,451	26.31
2010	274	2.75	1	0.01	697	7.01	906	9.11	2,539	25.53

註：本表不含虞犯少年兒童。
資料來源：司法院統計處（表1712-06-07-05、1712-06-14-05）。摘自《99年少年兒童犯罪概況及其分析》，頁30。

　　家庭是社會結構之基本單位，亦是個體最早接觸的社會組織，且從人類歷史觀之，家與人的關係從未有人能成功地以其他方式加以取代。由於個人在家庭的時間比任何其他場合多，因此除了語言、知識、各種行動及生活習慣外，家庭對個人人格特質、態度、觀念、社會行為、心理及情緒之發展更具有直接且持久之影響。就兒少而言，在這個人生的發展階段中，個體的危險因素主要是發生於家庭，使得不良的家庭互動關係及管教技巧，將會增加兒少未來的行為問題風險。因此，家庭內互動關係對兒少偏差與犯罪行為的影響應加以注意。此外，從過去研究亦可發現，兒少本身的性格特質與行為問題也是常被提及的影響因素。兒少可能會受到本身的性衝動、好奇心驅使、愛慕虛榮、精力過剩、懶惰遊蕩，以及在缺乏法律常識與外力壓迫等因素的交互影響下，而從事偏差與犯罪行為。

　　就我國近十年來影響兒少犯罪因素之分析可以發現（參閱表10-4），自2001～2003年以家庭因素所占比率最高。但自2004年開始，每年則皆以心理因素所占比率最高，且所占比率有逐年上升的趨勢；至2010年所占比率更高達44.24%。同時，就觸法兒少之心理因素而言（參閱表10-5），歷年皆以觸法兒少的自制力不足所占比率最高，且至2010年所占比率更高達92.20%。Hirschi與Gottfredson（1994）的一般化犯罪理論指出，低自我控制者有以下表徵：一、「現在」和「此地」的取向；二、缺乏「勤奮」、「執著」和「堅毅」；三、冒險、好動和力量取向；四、不穩的友誼、工作和交友、婚姻等；五、缺乏技術及遠見；六、自我取向、忽視他人、對他人意見不具感應性；七、挫折容忍力低，以力量而非溝通協調解決問題；八、追求與犯罪相類似之行為所提供的立即快樂。他們亦曾進一步指出，在生命早期的社會化過程中，個體的自我控制一旦被形成，則將在往後歲月中呈現穩定的狀態。換言之，「低自我控制」是生命早期缺陷社會化的結果。至於個體在生命早期，對其自我控制形成具有決定性影響的社會化機構，就是家庭與學校。因此，雖然近年來，兒少犯罪影響因素以心理因素所占比率最高，但追根究底，仍受家庭因素所影響。

表 10-4　近十年兒少犯罪原因人數統計

年別	總計		生理因素		心理因素		家庭因素		社會因素		學校因素		其他因素	
	人數	百分比	人數	百分比	人數	百分比	人數	百分比	人數	百分比	人數	百分比	人數	百分比
2001	14,882	100.00	224	1.51	2,001	13.45	5,372	36.10	3,419	22.97	98	0.66	3,734	31.81
2002	13,822	100.00	150	1.09	2,102	15.21	5,255	38.02	2,975	21.52	58	0.42	4,342	31.41
2003	11,652	100.00	264	2.27	3,413	29.29	3,921	33.65	2,512	21.56	105	0.90	3,566	30.60
2004	9,566	100.00	252	2.63	3,807	39.80	2,565	26.81	2,080	21.74	73	0.76	2,875	30.05
2005	9,063	100.00	239	2.64	3,339	36.84	1,887	20.82	1,801	19.87	60	0.66	2,240	24.72
2006	9,064	100.00	239	2.64	3,495	38.56	1,399	15.43	1,700	18.76	99	1.09	2,132	23.52
2007	9,058	100.00	381	4.21	3,349	36.97	1,483	16.37	1,712	18.90	75	0.83	2,058	22.72
2008	9,430	100.00	481	5.10	3,835	40.67	1,371	14.54	1,629	17.27	46	0.49	2,068	21.93
2009	9,300	100.00	387	4.16	3,935	42.31	1,381	14.85	1,569	16.87	33	0.35	1,995	21.45
2010	9,935	100.00	423	4.26	4,395	44.24	1,335	13.44	1,662	16.73	32	0.32	2,088	21.02

註：本表不含虞犯少年兒童及未經個案調查人數。

資料來源：司法院統計處（表1712-06-08-05、1712-06-13-05）。摘自《99年少年兒童犯罪概況及其分析》，頁40。

表 10-5　近十年兒少犯罪原因之「心理因素」人數統計

年別	總計		個性頑劣		自制力不足		精神病症		智能障礙		其他	
	人數	百分比	人數	百分比	人數	百分比	人數	百分比	人數	百分比	人數	百分比
2001	2,102	100.00	200	9.51	1,859	88.44	15	0.71	24	1.14	4	0.19
2002	3,449	100.00	326	9.45	2,999	86.95	19	0.55	52	1.51	53	1.54
2003	3,807	100.00	395	10.38	3,273	85.97	17	0.45	51	1.34	71	1.86
2004	3,339	100.00	298	8.92	2,961	88.68	12	0.36	29	0.87	39	1.17
2005	3,441	100.00	342	9.94	2,995	87.04	21	0.61	40	1.16	43	1.25
2006	3,495	100.00	275	7.87	3,109	88.96	15	0.43	53	1.52	43	1.23
2007	3,349	100.00	259	7.73	2,981	89.01	23	0.69	49	1.46	37	1.10
2008	3,835	100.00	283	7.38	3,436	89.60	19	0.50	34	0.89	63	1.64
2009	3,935	100.00	245	6.23	3,600	91.49	12	0.30	43	1.09	35	0.89
2010	4,395	100.00	238	5.42	4,052	92.20	17	0.39	52	1.18	36	0.82

註：本表不含虞犯少年兒童及未經個案調查人數。

資料來源：司法院統計處（表1712-06-08-05、1712-06-13-05）。摘自《99年少年兒童犯罪概況及其分析》，頁43。

第三節 少年及兒童犯罪事件的防制

　　鑑於兒少犯罪問題之影響因素相當多元，其防制工作亟需整合司法、教育、社政、警政、新聞、青年輔導、勞工以及法務等相關部門，亦需結合社會整體資源共同推動。因此，行政院早自1979年起，即頒布實施「預防少年兒童犯罪方案」。此後隨著整體社會生活環境的發展，家庭結構的轉變及個人價值觀的變化，本方案迭經多次修正，最近一次修正完成於2017年。本方案的規劃目標乃是積極促進少年兒童身心健全發展，並協助、輔導已有觸法行為之少年兒童重建正確觀念與行為模式，避免再犯，預防少年兒童犯罪行為的發生。其具體目標係從三級預防著手，包括（法務部，2019）：

一、拒絕犯罪（一般預防）：營造優質成長環境，促進少年兒童健全發展，預防偏差傾向。此層級之預防作為係針對兒少分別採取保護、教育與輔導等作為。

二、避免犯罪（特別預防）：加強偏差行為傾向或高危險群等特殊情況家庭少年兒童之輔導，避免淪於犯罪。此層級之預防作為係針對兒少分別採取偏差傾向之輔導，偏差行為之防制與取締，以及特殊境遇之轉介、安置與輔導等作為。

三、不再犯罪（再犯預防）：加強犯罪行為之矯治與輔導，避免再犯。此層級之預防作為係針對兒少分別採取觀護措施、矯治處遇及更生保護等作為。

　　「少年事件處理法」，是我國處理少年犯罪及偏差行為主要的法律依據。為保障少年之自我成長，調整其成長環境，並矯治其性格，特制定本法。少年事件處理法自1962年1月31日公布施行後，對於兒少犯罪從案件受理，至調查、審理、處遇、執行，已建構完整的理論架構和處理流程。至2019年6月19日歷經九次修正，除處遇方式採多樣化外，立法目的及觀念亦隨時代改變而修正。綜觀修法歷程，立法原則自「教罰並重」，演變為「宜教不宜罰」，再演變為「保護優先主義」，以至「行政輔導先行」。

一、少年事件處理法的重要修正

「少年事件處理法」於1997年完成的第五次修正，為1962年立法至當時最大幅度的一次修正。該次修正不但確立了保護優先主義，並於1999年9月15日成立全國第一所專業法院，於高雄市設立少年法院，提升少年法庭的地位，以回應社會對少年司法專業效能提升的需求。此後，考量兒少犯罪事件與家事事件發生的原因具有高度關連性，兒少之所以犯罪，家庭因素常居首位，而家庭功能不健全是兒少性格偏差與行為違常的主因；成立專責機關專業處理少家事件，以強化及提升全國少家事件專業處理能力，是法治先進國家之趨勢。因此，1999年7月全國司法改革會議決議建請司法院研究設立家事法院，經立法院於2010年11月19日三讀通過司法院送請審議之少年及家事法院組織法草案，並於2010年12月8日由總統公布。這在家庭功能不健全致使少年性格偏差、行為違常，以及法制先進國家紛紛設立少年及家事專業法院之際，別具意義。

少年事件處理法最新一次的修正於2019年完成，為1997年以來最大幅度的修正，也是與世界兒少司法權益潮流接軌的重要里程碑。此次修正，除因應大法官釋字第664號解釋揭示對於逃學逃家的虞犯少年，不得為剝奪人身自由處分（收容或感化教育）之旨，並配合人權兩公約施行法、兒童權利公約施行法、105年司法改革國是會議決議、106年兒童權利公約首次國際審查專家結論性意見等，對兒少司法人權相關議題之關注，以促進兒少在教育、社區及福利行政中能受到公平對待，尊重少年主體權及程序基本權為主要方向（司法院，2019）。

由於少年保護事件及少年刑事案件的處理，少年事件處理法是最重要的法律依據，有必要對2019年的修正重點予以說明。

（一）廢除觸法兒童準用少事法規定

刪除第85條之1，並自公布一年後施行，7～12歲兒童如有觸法事件，回歸十二年國民基本教育及學生輔導機制處理，不再移送少年法庭。

（二）曝險少年去標籤，縮減司法介入事由

虞犯制度旨在預防少年犯罪，惟虞犯少年並未觸法，為能導向著重保障少年之成長與發展權，修正第3條，以少年之性格及成長環境、經常往

來對象、參與團體、出入場所、生活作息、家庭功能、就學或就業等一切情狀，作為判斷有無保障少年健全自我成長必要之標準，以決定司法處遇的需保護性，並去除身分犯之標籤效應。同時縮減司法介入事由，依釋字第664號解釋意旨，刪除現行規定七類事由中的四類，僅留「無正當理由經常攜帶危險器械」、「有施用毒品或迷幻物品之行為而尚未觸犯刑罰法律」、「有預備犯罪或犯罪未遂而為法所不罰之行為」等三類行為，作為辨識曝險少年的行為徵兆。

（三）建置曝險少年行政輔導先行機制

修正後之第18條第2項至第7項，由縣市政府少年輔導委員會結合福利、教育、心理、醫療等各類相關資源，對曝險少年施以適當期間之輔導，如評估確有必要，亦可請求少年法院處理。少年若自覺有觸法風險，亦可自行向少年輔導委員會求助，體現尊重少年主體權。

為使相關機關充分準備，上開修正條文自2023年7月1日施行；施行前，仍得由少年法院處理曝險少年的偏差行為。

（四）尊重少年主體權及保障程序權

為維護兒少司法人權，並依兒少的年齡及身心成熟程度而為合理之調整，此次修正保障少年表意權（第38條、第83條之1第3項），少年對於司法程序的知情權（第3條之2），並使少年應訊不孤單、溝通無障礙（第3條之1），候審期間與成年人隔離（第3條之3），夜間原則上不訊問（第3條之4），以及可聲請責付、停止或撤銷收容（第26條、第26條之2、第61條），受驅逐出境處分之外國少年有陳述意見機會及救濟權（第83條之3）等。

（五）推動資源整合平台，增訂多元處遇措施

修正第42條中明定，少年法院得召開協調、諮詢或整合兒少相關福利服務資源，研商並提供符合兒少最佳利益之合適處遇或銜接服務。同時增設醫療機構、執行過渡性教育措施或其他適當之處所，供安置輔導處分所需。此部分修正自公布後一年施行。

（六）引進少年修復式機制

修正第29條第3項，明定少年法院得斟酌情形，經少年、少年之法定代理人及被害人之同意，轉介適當機關、機構、團體或個人進行修復。

（七）恢復少年觀護所之收容鑑別功能

少年觀護所就所收容保護之少年，應有鑑別以提供少年法庭判斷適切處遇之機制，本次增訂第26條第2款前段規定，以釐清少年收容之目的及強化少年觀護所之功能（司法院，2019）。

二、少年及兒童犯罪事件的處理現況

少年事件處理法於2019年修正時，刪除第85條之1，並自公布一年後施行，7～12歲兒童如有觸法事件，回歸十二年國民基本教育及學生輔導機制處理，不再移送少年法庭。

依據少年事件處理法第3條，少年法院依本法處理以下事件：（一）少年有觸犯刑罰法律之行為者（又稱觸法行為）。（二）少年有下列情形之一，而認有保障其健全自我成長之必要者（又稱曝險行為）：1.無正當理由經常攜帶危險器械；2.有施用毒品或迷幻物品之行為而尚未觸犯刑罰法律；3.有預備犯罪或犯罪未遂而為法所不罰之行為。前所指「有保障其健全自我成長之必要」，應依少年之性格及成長環境、經常往來對象、參與團體、出入場所、生活作息、家庭功能、就學或就業等一切情狀而為判斷。

司法警察官、檢察官或法院於執行職務時，知有觸法行為之事件者，應移送該管少年法院。觸法行為分為少年刑事案件及少年保護事件，少年刑事案件係指少年法院依調查結果，認為少年觸犯刑罰法律，且有下列情形之一者，應以裁定移送於有管轄權之法院檢察署檢察官：（一）犯最輕本刑為五年以上有期徒刑之罪者；（二）事件繫屬後已滿20歲者；（三）少年法院依調查結果，認犯罪情節重大，參酌其品行、性格、經歷等情狀，以受刑事處分為適當者，以裁定移送於有管轄權之法院檢察署檢察官（少年事件處理法第27條）。而少年保護事件，係指觸法行為未經移送有管轄權之法院檢察署檢察官者。

　　此外，司法警察官、檢察官或法院於執行職務時，知有曝險行為之情形者，得通知少年住所、居所或所在地之少年輔導委員會處理之。少年輔導委員會輔導期間，如經評估認由少年法院處理，始能保障少年健全之自我成長者，得敘明理由並檢具輔導相關紀錄及有關資料，請求少年法院處理之，此種事件亦為少年保護事件。

　　目前少年法院之組織，除法官外並設有少年調查官、少年保護官等司法人員。少年如有觸法行為，承辦法官會先命少年調查官依少年事件處理法第19條第1項規定，調查該少年與事件有關之行為、其人之品格、經歷、身心狀況、家庭情形、社會環境、教育程度以及其他必要之事項，並製作報告附具建議，提供法官作為裁定參考。少年法院依調查之結果，認為無付保護處分之原因或以其他事由不應付審理者，應為不付審理之裁定（少年事件處理法第28條）；認為情節輕微，以不付審理為適當者，得為不付審理之裁定（少年事件處理法第29條），並可附帶為下列處分：（一）告誡；（二）交付少年之法定代理人或現在保護少年之人嚴加管教；（三）轉介福利、教養機構、醫療機構、執行過渡性教育措施或其他適當措施之處所為適當之輔導。

　　若依調查之結果，認為應付審理者，法官應為開始審理之裁定。接著法官會擇定審理期日，藉由訊問少年、法定代理人、現在保護少年之人及相關當事人，釐清事件真相。調查及審理不公開，但得許少年之親屬、學校教員、從事少年保護事業之人或其他認為相當之人在場旁聽。少年法院依審理之結果，認為事件有第27條第1項之情形者，應為移送之裁定；有同條第2項之情形者，得為移送之裁定。對於非移送檢察官之案件，法官在審理後可為下列處分：（一）不付保護之處分：法官審理後，認為事件不應或不宜付保護處分者，應裁定諭知不付保護處分（少年事件處理法第41條）。（二）裁定保護處分，如下：1.訓誡，並得予以假日生活輔導；2.交付保護管束並得命為勞動服務；3.交付安置於適當之福利、教養機構、醫療機構、執行過渡性教育措施或其他適當措施之處所輔導；4.令入感化教育處所施以感化教育。當少年有下列情形之一者：（一）施用毒品或迷幻物品成癮，或有酗酒習慣者；（二）身體或精神狀態顯有缺陷者；法官得於為前項保護處分之前或同時，諭知令入相當處所實施禁戒或治療（少年事件處理法第42條）。

實務上，在受理調查的少年事件中以觸法事件（2019年，17,509件）占大多數，曝險事件（2019年，735件）較少，兩類事件調查終結皆以進入少年法院審理者為多數（10,422人），不付審理者較少（5,363人）。2019年法院審理終結的少年保護事件計有8,550件，少年人數為9,913人，其中有85.41%的少年裁定交付保護處分。在裁定交付保護處分類別中，以保護管束最多（47.80%），其次為訓誡（47.28%），再次為感化教育（4.15%）、安置輔導（0.78%）。相較於少年保護事件，少年刑事案件甚少，2019年經法院審理終結的少年刑事案件有283件、被告304人，其中以科刑273人為最多，而在科刑當中，又以逾一年至二年以下有期徒刑111人為最多（法務部，2020）。

三、修復式司法於少年及兒童犯罪事件的運用

修復式司法（或稱修復式正義、關係正義、復歸式正義，restorative justice）是對因犯罪行為受到最直接影響的人們，即加害人、被害人、他們的家屬、甚至社區的成員或代表，提供各式各樣對話與解決問題之機會，讓加害人認知其犯行的影響，而對自身行為直接負責，並修復被害人之情感創傷及填補實質損害。相對於以刑罰為中心的現行刑事司法制度，修復式司法關注的重點不在懲罰或報復，而是國家如何在犯罪發生之後，療癒創傷、恢復平衡、復原破裂的關係，並賦予「司法」一種新的意涵，即在尋求真相、道歉、撫慰、負責與復原中伸張正義（法務部，2010）。近年來，世界許多國家的刑事司法系統面臨了監禁率不斷攀升，監獄擁擠的挑戰。在臺灣地區，根據世界監獄人口報告第八版顯示，臺灣的監禁率已超越新加坡，在亞洲排名第四，僅次於中東三個國家（Walmsley, 2009）。另從法務部（2011b）的統計亦顯示：監獄擁擠、超收的問題一直無法獲得有效改善。從2005年開始，監禁人口總數已突破6萬人，雖然2007年政府試圖透過減刑政策以降低監獄擁擠壓力，但由於減刑政策只是一個短線操作的策略，監獄擁擠問題仍持續存在。至2011年10月底，矯正機關收容人共計65,598人，與2010年同期65,332人比較，增加266人，較核定容額54,593人，超額收容11,005人，超收比率20.2%，較上年同期增加0.5%，現行矯正與刑事政策已面臨嚴峻考驗。

再就被害人權益保障而言，刑事訴訟所重視的是犯罪行為人之處遇

與再社會化的問題，而在追訴犯罪過程中所關心的是被告的權益與法律程序的公平性，至於被害人的權益與意見不但沒有獲得相對的重視，亦經常遭受來自於刑事司法系統的二度傷害（許春金，2010）。事實上，早自1891年在挪威舉辦的國際監獄會議即有三項決議：現代法律未能充分考慮對受傷害當事人的補償、在輕微犯罪中應給予加害人補償的機會、受刑人在監所所得可補償被害人，可惜此項決議一直到1990年在布魯塞爾舉辦的國際監獄會議，要求會員國採取1891年的決議案強化被害人權利才獲重視。在國際組織的宣言中，於1999年，聯合國與歐洲議會均鼓勵會員國在刑事司法過程中可提供自願者調解（mediation）與進行修復式方案的機會（United Nations, 2000；許春金，2010）。整體而言，修復式司法的理念係以修復為核心，其重點在修復被害人、修復犯罪人（回復守法生活）、修復犯罪對社會造成傷害的過程，以期邁向一個更美好未來的社會。

現代的少年司法以保護為基本立場，因此對於犯罪兒少的處遇乃以輔導、教育等非司法程序的轉向制度來替代刑罰。而在轉向制度上，雖著重於矯正兒少犯罪，但是否真能讓犯罪兒少在犯了錯之後真心悔悟，常是令人質疑的。兒少因為心智未臻成熟，在犯了錯之後想要逃避乃潛意識行為，此時若僅以保護的立場而不讓其面對被害的一方，不僅被害一方無法諒解，犯罪兒少亦無法理解被傷害的一方之感受為何。畢竟人是經驗的動物，唯有體會過，才能有所感觸。如此一來，失衡的社會正義難以得到平復，被害人的傷痛、怨恨依舊存在，矯治是否有效亦遭受質疑，社會和平的狀態潛藏著隨時遭受破壞的風險（廖正豪，2009；陳祖輝，2005）。因此，透過修復式司法之處理，或可讓被害人、加害人及修復促進者的三方對話及協調，對於已經造成損害達成賠償的共識。目前已有許多國家採用修復式司法模式處理兒少犯罪事件，而根據簡吉照（2009）的研究，影響各國政府採取修復式正義處理兒少犯罪事件的主要原因有：（一）受傳統文化的影響，如紐西蘭因受毛利文化的影響，而有修復式正義思想的濫觴；（二）對傳統以處罰和治療為目的的刑事司法功能的反思，如澳洲 1997 年少年法中少年司法會議以修復式正義處理兒少犯罪；（三）受犯罪學修復式思潮的影響，在澳洲、紐西蘭、美國和加拿大等國，修復式正義思潮正風起雲湧並逐漸落實於刑事政策中；（四）對被害人保護的重

視，在前述國家中，被害人在刑事司法過程中的地位已受到相當重視，其保護和補償措施成為各國重要議題；（五）考量刑罰經濟原則，如日本警察的微罪處分權，雖具有修復式正義的精神，但該政策實施之初，主要是基於刑法經濟原則，以處理愈來愈多的犯罪案件。

在司法制度上有很多國家採用修復式司法的理念，建構司法服務模式，綜觀目前各國的運作模式主要有以下六種型態。其中又以被害人與加害人的協商方案，以及家庭團體會議二種型態為主要的運作模式，分述如下（黃翠紋，2001；陳祖輝，2005）：

（一）**非正式調解**：此種類型通常是由刑事司法人員在其日常勤務過程中所實施的。雖然以此種方式來讓當事人間取得和解，確實可以紓解刑事司法機關的案件負荷量，但亦可能遭致一些不良後果，因此並不被鼓勵。

（二）**傳統的村莊（部落）大會**：此種模式自原始社會即已存在，用以解決部落成員之間的衝突或犯罪事件，而今仍然普遍存在一些較沒有開發的國家或鄉村地區，但並不適用於現代社會中。

（三）**賠償協商方案**：此種調解形式僅適用於加害人必須賠償被害人損失的情況下，通常是在法院的命令下進行，並且會有法院的賠償命令。

（四）**社區陪審團或法院**：此類方案是將犯罪事件從檢察官或是法院那裡轉介到社區中，通常具有一些調解或協商的性質。地區的自治機構通常會有他們本身的委員會來負責調解事務。

（五）**被害人與加害人的協商方案**：此方案可以成功地用在處理財產犯罪及婚姻暴力的案件上，而用在犯重罪的青少年加害人身上也很有效。此種方案是讓被害人及其加害人和那些受過訓練的調解員聚集在一起，共同解決其間衝突，並且讓正義得以伸張。

（六）**家庭或社區團體會議**：此類方案最早是在澳洲及紐西蘭施行的，是一種讓社區得以參與刑事司法系統的調解方案。他們不只讓加害人與被害人一起接受調解，調解會議中也會讓加害人與被害人家屬、社區成員，以及特殊的機構成員（如警察、少年法庭的法官或觀護員）共同參與。而每一個參與者的角色扮演，綜整如表10-6所示：

表 10-6 「家庭或社區團體會議」參與者的角色扮演一覽表

預期目標 參與對象	透過苛責來產生約束力	透過能力培養來 修復關係	提升公共安全
加害者	實際從事回復受害者與社區的損失。 必須面對被害者或其代理人。	在社區內實際參與如同提供資源性的角色扮演，藉此改善其生活品質。 為了有積極作為，提供相關產製資源如：新的經驗、技術、自我肯定學習。	參與在被授予權限的場所，進行復歸式的均衡計畫。 發展具有內在控制、新同儕關係與組織性的承諾。
被害者	積極參與過程中的每一個階段。 提供關於心理狀態的文件以及受到犯罪衝擊的情緒感受。 在自願的基礎上參與調解。 協助決定對加害者提出制裁。	提供輸入需求進入修復過程。 建議社區提供給加害者的服務。	提供加害者面對社區所需的持續性安全關懷、恐懼與控制行為。 對於其他被害者鼓勵提供保護性的支持。
社區	如同協調者的參與性角色。 發展社區服務與提供支薪工作機會給加害者，藉以承擔賠償之責。 承擔完全的責任來協助被害者與接納支持加害者。	對於少年培養其新機會來提供生產性的貢獻。 營造少年承擔責任的能力與發展社區的歸屬感。	提供少年司法體系對少年的監護關係與顧問指導。 發掘社區底層的少年偏差問題，產生預警效果。
少年司法專業者	促進調解工作進行。 擔保修復過程得以發生。 發展創造性／復歸的社區服務選擇。 激勵社區成員參與調解過程。 教育社區居民。	對於少年犯發展新的角色，允許他們參與實踐和展示培力。 在少年與社區的能力之內確認賠償範圍。 發展社區的伙伴關係。	發展加害者承諾於監督管理者所要兌現結果的範圍。 協助學校與家庭，藉助他們之力來維持並監控少年的行為。 發展當地組織性的預防能力機制。

資料來源：陳祖輝（2005）。少年司法新典範的轉移：論復歸式正義觀點的轉向制度。《社區發展季刊》，第110期，頁415-416。

近代我國刑事司法改革一方面朝向保障被告人權，另一方面亦受到被害人保護之壓力。2003年刑事司法制度產生重大變革以保障被告人權，訴訟制度朝向當事人進行主義以及法庭交互詰問。法務部為避免此變革導致案件負荷提升以及訴訟時間增加，亦鼓勵針對微罪採取附帶條件的緩起

訴、認罪協商和緩刑，以增進訴訟經濟及提升效率，而「修復式司法」亦逐漸成為犯罪被害人保護的重要議題。在2008年犯罪被害人保護國際研討會中，法務部郭文東司長的報告明確指出：被害人保護未來的方向是朝向推動修復式司法。而在施茂林部長任內，亦推動在監獄中對受刑人實施被害影響宣導計畫。此外，保障被告人權之際，法務部也在保護司中特別設置被害人保護科專司被害人保護工作研究發展與執行等。前法務部王清峰部長於2008年11月「關懷無國界」國際研討會手冊為序提到「十年來，全面推動修復式司法，使犯罪被害人的保護措施燦然大備，績效普獲肯定」。法務部保護司在同一研討會中報告犯罪被害人保護業務策進作為，特別以修復式司法為結尾：「協助被害人及加害人兩造參與調解、協談，促進兩造和好，轉化對立為寬容，和解共生，促進社會和諧」。法務部2009年7月出版之「司法改革十年之實踐與展望」一節中，將推動修復式司法列為制度性改革的項目之一，期許重建司法公信力、贏得人民信賴。為求更具體推動被害人與加害人的和解與修復方案，法務部於2010年擇定士林、板橋、苗栗、臺中、臺南、高雄、宜蘭、澎湖等八個地檢署參與本次試行方案。依據各試辦地檢署所提出之試行方案顯示，其所試辦之案類不盡相同，有關試辦單位所試辦處理案類整理如表10-7所示。從本表可以發現，大多數地檢署皆以兒少犯罪案件為其處理的案類，有些地檢署甚至列為主要的處理案類。賴月蜜（2009）亦建議法務部在試辦過程，參考國外經驗，以兒少犯罪為優先試辦，並且在推行之前，應先為專業人員之儲備，建構完整專業人員的訓練，以確保服務提供的品質，使兒少犯罪事件之加害人與被害人，皆能在調解中使犯罪行為的傷害減至最小，雙方皆能走出陰霾，復歸社會，正常生活。

第四節　警察機關防制少年及兒童犯罪事件作為

　　兒少犯罪成因至為複雜，是故需標本兼治、多管齊下，始能徹底預防兒少犯罪之發生於未然。就警察機關防制兒少犯罪事件之最具體作為，當屬成立少年警察隊。為提升警察防處兒少犯罪的工作效能，警察機關多已成立專責單位執行相關勤、業務，縣、市警察局中的少年警察隊即是最明

表 10-7　修復式司法方案試辦機關試行案類

試行機關	試辦案類
士林地檢	1.家庭暴力案件；2.少年案件；3.過失傷害、過失致死案件（車禍案件）；4.傷害案件、重傷害案件；5.財產犯罪案件（如毀損、竊盜、搶奪、侵占、詐欺等犯罪）；6.其他輕微案件。
板橋地檢	有被害人，且限刑事訴訟法第376條各款所定各罪。
苗栗地檢	1.人身犯罪、家庭暴力案件、刑法第227條（以俗稱「兩小無猜」之案件為主）之妨害性自主之案件；2.刑事訴訟法第376條各款所定案件；3.其餘案件如雙方當事人均有意願者，亦可提交評估小組評估是否合宜進行修復式司法對話。但兒虐案件暫不適用。
臺中地檢	1.刑事訴訟法第376條各款所列，有被害人之輕微犯罪；2.重罪及少年犯罪；3.除前述之輕微犯罪（含家庭暴力案件）外，擬另就刑度較重之搶奪、強盜、傷害致死甚或殺人案件（含重大家庭暴力案件），於當事人有對話意願，且經評估適合進入對話者，本署亦將之納入試辦實施案件。
臺南地檢	1.婚姻相關刑事案件：(1)普通傷害罪（刑法第277條第1項）；(2)違反保護令罪（家庭暴力防治法第50條）；(3)妨害自由、恐嚇案件（刑法妨害自由罪章之罪）；(4)通姦罪（刑法第239條）；(5)公然侮辱罪（刑法第309條）、毀謗罪（刑法第310條）。2.其他家庭成員間案件：(1)普通傷害罪（刑法第277條第1項）；(2)加暴行於直系血親尊親屬罪（刑法第281條）；(3)遺棄罪（刑法第294條）；(4)違反保護令罪（家庭暴力防治法第50條）；(5)妨害自由、恐嚇案件（刑法妨害自由罪章之罪）。3.其他案件：其他經小組會議以及檢察官會議等討論後，認適宜辦理之案件。
高雄地檢	1.家庭暴力防治法案件（包含違反保護令、家庭暴力罪案件，但不包含兒虐案件、同時犯他種重罪案件）；2.車禍案件（僅包含過失致人於死、業務過失致人於死案件）。
宜蘭地檢	以過失致死、傷害、家庭暴力案件或其他經評估適合本案者為優先順序；另外，毒品犯、兒虐案件，暫不列入。
澎湖地檢	1.適用之犯罪類型，須有被害人，且限於刑事訴訟法第376條各款所列之輕微案件；2.少年犯罪案件；3.家庭暴力案件。

資料來源：法務部（2010）。

顯的實例。因此，分析少年警察隊的形成過程，將有助於吾人瞭解警察機關對於兒少犯罪防處的工作價值觀和目標。

一、少年警察隊的成立沿革

　　1955年間，臺灣地區最早的學生幫派「十三太保幫」與「十三太妹幫」，在臺北市植物園爆發一場群架鬥毆，衝突中，不同以往單純只是以

棍棒相向，首見不良少年亮出一把童軍刀，這舉動震驚了當時的政府及警政單位。為了遏止少年犯罪愈演愈烈的趨勢，當時在政府部門，前司法行政部（法務部的前身）即著手草擬「少年事件處理法」，行政院會並於同年底通過草案送交立法院審議。在警政部門，臺北市警察局則於隔年1956年6月16日，以任務編組方式在刑警隊成立了以輔導不良少年為宗旨的「少年組」，這是處理少年問題的第一個專業性單位，開啟了少年警察工作的新猷。

　　少年警察成立後，對於少年犯罪偵防工作之執行，雖不遺餘力，但因並非正式編制，且員警過少，更以臺北市發展迅速，社會環境急速複雜，少年問題日益嚴重，少年組對於預防少年犯罪工作已不勝負荷，乃於1965年2月18日，自刑警隊少年組獨立出來，擴編成直屬市警局之少年隊。之後各縣市警察局，如基隆市、臺中市、臺南市、嘉義縣等，在各自的權責下，先後在其刑警隊內分設少年組；直到1971年7月1日，終因少年事件處理法的公布實施，各縣市警察局刑警隊少年組正式編組設立，於是，各縣市均有一專責處理少年問題的專業警察單位。1997年1月當時的臺灣省警務處長王一飛，參加臺中市警察局舉行的「婦女安全座談會」，宣布將要求各縣市警察局先以任務編組的方式成立「少年警察隊」。各縣市警察局同步於1997年2月20日成立以任務編組方式的少年警察隊。然此時許多縣市並未開始真正運作，迨至2000年7月1日，臺灣省所屬之各縣市警察局同步自刑警隊少年組獨立擴編成少年警察隊。至此，少年警察隊正式成為臺灣地區處理少年犯罪及偏差行為的專業警察單位（蘇天從，2004；李亨明，2006）。目前少年警察隊的業務職掌包括：（一）少年虞犯或犯罪偵防措施之策劃、督導及執行等事項；（二）少年輔導活動（春風專案）之規劃、辦理事項；（三）預防少年犯罪宣導教育等事項；（四）執行或配合執行各項少年保護、福利措施；（五）少年犯罪資料統計及分析事項；（六）行為偏差少年諮商、輔導等協辦事項；（七）逃學、逃家或行方不明少年之查（協）尋；（八）執行校園安全維護，並配合校外生活指導委員會執行校外聯巡工作；（九）中輟學生追蹤、協尋、撤尋通報作業；（十）其他有關少年保護事項。

二、策進作為

　　觀察少年警察隊成立的過程，可以發現少年警察隊帶有濃厚的刑警色彩，以往大多數少年警察隊的成員為刑事偵查人員，除偵辦兒少犯罪案件外，仍須比照一般刑事警察，依所配予的偵防績效或各項專案工作進行考核。由於少年警察隊成員多為刑事偵查員，工作習性及考核方式均以刑事偵查績效為主，明顯表現出「刑案偵破績效掛帥」的工作特性，其人員的升遷調補，亦比照一般刑警，以刑案偵防績效的高低為主要依據，甚少以是否具備兒少犯罪事件處理的專業知能和意願為遴選標準。在這種情形下，少年警察隊人員為達成績效要求，多以偵破刑案作為工作重點，甚至包括偵破兒少犯罪以外的一般刑案，不僅較少從事兒少犯罪的預防與相關保護工作，反而踰越少年警察隊的成立宗旨及少年警察的本分，積極偵辦一般刑案。過去，這種情形曾經發生在許多縣、市警察局的少年警察隊，甚至連成立最早的臺北市少年警察隊亦是如此。

　　檢視我國現行少年警察所實際執行的工作，可知少年警察隊的工作重點，主要在於兒少犯罪案件的偵查以及犯罪者的逮捕和移送，而將防患於未然的預防性工作置於其次，實值深思與檢討。為有效防治兒少犯罪，筆者認為警察機關應有底下諸項作為。

（一）強化警察組織編制及角色功能

　　為提升兒少犯罪防處工作的效能，警察機關在組織編制及功能定位上應有如下配套措施：

　　1. 在兒少保護網絡中，少年警察隊雖屬刑事司法性質的組織，但其工作性質具有強烈的社會性與教育性。少年警察隊的角色功能，應在於積極推展各項兒少輔導與犯罪預防工作。

　　2. 位居專責處理職位的少年警察隊人員，應具備輔導兒少的專業知能，並具有社會服務的工作價值觀，且須經常接受專業訓練、吸收專業新知。

　　3. 應充實少年警察隊人力編制。為因應勤務及業務所需，該隊分為內勤組及外勤組，內勤組負責各項勤、業務之規劃、督導及訓練，外勤組則負責校園安全維護、春風專案、犯罪預防宣導、協尋中輟生、校外聯合

巡查、列輔少年查訪及案件偵處等。由於服務標的人數眾多，社會環境多元且複雜，少年警察隊人力資源若有欠缺，各項勤、業務的規劃及推展不易完善與落實。

4. 為增進服務品質，以利兒少相關活動的推展，提升服務標的滿意度，少年警察隊成員的年齡不宜過於年長，同時也應設置適當比率的女警，以豐富化活動執行人員的角色。

5. 應充實少年警察隊的硬體設施。由於該隊人員的工作性質與服務對象有別於其他警察單位（如刑事警察隊、交通警察隊及保安警察隊等），辦公廳舍應適度降低刑事司法機關的氣息，改以健康、活力、朝氣、希望及專業等感覺布置整個工作環境。少年警察隊應設置舒適、環境宜人的輔導室、運動及活動場所，使該隊不僅是處理偏差或觸法兒少的警察機關，更可以成為一般家長、學校老師、社會人士與團體樂於接觸的專業諮詢機構。

6. 少年警察隊人員的績效考核及升遷依據，應強調輔導及犯罪預防工作的重要性，改變以往過度重視破案績效的不良制度，以適當的績效和升遷考核內容作為組織變革及建構正確工作價值觀的導引。

（二）建構以社區化、學校化及預防化為導向的犯罪預防工作

針對兒少犯罪的防處，少年警察隊未來以「社區化、學校化、預防化」為工作導向，應將輔導工作列為工作要項，重新塑造少年警察隊形象，定位為專責處理少年事件專業單位。以主動關懷取代消極偵查，主動走入社區，結合社區有關資源，對於社區內素行不良之兒少，輔導其從事正當活動，並與其家長及就讀學校師長保持聯繫。針對社區中兒少經常聚集的場所，警察機關應瞭解對象的需求並融合創意，編排符合兒少興趣的活動，傳送犯罪預防及自我保護的相關訊息，並表現出警察可親近的形象，建立警民良好互動的氣氛，讓民眾主觀感覺到，警察是社區的一分子。在家庭以外，學校是人們生命早期極重要的社會化機構，對於個體自我控制的形成，扮演難以取代的角色。因此，警察機關應主動與轄區內的相關學校協調聯繫，經常與學校訓輔人員討論和協商，除安排校內一般性犯罪預防活動，並針對偏差學生進行個案輔導，兼顧一般預防與個別預防，協助學校創造純淨的學習環境，提升學校社會化的功能。

美國紐約州Rochester市所實施的「青少年巡邏方案」（Teens on Patrol, TOP）即是一個警察與社區結合以預防兒少犯罪的成功實例。在該方案中，大約有100名青少年受僱並接受適當訓練，於暑假期間在市立游泳池、公園及休閒娛樂場所執行巡邏，當發覺可疑人士或違法者，便立即通知附近警察。他們並未授權執行逮捕，但被視為市府正式聘僱人員，他們領有並攜帶警用無線電，同時可以直接和警察聯繫。評估發現，由於他們在上述場所的出現及高可見度，有效嚇阻了這些場所原本可能發生的兒少犯罪（Bynum & Thompson, 1999）。另在奧克拉荷馬州Tulsa市所實施的「青少年介入方案」（Youth Intervention Program）亦是一例，該方案要求非暴力犯罪的初犯兒少與警察相處一百五十小時，例如與警察隨行執行較單純、安全的巡邏勤務，評估顯示該方案具有積極的正面效能，因為多數與警察相處的初犯兒少將警察視為具有正面意義的角色楷模（Inkster, 1992）。

此外，還有一些用以增進警察與兒少互動關係的預警式警察策略實例。美國內華達州的Reno市就曾建構一支名為「社區行動團隊」（Community Action Team, CAT）的組織，目的在於強化警察與社區的連結，共同協力處理社區問題，預防少年及兒童的偏差與犯罪行為。CAT發展出一些有效的方案，其中「警察與孩童方案」（COPS + KIDS）每年為貧窮家庭舉辦露營野餐活動，每次活動都吸引超過2,500名的兒少與家長參加。而Reno市警察局還加入美國「警察運動聯盟」（Police Athletic League, PAL），從其獲得相關資源，與轄內學校協調聯繫，協助訓練少年拳擊隊和摔角隊，並邀請轄內少年虞犯及偏差兒童參加登山及野營活動。針對少年幫派的問題，Reno市警察局規劃了「抵制幫派之教育及訓練方案」（Gang Resistance Education and Training, GREAT），一方面鼓勵及勸導少年幫派分子脫離幫派，一方面積極進入校園宣導及教育學生瞭解幫派的黑暗面及加入幫派的後果，防止學生遭引誘進入幫派（Weston, 1993）。

紐西蘭在處理兒少犯罪時，根據當地原住民（毛利人）的做法，採用「家庭團體會議」（Family Group Conferences）的方式而非少年法庭，由於成效良好，又可避免標籤作用，目前已深受許多國家實務界和學術界的重視。警察經常受邀參加該會議並擔任召集人，受邀與會的其他人員包括兒童或少年犯罪者、犯罪者的家人、在犯罪者日常生活中扮演重要支持

角色的人（譬如當事人特別尊重的足球教練）、被害者、被害者的支持者（通常是其家人）等。該會議出席人員的遴選原則，就是要將兩個要件建構於會議中，邀請被害者及其支持者帶著受傷害的痛苦與犯罪者見面，是為了要對加害者予以「明恥」（shaming）。而請最關心犯罪者的支持者與會，則是為了要把「復歸」（reintegration）建構於會議中，希望犯罪者經由此途徑，能夠再重新整合回到正常社會，而非將其推往犯罪副文化的深淵。會議的議程也是圍繞這兩個要件所建構的，第一，授權犯罪者以他或她自己的說法來描述該犯罪事件，然後被害人、被害人支持者、以及犯罪者的家人也有機會描述該犯罪事件對他們所造成的傷害。犯罪者通常會樹立屏障，以保護自己免於對犯罪行為結果感到羞恥。而讓他們面對因其犯罪行為而遭受痛苦的人，經常可以穿越這些平時不易通過的屏障。有時由被害者所發出的一道明恥光芒會被犯罪者擋開，但這道光芒卻可能像一支長矛，刺穿犯罪者母親的心，讓她坐在一旁深感歉意或羞愧，甚至哭泣。其後，可能是母親的眼淚、失望、羞愧、對她公開的嚴格考驗等因素，突破了犯罪者對明恥的防衛。當犯罪者確實面對其行為所造成的結果時，與會的關心民眾（譬如是犯罪者特別尊敬的足球教練）通常會明示或暗示犯罪者應對犯罪事件拿出責任心來。評估文獻顯示，經由該會議，常常能夠喚起犯罪者對被害者的歉意，而大多數的被害者也經常會以某些手勢或話語來回應寬恕之意。因此，議程透過被害者為中心的簡單設計，將復歸建構於會議中。此種會議的另一目的，就是要對被害者所遭受痛苦的問題，提出解決之道，會議也會以問題為中心而非以犯罪人為中心，以避開烙印的產生。同時，會議也會尋求一項雙方同意的行動方案，以確保問題不再發生（黃富源、孟維德，1997）。

　　兒少係民族的幼苗與國家未來的主人翁，其素質的優劣，將影響國家的興衰，是故民主進步國家，無不以關懷兒少、保護兒少、輔導兒少、扶植兒少作為施政的重點，期能培養身心健全的兒少，成為明日國家的棟樑、社會中堅。從上述實例可看出，雖然兒少犯罪的原因，與其家庭、學校、社會密不可分，究非警察機關干預手段一途可以解決，不過我們確信，少年警察隊以「社區化、學校化、預防化」為轉型工作導向，當可挽救觸法兒少，達到預防、保護、輔導的效能。警察機關應對以往的預防兒少犯罪作為加以省思，在工作價值體系上除要有打擊犯罪的觀念，更需融

合社會工作與服務的價值觀。面對兒少偏差與犯罪問題，警察必須走入社區，積極與社區相關組織協調聯繫，整合犯罪預防資源，建構兒少保護網絡。

（三）犯罪分析與預警式策略

犯罪事件發生之前，通常要有三個條件聚合，犯罪才有可能發生，這三個要件分別是：具有犯罪動機之人、合適標的物以及該標的物處於缺乏監控的情況下。也就是具犯罪動機之人，有「機會」從事犯罪（Felson, 1994）。犯罪學的研究發現，這些條件出現在某些時段及地點的機率高於出現在其他時段和地點，這種現象形成了所謂「犯罪型態」以及犯罪重複發生的問題，也就是犯罪的集中特性。從另一角度觀察，如果能移除上述三條件中的某一條件，不僅能改變犯罪型態，更可能抑制犯罪的發生。換言之，經由辨識何種條件最易於移除，繼而致力移除之，警察便可以提升犯罪預防工作的效能。

空間的問題與犯罪型態關係密切，從1930年代開始，推動「芝加哥區域計畫」（Chicago Area Project）的研究者Shaw與McKay（1942）從其研究中便發現，犯罪類型與犯罪者的犯罪手法隨地區不同而有差異。原因之一，就是與其他地區比較，某些地區具有較少的合適標的物，或較少處於缺乏監控下的標的物。例如某地區普設夜間照明設備、停車場多為室內或有專人管理、單純住宅區、設有錄影監視系統的公共空間、設有保全人員管理的場所、實施巡守隊的社區等，皆為實例。諸如民眾居住穩定性愈高（搬遷性愈低）、生活型態同質性愈高、以家庭為導向的生活方式等社會特徵，均有助於提升當地民眾發覺及抵制犯罪行為的敏感度（Spelman & Eck, 2000）。另一導致不同地區犯罪率差異的原因，便是某些地區具有較多的潛在犯罪者及被害者，譬如吸引青少年前往的場所（如網咖、KTV、電子遊藝場、舞場、彈子房等）就經常發生暴力和財物性犯罪。顯見，犯罪空間容納了前述三個條件：犯罪動機之人、合適標的物以及缺乏監控。犯罪學的發現，也給警察預防犯罪的工作帶來具意義的啟示，如果警察想降低某地區的犯罪率，就必須清楚瞭解該地區的犯罪類型（譬如是竊盜、搶奪，還是傷害案件），繼而找出可以減少潛在犯罪者或被害者以及增加監控的方法。由於各個社區不同，最佳的犯罪預防策略當

然也隨社區不同而有所差異。因此，警察必須針對轄區的社會及物理特性進行研究，並參考相關的犯罪紀錄資料，進一步對其進行系統性分析，以釐清導致犯罪動機之人、合適標的物、缺乏監控三者聚合的原因，配合警察相關業務的規劃，編排與實施符合轄區特性的預警式勤務。

第五節　結語

　　觀察國內近年來的人口結構，兒少占總人口的比例明顯減少，顯示未來生產人口的素質必須提升，否則將對社會未來發展產生負面影響。無庸置疑，兒少是國家的重要資源，有必要受到妥善的保護，一旦不幸誤入歧途，涉及偏差或犯罪，未來生產人口不但受到減損，同時社會還要付出資源處理他們的偏差及犯罪行為。在政府各部門通力合作之下，近年來兒少犯罪在量的成長方面雖已呈現穩定趨勢，惟在質的方面，卻有集體化、殘暴化現象，究其原因，或因家庭社會化功能不彰、親子關係疏離，如父母離異、家庭變故、重整家庭等；或因在學校學習不佳附著力不足、不良同儕影響等；或因社會文化經濟結構變遷環境不利少年健全成長；故政府亟需結合社區、學校資源，提供完善的少年福利措施，以致力於兒少犯罪之防治。警察，可說是兒少保護網絡中的最前線，組織規模及人員編制也最為龐大，警察機關的價值觀與策略，對於兒少犯罪預防工作的成效，具有重大且深遠的影響。

　　欲防止兒少陷入偏差或犯罪深淵，必須強化家庭及學校的社會化功能，以培養兒少適當的自我控制能力。其途徑除增強家庭及學校內在體系的功能外，尚需改善家庭及學校外在不良的社區環境。如何使社區環境有利於家庭及學校教育，讓家庭及學校能夠發揮應有功能，無疑是警察機關控制兒少犯罪的焦點。為建構有利於家庭及學校功能發揮的社區環境，警察機關應強化組織編制並明確定位本身的角色功能，以社區化、學校化及預防化為工作方針，在充分瞭解服務標的的需求，理性分析兒少犯罪型態，並融合創意思考後，規劃與實施符合轄區特性的警察勤、業務。

第十一章　毒品與犯罪預防

第一節　前言

　　毒品施用與犯罪之間的關係，一直都是社會關切的議題。有關吸毒、販毒、跨境毒品販運，以及毒品交易所引發的暴力犯罪，經常成為晚間新聞及平面媒體報導的素材。這些有關毒品犯罪的寫實描述，確實激起公眾與刑事司法體系的注意。政府持續以「對毒品宣戰」的方式，回應他們對毒品問題的關切，在此毒品戰役中，主要戰略就是設法減少毒品的供給。減少毒品的供給，戰略焦點包括：逮捕街頭販毒者、辨識和起訴毒品關鍵人、在國境上禁止毒品進入境內等。然而，對於物質濫用者的「處遇」以及對初用者的「預防」，受重視的程度較低。

　　毒品施用的議題，經常被放在二級犯罪預防（secondary crime prevention）的架構中討論。對許多人而言，毒品施用本身並非重點。當施用毒品者自願吸毒，即自行買毒、吸毒，也沒有強迫他人施用毒品，在此情況下，毒品施用屬無被害者犯罪（victimless crime），或是說犯罪者與被害者是同一人。多數人並不知道其他人有誰經常施用毒品，甚至連自己所認識的人中，也不知道有誰經常施用毒品。因此，毒品施用並不是真正的重點，社會所關切的是與毒品施用有關的問題。例如，為獲得購買毒品的金錢而犯罪，就是一個比吸毒者更重要的問題，此時就有明確的被害者存在。而且，社會通常還需承擔照顧吸毒者家庭及處理其成癮問題的費用。此外，還有證據顯示，某些壓力促使青少年參與毒品施用，這些壓力讓易受影響的青少年吸毒或涉及毒品相關問題。因此，毒品問題並非僅是當事人吸毒而已，還包括許多其他問題。

　　毒品施用，可說是預測或辨識社會潛在問題的一個指標。以施用毒品者作為防治對象，應可減緩毒品施用所衍生的問題，如犯罪。與毒品議題有關的介入方案，並不一定都是二級預防的範圍。以當前施用毒品者為對象的方案，便是屬於三級預防的範圍。而針對未曾施用毒品的民眾預防他

們初次施用，其性質便是初級預防。如果處理毒品問題的主要關切，在於毒品有關的犯罪或其他社會問題，那麼對應的方案就落於二級犯罪預防的範圍。

在討論毒品問題時，有一些議題需釐清。第一，社會中毒品施用的盛行率以及毒品施用的變化情形；第二，社會之所以關切毒品施用，就是推測毒品和其他犯罪相牽連，一般觀念是毒品施用引發其他犯罪；第三，有關不同介入方案的效果，即執法、處遇及預防方案對毒品施用及有關犯罪到底產生怎樣的影響？上述議題的澄析，有助於未來防處方案的制定、執行與評估。

第二節　毒品施用的盛行率

由於毒品施用是個人一種很隱密的行為，所以不易精準測量。不同於其他大多數的犯罪，毒品施用並沒有行為人以外的被害者，犯罪與被害通常是同一人。毒品施用盛行率的測量資料，主要來自政府有關毒品的通報系統與年報分析、一般人口群中毒品施用的自陳報告（self-report），以及檢測犯罪被逮捕者所獲得的資料等。本文以下根據臺灣及美國有關毒品施用的官方統計、自陳報告，以及被犯罪逮捕者的檢測資料，來討論毒品施用的盛行率。

一、臺灣的情形

根據臺灣衛生福利部2016年所公布的藥物濫用案件暨檢驗統計資料[1]，顯示通報個案藥物濫用的品項排名，以海洛因為最多，其他依序為（甲基）安非他命、愷他命、MDMA。濫用藥物年齡層分布以「30～39歲」為最多，首次用藥年齡則以「20～29歲」為首位；19歲以下濫用藥

1　資料來源為衛生福利部「管制藥品濫用通報資訊系統」及「濫用藥物檢驗通報系統」、法務部「毒品緝獲量」、「觀察勒戒處所及戒治所收容人」與「執行毒品案件裁判確定有罪人及毒品新入監受刑人」、教育部「藥物濫用學生個案輔導管理系統」、內政部警政署「破獲毒品案件數及嫌疑犯人」與「警察機關查獲施用或持有第三、四級毒品未滿20公克構成行政罰案件」等。

物的種類以「愷他命」為主，20～29歲濫用藥物的種類以「（甲基）安非他命」為主，30歲以上則以「海洛因」為最多（如表11-1）。取得濫用藥物場所及藥物來源分別以「朋友住處」、「藥頭／毒販」為最多；濫用藥物方式則以「非共用針頭」為最多，加熱成煙霧後鼻吸次之，以及用香菸或吸管方式吸食。

表 11-1　臺灣藥物濫用個案之各年齡層濫用藥物種類排序

排名	小於19歲		20～29歲		30～39歲		40～49歲		大於50歲	
	藥物種類	百分比(%)	藥物種類	百分比(%)	藥物種類	百分比(%)	藥物種類	百分比(%)	藥物種類	百分比(%)
第一位	愷他命	47.2	（甲基）安非他命	38.7	海洛因	49.3	海洛因	66.8	海洛因	69.1
第二位	（甲基）安非他命	34.9	愷他命	36.8	（甲基）安非他命	31.7	（甲基）安非他命	21.7	（甲基）安非他命	15.3
第三位	MDMA	13.5	MDMA	11.7	愷他命	9.1	佐沛眠	3.5	佐沛眠	8.5
第四位	大麻	1.5	海洛因	6.8	MDMA	3.7	氟碘西泮（FM2）	2.1	氟碘西泮（FM2）	4.5
第五位	不明藥物	0.8	大麻	2	佐沛眠	1.5	愷他命	1.2	嗎啡	0.5

資料來源：衛生福利部（2016）。《藥物濫用案件暨檢驗統計資料（104年報分析）》。衛生福利部彙編。

　　濫用藥物尿液檢驗，送檢項目以嗎啡最多，MDMA次之。尿液中檢出濫用藥物成分總陽性數的前四項分別為（甲基）安非他命、愷他命、嗎啡及MDMA。新興濫用藥物，以類大麻活性物質成長最多。

　　臺灣地區檢、警、憲、調等司法機關毒品緝獲量排行統計前五名依序為愷他命、麻黃鹼類原料藥、甲基安非他命、2-苯基乙醯基乙腈（安非他命原料藥）、苯基丙酮（安非他命原料藥），來源以香港占最多（如表11-2）。

　　各學制濫用情形以「高中（職）」最多、「國中」次之（如表11-3）。該年新入所觀察勒戒年齡層以「30～39歲」占最多，新入所受戒治人則以「40～49歲」為最多，毒品案件裁判確定有罪與毒品新監受刑人使用之毒品皆以「二級毒品」居多。

表 **11-2** 臺灣緝獲毒品排行統計

緝獲排名	第一名	第二名	第三名	第四名	第五名
毒品種類	愷他命	麻黃鹼類原料藥	甲基安非他命	2-苯基乙醯基乙腈（安非他命原料藥）	苯基丙酮（安非他命原料藥）
毒品分類	第三級	第四級	第二級	第四級	第四級
緝獲量（公斤）	1768.4	1767.2	506.2	497.2	173.2
占總緝獲量百分比（%）	36.5	36.5	10.5	10.3	3.6
104年緝獲量（公斤）	3,303.2	228.9	462.9	-	-
按103年增減百分比（%）	-46.5	672.0	9.4	-	-

資料來源：衛生福利部（2016），藥物濫用案件暨檢驗統計資料（104年報分析），衛生福利部彙編。

表 **11-3** 近年臺灣不同學制學生藥物濫用通報人數統計

區分	國小	國中	高中（職）	大專	人數合計
99年	12	435	1,099	13	1,599
100年	3	598	1,174	35	1,810
101年	8	855	1,503	66	2,432
102年	10	641	1,257	113	2,021
103年	8	582	1,031	79	1,700
104年	7	600	1,029	113	1,749

資料來源：衛生福利部（2016）。《藥物濫用案件暨檢驗統計資料（104年報分析）》。衛生福利部彙編。

二、美國的情形

（一）毒品施用的自陳報告調查

「監控未來」（Monitoring the Future, MTF）方案，是美國最為人所知的毒品施用調查。該方案的調查母群為高中生（包括8年級、10年級和12年級學生）、大學生及年輕成年人，抽選足以代表母群的樣本進行調查。所謂年輕成年人，係指自高中畢業後十年內之人（大學生除外）。該

調查探索許多變項，毒品施用盛行率及毒品種類是其中最重要的變項。表11-4呈現了美國高中生、大學生及年輕成年人從出生至今、最近一年及最近三十天，三個時段施用毒品的資料（Johnston et al., 2016）。資料顯示，毒品施用的盛行率隨毒品種類（包含酒）的不同而有所差異。

根據表11-4資料，2015年各年齡組，盛行率最高的藥物是酒精類，另觀察三個時段（至今、最近一年及最近一個月），仍然是酒精類。約有70%甚至超過70%的受訪者表示，至今曾經喝過酒；約有40%的12年級高中生以及約三分之二的大學生和年輕成年人，聲稱最近一個月曾經喝過酒。大麻（Marijuana）是盛行率次高的毒品，不論是各年齡組或各時段皆然。施用其他種類毒品的受訪者就少很多，尤其是在最近一個月的施用情形，只有不到5%的受訪者表示曾施用過酒精和大麻以外的毒品。儘管在「至今」時段所呈現的施用比例相對較高，主要是時間較長的緣故。而高頻率施用（單位時間裡施用次數較高）的毒品，應該是施用者最感興趣的毒品，所以觀察最近一個月的數據是有意義的。

表 11-4 美國高中12年級生、大學生及年輕成年人出生至今、最近一年及最近三十天施用毒品百分比

時段及組別 毒品	至今			最近一年			最近三十天		
	12年級生	大學生	年輕成年人	12年級生	大學生	年輕成年人	12年級生	大學生	年輕成年人
任何非法毒品	48.9	53.4	62.9	38.6	41.4	39.2	23.6	23.4	23.2
大麻	44.7	50.4	58.5	34.9	37.9	34.0	21.3	21.1	20.1
麥角二乙胺（LSD）	4.3	4.8	7.0	2.9	3.0	2.6	1.1	0.7	0.7
迷幻藥	6.4	6.5	11.7	4.2	4.3	4.2	1.6	1.4	1.1
古柯鹼	4.0	6.1	12.1	2.5	4.3	5.7	1.1	1.5	1.7
快克	1.7	0.5	1.8	1.1	0.2	0.4	0.6	-	0.4
海洛因	0.8	0.2	1.6	0.5	0.1	0.5	0.3	-	0.3
安非他命	10.8	13.9	18.8	7.7	9.7	7.9	3.2	4.2	3.1
甲基安非他命	1.0	0.8	2.4	0.6	0.5	0.7	0.4	-	0.3
巴比妥酸鹽類	5.9	4.4	8.3	3.6	2.3	2.7	1.7	1.0	0.9
酒	64.0	81.4	85.7	58.2	79.0	81.2	35.3	63.2	66.9

資料來源：Johnston, L. D. et al. (2016). *Monitoring the Future National Survey Results on Drug Use*, 1975-2015. *Volume 2: College Students and Adults Ages 19-55.* Ann Arbor: Institute for Social Research, University of Michigan.

「全國毒品施用與健康調查」（National Survey on Drug Use and Health）是另一項探究毒品施用的資料來源，該調查由美國「物質濫用及心理健康服務署」（Substance Abuse and Mental Health Services Administration, SAMHSA）所執行，調查對象為12歲及以上之民眾。表11-5所列，為四個成年年齡組的資料，與前述MTF的調查發現類似，大麻是各年齡組和各時段最普遍施用的毒品，其次是迷幻藥（hallucinogens）和古柯鹼（cocaine），惟與大麻相較，其盛行率大幅降低，尤其是最近一年及最近一個月的施用情形（SAMHSA, 2016）。

表 11-5　美國不同年齡組成年人毒品施用百分比

時段及組別／毒品	曾經施用				最近一年				最近一個月			
	18～20歲	21～25歲	26～34歲	≧35歲	18～20歲	21～25歲	26～34歲	≧35歲	18～20歲	21～25歲	26～34歲	≧35歲
任何非法毒品	51.7	61.0	60.3	47.8	37.8	37.4	26.5	11.9	22.5	22.3	15.4	6.6
大麻	46.4	56.4	55.3	43.9	33.7	31.3	20.6	8.1	20.5	19.4	12.9	5.1
古柯鹼	6.8	14.5	17.9	16.3	4.3	6.0	3.2	0.9	1.3	1.9	1.2	0.5
快克	0.7	2.0	3.7	4.2	0.2	0.4	0.2	0.4	0.1	0.1	0.1	0.2
海洛因	1.0	2.2	2.6	2.0	0.4	0.8	0.8	0.2	0.1	0.3	0.3	0.1
迷幻藥	13.7	21.5	22.2	14.8	7.8	6.6	3.0	0.3	2.0	1.7	0.9	0.1
Stimulants	-	-	-	-	6.9	7.5	3.4	0.5	2.3	2.1	1.1	0.2
甲基安非他命	2.0	4.0	7.1	6.2	0.8	1.0	1.1	0.6	0.3	0.4	0.5	0.3

資料來源：SAMHSA (2016). *Results from the 2015 National Survey on Drug Use and Health: Detailed Tables*. Washington, DC: U.S. Department of Health and Human Services.

表11-4和表11-5所呈現的資料，有幾個值得注意之處。第一，社會所最重視的毒品，諸如古柯鹼、快克（crack）及海洛因等，施用盛行率並不高，不是最普遍施用的毒品。對成年人屬於合法的酒精飲料，反而是最普遍施用的物質。第二，最近一年毒品施用的資料顯示，各年齡組的毒品施用盛行率呈現降低趨勢，其降低趨勢與最近一個月的各年齡組降低趨勢相似。至今及最近一年的毒品施用資料不應作為描述毒品「問題」的指標，因為該施用可能只是一般的嘗試行為，即表中的低數據，意指不法毒品的嘗試性施用情形。第三，大多數毒品的施用情形多年來保持穩定，有時略增或略減。自陳報告資料顯示，儘管近來毒品施用略有增加，應謹慎監控，但毒品問題並不如民眾或媒體想像的那麼大。

　　自陳報告資料本身存有若干問題，因此在使用上必須小心。MTF的
資料並無法代表完整的人口（母群），所以有推論方面的問題。事實上，
以高中生及大學生為調查對象，即可能忽略那些脫離高中或大學就讀的
年輕人。如果是居住於城市又脫離高中或大學就讀的年輕人，很可能成
為販毒者所欲尋找的對象。Johnston及其同儕的研究指出（1989），約有
15%～20%的高中生中輟或退學，因此就有相當比例的年輕人沒有包括在
每年調查的對象當中。而這些脫離高中的年輕人，其施用毒品的頻率遠高
於在學者。Fors與Rojek（1991）在針對逃家少年的研究中發現，這些孩
子施用毒品的比例約是在學者的2～7倍。換言之，MTF很可能低估了毒
品施用的盛行率。

　　自陳報告資料所呈現的意義，說明了毒品問題並非如想像的這麼嚴
重，社會上施用毒品的情形並不是非常猖獗。就算是從吸毒的規律性去測
量（最近三十天內是否吸毒），樣本中只有少數受訪者是常態性吸毒，每
天都吸毒的受訪者更是幾乎等於零。但這並不表示毒品不是問題，那些脫
離高中未完成學業的人，其施用毒品的比例遠高於高中畢業者。相類似
的，犯罪者施用毒品的比例也可能高於非犯罪者，本文底下將透過其他自
陳報告資料來檢視犯罪者施用毒品的情形。

（二）犯罪人口中的毒品施用情形

　　一般人以為許多犯罪者經常施用毒品，施用毒品與從事犯罪行為之間
存有複雜關係。很多有關犯罪者的研究支持此論點，美國ADAM II（Ar-
restee Drug Abuse Monitoring，被逮捕者藥物濫用監控）調查方案，便提
供了犯罪者施用毒品的深入資訊。ADAM方案是國家司法研究所（Na-
tional Institute of Justice, NIJ）所贊助「毒品施用預測」（Drug Using
Forecasting, DUF）方案的擴大版，DUF始於1987年，蒐集美國24個城市
被逮捕者的毒品施用資料。NIJ在1998年改以ADAM取代DUF，資料蒐集
範圍擴大到35個城市。之後在2007年又修正為ADAM II，負責提供調查
經費的單位也改為「國家毒品控制政策辦公室」（Office of National Drug
Control Policy, ONDCP），考量毒品施用類型的地區代表性、調查品質與
效能（回收率）、調查成本等因素，2007～2011年ADAM II的調查範圍，
改為聚焦於10個城市被逮捕者毒品施用的情形。2012年後，再縮減調查

範圍，僅聚焦在五個城市。

根據2014年公布的ADAM II報告（ONDCP, 2014），調查地點分別為亞特蘭大（Atlanta, GA）、芝加哥（Chicago, IL）、丹佛（Denver, CO）、紐約（New York, NY）及沙加緬度（Sacramento, CA）五個城市，所分析的資料來自1,900名犯罪被逮捕者的訪談及1,681名犯罪被逮捕者自願性的採驗尿液，檢驗的毒品種類包括古柯鹼、海洛因、大麻、安非他命等九種毒品。報告中的所有資料都是匿名的，顯示的資訊包括施用毒品的種類、施用隨時間的變化（每三個月蒐集一次資料）、施用者的年齡和種族分布，以及涉案罪名等，參見表11-6。

表 11-6　美國犯罪被逮捕者毒品檢驗陽性反應的百分比

毒品 城市	大麻	古柯鹼	鴉片類	甲基安 非他命	任何 毒品
亞特蘭大（Atlanta）	33.5	33.3	6.0	0.3	62.9
芝加哥（Chicago）	52.0	24.4	14.3	0.8	82.7
丹佛（Denver）	48.4	19.7	8.1	15.7	73.9
紐約（New York）	44.0	32.4	7.9	0.0	73.0
沙加緬度（Sacramento）	59.4	6.6	17.9	50.6	83.0

資料來源：Office of National Drug Control Policy (2014). *ADAM II: 2013 Annual Report*. Washington, DC: The White House.

2014年ADAM II報告顯示，被逮捕者施用毒品是頗為普遍的，尿液檢驗結果顯示，超過60%的被逮捕者呈現近期曾施用任何毒品的反應，有兩個城市（芝加哥及沙加緬度）被逮捕者近期曾施用任何毒品的比例更超過80%。大麻和古柯鹼是最普遍施用的毒品，但各城市間的情形存有差異，例如沙加緬度被逮捕者施用甲基安非他命的比例很高（50.6%的被逮捕者），施用古柯鹼的比例很低（6.6%的被逮捕者）；而紐約被逮捕者在甲基安非他命的檢測結果為零（0.0%）。

有關描述毒品施用的數據，還可以蒐集自矯正機構受刑人，以及法院所登錄的資料。Mumola與Karberg（2006）的研究指出，美國聯邦監獄超過四分之一的受刑人以及州監獄約三分之一的受刑人，表示犯罪時有施用毒品。此外，超過一半以上的受刑人表示，在犯案前的近一個月內曾施用

毒品。Sickmund與其同儕（2013）的研究也指出，少年收容機構裡約有7%的少年是因毒品有關的犯罪而被收容的。根據美國少年法院2010年的統計資料，大約有165,000名少年因違反毒品相關法律而進入法院（Puzzanchera & Hockenberry, 2013）。

　　上述以犯罪人口為基礎的資料，所顯示的毒品施用情形，要比蒐集自一般人口的調查資料來得嚴重。不過同樣地，這些資料還是存有一些問題。第一，該資訊所反映的是那些被刑事司法系統逮捕的人，很可能因施用毒品而增加他們被逮捕的風險，而那些未被逮捕的犯罪者可能沒有施用毒品，或施用情形相對較輕微。第二，ADAM II所反映的是美國五個主要城市，所以該結果也只能類推到其他類似規模的城市，而毒品施用情形可能隨不同規模的城市而存有差異，就像其他犯罪問題一樣。

　　有關毒品施用的資料，不論是針對一般民眾或是犯罪者的自陳報告資料，均提供具價值的資訊。蒐集自一般民眾的自陳報告資料顯示，非法毒品的施用並不像媒體描述的那麼普遍，大部分的毒品施用在本質上，是嘗試性或偶發性的。而蒐集自犯罪者的資料則顯示，犯罪被逮捕者的毒品施用情形是頗為普遍的，但這不代表所有犯罪者；而應解讀為被逮捕的犯罪者當中有很高的比例施用毒品，未被逮捕的犯罪者不必然有很高比例施用毒品。所以，被逮捕者施用毒品的調查結果，主要不是低破案率或缺乏代表性的問題。就其他犯罪行為而言，毒品施用可能是一個風險因子。也就是說，施用毒品可能是其他偏差行為的一個預測指標。許多探討毒品施用與犯罪之間關係的研究，支持這樣的說法，這也是本文接續要討論的。

第三節　毒品與犯罪的關聯性

　　毒品與犯罪之間的關聯性，深受實務界及學界的注意和重視。簡單的檢視一下資料，就會發現毒品和犯罪之間有很高的相關（correlation）。從犯罪者身上檢驗出毒品施用的反應，此事實似乎為毒品與犯罪之間具有因果關係（causal relationship）的說法提供了強而有力的基礎。然而，單純的相關，並不足以成為因果關係的明確證據。

　　毒品施用與犯罪之間的關係，有四種假設型態，如圖11-1。第一，毒

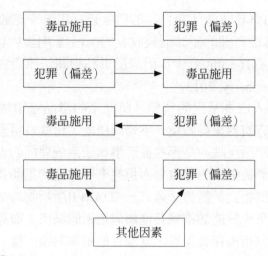

圖 11-1 毒品施用與犯罪（偏差）之間的可能關係

品施用導致犯罪活動；第二，犯罪活動導致毒品施用；第三，毒品施用和犯罪活動之間存有相互作用的關係，彼此互為因果；第四，毒品施用和犯罪活動之間看似有關，實際不然，是其他因素（可能是相同因素）導致毒品施用和犯罪（White, 1990）。現今，已有許多研究想證明何種關係才是正確的。

第一個模型的意義，是指毒品導致施用者從事其他犯罪，而從事其他犯罪可能是受毒物藥理作用的反應、經濟需求、或是參與毒品交易的結果。所謂受毒物藥理作用的反應，係指毒品對施用者的生理和心理產生直接影響，促使施用者表現出一些不為社會所接受的行為。施用者或許沒有犯罪的意圖，但毒品卻影響當事人的行為，而行為可能是違法、也可能不是違法的。此外，因施用毒品而產生的經濟需求也可能導致犯罪，為獲取毒品使得金錢需求升高，進而引發財產犯罪。有許多研究發現，毒品施用者常常涉及財產犯罪（Anglin & Speckart, 1988; Harrison & Gfroerer, 1992; National Institute of Justice, 1990）。另一方面，毒品施用也可能造成「系統暴力」（systemic violence）。所謂系統暴力，是指衍生自販毒者之間競爭、對於劣質毒品或高售價的報復、搶劫販毒者或吸毒者，以及毒品交易其他有關因素的暴力行為（Lab, 2016）。Goldstein與其同儕

（1992）運用紐約市的資料進行研究，結果發現，在整體的毒品有關殺人案件中，約有74%案件導因於毒品交易的系統因素。四個模型中到底哪一個模型最能代表毒品與犯罪之間的關係？第一個模型似乎找到了合格支持證據。不過，在第一個模型的三項解釋論點中，以毒物藥理作用的反應最難被證明，以致受批評，認為該論點忽略了施用毒品可能減緩施用者的行動能力和暴力傾向，通常只有在特殊的性格、社會環境或文化背景與施用毒品的互動下，才可能導致其他犯罪的發生，該論點在此條件下也才有適當解釋力（McBride & Schwartz, 1990）。此外，有關經濟性的和系統性的論點，也須注意這些因素在毒品與犯罪關係中的時間順序。

一、毒品施用導致犯罪

有關毒品成癮者和高頻率施用者方面的研究發現，支持了毒品施用導致其他犯罪的發生。Ball與其同僑（1983）針對354名海洛因成癮者的研究，就發現成癮者在頻繁施用毒品期間，其犯罪率比平時高出4～6倍。Collins與其同僑（1985）也有類似的研究發現，每天施用海洛因或古柯鹼的人，其從事財產犯罪的比例顯然高於每週施用者及未施用者。當施用的是昂貴毒品，或高頻率施用時，很可能甚至必要從事所謂「創造收入的犯罪」（income-generating crimes）以維持用藥型態。Anglin與Hser（1987）以及Anglin與Speckart（1988）的研究也指出，在頻繁施用麻醉藥品的最初幾天、或進行每天施用的最初幾天，施用者的犯罪行為有增加趨勢，而在頻繁或每天施用期的後幾天，犯罪行為有減少趨勢。另施用者在接受處遇時施用毒品會減少，當脫離處遇時施用增加。Huzinga與其同僑（1994）發現，物質濫用的改變在先，其他偏差活動數量的改變在後。

二、犯罪導致毒品施用

毒品與犯罪的第二種可能關係，就是因涉及犯罪活動而導致施用毒品，許多研究發現，涉及犯罪行為先於毒品施用。在針對「青少年轉變[2]」（Youth in Transition）方案中約2,000名高中畢業生的縱貫性資料進

---

2 美國「青少年轉變」方案（Youth in Transition），是為了讓觸法青少年順利就業，復歸正常

行分析後，Johnston與其同儕（1978）發現，一般性的偏差行為先於大多數的毒品施用，施用毒品可說是偏差行為的延伸。而另一仍在持續進行的縱貫性研究——「全國青少年調查[3]」（National Youth Survey, NYS）也有類似發現，該調查早在前六次的資料蒐集與分析中就發現，受訪者行為的進展順序是先從輕微的偏差行為開始，進而飲酒、犯罪、施用大麻，最後是施用混合毒品（Huizinga et al., 1989）。在時間順序上，除飲酒在犯罪之前外，非法毒品施用都出現在偏差或犯罪行為之後。NYS研究人員表示，施用混合毒品前，99%～100%至少都有輕微偏差行為出現。Chaiken等人（1990）則是檢視NYS資料、監獄收容人的調查資料、紐約市毒品成癮者資料之後指出，至少有50%以上的情形是當事人的偏差行為先於施用毒品。同樣的模式——毒品施用後於偏差行為，也在Inciardi與其同儕（1993）針對城市嚴重偏差行為者的研究中發現。此外，還有許多其他研究發現毒品施用發生於偏差行為之後（Anglin & Hser, 1987; Anglin & Speckart, 1988; Elliott & Ageton, 1981; Hunt, 1990等）。針對前述諸項研究發現，最典型的解釋，就是毒品施用乃是偏差行為的另一種形式，涉及偏差和犯罪行為，為毒品施用提供了必要的條件和接觸機會。

三、犯罪與毒品施用相互作用的關係

除上述研究外，另有一些研究發現毒品與犯罪之間存有不同順序的關

社會，對其所實施的教育與訓練活動。就業與復歸正常社會，對青少年及其家人而言，通常是一個充滿挑戰的問題。該方案提供觸法青少年許多機會、支持和服務，使青少年及其家人能瞭解如何適應生活。該計畫為符合條件的青少年提供了一系列的社區生活支持和服務措施，協助他們在社區中盡可能獨立生活。此外，該方案還會協調學校和相關的社區機構，設法提升青少年在學業、職業、獨立生活和個人社交等方面的能力，並幫助其完成高中學業，以及提供職業發展的服務，諸如目標設定、職業探索、求職技巧等。

3 美國「全國青少年調查」（National Youth Survey, NYS）始於1976年，針對11～17歲的青少年進行全國性的調查。該調查由D. Elliott規劃進行，調查樣本約1,700名受訪者。從1993年起，研究團隊增設訪談受訪者及其同儕的項目，受訪者係從全美各地隨機抽選，由受過訓練的研究人員對受訪者進行約九十分鐘的訪談。訪談問題涵蓋受訪者對家庭、社區和學校的價值觀。NYS的調查目的是為瞭解青少年的日常生活及違序行為，調查資料包括受訪者的社會經濟狀況、家庭情形、鄰居關係、父母對小孩期待、同儕相處情形、對成人及青少年偏差行為的態度、父母紀律、社區參與、施用毒品和飲酒經驗、欺騙、懷孕、抑鬱、使用門診服務、家庭暴力和性暴力等，人口背景變項包括性別、種族、出生日期、年齡、青少年的婚姻狀況、就業情況以及父母的婚姻狀況和就業情況等。

係，這些研究指出兩者應是相互作用的關係，即犯罪活動引發毒品施用，毒品施用也可能引發犯罪活動。支持兩者相互作用關係的證據，可在許多研究中找到。Nurco與其同儕（1988）的研究指出，先前有犯罪經驗的行為者如果吸毒成癮，其未來的犯罪行為會增加。有關毒品成癮者的研究經常發現，在施用毒品或密集施用毒品後逮捕會增加，原因是當事人在施用毒品或密集施用毒品這個時間點之前曾從事犯罪行為（Anglin & Hser, 1987; Anglin & Speckart, 1988）。Hunt（1990）研究發現，娼妓賣淫現象隨毒品施用而擴大，有許多女性毒品施用者涉及賣淫，通常她們在施用毒品前已有其他犯罪的經驗。Van Kammen與Loeber（1994）在分析美國匹茲堡（Pittsburgh）的青少年資料後也同樣發現，毒品施用雖然會促進個人犯罪的發生，但財產犯罪可以預測其後毒品施用的開始。換言之，兩者之中不論是誰在前，毒品施用和犯罪彼此相互促進；毒品施用引發犯罪，犯罪引發毒品施用。

四、虛假關係

　　獲得最高支持的論點是，毒品施用與偏差行為之間的關係是虛假的（spurious）。所謂虛假關係，是指毒品施用和犯罪同時存在，兩者的變異情形也很類似，互不為對方的原因。兩者可能由相同因素引發，也可能由不同因素引發。Huba與Bentler（1983）以及Kandel與其同儕（1986）的研究發現，毒品施用和犯罪之間並無因果關係，兩者是由其他相類似因素所造成的。White與其同儕（1987）運用大約900名青少年自陳報告資料進行分析，結果發現造成偏差和施用毒品的因素是一樣的，同儕和學校的影響是首要因素。NYS也有類似的資料分析，顯示行為的順序是始於輕微偏差而結束於混合施用毒品，這些行為的真實原因很可能是一組相同的影響因素。除前述研究外，還有一些研究獲得相同的結論（Collins, 1989; Fagan & Weis, 1990; Loeber, 1988; White, 1990）。

五、小結

　　毒品施用與犯罪活動有關，應是較無爭議的事實。然而，兩者之間是否具有因果關係，至今尚未明確。儘管無法明確辨識兩者之間的因果順序，但兩者高度相關的事實，對犯罪預防仍是非常有意義和重要的。兩者

之間的顯著相關，意謂毒品施用可以作為其他犯罪行為的預測指標。前述研究大多指出兩者有互促情形，這為介入和處遇方案提供了重要啟示。例如，可藉由打擊毒品施用，繼而達到打擊犯罪的效果。同理，以毒品施用者為目標的介入方案，也等於是針對那些具高風險參與犯罪活動之人的問題進行處理。因此，針對毒品施用者的介入方案很可能會減少犯罪的發生，特別是毒品施用促發的犯罪。

第四節　介入與預防

　　限制毒品施用和相關犯罪的介入方案有許多途徑，大致可歸類為三種類型，分別是執法（law enforcement）、處遇（treatment）及預防（prevention）。事實上，對於毒品和犯罪問題可能的回應方案非常多元，數量也很龐大，無法在有限篇幅的情況下完整討論。因此，本文所討論的部分，是經過選擇的。本文不觸及外交政策與禁毒、打擊組織犯罪、毒品檢驗、除罪化及合法化等議題，雖然這些都是值得討論的議題，但並非本文所關切的領域。

一、執法

　　「對毒品宣戰」（war on drug），就是運用執法技術作為打擊毒品施用的主要武器。以美國為例，聯邦政府在預算分配上便把執法方案列為優先，處遇和預防方案皆在其後。以執法行動為優先的假設是，藉由減少毒品供給以限制或剷除毒品施用及相關犯罪問題。掃除街頭上的毒品，可讓施用者難以接觸毒品，就算能找到，也會因為價格高漲而讓潛在施用者退卻。本質上，此種途徑認為，毒品供給是毒品需求的一項因素。

　　執法上的掃毒行動，目的即抑制毒品的可及性。「紐約市行動壓力點」（New York City's Operation Pressure Point），是一項在曼哈頓東村（East Village, Manhattan）名為Alphabet City的鄰里區域增加見警率及相關執法資源的掃毒方案。購毒者原本可在這個區域明目張膽的接觸不同賣方進行比較，以用最好的價格買到最好品質的毒品（Zimmer, 1987）。警察透過該方案所呈現的績效，包括數以千計的逮捕、剷除毒品超市，以及

顯著減少強盜、住宅竊盜和殺人案件數。但不幸的是，該方案導致某些毒品買方和賣方尋求新方法進行交易（即犯罪轉移現象），而且方案的效果僅維持在警方投入高見警率的時段（Kleiman & Smith, 1990）。另一項針對美國麻州Lynn這個城市警察掃蕩效能的評估研究，也有類似發現。

　　由於幫派經常涉及毒品施用及販毒領域，促使警察把幫派列為掃毒目標。「洛杉磯社區資源打擊街頭流氓方案」（Los Angeles's Community Resources Against Street Hoodlums, CRASH）即是一項以幫派為目標的警察掃毒方案。然而，該方案對於毒品問題及幫派活動（包括幫派殺人案件）並沒有呈現明顯的效果（Kleiman & Smith, 1990）。

　　毒品問題的大小和範圍，往往都超越警察平常執法所能處理的規模。打擊毒品鏈中的零售部分，當然可造成許多逮捕數量，但真正的效果並不大，反而讓已經很擁擠的刑事司法體系負擔更重。同樣地，執法努力可長期顯著降低毒品供給，這並不是正確的想法。而降低毒品的需求，也是必要措施。

二、毒品施用者的處遇

　　毒品處遇有許多型式，包含許多不同途徑，處遇方案的有關研究揭示了有效處遇的條件。美國「國家藥物濫用研究所[4]」（National Institute on Drug Abuse, NIDA）就列舉了13項有效處遇原則，如表11-7，這些原則揭示了那些可運用在案主特定需求回應方案的重要通則。由於導致毒品施用的因素非常廣泛，所以處遇方案亦需足夠廣泛，始能對應問題的範圍。NIDA認為最好的處遇，就是提供包含治療和其他協助服務且符合案主需求的綜合性方案。圖11-2即是毒品施用綜合處遇的模型。

---

4 美國「國家藥物濫用研究所」（NIDA）的成立目的，在於研究毒品施用及成癮的因果關係，將研究成果應用於毒品防治實務工作，以促進個人及公眾的健康。NIDA鼓勵和支持臨床研究的進行，探究毒品（包含尼古丁）施用情形與所衍生的後果，以及毒品施用與神經生物學、行為學、社會機制的關聯議題。此外，NIDA也盡力將研究成果實踐於有關的公共政策中，並善加宣傳，提升藥物濫用的預防與治療成效，讓民眾瞭解毒品成癮是一種精神疾病。NIDA的主要任務：基礎科學、預防、治療及公眾健康。

表 11-7　美國「國家藥物濫用研究所」列舉的有效處遇原則

1. 成癮雖是一種影響大腦功能和行為的複雜疾病，但卻是可以治療的。
2. 沒有單一方案可以適用所有成癮者。
3. 處遇必須是準備好、隨時可用的。
4. 有效處遇應能關照個人多元需求。
5. 處遇必須持續一段足夠的時間。
6. 綜合個人、家庭、團體諮商的行為療法，是最普遍使用的藥物濫用處遇模式。
7. 對許多病患而言，藥物治療是處遇的一項要件，特別是結合諮商及其他行為療法。
8. 個人的處遇及協助計畫必須是持續性的、適時調整的，以確保符合當事人的需求變化。患有精神疾病的毒品施用或成癮者，應接受毒品與精神疾病的整合性處遇。
9. 許多毒品成癮者患有其他精神疾病。
10. 藥物協助解毒法，只是成癮處遇的第一階段，其本身對長期施用毒品的改變，效果有限。
11. 處遇不一定是自願才有效。
12. 處遇期間必須持續監控當事人是否仍施用毒品，因為處遇期間有可能發生失誤情形。
13. 處遇方案應檢驗病患是否患有愛滋病、B型肝炎、C型肝炎、結核病及其他傳染性疾病，並提供降低罹患傳染性疾病風險的諮商服務，如有需要盡快送醫。

資料來源：NIDA (2012). *Principles of Drug Addiction Treatment: A Research-based Guide*, Third Edition. Washington, DC: National Institute on Drug Abuse.

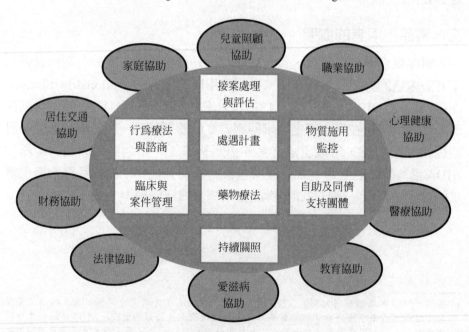

資料來源：NIDA (2012). *Principles of Drug Addiction Treatment: A Research-based Guide*, Third Edition. Washington, DC: National Institute on Drug Abuse.

圖 11-2　毒品濫用綜合性處遇的構成要素

　　介入方案包括四種形式，分別為維持方案、解毒療法、治療性社區、門診醫療方案。雖然上述每一種方案均有其強調重點，但四種方案都有相似甚至共通的特點。例如，諮商與治療幾乎在四種方案中都會出現。美國設立毒品法院（drug court），可說是近年的創新作為，底下將會檢視四種方案及相關創新的效能。

（一）維持方案

　　所謂「維持方案」（Maintenance Programs），係幫助成癮者建構一個穩定的狀態，當中止施用毒品時不會產生停止吸毒的症狀，讓原先的毒品施用者在不需要持續施用毒品的情況下，依然可以正常生活、參與每天的活動。最常見的就是美沙酮維持方案（methadone maintenance），即提供海洛因成癮者服用美沙酮。美沙酮是海洛因的口服替代物，每天只需服用一次。長時間後，參與維持方案的成癮者通常不會發生成迷於毒品的其他問題。此類方案的主要假設是，病患在缺乏施用某種毒品情況下，是無法正常生活的，與該傷害性嚴重的毒品相比，美沙酮是一種較可接受的替代物。

　　大多數美沙酮維持方案的實施，需有一些配套措施。例如，定期採驗尿液，監控病患在接受美沙酮替代療法期間是否施用其他毒品。另外，附以行為準則及違規懲罰的個別性和團體性諮商輔導，也很常見。有些方案則是讓病患慢慢解毒，也就是透過減少美沙酮的劑量，然後逐漸讓病患擺脫施用毒品的需求。這些配套措施在程度上的強弱，隨方案不同而有差異（Lab, 2016）。

　　針對美沙酮維持方案的評估顯示，此等方案通常都具有正面效能（NIDA, 2012）。不同研究均發現，接受美沙酮維持療法的病患要比未接受的病患，較少施用毒品、較少從事犯罪行為，被捕頻率亦較少（Ball et al., 1987; Hser et al., 1988）。另有研究發現，一旦中途停止美沙酮維持療法，病患又會回到原先的毒品施用程度及犯罪情形（Anglin et al., 1989）。先前所討論的多項研究顯示，毒品與犯罪間存有高度相關，所以維持方案應是一個可行的解決途徑。然而，此種方案並非沒有批評。Stephens（1987）就指出，此種方案的運用僅侷限於麻醉藥品（narcotics），無法涵蓋數量龐大的其他毒品。而且，病患通常缺乏生產力，需

靠社會救濟生活，由於有了社會救濟，病患也就不想再回到就業市場，成為具有生產力的社會成員。Anglin與Hser（1990）進一步指出，由於研究缺乏嚴謹的控制組，所以研究結果較容易受到批評。

（二）解毒療法

與維持方案關係密切的另一方案，就是「解毒療法」（Detoxification）。解毒療法的基本概念，就是讓病患在最小範圍的不舒適和痛苦下脫離成癮，通常是在控制下進行短期性的毒品戒治。此種方案可在許多醫院和機構中看到，戒治毒品的範圍也很廣泛，包括酒類到海洛因等都有。解毒療法也須併行其他措施，諸如諮商輔導、轉銜服務，以及其他符合病患需求的社會性、心理性等服務（NIDA, 2012）。Anglin與Hser（1990）指出，病患接受解毒方案後，短期內有成功停止施用毒品的效果，但在長期效果方面，缺乏適當的評估研究。另外，Bellis（1981）則指出，有些成癮者透過解毒療法，是為了讓自己不需大量毒品就可達到「過癮」（get high）的感覺，解毒療法只是讓成癮者施用少量毒品就可過癮，重新開始成癮的循環。

（三）治療性社區

治療性社區（Therapeutic Community）又稱為「戒毒村」，主要是提供支持性、高度結構化的環境氛圍，協助居住當中的毒品施用者改變其習性、發展有助於守法的社會關係。此種居住型方案有如案主的替代家庭，經常是由目前的或先前的案主來運作。每天的例行性活動通常是高度結構化的，包括密集性的團體活動。方案也可能包括教育、職業訓練、或強制工作等。以美國為例，治療性社區諸如Synanon、Daytop Village及Tarzana[5]等。

有關治療性社區的研究顯示，案主的毒品施用及犯罪活動因接受此方案而減少（Aglin & Hser, 1990; Deleon, 1984; DeLeon & Rosenthal, 1989）。美國所實施的「多面向整合評估及綜合處遇」（Integrated

---

5 Synanon成立於1958年，是美國最早的治療性社區（戒毒村），位於加州Santa Monica。Daytop Village成立於1963年，位於紐約市，是美國東岸最大且最早成立的戒毒村。Tarzana成立於1972年，位於加州洛杉磯。

Multi-Phasic Program Assessment and Comprehensive Treatment, IM-PACT）方案，處遇對象是長期犯罪之單身、失業、少數族群的男性案主。該方案的實施結果顯示，案主的犯罪再犯率與處遇時間的長短有關，接受較長處遇時間的案主，再犯率較低（Swartz et al., 1996）。Inciardi（1996）針對美國Delaware州監獄式的治療性社區進行評估研究，發現與控制組的案主相比，接受治療性社區處遇的案主，不論是處遇後六個月的資料或十八個月的資料，皆顯示較能維持不吸毒和不犯罪。這些研究均支持此種方案的正面功能。

（四）門診方案

一般而言，除不需居住外，「門診方案」（Outpatient Drug-free Program）與治療性社區在許多方面相似。個別及團體諮商是此種方案的基石，有必要時還會結合專業人員或其他團體成員的參與。社會技巧訓練、就業方案、社會互動、轉銜其他協助資源以及短期性的毒品維持方案，也都是常見的配套措施。美國「戒酒協會」（Alcoholics Anonymous）及「戒毒協會」（Narcotics Anonymous）都是知名實例。然而，這些方案的效果受到一些因素影響，其中以案主可隨時退出方案的因素，最常受到評估研究的關注。雖然各種介入方案都需要案主的參與配合，但和其他方案相較，門診方案的效果更受到案主是否持續參與的影響（Anglin & Hser, 1990）。另有研究發現，由於此種方案屬開放性質，因此其對犯罪的影響是有範圍的（marginal）。針對那些仍然停留在處遇過程中的案主所做的評估，儘管發現有很高的成功率，但這不能做以偏概全的解釋。換言之，如果評估對象是接受此種方案的所有案主，包括完成整個處遇過程及中途退出者，成功率就明顯降低了。

（五）小結

多數類型的處遇方案能有效減少毒品施用及對於毒品的需求，這樣的論點，通常是可被接受的。Simpson與Sells（1982）運用美國「毒品濫用通報方案」（Drug Abuse Reporting Program, DARP）的資料進行研究，發現四種類型的處遇（維持、解毒、治療性社區及門診）的確能減少案主施用毒品、從事其他犯罪行為，以及改善就業情形，就算在處遇後四到六

年期間仍然有效。而未接受處遇的控制組，結果就截然不同。此外，研究亦顯示，儘管強制性處遇的效果不如自願性處遇，但仍有助於案主減少毒品施用及從事其他犯罪行為（Anglin & McGlothlin, 1984）。因此，法院的裁判內容應可影響被告未來是否施用毒品或犯罪。如果法院的判決結果是要求毒品罪犯接受較長時間的前述處遇，應可降低其未來施用毒品及犯罪的可能性。

三、預防方案

針對未施用毒品者預防其吸毒，少年通常是主要目標。大多數成癮者是在少年時期初次嘗試吸毒，繼而成癮。預防方案的重點包括：提供毒品和吸毒後果的事實資訊及宣導、建構和強化少年的自尊、對自己的抉擇負責、學習如何處理同儕壓力等。預防方案通常屬複合性質，包含數個途徑。與處遇方案類似，NIDA也列舉了16項有效預防原則，如表11-8。底下是推行較普遍且受過評估的兩種預防方案。

（一）教育、資訊與知識方案

「教育、資訊與知識方案」的焦點，在於提供當事人有關毒品、吸毒及吸毒後果的事實資訊。此種方案主要是教導當事人認識不同種類的毒品、毒物藥理作用，以及對施用者所產生的影響。此外，提供當事人的資訊還可能包括毒品施用的程度，以及一旦被逮捕，可能面臨的刑事司法程序。此種方案的基本假設是，具備這些知識後，有助於當事人面對毒品施用問題做出正確抉擇。此方案倡議者認為，當瞭解這些事實後，大多數人會避免施用毒品。

針對此種方案的評估，正反兩面結果皆有。Botvin（1990）指出，此種方案可以有效增進當事人毒品方面的知識。Schaps等人（1986）研究發現，毒品教育方案有助於減少女性飲酒及施用大麻，但對於男性無顯著效果，而且效果是短暫性的，方案結束一年後，即無顯著效果。Tobler（1986）曾針對多項少年毒品預防方案的成效進行分析，發現提供資訊（知識）方案對於當事人的行為並無影響。多位其他研究者（Abadinsky, 1989; Botvin, 1990; Eiser & Eiser, 1988）也有類似的研究發現，甚至表示此種知識可能促使少年為了認識毒品而親自去體驗吸毒。換言之，此種方

表 11-8　美國「國家藥物濫用研究所」提出的有效預防原則

1. 預防方案應強化保護因子，逆轉或減少風險因子。
2. 預防方案應能處理所有形式的藥物濫用，不論是單一或多種藥物的濫用，並包括未成年使用合法藥物；以及不當使用合法獲得的物質、處方藥物或非處方藥物。
3. 預防方案應在社區處理藥物濫用問題，以可改變的風險因子為目標，並強化確認的保護因子。
4. 預防方案應對應標的群體特徵的風險，諸如不同年齡、性別、種族的群體。
5. 基於家庭的預防方案，應強化家庭成員間的聯繫和關係，包括育兒技巧；另亦應強化針對物質濫用之家庭政策的發展、研討與執行等實務工作；以及強化有關毒品教育及傳播知識的訓練。
6. 針對幼兒的早期性預防方案，應注意的藥物濫用風險因子，諸如幼兒的攻擊行為、不良的社會技巧、學習障礙等。
7. 針對小學生的預防方案，應著重改善其學業及社會情感的學習（academic and social-emotional learning），以減少藥物濫用的風險因子。
8. 針對中學生的預防方案，應強化其學業與社會能力（academic and social compe-tence）。
9. 針對身處關鍵過渡期之群體的預防方案，例如小學畢業即將進入中學的少年，應能產生正面效果。儘管是高風險家庭或兒童，也應有正面效果。
10. 結合兩個以上有效方案的社區預防方案，會比實施單一有效方案更有效。
11. 當社區預防方案可以讓民眾在多元環境下接觸到，而且從每一環境所接觸的訊息都是一致的、全面的，此種社區預防方案是最有效的。
12. 當社區為符合社區需求、社區規範或不同文化條件而調整預防方案時，應保留原先以研究為基礎之介入方案的核心要件。
13. 為能達成原本的預防目標，預防方案應是長期且重複介入的。
14. 預防方案應包含教師課堂管理實務的訓練，例如，教師對於學生的適當行為應予學生獎勵。
15. 使用互動性技術的預防方案，諸如同儕討論、父母角色扮演等，因可促進當事人積極參與藥物濫用與技能強化的學習，所以效果很好。
16. 以研究為基礎的預防方案，是具成本效益的。

資料來源：NIDA (2014). *Drug Facts: Lessons from Prevention Research.* Washington, DC: National Institute on Drug Abuse.

案可能會激發某些少年的好奇心，反而增加了毒品施用人數。

（二）拒絕毒品技巧的訓練

有關拒絕毒品技巧的訓練，名稱甚多。「就是說不」（Just Say No）和「拒絕藥物濫用教育」（Drug Abuse Resistance Education, DARE），是美國最常見的兩個方案。雖然有人認為此種方案過於簡化，但方案內容

仍有其豐富性，包括辨識問題情境、處理同儕壓力、識別媒體影響、瞭解如何面對引誘予以適當回應、建立自信與自尊、瞭解如何及何時採取堅定立場等技巧的訓練。此種預防途徑所隱含的假設是，毒品施用主要是受到情境和同儕的影響。青少年需要學習如何辨識同儕壓力，以及如何在面對壓力時做出正確抉擇。此種方案有時還會舉辦「拒絕引誘參與吸毒」的大型討論會，提供與會者有關毒品的事實資訊。此外，此種方案所提供的核心資訊，會清楚說明社會中施用毒品的真實範圍與程度，強調大多數人是不吸毒的，讓青少年瞭解拒絕毒品不吸毒的人占大多數。

有關拒絕技巧訓練的成效，研究顯示正反混合的情形。Botvin及其同儕（1984）曾進行一系列有關「生活技巧訓練」（Life Skills Training, LST）影響的研究，探究當事人接受該訓練後，吸菸、喝酒及施用大麻的情形（Botvin & Eng, 1982; Botvin et al., 1983; Botvin et al., 1984）。其研究發現，LST方案成功減少青少年吸菸、喝酒及施用大麻的人數，尤其是對吸菸的效果最好。其他研究也呈現類似的正面結果，尤其是針對吸菸（Luepker et al., 1983; Telch et al., 1982）。只是此種方案的效期，研究發現最長大約只有兩年。

DARE可說是美國最知名的拒絕技巧訓練方案，最早是在1983年於洛杉磯（Los Angeles）推行，由警察人員教導小學生有關拒絕毒品的課程。近年來，DARE的實施對象更擴大到中學生及家長。美國官方評估曾指出，自實施DARE以來，約有7,000個社區中的22,000名警察教導DARE課程，超過2,500萬名小學生接受過DARE訓練（Bureau of Justice Assistance, 1995）。針對DARE原版方案的效能，曾進行許多研究方法甚為嚴謹的評估研究，結果並沒有發現該方案對毒品施用行為有任何顯著的影響。Ringwalt等人的研究（1991）、Clayton等人的研究（1991）、Rosenbaum等人的研究（1994），都曾針對不同警察轄區實施DARE的學校進行檢視，皆未發現DARE對物質濫用有顯著效果。另Rosenbaum與Hanson（1998）曾針對DARE方案進行長達六年的研究，研究期間對方案的實施對象每年進行兩次調查，以探究DARE的效能。該研究結果顯示，DARE對其所訴求欲強化當事人的態度、觀念及社會技巧等，近乎沒有顯著影響。更重要的是，DARE對於當事人的毒品施用情形，毫無顯著影響。對於市郊接受DARE訓練的當事人，甚至還發現受訓後施用毒品有增多的

情形。Wysong等人（1994）也曾經進行過類似的縱貫性研究，同樣發現DARE並無顯著效能。

受前述負面評估的影響，DARE被重塑為「讓它成真」（Keepin' It REAL）方案，這項十堂課的課程，目前仍由警察人員教導學校就讀中的兒童和少年，課程焦點在於教導孩子拒絕毒品的技巧。所謂的REAL代表四個概念，分別是Refuse（拒絕）、Explain（解釋）、Avoid（避免）、Leave（離開），方案內容是根據國家藥物濫用研究所（NIDA）的預防原則（如表11-8），教導青少年瞭解促使或鼓勵他們施用毒品或涉及問題行為的情境、事件和人。針對新方案的效果，仍待證實。

在成效評估缺乏正面結果的情形下，如何解釋DARE或類似方案仍然受到長期和普遍的推行呢？第一，此種方案背後有國家機構的支撐；第二，由於此方案主要在學校實施，所以給青少年生活帶來的干涉，程度可說是非常低；第三，此方案讓警察與青少年在一種不具威脅氛圍的情境下相聚在一起，提高了其吸引力。最後，此方案有助於提升學校的正向環境。

（三）小結

有關預防方案的研究證據顯示，效果通常都是很小的。拒絕毒品技巧的訓練，所呈現的結果，正反皆有。提供毒品事實資訊的方案，對青少年的影響非常小。事實上，這樣的做法甚至還可能引發青少年對毒品的好奇，增加他們嘗試毒品的可能。其他諸如強調提升青少年自尊、自我意識、人際技巧（如情意教育方案，affective education programs）以面對毒品問題等方案，也顯示對毒品施用的影響是很小的（Botvin, 1990）。總之，針對毒品施用的預防方案，大多數都需要後續較長期且設計嚴謹的評估研究，尤其是要有適當的對照組。

第五節　結語

毒品施用與犯罪之間的關係頗為複雜，可以確定的是，兩者間的相關性很高，但到底是毒品施用引發犯罪，還是犯罪引發毒品施用，至今尚

未明確。儘管如此，當知曉某人施用毒品，可推測其從事其他犯罪的可能，反之亦然，這無疑是犯罪預防工作上的重要訊息。基於二級犯罪預防（secondary crime prevention）的觀點，某人是否施用毒品，便可作為當事人是否具較高風險從事犯罪的預測指標。惟並非所有毒品施用者都一定會從事其他犯罪行為，研究顯示那些經常施用毒品的人，以及施用大量毒品的人，較傾向從事其他犯罪行為。總之，毒品施用，至少可作為判斷某人是否需進一步介入（或干預）的指標。

　　不論毒品施用是不是犯罪的原因或促進者，毒品預防及處遇方案，是有助於限制或減少犯罪的。本文所探討的毒品預防及處遇方案中，有效策略確實存在。這些方案若能經過更長期且嚴謹的分析，應可清楚瞭解這些方案的確切效應及潛能。嚴格來說，本文所提及的處遇方案屬三級預防（tertiary prevention）的範圍，因為這些方案所處理的對象都是已施用毒品的人。同樣的邏輯，本文所提及的預防方案屬初級預防（primary prevention）的範圍，因為這些方案主要是在學校實施，對象是所有的青少年。如果方案的重點僅在於毒品施用，而不在於其他犯罪或相關問題，那麼方案就是初級或三級預防的範圍。

　　然而，討論的重點如果轉換為毒品施用對於犯罪扮演怎樣的促發角色時，那麼就是二級犯罪預防的領域。惟有關施用毒品和持有毒品的無被害者現象，並非二級預防關切的議題。此外，毒品施用本身就是犯罪的特性，並不影響它在二級預防中所擔當的工具角色。最後，有關毒品的立法和除罪化議題，不是本文所欲討論的範圍，請讀者參閱他文。

第十二章　組織犯罪預防

第一節　前言

官方資料顯示，組織犯罪（Organized Crime）損害嚴重。2014年11月，非洲肯亞警方在當地一民居內發現涉嫌使用電子通訊裝置的電信詐騙集團，進而破獲組織犯罪，其中成員有28名臺灣人、48名中國大陸人，以及一名泰國人被捕。該集團於肯亞首都奈洛比設立詐騙據點，向中國大陸江蘇、湖南、四川、北京市等多省及直轄市撥打網路電話，冒充中國大陸公務機關人員、警察或檢察官，提醒接聽人醫保卡（類似於全民健保）出現問題，只要受害者按鍵回撥，便有人冒充警察受理報案，展開詐騙行動。該詐騙案件，犯罪集團成員來自泰國與海峽兩岸，犯罪行為涉及肯亞、泰國、臺灣及中國大陸，被害人數多達上百人，涉案金額超過人民幣1億元（引自刑事警察局網站）。

2015年10月「美國在台協會」（AIT）接獲美方國土安全部通報，指稱以臺籍女子戴○○等人為首的賣淫集團，帶團到美國賭城拉斯維加斯賣淫。其犯罪手法是先由該集團在美國的成員與當地富商或富二代接洽後，以提供機票及高額酬勞為誘因，再由在臺灣的成員招募多名演藝圈女子和女模前往美國賣淫。檢調人員調查發現，該集團已曾多次招募臺灣女子前往美國、歐洲、澳洲、日本、港澳等地賭場、飯店從事性交易，從中牟取暴利。此案犯罪集團主要成員及所掌控的賣淫女子皆為我國籍，然犯罪行為地與結果地卻跨及我國、美國、歐洲、澳洲、日本、港澳等地，不僅是一件組織犯罪，更嚴重影響我國的國際形象（引自中時電子報網站）。

2016年7月第一銀行提款機遭組織犯罪集團盜領新臺幣8,300多萬元，涉案人員多達16名，分工細膩，國籍包括俄羅斯、拉脫維亞、羅馬尼亞、愛沙尼亞、澳大利亞、摩爾多瓦等六個國家。其犯罪手法係先由位於東歐的駭客攻擊第一銀行英國倫敦分行，再控制第一銀行的總行主機，開啟遠端控制，讓提款機執行吐鈔，由位於臺灣的犯罪成員領取，完成盜領後，最後將檔案全部清除，湮滅跡證（引自刑事警察局網站）。

觀察上述事件及官方犯罪統計，顯見我國現今所發生的組織犯罪已不再只是傳統的幫派違法問題，對外不僅嚴重損及國家形象，對內則大量侵蝕社會資源、造成社會亂迷，實為重要的犯罪議題。

第二節　組織犯罪的定義

對於任何想要探究組織犯罪的人而言，最具挑戰的問題之一，就是要先判斷組織犯罪所指為何？故本章先從組織犯罪的定義著手。有關組織犯罪的定義大多聚焦於犯罪組織的性質，以區別何者是組織犯罪，何者不是。某些類型的犯罪，普遍被認為是組織性的犯罪，跨國詐欺、人口販運及毒品販運即是典型例子。然而，實際上要區分哪些犯罪是組織性的、哪些犯罪不是，並不容易。經常和組織犯罪聯想在一起的就是諸如像義大利黑手黨（Mafia）的幫派，它們的組織規模很大、長期存在、暴力性，是一種涉及多樣性犯罪活動的科層式團體。然而，組織犯罪隨社會變遷已有所轉變，現今組織犯罪的定義已超越以往的範圍。

美國聯邦調查局（Federal Bureau of Investigation, FBI）將組織犯罪描述為「具有某種正式結構的團體，其主要目的係透過非法活動獲得金錢利益。該等團體為維護其地位，使用實際或威脅性的暴力、腐化公務人員、賄賂、敲詐勒索等手段，而對當地、區域或全國的民眾產生顯著影響（FBI, 2016）。」美國「安全街道控制綜合法」（The Omnibus Safe Street Control Act）公認是聯邦打擊組織犯罪非常重要的法案，組織犯罪在該法中意指「組織化、紀律化團體之成員的非法活動，該等團體主要從事提供非法物品或服務，諸如賭博、性交易、高利貸、毒品、勞工敲詐勒索及其他非法活動等（FBI, 2016）。」

歐盟（European Union）則訂出11項有關組織犯罪特徵的描述，具備其中六項以上特徵就是組織犯罪，惟需包含第1、3、5及第11項特徵。這11項特徵如下（Bullock, Clarke & Tilley, 2012）：

一、超過二人的合作關係。

二、每人都有各自的指派工作。

三、長期性的，非特定期間性的。

四、使用某種形式的規約或控制。

五、涉嫌從事嚴重犯罪活動。

六、運行於國際層面。

七、使用暴力或其他脅迫手段。

八、運用商業的或類似商業的結構。

九、從事洗錢。

十、運用其力量影響政治、媒體、公共行政、司法機關或經濟體系。

十一、追求利益或權力。

　　英國打擊組織犯罪的主要機關——「犯罪防制署[1]」（National Crime Agency, NCA）認為組織犯罪是犯罪者彼此合作，常習性的透過計畫、協調所從事的嚴重犯罪。組織犯罪分子的動機通常是（但非總是）為了獲得財務利益，這些為特定犯罪活動而合作的有組織犯罪分子，稱為組織犯罪集團（organized crime group）。組織犯罪集團的結構各有不同，成功的集團通常會有一些長期性的核心成員，在他們周旁會有部屬、專技人員，以及一些短暫性的成員，再加上一個向外延伸的夥伴網絡。很多集團通常是由不法分子所組成的鬆散網絡（loose network），這些人為了特定的犯罪活動而聚集在一起，根據各自的技能和專長扮演不同角色。他們透過經驗分享（如監獄），或是可靠人士的推薦，強化彼此的合作關係。有些集團則是因家族或族群關係而組成，一些犯罪家族即是典型代表（National Crime Agency, 2016）。

　　德國「聯邦刑事警察局[2]」（Bundeskriminalamt, BKA）則將組織犯罪定義為「三人以上為獲得利益或權力，所為之計畫性違法行為，行為

---

1 英國「犯罪防制署」（NCA）成立於2013年，是英國領導及統合各執法機關打擊組織犯罪的政府部門，經費直接來自國會，人員達4,000多人。該署署長由內務大臣指派，因此直接向內務大臣（Home Secretary）負責，亦須經由內務大臣向國會負責。NCA打擊組織犯罪的策略稱為4P策略，分別為Pursue（追捕）、Prepare（準備）、Protect（保護）、Prevent（預防）。參閱National Crime Agency (2016). *National Crime Agency Annual Report and Accounts 2015-16.* UK, National Crime Agency.

2 德國「聯邦刑事警察局」（BKA）成立於1951年，隸屬聯邦內政部，是德國協調聯邦和邦警力的警察機關，也是偵查跨國組織犯罪的主要政府部門，以及提供邦級警察機關偵查組織犯罪時所需要的協助，全局人員約為5,200人。BKA除偵辦跨國組織犯罪，亦負責恐怖主義、政治性犯罪、毒品、武器及經濟犯罪等案件的偵防。參閱https//www.bka.de/EN/Home/home_node.html。

之部分或全部須為嚴重犯罪。」犯罪者經由分工之合作關係，長期或非特定時間的使用以下手段完成犯罪：一、商業或類似商業的結構；二、暴力或其他脅迫手段；或三、影響政治、媒體、公共行政、司法及合法經濟（Reichel & Albanese, 2014）。

　　日本將組織犯罪稱為暴力團犯罪，平成元年（1989年）日本警察白書明確將暴力團定義為「以博徒、的屋[3]等組織或集團之威力為背景，有集團性、常習性實施暴力的不法行為之虞的組織，具有高犯罪性、特有的組織原理、劃定勢力地盤、以暴力追求經濟目的等特徵。」日本於1991年頒布「防止暴力團成員不當行為法」，該法第2條第2項明文指出「暴力團係指有助長其團體的組織成員集團性或常習性的實施暴力不法行為之虞的團體」（日本警察廳，2016）。

　　聯合國於1998年通過大會決議，建立一個開放加入式的政府間特設委員會，目的在於研討跨國組織犯罪的防制作為，以及擬訂一項打擊跨國組織犯罪的全面性國際公約。在該委員會的努力下，完成了「聯合國打擊跨國組織犯罪公約」（United Nations Convention against Transnational Organized Crime，簡稱TOC公約），並於2000年12月在義大利巴勒莫（Palermo, Italy）簽署，2003年9月29日生效。該公約從底下三個面向來定義組織犯罪，「組織犯罪集團」（organized criminal group），係指三人以上所組成，持續存在一段時間，為直接或間接獲取金錢或物質利益，而實施一項或多項嚴重犯罪或本公約所列犯罪之具組織結構之集團（structured group）。所謂「組織結構之集團」，係指並非為立即實施某一犯罪而任意組成的團體，該團體無需明確的角色分工，同一成員無需持續存在，也無需明確的組織結構。所謂「嚴重犯罪」（serious crime），意指最重本刑逾四年有期徒刑之刑之罪（UNODC, 2010；孟維德等，2011）。此外，當組織犯罪具有以下任一情形時，即為跨國組織犯罪：

一、在一個以上國家實施的犯罪。

二、雖在一國實施，但其準備、籌劃、指揮或操控的實質部分發生在另一國的犯罪。

3　所謂「博徒」，即賭博、賭徒及聚賭抽頭；所謂「的屋」，即江湖賣藝品的小攤販、賣藝的藝人。

三、犯罪在一國實施，但涉及在一個以上國家從事犯罪活動的組織犯罪集團。

四、犯罪在一國實施，但對另一國有實質影響（UNODC, 2000, Article 3.2）。

　　為有效打擊組織犯罪，保障國民生命財產安全，實現司法正義，以及配合國際社會防制組織犯罪的潮流，我國「組織犯罪防制條例」於2017、2018年有了重要修正，為組織犯罪防制工作奠定了新基礎。法務部指出，組織犯罪防制條例自1996年底公布施行已逾二十年，其間配合刑法沒收新制於2016年就第7條修正公布。惟組織犯罪現象已有不同以往的變化，近年來具有隱蔽性、間接性及多層分工性質之新興組織犯罪崛起，造成執法機關偵查上困難，如詐欺犯罪集團，即為組織犯罪較新的結構型態。該條例針對犯罪組織的定義有了甚為重要的修正，說明如下。

一、不限於集團性、常習性的組織

　　修正前之組織犯罪防制條例所稱「內部管理結構」，其意義與範圍未臻明確，致實務認定及適用迭生爭議，也與聯合國打擊跨國組織犯罪公約有關「組織結構之集團」規定不符。就犯罪組織的性質，修正前之該條例，規定以具常習性為要件，易使人誤解犯罪組織須有犯罪之習慣始能成立。然實地觀察黑道、幫派，鮮有打著「作奸犯科」、「燒殺擄掠」為名者，反倒是「替天行道」、「有福同享」者，較為常見。又再以如三人以上、有內部管理結構、以犯罪為宗旨或以其成員從事犯罪活動、具有集團、常習、脅迫或暴力性之構成要件而言，除了若干較著名的幫派外，在各地卻有更多大大小小為數眾多的「角頭」，這些角頭等實難以構成組織犯罪防制條例「犯罪組織」之定義。也正因為「組織犯罪」的概念未臻明確，且與該條例之立法目的有相當大的落差，故並未達到立法時所預期達成之法效果，因此在犯罪組織的定義上，該次修正參酌社會實情及前述國際公約，不限於集團性、常習性之組織，具有持續性或牟利性為已足。

二、不限於暴力犯罪

　　犯罪組織所從事犯罪活動，已不限於脅迫性或暴力性的犯罪活動，手法趨於多元，此次修正參酌前述國際公約有關「組織犯罪集團」（organized criminal group）之定義，增訂最重本刑逾五年有期徒刑（即不含最重本刑為五年有期徒刑）之刑之罪的犯罪類型，亦即組織犯罪防制條例修正中有關組織的定義，並不限於「強暴、脅迫、詐術、恐嚇」的手段，尚且創設一類型，亦即包括所有「最重本刑逾五年有期徒刑之刑之罪」。如三人以上犯最重本刑逾五年有期徒刑之刑之罪，即可能觸犯該條例。

三、打擊跨境電信詐欺犯罪

邇來電信詐欺犯罪情形嚴重，應予有效遏止，未來如有實施刑法第339條之4構成要件之詐欺犯罪集團，除原有之刑法339條之4詐欺罪責外，另亦將依據修正後之組織犯罪防制條例規定嚴懲其參與犯罪組織的行為。

根據新修正的組織犯罪防制條例，我國所稱組織犯罪，包括發起、主持、操縱、指揮或參與犯罪組織，招募他人加入犯罪組織，資助犯罪組織等行為。所謂犯罪組織，指三人以上，以實施強暴、脅迫、詐術、恐嚇為手段或最重本刑逾五年有期徒刑之刑之罪，所組成具有持續性或牟利性之有結構性組織。所謂有結構性組織，指非為立即實施犯罪而隨意組成，不以具有名稱、規約、儀式、固定處所、成員持續參與或分工明確為必要。

綜合上述各國的定義與描述，均清楚呈現一些特定概念，諸如：犯罪組織至少由三人組成、犯罪組織持續性地從事犯罪活動、犯罪組織的動機是為牟取利益或權力、犯罪組織從事嚴重犯罪。儘管官方文件希望把組織犯罪定義得很清楚，但許多組織犯罪是由浮動性的網絡或團體所犯下的。根據上述我國、聯合國、歐盟、英國犯罪防制署、德國聯邦刑事警察局有關組織犯罪的定義，組織犯罪不再只是由傳統幫派（如義大利黑手黨、日本山口組、臺灣竹聯幫等）所犯下的，還包括網絡型的團體所犯下的不法活動。表12-1說明了幫派型組織犯罪（Mafia-like Organized Crime）與網絡型組織犯罪（Network of Criminal Entrepreneurs）的特徵和差異。

現今對於組織犯罪的觀點，已與執法機關的傳統思維（著重於幫派型組織犯罪）有了很大的差異，主要是因為犯罪組織賴以為生的非法市場產生了巨大變化。為能清楚瞭解組織犯罪現象，以達有效預防的目標，有必要先探究市場全球化對於組織犯罪的影響。

表 12-1　組織犯罪的兩種模式

幫派型組織犯罪	網絡型組織犯罪
數量少	數量多
規模大	規模小
區域的或全國的	當地的
穩定和長期性	不穩定和暫時性
存於正常社會之外	融入社會
結構強	鬆散
層級多	扁平
成員較固定	成員流動高
成員間角色差異較大	成員間角色差異較小
領導明確且穩固	領導常改變
正式規約或幫規	非正式協議
犯罪的身分	做生意的身分
全時性的不法作為	部分時間的運作
以忠誠聯繫彼此	生意關係
使用暴力	避免暴力
犯罪類型多元	犯罪類型特定
資源豐富	資源有限
靠長期經驗下的技術	靠日新月異的技術
尋找機會	回應機會

資料來源：Bullock, K., Clarke, R. V. & Tilley, N. (2012). *Situational prevention of organized crime*. New York, NY: Routledge.

第三節　全球化與組織犯罪

　　全球化（globalization），是一個極度複雜的課題。在觀察組織犯罪的過程中，我們可以發現組織犯罪的活動及結構，主要受到全球化兩項影響。第一，商品和服務的市場，不再是分散的在地市場，而是單一的全球市場。在電腦和通訊技術日新月異、運輸服務大幅擴張，以及電子金融即時服務的環境下，使得非法物品和服務可以被傳送到世界各地。而製造這

些物品和服務的非法活動,也可以在世界各地進行。合法市場的運作,就是此現象最好實例。現今,打電話給信用卡公司、電信公司或航空公司等,接聽電話的客服代表,很可能是在境外(如中國大陸)。這種從境外提供的服務,成本相對較低廉。同樣的成本與獲利機制,也適用在組織犯罪的脈絡裡。

第二,瞭解全球化對於每一個地方的影響是不一樣的,這也是很重要的。在全球化效應下,世界各地的經濟成長是不平均的。舉例而言,許多仰賴農業出口的國家,因經濟全球化的影響而使農產品價格下降,遭受嚴重損失。相同地,製造業所需要的原物料,其生產在世界上某些地區也遠比其他地區便宜許多。因此,組織犯罪及合法商業如果能有更寬廣的國際連結,就可以用更低成本製造商品及提供服務。此外,經濟成長在工業化國家也不是穩定一致的。在舊型工業生產模式的內陸城市和地區,失業率較高、較貧窮、經濟較孤立。高薪工作移至國外,取而代之的是低薪服務業。另一方面,在這些國家的其他地區,收入和財富大幅擴增,對於組織犯罪所提供非法商品及服務的需求也隨之增加,特別是毒品及性產業。

為了適應上述這些經濟變化,組織犯罪已經從傳統的犯罪活動,諸如恐嚇勒索,轉變成新的活動形式,並強化自己在其他活動的角色功能。舉例來說,在全球化的世界裡,對於人的需求愈來愈大,人幾乎成為一種商品。許多來自經濟體制遭全球化效應破壞或生活安全遭戰爭威脅等地區的民眾,想要遷移至具前景的進步國家。來自墨西哥到美國的移民、來自北非到西班牙和法國的移民、來自東歐到德國的移民、來自東南亞到臺灣的移民等,皆是實例。在這些移民中,多數是非法的。組織犯罪得以獲利的方式很多,諸如提供走私服務給非法移民,提供非法勞工給血汗工廠。它甚至把移民當作貨物來走私,販賣婦女和兒童給從事非法性交易的業主。婦女被跨境販運成為娼妓,在毒品交易中,也經常被當作託運者。

世界不穩定的政局,也隨全球化而來,無形中為非法軍火交易創造了龐大市場。組織犯罪在東歐、中東、非洲及亞洲的衝突中,提供小型軍火及大型武器系統,而且是對衝突雙方都提供,接受方有時還以毒品來交換武器。由於國與國之間的界線愈來愈不明顯,交通運輸也愈加便利和便宜,使得毒品走私的利益也隨之擴大。與舊時相較,在嶄新的全球化經濟脈絡下,組織犯罪反而可用更低價格購得原物料(如古柯葉、罌粟等),

以更高價格及更多數量銷售完成品（如古柯鹼及海洛因）給富有者。換言之，全球化經濟下的商業活動，對組織犯罪是有利的。據估計，在全球貿易中，約有10%是非法的（Lyman & Potter, 2015）。顯見，為善用此商機，組織犯罪必然調整其結構以對應全球化的市場。

「國際犯罪學學會」（Societe Internationale de Criminologie）前會長Denis Szabo曾在1982年為一本有關組織犯罪的新書撰寫序文，提及跨國組織犯罪是犯罪學領域中一個不尋常的主題，幾乎沒什麼學者研究（Mac Namara & Stesd, 1982, p. vii）。這只不過是三十多年前的事。到了1990年代，隨著對全球化愈來愈受到重視，以及犯罪問題日益複雜，引導著犯罪學者注意並研究犯罪國際化的現象。近二十年來，任何參加過犯罪學或刑事司法會議的人，必然會發現全球化與組織犯罪已成為犯罪學研究領域中的重要課題。

再回到組織犯罪定義的議題，我們必須思考，怎樣的組織結構最能適應全球化的市場。以下先從「組織犯罪集團」（organized criminal group）來分析和討論。

第四節　組織犯罪集團

不同於街頭犯罪者，組織犯罪者合作且持續從事非法營利活動。由若干主要成員組成核心團體，另外還有更多成員組成較大團體為核心團體工作，他們執行特定工作及提供特定服務，但是他們看起來就像是合法的商業或政治人士。在全球化經濟下，電腦、金融等專業人員，如同販毒者、賭博者及賣淫者一般，對組織犯罪集團都是很重要的。這些專業者之所以被納入犯罪網絡中，是因為需要他們的服務。此種外圍連結，可說是功利導向的，同時也讓執法人員很難追查到犯罪集團的核心。

過去有關犯罪集團結構的概念，就是把組織犯罪的決策結構，描述成企業體一般，即組織犯罪亦有高層決策圈（如公司董事會）和層級節制結構，以掌控組織的運作以及向下層人員傳遞指令。此種傳統定義，認為組織犯罪首腦的角色就像企業總裁（CEO）一樣；而組織犯罪中，由上層幹部所組成的決策圈，就像企業的董事會；另外，還有中層管理幹部、執行

違法活動的基層成員等。然而，隨著社會變遷，現今的組織犯罪現象已與上述傳統觀念有了顯著差異。

由歐洲國家執法機關所提出的新觀點，完全不同於前面組織犯罪的描述（Lyman & Potter, 2015）。當我們朝組織犯罪的新觀念邁進時，不難發現傳統形式的組織犯罪，如幫派型態的組織（Mafia-type organization），在全球化經濟的環境中，面臨了難以適應的危機。如同合法企業，現今的組織犯罪集團，實際上，是由犯罪者所構成的鬆散網絡。值此即時通訊的時代，科層式組織由於靈活度不足，妨礙了非法商業活動的進行，以致對其需求性降低。而且與鬆散的犯罪網絡相比，科層式組織更易於被警察人員滲透。此外，再配合快速的金融服務、方便的手機及網際網路，任何小團體都可以即時購買及配銷毒品或其他違禁品。

一、為利益而組織

如同合法企業，組織犯罪的主要目的，就是獲利。也就是像合法企業一樣，組織犯罪會設法獲取及利用經濟和政治力量，來達成這個目的。長期以來，與合法企業不同的是，組織犯罪主要是透過非法手段或途徑來增進力量與累積利益。雖然有學者認為，與以往相比此差異在現今已較不重要，特別是像美國恩隆公司（Enron）詐欺破產等大型企業及銀行發生違法事件後（即合法企業也可能使用非法手段來獲利，如我國力霸集團掏空案）；但是使用犯罪手段達成獲利目標，仍然是組織犯罪定義上的一個重要特性。所謂犯罪手段，範圍很廣，可能從敲詐、賄賂到暴力行為，暴力行為通常與組織犯罪較低層的街頭活動（如街頭販毒、色情業）有關。

二、組織犯罪的牟利行業

全球化經濟對於組織犯罪所造成的最大影響，就是擴大了組織犯罪獲利活動的數量和類型。傳統觀念認為，組織犯罪集團在地方上從事賭博、色情和勒索等活動。色情、毒品、賭博、高利貸和收取保護費等不法勾當，過去被認為是組織犯罪活動的核心。

全球化改變了上述情形。在全球化的市場裡，組織犯罪幾乎可以從事任何行業或活動。當然，性產業和毒品交易仍由組織犯罪主宰，但這些活動在過去二十年已有大幅度的改變。雖然有部分的移民被跨境走私到組

織犯罪集團所經營的應召站、夜總會、按摩院等，但也有部分移民是被販運到製造業、農業及服務業工作的。毒品交易活動，因為交通運輸及金融服務模式的精進，而變得更加多樣化。槍械和武器的非法交易活動，與毒品交易類似，也成為組織犯罪在世界各地賺錢的活動。還有偷竊豪華汽車運往世界各地銷售，將象牙、寶石、稀有植物及野生動物送至全球市場販售。即便是簡單、原始的組織犯罪活動，諸如敲詐勒索、收取保護費等，都可在全球化經濟中找到新契機。組織犯罪集團不再像從前勒索地方上的酒吧和餐廳，而是受合法企業僱用，騷擾他們的競爭對手、從事企業間諜活動、恐嚇低薪的非法勞工等。

在全球化經濟下，組織犯罪的獲利潛力，端視集團成員的想像力。地理疆域、長距離聯絡風險，以及移動大量資金和原料等問題，不會再將組織犯罪侷限在鄰里非法勾當的範圍。

第五節　是組織犯罪網絡還是跨國幫派？

如本章前所述，組織犯罪集團的規模及複雜性，乃是1970及1980年代學界研究組織犯罪的重要議題。以當時針對組織犯罪所建構的許多觀念、定義及特性，檢視現今的組織犯罪現象，可發現幾乎是錯誤的，而且阻礙我們瞭解組織犯罪活動的巨幅變化。在上個世紀，學界和實務界對於組織犯罪所欲探究的問題是：組織犯罪成員是誰？他們幹什麼勾當？以及如何打擊他們？事實上，這些都是錯誤的問題。重要、須釐清的問題應該是：非法經濟如何影響組織犯罪的規模、成員間的聯絡，以及活動的協調？組織犯罪是如何被它與上層社會（合法行業、政治及刑事司法體系）建構的複雜關係所影響？給犯罪組織帶來衝擊的環境因素是什麼？

過去在提出錯誤問題的同時，也把關注聚焦在錯誤議題上，過於強調組織犯罪造成社會轟動的那一部分，而忽略了較平凡、但更重要的「組織犯罪集團的日常活動」。舉例而言，當學界過去檢視美國禁酒令時期（Prohibition era），往往只著重這個失敗社會實驗最初的短暫暴力時段，而忽略了其後較長且相對較平和的合作與牟利時段。過去當檢視古柯鹼的交易，只著重古巴、哥倫比亞以及牙買加等販運者的早期暴力活動，

而忽略了毒品交易在1980及1990年代大規模且平和的擴張其版圖。當毒品貿易逐漸發展的同時，廣泛的交易網絡也在全世界的犯罪團體之間形成。此種國際貿易刺激了小型、具彈性、分散式網絡的出現，而不是全球型的幫派。這是非常合理的現象，理由一，小型網絡可因降低生產及賄絡的成本而增加獲利；理由二，小型網絡更有利於掌控犯罪團體的活動資訊，因此可降低執法機關介入組織犯罪日常經濟活動的風險。

換言之，在全球化效應下的經濟轉型脈絡中，犯罪者選擇以小型且具彈性的犯罪網絡作為牟取經濟利益的組織方式，以利其善用即時通訊和即時金融交易的優勢。

一、組織犯罪的特徵與結構

在大多數人的觀念裡，犯罪是由「個人」（individual）所犯下的特定行為。刑事法也是聚焦在個人，被逮捕、審判及定罪的，是個人，而不是組織或團體；處以刑罰的，通常也是個人。即使在有關共犯案件的審理中，焦點仍是個人行為與共犯的關係。

而犯罪學的大部分內容，也是針對個人。犯罪學理論的關注對象，是犯罪者個體及其社會環境、心理問題或醫療疾病。最受關注的犯罪案件，通常是涉及加害者及被害者的犯罪，諸如殺人、強制性交、強盜等。

組織犯罪，卻是非常不一樣的犯罪，它是經由組織化的團體所從事的犯罪活動，目的在於獲取金錢利益或權力。為能瞭解組織犯罪，就必須跳脫犯罪的個體觀點。組織結構、個體參加與結合的方式，以及彼此如何協調繼而從事犯罪活動，便成為考量的重點。

二、犯罪者的團體

組織犯罪網絡（organized crime network），是由一群合作牟取不法利益的人員所組成。網絡的參與人員，會因為犯罪活動需要某種特定技巧，而隨時可能改變，參與者也可能同時參與一個以上的犯罪網絡。有些參與者，原本是網絡的圈外人，因需要而被帶進集團內從事特定工作，如下：

（一）組織犯罪網絡可能因為安全問題，需要電腦程式及通訊專業人員的協助，以隱匿通訊、掌控資訊及經常檢查電腦和電話等器材。

（二）組織犯罪網絡可能因涉及洗錢，而需要銀行人員、股票經紀人及金融分析師的協助。

（三）組織犯罪網絡可能僱用打手來解決特定問題。有效的暴力，成本通常很高，而且使用機率甚低，以至於網絡內部不願意在平時就備妥打手，而是採取一種近乎委外的契約關係模式。

三、科層或網絡的結構

組織犯罪集團的結構，到底是科層式（bureaucratic）或網絡式（network）？可說是組織犯罪研究文獻中的一個重要爭議。一般而言，與結構有關的論點，圍繞在兩個理想型（ideal type）之間。一是科層式結構，通常與幫派較有關；另一是網絡式結構，通常是幫派模式批評者所主張的。事實上，純然的科層式組織犯罪和純然的網絡式組織犯罪並不存在。基於討論的目的，本章將兩種模式的特徵列於表12-2說明。

執法機關通常認為組織犯罪集團的結構是科層式的。所謂科層的意思，就是在組織中有人扮演訂定決策的領導者角色；此外，還有中層管理人員負責決策的執行，例如取得鴉片或古柯葉、建置提煉設施、安排販運路線等。最後，還有負責毒品街頭銷售的外勤業務人員，有時他們也為街頭販毒者的人身安全提供保護。

儘管媒體、電影（如教父，The Godfather）及執法機關把組織犯罪描述成科層式的結構，但並不符合犯罪組織的實際運作情形。事實上，是否真的有那種笨重、缺乏靈活的犯罪組織，頗令人懷疑。不過可以肯定的是，在21世紀全球化的非法經濟脈絡中，科層式的幫派組織必然遭遇災難。現今，大多數的犯罪組織都是連結鬆散的網絡形式。值此電子轉帳、行動電話及電腦媒介通訊的時代，科層結構不僅不需要，甚至還有危險性。科層式的犯罪組織不僅容易被執法機關滲透，而且運作笨重，顯得多餘累贅。以毒品販運為例，小型犯罪團體透過少許幾通電話、少許幾筆電子轉帳，以及一兩封加密電子郵件，就可以運作他們的活動、完成毒品交易。反觀科層式組織，既無法完成必要的快速決策，甚至還經常在決策時留下證據痕跡。

表 12-2　科層式與網絡式組織犯罪的結構特徵

結構特徵	科層式組織犯罪	網絡式組織犯罪
領導模式	單一領導者，或非常小的領導團體。	沒有標明領導身分的領導者。網絡，是由其中關鍵成員的非法商業活動所界定。關鍵成員可能是串聯網絡參與者的節點人員，參與者通常圍繞在節點人員的周圍執行工作。關鍵成員也可能是網絡核心人員所組成的較穩定團體，這些核心人員將具備網絡所需要之技術、資源及才能的人員帶進網絡。關鍵成員通常不將自己視為犯罪集團的成員，通常也不被外人視為犯罪集團的成員。
權力結構	權力，有清楚界定的垂直分配。	扁平式的結構特徵。成員的地位和重要性，受其所擁有的技術、人脈及財務資源所影響。
分工	有較明確的任務分配和工作說明。	網絡，是由能被管理之數量的人員所組成。雖然在許多情況下，網絡成員並不是緊密地一起工作（甚至不認識彼此），但卻可經由其他成員連結在一起。
報酬（金錢、權力和地位）	根據階級地位決定。	報酬是可以協商的，與努力、投入及工作表現成正比。
規模	數十到數百位成員。	數量有限的成員。規模小，聯絡和監督網絡活動較簡易，有助於提升安全性。
內部紀律	使用嚴格的內部紀律監控成員，強制成員遵守紀律。	組織的協調，建立在信任、商業關係及參與者的聲譽上。
行為規範	成員瞭解內部的行為規範，儘管規範不一定是成文明列的。	工作關係是植基在一些規則或非正式協議之上。
內部爭端	根據科層組織上層的指令來解決爭端。	根據溝通、協商及對共同利益的認知來解決爭端。
知名度	組織犯罪集團通常有特定名稱為公眾及執法機關所知。	公眾對組織犯罪集團的描繪甚少，顧客、公眾或執法機關甚少知曉集團有特定名稱。
成員身分	通常具備強烈的社會條件或族群背景。	個人忠誠、友情、持續進行的商業關係。犯罪網絡中的成員關係，足以讓他們完成一系列的犯罪計畫。犯罪網絡是組織鬆散的，領導者間的活動經常互換，網絡成員的背景條件較廣泛，端視犯罪活動的需求。
暴力	暴力是不可或缺的。	不傾向使用暴力。
地理範圍	有清楚的地盤。	隨市場及非法商業活動而改變其地理範圍。

表 12-2　科層式與網絡式組織犯罪的結構特徵（續）

結構特徵	科層式組織犯罪	網絡式組織犯罪
組織重組（成員被捕、死亡、退出）	組織可能因成員加入其他集團而解散，也可能將下層成員向上層提升，或分裂成一些較小型的組織。	網絡可能因關鍵成員離開而重組，成員流動性高，某成員如果離開、或轉換從事其他活動、或被捕，網絡通常就會招募新成員，或修正網絡活動的運作。

資料來源：Lyman, M. D. & Potter, G. W. (2015). *Organized crime*. Upper Saddle River, NJ: Pearson.

四、犯罪組織的凝聚

是什麼因素讓犯罪組織的成員凝聚在一起，形成組織犯罪網絡？可歸納出三個主要因素：

（一）個人的連結關係（兒時玩伴或獄中牢友、在地關係、家庭的延伸關係）。

（二）利益所驅。

（三）與組織的契合性（技術、提供資金、牟利所需要的政治關係）。

影響犯罪組織大小和地理範圍的因素，又為何？相關的實證研究發現三項主要因素（Abadinsky, 2017）：

（一）管理及通訊的效率：在安全的通訊系統裡，可以容納多少參與者？如何監控每一參與者的工作及功能？

（二）腐化成本：所涉及的地理範圍愈廣，要弱化執法機關效能的賄賂成本就愈高。

（三）運籌（logistics）：對於物品、金錢的移轉，以及網絡參與者的行動而言，怎樣的組織大小及地理範圍是最理想的？

組織犯罪網絡如何處理通訊及協調活動呢？與犯罪有關的通訊過程，安全是最重要的。基本的方式就是面對面的聯絡，或是透過較昂貴的高科技加密通訊。監督網絡參與者的工作表現也是很重要的工作，除了要檢視參與者的獲利業績，還要斟酌到底應授予參與者多少自主空間以利達成業績。同樣地，這可以透過頻繁的面對面接觸，或是透過複雜且較昂貴的通訊科技來達成。

組織犯罪網絡與其外在環境（如執法者、在地民眾、商業人士、政治人士等）維繫怎樣的關係呢？對組織犯罪網絡而言，正向的公共關係是非常重要的。也就是說，組織犯罪網絡會透過提供社區服務、慈善事務、私人保護及增進額外收入的工作等方式，與外在環境維繫正向關係。此外，在腐化功能上的投入成本，以及滲透進入合法政經體系的能力，都是很重要的。

五、犯罪組織網絡之間的關係

當某組織犯罪網絡的活動與其他組織犯罪網絡接觸或整合時，難免會遭遇一些阻礙；非法契約，難以合法執行。例如，未正式聘僱某人，又如何能解僱？另外，也無法透過收購股權的方式來接管另一商業運作。就非法商業活動而言，山頭林立經常形成一種導致暴力的氛圍，尤其是在過於競爭的市場或場域。但是，暴力通常只出現在非法商業發展的初期，不會持續很長的時間。只要當市場或場域中有足夠的客戶，讓各山頭皆能獲利，那麼合作和協商很快就會取代暴力。對商業活動而言，暴力既昂貴又不好。非法行業中的有力人士，會在很短的時間內找到解決爭端的方法，通常是透過報酬，而非暴力。和諧的市場關係，有利於商業活動的進行。在地下商業活動中，誠信與忠貞備受重視和獎勵。

六、非法行業與牟利

欲瞭解組織犯罪，關鍵就在於知曉組織犯罪像企業或其他商業組織一般，存在目的就是為了牟利。組織犯罪與合法商業組織之間的主要差異，乃是組織犯罪所牟取的大部分利益來自非法物品和服務，以及組織犯罪隨時準備使用非法手段（包括暴力）達成牟利目標。此外，組織犯罪也會像合法商業組織，尋求並利用政治力量來協助他們的牟利活動。此處再強調，只要有需要，組織犯罪就可能透過非法途徑達成牟利目標。在組織犯罪的活動中，真正暴力是不多的，暴力通常與組織犯罪的街頭活動（如街頭販毒）較有關。雖然暴力對於商業活動是不利的，但是具暴力潛能，還是可以讓組織犯罪網絡在市場上擁有不凡優勢。

只要有足夠的利益可圖，組織犯罪幾乎涉及任何活動。儘管要完整列出組織犯罪所涉及的非法活動是不太容易的，本章乃根據有關實證研

究，列出組織犯罪涉及非法活動的主要類型及相關的非法行業，如表12-3
（Abadinsky, 2017; Lyman & Potter, 2015）。

表 12-3 組織犯罪集團所涉及的主要非法活動

非法活動類型	非法行業
提供非法物品	軍火和武器 違禁品 偽造貨幣及金融工具 毒品 瀕臨絕種及稀少的動植物 珠寶和黃金 智慧財產 核原料 色情物品
提供非法服務	賭博 高利貸 買賣贓物 高科技犯罪 勞力及性服務 性產業
商業與金融犯罪	投資合法事業 勞工敲詐勒索 專業縱火 洗錢 金融詐欺 環境犯罪（傾倒有毒廢棄物等）
政治犯罪與腐化	賄賂 選舉詐欺 刑事司法系統的貪腐 權勢販賣 共謀國家促發的政治犯罪

資料來源：Abadinsky, H. (2017). *Organized crime*. Belmont, CA: Wadsworth.

第六節　組織犯罪與情境犯罪預防

　　雖然每種犯罪類型所需要件不同，但皆可從情境的角度來分析。情境犯罪預防（Situational Crime Prevention）主要焦點以往是在於一般犯罪，特別是掠奪性的犯罪，例如家宅竊盜、搶奪等，這些犯罪常有明顯的「合適標的」、「有動機的犯罪者」。然而，隨著學界逐漸將情境犯罪預防的研究擴延到組織犯罪，揭示了組織犯罪的機會型態。相關的研究顯示，與傳統街頭犯罪相較，組織犯罪的過程較為複雜，犯罪者為擴大犯罪利益、降低曝光風險，常以網絡式的組織犯罪型態（networks of criminal entrepreneurs）進行犯罪活動。網絡式組織犯罪型態的特徵如下：組織數量較多、規模較小、在地性、不穩定（暫時性）、融入社會、組織較鬆散、組織扁平、成員流動大、成員角色差異較小、首腦常更換、成員在一起較不是靠正式的規約或幫規、做生意的身分等（Lyman & Potter, 2015）。詐欺、販毒、人口販運、洗錢等不法活動，犯罪者經常建構前述網絡以利不法活動的進行。

　　儘管犯罪者常以網絡式的組織型態進行犯罪，但犯罪學界並不把分析重點僅聚焦於犯罪組織，而是將焦點置於犯罪活動的環節及機會結構上，例如毒品販運者如何選擇販運路線？如何配銷毒品？如何隱匿犯罪不法所得？換言之，情境犯罪預防學者把組織犯罪問題的分析重點聚焦於犯罪過程或犯罪計畫的解構，目的是為瞭解什麼樣的機會結構促使組織犯罪活動的發展，繼而找出阻礙該等犯罪發生的方法。

　　值得注意的是，由於組織犯罪活動較傳統街頭犯罪複雜，因此所謂的「合適標的」在組織犯罪活動中不一定是實物，可能較抽象（例如賄賂官員），甚至在犯罪的不同階段以不同面貌呈現。例如跨國走私贓車，犯罪標的最初是車輛，接著轉換為湮滅贓車痕跡，再者是製造合法車籍文件，最後可能是不知情的買家。此外，組織犯罪經常不是單一事件，而是一連串犯罪事件的組合，犯罪地點可能包括境內和境外，復以犯罪網絡連結各地點的關係，各事件在時間和空間的分布上是分散的，組織犯罪者通常也比傳統犯罪者擁有較多資源來選擇和形塑犯罪場域（Nelken, 2011; Reichel, 2013）。若以社會層面來觀察這種犯罪場域，網絡式的組織犯罪活動經常鑲嵌於社會網絡之中，在許多方面，與合法的社會或商業結構結

合在一起，因而弱化了來自社會層面抑制犯罪機會的力量。另從組織犯罪網絡來觀察，犯罪者網絡關係可能是鑲嵌於合法、單純的學校同學或工作同事關係，也可能鑲嵌於犯罪次文化的關係。其間的關係發展可能源於單純的商業接觸，終而轉化為犯罪夥伴關係。其發展也可能從非法本質開始，例如毒品賣方與買方的關係，最後轉變為組織犯罪的夥伴關係。因此，如何透過犯罪學理論（犯罪機會有關的理論）的監控概念，解釋該犯罪夥伴關係的形成，亦是學界以犯罪預防思維探討組織犯罪的重點（Reichel & Albanese, 2014）。

雖然運用情境犯罪預防的核心理論（如日常活動理論，Routine Activity Theory）來解釋組織犯罪尚有盲點待突破，甚至有學者建議理論基礎應視犯罪活動的複雜性、犯罪網絡的複雜性，以及組織操縱和管理程度而做適度調整。然而，學界並沒有因此放棄運用情境犯罪預防的思維來分析組織犯罪問題，近年研究顯示，組織犯罪已被逐漸概念化為一連串犯罪事件的組合，學界的努力已為組織犯罪的研究增添了新元素，其中透過「犯罪腳本」（Crime Scripts）的分析來探索犯罪過程，對於組織犯罪現象的瞭解以及預防策略的擬定，產生了相當卓越的貢獻（Bullock, Clarke & Tilley, 2012）。

研究顯示，腳本（script）源自行為的學習（Hancock & Laycock, 2012）。腳本，可說是隨著時間而延伸的一連串事件，事件與事件之間有明確的因果關係，先前的事件導致後來的事件發生。如果犯罪腳本分析要發展成為一項有助於防制組織犯罪的方法，那麼事件與事件之間明確的因果關係便是重點。以地鐵強盜的犯罪過程為例，表12-4顯示了該犯行所必要的一連串步驟，每一個步驟都可以透過情境方式來干預或中止步驟的進行。雖然犯罪者可能調整或改變步驟，不過腳本分析的概念認為，犯罪行為通常具有某種程度的「常規性」（routinization of criminal acts）。換言之，每一件犯罪雖有其獨特的特徵，但屬於同一類型的各犯罪之間必然存在某些相同的充分條件，繼而可以導出一些歸納項目，如表12-4所列。此種思維有助於建構適用於整個犯罪類型的預防介入方案，而不是把每一件犯罪視為個別事件。而且預防及偵查介入方案將會影響大量犯罪者（而非少數）改變行為讓犯罪不發生，甚至增加犯罪者被逮捕的風險。原本具潛在動機的犯罪者因介入方案感受到風險增高或利益降低而不犯罪，所以

腳本分析的立論基礎，就是理性選擇的過程乃是人做決定的方法（Allum & Gilmour, 2015）。綜合前述，犯罪腳本分析具有以下功能（Hancock & Laycock, 2012）：

一、犯罪腳本是有系統的，且是由動態組織而成，有助於瞭解犯罪者行為，以及引導犯罪者的行為。

二、犯罪腳本有助於對犯罪事件進行一個完整的分析，建構整個事件的發展過程，可以針對事件有關人員的未來行為做預測。

三、犯罪腳本分析可以提供刑事司法機關偵查與預防組織犯罪甚為重要的資訊，有助於刑事司法資源的有效管理與分配、執法標的之正確選擇、減少組織犯罪事件、提升刑事司法體系的效率和效果。

表 12-4 強盜犯罪的腳本

腳本的場景／功能	對應腳本的行動
準備（Preparation）	勘查及決定犯案地點
進場（Entry）	進入祕密行動過程
先決條件（Precondition）	前往犯案地點
先決條件（Precondition）	在犯案地點徘徊等待
具助益性的事前條件狀況（Instrumental precondition）	選擇被害者及環境
具助益性的開始（Instrumental initiation）	準備階段結束
具助益性的實現（Instrumental actualization）	攻擊被害者
具助益性的實現（Instrumental actualization）	壓制被害者
實行（Doing）	搶劫財物
事後條件狀況（Post-condition）	逃離現場
退場（Exit）	脫離祕密行動過程

資料來源：Allum, F. & Gilmour, S. (2015). *Routledge handbook of transnational organized crime*. New York, NY: Routledge.

　　相關研究指出，組織犯罪的腳本包括三個部分：主要犯罪行為、犯罪者的生活型態、犯罪網絡的接觸或參與，如圖12-1。通常執法人員偵辦組織犯罪時，大多著重在主要犯罪行為的偵查上，蒐集與主要犯罪行為有關

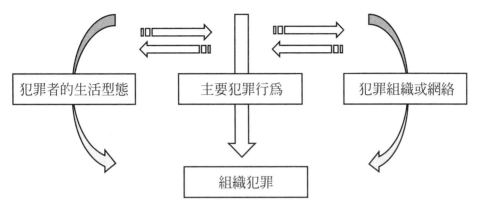

資料來源：Hancock, G. & Laycock, G. (2012). "Organized crime and crime scripts: Prospects for disruption." In K. Bullock, R. V. Clarke & N. Tilley (eds.), *Situational prevention of organized crimes* (pp. 172-192). New York, NY: Routledge.

圖 12-1　組織犯罪腳本的構成要件

的證據，其他兩個部分雖然也可能受到偵查人員的注意，但經常被視為主要犯罪行為的外圍事物，較少成為偵查的主要標的。但事實上，若能重視並進一步探究這些促進組織犯罪發生的因子，應有助於有效預防策略的擬定。構成組織犯罪腳本三要件的內容如下。

一、犯罪者的生活型態

　　個人的生活型態影響了當事人參與犯罪團體和網絡，以及從事組織犯罪活動，該生活型態本身通常即具有犯罪特質。使用匿名性的手法以及選擇透過哪種管道，都是進行犯罪活動所不可或缺的，尤其是涉及移動和處理大量現金的時候。例如使用贓車或未經合法註冊的車輛、使用假的銀行帳戶和洗錢機制、腐化合法商業人員和執法人員，這些可說是犯罪過程的促進因子，經常出現在犯罪過程之前或之後（Andreas & Nadelmann, 2009）。這些因子與個人的生活型態有關，是犯罪過程以外的事件，抑制這些因子將有助於阻礙主要犯罪行為的發生和進行。

二、犯罪組織或網絡

即不法者為進行犯罪所組織的犯罪團體或網絡，此種團體可能是層級節制式的（hierarchical），也可能是鬆散的夥伴網絡（loose network of peers），後者或許還稱不上是團體（因團體較具有固定的特徵及層級化結構）。而數個團體也可能為實施某一特定犯罪，彼此合作形成規模較大的臨時性網絡關係（Albanese & Reichel, 2014; Benson & Simpson, 2015）。理論上，整個犯罪過程從頭到尾當然可能只由一個團體來完成，但這必須是結構穩定的組織，而且這個組織還要完成一連串的複雜活動，因此容易過於彰顯違法訊息而引起執法人員注意，成為執法標的。因此，某些犯罪行為便可能交給其他相關團體來進行，這些團體多數是已經存在的團體。這種做法與一般的合法商業行為很類似，諸如尋求供應商、徵募專業運輸人員、確認經銷商或顧客等（Rothe & Friedrichs, 2015）。換言之，團體與網絡的定義以及兩者間的差異並非重點，而是除了主要的犯罪行為以外，還有所謂的團體或網絡關係存在，同時只要條件適當，它們還可能被合併到更複雜的網絡中。

三、主要犯罪行為

所謂的主要犯罪行為，是指犯罪者為獲取不法利益所從事的犯罪行為，可能是犯罪者長期犯罪型態的一部分，也可能是獨立於其外的犯罪行為。犯罪的樣貌或許會改變，但犯罪過程的要件卻是進行犯罪時所必要的行為步驟。主要犯罪行為乃是犯罪腳本的核心，它能否被實踐，有賴於團體及網絡的存在，而這些團體及網絡也需具備能夠利用其所面對機會的技術、經驗、工具等能力（Kethineni, 2014）。因此，實際的犯罪過程與這些犯罪團體或網絡是有所區別的，但犯罪過程的進行需倚賴這些犯罪團體或網絡辨識及利用犯罪的機會。

第七節　結語

有關犯罪腳本內容結構的探討，有助於提升預防策略的效果，亦即將預防策略的焦點導引到相關的團體和網絡、主要犯罪行為的動力，以及犯

罪者的生活型態。換言之，預防內涵應包括上述三個不同但又彼此相關的面向。舉例而言，聚焦於犯罪者的生活型態腳本，如購買及使用贓車，該動作起初可能與主要犯罪行為沒有顯著關聯，但卻可以因為減少匿名性，繼而阻礙了後續不法活動的進行。

　　顯然，組織犯罪涉及了犯罪者、犯罪工具、地點及活動等之間的複雜交互作用。而情境犯罪預防的思維就是要解構該複雜性，並找出組織犯罪者所利用的機會結構，繼而建立能夠阻礙或瓦解組織犯罪發生和進行的策略。以下是可用於分析組織犯罪以發展情境犯罪預防策略的方法：

一、根據犯罪腳本的觀點，針對已發表的研究文獻進行分析。

二、針對警察機關偵辦組織犯罪的移送書、檢察機關的起訴書、法院的判決書或專案報告進行研究。

三、針對專家進行深入訪談，探究犯罪腳本的諸要素及其間的關聯性。

四、針對臥底偵查報告、監聽紀錄等資料進行研究。

五、針對與組織犯罪類似之合法行業從業人員進行訪談，例如報廢車輛出口業者、合法網路影視經營業者，以瞭解該合法行業的經營模式，以及可能被犯罪者所利用的漏洞。

六、如果可行性高，且具時效，可針對組織犯罪進行民族誌研究（ethno-graphic research）。

第十三章　組織犯罪的跨境蔓延

第一節　前言

　　近年來，組織犯罪向境外轉移犯罪地的現象日益頻繁。法務資料顯示，臺灣矯正機關在監受刑人中以毒品犯罪人最多，以2016～2020年為例，平均占49.44%。另根據「毒品犯罪防制工作年報」資料，近年查獲毒品案件中僅14.81%的案件毒品來源為國內自製，毒品來自境外的案件量高達85.19%，顯見跨境毒品販運問題甚為嚴重，如表13-1。前述毒品防制年報指出，臺灣過去毒品來源多為中國大陸和香港，近年發現來源地擴散至東南亞、歐洲、美洲等國家，刑事司法機關研判販毒集團已在亞洲、歐洲及美洲等地布置據點。為能有效減少毒品案件，對於毒品販運集團的瞭解及掌握無疑是關鍵（法務部調查局，2020a）。

表 13-1　執法機關查獲毒品來源地分析

來源	國內自製	中國大陸及港澳	東南亞國家	歐洲國家	美洲國家	其他
案件百分比%	5.81	3.87	38.71	27.74	14.84	9.03

資料來源：法務部調查局（2020a）。《毒品犯罪防制工作年報》。

　　根據警政署刑事警察局的統計資料顯示，臺灣執法機關最早破獲跨國詐欺電信機房始於2004年，之後在2011年跨國詐欺機房大量轉移至東南亞地區，至2012年在東南亞地區破獲跨國詐欺機房案件達到高峰，其後轉向在南亞、東亞、澳洲、非洲等地區破獲，2018年開始逐漸轉移至歐洲地區，被害人以臺灣和中國大陸民眾為主。有關跨國詐欺集團轉移犯罪地的脈絡趨勢，如圖13-1。

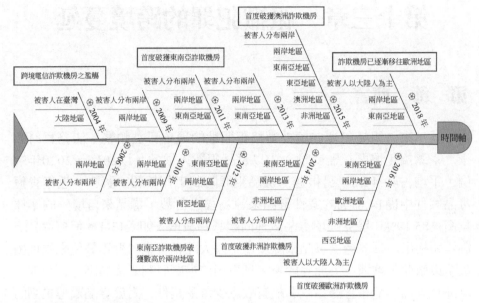

資料來源：警政署刑事警察局。

圖13-1 跨境詐欺集團轉移犯罪地之脈絡分析

　　由於跨境組織犯罪（如詐欺、販毒等）的目的經常是為謀取不法利益，往往涉及洗錢活動。組織犯罪集團為隱匿犯罪不法所得，透過各種可能管道將該不法所得輸送至境外，造成執法機關偵防工作上極大的挑戰（孟維德，2021）。根據法務部公布的資料，近年執法機關防制洗錢而進行的國際情資交換案件數持續增加，不論是外國請求我國協查案件數，抑或我國請求外國協查案件數，以及雙方或多方間提供犯罪情資案件數，皆呈現增加趨勢。2013年總計為79案、325件，至2019年增至207案、1,067件，詳如表13-2（法務部調查局，2020b）。

　　顯見犯罪組織甚為理性，為謀取不法利益、躲避執法機關查緝，將犯罪活動延伸至境外，並感應被舉發、逮捕的風險，轉移犯罪地點。我國現今所發生的跨境組織犯罪已不再是一般治安問題，對外不僅嚴重損及國家形象，對內則大量侵蝕社會資源，造成社會亂迷，實為犯罪預防的重要課題。

表 13-2　近年執法機關防制洗錢的國際情資交換情形

事項	年度	2013年	2014年	2015年	2016年	2017年	2018年	2019年
外國請求 我國協查	案	41	32	51	50	55	47	71
	件	113	89	152	169	161	162	279
我國請求 外國協查	案	17	18	45	34	26	23	38
	件	62	67	222	165	94	107	292
外國主動 提供情資	案	17	33	32	25	53	99	81
	件	39	58	44	44	100	198	198
我國主動 提供情資	案	4	6	9	26	45	20	17
	件	11	13	18	45	94	46	50
問卷及 其他事項	案	0	0	0	0	0	0	0
	件	100	85	201	262	354	339	248
合計	案	79	89	137	135	179	189	207
	件	325	312	637	685	803	852	1,067

資料來源：法務部調查局（2020b）。《洗錢防制工作年報》。

第二節　組織犯罪跨境蔓延的學術爭辯

　　國外的犯罪研究文獻指出，俄羅斯裔組織犯罪集團至少在26個國家積極運作其活動；源自義大利南部Calabria區的Ndrangheta組織犯罪集團，活動地點也超過20個國家（Varese, 2011）。組織犯罪是否會發生「移植現象」（transplantation）？過去討論此議題的學術研究並不多，從這些研究中可知，組織犯罪是相當固定的。P. Reuter（1985）在探討美國非法商業活動（組織犯罪屬其一類）時，認為他們比較是在地性的、範圍有限的。D. Gambetta（1993）在其著作「西西里組織犯罪集團」（Sicilian Mafia）一書中指出，西西里組織犯罪集團主要是在西西里西部地區發展，除了Catania區以外，直到今日仍在該地區。Gambetta甚至強調，組織犯罪對在地環境有很高的依賴，是一種不易出口到境外的行業，不像礦業。同樣地，Yiu Kong Chu（2000）也認為香港三合會（Triads）是在地性的，不像國際性的非法商人具備可讓他們移居西方國家的資金和關係。根據Chu的觀察，儘管香港三合會可能涉及跨國犯罪，但他們並

不是主要籌劃者。P. Hill（2002; 2004）在其研究「日本組織犯罪集團」（Japanese Mafia）發現，日本暴力團（yakuza）最早從事國外活動始於1970年代，當時是東京發跡的暴力團「稻川會」（Inagawa-kai）開始為日本有錢人籌劃到國外賭博旅遊。幾年後，暴力團開始對在國外的日本公司進行敲詐勒索，同時有愈來愈多的出國旅遊變為尋歡或投資（房地產、軍火交易）性質。然而，暴力團並未將其核心角色——保護——延伸至日本國內以外的市場。此外，華人組織犯罪集團入侵日本暴力團地盤的說法，也被認為是不正確的（Hill, 2004）。Reuter和Gambetta提出了幾項理論觀點，解釋組織犯罪集團為何很難到國外立足生根。

一、不易掌控成員

距離，提高了監控成員的困難度，不易確保成員有效率、誠實的工作。成員可能侵占、挪用組織的資金，或從事組織上層不允許的活動，以致招惹警察注意，危害整個組織的運作。海外成員為了脫身，甚至請求老闆讓他們回國。

二、不易蒐集資訊及聯絡

對於組織犯罪集團成員的活動而言，蒐集特定人事的可靠訊息，是非常重要的。但在陌生環境裡，缺乏朋友和成員的網絡關係，使得蒐集此類訊息變得很困難。而且集團的成員需要和老闆頻繁接觸，所以會有很多兩地間的聯絡通訊。由於見面商討不是經常性的，隨著距離延伸，警察得以攔截此通訊的可能性就會增加。

三、不易發揮組織名聲的效能

組織的名聲，對於組織犯罪集團成員執行工作，是一項重要資產。如果施暴能力的名聲愈大，被害者就愈可能順從，集團成員也就愈不需要使用暴力。Reuter（1985）指出，投資暴力如果能產生傳播威脅的名聲，那麼這個投資就很值得，通常目睹暴力的人會散播訊息，造成一群人知曉，而這一群人，可能因為距離而斷鏈崩解。Gambetta（1993）也持類似看法，他認為有效的暴力名聲，要靠長期關係來建立，也就是植基在宗親、朋友和族群的關係網絡中。在一個不熟悉的新地方，很難複製這種網絡關

係。

　　儘管如此，確實有移植現象的發生。義大利Catania區黑手黨老大Antonio Calderone的回憶錄曾提到，當年有兩個知名的西西里黑手黨擴展到外地，一個把分支組織延伸到義大利中部、北部，另一個則延伸到北非突尼西亞的首都突尼斯（Tunis）運作，這些事情早在1930年代就有記載。Calderone指出，突尼斯當時是許多義大利黑手黨成員躲避法西斯政權的天堂，他們在那裡建立組織，也有自己的老大（Arlacchi, 1993）。在一項有關義大利南部黑手黨成員擴張至其他非傳統區域並鞏固勢力的研究中，學者Rocco Sciarrone（1998）指出一系列環環相扣的事件，解釋義大利南部Campania區拿坡里市的犯罪集團（Neapolitan Camorra），如何在1970年代後期和1980年代初期擴張至Apulia區。起初有一些Camorra成員被監禁在Apulia區，以及遭強制驅趕到Apulia區居住。到了1980年代，一條從南斯拉夫來的新走私路線被開闢，Apulia區因而成為一個重要樞紐。南斯拉夫在1990年代初期陷入戰爭烽火中，Apulia區給共產集團殘墟提供了有利於毒品和人口走私的犯罪機會。最後，Camorra的老大Raffaele Cutolo決定擴展到Apulia區，還擬定長期計畫赴以實現，包括腐化官員並與其建立關係。只是最後並沒有如Raffaele Cutolo所料，Apulia區當地不法分子沒多久就另組一個可喚起當地認同的新黑手黨組織——Sacra Corona Unita，抵禦外來Neapolitan Camorra集團的入侵。

　　類似義大利黑手黨擴展至歐洲以外的地區，還有其他例子。臺灣竹聯幫幫主陳啟禮就曾經在柬埔寨生活好幾年，為外地來的生意人牽線，與柬埔寨上層人士建立關係，促成許多生意。另外，當時至少還有30多個臺灣其他幫派成員在金邊活動（Chin, 2003）。另有文獻指出，Evgenii Petrovich Vasin是一名在遠東地區的俄羅斯組織犯罪集團老大，他的地盤就曾被華人幫派老大（Lao Da）侵占，而這名華人幫派老大至今依舊是海參崴組織犯罪的靈魂人物（Linter, 2004）。另一華人Xiangu Du，曾到俄羅斯Khabarovsk市建立華人幫派，在那裡當了四年老大（1997～2001年）。值此同時，俄羅斯犯罪組織集團往西方移動，位於莫斯科的Solntsevskaya幫，就有兩組人馬分別遷移至羅馬和布達佩斯運作（Varese, 2011）。Hill（2004）有關日本幫派的研究，雖然淡化了山口組在外國現蹤的訊息，但他認為在日本的外國組織犯罪集團將是未來更重要的議題。因此，組織

犯罪移植，顯然是一個需加以解釋的真實現象。

第三節　組織犯罪跨境蔓延的影響因素

　　組織犯罪集團為何能成功地在新地方建立分支？近年研究發現，大致可以歸為兩類因素：組織犯罪集團成員的供應，以及外地出現需要組織犯罪集團的在地條件（Varese, 2011）。

一、組織犯罪集團成員的供應

　　移民，最常被學界、實務界和媒體拿來解釋組織犯罪集團的移植現象。儘管從未被精確解析，但這種解釋的基礎就是直接的數量邏輯。假設犯罪人占人口數的某一比例，那麼向外移民的人數愈多，就可能有愈多的犯罪人向外遷移。如果移民的來源地，是一個有很多組織犯罪分子的地方，就可能促成組織犯罪集團的移植現象。因此，19世紀末，從義大利南部到美國的大規模移民潮中，可能就有許多具黑道背景的人夾雜其中。移民與黑手黨移植連結，回應方式就很簡單且直接。義大利「北方聯盟」（Northern League）政黨，就把南部人視為潛在的犯罪威脅，呼籲對南北遷徙進行管控以防止組織犯罪的擴散。美國境內之所以會出現義大利黑手黨，主要是因為義大利移民所造成，此概念就是現今遭受質疑的組織犯罪「外來陰謀理論」（Alien Conspiracy Theory）內涵（Kefavuer, 1951）。雖然來自黑手黨地區的移民現象明顯是一項促進因素，但仍不足以造成新黑手黨的建立，否則在南義大利人所移民的每一個國家中，應該都有黑手黨的蹤跡。

　　定罪的黑手黨徒被強制驅離原居住地的懲罰政策，可說是義大利黑手黨移植的推動因素之一（Veltri & Laudati, 2009）。這種「強制安置」（*soggiorno obbligato*）政策始於1956年，其背後思維就是把黑手黨視為落後社會的產物，如果讓黑手黨徒遠離家鄉，把他們安置在北方市民的守法文化中，那麼這些來自南方的黑手黨徒就可能放棄他們原先的行事作風。自1950年代中期，此政策就把一些頑強的違法者遷移到義大利北部，包括Lombardy、Piedmont及Emilia-Romagna等地區。不料有些黑手

黨徒卻把強制安置視為好事，因為可以讓他們接觸更多人、發現新地方、新城市（Massari, 2001）。強制安置政策強迫具黑手黨技巧的歹徒遷徙，始料未及卻擴張了他們的網絡和視野。

　　黑手黨徒和其他犯罪者，也可能因為躲避黑手黨彼此間的衝突、械鬥及警察掃黑行動而離開自己原先的地盤。這種情形，在黑道歷史上經常發生。例如在1860年代，Antonio Deodati為躲避黑手黨徒的追殺，從西西里島逃到美國紐約市，儘管最後他還是在布魯克林遭謀殺（Massari, 2001）。Ivan Yakovlev是一個在羅馬的俄羅斯裔組織犯罪集團老大，當初是因為害怕被莫斯科Solntsevskaya幫派老大殺害，急忙從莫斯科跑到義大利。Vyacheslav Kirillovich Ivan'kov常被描述成莫斯科Solntsevskaya幫派到美國創建俄羅斯幫派的代表人物，事實上，他離開俄羅斯的原因是為了避風險（Varese, 2011）。許久活躍於菲律賓的日本暴力集團成員，實際上是被其集團驅逐出來的前成員（Hill, 2004）。每當東歐喬治亞共和國政治高層領導更替時，都會透過打擊腐敗和犯罪以獲取俄羅斯高層的印象，因而導致喬治亞共和國的組織犯罪遷移至俄羅斯（Kukhianidze, 2009）。繼2003～2005年的「玫瑰革命」（Rose Revolution）後，喬治亞共和國的新總統在國內展開雷厲風行的掃黑行動，結果導致一些黑幫老大逃至莫斯科、西班牙和其他國家（Kukhianidze, 2009）。同樣地，臺灣曾在1984、1990和1996年進行過大規模的掃黑行動，也促使許多幫派大哥跑到中國大陸避風頭。研究華人幫派的知名學者Ko-lin Chin（2003）發現，儘管這些臺灣幫派成員起初並無意長久離開臺灣，但他們最終還是在國外生活了幾個月甚至好幾年，有些人甚至在當地開展了新生活，他們不僅涉入海外華人社區的事務，還與當地犯罪集團建立關係。法西斯政權過去對西西里黑手黨進行過嚴厲的執法行動，導致黑手黨徒離開西西里島到北非突尼斯，有些老大甚至前往美洲大陸，如紐約市和阿根廷Rosario。一項針對義大利Camorra黑幫家族的系統性研究發現，51個成員中有四人居住在英國和荷蘭，這四人全都逃離義大利警方的追緝（Campana, 2010）。因此，一個被忽略的全球化問題正在醞釀，那就是在世界某一個角落進行嚴厲掃黑，很可能對世界另一個角落產生料想不到的影響。

　　本文前面所檢視的因素是屬非意願性的，諸如移民、強制安置、躲避懲罰等。然而，黑幫老大也會深思熟慮，謀定而後動。本文接續探索組織

犯罪集團是否像合法企業一樣，為獲取商機，經理性決定，繼而擴大新版圖，而不是因為警察鎮壓或黑幫彼此間衝突所造成的。至少在理論上，組織犯罪是投機、圖利的，只要有利可圖，他們應不會排斥開拓新市場。

（一）資源

　　合法企業可能為了以低成本獲取資源（如原物料或勞工），而決定在國外開設分支機構。資源，還包括無形的東西，諸如知識、創新能力、管理和組織技能等。換言之，當企業所需資源無法簡易地在公開市場購得或從遠端獲取，那麼就可能在國外開設分支機構。

　　就組織犯罪集團而言，所欲尋求的資源還包括人力，這是關鍵的輸入因素（input factor）。黑幫在國外開設分支組織，為母國老家地盤的運作招募人力，這種做法合理嗎？黑幫通常招募兩種人：臨時性的和全時性的人力。所謂臨時性的人力，諸如懂槍械彈藥的人、翻譯、熟悉某特定領域的人、政府官員等。黑幫或許有可能在外國招募一些臨時性的幫手，但不太可能專門為了招募這種臨時人力而到遠地開設據點，況且這種招募也不是經常的。全時性的人力通常會經歷一種確認入幫的儀式，他們直接在集團老大的命令下工作（Gambetta, 1993）。全時性的人力不可或缺的特質，就是要可靠，另外就是被證實有使用暴力的能力。招募過程通常在集團經營的區域內進行，唯有認識這些新手一段時間，集團老大才會相信他們不是臥底警察（Pistone & Brant, 2007）。此外，老大也會設法瞭解新成員的家庭關係，以備發生狀況時可直接威脅他們不要成為執法機關的證人。儘管如此，在美國的義大利裔黑手黨歷史中，仍有黨員背叛的案例。1970年代，美國紐約市Bonanno黑手黨家族中的一名老大僱用了幾個來自西西里的冷血殺手，幫忙他在美國東岸販毒。起初這個方法很成功，占據不少毒品市場，但最後這些殺手背叛了他，逃不過遭暗殺的下場（Raab, 2005）。而這件案例，反而是Bonanno黑手黨家族從美國紐約向母國輸入人力，而不是在美國招募這些人，僱用的人皆與Bonanno家族關係密切。

　　組織犯罪集團感興趣的其他資源，還包括一些技術性的裝備（如武器、藏身處所、刺探器材）、護照和銀行帳戶等。如果在開放市場上可以找到這些資源，而且品質能接受，那麼組織犯罪集團會直接從公開市場上獲取這些資源。集團成員也希望持有外國護照以便遇到狀況時能迅速脫

逃，還有在外國開設銀行帳戶存錢，或僱用在外國開業的律師。但組織犯罪集團並不需要遷至國外來處理這些事情，如同企業一般，組織犯罪集團可以直接僱用外國人力，然後把外國人力調遷到組織犯罪集團的老家。隨著人和貨物的流動性增加，組織犯罪集團在遠地建立分支單位以獲取特定資源的誘因逐漸減少。

（二）投資

許多合法企業會把營利轉投資在其他生意上，這種決定可能因為政府的稅率和績效獎勵措施而受鼓勵，也可能是企業本身希望在效率更好的金融體制下運作。而新科技往往影響尋求投資的地點選擇，當不同市場之間的整合程度愈高，投資其他國家商務也變得更容易，無需在新地區開設分支機構。

與企業類似，組織犯罪集團也會將其收益轉投資在其他有利可圖的生意上，但組織犯罪集團比合法企業更難監控遠地投資事務的運作。因為組織犯罪集團的投資通常是非正式、現金導向、發生糾紛時不訴諸法律程序的。此外，洗錢和投資合法經濟等事務，經常要與外國組織犯罪集團或外國企業進行交易。處理這些事情的人通常都有一點權力，不易掌控，投資可能出錯，在國內的老大不易確認國外投資事務處理者的說詞是否為真，這種情況就會引發老大親自或派人出國監督國外投資事務。例如，1970年代初，西西里數個黑手黨聯合選擇在羅馬開設了一個據點，由Porta Nuova黑手黨老大Pippo Calò操盤。Calò假扮古董商，幫這些黑手黨在房地產上投資大量資金。他在羅馬活動期間，被控謀殺Banco Ambrosiano銀行總裁Roberto Calvi。1982年Calvi在倫敦被殺，據稱是因為他的銀行倒閉時，侵占黑手黨信託給他的錢。同樣地，一個芝加哥組犯罪集團決定將部分資金投資在拉斯維加斯賭場，指派一名代表到拉斯維加斯，確保投資利潤能快速送回芝加哥、堪薩斯市、聖路易斯和密爾瓦基等地的集團手上。1995年上映的美國電影——「賭國風雲」（Casino），就是描寫一個執行這種工作的黑幫歹徒故事（Varese, 2011）。

（三）市場

合法企業為了把公司營運推展至新市場，因此選擇到其他國家設立分

支機構。對組織犯罪集團而言,核心商務就是控制地盤或市場。在沒有受到警察鎮壓或黑幫彼此衝突的情況下,組織犯罪集團會理性決定到外地開拓新地盤嗎?組織犯罪集團不太可能到外國去入侵一個已經被當地犯罪集團控制的地盤,如果真的決定要這麼做,多半是有相當的成功把握。所以當地因素很重要,即當地是不是已有集團操控?便是外來集團評估能不能入侵新地盤的考量。換言之,當組織犯罪集團判斷當地沒有競爭對手,而且機會好到足以抵銷向外拓展的成本時,會理智決定遠到外地擴大版圖。

總之,為獲取諸如人力、資訊和特殊裝備等資源,不能算是促使組織犯罪集團到國外設立據點的原因。而且隨全球化效應的擴張,這種誘因變得更小。全球化增進了人力流通,所以組織犯罪集團不需要到外國設立據點,吸引人力到其經營的傳統地區工作。此外,組織犯罪集團僱用在地他們所信任的人,而不是到國外開設分支機構為老家地盤招募人力。就組織犯罪集團尋求特殊的技術裝備(如武器)而言,全球化增加了許多可以讓組織犯罪集團獲取此類資源的國際平臺,他們可以很容易在公開市場上購得這些東西,因此也無需在國外設立據點。組織犯罪集團的部分投資事務可能需要集團的嚴厲監控,因而有必要在國外設立據點監控遠方的投資,這就是為什麼有些集團派人到羅馬和拉斯維加斯的原因。而組織犯罪集團尋求市場的行動,不太可能去侵占一個當地已有集團占據的地盤,除非當地集團能力很糟糕,而且前往該地的誘因非常大(孟維德,2019b)。因此,組織犯罪集團理智決定到外地設立分支組織以征服遠方地盤,這種可能性並不大。組織犯罪集團的移植,可能並不是有意造成的結果。

二、當地出現需要組織犯罪的在地條件

當組織犯罪集團成員擴張到新地盤,是什麼條件讓他們立足於當地?有研究發現,「廣泛信任的程度」(the level of generalized trust,對於不認識之人的信任程度),是一個可解釋組織犯罪集團為何盤踞某地的重要變項。Coleman(1990)指出,缺乏信任,將會降低人們彼此間的合作與溝通,以致阻礙集體行動。守法者彼此間的信任愈低,社會就愈不會組織起來抵制組織犯罪集團的盤踞。再進一步解釋,如果違法者彼此間的信任愈低,他們對保護服務的需求可能就愈大。而組織犯罪集團就是透過確保交易得以完成,以及確保承諾得以實現,讓原本彼此不信任的違法者

之間產生交流。換言之，守法者彼此間信任度愈低的地方，還有違法者彼此間信任度愈低的地方，都是組織犯罪集團愈可能成功移植的地方。

　　信任，怎麼建立呢？有兩項經典研究討論到這個議題，分別是R. Putnam（1993）的「使民主發揮作用」（Making Democracy Work），以及B. Alone（2000）的「美國社區的崩潰與復興」（The Collapse and Revival of American Community）。這兩項研究認為建立信任的關鍵，在於當地是否有將人們聚集在一起、並提供私利給參與者的志願團體（非政治的）？如果有這樣的團體，而且該團體所產生的「社會資本」(social capital)還能延伸至整個社會，那麼便可擴大廣泛信任、促進民主價值。Putnam（1993）指出，義大利南部長期處於缺乏信任和公德心的惡性循環，而北部正好相反。南部的西西里等區域，社會資本的指標分數都是最低的，而指標分數最高的區域都在北部。在最具公民化的區域，民眾熱衷參與各種地方協會，諸如文藝團體、地方樂團、打獵社團、合作社等，他們關心公民事務，根據程序理念參與政治。相對地，在公民化較低的南部地區，民眾之所以參與政治，是因為個人特殊的短期利益，而非出自對大眾議題的興趣。在南部地區，缺乏民間協會和在地媒體，代表這些地方的民眾很少參與社區事務。Putnam（1993）曾針對義大利民眾的公民意識程度進行探究，資料追溯至中古世紀，結果發現幾個世紀來公民意識程度呈現相當穩定的面貌。

　　由於幾個世紀來信任和公民文化呈現高度穩定，而組織犯罪與低度的信任、社會資本有關，組織犯罪集團想要移植到傳統上具高社會資本的地區，在其他條件維持不變的情況下，應該是很難實現的。義大利北部因為長久以來就有高度信任和社會資本，幾乎沒有組織犯罪的活動蹤跡，應可抵制組織犯罪集團的侵入和建立地盤。這個觀點隱喻高信任與非法保護之間的關係是負相關，當其中之一高時，另一則低或不存在。

　　Putnam的研究並非沒有批評，S. Rose-Ackerman（2001）就認為他的研究未能證明參與民間協會與產生廣泛信任、民主價值之間的連結。F. Varese（2001）也主張，中高度的公民參與和社會資本，可以與組織犯罪集團的非法保護共存。在這種社會的人群中，有些行業的人喜歡這種「服務」，因為某些市場上，這種服務能給當事人帶來優勢。也可以這麼說，對於組織犯罪集團保護的需求，經常出現在非法商品交易的脈絡中。此觀

點認為，公民參與和私人保護的需求，兩者是相互獨立的。如果把私人保護廣義化，包括壟斷協議的執行、減少競爭，以及把特定人群高度需求的商品（如色情、酒等）市場加以協調配置，顯然地，犯罪組織是可以為社會某些行業提供受歡迎的解決問題途徑。保護主義雖是全球自由競爭的敵人，但保護主義的確可透過合法方式加以倡議，也可經由非法手段，例如當地政府為了保護在地者的既得利益，而對非本地的商業集團和人員施加限制。因此，高公民參與本身並不能防止組織犯罪集團的移植；組織犯罪集團所提供的私人保護與Putnam所定義的社會資本、公民意識是相互獨立的。Varese為了證明上述觀點議，選擇原本不是黑手黨盤踞的傳統地區，當地的信任和社會資本都被認為是很高，但卻遭黑手黨的入侵。

本文的關鍵論點是，出現對於非法保護的真正需求（非法保護是黑手黨的核心活動），導致了組織犯罪集團移植現象的發生。對於非法保護的需求，是促使本土黑手黨誕生及向外地移植的關鍵因素，此種需求與當地的一些條件相互作用。在合法市場裡，一個政府愈沒有能力保護其人民、解決經濟事務參與者之間的爭端，那麼當事人對於其他替代保護的需求就愈大。此種需求出現的原因，就是政府缺乏能力成為可信的協議第三方執行者。

當商人為謀取利益，動腦筋想以非法手段販售合法商品或進行合法商業活動時，另一種對於保護的需求就出現了。譬如透過組織犯罪集團的協助，掃除競爭對手或安排聯合壟斷的協議。在商場上，營造業往往是聯合壟斷最具誘因的行業。營造業者常在地方市場上相互競爭，進入當地市場的門檻並不高。營造業者聯合壟斷的發生通常不需要組織犯罪集團的介入，市場很容易就被少數公司壟斷。但是房市或公共工程瞬間出現熱潮，營造業市場可能因此開放，新營造商得以趁勢進入。原先的營造商為了對抗外來者的競爭，產生了保護的需求。換言之，營造商數量的大幅增加，可能導致對於非法保護的需求。

另一方面，出口導向型的行業，通常對於非法保護的需求較少。組織犯罪集團無法透過騷擾出口地不同的業者，來幫某特定業者進入遠方的目標市場，除非業者在同一市場相互競爭，組織犯罪集團才有發揮功能的可能。另外，當許多業者想把相同商品出口到同一市場時，組織犯罪集團的介入也可讓特定業者受益。例如，在義大利拿波里市的北區，Nuvoletta

犯罪集團操縱商店和超級市場只販售某些品牌的食品，諸如Parmalat公司的牛奶和Bauli Panettone公司的食品。來自義大利北部的大型製造業者，如Parmalat和Cirio等公司，願意直接和Camorra犯罪集團打交道，換取近乎壟斷的市場利益。當警方揭露這些跨國公司的計謀後，他們反而聲稱自己是敲詐勒索的被害者（Saviano, 2007）。

在非法市場裡，對於財產權保護的需求是很普遍的。由於市場的本質是非法，政府不僅不會予以保護，還會逮捕市場裡的參與者，並沒收他們的財產。因此，非法財物極易被政府人員扣押或遭人竊取，非法市場裡的財物糾紛也比合法市場大。此外，在非法市場裡，經常缺乏商品品質及有關人員身分和地址等方面的資訊。商家或業者無法隨意宣傳自己的良好聲譽、債權人失蹤、線民與警察合作，還有假冒犯罪分子的臥底警察滲透，都是非法市場裡常有的現象。正如有些研究所指，組織犯罪集團給黑社會的犯罪分子提供保護，非法市場的運作也因而更順暢。可以合理推論，非法市場的規模愈大，對保護的需求就愈大。當保護需求出現，而在地供給者無法適時提供保護服務，那麼從外地移植來的犯罪集團就可能抓住這個機會。

因此，當政府司法能力不足，又不願意介入非法活動的領域，提供當事人適當保護，將導致當事人尋求替代方案，因此提高了對組織犯罪集團服務的需求。外國集團如能扮演適當的保護提供者，便可立足於新地盤。

新地盤與移植有關的特徵，還包括規模大小和當地保護者的出現。例如在其他條件不變的情況下，新地盤或市場愈小，就愈容易滲透。如前所述，營造業是一個容易遭受組織犯罪集團滲透的市場。要控制一個由30家業者組成的營造業市場，比控制一個由300家業者組成的市場來得容易。如果組織犯罪集團想藉由操控選票滲透政治體系，那麼在小區域會比較容易。與小城市相比，大城市就需要更多選民才能影響選舉。如果當地已有具功能的保護者，不論是組犯罪集團或政府，剛從外地來此的組織犯罪分子想要趕走他們，幾乎是不可能的。當臺灣幫派大哥及黨羽被迫遠走他鄉到泰國、越南、柬埔寨等地時，他們很快就發現當地人控制了所有非法市場，幾乎沒有機會取代當地的犯罪集團。Chin（2003）的研究指出，一個跑到越南的臺灣幫派分子受訪時表示：「這裡也有越南幫，但是我們絕對不與他們發生衝突，因為主要的關鍵，這是他們的地盤，我們不可能在這

裡當老大。」

　　大選區或市場、以出口為導向的行業，皆與非法保護的需求及組織犯罪集團移植呈現負相關。然而，短期內市場出現大量業者，以及大規模的非法市場，均與非法需求呈現正相關。

第四節　結語

　　回到Reuter和Gambetta所提出不利於組織犯罪集團移植的因素，即名聲的宣傳、資訊的蒐集及對於遠地成員監控的困難等。顯然地，組織犯罪集團剛移植到遠處新地點的成員，必須要能說服當地民眾知道他們確實是已成立一段時間而且具威脅能力的集團成員。雖然這是一件困難的事情，但也不是不可能做到。Reuter（1995）自己就曾經發表一篇有關美國境內義大利黑手黨衰落的經典文章，他在文中指出哥倫比亞裔毒販集團於1980年代成功在美國建立了殘暴名聲，而且還超越美國知名的Cosa Nostra集團（知名義大利裔黑手黨）。在新地盤上的宣傳效果主要是靠「間接」方法，諸如報紙對其活動的報導、流行文化、電影劇情、媒體的調查等，無意間提高了組織犯罪集團的知名度。幫派分子的確也很歡迎有關幫派情節的電影。片商也認為，組織犯罪集團並不介意有關幫派的電影，他們反而有些自豪，覺得這些電影可以給他們帶來更多吸引，尤其是廣受歡迎的明星在劇中扮演幫派老大（Gambetta, 2009）。在新地盤上，全球化或許還可以幫助剛從遠方移植來的集團成員，集團成員可以透過全球化所造成的通訊增加和媒體新聞散播，讓新集團更容易向當地民眾傳送他們已到此地及所屬集團在老家的盛名訊息。在國外的組織犯罪集團成員，仍然需要當地民眾把他們與其所屬的惡名昭彰集團連結在一起。所以，他們會賣力地在當地建立顯眼標籤，如族群印象（義大利裔），讓自己與黑手黨的老家連結在一起。組織犯罪集團反而善用社會大眾對於移民的偏見，把偏見轉變成自己的優勢。

　　蒐集可靠資訊，可說是組織犯罪集團的一項關鍵資源。Reuter和Gambetta均認為，一旦組織犯罪集團移植到遠方新地盤，他們很難在當地蒐集可靠的資訊。要能蒐集可靠資訊，需在新地盤上實際且長期的出現，

這是最基本的。但是多久才算是長期呢？合理推測，花幾年的時間應該可以建立線民網絡。此外，所欲蒐集的資訊也不必然一定與複雜交易或眾多場域有關，可能只是新地盤當地一個市場的有關訊息。黑手黨在新地盤還可從同族裔的移民社群中獲取訊息，這並非困難之事。顯然，組織犯罪集團成員到外地投資、開拓新地盤，反而可以成為犯罪集團蒐集資訊的管道。總之，能否在新地盤順利蒐集資訊？並非組織犯罪集團移植過程中不可跨越的障礙，充其量只是一種挑戰而已。

有關組織犯罪集團是否能移植的最後一個問題，就是對在國外的成員難以監控。在國外的成員可能因故遭遇風險被捕，讓遠在老家的集團老闆蒙受其害，Anthony Spilotro案件便支持此一觀點。當時他來到拉斯維加斯的期間，經營一個竊盜集團，由於一再引起警察注意，讓犯罪集團的投資深受影響，最後老家的老闆將其凌虐致死作為處罰。事實上，這個芝加哥集團並不打算操控拉斯維加斯的地盤，只是想確保自己在當地的投資是安全的。犯罪集團在國外設立分支，主要是為了監督投資。任何非法投資都可能因為代理人欺騙而產生風險，由於委託人無法親自在場操作，所以需要前線人員、律師、銀行經營者等人的協助。

更廣泛地說，「難以監控」的這個論點主要是假設，組織犯罪集團像典型公司一樣，理性決定後在遠地設立分支，直接受老家集團的控制。組織犯罪集團擴散的另一個更合理的機制，是透過政府掃黑行動或組織犯罪集團相互衝突的意外後果。組織犯罪集團成員因逃離家園而到遠地，到新地方後，他們會設法找尋當地可利用的機會，並協商出新方法以減少母國老家集團需監控其行動的複雜方式。家鄉老闆不見得會給他們錢，他們必須進入當地市場來賺錢，老家集團頂多只是承認他們的存在。他們雖在遠地，但有很大的自主權。在這種情形下，集團的國外據點並不像企業的國外分公司，而是與母國集團相連的半自主組織。如果從這個角度來看，Reuter和Gambetta等人的不同意見也就消失了。

上面所討論的因素，可歸納如表13-3。所謂組織犯罪集團成員的供應因素，指的是解釋集團成員在新地方出現的自願與非自願因素，可視為推力因素。表中有一欄是一般性移民，及另一欄是組織犯罪集團成員的遷移，後者的移動可為自願或非自願的。所謂自願的，是指組織犯罪集團成員的遷移是源於自己想要向外尋找資源、投資或市場。非自願的，是指

表 13-3　促使組織犯罪跨境蔓延的因素

組織犯罪成員的供應	一般性移民 組織犯罪成員移民(自願／非自願)
新地點的當地條件	信任程度／公民參與度 當地非法保護者的出現 市場大小 新興、蓬勃的市場
當地產生對於組織犯罪服務的需求	
組織犯罪蔓延至新地點提供服務 （移植）	

強制性安置政策、組織犯罪集團間相互衝突、及躲避追訴。針對「新地點的當地條件」這一部分，本文歸納出：在新地點的信任程度、公民參與程度、當地是否有提供保護之人或團體（如組織犯罪集團、腐敗官員或警察）、及新地盤的規模大小。而「新興與繁榮市場」這一項，指的是該地經濟發生重大變化，如營造業市場的快速熱絡，又如某行業由壟斷型經濟轉型為市場經濟，因而創造出新興、熱絡的市場。本文認為，上述這些因素巧遇其他事件而相互連結在一起，譬如營造業市場熱絡、社會缺乏信任，引發對於非法保護的需求。然而，此種連結並非是機械性的，如果參與該市場的人員能夠調節、妥善處理市場的突發變化，他們就不會需要非法保護。如果政府能夠有效率地明辨和保護新市場經濟相關人員的權利，就不會引發這些人對於非法保護的需求。如果毒品市場裡的經營者能夠解決紛爭而不求助於第三方非法身分的執行者，此種需求也不會出現。一個外地來的組織犯罪集團，如果能夠攔截、滿足此種需求，該集團就有可能移植到當地。最後，組織犯罪跨國蔓延促進因子的辨識，將有助於未來建構組織犯罪轉移犯罪地的預測模型，以及提升刑事司法體系偵防跨國組織犯罪的效能。

第十四章 跨境犯罪預防

受全球化效應的影響，國界高穿透性與跨境連結的現象愈來愈明顯。官方資料顯示，近來的犯罪模式已有變化，跨越地區與國界的犯罪活動及犯罪組織正快速崛起。這些犯罪活動往往是由跨域的組織犯罪集團所主導，犯罪手法複雜，諸如跨境洗錢、詐欺、毒品販運、人口販運、電腦犯罪等。與街頭犯罪相較，跨境犯罪不僅對社會治安造成衝擊，更可能衍生政治與經濟方面的問題。顯見，犯罪已不再是單純的地區問題，若缺乏國際執法合作網絡，犯罪問題將難以有效預防。

第一節 國際經貿整合與跨境犯罪

臺灣北有日、韓、俄，西有中國大陸，南有東協國家，向東越過太平洋有美國市場，在亞太經濟圈中擁有極佳的地緣優勢，無法置身於「全球化」潮流之外。誠如前倫敦政經學院院長，現參與該學院全球治理研究中心（Center for the Study of Global Governance）的A. Giddens表示：「需要更嚴格、更好的管理制度，而且國際社會需要更多合作，我們所處的世界是全球化的，國家領導不能獨立而行，他必須跟其他領袖合作，不管國家的規模，都一定要跟國際組織合作。這是今天與三十年前最大的差別，全球化的意思就是互相依賴」（天下雜誌，2008）。近年來，臺灣採取務實外交，停止與中國大陸在國際社會從事惡性競爭，兩岸關係漸趨和緩，國際社會亦降低臺海可能引發軍事衝突的疑慮，兩岸和解的氛圍有助於臺灣擴展經貿與外交場域。

2001年1月臺灣實施小三通，並於2002年初加入「世界貿易組織」（World Trade Organization, WTO）。2008年4月，副總統蕭萬長先生以兩岸共同市場基金會董事長身分受邀參加「博鰲亞洲論壇」。近年，更成功促成由最高層級的領袖代表出席「亞太經濟合作會議」（Asia-Pacific Economic Cooperation, APEC），以及加入世界貿易組織的「政府採購協定」（Government Procurement Agreement, GPA），英國及愛爾蘭先後

給予臺灣免簽證入境待遇，2009年5月臺灣獲邀以觀察員身分及衛生署長以部長（Minister）頭銜出席「世界衛生大會」（World Health Assembly, WHA）。此外，臺灣除於2009年11月與中國大陸簽署「海峽兩岸金融監理備忘錄」（Memorandum of Understanding, MOU），建立兩岸貿易開放、經濟合作和金融（金融、期貨、保險等）監理制度的協定，更於2010年6月與對岸簽署「海峽兩岸經濟合作架構協議」（Economic Cooperation Framework Agreement, ECFA），後又與新加坡（東協會員國）研簽經濟合作協議，並計畫接續與馬來西亞及菲律賓等東協國家研簽經濟合作協議。未來可預見的是，在全球化浪潮下，臺灣將積極的邁向更開闊的國際舞臺（曹俊漢，2009；游美齡、廖曉晶，2009）。表14-1為臺灣近年來參與及未來可能與臺灣關係密切的國際經貿合作組織和協定。

由於臺灣已實際參與多項國際經貿合作組織及相關活動，為履行會員國義務及遵循協議宗旨，必須採取自由化措施，排除金融、貨物、人員、資訊流通的障礙。根據「國際貨幣基金組織」（International Monetary Fund）2010年所公布的「平均每人GDP」（GDP per capita）資料，臺灣在東亞及東南亞區域（18個國家與地區）排名第六[1]，相較該區域其他國家和地區，臺灣相對屬較富有者。在全球化及區域市場整合的國際環境中，居亞洲重要經貿位置的臺灣，似乎難以規避跨境犯罪的入侵。

表 14-1　近年臺灣參與或與臺灣關係密切的國際經貿合作組織及協定

組織或協定的名稱	組織或協定的簡介
世界貿易組織（WTO, World Trade Organization）（臺灣於2002年成為WTO會員）	處理全球國家之間貿易規則的國際組織。實施多邊貿易協議以及提供多邊貿易談判場所，並負責定期審議其成員的貿易政策和統一處理成員之間產生的貿易爭端。
亞太經濟合作會議（APEC, Asia Pacific Economic Cooperation）（臺灣於1991年成為APEC會員）	1989年間，為因應亞太經濟體之間逐漸增加的相互依賴性，而成立的區域性論壇組織。

1　平均每人GDP＝GDP÷人口數，GDP是國內生產毛額（Gross Domestic Product）。根據「國際貨幣基金組織」2010年所公布的資料，在東亞及東南亞區域，第一名為新加坡43,116美元，第二名為日本42,782美元，第三名為香港31,516美元，第四名為汶萊29,666美元，第五名為南韓20,756美元，第六名是臺灣18,558美元。資料來源International Monetary Fund. World Economic Outlook Database. 2010.

表 14-1 近年臺灣參與或與臺灣關係密切的國際經貿合作組織及協定（續）

組織或協定的名稱	組織或協定的簡介
博鰲亞洲論壇（BFA, Boao Forum for Asia）（2008年始，臺灣政府高層人員參加）	「博鰲亞洲論壇」是第一個總部設在中國的國際會議組織。「博鰲亞洲論壇」是當前亞洲各國最重要的政治、經濟對話平臺之一。以平等、互惠、合作和共贏為主旨，推動亞洲各國間的交流、協調與合作。
兩岸金融監理備忘錄（2009/11/16簽署）	建立兩岸金融（金融、期貨、保險等）監理制度的備忘錄，維護兩岸金融業和貨幣等的流通秩序。
兩岸經濟合作架構協議（ECFA, Economic Cooperation Framework Agreement）（2010/6/29簽署）	加強和增進雙方之間的經濟、貿易和投資合作，內容包括貨品貿易（含關稅和非關稅）、服務貿易、投資保障、經濟合作，以及經貿爭端的解決機制等。
東南亞國家協會（簡稱東協）（ASEAN, Association of Southeast Asian Nations）（臺灣雖未加入但關係密切）	東南亞10國（泰國、印尼、新加坡、菲律賓、馬來西亞、汶萊、越南、柬埔寨、寮國、緬甸）之文化、經濟、旅遊、環境以及科技等領域的合作組織。東協+1，為東協10個成員國再加中國，已於2010年1月正式成立。東協+3，為東協10個成員國再加中、日、韓三國。
臺灣與巴拿馬、尼加拉瓜、瓜地馬拉、薩爾瓦多、宏都拉斯等五國簽署FTA（2004〜2008年）	臺灣與中美洲五國雙邊貿易額僅占臺灣出口總額0.12%，因此可說是外交意義多於經貿利益。不過，由於中美洲與美國簽有北美自由貿易協定，因此臺商可以藉此為跳板，開拓北美市場。
臺星經濟伙伴協議（2010/8/5進行可行性探討）	臺灣與新加坡於2010/8/5同意進行洽簽經濟合作協議的可行性探討後，雙方就「臺星經濟伙伴協議」（ASTEP）進行諮商。臺星ASTEP對於臺灣是否能參與亞太地區經濟整合扮演相當重要之角色。除新加坡外，臺灣亦與菲律賓及印度洽簽經濟合作協議可行性研究，期望能以「多元接洽，逐一協商」原則拓展經貿合作範疇。
臺日投資協議（2011/9/22簽署）	臺日投資協議是臺灣經貿史上對外洽簽的第三十個投資保障協定，未來臺日人民互往兩地從事商業行為，可望相互取得「國民待遇」及「最惠國待遇」，在法律上享有等同本地企業的權益；雙方也將訂下「糾紛處理原則」，讓企業投資更有保障。在投資協議帶頭下，期待未來逐步達成臺日簽署自由貿易協定（FTA）的最終目標。

資料來源：作者自行整理。

　　官方資料指出，受到現代社會交通便捷及科技精進的影響，從事毒品販運、人口販運、跨境洗錢、跨境詐欺的犯罪集團日益增多，且隨經貿自由開放的腳步，跨境犯罪案件數呈現增加趨勢（警政工作年報，2009）。現今臺灣所發生的跨境犯罪已不再是一般治安問題，對外不僅影響國家形象（例如人口販運評定等級），對內可能侵蝕社會資源、造成社會亂迷，實為重要的治安議題。近年來，雖然臺灣執法機關已查獲多起跨境犯罪案件，但在國際執法合作以防制跨境犯罪的理論與實務方面，至今仍缺乏系統性的研究（孟維德，2010a）。顯然，該議題方面的研究，實具重要性與急迫性。本章將先討論國際執法合作的模式，由於受篇幅限制，所選擇的討論對象，以歷史較悠久、組織規模較大者為代表。

第二節　全球性警察合作組織——以國際刑警組織為例

　　「國際刑警組織」（International Criminal Police Organization, Interpol）是全球最知名、規模最大的國際警察合作組織，計有194個會員國（2021年7月）。該組織創立於1923年，其宗旨為促進跨境警察合作，任務是防治跨境犯罪，它是目前唯一整合世界大多數國家警察機關的合作平臺，也就是「全球性的」（global）警察合作組織。國際刑警組織是一個資訊中心，本身沒有警察部隊，對各國亦無指揮權，其重要功能之一就是透過通報系統在各會員國間傳遞犯罪情資，舉凡失蹤人口、不明屍體、重大罪犯及犯罪手法等訊息（柯慶忠，2005）。國際刑警組織透過其秘書處（General Secretariat）、區域局（Regional Bureaus, RBs）、各會員國的聯絡據點——國家中央局（National Central Bureaus, NCBs），對各會員國所需求的犯罪情資及協助提供支援（Haberfeld & McDonald, 2005）。

一、國際刑警組織的組織結構

　　國際刑警組織的組織章程第5條訂定組織結構如下：（一）大會（General Assembly）及執行委員會（Executive Committee）；（二）秘書處及區域局；（三）國家中央局；（四）顧問（Advisers）及國際刑

警組織檔案控管委員會（Commission for the Control of Interpol's Files, CCF）。

　　大會與執行委員會為國際刑警組織的治理機構，大會是國際刑警組織的最高管理機制，每年舉行一次會議，與會成員包括各會員國代表，大會決議有關組織政策、資源分配、工作方法、財務、活動及方案等重要決定。執行委員會則是由大會選舉13位委員組成，成員包括主席、三名副主席和九名代表（Cameron-Waller, 2008）。

　　秘書處設於法國里昂（Lyon, France），由秘書長領導，全年無休的運作，來自80多個國家的人員並肩工作。該組織的官方語言有四種，阿拉伯語、英語、法語和西班牙語。秘書處在全球設有七個區域局，分別在阿根廷（Argentina）、喀麥隆（Cameroon）、科特迪瓦（Cote d'Ivoire）、薩爾瓦多（El Salvador）、肯亞（Kenya）、泰國（Thailand）和辛巴威（Zimbabwe），並在聯合國及歐盟派駐特別代表。

　　國家中央局為該組織於各會員國指定的聯絡點，與秘書處、區域局和其他需要協助的會員國進行情資交換，以協助跨境犯罪偵查與逮捕嫌犯。國家中央局內的工作人員多為該國執法人員。顧問是具備專業諮詢能力的專家，由執行委員會提名，並經大會通過後任命。國際刑警組織檔案控管委員會為一獨立機構，其任務有三：（一）確保個人情資的處理符合國際刑警組織規定；（二）確保國際刑警組織所有計畫與行動符合情資處理規範；（三）處理會員國執法機構向該組織調閱檔案資料的請求（Brown, 2008）。

二、國際刑警組織的功能

　　國際刑警組織得以提供適時且多元的全球警務服務，是經過漫長演進的。早在1990年代，秘書處還在處理將書面資料轉換為數位資料庫的工作。在前任秘書長Raymond E. Kendall的領導下，首次提出一系列具迫切需求的措施，目的在於促進該組織的現代化，並使其服務工作能夠符合會員國的需求。在之後的幾年中，國際刑警組織推出了被視為當時最先進的通訊網絡，並向各國的國家中央局引介該組織第一套自動化遠端數位搜尋設備（Haberfeld & McDonald, 2005）。該組織也將犯罪分析納入其日常工作，建構區域局的網絡，協同有關會員國建立前文所述的非洲區域性委

員會，以及建立延宕多時的國家中央局作業標準。

自2000年以來，在秘書長Ronald K. Noble任內，國際刑警組織面臨許多新的挑戰。諸多挑戰中首當其衝的就是，在通信及資訊技術精進的時代，舊式通訊系統早已過時、不敷使用，I-24/7全球警務通信系統的引進可說是解決此項難題的方法。國際刑警組織除了必須克服推廣I-24/7系統至180多個國家所面臨諸多後援及技術層面的挑戰外，還須說服那些不願意將情資提供至I-24/7系統（以網際網路為基礎的系統）的國家。該系統包含了嚴密的資訊安全設計，只要有新會員國加入國際刑警組織，該系統立即就可與新會員國的國家中央局連結。

根據與國際刑警組織簽訂的正式協定或特殊協定（規範登入及使用條件），國際刑警組織也提供第三者進入通訊及資料庫的權限。另外，為充分顯現I-24/7全年無休的服務精神，秘書處的夜間留守與出勤，從過去僅處理緊急事件，到後來成立了全天二十四小時運作的「指揮暨協調中心」（Command and Coordination Center）。該中心對於情資流通進行全天候的監控，並在危機、災難或其他緊急事件發生時擔任第一時間的聯絡站，秘書處可隨即分配資源（郭同寅、柯慶忠，2006）。目前國際刑警組織的重要功能詳述如下。

（一）I-24/7全球警務通信系統

國際刑警組織主要是透過「I-24/7全球警務通信系統」提供會員國所需要的專業支援與服務，這是一個使用網際網路協議的安全網絡，使用者可以透過加密的電子郵件，經由該網絡與里昂秘書處、區域局及其他會員國的國家中央局交流資訊。也可從該網絡登入國際刑警組織資料庫，資料庫的內容包括：國際罪犯及通緝犯資料、遺失及失竊旅行證件、失竊車輛、指紋，DNA圖譜及失竊藝術品等。透過I-24/7還可獲得廣泛的網絡服務，諸如線上搜尋、申請國際刑警組織通報（Interpol notices）及發送犯罪情資公告等。國際刑警組織通報，尤其是「紅色通報」（Red Notice），一直是該組織防治跨境犯罪的重要工具。該通報提醒國際刑警組織會員國注意某犯罪者的國際通緝令，以及當該犯罪者被逮捕時請求引渡協助的資訊。此外，紅色通報還包含通緝犯的詳細資料、指紋及照片等訊息。國際刑警組織通報原有五種通報，分別是：1.紅色通報——查緝國

際通緝犯；2.黃色通報——協尋失蹤人口；3.藍色通報——追蹤及確定對象；4.綠色通報——警示犯罪手法；5.黑色通報——協查無名屍身分。近期又新增三種通報，一是橙色通報，對他人或財物造成立即威脅和危害的事件、個人、物體或過程，提出警示。另一是「國際刑警組織暨聯合國安全理事會特殊通報」（Interpol-United Nations Security Council Special Notice），針對聯合國安全理事會通過制裁的個人或組織所發出的通報。以及紫色通報，針對犯罪者所使用的犯罪手法、工具、隱藏手段，提供資訊（引自Interpol官方網站，2013/9/8檢索）。

　　會員國主要是透過國家中央局連結I-24/7系統交換犯罪情資，只要會員國國家中央局與I-24/7系統連結，國際刑警組織也可依據會員國的需求提供情資給國家中央局以外的執法機構。例如負責國境安全管理的機構可經由I-24/7即時獲知國際通緝犯及失竊旅行證件等情資，以有效管理入出境事務。在某些情況下，I-24/7可提供B2B（business-to-business）的連接方式，使會員國能相互使用對方的資料庫，進一步擴大情資交換的功能。

　　綜合前述，I-24/7的重要性不言可喻，該系統透過網路及資料庫提供全球執法機構即時、便利且安全的通訊服務。此外，該組織的服務不斷創新與突破，目的就是要讓會員國的犯罪偵查人員可以簡易地獲得外國執法單位的協助。如今，犯罪偵查人員進行跨境犯罪偵查幾乎都需要使用國際刑警組織的資料庫，該組織已成為偵辦跨境犯罪不可或缺的資源。

（二）情資蒐集

　　身為全球犯罪情資的提供者，國際刑警組織肩負一項全年無休的長期任務，就是蒐集正確、即時且有意義的情資。在有限的範圍內，情資蒐集可以透過自動化的過程完成（例如在接受B2B作業模式的國家，可直接透過B2B蒐集情資），但在大多數情況下，國際刑警組織的情資蒐集還是要靠人力的介入，諸如偵查人員、檢察官、國家中央局或其他國家層級官員的努力，才能提供國際刑警組織及會員國感到興趣的情資。事實上，唯有藉由獲取這些有用的情資，國際刑警組織才能夠將局部的線索串連起來描繪出完整的案件圖譜。多年以來，由於國際間穩定的經由情資公報（intelligence bulletin）及其他分析文件等方式回報各國查獲毒品販運的資料，因此國際刑警組織能夠很規律的獲取毒品販運的相關情資。證據

顯示，這種做法有助於國家層級反毒策略的研擬與執行，並顯著提升毒品查獲量及逮捕人數。近期，國際刑警組織所推動的「聯合計畫」（Project Fusion），對於涉及恐怖主義敏感情資的有關案件，情資蒐集仍是相當有效的，在許多犯罪領域的問題處理上，建立了不少成功先例。情資蒐集工作，無論是對組織或個人而言，信用和信心都是不可缺少的。除此之外，里昂秘書處及各國國家中央局的人員還需有強烈的工作熱忱與奉獻精神，才能夠研發出有價值的情資。否則國內執法人員很可能草率結案，未考慮案件所隱含的情資價值，喪失其有助於某跨境犯罪調查行動的功能。由於國際刑警組織主要是靠會員國國家中央局在其國內執行相關情資蒐集工作，因此國家中央局承擔了主要的責任。但總是有些國家的國家中央局人員不相信他們所提供的情資或發送的查詢請求是很重要的，值得為這些工作與其他國家執法人員進行聯繫（Haberfeld & McDonald, 2005）。然而，這種冷漠想法與事實需求是完全不符的，國家中央局人員的素質、幹勁、熱忱及對重要情資的敏感度，都會對國際刑警組織的整體效能產生重大影響。國家中央局積極主動的蒐集及分享情資（包括從本國各執法機關蒐集情資，以及與本國各執法機關分享情資），可說是成功打擊跨境犯罪的關鍵。

雖然，在許多犯罪領域已有情資分享的機制，但這些機制仍是很脆弱的。在情資分享的過程中，彼此間的信用與信心，是非常重要的。因此，情資必須受到安全處理，任何由情資原始提供者所提出的條件也都應受到尊重。在這些事宜的處理上若有任何閃失，勢必影響未來的合作關係。值得注意的是，即使先前已建立高度的信任關係，也可能因工作人的輪調而嚴重影響關係。因此，國際刑警組織對於某些單位的人員配置及輪調設有特別規定，並將本身的經驗與會員國分享。

（三）串聯區域合作警務

近年來，區域執法合作組織日益增多，這些組織的涵蓋範圍逐漸遍及全球。但仍有一些國家對國際執法合作貢獻卓著，卻未直接參與區域執法合作組織的活動。

理想上，所有區域性及全球性的執法合作組織，應該藉由共同的標準、作業程序及相同的任務，彼此「串聯」起來。當某一區域的執法工作

延伸至另一個或多個區域時，相關執法機關（及其情資與資源）應該合作無間的整合在一起，共同執行正在進行中的或計畫中的執法方案。但在現實中，只要涉及區域性執法合作組織之間的直接合作，以及區域性執法合作組織會員國與第三國（非會員國）之間的直接合作，情況都會變得很複雜。實務上，大多數區域性執法合作組織的做法，不是拒絕將區域內分享的情資提供給區域外的第三者，要不然就是類似歐盟執法合作組織的方式，僅在雙方達成正式協議的前提下，才准許區域內的情資與外人分享。這些區域性執法合作組織之所以如此，主要理由是考量情資的機密性，以及情資接受方能否遵守情資提供方所訂定的保密條件。

乍看之下，國際間分享警務情資最有效的方式，似乎是以B2B（國家中央局對國家中央局）的方式連接各國資料庫，這可以讓使用者搜尋自己國家和全球其他國家的資料庫。然而，事實並非如此。儘管情資系統的跨境連結在某些區域是可行的，同時有些國家在情資系統網絡化已有相當程度的精進，但距離完善且普及的全球情資交換設施，仍有一段漫長的路要走。姑且不論整合各國情資系統可能要面臨五花八門的相容性問題，目前世界上仍有許多國家甚至連重要及關鍵的執法情資，都尚未建立國家層級或地方層級的檔案資料。

有鑑於此，我們仍不禁要問，國際間究竟有無可能建立一個全面性的情資分享體系。雖然，許多國家在處理情資分享的方法上日益成熟，同時面對犯罪情資的觀念也日趨宏觀與全面性。但關鍵是，當分享的情資愈有用，情資接收方愈能根據情資的機密程度擔負對應的義務與責任，那麼國際情資交換得以普及的機會才會愈大。遺憾的是，反之亦然。但在新行動方案計畫之初，這一部分往往在熱忱與外交辭令中被遺忘。

顯而易見地，並沒有一種放諸四海皆準的區域合作警務架構。在某種程度上，許多區域模仿國際刑警組織或歐盟執法合作組織的模式，並根據當地的執法需求及目的，量身打造的適合自己區域的解決方案，建立個別的區域性警察合作組織。雖然有些區域組織資源充足，只要新計畫及新方案通過成為政治命令，就能大刀闊斧的執行，但仍有許多區域組織正努力徵募維持組織基本運作所需要的資源。大多數區域性警察合作組織是獨立於國際刑警組織之外的，但國際刑警組織與這些區域性組織逐漸調整各自的運作模式，好讓彼此的全球性與區域性目標得以互補，避免資源浪費，

更可將各區域性組織整合成為一個全球網絡。

第三節　區域性警察合作組織──以歐盟執法合作組織為例

　　目前，全球性警察合作組織只有Interpol一個，但區域性（regional）警察合作組織卻有不少，其中歐盟執法合作組織（European Union Agency for Law Enforcement Cooperation）被公認是規模最大、建置最完備的區域性警察合作組織，故Europol可說是探討區域性警察合作組織的代表。

　　歐洲共同體（European Community）已成為西歐這五十年來經濟和政治統合成功的代表。儘管歐盟未具備法人資格，然而，其促進政治整合的長程策略，卻是在緩慢、循序漸進的實現當中。在國際合作方面，歐盟國家必須解決重大的文化和歷史背景差異的問題，創造出一個不僅得以運作且令人滿意的成功機制（王泰銓，2008；黃偉峰，2007）。對於刑事司法領域而言，亦是如此。

　　然而，建構在歐盟旗幟下的國際執法合作模式，不一定能套用在世界其他區域。歐盟執法合作模式是在一個非常特別的框架下運作，該框架下的國家由於經濟彼此緊密聯繫及整合發展，使得它們相較於其他國家，具備了更強烈的參與動機。歐盟國家必須派代表參加歐盟執法合作組織及歐盟司法合作組織（及申根資訊系統[2]），其成員資格是強制性的。即便如此，歐盟成員國對於這些機構的支持態度，仍然不是一致的。

一、歐盟執法合作組織的成立背景

　　歐盟執法合作組織的成立，主要是由於1991年時德國總理Helmut Kohl的提議，他呼籲歐洲國家在德國聯邦刑事警察局（Bundeskrimi-nalamt，以下簡稱BKA）的基礎上建立歐洲警察部隊（European Police

---

2　申根資訊系統（Schengen Information System, SIS）為歐盟中央級的個人檔案資料庫，其目的主要使各成員國在入境、核發簽證與警察合作事務上交換資訊，以作為歐盟內部廢除國境人員檢查的最重要替代措施。

Force）。雖然，歐盟執法合作組織與BKA的關係仍然相當深厚（歐盟執法合作組織前兩任首長都是曾經任職於BKA的高階警官），並且BKA也是該組織最積極的合作伙伴之一，但歐盟執法合作組織並非一個警察部隊。歐盟執法合作組織的警官實際上並沒有警察權，而且亦無執行偵查的權力。畢竟，沒有所謂的歐盟犯罪供他們偵查，也無歐盟刑事法庭供他們起訴。當然，歐盟執法合作組織的人員除非為原籍國執法機關的人員，否則他們並不歸屬於任何警察機關或其他部門。歐盟執法合作組織是：「處理犯罪情資的歐盟執法組織。它的任務是協助各成員國執法機關防治重大組織犯罪（Brown, 2008: 60）。」歐盟執法合作組織的成立是根據名為「Europol公約」（Europol Convention）的國際條約。雖然，當時該公約是一項重大的外交成就，但是自1998年10月1日生效實施以來，卻仍不勉遭受批評，諸如條約內容過於刻板、缺乏明確定義等。然而，事實證明修改公約是極為困難的，因此轉而採取修改法律基礎的途徑，使該組織更具有彈性，更能適應環境的變化。

二、歐盟執法合作組織的組織架構

歐盟執法合作組織是一個國際執法的協調機構，服務於該組織的人員大致分為兩類，一般職員及聯絡官。一般職員人數約1,000餘人（2021年），負責辦理共同性事務，例如規劃及分析工作等。聯絡官人數220人（2021年），他們是成員國執法機關（如警察、海關、憲兵、移民事務等）的派駐代表，彼此合作處理那些影響自己國家執法利益的案件。例如，情資分析結果顯示某案件與德國及西班牙有關，兩國的聯絡官就會合作研商處理該案件的方法，並與自己國家的執法機關聯繫，研擬後續的處理方法（Brown, 2008）。

歐盟執法合作組織需向「歐盟司法暨內政事務部長理事會」（European Union Council of Ministers for Justice and Home Affairs）負責，該理事會負責監督與指導歐盟執法合作組織的功能。歐盟執法合作組織的首長及副首長由該理事會派任，組織的預算及規範也需經過該理事會的審查（王泰銓，2008）。該理事會每年需向「歐洲議會」（European Parliament）提出歐盟執法合作組織的年度工作報告，如果Europol公約或歐盟執法合作組織規範修正時，也需與歐洲議會研議（Europol, 2004）。

　　各成員國指派一名代表組成「管理委員會」（Management Board），每名代表具表決權。管理委員會每年至少召開兩次會議，廣泛研討歐盟執法合作組織目前活動及未來發展的議題。歐洲執行委員會（European Commission, EC）的代表也會受邀參加該會議，但無表決權。歐盟執法合作組織的年度工作報告及未來活動、發展報告也需先經過管理委員會無異議通過後，始可提交給歐盟司法暨內政事務部長理事會。歐盟司法暨內政事務部長理事會在獲得管理委員會表述的意見後，必須經無異議通過，始可任命歐盟執法合作組織的首長，任期為五年，得連任一次，第二任的任期為四年。首長職責為處理歐盟執法合作組織的日常行政工作、達成組織任務、組織的人員管理，以及Europol公約及管理委員會交付的任務。首長之下設有三位副首長，同樣由歐盟司法暨內政事務部長委員會任命，任期為四年，得連任一次。組織內部由三位副首長分別掌理「重大犯罪」、「情資管理」與「組織管理與發展」，其中「組織管理與發展」的性質屬內部管理，與跨境犯罪較無直接關係外，其餘兩項均以防治跨境犯罪和組織犯罪為核心任務（Haberfeld & McDonald, 2005）。

　　該組織在本質上可分為兩個部分，互相支援以達成組織任務，但是兩者各有不同的職能與管理回報方式。其中一部分是由一系列獨立但彼此相關的辦公室所組成，這些辦公室的工作人員是從27個歐盟成員國（外加少數其他國家的特邀代表）派來的執法人員。他們依據各國法律進行工作並且接受原籍國的管理，儘管他們被稱為「歐盟執法合作組織聯絡官」（Europol Liaison Officers, ELOs），但更恰當的名稱應該是（各成員國）「派駐歐盟執法合作組織的聯絡官」。他們約占歐盟執法合作組織海牙總部全體工作人員的20%，大部分歐盟執法合作組織所策動的執法行動及情資交換是由他們負責的。歐盟執法合作組織的另一部分，則是由秘書處及支援性功能的單位所組成，其人員係根據歐盟執法合作組織的法規執行工作（Brown, 2008）。此部分的歐盟執法合作組織就如同國際刑警組織設於里昂的秘書處一樣，其中設有針對毒品、人口販運與移民走私、高科技犯罪、恐怖主義及金融犯罪等專責單位。歐盟執法合作組織也是防治偽造歐幣的歐洲中央單位，與歐洲中央銀行密切合作。歐盟執法合作組織中的最大單位，負責處理分析工作。

　　歐盟執法合作組織的所有工作人員必須具有歐盟公民身分，並且至

少能說兩種歐盟官方語言。組織內負責執法活動而非行政事務的人員，是各國「有關當局」（competent authority）所徵募的人員，如國際刑警組織一般，這些人員與歐盟執法合作組織簽有任期性的工作契約。然而，與國際刑警組織不同的是，這些人員中只有極少數是歐盟執法合作組織的附屬人員，他們大部分直接由歐盟執法合作組織所聘用，這項差別的最主要原因，是因為歐盟執法合作組織具有較豐沛的預算。前述「有關當局」一詞，在歐盟文件中經常是與司法和執法有關，但也不一定指同一事物。在Europol公約中，「有關當局」被定義為：「在成員國內，依據國家法律具有預防及打擊犯罪責任的公共組織（Europol, 2007）。」

在部分成員國，有關當局一詞被解釋為警察機關。然而，雖然歐盟執法合作組織的原文為European Union Agency for Law Enforcement Cooperation，但組織內部的工作人員來自各種執法機關的人員，除警察機關外尚包括海關、邊防及國安人員。在如此設計下，組織的專業基礎不僅得以擴大，組織文化亦能愈加豐富。

三、歐盟執法合作組織的主要任務

歐盟執法合作組織的主要任務如下（Europol, 2007）：

（一）情資交換。

（二）分析。

（三）培訓。

（四）推廣最佳實務。

歐盟在成立歐盟執法合作組織後，又成立了「歐盟警察學院」（EU Police College, CEPOL），該學院與歐盟執法合作組織的後兩項任務（至少部分）相似。兩個機構為能夠發揮較理想的效能，Europol與CEPOL於2007年簽訂策略合作協定。

Europol公約將歐盟執法合作組織的活動限於防治底下的犯罪行為：「事實顯示，是組織犯罪集團涉及的犯罪行為，並且該犯罪行為影響兩個或兩個以上的成員國。由於該犯罪行為的規模、重要性及後果，導致成員國必須採取共同的防治措施（Brown, 2008: 62）。」該公約還進一步規定，歐盟執法合作組織只能處理恐怖主義、毒品販運及其他「重大跨境犯罪」等特定類型的犯罪，且將特定類型的犯罪列於公約附件。雖然，

附件的內容相當完整，但在試圖整合各成員國有關這些犯罪的定義時，仍不免產生一些問題。例如：公約的英文版本所提及的「組織性強盜」（organized robbery）一辭，原公約所要表達的還包括「竊盜」（theft）及「不法目的之侵入」（burglary）等行為。為解決此問題，並未修訂公約內容，而是以補充條例修改之。由於公約的其他語文版本都具有相同效力，此錯誤明顯僅是翻譯失誤，因此此疏忽並未造成太大影響。惟相關錯誤可能造成各國議會的困擾，因為各國議會通常以本國語文的版本，審議及批准公約議案。正因如此，成立歐盟執法合作組織的概念早在1991年即被提出，並以「歐洲反毒署」（European Drug Office）為前身，但直到2001年歐盟執法合作組織才能夠著手處理組織公約所列的犯罪行為。

在2007年各成員國批准了新的組織發展計畫之後，上述公約中的翻譯錯誤得以徹底修正。歐盟執法合作組織的職權範圍也擴大了一些，除組織犯罪之外，還可以處理其他重大犯罪及影響公共秩序的國際性活動（該組織已經對某些有關國際足球賽及奧運會的擾亂公共秩序活動進行處理）。

歐盟執法合作組織也是一個受歡迎且方便的舉辦活動平臺，諸如辦理犯罪防治實務會議及學術研討會，提供專家學者建立合作關係與知識交流的機會。此外，歐盟執法合作組織也辦理專業培訓活動，尤其在犯罪分析及瓦解製毒工廠等方面有卓越的績效（Reichel, 2005）。

四、犯罪情資的蒐集與分析

「歐盟執法合作組織情資系統」（Europol Information System, EIS）為情資的儲存及控管中心，蒐集及儲存各成員國與歐盟執法合作組織行動相關的情資，該系統被視為Europol公約及歐盟警察合作精神得以實踐的關鍵。EIS近年才開始運作，該系統是由歐盟執法合作組織負責管理與維護，各成員國在嚴格的限制條件下使用該系統。

如前所述，歐盟執法合作組織各成員國聯絡局之間大多數的情資分享作業是透過一套安全信息系統進行的。以2006年為例，共有210,272件情資信息透過該系統傳遞，與這些情資信息有關的案件，共計有7,246個案件（Brown, 2008）。所傳遞的信息內容只有發送者與接收者有權查看，系統會詳細記錄每件傳遞信息的類型及發送、接收時間等管理資訊。每則

新增的犯罪情資主題都會有個別的序號,該主題之後的所有傳遞信息都會記錄在該序號下。每件信息也會自動編上日期與時間,若協助請求未被答覆,系統會在寄件方與收件方的電子信箱內保持該信息,以便雙方採取後續行動。雖然該系統主要用於各成員國的信息往來,但聯絡官也可以將情資或協助請求寄給EIS、歐盟執法合作組織的專家小組及名為「分析工作檔案」(Analytical Work File, AWF)的特別專案。

　　歐盟執法合作組織的分析人員被指派處理不同主題的「分析工作檔案」,這些「分析工作檔案」各自有其明確的書面說明,規定工作人員的工作範圍。這些「分析工作檔案」實際上是重要情資的儲存庫,檔案中的情資內容受到相關規範的嚴格限制,只有指定的分析人員有權讀取或撰寫。每個「分析工作檔案」均有一個小組人員負責處理,成員包括指派處理該文件的成員國代表,分析所得結果提供給相關國家使用。個人資料(personal data)的管理較為嚴格,個人資料由某國提供,其控制權就屬於某國,需先取得該國許可,個人資料才能傳遞分享。

　　近期,歐盟執法合作組織被指派製作「歐洲組織犯罪威脅評估報告」(European Organized Crime Threat Assessment, OCTA)及「歐盟恐怖主義趨勢與狀況報告」(EU Terrorism Trends and Situation Report, TE-SAT),這兩份報告書皆於2007年首次出版(在這之前,歐盟執法合作組織曾經發行「歐洲犯罪狀況報告」(European Crime Situation Report)作為歐盟犯罪資料的整合報告)。作為具重要分析資源的中央機構,歐盟執法合作組織可說是居於良好地位,以歐盟觀點蒐集及分析犯罪資料,但是資料蒐集及分析的品質,主要還是取決於各國的參與意願,以及所提供資料的品質。

　　歐盟對於資料保護一向採取相當高的標準,而歐盟執法合作組織對於個人資料的使用採取如此嚴格的限制與控制,已被認為「過於僵化」以及「過時」。這項問題是否可以在歐盟執法合作組織未來的改革中獲得解決,尚有待觀察。

　　國際刑警組織與歐盟執法合作組織之間的關係,也是常被提及的問題。歐盟執法合作組織具有國際刑警組織歐洲區域委員會(Interpol's European Regional Committee)觀察員的身分,兩組織並互設聯絡官。事實上,歐盟執法合作組織許多職能與國際刑警組織相似,諸如情資交換、資

料庫維護與管理、犯罪分析、培訓、建立專家顧問團等。國際刑警組織的情資交換業務，過去曾有一段時間是由西歐國家所主控，在1990年代初期（正值建立歐盟執法合作組織的概念醞釀階段），國際刑警組織80%的情資源自歐洲理事會國家（其中40%是源自當年12個歐盟成員國）。當獨立國協（Commonwealth of Independent States, CIS）解體，產生之諸小國加入歐盟後，前述現象發生改變。儘管如此，目前所有歐盟執法合作組織的成員國也同時身為國際刑警組織的成員，並且擔負參與兩個組織所應善盡的義務（Brown, 2008）。

五、PRÜM公約

　　PRÜM公約建構了一個連結各締約國國內聯絡點的網絡，是一種較特殊的合作模式。2005年5月27日，奧地利、比利時、法國、德國、盧森堡、荷蘭及西班牙簽署本公約，公約宗旨在於促進跨國執法合作，特別是針對恐怖主義活動、跨境犯罪及非法移民等問題。PRÜM合作模式是不同於歐盟執法合作組織的另一種區域合作模式，由於與歐盟執法合作組織關係密切，本文特在此提及。該公約係透過締約國特定的國內聯絡點，建構出一種新的協調、合作模式，此模式授予締約國國內聯絡點權利，得以查詢其他締約國的DNA分析資料庫（進行DNA比對）、指紋辨識系統及車籍資料系統。締約國是基於跨國合作防制犯罪，維持公共秩序及維護安全的立場，提供己方的個人資料給對方。該公約亦規定締約國須相互提供防範恐怖活動所需要的資訊、在飛機上配置武裝飛航警衛及武器裝備、防制非法移民措施（包括陪訓及提供辨識變造或偽造證件之建議）、聯合執法行動及緊急避難之跨境行動等（Lemieux, 2010）。公約第1條即明述，本公約架構下的合作，是開放給所有欲簽署本公約的歐盟會員國。PRÜM情資交換機制，後文將論述之。

第四節　警察聯絡官

　　近年來，在國際刑警組織的大力推廣下，國際警務聯絡不論是品質或數量雖有大幅提升，另有許多新興區域性警察合作機制的出現，如歐盟執

法合作組織，但雙邊聯絡的派駐行動仍然持續發展。諸如「毒品聯絡官」（Drug Liaison Officers, DLOs）、「犯罪聯絡官」（Crime Liaison Officers, CLOs）、「駐外法務專員」（Legal Attaches）、「執法聯絡官」（Law Enforcement Liaison Officers）等，不論在區域性或全球性警察合作行動上，都扮演著重要角色。

一、駐外國警察聯絡官

首先探討「駐外國警察聯絡官」（Overseas Liaison Officers, OLOs，簡稱駐外聯絡官）制度的歷史脈絡，以及該機制如何與其他警務交流管道維持互補而非競爭的關係。這有助於瞭解駐外聯絡官所扮演的角色，以及為何許多國家願意擔負昂貴的經費支出，發展駐外聯絡官的合作網絡。

（一）駐外聯絡官的緣起與發展

過去，國際警察合作的大多數行動均聚焦在蒐集已發現或偵破之案件的證據，作為起訴犯罪者的要件。欲促進此種合作行動，請求協助函（rogatory letters）以及在國際刑警組織架構下警察部門對警察部門的回應機制，就足以應付相關的需求。1960年代，國際交通日益便利且費用逐漸親民，伴隨發生了一些涉及國際層面的犯罪，促使司法管轄區之間情資交換數量增加。直至諸如跨境毒品販運等重大犯罪迅速竄起後，突顯出需要另一種不同的國際警察合作形式（Reichel, 2005）。

為有效遏止重大毒品販運案件及起訴販毒者，在逮捕及扣押行動前就需規劃妥適的合作方案，分布在多個司法管轄區的執法機關需同步採取執法行動，而透過國際刑警組織的國家中央局（NCB）機制不見得是最有效率的聯絡通訊方式。執法人員尚未完整掌握案件之前，經由請求協助函獲取情資往往使執法行動面臨提前曝光的風險，並且對於機動性高的調查行動而言，此種方式也過於緩慢、耗時。

許多國家在軍事及貿易領域的國際合作，早已有派駐人員至海外大使館工作的經驗，所以欲將駐外聯絡架構擴展至執法領域，相對地並不會太困難。美國司法部「緝毒署」（Drug Enforcement Administration, DEA）成立於1973年，在其工作職掌中就明確訂有防治毒品販運的國際合作事項，DEA非常重視駐外聯絡官的角色功能，並在全球建立緝毒署

幹員的聯絡網，包括毒品販運的來源國及中轉國。DEA駐外聯絡官的功能與優點，很快地吸引了許多國家執法機關的注意，諸如加拿大皇家騎警（Royal Canadian Mounted Police, RCMP）、澳洲聯邦警察（Australian Federal Police, AFP）等，另有許多歐盟國家（包括法國、德國和荷蘭等）也都先後仿效。儘管國際社會陸續建立了一些新興的情資交流管道（如歐盟執法合作組織），國際刑警組織也改善了其情資交流系統提升反應效率，但在過去三十年間，聯絡官網絡的發展持續在擴大中（Bailey, 2008）。

雖然，駐外聯絡官如今已被視為一種頗為正常的交流合作管道，然而，接受此種做法並不是一蹴可及的。事實上，聯絡官的概念在最初時，曾受到質疑甚至敵視。

（二）駐外聯絡官的職責

各國執法機關並沒有設立專任的聯絡官，通常是從現職人員中徵調，任期一任約為三至四年。聯絡官應具備良好的外語能力，能以駐在國的語言進行交流工作。駐外聯絡官通常被視為執行外交相關任務的專業人員，派在駐外機構（如大使館）服務。

需注意的是，駐外聯絡官於駐在國並無執行偵查的權力，他們只能聯絡及請求當地執法機關提供協助。這種「請求」（request）協助的職能通常可以解釋為「建議」（suggest），但不能解釋為「要求」（demand）。駐外聯絡官可能身兼許多不同的角色與責任，但主要有兩大職責（Andreas & Nadelmann, 2006）：

1.「轉介案件」（referred cases）：協調駐在國執法機關對聯絡官所屬國所發動的調查提供協助，在駐外聯絡官向駐在國通報相關情資、請求協助之前，駐在國執法機關可能並不知曉該「轉介案件」。

2.「發現案件」（discovered cases）：從駐在國所發動的執法行動中發現連結線索，該連結線索極可能發展至國際層面，特別是涉及聯絡官的所屬國家。在駐外聯絡官回報所屬國執法機關之前，所屬國執法機關可能尚未發現該「發現案件」。

對於「轉介案件」的處理，駐外聯絡官愈早涉入調查行動，效果愈好。當然，這有賴於調查行動的主導機構（聯絡官的本國執法機關）願意

坦然分享情資給駐外聯絡官，並且隨時讓聯絡官知曉調查工作的進展。在國際執法合作的領域，為獲得駐在國執法機關的充分合作，關鍵情資的分享必須完整。然而，與外國執法機關分享情資的必要性，通常只有駐外聯絡官本人最瞭解，對於國內其他執法人員而言，往往難以接受關鍵情資須與外人全面分享的事實。大多數執法人員甚少與他人分享情資，就算不得以必須與他人分享情資，也都盡可能限制在「對方需要知道」的範圍。雖然，駐外聯絡官也熟悉此原則，但現實情況是，若不與外國執法機構進行充分、坦誠的情資交流，雙方將無法建立信任關係，長期下來必定無法與駐在國執法機構維持穩固的合作關係。

駐外聯絡官不應提供不實情報給駐在國的合作伙伴，因為這種欺騙手法終將被識破。例如，過去某國駐外聯絡官曾處理一件船隻走私毒品的轉介案件，並向駐在國執法機關請求協助，以持續對接洽船隻的嫌疑犯進行監控。聯絡官告知駐在國合作伙伴，他相信所接獲的情資，指出該船隻目前位於某遊艇碼頭。但他沒有告知對方，前一天他曾特地前往碼頭現場，親眼目擊該可疑船隻確實停泊在那裡，並且偽裝成遊客拍下該船照片，也將照片傳回本國的執法機關。之後，執法合作行動展開，在該船啟程後，經過幾個月的跟監，並執行逮捕行動，查獲數量龐大的毒品，逮捕了數名嫌犯。有關人員在整理起訴文件時，該駐外聯絡官所拍攝的照片被放在請求協助函中一併寄給駐在國司法人員，作為證據的一部分。顯然，該駐外聯絡官並不是「相信」所接獲的情資，而是已經親自確認船隻停靠碼頭的事實。他所犯下的錯誤，包括未經授權執行監控、拍照，並欺瞞駐在國執法人員（Andreas & Nadelmann, 2006）。慶幸的是，在該案結束後，雙方又重新恢復信任關係，駐在國也沒有要求該名聯絡官撤離駐在國，此例正足以說明暗地從事未經授權活動的風險。

為使駐外聯絡官能夠產生最大效益，駐外聯絡官就必須與本國派遣機關及駐在國執法機關保持高度的相互信任關係。但在實務上，聯絡官通常不易說服本國派遣機關，「己方」所有情資有共享的必要。大多數本國執法機關的人員仍奉行那句古老的格言——「分享情資就等於喪失優勢」（intelligence shared is advantage lost）。在國際執法合作的領域，此種狹隘觀點並非是有利的。

對於「發現案件」的處理，駐外聯絡官需與駐在國所有負責國際調

查行動之執法機關建立堅實的互動關係。理想上，由於雙方已建立良好的
互信關係，前述駐在國執法機關會儘速接觸聯絡官，與駐外聯絡官分享他
們所掌握的情資。這種情資交換關係，最常發生在駐在國執法人員對嫌
犯進行監聽（wire tapping），結果發現與聯絡官所屬國家有關的犯罪活
動。監聽行動常會揭露嫌犯與海外共犯聯絡的情資，例如嫌犯聯絡毒品販
運的最終接收人（許春金，2011；孟維德，2011b）。駐在國若發現新情
資或展開新執法行動，應立即與該聯絡官研商，確保聯絡官所屬國的執法
機關能夠同步展開調查行動。並在行動過程中持續分享情資，雙方聯合制
定重要決策，以提升調查工作及執行逮捕行動的效能（Reichel, 2005）。
雖然，後續為準備起訴的證據匯集工作必須經由司法程序（如請求協助
函），但是在逮捕行動前所完備的情資匯集工作，將使相關司法程序較順
利進行。

二、駐國際組織警察聯絡官

　　警察聯絡官參與國際警察合作的類型有兩種，一是派遣警察聯絡官
至外國執行任務，另一則是派遣警察聯絡官至國際組織，依據共同協商的
規範執行任務。第一種類型通常為派在駐外大使館工作的執法人員（law
enforcement attache to an embassy，即前述「駐外聯絡官」），此種聯絡
官除了身為本國執法機關代表外，亦有協助大使並提供諮詢的職責。前述
駐外聯絡官，通常是派任國與駐在國的雙邊合作管道，惟許多國家並沒有
足夠資源實施此種警察聯絡官的合作模式，或僅能在有限的條件基礎上推
動此種合作模式。

　　另一方面，多邊合作通常需要透過國際組織始能達成。在眾多國際
警察合作組織中，規模最大且制度較完善的國際刑警組織，其情資交流並
非透過聯絡官，而是經由成員國的國家中央局（NCB）彼此直接收發訊
息。然而，近年有愈來愈多國家的執法機關著重於區域性執法合作組織，
如「歐盟執法合作組織」及「東南歐跨境犯罪防治中心」（Southeastern
European Cooperative Initiative Center for Combating Trans-Border Crime,
SECI），這些區域性執法合作組織集合各成員國執法機關代表，建構出
一種有助於他們面對面共同工作的合作平臺。這些組織對於防治跨境犯罪
發揮了重要功能，它們在區域國家間推行共同規範，提高執法效率，並傳

播防治跨境犯罪的知識與經驗。這些組織擴大了個別國家的執法範圍，並為財政不寬裕、無法獨立建構雙邊合作架構的國家，提供一個經濟且有效的合作機會。第二種類型的警察聯絡官，就是派駐至國際組織的聯絡官（以下簡稱「國際組織聯絡官」），也就是本節的探討焦點。

國際組織的成立係根據特定的法律文件為基礎，成員國在文件中承認該組織的國際地位與角色。派駐在該組織工作的警察聯絡官，都必須根據前述法律文件執行工作，同時也必須嚴格遵守各自國內的法律。因此，前述法律文件必須明確界定國際組織聯絡官的職責及權力範圍，以及聯絡官應處理的犯罪類型、等級及複雜程度。例如，駐歐盟執法合作組織聯絡官目前僅可以處理影響兩個以上歐盟成員國的重大跨國組織犯罪，而駐東南歐跨境犯罪防治中心聯絡官則可處理所有涉及跨境性質的重大犯罪案件。

（一）情資分享

稱職的國際組織聯絡官應促進及引導跨國執法合作，而且應該長期與國際組織中來自他國的聯絡官建立並保持暢通的聯繫管道。國際組織聯絡官的重要工作包括：協助本國在發送國際協助請求函之前備妥所需要的資料及文件、協助國際組織確定任務優先順序、針對個案應採取的回應作為提供專業建議等。為了提供最完善的諮詢服務，國際組織聯絡官還需要熟稔本國有哪些刑事司法制度、程序、規章及設施等可供他國派來的聯絡官參考及運用（Andreas & Nadelmann, 2006）。

由國際組織聯絡官所經手處理的情資交換範圍相當廣泛，從單一事件的簡單回應訊息（僅「是」或「不是」的回應）到長期調查工作所需要的情資交換（可能為期數個月之久，並且隨調查工作的發展而愈加複雜，甚至關注焦點會隨案情發展而改變）都包含在內。當剛接獲情資時，由於無法精準預測該情資會將調查行動導向何處或衍伸出多麼複雜的案情，因此國際組織聯絡官不應僅自滿於現階段自己所獲得的情資。

此外，國際組織聯絡官也不應僅被動地接受資訊，為發揮其職權潛能，國際組織聯絡官應該具備主動探索的態度，除一方面需進行所謂的「環境掃描」（environmental scanning，即詳細檢視環境中所發生的事件），另一方面還需針對特定的跨境犯罪案件進行個案研究（Bailey, 2008）。國際組織聯絡官在與他國工作夥伴交流情資之前，應該先設法

對犯罪事實進行分析與瞭解。為達此目的，國際組織聯絡官必須掌握案情的最新發展，並獲得本國執法機關人員的協助，能方便使用本國犯罪資料庫及網際網路資源等，如此才能順利分析及確認犯罪事實。實務經驗顯示，國際組織聯絡官似乎並非總是可以獲得或被提供所需要的任何協助。

國際組織聯絡官也不應過於專注於微觀層面，而應同時考量宏觀層面並致力培養個人的研析能力，以清楚掌握國際事件對自己國家的影響。這種針對事件初期發展階段的分析工作，有助於國內有關當局調整其資源配置與執法策略，有效因應可能出現的治安威脅。當然，是項工作得以順利完成，端視政府及各級執法機關是否願意採納國際組織聯絡官的建議，並予以適當回應。

除了傳遞情資這項主要職能之外，國際組織聯絡官還有其他幾項經常性的工作職責。根據請求協助函的授權範圍，國際組織聯絡官通常會被要求協助檢察官起訴及法院審理事宜，這些工作包括：

1. 確認嫌犯所在地點，安排逮捕行動。
2. 確認證人及訪談證人。
3. 蒐集新證據或確證的證據（corroborating evidence）。
4. 支援引渡程序。
5. 接洽國際證人，幫其安排旅程。

未依照國際認可的程序，不當或未使用請求協助函，可能導致令人沮喪但完全可以預防的結果，底下是一實例。2007年7月，一名曾在澳洲被羈押的恐怖主義嫌犯企圖返回其祖國——印度，澳洲聯邦警察派出調查人員前往印度，在當地進行調查時遭遇挫敗，印度刑事警察局拒絕在澳洲有關當局未簽署請求協助函的情況下分享情資。儘管媒體嚴厲批評印度警方，但是印度警方只是按照既有且正常的法律程序，反而是澳洲當局應該依規定遵守程序（Bailey, 2008）。由於印度警方拒絕配合，後來造成起訴該恐怖主義嫌犯時證據不足，起訴程序必須終止的尷尬情況。

（二）聯合調查行動

在世界許多地區，國與國之間的聯合調查行動（joint investigation）已行之多年，且成效良好。聯合調查行動不必然是國際組織的專屬，也不必然要由國際組織聯絡官參與，但聯合調查行動的協調工作，確實非常適

合在國際組織的體系中進行。底下實例可說明這個事實。

「奧地利犯罪情資局」（Austrian Criminal Intelligence Service）根據所接獲有關非法移民及人口販運的情資，在國內進行詳細調查。調查人員訪談被害者，有系統的跟監及監聽關鍵目標，並且盡可能蒐集奧地利境內犯罪集團的有關情資。調查發現犯罪集團與國外特定人士的聯繫資料，奧地利執法當局清楚瞭解除非根除該犯罪網絡，否則縱使逮捕嫌犯，不久之後該犯罪網絡必定還會重新集結，繼續從事犯罪活動，而且影響範圍將不止於奧地利，極可能捲入其他國家。因此，在考量一些相關的國際執法合作組織的適當性之後，奧地利當局選擇與「東南歐跨境犯罪防治中心」的管理部門聯絡，藉助該組織以有效地與其他相關國家進行多邊合作。奧地利執法當局選擇與東南歐跨境犯罪防治中心合作的理由如下：

1. 該犯罪網絡的影響區域，是在東南歐跨境犯罪防治中心成員國及觀察國的區域內。
2. 抗制該犯罪網絡之執法行動的規模，不是奧地利一國資源所能承擔，也不適用於雙邊合作協議的範圍。
3. 該執法行動需在不同國家同步發動。
4. 東南歐跨境犯罪防治中心為上述各項需求，提供了最為便利的合作平臺。

　　情資顯示，該犯罪網絡的組織化程度很高，將來自摩爾達維亞（Moldova）及烏克蘭的民眾，運送過境羅馬尼亞、匈牙利和奧地利，最後載運至西歐國家（主要目的地是德國、義大利、葡萄牙及西班牙）。在此案件中，東南歐跨境犯罪防治中心的管理部門接洽了相關國家的國際組織聯絡官，再由他們與各自國家處理此類犯罪的執法機關進行協商。在各國同意發動國際聯合行動後，東南歐跨境犯罪防治中心為該案舉辦了第一次會議，奧地利警察人員在會議中向其他人員簡報奧地利方面針對該犯罪集團所掌握的情資。會議中確定了各工作人員的職責與任務，建立了情資交流管道，並且指定後續召開會議的地點及日期。值得注意的是，就行動的結構而言，該聯合調查行動雖是由四個國家的執法機關分頭進行，但事實上是透過四個國家派駐在國際組織的聯絡官彼此合作及分享情資所促成的。之後，東南歐跨境犯罪防治中心為該案舉辦了五場會議，在會議中各國代表彼此交換及比對相關情資，並檢視各國調查行動的進展。最後，與

會者判定已蒐集充分的情資及證據，隨後在羅馬尼亞、匈牙利及奧地利同步展開行動，逮捕96名嫌犯（Bailey, 2008）。

第五節　國際警察合作的情資交換機制

　　前文，針對國際執法合作組織的探討中，許多部分均與情資交換有關，本節將仔細檢視執法人員如何跨越國界傳遞訊息給他國同儕的機制。這些所傳遞的訊息通常包括：一、有關某特定事件或查詢的提問與回答；二、對某中央層級情資機構提供情資，這些情資未來可能做成資料庫供使用者查詢，也可能成為某種策略的擬定基礎，或是針對某類型犯罪現況與趨勢的評估內容。

　　不論分享情資的理由為何，調查人員通常會面臨許多傳遞情資途徑的選擇，這些選擇有時多到令人感到困惑。以歐盟執法人員為例，他們擁有眾多的傳遞情資選擇，包括：個人對個人的非正式接觸、歐盟司法合作組織、外國聯絡官、申根資訊系統、BDL（基於國家安全）、金融情資單位、歐盟執法合作組織、歐洲司法網絡、國際刑警組織、駐外聯絡官網絡、PRÜM查詢系統、 東南歐合作倡議區域中心（Southeast European Cooperative Initiative Regional Center）、波羅的海國家打擊組織犯罪特別小組（Baltic Sea Task Force on Organized Crime）、Liguanet網絡[3]（孟維德，2010b）。

　　是什麼因素影響偵查人員選擇何種情資聯絡管道？除非有嚴格的準則或政策，否則這個決定可能是很個人性的，甚至是混亂的。這個決定也許是根據個人的知識，先前選擇該管道的經驗，或與其背後組織接觸的經驗。在某些時候，選擇某管道也許是可行的，但在另一時間，卻不一定可行。通常，偵查人員以散彈打鳥的方式，盡可能使用多種管道碰運氣，這麼做或許也可能是為了表示自己已經竭盡所能。有些國家針對外國

3　Linguanet是歐洲設計的跨國訊息傳遞系統，提供警政、消防、救護、醫療、海防等單位用以跨國傳遞任務或運作需求的情資訊息，亦是災害回報訊息的協調機制。Linguanet起初是在英法海底隧道通行後，針對警務及處理緊急事件需求而設計的系統，之後逐漸發展成多國的訊息傳遞機制。

請求協助設有明確程序來限制這種情況的發生，即根據客觀標準將國際請求協助事項交予適當的機構辦理。任何經由多重管道傳送的情資或協助請求，最後都應該匯流至一個專責處理該請求情資的官員或單位（孟維德，2011c）。以數種不同格式、不同語文撰寫，而且都是為了同一件情資，甚至是為了得到相同答覆而送達的請求，事實上，是一種不受歡迎的困擾，也是製造麻煩的來源。

　　另一方面，對於提出請求的調查員而言，其優先考慮的就是儘速得到答案。理論上，不同管道可能有相同或類似的機會獲得想要的情資，然而，從這些管道每次所獲得的回應並不一定都是這麼的成功與適時，底下是曾經發生於歐盟的實例（Brown, 2008）。一位非歐盟國家的執法人員撰寫並發送一份緊急訊息給一個先進、作業程序高度結構化的歐盟國家，請求提供一名逃犯的所在地址，因為非歐盟國家的執法人員根據報紙報導，得知該逃犯已因另一事件被逮捕。接到請求協助函的歐盟國家立刻傳送一份語帶支持性的回覆（符合協定的回覆時間標準），說明請求的細節事項目前無法立即回答，尚需進一步查詢，到目前為止，查詢工作正常進行中。幾週後，非歐盟國家的執法人員終於收到該案件的最後答覆，遺憾的，所需情資並沒有查獲，而且無法證實該逃犯出現在前述國家的事實。但事實上，該項情資不僅已被掌握，而且歐盟國家間的情資交換管道早已傳送過該情資。此案例所顯示的是，處理國際請求協助官員的熱忱、知識及機靈，在能否成功獲得情資方面，扮演重要角色。此外，某種程度上，運氣也很重要。然而，藉由良好的管理及運作標準程序，應可減少運氣因素的影響。

　　正式的情資傳送途徑，有下列四種基本模式及架構圖（Brown, 2008）：

一、在國際刑警組織架構下的國家中央局（NCB）對國家中央局（NCB）連結。

二、直接式的雙邊國家聯絡官途徑。

三、以國際組織作為情資交換中心或樞紐（如申根資訊系統、歐盟執法合作組織等）。

四、PRÜM查詢系統。

　　此外，還有個人與個人之間非正式的、未受管制的聯繫，例如透過電

話、傳真或電子郵件,直接分享與請求資料。雖然,此種個人性的方法很快速且受官僚性的影響較低,但卻是充滿風險的,在某些國家甚至是違法的。

一、國際刑警組織架構下的國家中央局對國家中央局

國際刑警組織是歷史最悠久、地位崇高的國際執法合作組織,它從原先位於巴黎的一個小機構,經過漫長之路發展至今,當時僅靠著一套卡片索引檔案,而且只在上班時間運作。前文曾提及現今國際刑警組織的全球警務通訊系統(I-24/7),其情資交流模式可透過圖14-1來表示。國家中央局扮演的是接收和傳送國內執法機關訊息出入口的角色,介於各會員國國家中央局之間,設有安全的電子聯絡管道,可以直接互相傳送訊息。國內執法是由地方官員在國家法規架構下執行,而國家中央局可說是國內執法的向外延伸,與國際刑警組織的標準和程序接軌。秘書處位於國際刑警組織的核心(現設於法國里昂),除處理一般工作外,也接收和傳送會員國訊息,並提供許多資料庫給各會員國國家中央局使用。會員國也可以通報秘書處具有多國共同利益的資訊,從秘書處發送給相關國家的國家中央局,國際刑警組織的通報系統可說是一個辨識、追查及逮捕國際嫌犯的重

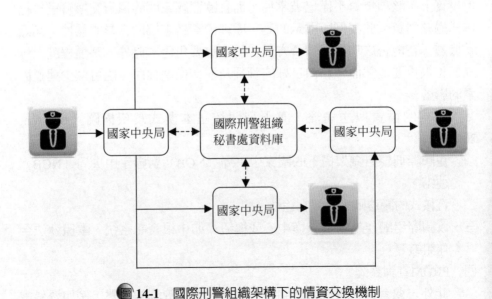

圖14-1 國際刑警組織架構下的情資交換機制

要輔助工具。

每一個國家中央局都可以安全地以網路傳遞速度向他國國家中央局發出協助請求，此模式的真正困難處，實際上是在於國際聯絡網的外部。也就是國家中央局將接受自國外的訊息傳送給國內有關執法部門，啟動相關回應行動，而此部分並不受國際刑警組織的約束。此模式在設計上其實是相當人性化的，國內執法機關的調查人員的使用程序非常簡便，只需將協助請求或資料傳送到國家中央局，國家中央局就可以進行後續處理工作（Lemieux, 2010; Brown, 2008）。顯然，任何會員國的回應，均有賴於國內執法機關的效能與效率。

二、以國際組織為聯絡中心

歐盟執法合作組織把國際刑警組織的運作模式加以修飾，發展出另一種情資交流模式，此模式後被許多區域性執法合作組織所採用。在國際刑警組織的模式中，國家代表設於自己國家，而在歐盟模式中，則是將各國代表集合在網絡中心（圖14-2的虛線圈中）。這並非指情資會自動複製至任何中央資料庫或單位，但此模式卻能讓各國派來的聯絡官建立、發展其與他國聯絡官、中央部門（含他國中央警察機關及國際組織秘書處）人員的人際網絡關係。從運作面來看，調查人員使用的情資交換機制與國際刑警組織的交換機制是相同的，包括某種形式的國內窗口單位。但在此模式中，訊息是傳送到由聯絡官所控管的中央資訊處理平臺，做進一步的處理。在這個平臺，聯絡官可以面對面的與他國聯絡官解釋、說明、討論或請求他方提供建議與協助，聯絡官們還可以協助秘書處策劃有關行動。聯絡官雖需在各自國家的法律及隸屬機關管理規範下執行工作，但因具有國家代表的身分，個人威望自然受到提升（Lemieux, 2010; Brown, 2008）。他們在同一棟大樓工作，也讓緊急會議或諮詢活動的召開變得更容易。由於此模式較屬勞力密集，運作成本較高。

所以，在此模式中，調查人員先傳送他的協助請求給國內窗口單位（與國際刑警組織的模式相同），國內窗口單位將其請求傳送給派駐國際組織的聯絡官，聯絡官將此請求傳給位於同一棟大樓工作的有關國家聯絡官，外國聯絡官再將該請求傳送至其國內窗口單位進行後續處理，訊息傳送過程才告完成。當必要時，聯絡官甚至可以跟隨訊息的傳送，訪視他

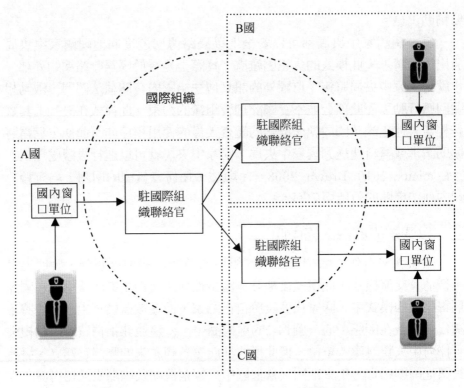

圖14-2 以國際組織為聯絡中心的情資交換機制

國。此外，本模式還可賦予聯絡官機會，考量所收到的情資是否對於某中心資料庫具有價值。儘管這也可以藉由國際刑警組織模式的國家中央局來完成，但聯絡官與國際組織中央單位的互動較為緊密，緊密的互動雖然增加了處理及經費上的負擔，但確實可以產生很大的功能與價值。

三、駐外國聯絡官的途徑

駐外聯絡官並不是派駐在執法合作組織工作，而是該國派駐在外國的直接代表，在當地擔任國內執法機關的聯絡據點。通常是因為某國家或地區對派駐國在執法策略上具影響，而派遣聯絡官到這些選定的國家或地區辦理執法聯絡事務。實務上，聯絡官的效能在於其人際網絡及累積的經驗，一位有能力的聯絡官即知道向誰發出協助請求，以及如何快速獲取回

應。圖14-3所呈現者，顯示國內調查人員欲透過駐外聯絡官傳送協助請求至外國，通常須先將請求細節傳送給國內檢核單位，經該單位審查請求的正當性及內容後，將協助請求傳送給駐外聯絡官（一般是服務於駐當地大使館），駐外聯絡官再將協助請求交給當地適當處理該事項的人，回應訊息通常依相同管道回傳（Casey, 2010; Brown, 2008）。當駐在國收到情資的辦理人員延遲作業或未提供充分資訊，聯絡官可在當地與有關機關交涉及持續追蹤。前述第二個模式（國際組織）的聯絡官是在第三地與他國代表交涉，而此模式的聯絡官則是親自在當地進行交涉。

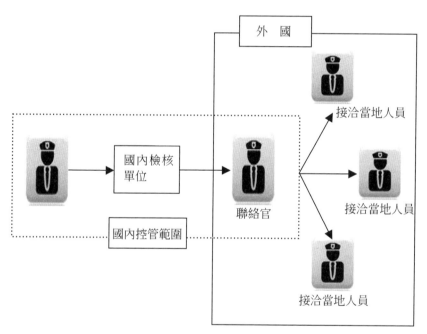

　14-3　駐外國聯絡官的情資交換機制

四、PRÜM直接查詢系統

　　PRÜM公約（PRÜM Convention）的出現，可說是以一種有趣的途徑修改了前述各種模式，以科技介面取代人的介面。執法人員可以在國內聯絡點直接使用另一國家的索引資料庫，查尋DNA、指紋及車籍資料等資

訊（如圖14-4）。此系統的快速、高效率及經費節省，都是非常顯著的。但是查詢結果仍有所限制，該系統僅能搜尋合作夥伴（國家）所儲存和製作的主要關鍵資料。因此，為克服這種限制，各個夥伴（國家）必須要有一個相容性高、結構完善的資料庫，並且必須隨時保持資料的準確性、即時性及完整性。此系統的建構較為困難和昂貴，但是如果沒有完備建置這些要項，必然會有很高的風險，調查人員所收到的將是錯誤的負面回應，調查人員無法獲得像聯絡官或國家中央局所發展出人際網絡的功能與好處，因此無法瞭解合作夥伴的執法工作實況，而去質疑機械式的回應（Lemieux, 2010; Brown, 2008）。

事實上，PRÜM情資交換網絡只限於具有適當資源發展及維持該系統，以及能夠接受和符合那些嚴格法律條件的少數國家。願意承諾建構一套供外國參考資料庫的國家，數量上必定是有限的，此種情資交換網絡的效能，端視參與國家的意願及專業。

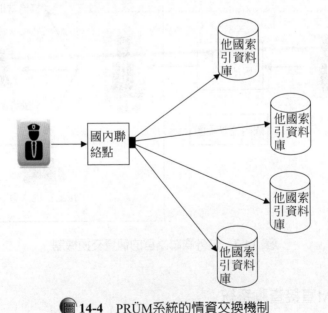

圖14-4 PRÜM系統的情資交換機制

第六節　情資交換有關問題

一、不同國家的語言障礙

　　雖然，電腦語言已具備高度的國際標準化，但人類語言卻不然，因此要為一個多國共用的情資交換系統設計該等國家方便使用的語言介面，可說是一項具挑戰性的工作。建構安全的電子郵件系統相對較容易，如歐洲的Linguanet網絡，系統中常用的欄位設計都使用相同模組，依使用者的國籍，操作系統時在螢幕上所見資訊是以該國語言呈現。然而，在真實的多語訊息交換系統中，不應該只是欄位名稱的翻譯，技術上更要能精練地翻譯該領域的內容，因此必須考慮到不同的書寫習慣、不同的音與意的符號（如中文、日文、英文、羅馬文、希臘文、斯拉夫文、阿拉伯文等）、不同的翻譯習慣等。例如，欲將俄文翻譯成數種不同的西歐國家語言時，會因為不同的發音，而產生同字出現不同拼法，即使是單純日期寫法（例如西元日期應寫成日／月／年還是月／日／年）或人名寫法是將姓置於名之前或之後，都可能造成混淆或錯誤的狀況，甚至將錯誤之人列為偵查或逮捕對象。解決這些問題的一種方法，就是建構標準化的詞典，針對不同國家語言中的相同字詞及術語提供對照表。但語言學家都知曉的，翻譯並非只是靠查字典就能做好。另一解決方式，則是指定一種語言作為共通語言，讓所有合作成員使用（Casey, 2010; Brown, 2008）。但此做法除牽涉政治敏感性之外，還可能會排除那些具備執法專業能力但缺乏外語能力之人員的參與（鼓勵招募具外語能力但卻缺乏專業執法能力之人）。無奈的是，這卻是現今許多國際組織最簡單且可行的方式。

二、過於理想化的概念：情資共享資料庫

　　前述第二種情資交換模式，是在國際組織的主導下，建構會員國共用的情資資料庫。這不只是一個儲存資料的資料庫，資訊存放在此，並非只是為了儲存，而是希望能夠開發出新的情資成果。當獲知嫌犯身處另一國家時，開放此種資料庫提供搜尋服務，有助於辨認出嫌犯的身分及藏身的確實位置。理論上，國際組織情資共享資料庫還具備國內資料庫沒有的優勢，例如某跨國問題或現象之趨勢、模式及關聯性的建構等。某一跨境犯

罪案件的因果關係,常因政治疆界的影響而支離破碎,這是犯罪者根本不在意的,但執法人員就必須遵守政治疆界所代表的規範意義,跨國的情資共享資料庫便能提供策略思考者較完整的概觀。

但不幸的是,會員國對於情資共享資料庫提供資訊的回應程度與參與熱忱卻有所不同,同樣問題甚至還發生在會員國的國內機關之間。而策略分析和根據策略分析所做的決策,其成敗關鍵在於資料的品質。因為從資訊共享區(central body)所取得的情資係來自各國,在提交審查時,通常沒有清楚載明相關情資的價值與本質以及適用範圍,所以在擷取資料用於政策分析時,就會產生不清楚來源情資與欲分析的主題是否相符的問題,擔心其是否會誤導分析結果,而導致運用情資時受到相當大的束縛與限制(Casey, 2010; Brown, 2008)。由於對於建立資料庫的成功與否的評斷標準通常是以資料庫內含的資料數量多寡為準,所以在政策指令上,的確很有可能發生對於提交資料數量的重視程度高於提交資料的品質的現象。

針對策略分析所需使用的資料,國際組織通常還會採取問卷調查方式,詢問會員國一系列的特定問題,以補充會員國原先提交欠完整的資料。但所使用的問卷是否能符合各會員國的國情,透過該問卷能否反映出各會員國有關機關的經驗和觀點,卻是不得而知的。這種方法可能還有其他缺點,例如,有些國家沒有蒐集、統計資料的習慣,可能以傳聞訊息或猜測來回答問題;有些國家則是使用差異甚大的方法,提供缺乏信、效度的資料;有些國家甚至不回應(姜皇池,2008)。國際組織除了根據這些資料進行變項分析外,還有什麼其他選擇呢?一般人總以為,不論所獲得資料的品質如何,有資料總比無資料要好,而且資料是由會員國政府所提供,具有相當的公信力,也代表會員國的貢獻。但提交品質不良的資料將會造成不可靠的分析結果(即電腦術語中所說的:垃圾輸入,垃圾輸出——「garbage in, garbage out」,簡稱GIGO),國際組織的價值乃在於能否提供超國家層次的資訊給會員國,即使無法掌控資料來源,其價值亦是如此(Andreas & Nadelmann, 2006; Brown, 2008)。國際組織若無法克服這些問題,惡性循環將難以避免——分析不良將導致國際組織的價值低落,國際組織價值低落將導致公信力不足,組織缺乏公信力將導致會員國不願意提交資料,資料品質不良又導致分析不良,如此不斷循環下去。

　　過去歐盟曾發現會員國分享情資量不足的問題，繼而提出所謂的「可及性原則」（principle of availability）。其目的就是要讓某一歐盟國家的警察人員能夠容易的取得另一國家的警察資料，容易程度就像是蒐集自己國內的資料一樣。歐盟議會宣布可及性原則生效的同時，順帶決議所有透過此種方式交換的情資，也需提供給歐盟執法合作組織（Europol）。

三、情資理解與適用的謬誤

　　對偵查人員而言，擷取或輸入資料庫資料的技術程序並非重要之事。系統使用者真正在乎的，是系統是否有他想要的資料，如果有，他能否順利取得。E化執法的範圍，在技術層面上幾乎沒有限制，但可能受到政治的、行政的或司法的傳統所阻礙，而資訊科技基礎建設的經費不足也是另一問題。就目前而言，以安全保密技術建立使用者的連結網絡，已相當普遍。國際刑警組織的I-24/7網絡即是一例，全球大多數國家的警察均可透過該網絡彼此聯繫。然而，各國政府對於全自動交換流程的支持程度，則存有許多問題。

　　最有效率的國際組織資料庫，是讓各會員國資料庫能夠自動且不中斷的將相關資料上傳至國際組織的資料庫，使用者進入系統後可以瀏覽到結構化的資料。然而，無論資料傳遞的自動化程度為何，基於國家主權的考量，沒有一個國家願意提供該國檔案給另一個獨立的機構來掌控。換言之，所有提供給國際組織資料庫的資料都必須先經過會員國國內的篩選，可能是透過人工篩選（人力與財力耗費甚鉅），或是先設定出國家願意提供的資料等級和標準，繼而建置強而有力的電子化過濾機制，將能夠提供的資料篩選出來。以現代科技而言，這種方式可行性甚高，但某些國家仍認為過於複雜，變動過大。另一種交換情資常用的方式，就是建立查詢資料庫。該資料庫只顯示情資的簡單關鍵字或摘要，但會附上查詢編號及聯絡細節，讓使用者能夠直接與聯絡人做進一步聯繫以取得所需資料。然而，過於相信該系統內容的正確性，有可能導致一些不良的後果。例如，2007年7月，英國廣播公司（BBC）一名記者於Slovenia渡假時，被查出他的名字與德國警察登錄的詐欺犯相同，因而被捕，遭監禁兩天。另外，在2003年，一名已退休的英國老翁到南非時被捕，只因警察將他的名字

輸入資料庫比對時，發現其與美國政府通緝的詐欺犯同名而被監禁三週
（Casey, 2010; Brown, 2008）。

四、個人資料保護

　　資料保護對於國際警察合作而言，可說是一種帶有政治、行政及司法
性質的阻礙。自1980年代開始，個人資料的保護愈來愈受到重視，歐洲
尤其明顯。尚未接受或承認個人資料所有權（personal data ownership）觀
念的國家，之所以會維護資料的機密，其保護資料完整性的動機要多於保
護資料所有權人權益的動機。在實務上，保護敏感資料的提供者，確實有
其必要，當事人才能安全的持續提供情報，其他的資料提供者也才會更有
信心的提供情資。

　　通常，當兩個國家使用相同方法，那麼在分享情資過程中所遭遇的
法律難題相對較少。然而，當一個強調保護個人資料的國家，與另一個持
不同觀念的國家合作時，資料保護規則就會成為雙方合作上的障礙。就理
論上來說，根據國際公約，一個實施資料保護政策的國家不應該與其他國
家或組織交換個人資料，除非該國能提出適當的保護機制證明所交換的個
人資料會受到妥善保護。事實上，嚴格執行個人資料保密規定，將會阻礙
國際警察合作的進行，還好這種情況並不經常發生。個別來說，一個國家
通常會在國內立法規範出個人資料交換的可行方式，以規避前述無法進行
合作的窘境，這通常是例外處理原則。例如，在英國資料保護法（UK's
Data Protection Act 1998）第四章中，列舉許多排除適用資料保護的情
況，絕大多數的情況，可以讓警察傳遞個人資料於歐洲經濟體區域之外。
該法案雖有這些排除適用的例外情況，但仍特別引述底下英國情報局長的
警語，強調必須慎用排除適用的規定：

　　　「事實所反映的是，在某些情況下移轉資料有其正當性，儘
　管這會降低資料保護的安全性。但是這些破壞法律權威性的例外情
　況，必須從嚴解釋（Brown, 2008: 182）。」

　　限制資料的散布與傳播，以及限制資料接收後的處理方式，是處理個
人資料的標準規範。提供出來的資料，應該依照其提供目的來使用（目的

都需經法律授權），且僅有對達成前述目的有幫助的資料，才可以被留下使用，並且必須在達成目的後，立即將其刪除。此外，未經資料原提供者的同意，不得將資料傳給第三者。在實施此種規範的國家，執法機關須受外部獨立機關的監督，執法機關也可能因個人資料所有人保護自身權益而被控訴，執法機關需為個人資料的使用與保護負責。有時非資料所有人的權利，也可能因為傳遞個人資料而受到不利的影響，為尊重個人權利，警察情資的管理與交換已不像以往那樣單純及具有彈性。

關於國際組織方面，還有其他的資料保護議題。在定義上，國際組織並不受國內法的約束。因此，國際組織就必須特別設置屬於該組織的資料保護規範及獨立監督機制。以歐盟機構為例，諸如歐盟司法合作組織（Eurojust）、歐洲警察組織及申根資訊系統（Schengen Information System）等，都受到歐盟資料保護立法的約束，並設立了一些特別機構來監督該法的落實。但是這些設計與安排，都必須在各會員國認同資料保護精神的前提下，始能順利運作。當部分會員國在資料保護議題上存有不同看法時，就很難產生共同的解決方案。國際刑警組織也是在經過一段很長時間的努力後，才建立起適當的、可靠度高的資料保護機制，但仍難以說服一些會員國相信那些不認同資料保護觀念的國家會遵守規範，導致部分國家因失望而放棄提供資料。

除了資料保護的考量外，一個國家對於人權的態度也會影響資料的交換。令人感到可悲的，某些國家仍會透過刑求或是國際社會譴責的方法來獲取訊息，當自由民主國家的執法機關接到如此訊息，該如何處置呢？這是一種兩難。官方的回應通常是拒絕接受此類情資，因為一旦接受就等於認同這些國家使用不當手段獲取訊息。但是，某國在提供此種以不當手段所獲取的情資時，並不一定會顯示其獲取方式，而且請求國辦案人員因時效壓力，急需關鍵情資的協助。在這種情況下，應該忽視這樣的情資，任由情資所顯示的重大犯罪發生嗎？有關當局很快就會因未能即時保護無辜被害者而遭譴責。另一方面，如果將此種情資用於訴訟，其正當性很可能會在審判或調查程序中受到挑戰，而不予採用。甚至還可以合理的推論，此種情資可能是當事人為避免遭受更多刑求而被迫提供的。此種情資一旦被採用，不僅是默許與助長侵害人權的取供手段，更讓情資提供者懷有互惠回報的想法，認為情資接受方未來也會提供對應情資（Friedrichs, 2010;

Brown, 2008）。顯然地，與這種合作夥伴交換情資，將會引發更多的人權迫害行為。處理可能源自非法手段的情資，是一項令人感到不愉快的工作，最好是交由熟悉此類情資之風險及相關政策方針的專家來處理。

五、國家聯絡窗口

一般偵查人員通常無法熟悉所有傳遞訊息至國外的國際聯絡管道，因為近年相關程序已經變得愈來愈複雜。如果建立國家層級的單一對外聯絡單位，並徵募國際合作專業人員至該單位處理情資的傳送與接收，前述問題便可獲得解決。事實上，這不是什麼新奇的概念，在本文所提及的情資交換模式中，大多數都是採用國家層級的聯絡窗口進行聯絡工作，這是頗為普遍的現象。國家層級的單一對外聯絡單位有如守門員與引導者，提供建議及引導資訊給最適當的部門。此外，單一對外聯絡單位還可以透過執行國際傳輸資料的標準規範，協助推行最佳實務，增進國際社會在情資分享上的互信（Brown, 2008）。在邏輯上，各種國際合作管道都應受到共同管理，但單一對外聯絡單位概念的實踐，卻是非常緩慢。

在資訊時代，資訊分享還須受到程序及協議的約束，似乎是矛盾的。但分享的資訊是涉及刑事司法領域時，就需考慮降低對公眾的傷害、組織的績效及艱辛的行動成果等面向，應以負責的態度去處理。情資交換模式有很多種，從雙邊情資交換到利用國際中央資料庫進行多邊交流皆是。當情資交流模式演變的愈來愈複雜時，成立單一連絡窗口，就情資管理的合理性來看，會更安全及更有效。與處理情資較不嚴謹的國家進行情資交換時，應特別重視風險管理的流程。對於銀行金庫或珍貴藝術品提供預警保護措施，其必要性是無庸置疑的，吾人不僅會採用最新的安全機制保證其安全，更會在所有權移轉前妥善查驗及鑑定證明文件的真偽。犯罪情資的價值或許不如前述物品價值這麼清楚具體，但就犯罪偵查的效能而言，情資卻是最重要的。因此，應以相同的謹慎態度來處理情資交換的問題，並導入嚴密的預警保護機制來確保資訊的完整性、即時性及確實送達與接受。

第七節 影響國際警察合作的因素

隨著全球化趨勢與科技精進，當前犯罪已朝向組織化及國際化型態發展，犯罪者逐漸形成跨境或跨國操縱的犯罪模式。毒品販運、人口販運、洗錢、電腦犯罪、跨國詐欺等犯罪者遊走於各國執法工作的間隙，嚴重衝擊司法威信與社會治安。為了有效遏止跨境犯罪，各國執法機關無不積極尋求國際執法合作的管道。然而，國際執法合作的推行經常面臨許多挑戰，如犯罪情資的整合、司法管轄權的歸屬、各國政治體制的差異、外交關係的影響、合作協定的簽署與落實、執法機關組織架構的差異、執法人員在觀念與文化方面的鴻溝、輔助執法工作的科技水準高低落差等。面對如此嚴峻的挑戰，本節將綜合前述內容，歸納出影響國際執法合作的關鍵因素。

本章前面所討論的內容，包括全球性警察合作組織、區域性警察合作組織及警察聯絡官機制。儘管國際合作是預防跨境犯罪的重要策略，但合作是不會憑空形成的。至少，在國家的層級，必須先鋪設適當的基礎，並建立合適的架構，始可進入國際合作的領域。從國際執法合作的脈絡中，可以發現四項影響國際合作環境發展的主要因素，若缺少這四項因素的配合，國際合作終究難以成功。這四項因素，分別是政治、法律、文化及能力。

一、政治因素

觀察家認為，政治是影響國際執法合作的巨觀因素（macro factor），尋求政治協定與共識，被視為推動國際執法合作的先決條件（Benyon at al., 1994）。從此角度觀察，政治意願（political will）顯然是合作的先決條件。具體言之，對於國際執法合作所表達的政治支持，其重要性在於政治支持得以實現：

（一）國際協定的磋商與談判。

（二）制定使上述協定發揮效力的國內法律。

（三）規劃包含國際合作在內的優先工作事項。

（四）分配經費及其他資源。

對於國際執法合作支持與否的政治意願，受到一些利益驅動因素影

響。在許多現代治理（modern governance）的領域中，「全球化」經常被當作解釋治理失靈的原因。當然，全球化確實會對政治思維及其相關政策產生決定性的影響。有學者評論如下：

> 「國家行動是外部壓力與內部政治競爭所造成的，在兩者影響之下，國內的及跨國的組織與活動，會形成各種社會行動及意見（Andreas & Nadelmann, 2006: 18）。」

政府是在持續承受壓力的情形下，同時間在各個層級執行工作。他們的終極目標在於維護政權、繼續執政，在人民心目中建立自己是最佳選擇的形象，並且在不動搖其權力基礎之下，調和對立利益與需求。對於自由民主的國家而言，這通常意味著藉由滿足選民期望以提高執政者的支持度（執行社會大眾普遍支持的政策，除非是非常值得採行的方案，否則不受大眾歡迎的方案通常會遭拒絕）。就其他政體而言，執政者可能以更直接的做法取悅權力網絡中的夥伴，以達維繫政權的目的。不論是哪種政體，政府除非面臨迫切需求，否則通常不會對某議題立即採取行動，因為政府總是面對太多有關資源與權力方面的需求。換言之，刑事司法的行動通常會有所延滯，直到長期不受重視的一系列客觀環境已經明顯嚴重到不容忽視的地步，或是當社會有關團體無法容忍而發出難以抵擋的責難。一旦達到臨界點，這些社會團體會強烈要求政治人物表述其打擊犯罪的具體作為，媒體也將進一步報導執法與治安現況等議題，民眾的態度也會因此轉為不安。此外，政府必須面臨來自反對黨的壓力，反對黨極可能趁機挑動民眾的焦慮感，譴責政府的無能，利用任何揭露的失敗事件來提高自己的支持度。

在國家政治議題的順序中，防制國內犯罪（domestic crime）通常居先，防制跨境犯罪居後。民眾理所當然希望自己的納稅能獲得適當回饋，防制國內犯罪通常可以獲得較快速的成效，而防制跨境犯罪則花費昂貴又耗時，而且與民眾日常生活較為疏遠。畢竟，針對尚未進入國內的犯罪活動所進行的預防工作，不僅成效難以量化，而且這些犯罪還是被納入國內犯罪類型的統計中，並沒有另成一類、獨立統計。然而，當有愈來愈多的證據顯示，國內犯罪的問題係來自國際層面或與國際有顯著關聯時，政府

也就必須對國際執法合作表示支持。清楚證明跨境犯罪與國內犯罪顯著相關，以及跨境犯罪對國內造成嚴重威脅，這是政府參與打擊跨境犯罪的重要動力。

二、法律因素

法律對國際合作的影響，取決於立法的政治意願。當討論涉及國際事務的法律議題，有兩項主要因素需加以考量，一是國際協定的磋商，二是國際協定在國內的實踐。事實上，建構能夠兼容不同司法管轄權與實務運作的國際法律，是一項艱鉅任務。

一般而言，國際協定可分為多邊及雙邊兩種類型。多邊條約如聯合國打擊跨國組織犯罪公約（UN Convention against Transnational Organized Crime. Palermo, 2000）、歐洲理事會司法互助公約（Council of Europe Convention on Mutual Legal Assistance. Strasbourg, 1959）及東南歐警察合作公約（Convention for Police Cooperation in South-Eastern Europe. Vienna, 2006）。在多邊協定的文件中，簽署國家同意遵守特定準則，或將協定文件所提及的特定概念導入國內法。草擬此種法律文件的複雜性，是不容低估的；而各國間權力不平衡所形成的問題，也是不容忽視的（姜皇池，2008）。

國際協定還會規範各國間相互提供或請求情資的方式，雖然警察經常藉由警察機關對警察機關的方式進行情資交流，但是在外國管轄區所採取的強制措施（即涉及不願意配合調查的當事人），則需向該國司法機關提出正式的請求函。請求函可能包括請求提供證人的證詞、扣押資產、逮捕及引渡嫌犯等，這些請求協助都是要將嫌犯送至司法審判不可或缺的要項。然而，發送與接收請求函的權限可能因為複雜的條約規定而面臨受限的窘境，若無法確實滿足條約所規定的格式及法律要件，將使得請求失敗，遑論整體起訴行動的完成。

條約乃是國際組織的法律基礎，也是執法合作的法律架構，其重要性不言可諭。執法合作組織必須經由條約（有時稱公約）的正式認定始為獨立實體，條約會明訂各簽署國的權利與義務，以及執法合作組織的職掌範圍與活動。一個國家不論是接受外國警察聯絡官派駐，或是在外國建立自己的聯絡官網絡，都必須根據國際協定及國內法律設置這些人員，並規

範其職權。警察聯絡官有時（並非總是）會像正式外交人員一般，派駐於駐外大使館或外交機構，有時則以特殊目的訪查的方式執行工作（即該聯絡官是被派至某一區域服務，而非單一國家）。值得注意的是，過去曾有外派聯絡官不清楚其在外國管轄區行使職權的限制，甚至是未經駐在國核准擅自行動。這種情形除造成外交困擾外，該人員還可能因為觸法而遭起訴。

上述例子所呈現的重要意義是，必須要有完整的法律架構，才能促使各國相互提供援助、交換情資，以及接納和協助外國派駐的警察聯絡官。這些例子也顯示，由多國所組成的合作聯盟如何共創刑事司法互助的原則及政策，以及在國內施行這些原則與政策時所面臨的困難。總之，這些情況所顯示的是，國家配合實施的政治意願，絕對是必要條件。

三、文化因素

儘管政治和法律有助於合作框架的建構，但在合作行動的實踐過程中，文化卻是實際的推動者。文化因素的影響，主要在兩方面，第一，可否創造交流的機會，相關人員是否願意瞭解及利用交流機制；第二，是否願意建立合作關係，一方是否對另一方的文化限制及文化喜好具有敏銳的觀察力（Brown, 2008）。各國文化可能不同，欲使合作方案產生豐碩成果，勢必需要充分瞭解其間的差異。事實上，文化因素在某些方面比其他因素更具有重要的影響力，因為它不僅會影響政治人物的思維及法案的起草，同時也會促使警察及檢察官朝國際方向進行偵查工作，而非在國內法院就將案件倉促結案。

猜疑、歷史關係及刻板印象，在執法合作領域扮演重要的角色。如同在其他領域一般，對於他國文化的刻板印象可能直接影響彼此合作的意願。「文化」，此一國際合作的影響因素，不僅影響偵查人員的思維模式，也影響其對被請求國如何處理偵查行動產生先入為主的觀念。例如，一名警官可能不願意將敏感情資分享給他認為缺乏誠信的國家，唯恐這些情資因賄賂而被賣掉，或擔心請求國當地辦案手法拙劣而破壞了執法行動的結果。這些經驗使執法人員排斥進一步合作或抱持失敗的預期心理，以致打消願意付出努力的念頭。不幸的是，正式的官方合作管道，素有官僚、效率低且速度緩慢等惡名。

　　情報資訊管理不當，經常也是情資交流工作的主要障礙。不僅因為擔心這些機密資訊落入犯罪者手中，有時擔心「自己」破案的功勞被其他人員或單位侵占（相較於與其他國家分享情資，有時國內相關部門彼此間可能更不願意分享情資）。另一方面，隱瞞情資所造成的危害，可能大於上述的潛在影響。這些都是進行國際合作過程中的管理問題，即使在相互信任的關係下進行情資交換，情資一旦提供給對方，我方即喪失對該情資的控制權。

　　某些國家的文化有時會對正規組織抱持懷疑或鄙視的態度，在此情況下，執法人員很可能是以個人關係而非法律協定來達成合作行動，因為該國文化傾向認為互惠及對個人尊重比法律規定的程序更重要。當具有此種文化背景的人從事國際工作時，他們很自然的會希望合作業務以此方式進行，而警察聯絡官即有助於這種關係的建立。然而，在已開發國家，通常以電訊設備代替面對面的互動，並且根據國際文件來引導行動。總之，在合作行動中，各種不同的文化偏好應該盡可能調和，選擇中間路線。

四、能力因素

　　一個國家若缺乏妥適的硬體設施，以及貫徹合作方案的執行能力，那麼所有的政治意願、法律架構、抱負熱忱都是空談。執法工作的資源不足及訓練不完備，往往導因於政策優先順位的安排。國際執法議題，究竟應該被置於怎樣的政策順位？針對此問題，互惠是推動國際合作的目的，換言之，所有參與合作方案的國家應相信，「合作必然有長遠利益」。

　　如果在前線實際負責處理國際請求協助的警察人員缺乏專業技能，以致無法獲得完整資訊、進行必要查詢或分享工作成果及經驗，那麼對這些缺乏專業能力的警察而言，即使由國際刑警組織等國際性組織提供大量設施與協助，工作仍難有顯著成效。在許多國家，不同機構之間，甚至於同一機構的不同單位之間，仍然是以硬拷貝方式進行聯繫，還需部門主管的副署始可進行。在自動化與資訊科技成熟的社會，警務人員利用各種科技協助工作的進行，但與設備落伍、簡陋的機構合作時，執行協助請求就必須考慮以下事實：國際合作的伙伴可能在無電腦的環境下工作、缺乏傳真機和影印機、辦公室所在地區的電力供應不穩定，缺乏電信化的基礎設施等。

就某方面而言，科技已成為改善刑事司法效能的重要工具。整個合作網絡的效能取決於網絡中的最弱環節，整個合作網絡若有任何一點欠缺能力，即可能影響整體的成功契機，即使網絡中已有許多具備先進科技資源的國家。舉例而言，多國合作針對一名攜帶大量違禁品的嫌疑人進行科技跟監，當該目標過境某一國，當地執法機關缺乏辨識目標與持續跟監的設備，那麼整個跨國跟監行動很可能失敗。

國際性的能力建構措施，是修正此種不平衡現象（能力強國家與能力弱國家之間的不平衡）的有效方法，但能力建構措施本身也可能淪為一個難以維持的暫時性方案，一旦撤回援助，合作方案也就停止運作（Andreas & Nadelmann, 2006）。某些國家缺乏維修或更新設備的經費，贈送設備給這些國家的益處，事實上是相當有限的，因為很快就會面臨後續保養、維修等問題。當受援國已經養成依賴捐贈、援助的習慣，原本持續的援助一旦中斷，極可能惡化原欲解決的困境。例如，受援國可能在國際社會的要求下，全力將新科技與技術納入國內的政策與立法中，然而，一旦外援中斷，該國將會驚然發現執法工作陷入空轉狀態，無法獨自承擔過去向國際社會承諾採行的先進執法方式。相同狀況還可能發生在軟體需要升級而版權費卻甚為昂貴的情形，或是設備中某項重要且昂貴的零件需淘汰或更換的情形。面對這些現象，事先客觀考量在地資源的限制，然後再研擬問題解決方案，或許才是長久且理性的做法。

第八節 結語

如何調和上述四項因素的影響，以促進國際執法合作的推行，可用圖14-5來說明。由左至右及由下至上的方向（即箭頭方向），代表國際合作方案的進展。圖14-5所揭示的意義，是指各因素在推行國際執法合作不同階段對執法合作的影響程度。左下角的位置是代表國際執法合作的起始階段，此時最重要的影響因素是政治，也就是相關國家應該先要有進行合作的政治意願。隨著國際執法合作的進展，政治因素的重要性逐漸降低，取而代之的因素是法律。換言之，在充分的政治意願基礎之上，相關國家後續應該建立執法合作的國際法律架構，並在國內落實該法律的執行。最

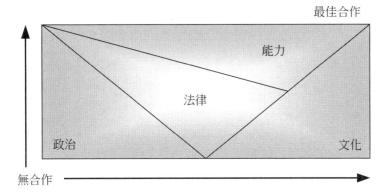

資料來源：Brown, S. D. (2008). "Ready, willing and enable: A theory of enablers for internation-al co-operation." In Brown, S. D. (ed.), *Combating International Crime: The Longer Arm of the Law*. New York, NY: Routledge-Cavendish.

圖 14-5 國際警察合作影響因素的調和

後，圖的右上角代表國際執法合作已進展到較成熟與緊密的階段。在此階段，能力及文化因素甚為重要，超越法律因素的影響，成為執法合作後期階段的主要影響因素（Brown, 2008）。

　　充分的政治意願、適當的法律架構、支持參與國際執法的文化，以及足夠的專業能力，都是成功推行國際執法合作的必要條件。但這些因素還必須達到一種平衡狀態，若政治因素影響過強，會讓合作方案的決策與選擇，僅著重支持政府利益的便利性上。若法律的管制範圍太廣、規定性過強，那麼國際執法合作方案將難以調和各國法律的差異而進退維谷。相對地，有關國際執法合作的法律若欠完備，那麼必要的合作行動及提供他國協助的工作，將可能面臨無法依循的窘境。如果支持國際合作的文化過於微弱，那麼執法人員就可能缺乏意願或認知，利用資源和機會與外國執法人員進行交流，建置的合作系統終將成為浪費。最後，如果投注國際執法合作的設備不夠精良、人員專業能力不足，終將無法順利達成任務、滿足外國合作伙伴的期望。本章所述四項因素，對於國際執法合作的推展，是具有顯著意義的。當然，並非意味在缺少這些因素配合下，合作行動就完全無法進行，只是那將會讓執法人員在防制跨境犯罪的路途上，舉步維艱、位居劣勢。

第十五章　犯罪被害人保護與犯罪預防

第一節　前言

　　傳統的犯罪學與刑事司法研究，將研究重心置於犯罪現象、犯罪人特質與如何矯正犯罪人等方面的研究，而對於犯罪被害人的瞭解與關心卻顯得相對不足。回顧人類歷史，在13世紀刑事司法系統建立以前，被害人或是他們的家人在犯罪的回應上，扮演著中心的角色。他們負責最初的工作和逮捕犯罪人。他們也施予懲罰、獲得犯罪人所支付的罰金，以及索取賠償以彌補損壞或是丟掉的財物。因此，人類古老社會於血親復仇、血族復仇或是同態復仇的時期，有關犯罪的追訴是由被害人、被害人的近親或是其所屬家族直接實施。在封建社會中，犯罪人是否受到法律的追訴，亦取決於被害人的意願。然而在13世紀當代法治國建立後，被害人喪失他們在這個程序的中心地位，他們在逮捕、審判、追訴等程序上的角色也就變得不明顯。被害人只能向相關當局報告其犯罪被害事件，並希望刑事司法系統能有所回應，但刑事司法體系對於犯罪人的關注往往多於對被害人的關心。被害人在犯罪事件中雖是直接被害的「當事人」，但在刑事訴訟程序上則將之排除於「當事人」角色之外。因此，綜觀近代有關被害人在刑事訴訟程序中的歷史，是一個遭受疏忽、再次被害、剝削和政治上操縱的歷史，而處理的結果亦無法滿足被害人需求、沒有實現他們的期望以及導致被害人挫折和疏離的歷史（黃翠紋，1998）。在現代國家中，除了少數犯罪允許被害人擁有自訴的權利外，對罪犯的懲罰成了國家的權力。被害人在刑事訴訟程序中的地位，並不如民事訴訟中的地位，不再是訴訟的直接當事人，許多案件的被害人連其因犯罪而遭受的直接損失都難以索回。

　　警察是刑事司法體系的守門員，肩負著抗制犯罪的重責大任。電影上常將他們描繪成英雄人物；在實際生活中，對犯罪被害人而言，警察是他們的救星，可以幫助他們尋回財物，使他們免於遭受歹徒的攻擊，並且能夠逮捕犯罪嫌疑人。因此，在犯罪事件發生後，警察對於被害人而言是相當重要的。而警察機關則經常是被害人犯罪被害後最先接觸的政府部門，

同時也是他們與刑事司法體系接觸的重要橋樑。至於對警察而言，許多的犯罪都有被害人，而大多數的犯罪亦是由被害人提供犯罪被害的訊息給警方。甚且從犯罪學的相關研究亦發現，少數的被害人解釋了相當大比例的被害事件，亦即大量的被害事件集中在有限的被害人身上，這證明了前次的被害經驗是未來被害的良好預測指標，有被害經驗的人會比沒有被害經驗的人在未來有較高的被害風險（Braga, 2002）。顯然，被害人是警察機關實施犯罪預防措施的良好對象。根據孟維德（2006）的研究即發現，約有50%～60%的被害人重複被害是發生在前次被害後三個月內，另約有15%～25%的重複被害是發生在前次被害後第六個月。顯示前次被害後三個月內以及前次被害後第六個月，是重複被害風險較高的時段。大約有70%～80%的重複被害，是發生在這兩個時段。因此，重複被害的間隔時間，可以作為警察機關選擇犯罪預防措施實施時機的參考。

　　近年來，已有愈來愈多人瞭解到：刑事訴訟程序的成功與否，被害人本身扮演著極其關鍵的角色。大多數警察所接獲的報案都是來自被害人及其家屬，或是發生於被害人身上的事件，只有少部分是警察所主動發現的。因此，警察不僅需要仰賴被害人及其家屬的報案，也需仰賴他們的共同合作以進行犯罪偵查程序，甚且被害人亦是警察實施犯罪預防宣導的重要對象。而就被害人及其家屬而言，他們亦期望警察能夠對他們有所幫助，並且提供給他們有關案件進展的訊息，以及他們所可能獲得的賠償（補償）金和被害人支持等援助。當警察無法提供他們所期盼的協助時，他們對於警察的滿意程度將可能降低。在現今強調民意為上、服務優先的社會，民眾對警察的要求已不同以往，僅侷限於「秩序維護者」或「執法者」之角色；轉而代之，更需以「服務提供者」之角色為滿足。而就警察「服務提供者」角色扮演而言，最重要的工作莫過於對被害人權益之保障與創傷之感受了。

第二節　一個漸受重視的新領域——犯罪被害者學研究

一、國際間的發展趨勢

　　古代社會有關「被害人」一詞，係指宗教儀式上，奉獻給神明的祭祀品。其間，被害人一詞所含括的範圍不斷擴充；今日有關「被害人」一詞則係指：因為自然災害、各種事故、遭受種族或性別歧視以及因他人犯罪侵害而受到傷害、損失或困擾的人。雖然早在19世紀就有研究者注意到，部分犯罪事件中，被害人對於遭到犯罪侵害負有某種程度的責任，但並未有研究聚焦於被害人身上，有關犯罪問題的研究始終著眼於加害人的研究。直至20世紀中期，被害者學的研究才開始慢慢受到重視。一般咸認為，德國犯罪社會學家Hans von Hentig在1941年所發表的「論犯罪人與被害人的相互作用」（Remarks on the Interaction of Perpetrator and Victim）這篇文章中，檢視被害人與犯罪人之間的互動關係，指出：被害人在犯罪發生的過程中扮演重要的角色，是奠定日後被害者學研究基礎的關鍵文獻。1947年，法律學者Benjamin Mendelsohn在精神病學學會上發表「被害者學：生物、心理、社會學的一門新科學」演講時，創造了「被害者學」這個名詞；1956年，他又發表「生物、心理、社會科學的新領域：被害者學」，並且提出「被害人有責性理論」之論述；1957年，又發表了「當代科學：被害者學」。此後，「被害者學」的觀念便在全球各地傳開來。然而在此時期，大多數犯罪學家的研究仍著重於對犯罪人的研究，被害者學的研究則不受重視（Doerner & Lab, 2002）。甚且早期研究比較著眼於被害人在犯罪事件中所扮演的角色與責任，而顯少關注被害人因犯罪事件所遭受到的損害及其權益。直至1960年代末期，隨著人權觀念的高漲、被害人的實證調查研究，以及國際犯罪被害人協會的鼓吹，被害者學研究才逐漸受到各國重視，而研究主題也朝向多樣化發展。

　　自1960年代中期，犯罪學家和社會改革者開始參與被害者權利保護運動。而綜觀被害人的權益受到重視的主要因素有以下五項（黃翠紋，2013）：

（一）面對犯罪率居高不下的情況，許多國家的法律界人士批評刑事司法系統對罪犯過於軟弱，司法訴訟過程僅著重於對罪犯權益的保障，但對於被害人要求嚴懲罪犯的呼聲則漠不關心，遂發起「恢復法律和秩序運動」，要求建立以被害人為中心的刑事司法制度。

（二）婦女運動經過長期努力爭取到政治和財產權利後，開始謀求其他領域的權利，其中包括了擁有自己性與人身自由的權利。因此，性侵害、婚姻暴力、性騷擾等議題開始受到重視。女權主義者鼓勵受暴婦女將其不幸的經驗說出來，以取得社會各界的同情，提供給這類被害人協助，並要求政府修改法律，嚴懲侵犯婦幼人身安全的加害人。

（三）民權運動者也開始將關注的焦點轉移到被害人身上，他們關注的焦點在於種族暴力與警察暴力等問題。他們批評刑事司法系統的運作過程具有歧視眼光，存在著雙重標準。當被害人是白人，而犯罪人是黑人時，警察對此類案件高度重視；但當被害人是黑人，而犯罪人是白人時，則警察對此類案件則往往不太重視。不僅如此，刑事司法其他子系統（檢察機關、法院等）亦抱持著相同的態度，致審判結果常不利於少數族群。

（四）新聞媒體與商業界也開始關心被害人的問題。由於新聞媒體發現，被害人的痛苦與處境是能夠引人入勝的新聞題材，故開始廣泛的報導他們的事件。至於商業界則發現，被害人與潛在的被害人具有廣大的保安器材市場，人們對於犯罪被害的恐懼感，可以為他們帶來龐大的商業利益。

（五）受到犯罪被害調查的研究發現所啟發。為了解決官方犯罪統計黑數問題嚴重的現象，美國分別在1966、1967年舉辦三次先導研究。期間歷經了幾次的調查方法改革，到了1989年，美國聯邦政府對犯罪被害調查進行了第五次改革，是為第五代犯罪被害調查之開始。重新設計後的犯罪被害調查擴增其蒐集犯罪資訊的能力，包括性侵害和家庭暴力均包括其中。同時，亦提高了受訪者回憶事件的能力，也探討公眾對犯罪的態度。這些設計均實質地改善了犯罪被害調查的廣度和深度，透過調查並獲得許多影響深遠的資訊。

隨著被害者學的研究漸受重視，自1973年起，國際被害者學術研討

會[1]定期召開，而聯合國又於1985年通過「犯罪與權力濫用之被害人宣言」（Declaration of Basic Principles of Justice for Victims of Crime and Abuse of Power），將「犯罪被害人」定義為「因違反各國刑法或禁止權利濫用法律之各種作為或不作為，致使個人或團體遭受身體上、精神上之損害、情感上之痛苦、經濟上之損失，或其他對於基本人權有重大侵害之被害人」。[2]自此以後，已有愈來愈多人注意到被害人在刑事訴訟過程中所遭遇的不平等對待，並促使許多國家的政府開始重視被害人的權益。同時，在此背景下，有愈來愈多犯罪學家開始對被害人的相關議題進行了有系統的科學研究，今日，「被害者學」已成為一獨立的學科。

二、我國的發展狀況

　　我國於1980年以前，僅有少數刑事法學者關注到犯罪被害人保護的相關議題。首先，林紀東教授於1957年，基於無過失責任的觀念和社會保險的思想，提出被害人損害補償制度的概念，並將其定位為社會安全制度的一環。他認為，如犯罪人無力賠償時，應由國家代負損害賠償責任（林紀東，1957）。1961年，蔡墩銘教授亦指出，刑事法倘有犯罪賠償的規定，除可免於後續訟累外，並可讓被害人獲得即刻賠償，建議修改我國刑法相關規定（蔡墩銘，1961）。再者，1965年，對於被害者學關注

1　1973年起，第一屆「國際被害者學研討會（International Symposium on Victimology）」在以色列（Israel）首都耶路撒冷（Jerusalem）召開，從此之後，研討會每隔三年定期集會一次，該研討會討論的議題包括：關被害人之法律問題、補償及賠償、被害預防、家庭暴力事件、被害人權及被害事實調查等議題。2012年5月，第十四屆研討會在荷蘭（Netherlands）的海牙（Hague）舉行（http://www.14thsymposiumwsv.nl；http:// www.facebook.com/worldsocietyofvictimology）。

2　此一宣言之目的在於提升被害人之人權保障，亦被稱為被害人人權宣言。1985年於義大利米蘭召開之「聯合國防治犯罪及罪犯處遇會議（United Nations Congress on the Prevention of Crime and Treatment of Offenders）」大會通過「聯合國犯罪與權力濫用之被害人宣言」（Declaration of Basic Principles of Justice for Victims of Crime and Abuse of Power，adopted by General Assembly resolution 40/34 of 29 November 1985），其主要內容包括：1.犯罪被害人的定義；2.被害人在司法程序上權利之保障；3.加害人對被害人及其遺屬或被扶養人之公正賠償；4.對於因犯罪而死亡或重傷之被害人未能由加害人得到充分賠償時，應由國家予以補償；5.政府及社會應對被害人提供其所需之物質、精神及醫學等多方面之援助。此宣言促使被害人之刑事政策所關心的客體，從犯罪被害人補償制度及設立犯罪被害人之支援組織，逐漸發展至刑事司法程序上被害人權益之保護，並且於犯罪者處遇階段導入被害人觀點而強調修復式正義，以及強化犯罪被害預防及權利保障，更促進合理有效的被害人保護支援。

最多、影響最深遠的張甘妹教授亦為文提倡被害者學的重要性。張甘妹教授主張：「被害者學」在於分析犯罪人與被害人間的生物學、心理學、社會學等諸多關聯，闡明被害人在人格、素質、環境上的特性。其歷史雖尚淺，但是其研究無論在犯罪原因學、犯罪偵查學及刑事政策學上，都有不可忽視的重要性。她並且進一步指出，有犯罪即有被害，惟因被害人其性質上對社會無害，故在犯罪人的研究（犯罪學）已有相當成就之今日，被害人之研究仍極少為人所注意。之後，張甘妹教授對被害者學有諸多研究著作，在1976年所出版的「犯罪學原論」乙書，對被害人相關議題的論述最為完整（張甘妹，1995），從此開啟了我國從事被害人保護政策研究之先河。透過諸多學者啟動了對此議題的探討，確實讓我國日後在被害人研究上獲得很大的啟蒙。

1980年代初，臺灣社會發生一些重大婦幼人身安全事件，除被害人求助無門[3]、「原住民少女」被迫販賣為娼議題的持續發燒[4]，而婦運團體亦不斷倡導婦幼人身安全與保護措施，引發社會各界開始注意到被害人保護的相關議題，也促使政府部門逐漸關注被害人保護政策。在此同時，政府為因應世界人權保護的趨勢，於1981年7月1日實行國家賠償法，條文中針對公務員或是公有公共設施因設置或管理有欠缺，致人民生命、身體或財產受損害者，國家應負損害賠償責任，開創了我國被害人保護法制的先河。隨著臺灣經濟的起飛，在1987年正式宣告解嚴，性別平權觀念逐

3　例如：發生於1984年3月30日下午3點半的臺北市螢橋國小潑灑硫酸事件，當時住在國小附近的36歲的蔡姓兇嫌，本身患有精神疾病，對學校放學時吵雜的聲音無法忍受而刺激到他的病情，當時他帶著一把刀和一桶硫酸潛進螢橋國小，對著二年級某班的小學生潑灑硫酸，造成43名學童灼傷。這個事件促使政府於1990年12月7日公布施行「精神衛生法」，但有關被害人的損失補償部分，則因當時兇嫌已自殺身亡，而其家屬又表示無力賠償，致家屬求助無門。

4　1986年底到1987年初，中國時報長期以散稿、專題系列報導、社論等形式，密集地報導、評論了「原住民少女」被迫販賣為娼的現象，後來人間雜誌、南方雜誌、時報新聞雜誌，也先後以專輯形式先後加以報導。在媒體相繼披露原住民少女被父母販賣從娼的事件之後，未成年少女從娼整體的問題漸為社會所重視。政府在輿論壓力下，在1987年3月開始執行「正風專案」，以掃蕩私娼寮，救援被壓賣的雛妓。而在輿論、學界及民間公益團體的疾呼下，雛妓在法律及社會上的角色定位也有了顯著的轉變，其不再被視為是偏差或犯罪者，而是「性剝削、性虐待」下的被害人。而許多的民間團體，諸如：婦女救援基金會、勵馨文教基金會、終止童妓協會、彩虹婦女事工中心及臺灣世界展望會等，便毅然地投入雛妓救援與安置的工作，對於雛妓的研究也相較於以往有較為廣泛及深入的探討。

漸受到重視，民間團體蓬勃，各種社團相繼成立，其中有不少是屬於關心婦女人身安全的社團。

　　自1990年代起，政府通過一系列的婦幼安全專屬法規外，並於1998年公布施行「犯罪被害人保護法」，然而本法施行結果，被害人所受到的保護並不如制定時所預期的效果。而反觀國際間被害人保護運動於該法施行後則更顯蓬勃發展，各國莫不致力於提升對被害人的照顧與保護，國內亦多所倡議擴大被害人保護，立法委員亦提出「犯罪被害人保護法」部分條文修正草案，主張擴大被害補償對象，應增加性侵害犯罪被害人，並於2009年8月1日通過施行；2011年11月15日再次修正本法。到了2016年11月至2017年8月，行政院舉辦一系列司法改革國是會議，其中第一分組的討論主軸即為「保護犯罪被害人」，並決議政府應制定關於犯罪被害人保護之基本法，本案經法務部保護司多次邀集學者專家舉辦公聽會討論，已決定將現有的「犯罪被害人保護法」修改為「犯罪被害人權益保障法」之方向努力。

第三節　被害人保護政策的變革

　　在現代法治國建立以前，對於加害人的追訴與求償，是由被害人及其家屬獨力為之。但是國家擔負起此項責任後，被害人的角色退居到只能擔任證人而已。此種演變，一部分是想以審判的方式避免被害人運用私人的關係進行復仇，而導致社會的失序；一部分也是在節省被害人的負擔。另一方面，為了避免國家權力過度擴張而損及犯罪者權益，法律對於國家的權限亦有所限制，對於嫌疑犯與犯罪者的權利則有明確的規範，同時也賦予警察、法官、和矯治人員等國家公務人員的義務。以目前的刑事司法制度運作而言，主要的焦點是集中在政府及加害人的對立上。政府希望經由法律的制定與懲罰違法的人，以建立社會的秩序。但因為政府的權力實在太大了，因此程序正義乃轉而希望能夠確保加害人的權益，以及在接受政府對其審判時，能夠受到公平的待遇。為了防止政府的權力過度擴大，乃發展出幾個刑事政策應該遵守的原則，諸如：一、法治國原則：在形式上，國家的刑罰手段都必須有法律上的依據；在實質上，法律的制定必須

有「正義」的基礎，或是「正當性」的根源。同時，刑罰的宣告與執行則都應由法官為之；二、人道主義原則：一個人必須把他人當成目的而不是手段，所強調的則是對於人性尊嚴的尊重[5]；三、責任主義原則：刑事刑罰僅能對於犯罪者就其犯罪之行為具有可非難時，始能適用。因此，刑罰是以犯罪者的責任為前提，沒有責任就沒有刑罰（林東茂，1997）。後來此種模式乃演變成在訴訟程序中，加害人是站在防禦的立場（經常是消極的抵抗），而政府則是扮演積極的角色。至於刑事法庭則是政府與加害人激烈辯論的戰場，在這裡決定了加害人是否有違反法律，以及應科予何種的應報。

然而很不幸地，此種刑事訴訟程序卻漠視了被害人的權益，對於被害人求償、訴請保護的權利，都沒有清楚的法律規範。被害人在參與刑事訴訟程序的過程中，可能會遭受二度傷害而感到挫折，並轉而採取疏離的態度。在二造對立的刑事訴訟過程中，被告很少會願意承擔他們行為後果所需負擔的責任，而且在政府機關處理案件及律師們企圖解析案情的過程中，將會降低他們主動參與的意願。加以證據蒐集不易，而訴訟過程又會形成當事人對立的情形，容易導致當事人與法院疏離。即使刑事司法系統已經採取嚴格的刑事政策來處罰犯罪人，但是在整個訴訟過程中，被害人在訴訟程序的進行上，仍然沒有作決定的權利，被害人可以參與的程度事實上是相當低的。被害人並非訴訟主體，充其量只不過是擔任檢察官的證人而已。因此，他們幾乎無法掌控訴訟的過程，也沒有參與訴訟程序的權利。就許多被害人而言，往往會因為遭受忽視、經常沒有被告知訴訟程序、法院開庭日期，以及案件的判決情形，因而增加其挫折感與忿怒的情緒。從過去的研究也發現，被害人在出庭作證過程中，也往往會遭受刑事司法系統的二次傷害，包括：時間耗損、金錢損失、起居不便，遭人恐嚇騷擾，並因而使其飽受心靈上的創傷（張平吾，1996）。至於刑事司法

---

5 可惜的是，對於人性尊嚴的尊重卻是目前臺灣地區所最缺乏的。誠如國內犯罪學家黃富源氏在1997年4月30日聯合報的社論中所言，「若以病理學的角度來剖析臺灣的社會，則有以下三個現象：1.眾暴寡、強凌弱的病態風氣；2.急功近利的心理，希冀在最短時間內一夕成名、得利的病態價值觀；3.不尊重別人的權益，只重視自己的權利，缺乏對別人權利尊重的修養。」而當社會強烈主張以「嚴刑峻罰」及「治亂世用重典」的心態，又何嘗不是這三個現象的另一種詮釋呢？

人員則很少會花費時間來傾聽被害人的犯罪被害恐懼感，並且讓他們在加害人對於自己行為辯解時能夠在場。在這樣的過程中，被害人的內心往往會感到遭受二次傷害——第一次被加害人所傷害，第二次則是被刑事司法系統所傷害。因此，在此種制度下，往往促使被害人採取不合作的態度，而無法與政府合作共同追訴犯罪者，不但讓犯罪者逍遙法外，並將可能促使更多的人成為被害人。

　　從1960年代中期，犯罪學家和社會改革者開始參與被害人權益保障運動。隨著被害人所受到的關心以及被害者學研究之發現，開始讓人們關注犯罪黑數之嚴重性。沒有一個人可以說出一個社會真正的犯罪案件數目，因為有許多的犯罪沒有報案或登錄在官方的犯罪統計中。然而根據美國的司法統計局（U.S. Bureau of Justice Statistics）估算，在一個人的一生中會有以下的犯罪被害風險（Young, 1997）：

一、有67%的美國人將會成為強姦、搶劫，或攻擊的被害人（包括未遂犯在內）。

二、有50%的人口將成為一次以上的暴力犯罪被害人。

三、在12個婦女中，有將近一個人會成為強姦既遂或未遂的被害人。每九個非裔美國婦女中，有一個將成為此類犯罪的被害人。

四、幾乎所有的美國人一生中，至少有一次會成為個人竊盜犯罪被害人；每八個人中，有將近七個有此類犯罪被害的三次以上經驗。

五、有75%的人會成為嫌犯企圖攻擊的被害人。

　　此外，也有研究試圖估算犯罪被害事件必須付出的經濟與心理上的代價，以瞭解犯罪被害的嚴重性。就經濟上的損害而言，犯罪的所有損害可以區分成直接或是非直接的代價。直接的代價包括刑事司法系統的支出，以及犯罪被害人確實的金錢損失。另一方面，非直接的代價包括人民和商業機構在警報系統的支出，以及生產的損失、較高額的保險率，和醫療處置。例如，美國司法部在1994年的一份報告中指出，美國社會每年必須支付的犯罪直接成本是176億美元。此項金額只包括財產犯罪的損失或損壞、現金的遺失、醫藥的花費，和與犯罪有關的受傷或是行為所需的花費；此項金額沒有包括刑事司法系統的運作、保險費的增加、犯罪被害之後的搬遷費用，和痛苦的有形成本。如果把這些成本也計算在內，那麼美國每年花在犯罪上的金額將高達4,250億美元。至於犯罪的非直接成本則

更加難以計算。犯罪對於商業的影響包括保險和安全費用的增加、利潤降低，和商品的損失。而社會大眾也受到犯罪的間接影響。犯罪也引起心理上的創傷，但是無法計算其所需的金錢。研究犯罪心理上成本的犯罪學家檢視人們行為上的改變，可以回溯到對於犯罪被害的恐懼感。他們發現有許多人已經改變他們的生活型態。犯罪可能會破壞社會的結構、使人們對他人心懷戒心、因恐慌讓人們將自己鎖在家裡和辦公室不敢到公共場所，而把街道留給掠奪者（Doerner & Lab, 2002）。

　　隨著被害人權益受到關注，目前許多先進國家已經開始推動被害人保護與補償方案，包括：一、被害人補償方案；二、保障被害人在刑事訴訟上的權益；三、成立被害人支持組織；四、提供被害人諮商協助；五、設立家庭暴力被害人庇護所；六、提供被害人職業訓練與工作場所服務；七、採用被害人影響報告等（Sims, Yost & Abbott, 2006）。在美國，最受矚目的當屬被害人補償方案的發展、保障被害人在刑事訴訟上的權益，以及法官審判時採用犯罪被害人影響的報告：

一、賠償和補償方案

　　隨著被害人權益受到關注，愈來有愈多的犯罪者被要求需要補償被害人的損失（此措施稱為「賠償」restitution），或是為社區提供勞務。然而由於許多案件並未破獲，且大多數的犯罪者都沒有被判刑，只有少數的犯罪被害人獲得賠償。為了幫助被害人，因此許多國家成立了犯罪被害人補償方案。補償方案有二個特色與賠償方案不同：（一）在補償方案中，犯罪被害人從政府基金中獲得補償，而不是直接從加害人中獲得。犯罪被害人因此較有可能獲得一些補償金；（二）不論犯罪者是否被定罪，補償方案均會給予被害人補償金。然而補償方案的設立卻可能無法解決所有被害人的問題。主要原因包括：由於被害人補償基金不多，被害人若是申請全額補償經常受到否決。其次，並非所有案件類型均適合援用被害人補償方案，有一些特定的犯罪被害類型被排除於補償的資格之外。例如，在美國某些州，酒醉駕車肇事的被害人無法申請補償。第三，被害人補償方案並非適用於所有被害人，當被害人的收入若超過一定的金額以上，也無法獲得補償（Sims, Yost & Abbott, 2006）。

二、保障被害人在刑事訴訟上的權益

　　透過被害調查已使世人逐漸瞭解到，被害人在法庭上的不利處境，因此也促使了許多國家採取法律改革，以保障被害人在刑事訴訟上的權益。在所有犯罪被害事件中，又以遭受性侵害的兒童被害人處境最為艱難。因此，有關遭受性侵害的兒童被害人的改革措施就相對受到矚目，致其在訴訟上的權益保障亦較廣泛。例如，美國聯邦政府在1990年所通過的「兒童虐待法案」中（Child Abuse Act），賦予兒童被害人和證人許多權利與保護措施，這些措施包括（Whitcomb, 1992）：（一）兒童可以選擇留在法庭上作證，或是選擇在審判時使用雙向的閉路電視，或是使用錄影帶作證；（二）推定兒童擁有在法庭上擔任證人的資格；（三）在兒童作證期間，關閉法庭的大門；（四）製作兒童被害影響的評估報告；（五）運用許多專業團體以提供醫療和精神的健康服務給兒童被害人，如：採行專家作證、案件管理，和對於法官和法院人員的加強訓練；（六）任命代理監護人在訴訟進行中，維護兒童被害人的最大利益；（七）對於兒童受虐事件應該速審速決；（八）將兒童遭受虐待自訴的訴訟時效，延長到受虐者25歲為止；（九）贈送洋娃娃、木偶或圖畫等玩具給兒童證人，輔助其作證。

三、犯罪被害人影響報告

　　允許被害人在法庭上陳述遭受被害事件經驗對其影響，是犯罪被害人權利保障運動中的一個重要變革。美國最高法院在1991年推翻了過去的決定，建立被害人或是其家屬在死刑審判庭上陳述犯罪對其影響訊息的權利。過去被告的權利一直被視為比被害人及其家屬的權利來得重要，因而受到保護，使得在審判實務上，最高法院認為這樣的訊息很可能會煽動，並且可能會影響陪審團的判決。然而受到犯罪被害人權利保障運動的影響，有別於其過去的立場，最高法院認為即使在謀殺案中被害人的權利亦不應被忽視。就許多方面而言，這個決定可以說已經使得過去幾十年來的犯罪被害人權利保障運動達到了高峰。它的目的在於提供檢察官和法官，有關犯罪被害人或是其遺屬所遭遇的生理、財產，和情緒上損失的訊息。當檢查官準備他（她）的案件和決定適當的賠償時，會使用從被害人

影響報告所獲得的資訊。審判法官也可能會使用從被害人影響報告所獲得的資訊，以決定適當的量刑。最先的被害人影響報告可以追溯至1983年Morris v. Slappy這個案件。在本案中，Warren Burger審判長認為下級法院的判決沒有「考慮犯罪被害人的利益」。然而最高法院並沒有將這個考量擴及到死刑犯的案件上。在Booth v. Maryland（1987）以及South Carolina v. Gathers（1989）二個案件上，最高法院都認為犯罪被害人的屬性及其損失與犯罪者的可責性沒有關連。然而在1991年的Payne v. Tennessee案件上，最高法院改變了它的立場。目前被害人影響報告可以使用到所有的案件上，包括科處死刑的案件也在考量範圍內（Doerner & Lab, 2002）。

第四節　犯罪被害調查的發展與功能

近世紀以來，有關被害人權益的關注始於犯罪被害調查。因此，本章將先討論犯罪被害調查的發展及其貢獻。

一、犯罪被害調查的發展

Fattah（1991）及Hindelang（1976）指出，由於官方犯罪統計黑數問題嚴重，美國總統執法與司法委員會乃於1966年建議舉行犯罪被害調查以為彌補。於是在1966和1967年分別舉辦了三次先導研究（pilot study）。這也是世界上最早的犯罪被害調查。1966年的先導研究是由Biderman教授指導，由社會科學研究局（Bureau of Social Science Research）執行，針對華盛頓哥倫比亞特區（Washington, D.C.）隨機抽出之511名18歲以上成年人進行訪問。第二次之先導研究則由密西根大學（University of Michigan）之調查研究中心（Survey Research Center）在Reiss教授指導下進行。本次調查乃針對哥倫比亞特區、波士頓和芝加哥等市之768名商業機構之負責人或經理人，及595位18歲以上成年人進行訪問。第三次先導研究則由Ennis教授指導，由全國意見調查中心（National Opinion Research Center）所執行。這是一項全國性的調查，抽取1萬個家庭進行訪問。在本次調查中發現，約有50%的犯罪案件未向警方報案。

　　三次的先導研究均旨在探討一項新的犯罪資訊蒐集方法是否可行，以及刑事司法機構如何能使用這些資訊。這些先導研究構成了第一代的犯罪被害調查（First Generation Victim Survey），同時也發現了一些方法學上的問題，如受訪者記憶頹失（memory decay）、定義問題、抽樣問題等。

　　第二代犯罪被害調查於1970和1971年實施，乃針對第一代犯罪被害調查之缺陷而做了一些方法學上的修正，如採用紀錄對照（record check）及小樣本組連續研究（panel design）等。

　　第三代之犯罪被害調查稱為全國犯罪調查（National Crime Survey），充分顯示了美國聯邦政府對犯罪被害調查的重視。聯邦政府分別抽樣調查全國72,000家庭，15,000商家並針對全國26個城市中之12,000家庭及2,000商家進行特別調查。由於商業被害調查樣本太小及費用太高，於1977年開始停止舉辦。而城市之特別調查則因與家庭調查有許多重疊之處，且又費用太高，於1975年開始停止舉辦。

　　從1979年開始採用新設計，正式進入第四代之犯罪被害調查，名稱亦修正為全國犯罪被害調查（National Crime Victimization Survey, NCVS）。改進的方向包括：改進受測試者反應的正確性、增加犯罪與被害不同層面的問題、使調查所得資料更適合學術研究之用。同時，也開始採用篩選問題（screen questions），以便能更深入詢問被害經驗。

　　到了1989年，聯邦政府對犯罪被害調查進行了第五次改革，是為第五代犯罪被害調查之開始。重新設計後的犯罪被害調查擴增其蒐集犯罪資訊的能力，包括性侵害和家庭暴力均包括其中。同時亦提高了受訪者回憶事件的能力，也探討公眾對犯罪的態度。這些設計均實質地改善了犯罪被害調查的廣度和深度，產生許多影響深遠的資訊。

　　截至目前，美國仍是犯罪被害調查的先驅，每年一次的調查使其能與官方犯罪統計相互比較，提供許多政策決定及學術研究等多用途的資料。世界上其他先進國家，如北歐諸國、德國、英國、荷蘭、瑞士、法國及澳大利亞等亦均以蒐集犯罪被害調查之資訊並形成制度（Schmalleger, 2002）。

　　而為瞭解世界各地的犯罪被害狀況，同時避免官方資料的缺陷及障礙，聯合國的「跨地區犯罪與司法研究所」（United Nations Interregional Crime and Justice Research Institute, Rome）從1989年開始對自世界上45個

國家進行國際犯罪被害調查（International Crime Victimization Survey，簡稱ICVS）。這45個國家包括西歐、東歐、北美、南美、非洲及亞洲（日本、蒙古、中國大陸、印度、印尼及菲律賓）等地區。然後於1992及1996年分別又進行了第二、第三次調查。這些調查成果讓研究世界各地區犯罪問題之學者不必再依賴警察的資料。警方的資料由於各地區對犯罪之認定、執法及記錄方式之差異，而有觀察進行比較研究之問題。但ICVS卻可使吾人超越這些困難，使得吾人在犯罪（被害）測量上有進一步的革新。

二、犯罪被害調查的功能

Fattah（1991）指出，研究先於政策決定。而有效的犯罪被害預防則需以理論，而非以政治或意識型態為基礎，故理論被害者學（Theoretical Victimology）是應用被害者學（Applied Victimology）的先決條件。Hindelang（1976）則根據1972年的26個城市的個人犯罪被害調查結果，發展出「生活型態理論」（Life Style Theory），日後成為Felson（1994）影響廣大的「日常活動理論」（Routine Activity Theory）之基礎。因此，犯罪被害調查對被害理論形成之功用大矣！

Groenhuijsen（1999）指出，在歐洲，於1970年代早期開始犯罪被害之實證研究，主要的國家包括德國、英國、荷蘭等。這些實證研究發現許多有關被害人之需求，因而促成許多犯罪被害人支持及協助組織的成立，並造成刑法上的革新。如：Van Dijk（2001）及Mayhew（1993）等之犯罪被害調查發現，每年約有四分之一的人口遭受犯罪被害，而犯罪被害的後果遠比吾人所想像的為嚴重。其中，最根本的後果是對社會信任的動搖甚或喪失。其次，人際間彼此信任的喪失，對保護自己人身及財產安全之信心亦開始動搖。最後，則是事件發生後，官方人員處理不當所造成的二度傷害（secondary victimization）也是被害人所關心的。

研究也發現，被害人所最迫切需求的是尊敬與認同，亦即刑事司法人員必須以嚴肅莊重的態度去對待被害人，不將之視為外人，給予必要的資訊及說話的時機，以避免有疏離化的感覺（孟維德，2006）。所謂被害人的「程序正義」（procedural justice）之概念因而產生，亦即在刑事訴訟過程中，被害人所受到的對待與刑事訴訟的結果是同等重要，他們需要

瞭解為何某些案件不起訴、無罪或刑罰很輕，為何某些案件加害人又受到嚴厲的刑罰等（Tilley, 2002）。

　　而為了減輕被害的不良後果，乃有各種國際性或國內被害人支持組織（victim support organizations）的成立。在歐洲，「歐洲被害人服務論壇」（European Forum for Victim Services）包括了來自15個國家之17個組織，每年約服務120萬被害人。其服務的項目主要包含三個領域：

（一）一般事務性的服務。如填表格、修理受到損害的門窗，或臨時庇護
　　　場所等。

（二）資訊提供。包括刑事訴訟、醫療及政府補助等。

（三）心理支持等。

　　因此，無論是以符合被害人需求為主的刑事司法改革，或被害人支持組織的成立與運作，均以被害調查之發現為最主要的設計基礎。由此可知，犯罪被害調查對於當代被害人保護政策的貢獻。

第五節　警察與犯罪被害人的關係

　　犯罪被害人對於刑事司法系統的功能是非常重要的。警察仰賴被害人報告犯罪及扮演原告的角色，而檢察官、被告律師、法官和陪審團也仰賴他們充當證人，以及假釋委員會在假釋釋放審議會議上亦需考量到被害人。甚至刑事司法和社會服務機構也需花費大量的金錢在被害人身上。當警察知道犯罪事件，以及犯罪者進入刑事司法系統後，被害人亦同樣的必須與警察和法院接觸。但是他們的角色與犯罪者不同，而刑事司法系統對他們也會有不同的處理方式。過去幾個世紀以來，被害人與刑事司法系統的關係是非常引人注目的；但不同時期，其間的關係卻有所不同。在英國習慣法還沒有建立之前，被害人或是他們的家人在犯罪的回應上，扮演著一個中心的角色。他們負責最初的工作和逮捕犯罪者，他們也施予懲罰、獲得犯罪者所付的罰金，以及索取賠償以彌補損壞或是損失的財物。然而自從刑事司法系統開始於13世紀出現後，被害人喪失了他們在這個程序中的中心地位，他們在逮捕、審判、追訴上的角色就變得不明顯。被害人只能報告其犯罪被害事件，並希望刑事司法系統能有所回應，而刑事司法體

系對於犯罪者的關注往往多於對被害人的關心。一直到20世紀中葉，被害人才又慢慢受到重視。隨著被害人所受到的注意，也使得社會大眾開始關注被害人的權利。當公眾對於被害人的關注增加時，也迫使刑事司法體系及其人員必需改變他們對於犯罪被害人的回應方式。有關被害人與刑事司法系統的關係，本書將僅聚焦於探討警察與犯罪被害人的關係。

　　對警察而言，許多的犯罪都有被害人，而大多數的犯罪亦是由被害人提供犯罪被害的訊息給警方。事實上，被害人請求刑事追訴的成功與否，仰賴他們本身及其家屬的回應。透過被害人及其家屬的合作，可以使警察能夠順利的逮捕嫌疑犯，並且移送地檢署偵辦。從1980年代開始，歐美社會開始瞭解到：刑事訴訟程序的成功與否，被害人本身扮演著極其關鍵的角色。大多數警察所接獲的報案都是來自於被害人及其家屬，或是發生於被害人身上的事件，只有少部分是警察所主動發現的[6]。因此，警察不僅需要仰賴被害人及其家屬的報案，也仰賴他們的共同合作以進行犯罪偵查程序。而就被害人及其家屬而言，他們亦期望警察能夠對他們有所幫助，並且提供給他們有關案件進展，以及他們所可能獲得的賠償金和被害人支持的訊息等援助。如果警察沒有提供他們所期盼的援助，那麼他們對於警察的滿意程度將會降低（Thomas, 1994）。以下將分就二方面來探討犯罪被害事件發生後，警察與被害人的關係。

一、警察對於被害人的協助

　　被害人經常會在被害後向警察報案，以尋求他們的協助。如果被害人及其家屬對於刑事司法體系缺乏信心，那麼他們將很有可能選擇不報案，以免惹來麻煩或遭受加害人的報復[7]。警察機關若能清晰瞭解被害人及其家人的報案理由，繼而在受理報案人員的態度上以及報案後的勤務規劃、偵查作為予以具體回應，應有助於提升被害人及其家人對警察機關處理犯罪事件的滿意度。有關被害人報案的原因，根據美國司法部的統計：有五

6　Reiss的研究發現：警察工作的活動或行為的發動，有90%是由民眾報案而起，警察只不過是針對民眾的報案加以反應而已（李湧清，1995）。

7　被害人不願意報案的因素相當多，其原因可能包括：1.認為警察對於該犯罪案件無法提出任何有效措施；2.認為這是私人事件，而非犯罪事件；3.無法確定犯罪者可否被逮捕；4.認為警方不願意被干擾等因素（許春金，2007）。

分之二的被害人報案是為了尋回失物或是取得保險理賠；有三分之一的報案是為了避免再次被害；只有低於十分之一以下的人報案是為了要看到犯罪者被懲罰（U.S. Department of Justice, 1988）。

而在臺灣地區，根據許春金、孟維德、陳玉書（2010）的研究發現[8]（如表15-1所示），在家戶被害部分，針對被害人及其家人向警察報案的主要原因依選項百分比高低排序，前三項原因分別為使受損害的財物能夠恢復原狀（38.06%）、避免被害財物成為其他犯罪的工具（25.67%）、中止這件事件發生（9.69%）。當觀察家戶被害中的四種被害類型，則可發現四種被害類型的報案原因存有差異，針對住宅竊盜及詐欺，報案者報案主因是「使受損害的財物能夠恢復原狀」。針對汽車竊盜及機車竊盜，報案者報案主因是「避免被害財物成為其他犯罪的工具」及「使受損害的財物能夠恢復原狀」。在個人被害部分，依選項百分比高低排序，前三項原因分別為使受損害的財物能夠恢復原狀（24.42%）、避免他人受到犯罪人的侵害（17.51%）及懲罰犯罪人（14.29%）。由於強盜及搶奪屬直接性的掠奪犯罪，大多數被害人與犯罪者有直接性的接觸，此等犯罪不僅給被害人造成財物損失，更給被害人帶來直接性的、親身接觸的驚嚇和傷害，往往造成被害人生理或心理上的創傷，其損害效應與家戶被害有所不同，也因而導致報案動機不同。被害人除有損害恢復的需求外，似乎帶有應報需求，希望「懲罰犯罪人」。

表 15-1　被害人及其家人向警察報案的主要原因

被害類型別	樣本數（戶）	百分比	中止這件事件發生	受傷需要幫助	使受損害的財物能夠恢復原狀	申請保險理賠	避免自己或家人再受到犯罪人的侵害
家戶被害總計	1,445	100.00	9.69	3.46	38.06	0.83	5.61
住宅竊盜	340	100.00	14.41	5.59	32.06	-	17.06
汽車竊盜	367	100.00	3.54	4.09	39.51	1.09	1.63
機車竊盜	372	100.00	1.61	1.34	40.59	0.27	0.27

8　雖然在英、美等國，犯罪被害調查已有近四十年的歷史，臺灣則在2000、2005及2010年執行三次犯罪被害調查，本章所引用的資料是許春金、孟維德、陳玉書等學者於2010年接受內政部警政署委託所執行的調查發現。

表 15-1　被害人及其家人向警察報案的主要原因（續）

被害類型別	樣本數（戶）	百分比	中止這件事件發生	受傷需要幫助	使受損害的財物能夠恢復原狀	申請保險理賠	避免自己或家人再受到犯罪人的侵害
詐欺	366	100.00	19.67	3.01	39.62	1.91	4.37
個人被害總計	217	100.00	11.06	7.83	24.42	-	8.29
強盜	104	100.00	13.46	12.50	19.23	-	10.58
搶奪	113	100.00	8.85	3.54	29.20	-	6.19

被害類型別	樣本數（戶）	百分比	避免他人受到犯罪人的侵害	懲罰犯罪人	讓警察多注意事件周遭環境的安全	為維護社會正義	避免被害財務成為其他犯罪工具	其他原因
家戶被害總計	1,445	100.00	6.85	5.33	2.63	0.90	25.67	0.97
住宅竊盜	340	100.00	5.59	9.41	9.12	1.76	4.12	0.88
汽車竊盜	367	100.00	2.18	2.72	0.54	-	44.41	0.27
機車竊盜	372	100.00	3.49	0.81	0.81	-	50.54	0.27
詐欺	366	100.00	16.12	8.74	0.55	1.91	1.64	2.46
個人被害總計	217	100.00	17.51	14.29	7.37	0.46	6.91	1.84
強盜	104	100.00	21.15	15.38	2.88	-	1.92	2.88
搶奪	113	100.00	14.16	13.27	11.50	0.88	11.50	0.88

註：此題僅受訪者或其家人報案者回答。

　　綜合警察對於被害人的可能協助，可以分為以下三項：

（一）提供訊息、指示和財物的回復

　　當被害人及其家屬向警察報案時，經常是他們犯罪被害後首次與刑事司法體系的接觸。此時，被害人也可能需要醫療上的救助與保護，假使有財物上的遺失，他們也希望警察能夠幫助他們尋獲。在被害人獲得適當的安置後，他們接著將會想要知道有關犯罪者的資料與警察對於案件調查的進展程度。由於嫌疑犯在被逮補後，往往需要被害人的指認與作證，因此被害人及其家屬亦需要仰賴警察告知此後他們案件在法庭上的運作程序。

　　一旦被害人將犯罪被害的事實向警察報案，並提供相關的犯罪資訊

後，接著下來將由警察主導其後的犯罪偵查工作。警察在受理犯罪案件後，他們必須先瞭解真實的案情與被害人控訴的真正原因為何。當警察第一次與任何案件的被害人接觸時，他們必須從被害人方面獲得有關案件的資訊，並且告知其可能的調查類型。除了性虐待或性侵害等特殊的犯罪類型外，警察在處理成人被害人或兒童被害人案件的方式上，並無重大差異。

在警察受理報案後，可能會因為罪證不足或其他因素，而終止其犯罪偵查工作。然而不管警察是因為何種因素，而決定終止案件的偵查或是僅對犯罪者加以警告，都將使得案件無法繼續進行，此時應該儘可能地通知報案人其處理情形。但是在實務上，會將案件的處理情形及其結果主動告知被害人及其家屬的警察並不多。而對於案件的起訴結果和法院的資料，由於主導權不在警察，因此，警察更不可能將此部分結果告知報案人。至於在被害人方面，對於大多數的被害人及其家屬而言，他們希望警察能夠憐憫他們的遭遇，對於他們的控訴有所幫助，並且提供案件進展程度及結果的訊息。尤其是人身攻擊的被害人及其家屬，將更期待儘速知道警察是否能夠將歹徒繩之以法。若警察一直無法掌握有利的線索或是不將調查進度告知被害人及其家屬，將使被害人會感到焦慮；而當被害人為兒童時，更會令其父母覺得無法保護自己的子女而有無力感。即使被害人已經知道警察對於某些犯罪類型其發現犯罪者的可能性不大（如：竊盜、搶劫案件）[9]，仍會急於想要知道案件的可能結果。因此，一旦被害人及其家屬報案後，在經過一段很長的時間警察仍無法逮捕犯罪嫌疑人時，他們還是

---

9 學者曾就被警察成功偵破的案件進行研究，結果發現這些案件具有若干破案因素（solvability factors）。這些破案因素分別是：1.有證人；2.知曉嫌犯的姓名；3.獲得有關嫌犯的描述；4.知曉嫌犯的處所；5.辨認出嫌犯作案的交通工具；6.有贓物的線索；7.有物證；以及8.有特殊的作案手法。如果案件有出現以上這些因素，則只要對該案件繼續偵查，那麼就有可能破案，反之則破案可能性將非常低。當案件有出現破案因素時，欲瞭解這些因素對破案的影響到底有多大，那就必須對他們的質與量進行評估，而加權系統（weighting system）的建立則有助於評估目的的達成。當案件的加權值超過某一特定值時，系統本身就會建議該案有繼續偵查的價值。通常系統所提供的最初建議，一般會由較資深且偵查經驗豐富的管理者來審查。當重大案件初次被認定無需偵查時，為慎重起見，該案件大多會交由其他管理者予以重新評估。這種過程一般稱為「案件的篩選」。其目的就是期望能將有限的刑事警力擺在具偵破可能性的案件偵辦上，一方面可以提升偵查績效，另一方面則可避免警力的浪費（孟維德，2005）。

會希望警察能夠告知他們案件調查的結果為何，否則將可能引發被害人的不滿（Crisp, 1990）。根據黃翠紋（2005）針對有報案經驗民眾的調查即發現，民眾對警察處理案件感到不滿意的因素以「報案未受重視或處理結果未獲告知」所占比率最高，為43.88%；其次為「受理、處理效率不佳或破案效率差」，為18.88%；第三為「處理結果無法讓人接受」，以及「態度不佳」，皆為13.78%；第四為「警察企圖吃案」，為5.10%；第六為「處理作業不公，有特權存在」，為2.04%。而以「區分管區，不受理報案」所占比率為低。至於案件已經起訴至法院的階段，由於被害人很可能需要到法院擔任證人，此時他們將更需要警察告知他們法院的訴訟程序及案件可能的訴訟結果。一旦被害人及其家屬對於警察失去信心，某些人可能會以自己的方式使公平正義得以實現。

（二）提供犯罪預防的資訊

大多數的民眾均有某種程度的犯罪被害恐懼感，而部分的實證資料則顯示出：民眾若對於警察的破案能力有信心，將可以適度的降低其犯罪被害恐懼感。從某些實證資料顯示，民眾對於警察的信賴與其對於犯罪被害恐懼感之間具有關聯性，也將可能影響犯罪預防的政策。根據Bennett（1994）的研究，過去有關這方面的研究大致上可以分為以下四個研究取向：

1. 對於民眾態度的橫斷面調查分析：此類研究取向包括：Baumer（1978）和Box、Hale與Andrews（1988）等人的研究，他們的研究結果都發現，民眾對於警察的信賴與犯罪被害恐懼感之間有統計上的顯著關係，而這種聯結則可作為干預策略的基礎。Box等人認為警察可以藉由增加其可見度以及加強與民眾的合作來降低其犯罪被害恐懼感。Baumer的研究則建議從改善警察的車巡與步巡等方式，來增加民眾安全感與降低犯罪被害恐懼感。然而也有其他的研究結果發現，民眾對於警察的信賴與其犯罪被害恐懼感之間僅有微弱，甚至沒有相關。例如：Garofalo（1979）的研究即發現，警察的工作表現（調查民眾對於警察工作的滿意度）與民眾的犯罪被害恐懼感之間僅有些微的相關；而Hale等人（1994）的研究也發現，民眾對於警察的信賴與其犯罪被害恐懼感之間並沒有關聯性。

2. 對於警察降低民眾犯罪被害恐懼感措施的評估：這個研究取向是對於

警察在降低民眾犯罪被害恐懼感方面的措施進行評估。例如，Corner（1986）曾經評估馬里蘭州Baltimore所實施的社區導向警政的成效，其中包括巡邏、犯罪預防，和問題導向警政等措施，發現這些措施對於降低民眾的犯罪被害恐懼感很有幫助；而在紐澤西州的Newark所進行的徒步巡邏準實驗設計也顯示，增加員警的徒步巡邏次數可以降低當地居民的犯罪被害恐懼感；以及密西根州的Flint的研究也發現徒步巡邏勤務有降低民眾犯罪被害恐懼感的效果。至於其他增加汽車巡邏的策略則無法有效降低民眾的犯罪被害恐懼感。

3. 實驗研究：這個研究的取向，是為了檢定假設或是對於特別創造的情境而進行實驗研究。Balkin（1983）曾經針對一群大學生進行調查，詢問他們在一些假設的情境下（使用芝加哥街頭景象的照片詢問他們），有那一些職業的人員在場會令他們感覺較有安全感，結果大部分的受訪者都希望警察能夠在場。

4. 與民眾接觸時，警察的服務品質研究：這個研究的取向是針對警察與民眾接觸時其服務品質進行調查，以瞭解對警察的信賴與降低民眾的犯罪被害恐懼感之間是否存有關聯性。Johnson（1991）的研究發現，被害人若在警察的犯罪偵查過程中能夠獲得警察的各種服務（包括：警察寄給被害人信件、後續偵查資訊的提供等），將比其他被害人較不會焦慮、沮喪，對警察也較滿意，但是並不會降低他們的犯罪被害恐懼感。Skogan（1989）和Winkel（1989）的研究也發現，警察的服務品質與民眾的犯罪被害恐懼感之間並沒有相關。

　　至於被害人則更是經常需要警察提供其未來如何預防再次犯罪被害的訊息（例如：如何使他們的居家環境較為安全）。就被害人而言，他們所迫切需要的警察服務，是警察能夠提供給他們有效的犯罪預防資訊，及減輕其犯罪被害恐懼感。在另一方面，假使警方對於所接獲的犯罪訊息能夠有效的處理，以剷除犯罪滋生的根源，被害人也將能獲得較好的保護。同時，警方若能提供犯罪可能於何時、何地，以及如何發生的訊息給社會機構（如：家庭、學校、社會福利等機構），以鼓勵他們共同預防犯罪，將可能減少犯罪機會的發生（Waller, 1989）。遭受人身攻擊的被害人，特別是那些與嫌疑犯熟識的被害人，報案後往往會擔心遭受嫌疑犯的報復和阻止他們出庭作證。對於這些特殊的個案，警察經常會忽略被害人的需

求,而對於他們的保護措施做得非常少[10]。有鑑於此,國際警察首長協會(International Association of Chiefs of Police, IACP)強調,未來警察在處理犯罪被害案件時,應該對於被害人給予最好的預防和保護措施,才是比較適當的(Morgan & Zedner, 1992)。

(三)對於被害創傷的感受性

電話派遣巡邏警員快速抵達犯罪現場,可能會對於被害人在犯罪被害後的調適上有實質的影響。當警察抵達犯罪現場時,被害人會尋求他們的幫助,並且希望警察能夠認同他們犯罪被害的事實。然而從過去的研究卻發現,警察的服務態度往往會使被害人感受到,被害人本身亦要為犯罪被害的事實負責,如此也可能會加深他們無謂的犯罪被害恐懼感,而使得被害人犯罪被害後的調適更加困難(Shapland, Willmore & Duff, 1985)。被害人的情緒創傷或是「不可見的傷痕」(invisible wound)雖不易令人瞭解,但是對於被害人或是其親友而言,卻經常是最殘酷的犯罪被害效應。令人訝異的是:即使是財產犯罪的被害人也可能會有此種創傷。在一項從警方資料所獲得的對被害人研究中發現,有超過70%的被害人會哭泣、感到驚訝與害怕;有20%的人會出現生理上的沮喪與記憶減退的狀況;有5%的人會有長期的殘餘效應[11]。由於這5%的嚴重創傷者情況非常特殊,因此對於警察而言,碰到此種狀況是最容易觀察到的(Waller, 1986)。

被害人在被害後,經常會改變他們的生活型態,但是警察對此可能不會察覺。當警察抵達現場時,被害人可能會表現得沈著與冷靜,但是過了幾天後,他們可能會顯得極度悲傷與生氣。然而警察可能會對於被害人情緒上的反應,有較低的敏感度。在他們的職責範圍內,他們往往依照一般的程序安置受傷的被害人,並且以一種超然的專家角色處理整個現場的狀

---

10 臺灣地區警察在與被害人接觸時,是否有提供被害保護與援助的相關資訊給被害人?根據孟維德(2006)的研究發現,80.7%的家戶被害人表示沒有接受來自於警察所提供的相關資訊,14%表示有接受來自於警察所提供的資訊,另有4.6%表示不知道有或沒有。在個人被害部分,76.1%的個人被害人表示沒有,18.5%表示有,5.4%表示不知道有或沒有。在各種被害類型中以性侵害被害人表示有的百分比最高(22.9%),機車竊盜被害人表示有的百分比最低(7.9%)。整體而言,警察機關並不常提供被害保護與援助的相關資訊給被害人。

11 事實上,大多數的兒童對於他的犯罪被害都會有心理上的反應。其中以性侵害或是人身攻擊的兒童被害人往往遭受最為嚴重的心理創傷,至於其他輕微的被害事件(如竊盜),仍會使兒童在犯罪被害後有沮喪、害怕的心理效應。

況，而較少去感受被害人在情緒上的變化。因此，為了使警察的回應能夠感受到被害人及其家屬的需要，警察除了對報案能夠迅速反應外，亦應儘可能提供給被害人如何得到協助的訊息，以提升他們對於警察處理案件的滿意度，並協助其緩和犯罪被害所造成的衝擊與創傷。

二、被害人對於警察犯罪預防工作的重要性

　　今日我們對於犯罪的主要反應，是讓我們的警察、法院，和矯治機構來逮捕、判刑，和懲罰犯罪者。警察在這種回應模式上，所扮演的角色是維持公共秩序和偵查犯罪，並進而逮捕罪犯使其接受審判與定罪。然而若要此種功能能夠實現，單靠警察獨自的力量是沒有辦法達成的，尚須借助被害人及其家屬的協助與配合。在幾個世紀以前，對於犯罪者的追訴與求償，是由被害人及其家屬獨力為之。但是在國家擔負起此種責任後，被害人的角色退居到只能擔任證人而已。此種演變，一部分是想以審判的方式避免被害人運用私人的關係進行復仇，而導致社會的失序；一部分也是在節省被害人的負擔。時至今日，法律對於國家的權限已經有所限制，對於嫌疑犯與犯罪者的權利有明確的規範，同時也賦予警察、法官、和矯治人員義務。這些權利在憲法、刑事法令、和警察的勤務作為規範上都有清楚的說明，使得警察必須依法逮捕罪犯。然而很不幸地，在1970年代以前對於被害人求償、訴請保護的權利，卻沒有清楚的法律規範。

　　隨著被害者學研究之興起，現今已有愈來愈多的警察、檢察官和法官，盡其職責以保護被害人及可能的潛在被害人。雖然警察是國家的公務員，對被害人也沒有明確的義務，但他們是間接的在為被害人工作，因為就某方面而言，國家也代表著被害人。為了保障人民的生命財產安全，並使公平正義得以實現，除了警察應該盡忠職守之外，更需要被害人的協助與配合。被害人對於警察犯罪預防工作的重要性，可分就以下二個方面論述：

（一）得自被害人的訊息

　　在現代社會中，警察的主要功能之一是獲得犯罪與犯罪者的訊息，並藉此使犯罪者能夠被定罪（Skogan, 1990）。因此，警察擬定了許多的計畫，以便從一般社會大眾中獲得更多的資訊。例如，警察可以經由守望

相助鼓勵市民提供可能的犯罪場所與嫌疑犯。目前有許多國家都設有警察報案系統，使得社會大眾能夠很容易的與警察聯絡。然而根據美國國家犯罪調查（U.S. National Crime Survey）的統計，在警察所知的犯罪中，有60%來自於被害人的報案。但是仍有超過三分之一的強盜、搶劫、強姦等案件，雖然在美國國家犯罪調查有紀錄，但卻沒有進入警察的記錄系統中（U.S. Department of Justice, 1988）。研究發現，若是能說服被害人及其家屬向警察報案，將會使警察獲知更多已經發生的犯罪。此外，根據美國司法部的統計：每五個犯罪者中，只有一個為警察所逮捕。而當鼓勵那些曾經目擊犯罪者的被害人報案，則將有助於提升警察的破案率；警察對於罪犯的逮捕與追訴，大部分是仰賴被害人所知的案情與目睹犯罪者的情況而定，若是被害人能向警方提供他們所知的加害人特徵，將有助於警察的刑案破獲率（U.S. Department of Justice, 1988）。

同樣地，在臺灣地區，根據許春金、孟維德、陳玉書（2010）的研究發現，在家戶被害部分，有88.73%家戶被害人表示是因為自己（受訪者）報的案，警察才獲知該犯罪事件，7.60%家戶被害人表示警察獲知該犯罪是因為家人報的案。值得注意的是，認為警察剛好在場或主動發現的百分比甚低，只有1.33%。換言之，有關家戶被害事件，96.33%的家戶被害人表示是因為自己或家人報的案，警察才得以獲知該犯罪。當觀察家戶被害中的四種被害類型（住宅竊盜、汽車竊盜、機車竊盜及詐欺），百分比分配甚為接近，僅有住宅竊盜部分，受訪者報案所占的百分比較低，為73.33%，而其他家人報的案所占百分比較高，為17.33%。

在個人被害部分，有61.33%個人被害人表示是因為自己（受訪者）報的案，警察才獲知該犯罪事件，11.00%個人被害人表示警察獲知該犯罪是因為家人報的案。認為警察剛好在場或主動發現的百分比仍甚低，只有4.00%。有關個人被害事件，仍有大多數的個人被害人（72.33%）表示是因為自己或家人報的案，警察才得以獲知該犯罪。另有9.33%的個人被害人表示是因為鄰居或路人報的案，而該選項在家戶被害人的意見中所占的百分比卻很低（0.60%）。當觀察個人被害中的兩種被害類型（強盜及搶奪），強盜被害人認為自己（受訪者）報案所占的百分比較搶奪被害人為低（強盜：58.67%，搶奪：64.00%）。

綜合家戶被害及個人被害相關資料的分析，警察之所以獲知被害人的被害事件，主要是因為被害人及其家人報的案。前述有關資料，如表15-2所示。

表 15-2　警察獲知該犯罪事件的主要方式

被害類型別	樣本數（戶）	百分比	受訪者報的案	其他家人報的案	擔任某些特定職務之人所報的案	鄰居或路人報的案	警察剛好在場或主動發現	其他人報案
家戶被害總計	1,500	100.00	88.73	7.60	0.73	0.60	1.33	1.00
住宅竊盜	375	100.00	73.33	17.33	2.13	2.40	3.20	1.60
汽車竊盜	375	100.00	93.60	4.27	-	-	1.07	1.07
機車竊盜	375	100.00	93.87	5.33	0.53	-	0.27	-
詐欺	375	100.00	94.13	3.47	0.27	-	0.80	1.33
個人被害總計	300	100.00	61.33	11.00	6.00	9.33	4.00	8.33
強盜	150	100.00	58.67	10.67	7.33	7.33	5.33	10.67
搶奪	150	100.00	64.00	11.33	4.67	11.33	2.67	6.00

然而被害人也可能會因為認為警察對於案件沒有任何幫助而不報案。例如，Skogan（1985）的研究即發現：有75%的搶劫和85%的加重竊盜案情無法明朗，甚至有相當高比率的刑案其嫌疑犯無法被逮捕。為了使警察能夠更有效率，目前有些地區的警察已採取問題導向式的警政進行犯罪分析，以及社區導向式的警政預防犯罪，其成效相當好。透過這些策略，將有助於警察擬定犯罪預防的政策，或瞭解犯罪的潛在原因（Waller, 1989）。被害人不願意報案的另一個原因，是認為本身的被害案件是微不足道的，一定無法引起警方的關切，而不去報案。比較特殊的案件是性侵害案件，有許多的性侵害犯罪被害人不願意報案的原因，是因為害怕遭受加害人的報復與威脅，以及認為警察可能不相信他們的被害事實。在這方面的做法上，英美的警察已經改善性侵害犯罪的作證方式，特別是從加強對被害人的最初訪談中所錄製的錄影帶，以避免被害人遭受威脅而影響日後的作證意願（黃翠紋，2000）。

警察也可以經由改善他們得自被害人消息的品質，而減少花費在案

件上的時間。當警察訪談被害人時，被害人可能會因為犯罪被害後的創傷，而無法清楚的提供警察所需要的訊息。假使警察能夠給予被害人必要的幫助，將有助於他們所提供訊息品質的改善。在警察所逮捕的犯罪嫌疑者中，有許多案件沒有辦法上訴到法院，或是為法院所定罪，主要的原因即是因為被害人無法到法庭上擔任證人。在美國，根據司法部的統計，被檢察官所駁回的案件中，有超過20%的案件即是因為證人的關係而駁回的（U.S. Department of Justice, 1988）。這些問題有些可以透過被害人本身的認知而解決；有些則需要透過以警察為中心的被害人服務方案加以解決，這些方案主要是在案件調查和訴訟期間，由警察提供被害人及其家屬有關案件進展的訊息和支持。

（二）被害人對警察的支持

在警察的作為中，社會大眾對他們的支持是很重要的，而這則有賴於社會大眾對他們有好的印象。在警察的犯罪紀錄中，有60%的刑案是來自於被害人的報案。因此，除了犯罪者之外，被害人是所有社會大眾中，與警察有最直接接觸的人。在犯罪嫌疑者的眼中，視警察為進行告訴、逮捕，和調查的人。他們會把自己對於警察的負面觀感告訴朋友[12]。而大約有三分之二至五分之四案件的被害人對於警察的觀感則是傾向於滿意的（Mayhew, Elliott & Dowds, 1989）。其餘不滿意的人，大多是因為警察對於案件的追縱調查不夠、到達現場的反應時間太慢等因素所造成的。由於在所有的人口中，被害人的人數多於犯罪者的人數，如果被害人在他們與警察接觸過程中對於警察有正面的觀感，他們也會將這些觀感告訴他們的親屬和朋友，那麼警察將會得到更多民眾的支持與信賴。

被害人對於警察回應方式的滿意與否，大部分是取決於警察最先的處理態度與回應的速度，以及他們所採取的調查程序。而被害人的年齡層亦可能影響其對警察處理案件的滿意度。值得注意的是，雖然警察對於兒童被害案件的回應態度往往與成人被害案件的回應態度一致，然而成人被

---

12 Burgess（1994）的研究即指出：有50%的受訪民眾會將警察的服務缺失告訴六人以上。因此，不論警察的服務是好或是壞，在經過當事人的傳播後，都可能具有乘數的效果（轉引自李湧清，1995）。

害人對於警察的最初反應滿意的程度卻高於兒童被害人及其家屬，例如：1988年英國犯罪調查即顯示，有超過五分之四的成人被害人對警察的處理方式感到滿意，但是在兒童被害案件方面，則只有將近三分之二的被害人感到滿意，另外則有超過三分之一的案件（大多數的案件是屬於性虐待或攻擊、身體的攻擊，及竊盜案件），兒童被害人及其家屬不滿意警察的處理方式（Mayhew et al., 1989）。這主要取決於二方面的因素：警察對於被害人的態度，以及其後的處理程序。當警察對於被害人的報案反應速度太慢，或是予被害人及其家屬的感覺不是很緊急的在處理案件時，將會使兒童及其家屬覺得警察不重視他們的案件，並且予以該案較少的關注，如此將會引起他們對於警察的不滿。其次，令許多兒童被害人內心感到有壓力的重要因素之一，是警察反應所需的時間，和被害人及其家屬在警察局的等待時間。因此，警察在處理兒童被害案件時，即使所受理的是非常輕微的財產性犯罪案件（如學童的衣服被偷），仍應以嚴肅的態度面對。如果警察處理不謹慎，將會引起兒童被害人的反感，而由於這很可能是他們生平第一次與警察的接觸，如此將可能會導致他們對於警察的觀感永久地有著負面的影響。因此，雖然只有三分之一的兒童被害人及其家屬對警察的反應感到不滿意，其影響卻可能很深遠。

　　至於在臺灣地區，被害人對於警察處理整個被害案件是否滿意？根據許春金、孟維德、陳玉書（2010）的研究發現，就整體調查樣本之滿意度分布情形而言，表示非常滿意者有282人，占15.67%，表示還算滿意者有914人，占50.78%。換言之，表示滿意者，計有1,196人，占66.45%。表示不太滿意者有336人，占18.67%，表示非常不滿意者有185人，占10.28%。換言之，表示不滿意者，計有521人，占28.95%。表示沒意見或很難說者有73人，占4.06%，表示不知道或拒答者有10人，占0.56%。整體觀之，超過六成的被害人（66.44%）對於警察處理整個被害案件感到滿意，近三成的被害人（28.95%）對於警察處理整個被害案件感到不滿意，甚為少數的被害人（4.62%）未明確表示滿意或不滿意（如表15-3所示）。

表 15-3　被害人對警察處理案件滿意度之分布

	樣本數	百分比（%）	累積百分比（%）
總計	1,800	100.00	-
非常滿意	282	15.67	15.67
還算滿意	914	50.78	66.44
不太滿意	336	18.67	85.11
非常不滿意	185	10.28	95.39
沒意見很難說	73	4.06	99.44
不知道拒答	10	0.56	100.00

當進一步分析被害人的被害類型是否與其對警察處理案件滿意度是否有關聯性時可以發現，不同被害類型的被害人與其對警察處理案件滿意度有顯著關聯（$\chi^2 = 79.51$，df = 5，p < .01），機車竊盜被害人表示滿意的百分比最高（83.43%），強盜被害人表示滿意的百分比次之（80.99%），搶奪被害人表示滿意的百分比再次之（73.97%）。表示不滿意百分比最高者，為住宅竊盜被害人（44.48%），次高者為詐欺被害人（34.66%），再次高者為汽車竊盜被害人（32.32%）（如表15-4所示）。根據對警察處理案件不滿意百分比高低排序，依序為住宅竊盜被害人、詐欺被害人、汽車竊盜被害人。

表 15-4　被害類型與對警察處理滿意度之關聯性分析

被害類型	對警察處理滿意與否		
	總計	滿意	不滿意
總計	1,717	1,196	521
	100.00%	69.66%	30.34%
住宅竊盜	353	196	157
	100.00%	55.52%	44.48%
汽車竊盜	362	245	117
	100.00%	67.68%	32.32%
機車竊盜	362	302	60
	100.00%	83.43%	16.57%

表 15-4　被害類型與對警察處理滿意度之關聯性分析（續）

被害類型	對警察處理滿意與否		
	總計	滿意	不滿意
詐欺	352	230	122
	100.00%	65.34%	34.66%
強盜	142	115	27
	100.00%	80.99%	19.01%
搶奪	146	108	38
	100.00%	73.97%	26.03%
$\chi^2 = 79.51$；df = 5；p < .01			

　　再就警察受理報案的回應情形是否與被害人對警察處理案件滿意度有所關聯性進行分析時可以發現，警察受理報案的回應情形與被害人對警察處理案件滿意度有顯著關聯。警察受理報案時沒有耐心詢問與傾聽，被害人對警察處理案件表示不滿意的百分比（83.87%），顯然高於有耐心詢問與傾聽的百分比（24.82%）。警察沒有熱心提供被害人所需訊息，被害人對警察處理案件表示不滿意的百分比（59.49%），顯然高於有熱心提供被害人所需訊息的百分比（9.95%）。警察沒有給被害人報案三聯單，被害人對警察處理案件表示不滿意的百分比（51.95%），顯然高於有給被害人報案三聯單的百分比（30.35%）。警察得知被害案件後，在一小時後才處理的案件中，47.48%的被害人對警察處理案件表示不滿意。在十分鐘至一小時內處理的案件中，40.48%的被害人對警察處理案件表示不滿意。在五至十分鐘內處理的案件中，32.09%的被害人對警察處理案件表示不滿意。在五分鐘內處理的案件中，19.15%的被害人對警察處理案件表示不滿意。顯然，警察得知被害案件後愈慢處理（反應愈慢），被害人愈可能不滿意。警察沒有認真處理被害案件，被害人對警察處理案件表示不滿意的百分比顯然較高（82.58% > 10.32%）。未偵破的被害案件中，被害人對警察處理案件表示不滿意的百分比（47.65%），顯然高於偵破案件被害人表示不滿意的百分比（16.81%）（如表15-5所示）。

表 15-5　警察受理報案的回應情形與被害人對警察處理案件滿意度

警察回應情形		對警察處理滿意與否		
		總計	滿意	不滿意
警察受理報案時有沒有耐心詢問與傾聽	總計	1,679	1,189	490
		100.00%	70.82%	29.18%
	有	1,555	1,169	386
		100.00%	75.18%	24.82%
	沒有	124	20	104
		100.00%	16.13%	83.87%
	$\chi^2 = 193.75$；df = 1；p < .01			
警察有沒有熱心提供被害人所需訊息	總計	1,626	1,117	509
		100.00%	68.70%	31.30%
	有	925	833	92
		100.00%	90.05%	9.95%
	沒有	701	284	417
		100.00%	40.51%	59.49%
	$\chi^2 = 455.12$；df = 1；p < .01			
警察機關是否有給報案三聯單	總計	1,494	1,024	470
		100.00%	68.54%	31.46%
	有	1,417	987	430
		100.00%	69.65%	30.35%
	無	77	37	40
		100.00%	48.05%	51.95%
	$\chi^2 = 15.81$；df = 1；p < .01			
警察反應時間	總計	1,635	1,142	493
		100.00%	69.85%	30.15%
	五分鐘內	679	549	130
		100.00%	80.85%	19.15%
	五至十分鐘內	402	273	129
		100.00%	67.91%	32.09%
	十分鐘至一小時內	415	247	168
		100.00%	59.52%	40.48%
	一小時以上	139	73	66
		100.00%	52.52%	47.48%
	$\chi^2 = 80.62$；df = 3；p < .01			

表 15-5　警察受理報案的回應情形與被害人對警察處理案件滿意度（續）

警察回應情形		對警察處理滿意與否		
		總計	滿意	不滿意
警察有沒有認真處理被害事件	總計	1,553	1,090	463
		100.00%	70.19%	29.81%
	有	1,134	1,017	117
		100.00%	89.68%	10.32%
	沒有	419	73	346
		100.00%	17.42%	82.58%
		$\chi^2 = 763.46$；df = 1；p < .01		
被害案件是否偵破	總計	1,640	1,141	499
		100.00%	69.57%	30.43%
	否	724	379	345
		100.00%	52.35%	47.65%
	是	916	762	154
		100.00%	83.19%	16.81%
		$\chi^2 = 181.68$；df = 1；p < .01		

第六節　結語

　　隨著1960年代末期，犯罪被害調查與被害者學研究之興起，使得愈來愈多的人關心犯罪對於被害人所可能產生的效應，及犯罪被害後被害人所需要的協助，因而促使刑事司法體系重視被害人的需要與權益。因此，目前已有愈來愈多的人認為刑事司法體系的回應對於犯罪被害人能有顯著的貢獻，這促使刑事司法體系重視對於犯罪被害人的援助，而成為刑事司法政策的重要課題之一。警察是刑事司法體系的一環，與被害人關係相當密切，受到此一趨勢的影響也迫使警察在處理犯罪事件時，需要愈加地重視與被害人的關係。

　　由於犯罪發生後與被害人接觸最多的是警察人員，警察對於現場的處理、事後的偵查工作，對於被害人被害後狀況的減輕、回復以及再次被

害，扮演著相當重要的角色地位。警察可說是在整個刑事司法過程中，支援被害人的唯一希望，在許多的場合，經常需依靠警察。而就警察實施犯罪預防工作而言，為預防被害人未來再次被害，他們應是警察犯罪預防工作之重要對象。因而警察對於被害人的支援，不僅非常迫切需要，且亦是警察本來工作之一，不容任意推委。至於警察對被害人之保護政策，最重要的是如何提出符合被害人的需求與反映被害人心聲的策略。綜合過去相關研究，未來警察在被害人的保護作為上應有以下的努力方向：

一、應暢通報案管道，提升民眾報案意願：警察之所以獲知犯罪事件，大多數是因為被害人或他人報案所致，警察剛好在場或主動發現的比例甚低。換言之，被害人或其他民眾的報案意願若是不高，或是警察機關所提供的報案管道不暢通，將使得許多犯罪無法進入刑事司法體系，結果將導致政府決策人員無法掌握犯罪實況，擬定有效的犯罪防治對策。因此，政府有關部門除積極宣導民眾主動報案，更應該改善及簡化報案程序，消除報案阻礙與不便，並確實簽發報案三（四）聯單交予報案人。惟有民眾勇於報案，警察機關詳實記錄報案資料，報案人對警察機關的信賴感始能提升。

二、警察應以更積極態度處理犯罪被害事件：在大多數被害人的主觀感受中，警察處理犯罪案件的主要工作項目為製作筆錄，被害人似乎對其他較具積極意義的處理事項（例如採集證物、詢問目擊證人等）缺乏深刻印象。因此，警察宜以更積極態度處理民眾的被害事件，給被害人留下較清楚的積極印象，進而提升被害人對警察機關的滿意度。尤其被害人在遭受犯罪侵害後，極可能在人身安全、財物或精神上受到傷害或負面影響。警察往往是政府處理犯罪事件的第一線人員，犯罪被害後的報案過程，正是民眾感受政府施政品質的適當時機，警察應該把握與守法民眾（一般常與警察接觸的民眾是犯罪者或違規者）的互動機會，面對被害人或報案者的態度應不同於面對犯罪者或違規者。被害人需要的是救援、保護、尊敬與認同，給予必要的資訊與說話的機會，避免有疏離化的感覺。因此，若被害人確有需求且案情適當，警察機關應主動提供被害人相關訊息。

三、警察機關應對案件處理過程進行全面品質管制：為提升被害人對於警察處理案件的滿意度，警察受理報案時應耐心詢問被害人與傾聽其陳

述，熱心提供被害人所需訊息，確實簽發報案三聯單，獲知被害案件後快速處理案件，以認真的態度處理被害案件，偵破被害案件。當警察表現出積極、認真的態度，並向當事人做出未破案的合理、客觀解釋，當事人感受將會較傾向滿意的。

四、製作犯罪被害人服務及保護手冊：犯罪學研究發現，少數的被害人解釋了較大比例的被害事件，相當數量的被害事件集中在有限的被害人身上。換言之，前次的被害經驗是未來被害的良好預測指標，曾有被害經驗的人很可能會比沒有被害經驗的人在未來具有較高的被害風險。因此，警察可利用受理報案時善意告知與提醒被害人被害的風險訊息，並提供被害人犯罪預防的相關資訊與協助。事實上，被害人在剛遭被害後，通常有較高的意願接受此方面的訊息。警察機關應預先製作「犯罪被害人服務及保護手冊」，於被害人或其家人報案時發給當事人，該手冊內容應包括緊急救援、被害補償、社會救助、民事賠償、轉介服務、重複被害警示與預防等訊息。顯然，被害人是警察機關實施犯罪預防宣導的極佳對象。另一方面，警察機關也應將被害人列為犯罪預防資源分配的對象，配合相關警察勤務（如巡邏），抑制被害人未來重複被害的機率。

第十六章　結論

　　刑事司法體系是一個國家預防犯罪發生的主要政府部門，這個體系由警察、檢察、審判及矯治機關所構成。警察機關不僅是位居刑事司法體系的最前線，同時也是人員編制最多、組織分布最廣、與民眾接觸最頻繁的部門，警察預防犯罪策略的重要性，不言可喻。經過前面15個章節的討論，本書揭示了許多有助於警察機關提升犯罪預防效能的理論與研究，歸納這些理論與研究，有三個重點是警察實務值得努力的方向，分別是：改善犯罪分析的能力、客觀評量犯罪預防策略的成效、強化外部的夥伴關係。

第一節　改善犯罪分析的能力

　　警察實務中經常可以看到底下這種情形，就是某一縣市警察局實施有效的犯罪預防方案被其他縣市警察局複製，而且這種複製是把他縣市警察局的方案原封不動的移植到自己警察機關來實施。此處需強調的是，實施複製方案的警察局往往只注重該方案原先是否有效，而未詳細考慮自己轄區的治安特性。事實上，過去實施成功的犯罪預防方案，無法保證一定能夠適用在未來環境。犯罪問題或許在表面上相似，但是引發問題的背景條件卻可能不同；如果引發問題的原因不同，那麼造成的後果當然也就不同。另一需注意的是，成功預防犯罪發生的策略，有可能促使潛在犯罪者改變未來的犯罪手法以規避該策略。Ekblom（1997）的研究發現，犯罪預防的變革雖然可以阻礙潛在犯罪者的侵害，但任何一個方案的效能是無法永續的，因為犯罪者很快就會學習到新的方法或開發新的技術。對執法者而言，實施成功的犯罪預防策略，重點在於策略背後的理論與思維，而不是回應特定環境所發生特定問題的特定方法。

　　本書前述各章所揭示，針對引發犯罪問題的背景條件，所做的詳實分析，乃是犯罪預防策略成功的基礎。警察機關欲提升犯罪預防效能，必須先致力於改善犯罪分析能力。誠如N. Tilley的研究指出，高品質的犯罪

分析，通常是犯罪預防策略成功的前提。但所謂高品質的犯罪分析，不必然一定要透過複雜的分析途徑，事實上，只要能提供足以讓問題導向程序（即掃描、分析、回應及評估，SARA程序）向前運作所需要的事實資料即可（Tilley, 2002）。例如，曾有一項針對美國Boston市青少年殺人案件被害人及加害人的犯罪史所做的簡單分析，結果發現樣本中有許多人在殺人或被害前，都曾經是刑事司法機關監控下的「慢性犯罪者[1]」（chronic offender）（Kennedy et al., 1996）。該分析給波士頓市警察局提供了極重要的訊息，讓警察能夠準確辨識執法標的，也因此有效預防許多暴力案件的發生。

此處需注意的是，有許多犯罪分析工作是運用官方資料（如警務統計）完成的，因此警察機關必須瞭解官方資料在運用上的限制及困難。官方資料是經由「人為過程」所建立，所以「人為錯誤」是難以避免的。本書作者在進行犯罪熱點實證研究時（即本書第六章），發現警察機關記錄民眾報案的資料常有不完整，有時在案發地點的記錄上也有錯誤或遺漏，我們必須親自接觸曾到現場處理案件的員警，與其溝通來更正或填補這些錯誤及遺漏資料。換言之，犯罪分析人員必須從官方資料中找出正確資料，才能作為分析犯罪問題的素材。

除了資料品質的問題，官方資料還有一些不可忽略的缺陷。逮捕及偵查資料中可能存有匿報和執法偏見的情況，而民眾的電話報案資料也可能與實際情況不符。例如某地區毒品交易猖獗，但交易行為極為隱密，民眾根本不知有犯罪，所以沒有報案，報案紀錄資料便無法包括該犯罪。另

---

1 犯罪學研究發現，犯罪人口約可劃分成占大部分的一次或偶發性犯罪者及占少部分的慢性犯罪者，慢性犯罪者在犯罪人口中所占比例不高，但這一小撮人卻犯了相當大比例的犯罪行為。有關慢性犯罪者的研究，以M. E. Wolfgang等人的研究最常被引用，他們揀選1945年出生於美國費城9,945位男性孩童，追蹤調查其學校、警察、法院及其他各項資料至18歲為止。結果發現，樣本中有3,475位少年在警察機關中留有不良紀錄，這些偏差少年中有54%（1,862位）為再犯，其餘46%（1,613位）為一次的偶發犯。然而，再犯可以劃分成非慢性累犯及慢性累犯，Wolfgang等人特別觀察犯五次以上再犯（慢性累犯），他們發現這些慢性累犯僅占總樣本的6%（627位），但卻犯下了5,305件罪行，占樣本全部犯罪行為的51.9%。他們將這些犯下大量犯罪的少數犯罪人稱為「慢性犯罪者」（chronic offender）。Wolfgang等人將其研究於1972年出版成書，對犯罪學界影響很大，導致慢性犯罪者概念的產生與傳播。參閱Wolfgang, M. E., Figlio, R. M. & Sellin, T. (1972). *Delinquency in a Birth Cohort.* Chicago, IL: University of Chicago.

一個例子，也是筆者曾經歷的實例，就是數通民眾電話報案是針對同一案件，而不是針對不同案件，無形中可能膨脹了電話報案紀錄案件的數量。總之，經由官方資料分析犯罪所獲得的結論，其效度必須仰賴分析人員的專業敏感及謹慎態度。

雖然，直接回應犯罪問題的外勤員警，大多不具備完善的分析技能，不易執行犯罪分析工作，但至少應在資源較具規模的警察組織中，如警察總局或分局，設置犯罪分析專業人員，甚至成立正式的犯罪分析單位。此處所指專業人員，就是具備能夠成功規劃及推動犯罪預防策略所需研究技能的人員，這些研究技能包括本書所提及的犯罪預防理論、思維和研究文獻，當然統計學方面的知識也是需要具備的研究技能。犯罪分析人員經由科學途徑所建立的問題分析和解決指導原則，絕對有助於提升外勤員警處理犯罪問題的效能。這並不是指外勤員警無法清楚洞察犯罪問題，相對地，每一位員警都應以問題導向的思考模式面對日常處理的犯罪問題，並且審思有效處理犯罪問題的方法。警察養成教育就應包含犯罪理論、相關思維及犯罪統計的整合性課程，並在警察常年訓練（在職訓練）中經常補充新觀念和技術，配合實例分析，強化員警的犯罪分析能力。除了教育與訓練外，警察機關的決策階層也應重視犯罪分析人員及其工作。Clarke與Goldstein（2002: 119-120）曾對此做出深具啟發的陳述：

> 「犯罪分析人員除需接受適當訓練、從事犯罪問題的系統性研究，更應讓他們與警政高層決策者接觸，參與決策會議，決策者應經常向他們諮詢改善犯罪預防策略的意見。當能夠建立這樣的制度，犯罪分析人員的貢獻不僅能夠改善警察預防犯罪的效能，更可以提升警察的專業地位。」

如同企業分析師需向他們的老闆報告公司產品品質和競爭力的實況，警察機關的犯罪分析人員也應該向警政決策者說明現行策略的優缺點和改善方針。誠如Clarke等人所言，警察預防犯罪策略的制定，不可憑空想像，經由科學分析途徑所獲得的正確資訊，不僅是犯罪預防策略成功與否的關鍵，更是警察自我提升專業地位不可或缺的要素。

第二節　客觀評量犯罪預防策略的成效

多年以來，犯罪率、破案率、反應時間都是評量警察績效的主要指標。檢視犯罪的官方資料，一直都是評量警察績效的重要途徑。然而，當警政從傳統模式轉變成社區、問題導向模式，無形中擴大了警察工作的範圍，社會關切的許多問題都被包括在其中。犯罪以外的層面，諸如安全和有秩序的社區、端正合宜的市民行為、公正執法、警察快速反應等，都成為警政部門治理城市治安問題時的價值觀。造就更有秩序、更安全的社區，已成為新典範警政的目標。因此，不論是在實施任何措施之前或之後，警察人員要有適當的方法來瞭解社區狀況。

效能評量（effectiveness evaluation），乃是科學導向之犯罪預防策略執行過程中的關鍵。許多策略的目的，在於影響人們於現實環境中的行為，例如增加監控（提升犯罪熱點的見警率），抑止了潛在犯罪者原定的犯罪行為。欲對這些策略進行客觀評量，並不是一項單純的工作。因為許多科學導向的犯罪預防方案具有多重面向，要從當中將各個面向的措施單獨抽離進行評量，並不容易。評量犯罪預防方案的成效，評量方法及評量標準至今仍存有一些爭議。H. Goldstein及R. V. Clarke等學者主張採用較具彈性、折衷的途徑評量犯罪預防方案，他們建議，評量的寬鬆或嚴格程度，端視評量錯誤的後果，如果評量錯誤將導致嚴重後果，如重大資源的浪費或涉及人權、人身安全等問題，評量途徑就必須嚴格化（Scott, 2000）。其他學者，主要以L. Sherman為代表，認為只有透過嚴格途徑，例如經隨機分配樣本的控制實驗，才能針對方案效能進行有意義的評量（Sherman, 1997）。然而，犯罪預防方案效能的結論，多數不是出自所謂的嚴格途徑，嚴格途徑在現實上有其困難。連Sherman（1992）自己也曾在Minneapolis市警察回應家庭暴力案件實驗以及之後的複製實驗中，發現許多回應方案上的兩難情況。另外，Kennedy與Moore（1995）甚至進一步指出，嚴格性的評量途徑可能會阻礙採取科學導向的警察機關朝向學習型組織（learning organization）發展，因為當警察機關面對新的且具急迫性的犯罪問題時（如連續殺人、連續強制性交等案件），無法等待嚴格評估的結果出籠才做出回應。

因此，多數學者認為，慎選評量指標，才是評量方案效能的關鍵

（Braga, 2002; Scott, 2000; Sherman, 1997）。外勤員警由於工作負荷及所受訓練的影響，通常不適合讓他們在職場中執行犯罪預防方案的評量，警察機關的犯罪分析人員及學界人士，則是提供必要協助的適當人選。Braga（2002）的研究指出，大多數犯罪預防方案的評量因採取「方案實施前後比較法」，而使評量準確性大受影響，他發現評量人員的關注焦點通常只在方案實施前後的有限時段、未採用適當統計法、未詳加考量導致變異的其他因素、未檢測犯罪轉移及方案效能擴散等問題。或許不是所有的犯罪預防方案評量都需要考量這些議題，但警察機關應瞭解方案的效能有何限制，並判斷該限制是否與警察機關自訂的工作目標有關。美國Virginia州Newport News市所實施的問題導向警政方案，被學界及實務界公認是一個具代表性的成功實例，該方案規劃者曾設定一組工作目標，就方案效能而言，這些目標提供了一個適當的評量架構，其內容如下（Scott, 2000: 80）：

一、完全解決問題。

二、實質的縮小問題。

三、減少問題所造成的損害。

四、更妥善的處理問題（例如更人性化的處理問題、降低成本或提升效能等）。

五、將問題從警察考量的範圍移除。

上述第五項「將問題從警察考量的範圍移除」，並非指警察規避應承擔的責任，而是當該問題交由其他機構或人員處理，若效果更佳，那麼仍可宣稱，在某種程度上警察已妥善處理該問題。

至於評量的具體指標，不應脫離犯罪預防理論與思維的範疇。例如根據破窗理論的意涵，犯罪分析人員應建議將轄區中衰敗的物理環境或社會失序當作警察回應的對象，因為這些對象是引發民眾恐懼及退縮的因素，導致民眾採取減少外出、避免於公共空間停留等逃避或防衛行為，民眾的退縮態度和行為嚴重損害社區的非正式控制力量。我們可以根據此例，進一步說明評量指標的問題。首先，資料蒐集必須正確且完整，警務資料雖重要但不宜作為評量的唯一資料。社區民眾的犯罪被害恐懼感，這個指標可以藉由犯罪被害調查及焦點團體來檢測。警察機關可以參考國內外曾經實施的犯罪被害調查問卷，選擇適當題項作為檢測轄區民眾犯罪被害恐懼

感的測量工具，警察機關應有能力承擔調查的成本。所謂焦點團體，例如透過社區治安會議或與民眾接觸的非正式會議來蒐集相關訊息，可說是一種成本經濟的做法。另外，還有一些方法可測量犯罪被害恐懼感，例如民眾裝設自我保護器材或設備（如保全設備）的情形，以及民眾向警察諮詢犯罪預防知識或技巧的情形，都可作為檢測社區犯罪被害恐懼感的參考資料。有關物理環境的衰敗及社會性的失序現象，也可由失序感調查、系統性的社會觀察、現場評估（物理環境的調查）及查閱政府檔案資料來獲知。由於系統性的社會觀察及現場評估法需蒐集環境中有關物理性失序（如廢棄建築的大小及數量、荒地的大小與數量、街道的髒亂情形等）及社會性失序（如公共場域的遊民人數、酒醉人數、噪音程度等）的特定資料，成本較昂貴，可以藉由經常往來特定地區的服務人員（如郵差、環保局蒐集垃圾的清潔隊員等）定期記錄有關失序的資料。最後，政府的檔案資料（如地政資料、土地規劃資料、戶籍資料等）都可提供諸如空屋率、自有率及荒廢情形的測量指標，這些指標常與失序現象有關。

受官方犯罪統計功能限制的影響，一些針對地點為導向警察策略（如犯罪熱點的巡邏及臨檢）所進行的評估，發展出了一些測量特定地區失序現象的新方法。例如於美國Jersey City暴力犯罪地區所實施的警政方案，就採取多重指標來檢測犯罪預防策略的效能，該指標及透過該指標所蒐集之資料的功能如下（Braga, 2002: 126-127）：

一、報案紀錄及犯罪案件資料

用以測量犯罪預防策略對於犯罪熱點中暴力犯罪數及整體犯罪數的影響。

二、物理環境的觀察資料

用以檢測轄區中物理衰敗的變化情形，例如廢棄建築、荒地、垃圾、塗鴉等所謂的「破窗跡象」。實施犯罪預防策略的地區，可用錄影機記錄環境特徵，編碼納入電腦資料庫加以分析。

三、系統性的社會觀察資料

用以觀察犯罪熱點中社會性失序的變化情形，例如出現公共場所的遊

民及酒醉者、酒後駕車、噪音現象等，由經訓練的觀察者記錄這些現象，並分析失序現象較為嚴重的時段。

四、訪談社區代表人士的資料

以質化途徑檢視犯罪預防策略實施前後，該地區的變化情形。所謂社區代表人士，是指能對社區問題提出獨特或較完整觀察的人士，例如對重複發生住宅竊盜的社區保全人員進行訪談，因為該人員比一般居民更可能瞭解社區情況，所以對其訪談應較具功能性。

上述多重指標，可以讓警察機關針對預防犯罪策略的減少犯罪發生數、消除社會性及物理性失序、降低犯罪被害恐懼感、及提升民眾滿意度等方面進行具體評量，多重指標途徑應是評量犯罪預防策略效能的適當途徑。

第三節 強化外部的夥伴關係

強化警察與社區、其他政府機關、學界的夥伴關係（partnership），將有助於提升警察預防犯罪的效能。警察不是唯一掌握犯罪資料的人，也不是唯一瞭解犯罪脈絡及發展有效回應措施的人。如果缺乏外在夥伴的幫助，警察就非常有可能不是站在最佳角度來制定和執行犯罪預防策略。經驗顯示，夥伴關係不易建立，維繫夥伴關係需要努力及敏感度。

一、警察與社區的夥伴關係

問題導向警政的提倡者主張，社區參與是問題導向警政成功的要件（Goldstein, 1990; Eck & Spelman, 1987）。儘管，眾所皆知社區參與的重要性，但社區參與仍然是推動問題導向警政方案時的一個問題。在社區及問題導向警政方案中，警察與社區真實的夥伴關係並不多見。事實上，在鼓勵社區參與的過程中，存有許多問題。

欲將秩序深植於社區，需要靠非正式的社會過程，而不是正式的社會控制活動，諸如警政措施（Bursik & Grasmick, 1993）。因此，在問題導向活動中，鼓勵社區參與便是非常重要的。民眾參與犯罪預防活動不僅可

以改善警民關係，還可以提升警察勤務的正當性、降低民眾的犯罪被害恐懼感、減少犯罪及失序的發生。此外，民眾參與問題導向警政活動還能夠增進社區中的監控力量，改善地點管理，抑制犯罪的發生，當警察停止積極的解決問題活動時，仍可維持犯罪預防的效能。

但不幸地，經驗顯示，動員民眾參與問題導向警政活動是很困難的。這種情況尤其發生在那些治安糟糕的社區，諷刺的是，這些治安糟糕的社區反而最需要民眾參與。Sadd與Grinc（1994）研究發現，治安糟糕的社區民眾之所以不願意參與問題導向警政活動，是因為先前曾經歷警察濫權或警察暴力，以及政府不斷的推動想要改善他們生活品質的方案。因此，Weisburd與McElroy（1988）在檢視紐約市社區警政方案時發現，警察感到困擾的是嚴重社會解組（social disorganization）的社區，因為警察覺得解組社區不太容易轉變成具有解決問題思維的高組織性社區。

在許多問題導向警政方案中，社區民眾被警察當作「訊息提供者」，而不是夥伴或良好社會秩序的共同製造者。警察所賦予社區民眾的角色，只不過是協助或增進警察回應犯罪和失序的能力罷了，而不是夥伴！所以，對於違法活動的防處，警察獲得了許多「耳目」，與傳統的警察角色相比，問題導向警察並無不同。有趣的是，研究顯示，民眾也比較喜歡擔任訊息提供者的角色。Sadd與Grinc（1994）在八個實施社區與問題導向警政的城市所進行的評估研究中發現，社區民眾並不願意參與解決社區問題的方案。民眾不願意參與最常見的原因是，害怕犯罪者報復。另一個針對美國Jersey City犯罪熱點的研究也同樣發現，當犯罪者（販毒者）感覺民眾與警察太過合作時，這些民眾的生活就會經常遭受犯罪者的威脅（Braga, 2002）。擔任訊息提供者而不是夥伴，民眾反而可以獲得表達關切問題的管道，不必改變日常生活，他們感覺這樣子比較有利。換言之，民眾可以過著原來的正常生活，不必被視為社區活動人士或警察的合作夥伴，而要負擔日常活動以外的工作，或是擔心被報復。

儘管如此，社區仍有熱心人士願意走出來幫助警察預防犯罪。例如，當社區遭受嚴重犯罪問題的侵襲，影響社區的正常運作，社區民眾可能自組團體主動與警察合作，警察應珍惜及善用這種機會。隨著國內學術研究及媒體的傳播，臺灣民眾愈來愈瞭解警察無法獨自發現及預防犯罪，警察也愈來愈瞭解與民眾及其他組織發展夥伴關係的重要性。在某些縣、

市，警察總局、分局及分駐（派出）所經常舉辦「社區治安會議」、「犯罪預防宣導」、「金融機構安全維護座談會」等活動，將發展治安維護的夥伴關係納入警察日常公務的一部分。

　　然而，發展及維繫有效的夥伴關係，並不是一項容易的工作。當警察機關發展了多元的夥伴關係管道，這些管道是否真的有助於達成犯罪預防目的？實有檢討必要。事實上，有些關係可能弊多於利。就犯罪預防的效能而言，警察機關需要的是有意義和長期維繫的夥伴關係，而不是多而膚淺的關係。在實務上，有些警察機關之所以與社區發展夥伴關係，是為符合上級的規定，有些警察機關則是因為可從公共關係中獲得立即利益，或是可從上級機關獲得資源補助。只有少數警察機關真正是為了減少犯罪發生及犯罪被害恐懼感，而與轄區內的組織或民眾建立長期夥伴關係。為建構夥伴關係而建構的夥伴關係，很難維繫長久，只有當夥伴關係在相關團體或人員間能夠產生互利時，夥伴關係才具功能性。

　　因此，警政上層在擬定相關決策時，提升夥伴關係的品質才是重點。其次，夥伴關係的持續性也很重要，但是否所有的夥伴關係都需長期維繫，似無必要，當某種夥伴關係的目標需靠長期經營始可達成時，該關係才需長期持續維繫。否則，龐雜的夥伴關係，反而是牽制警察功能發揮的負擔。為建構高品質的夥伴關係，並適當維繫其持續性，在發展任何夥伴關係之前，警察機關應先思考並回答下列問題：

（一）該夥伴關係的目標為何？發展該夥伴關係的預期結果為何？

（二）在該夥伴關係中，關鍵團體及人員為何？

（三）關鍵團體及人員需要提供的經驗為何？

（四）該夥伴關係對參與者有何利弊？

（五）該夥伴關係對參與者是否有參與的價值？

（六）該夥伴關係的參與者是否為正確且適當的參與者？

（七）參與該夥伴關係的警察人員是否有足夠權力，制定必要決策及維護夥伴關係？

（八）參與該夥伴關係的警察人員是否需要訓練，以強化經營該夥伴關係的技巧？

（九）該夥伴關係的結果是否可以評量？

（十）有多少時間可供評量及決定是否持續經營該夥伴關係？

二、警察與其他政府機關的夥伴關係

警察與其他政府機關的合作，是社區與問題導向警政中較少被討論、較少被妥善推動的。事實上，許多政府機關，諸如民政局、工務局、環保局、社會局、地政局等，都可能有助於問題導向警政的實施。為使合作順遂，警察局應印製政府機關功能與資源的說明手冊給員警，手冊需清楚呈現各政府機關的服務內容，以及請求服務的作業流程。過去警察與這些政府機關具代表性的合作經驗，也應做成文件，最好包括與不同政府機關的合作經驗，印發給員警參考備用。

實務經驗顯示，等待其他政府機關的回應，例如拆除廢棄的違章建築及清理空地，通常很耗時。因為處理法定程序、聯絡屋主、規劃拆除（例如遷移水電管路）等都是耗時的工作，在這些政府機關實施回應措施之前，通常都要等上好幾個月。因此，警察應該要預期會有這樣的耽擱發生，需有解決問題的配套行動，也就是對於犯罪問題要有短期及長期的回應措施。例如，某廢棄建築是當地吸引潛在犯罪者的原因，如果拆除該廢棄建築是預防犯罪的長期計畫，那麼警察也應該儘快配合執行短期的回應措施，諸如封閉廢棄建築的門窗、增派員警至附近巡邏等。在實施長期方案之前，警察的這些行動可以很快舒緩社區蒙受犯罪侵害之苦。

刑事司法體系是由警察、檢察、審判及矯治機關所組成，這些機關通常各自獨立運作，目標也不盡相同，機關與機關之間的協調並不理想，甚至有不喜歡對方或缺乏彼此信任的情形，這種狀況也常見於同一機關內的不同單位之間。美國Boston市曾組織一個跨機關的工作團隊（interagency working group）來處理市內的幫派暴力問題，發揮很好的預防效果。該團隊是由各刑事司法機關的外勤（或類似外勤）人員所組成，他們被賦予決策權，因此較能發掘並歸納暴力犯罪的抑制因素。由於各刑事司法機關都有代表參加，該團隊就可以思考各種可能有效回應暴力犯罪的措施，諸如：變更緩刑和假釋的條件、重新開啟冷案的調查、積極起訴累犯等。Boston市的方案，是以一個特定區域作為跨機關工作團隊預防暴力犯罪的轄區，在此方案之前，美國各城市從未有任何機關曾負責發展及執行預防暴力犯罪的整合性方案（Braga, 2002）。

近年，美國開始推行「社區起訴模式」（community prosecution

model），以強化檢察官促進公共安全的角色，此模式受到許多國家的關注。在此模式下，檢察官被指派到各自的轄區辦案，負責偵查和起訴該轄區的犯罪。在各自的轄區裡，此模式期望檢察官要去瞭解社區對於犯罪及失序問題的關切內容，檢察官的工作不僅是起訴犯罪者，更要扮演公共安全問題解決者的角色（Coles & Kelling, 1999）。此模式對於問題導向警政的執行顯然是有利的，因為如果缺少檢察官的參與，那麼檢察官對犯罪問題具價值的觀點，將無法出現在警察所主導的行動中。事實上，檢察官比警察更瞭解案件在法院系統的處理情形，所以也比較瞭解案件現行處理方法的效果到底如何。此外，針對某一犯罪問題，檢察官也比較瞭解所能採取的合法回應範圍可以到哪裡，以及回應的風險。警察平時較難接觸的資料，較難見到的法官，以及欠缺的研究技能，通常檢察官比較沒有這些問題。只要檢察官放寬心胸，不狹義化自己的工作角色，他們絕對是有助於問題導向警政的執行。因此，檢察官不應只重視犯罪偵查，低估問題導向警政的重要性。否則，警察會有被潑冷水的感覺，不願意在解決問題的途徑上繼續投入資源。刑警尤其對檢察官表達的訊息特別敏感，這也就是為什麼在各警察單位中，刑警單位參與問題導向警政程度偏低的原因。

三、警察與學界的夥伴關係

本書有許多成功的犯罪預防策略，是源自於警察機關與學界研究人員所建立的夥伴關係。經驗顯示，學界與警界常有角色衝突的情形發生。例如，學者經評估研究後，發表某犯罪預防方案效果不佳的壞消息。這對學者而言，方案成功與否，並不重要，重要的是發展何者能預防犯罪、何者不能預防犯罪的知識。對警察而言，這樣的新聞，可以解讀成警察工作不力或失敗，學者對方案的懷疑態度也讓警察感到不舒服。近年來，這種情形有逐漸改善的趨勢，警界與學界的關係趨於合作釐清犯罪問題的原因，以及共同致力於研擬犯罪預防策略。由於警察機關愈來愈重視犯罪分析，甚至成立犯罪預防單位，因此與警察組織外部的研究人員合作，絕對是有正面功能的。底下介紹一個警察與學界合作、成功預防犯罪的實例，頗具參考價值。

幾年前，美國North Carolina州Charlotte市房地產市場熱絡，建商紛紛建屋賣房，建案暴增卻引發許多工地竊案，尤其是偷未完工房子的廚房

設備的案件愈來愈多。當時Charlotte-Mecklenburg警察局接獲大量報案，回應效果不佳，感到十分困惑，後來邀請R. V. Clarke和H. Goldsteine協助指導預防方案的研擬與執行。Clarke是情境犯罪預防領域裡的知名學者，Goldsteine則是倡導問題導性警政的知名學者，他們運用學術經驗和知識引導警察局關注以下事項（Clarke & Goldstein, 2002）：

（一）對於預防方案執行結果的期望要真實。

（二）將預防方案聚焦在特定的問題或特定類型的犯罪上，例如專偷廚房設備的竊盜案件。

（三）製作該問題或犯罪的熱點圖，並謹慎發展熱點圖的資訊，例如工程進度、建商的身分背景等。

（四）準確計算竊盜案件發生數及建案工地的房屋數，在判斷此類竊案的趨勢及型態之前，需先正確測量出風險所在。

（五）運用所獲得的資料，分析及比較各建商的安全措施和被竊風險，並要求建商承擔一部分預防犯罪及解決問題的責任。

（六）引用日常活動理論的概念，要讓可能遭竊的標的都配置有能力的監控者。

（七）需注意預防方案效果的擴散現象，謹防犯罪轉移效應削弱了方案的預防效果。

（八）嚴密監控執行過程。

（九）運用客觀評鑑機制，讓方案的價值能夠獲得最明確的結論。

　　警界與學界合作所形成的工作團隊，如同是在執行融合研究、政策設計、行動及評估等項目的「政策分析」工作。研究人員的重要角色，在於能夠提供警政實務者即時資訊，協助他們——更清楚瞭解問題、創造可供策略使用的資訊產物、測試未來策略的理念、持續注意方案成效的評估流程以及方案的確實成效。警界與學界所建構的夥伴關係，有助於昇華警察與社區、警察與其他政府機關的夥伴關係。

第四節　結語

　　過去，警察所採行的犯罪預防策略，經常在策略本身或執行過程出現

問題，其原因主要是策略制定前缺乏完善的犯罪分析。犯罪分析所需要的理論與技術，大多來自學術研究成果。事實上，解釋犯罪事件發生的理論與相關研究，可以作為警察洞察犯罪問題及發展有效回應策略的基礎。只是，學界所進行的犯罪研究，往往是在警察機關之外，研究成果不易讓警察接觸和運用。本書的宗旨就是希望將這些知識引進警政體系，把犯罪預防的研究成果與警察實務工作連結起來。我們認為這是一項非常有義意的結合，因為在這樣的結合下，警察可以獲得改善犯罪預防策略的力量，學界也可以獲得更多元的實證研究資料，犯罪預防理論因此可以更加堅實。總之，警察體系蘊藏豐富的犯罪預防能量，這些能量應被適當開發和引導，犯罪學者很樂意為警察體系蒐集相關資訊，慷慨分享研究成果。警界與學界的良好溝通，對於犯罪問題的處理，肯定有正面意義。

參考文獻

一、中文部分

丁維新（1986）。《警察勤務》。中央警察大學。

中國社會科學院法學研究所法制史研究室（1985）。《中國警察制度簡論》。群眾出版社。

內政部六星計畫社會治安聯合推動小組（2008）。《臺灣健康社區六星計畫「社區治安」》，http://www.safemyhome.tw/star_a.html，檢索日期：2008/11/6。

內政部兒童局（2006）。《兒童及少年保護工作指南》。內政部兒童局。

內政部家庭暴力及性侵害防治委員會（2011）。《家庭暴力防治大事紀》，http://dspc.moi.gov.tw/history，檢索日期：2011/10/8。

內政部家庭暴力暨性侵害防治委員會（2003）。《性侵害案件減少被害人重複陳述作業工作手冊》，內政部家庭暴力暨性侵害防治委員會。

內政部統計資訊服務網（2011）。《國民生活狀況調查摘要分析》，http://www.moi.gov.tw/stat/，檢索日期：2011/12/16。

內政部警政署（1995）。《中華民國（臺灣地區）警察大事記》。內政部警政署。

內政部警政署（2009）。《97年警政工作年報》。內政部警政署。

內政部警政署刑事警察局（2019）。《跨境詐欺分析報告》。內政部警政署刑事警察局。

六十年來的中國警察編輯委員會（1971）。《六十年來的中國警察》。中央警察大學。

天下雜誌（2008）。紀登斯專訪。《天下雜誌》，第398期。

王一飛（1998）。維護治安的基礎—社區警政。《研考報導》，第41卷，頁12-20。

王大佛（1995）。《英美警察科學》。中國人民公安大學出版社。

王如玄、李晏榕（2007）。性別主流化—邁向性別平等之路。《研習論壇》，第76期，頁18-26。

王明仁（1995）。CCF如何結合服務方案協助政府推展兒童保護工作。收錄於《兒童保護—多重專業之分工與整合》，頁1-30，中華兒童暨家庭扶助基金會。

王泰銓（2008）。《歐洲聯盟法總論》。財團法人臺灣智庫。

司法院（2019）。少年事件處理法大幅修正－著重教育輔導、兒少主體權及程序權。《司法周刊》，第1955期。

甘雯（1993）。擴大志工服務以加強公務人力運用之探討。《人事月刊》，第17卷第6期，頁61-62。

朱金池（2007）。《警察績效管理》。中央警察大學。

朱匯森主編（1989）。《警政史料第一冊、第二冊－整建時期》。國史館。

余漢儀（1995）。《兒童虐待：現象檢視與問題反省》。巨流圖書公司。

吳啟安（2004）。《家庭暴力防治官性別平權意識與工作滿意度研究》。國立中正大學犯罪防治研究所碩士論文。

吳學燕(1998)。警察與社會工作相關性之探討。《中央警察大學學報》，第32期，頁119-144。

李亨明（2006）。《警察防治少年犯罪工作執行之研究－以基隆市為例》。文化大學中山學術研究所碩士論文。

李宏文（2009）。敲響警鐘－由通報及篩選看兒少虐待防治的問題與對策。收錄於內政部主辦《2009年建構家庭暴力安全防護網高峰論壇論文集》，頁1-24。

李明謹（2009）。成年犯罪人再犯影響因素之追蹤研究。中央警察大學犯罪防治研究所碩士論文。

李湧清（1995）。《警察勤務之研究》。中央警察大學。

李湧清、蔣基萍、黃翠紋、張文川（2000）。《社區守望相助與犯罪預防－臺灣地區守望相助工作的實證研究》。國科會專題研究計畫。

李鍾元、王培勳、李瑞金、孫建忠（1993）。《建立文化機構義工制度之研究》。行政院文化建設委員會。

杜陵主編（1982）。《加強警政功能之研究》。中央警察大學。

孟維德（2001）。犯罪熱點的實證分析－警察局勤務指揮中心報案紀錄之分析與運用。《犯罪學期刊》，第8期，頁27-64。

孟維德（2006）。臺灣地區犯罪被害調查給警政機關的啟示。《警察行政管理學報》，第2期，頁27-52，

孟維德（2010a）。《國際警察合作與跨國犯罪防制》。中央警察大學。

孟維德（2010b）。國際執法合作模式及其情資交換機制。《警學叢刊》，第41卷第3期，頁91-124。

孟維德（2011a）。我國警政模式的變遷與發展。《傳承與轉型：中華民國發展史

論文研討會論文集》，國立政治大學人文中心。

孟維德（2011b）。《犯罪分析與安全治理》。五南圖書出版公司。

孟維德（2011c）。《白領犯罪》。五南圖書出版公司。

孟維德（2021）。《跨國犯罪》增訂第六版。五南圖書出版公司。

孟維德、江世雄、張維容（2011）。《外事警察專業法規解析彙編》。中央警察大學。

林山田、林東茂、林燦璋（2007）。《犯罪學》。三民書局。

林東茂（1997）。刑事政策及其相關學科。《中央警察大學法學論集》，第2期，頁327-333。

林勝義（2006）。《志願服務與志工管理：做快樂的志工及管理者》。五南圖書出版公司。

林燦璋（1995）。《論「問題導向警政」》。中央警察大學。

法務部（2010）。《法務部推動「修復式司法試行方案」實施計畫》。法務部。

法務部（2011a）。《99年少年兒童犯罪概況及其分析》。法務部。

法務部（2011b）。《法務統計》，http://www.moj.gov.tw/site/moj/public/ MMO/moj/stat/new/ newtxt2.pdf，檢索日期：2011/11/21。

法務部（2012）。《預防少年兒童犯罪方案》，http://www.moj.gov.tw/ct.asp?xItem=26703&ctNode=27652&mp=001，檢索日期：2012/2/6。

法務部（2019）。《預防少年兒童預防方案》。https://www.moj.gov.tw/2204/2645/2694/2695/51516/，檢索日期：2021/8/25。

法務部（2020）。《中華民國108年犯罪狀況及期分析》。法務部司法官學院出版。

法務部調查局（2020a）。《毒品犯罪防制工作年報》。法務部調查局。

法務部調查局（2020b）。《洗錢防制工作年報》。法務部調查局。

邱華君（1997）。《警察學》。千華出版社。

姜皇池（2008）。《國際公法導論》。新學林出版股份有限公司。

柯慶忠（2005）。國際刑警組織與歐盟警察組織。《刑事雙月刊》，第5期，頁12-19。

胡婉雯、王娟惠（2009）。強化兒少保護預防工作—以臺灣世界展望會為例。收錄於內政部主辦《2009年建構家庭暴力安全防護網高峰論壇論文集》，頁25-43。

徐立德（1996）。政府領航，人人參與—談擴大運用志工參與公共事務。《人事月

　　刊》，第22卷第3期，頁12-15。

張平吾（1996）。《被害者學》。三民書局。

張甘妹（2000）。《刑事政策》。三民書局。

張信雄（1996）。臺灣省就業服務志工制度。《臺灣勞工》，第35期，頁27-29。

張綠薇（2004）。袁世凱與中國警察制度的建立。收錄於中央警察大學通識教育中
　　心主辦《第一屆通識教育與警察學術研討會論文集》。

張錦麗（2008）。警政之家庭暴力防治工作檢視與努力方向。《刑事雙月刊》，第
　　24期，頁39-42。

曹俊漢（2009）。《全球化與全球治理：理論發展的建構與詮釋》。韋伯文化國際
　　出版有限公司。

梅可望（1999）。《警察學原理》。中央警察大學。

許春金（2008）。《犯罪預防與犯罪分析》。三民書局。

許春金（2010）。《犯罪學》。三民書局。

許春金（2011）。《刑事政策與刑事司法》。三民書局。

許春金、孟維德（2003）。《警察組織與管理》。三民書局。

許春金、陳玉書、孟維德（2010）。《99年度臺灣地區犯罪被害調查》。內政部警
　　政署委託研究。

許春金、馬傳鎮（1999）。《臺灣地區性侵害犯罪狀況與型態之調查研究》。內政
　　部性侵害防治委員會委託研究。

許春金、黃翠紋、謝文彥主編（2011）。《警政婦幼安全工作手冊與案例彙編》。
　　內政部家庭暴力及性侵害防治委員會。

許福生、黃翠紋（2010）。警察工作與犯罪預防理論與實務。收錄於《2010治安與
　　警政學術研討會論文集》，頁41-68。

郭世雅（1999）。《孔令晟與警政現代化》。中央警察大學行政警察研究所碩士論
　　文。

郭同寅、柯慶忠（2006）。天涯若比鄰一國際刑警組織。《刑事雙月刊》，第12
　　期，頁59-62。

陳汝瑩（2005）。臺灣警察制度史之研究（1895～2005年）。中央警察大學行政警
　　察研究所碩士論文。

陳宗廷（1996）。《偵訊理論與實務》。中央警察大學。

陳明傳（1994）。論警政的新取向。《警學叢刊》，第25卷第1期，頁1-21。

陳金貴（1994）。《美國非營業組織的人力資源管理》。瑞興圖書公司。

陳金貴（2002）。志願服務的內涵。收錄於內政部與中華民國志願服務協會編印
　　《志願服務基礎訓練教材》，頁27-44。

陳家銘（2006），《警察機關運用志工現況與改進措施之研究—以苗栗縣警察志工
　　協會運作為例》。中央警察大學警察政策研究所碩士論文。

陳祖輝（2005）。少年司法新典範的轉移：論復歸式正義觀點的轉向制度。《社區
　　發展季刊》，第110期，頁411-425。

陳添壽（2010）。《臺灣治安制度史—警察與政治經濟的對話》。蘭臺出版社。

陳淑雲、黃富源、周文勇（2008）。警察機關工作職場性騷擾行為成因及防制對
　　策。《警學叢刊》，第39卷第1期，頁107-128。

陳惠馨（2005）。女性主義法學與性別主流化。《律師雜誌》，第313期，頁
　　15-37。

陳禮中（1977）。《現代警政論叢》。中央警察大學。

章光明（1999）。《警察業務之社會科學分析》。中央警察大學印行。

章光明（2003）。我國警察組織司法環境變遷之研究。《警政論叢》，第2期，頁
　　33-50。

曾華源、曾騰光（2003）。《志願服務概論》。揚智文化有限公司。

曾榮汾（1995）。傳統治安制度史綱要。《警學叢刊》，第26卷第1期，頁15-42。

曾靜欽（1999）。《警察組織專業化之研究》。中央警察大學行政管理研究所碩士
　　論文。

游美齡、廖曉晶（2009）。《全球化觀念與未來》。韋伯文化國際出版有限公司。

黃偉峰（2007）。《歐洲聯盟的組織與運作》。五南圖書出版公司。

黃富源（1999）。當前我國婦幼安全現況分析與防治對策。《刑事政策與犯罪研究
　　論文集（二）》，法務部犯罪研究中心。

黃富源（2000）。《警察與女性被害人—警察系統回應的被害者學觀點》。新迪文
　　化有限公司。

黃富源、孟維德合譯（1997）。明恥整合、共和主義及其政策（J. Braithwaite原
　　著）。《警學叢刊》，第27卷第4期，頁215-231。

黃翠紋（1998）。日本警民的社區犯罪預防模式。《社區發展雜誌季刊》，第82
　　期，頁58-69。

黃翠紋（2000）。《警察防處兒童虐待事件之研究—整合性調查團隊之策略》。中
　　央警察大學。

黃翠紋（2001）。《婚姻暴力調解措施之實證研究》。中央警察大學犯罪防治研究

所博士論文。

黃翠紋（2004）。《警察與婚姻暴力防治—現象與對策之實證分析》。中央警察大學。

黃翠紋（2005）。《桃園縣民眾對警察受理案件滿意度調查》。桃園縣政府委託研究報告。

黃翠紋（2006）。修復式正義理念在婚姻暴力案件調解上的應用。《刑事政策與犯罪研究論文集（九）》，頁35-60，法務部。

黃翠紋（2007）。資料蒐集方法（二）：電話調查訪問。收錄於《刑事司法與犯罪學研究方法》，中華民國犯罪學學會。

黃翠紋、林至聰（2004）。桃園縣政府警察局運用女性志工現況之探討。《警政論叢》，第4期，頁251-274。

黃翠紋、陳家銘（2007）。警察機關民力運用及其改進措施之研究。《警學叢刊》，第38卷第3期，頁1-22。

黃翠紋、陳義先（2010）。警察機關配合推動家庭暴力安全防護網現況之研究。《99年度警察執法專題研究年報》，頁39-86。

黃翠紋、鄭宇穎（2011）。警察機關實施家庭暴力加害人訪查現況之研究。《警政論叢》，第11期，頁71-94。

黃蘭（2005）。《警察機關建構對女警友善之職場空間及需求調查》。臺北市政府社會局94年度婦女議題研究補助案。

楊文友（1991）。如何有效統合民力組織。《警光雜誌》，第424期，頁74-77。

楊文友（2010）。當前警政治安策略。收錄於《2010年治安與警政學術研討會論文集》，中央警察大學行政警察學系暨警察政策研究所碩士論文。

楊嘉駟（2005）。《少年事件處理法之法政策與構想》。國立中正大學法律學研究所碩士論文。

廖正豪（2009）。從兩極化刑事政策與修復式正義論偏差行為少年之處遇。《兩岸四地偏差行為少年處遇之理論與實務研討會論文集》，頁3-13。

廖訓誠（2010）。兩岸警察共同打擊跨境犯罪之探討。收錄於《2010年涉外執法政策與實務學術研討會論文集》。

臺灣省政府社會處（1997）。《臺灣社會福利資源手冊》，臺灣省政府社會處。

蔡德輝、楊士隆（2005）。《犯罪學》。五南圖書出版公司。

蔡震榮、孟維德、黃翠紋（2001）。《警察逮捕家庭暴力現行犯成效之實證評估》。國科會專題計畫。

蔡震榮、黃翠紋（2008）。現代警察概念與職能之發展趨勢。收錄於李湧清等著，《警察學總論》。五南圖書出版公司。

蔡震榮譯（1990）。德國警察概念之演變。《新知譯粹》，第5卷第6期，頁12以下。

鄭善印（1997）。中日警勤區制度的比較研究。中央警察大學八十六年度行政警察學系學術研討會《派出所再造論論文集》，頁211-235。

鄧煌發（1999）。《犯罪預防》。中央警察大學。

賴月蜜（2009）。從處遇到預防─論「調解」在少年刑事政策之運用與發展。收錄於《法務部刑事政策與犯罪研究論文集（十二）》，頁217-234。

簡吉照（2009）。《我國少年司法體系執行修復式正義之研究》。國立臺北大學公共行政暨政策學系博士論文。

簡慧娟（2009）。加強兒少虐待防治工作─強化高風險家庭篩選與落實社區通報。收錄於內政部主辦《2009年建構家庭暴力安全防護網高峰論壇論文集》，頁44-49。

蘇天從（2004）。《各縣市警察局成立少年隊的效益評估研究─以桃園縣為例》。元智大學管理研究所碩士論文。

顧美俐（2008），論聯合國1981年生效的消除對婦女一切形式歧視公約。《社區發展季刊》，第123期，頁34-47。

酆裕坤（1981）。《警政論集》。作者自印。

二、英文部分

Aas, K. F. (2017). *Globalization and crime.* Thousand Oaks, CA: Sage Publications.

Abadinsky, H. (1989). *Drug abuse: An introduction.* Chicago: Nelson Hall.

Abadinsky, H. (2017). *Organized crime.* Boston, MA: Allyn & Bacon.

Akers, R. L. & Sellers, C. S. (2013). *Criminological theory: Introduction, evaluation, and application.* Oxford, UK: Oxford University Press.

Akers, R. L. (1997). *Criminological Theories: Introduction and Evaluation.* Los Angeles, CA: Roxbury Pub.

Albanese, J. S. (2011). *Transnational crime and the 21st century.* Oxford, UK: Oxford University Press.

Albanese, J. & Reichel, P. (2016). *Transnational organized crime.* Thousand Oaks, CA: Sage Publications.

Albanese, J. (2018). *Transnational crime and the 21st century.* Oxford, UK: Oxford University Press.

Alfaro, J. D. (1991). "What can we learn from child abuse fatalities? A synthesis of nine studies." In Besharov, D. J. (ed.), *Protecting Children from Abuse and Neglect*. Springfield, IL: Charles C. Thomas.

Allatt, P. (1984). "Residential security: Containment and displacement of burglary." *Howard Journal* 23: 99-116.

Alpert, G. P. & Piquero, A. R. (2000). *Community Policing*. Prospect Heights, IL: Waveland.

American Housing Survey Branch. (2005). *American Housing Survey for the United States: 2005*. Washington, D.C.: U.S. Census Bureau.

Amir, M. (1971). *Patterns in Forcible Rape*. Chicago, IL: The University of Chicago Press.

Anderson, E. (1990). *Streetwise: Race, Class, and Change in an Urban Community*. Chicago, IL: University of Chicago.

Anderson, M. (1994). "The agenda for police co-operation." In Anderson, M. & Den Boer, M. (eds.), *Policing across National Boundaries*. London: Pinter.

Andresen, M.A. (2014). *Environmental criminology: Evolution, theory and practice*. New York, NY: Routledge.

Andreas, P. & Nadelmann, E. (2006). *Policing the Globe: Criminalization and Crime Control in International Relations*. Oxford: Oxford University.

Andreas, P. & Nadelmann, E. (2009). *Policing the globe: Criminalization and crime control in international relations*. Oxford: Oxford University Press.

Anglin, M. D. & G. Speckart (1988). "Narcotics use and crime: A multisample, multi-method analysis." *Criminology* 26: 197-233.

Anglin, M. D. & W. H. McGlothlin (1984). "Outcome of narcotic addict treatment in California." In Times, F. M. & J. P. Ludford (eds.), *Drug Abuse Treatment Evaluation: Strategies, Progress and Prospects*. Washington, DC: National Institute on Drug Abuse.

Anglin, M. D. & Y. Hser (1990). "Treatment of drug abuse." In Tonry, M. & J. Q. Wilson (eds.), *Drugs and Crime*. Chicago, IL: University of Chicago Press.

Anglin, M. D. & Y. Hser (1987). "Addicted women and crime." *Criminology* 25: 359-397.

Arlacchi, P. (1993). *Men of dishonor. Inside the Sicilian mafia: An account of Antonino Calderone*. New York: William Morrow and Co.

Armitage, R., G. Smythe & K. Pease (1999). "Burnley CCTV evaluation." In Painter, K. & N. Tilley (eds.), *Surveillance of Public Space: CCTV, Street Lighting and Crime Pre-*

vention. Monsey, NY: Criminal Justice Press.

Arthur Young & Co. (1978). *Second Year Report for the Cabrini - Green High Impact Project*. Chicago, IL: Chicago City Department of Development and Housing.

Bailey, N. (2008). "Overseas liaison officers." In Brown, S. D. (ed.), *Combating International Crime: The Longer Arm of The Law*. New York: Routledge-Cavendish.

Ball, J. C., E. Corty, R. Bond & A. Tommasello (1987). "The reduction of intravenous heroin use, non-opiate abuse and crime during methadone maintenance treatment: Further findings." Paper presented at the Annual Meeting of the Committee on Problems on Drug Dependency, Philadelphia.

Ball, J. C., J. W. Shaffer & D. N. Nurco (1983). "The day-to-day criminality of heroin addicts in Baltimore: A study in the continuity of offense rates." *Drug and Alcohol Dependence* 12: 119-142.

Barclay, P., J. Buckley, P.J. Brantingham, P.L. Brantingham & T. Whinn-Yates (1996). "Preventing auto theft in suburban Vancouver commuter lots: Effects of a bike patrol." In Clarke, R.V. (ed.), *Preventing Mass Transit Crime*. Monsey, NY: Criminal Justice Press.

Barnett, O. W., Miller-Perrin, C. L. & Perrin, R. D. (1997). *Family Violence Across the Lifespan*. CA: Sage Pub.

Barr, R. & K. Pease (1990). "Crime placement, displacement, and deflection." In Tonry, M. & N. Morris (eds.), *Crime and Justice: A Review of Research*, vol. 12. Chicago, IL: The University of Chicago Press.

Baumer, T. L. (1978). "Testing a general model of fear of crime: Data from a national sample." *Journal of Research in Crime and Delinquency* 22: 239-255.

Bayley, D. H. (1985). *Patterns of Policing, A Comparative International Analysis*. New Brunswick, NJ: Rutgers University.

Bayley, D. H. (1991). *Forces of Order*. Berkeley, CA: University of California Press.

Bayley, D. H. (1994). *Police for the Future*. NY.: Oxford University.

Bean, P. (2008). *Drugs and Crime. Devon*. UK: Willan Publishing.

Bellis, D. J. (1981). *Heroin and politicians: The failure of public policy to control addiction in America*. Westport, CT: Greenwood.

Bennett, T. & Lupton, R. (1992). "A survey of the allocation and use of community constables in England and Wales." *British Journal of Criminology* 32(2): 167-182.

Bennett, T. (1994). "Confidence in the police as a mediating factor in the fear of crime." *International Review of Victimology* 3: 79-194.

Bennett, T. (1996). "Situational crime prevention from the offender's perspective." In Heal, K. & G. Laycock (eds.), *Situational Crime Prevention: From Theory into Practice*. London: Her Majesty's Stationery Office.

Bennett, T. & Wright, R. (1984). *Burglars on Burglary*. Brookfield, VT: Gower Publishing Company.

Benson, M. L. & Simpson, S. S. (2015). *White-collar crime: An opportunity perspective*. New York, NY: Routledge.

Benyon, J., Turnbull, L., Willis, A. & Woodward, R. (1994). "Understanding police co-operation in Europe: setting a framework for analysis." In Anderson, M. & Den Boer, M. (eds.), *Policing Across National Boundaries*. London: Pinter.

Bernasco, W. (2010). "A sentimental journey to crime Effect of residential history on crime location choice." *Criminology* 48: 389-416.

Besharov, D. (1988). "Child abuse and neglect reporting and investigation: Policy guidelines for decision making." *Family Law Quality* 22: 1-15.

Bichler, G. & Clarke, R. V. (1997). "Eliminating pat phone toll fraud at the port authority bus terminal in Manhattan." In Clarke, R. V. (ed.), *Preventing Mass Transit Crime*. Crime Prevention Studies 6. Monsey, NY: Criminal Justice.

Binder, A. & Meeker, J. W. (1993). "Implications of the failure to replicate the Minneapolis experiment findings." *American Sociological Review* 58: 886-88.

Bittner, E. (1970). *The Functions of Police in Modern Society*. Bethesda, MD: National Institute of Mental Health.

Black, D. (1982). "Crime as social control." *American Sociological Review* 48: 34-45.

Botvin, G. J. & A. Eng (1982). "The efficacy of a multicomponent approach to the prevention of cigarette smoking." *Preventive Medicine* 11: 199-211.

Botvin, G. J. & L. Dusenbury (1989). "Substance abuse prevention and the promotion of competence." In Bond, L. A. & B. E. Compas (eds.), *Primary Prevention and Promotion in the Schools*. Newbury Park, CA: Sage.

Botvin, G. J. (1990). "Substance abuse prevention: Theory, practice and effectiveness." In Tonry, M. & J. Q. Wilson (eds.), *Drugs and Crime*. Chicago: University of Chicago Press.

Botvin, G. J., E. Baker, N. Renick, A. D. Filazzola & E. M. Botvin (1984). "A cognitive-behavioral approach to substance abuse prevention." *Addictive Behaviors* 9: 137-147.

Botvin, G. J., N. Renick & E. Baker (1983). "The effects of scheduling format and booster sessions on a broad spectrum psychological approach to smoking prevention." *Journal *of Behavioral Medicine* 6: 359-379.

Bowers, K.J. & S.D. Johnson (2003). "Measuring the geographical displacement and diffusion of benefit effects of crime prevention activity." *Journal of Quantitative Criminology* 19: 275-301.

Bowers, K.J., S.D. Johnson & A.F.G. Hirschfield (2003). *Pushing back the boundaries: New techniques for assessing the impact of burglary scheme.* Home Office Online Report 24/03. London: Home Office.

Box, S., C. Hale & G. Andrews (1988). "Explaining fear of crime." *British Journal of Criminology* 28: 340-356.

Boydstun, J. (1975). *San Diego Field Interrogation Experiment.* Washington D.C.: Police Foundation.

Braga, A. A. & Bond, B. J. (2008). "Policing crime and disorder hot spot: A randomized controlled trial." *Criminology* 46: 577-608.

Braga, A. A. & Weisburd, D. L. (2006). "Problem-oriented policing: The disconnect between principles and practice." In Weisburd, D. L. & Braga, A. A. (eds.), *Police Innovation: Contrasting Perspectives.* New York, NY: Cambridge University Press.

Braga, A. A. & Weisburd, D. L. (2010). *Policing Problem Places: Crime Hot Spots and Effective Prevention.* New York, NY: Oxford University.

Braga, A. A. (2008). *Problem-oriented Policing and Crime Prevention.* Monsey, NY: Criminal Justice.

Braga, A.A., D.L. Weisburd, E.J. Waring, L.G. Mazerolle, W. Spelman & F. Gajewski (1999). "Problem-oriented policing in violent crime places: A randomized controlled experiment." *Criminology* 37: 541-580.

Brantingham, P. L. (2010). "Crime pattern theory." In Fisher, B.S. & S.P. Lab (eds.), *Encyclopedia of Victimology and Crime Prevention.* Thousand Oaks, CA: Sage.

Brantingham, P. L. & Brantingham, P. J. (1984). "Burglar mobility and crime prevention planning." In Clarke, R. & T. Hope (eds.), *Coping with Burglary.* Boston, MA: Kluwer-Nijhoff.

Brantingham, P. L. & Brantingham, P. J. (1993). "Environment, routine, and situation: Toward a pattern theory of crime." In Clarke, R.V. & Felson, M. (eds.), *Routine Activities and Rational Choice.* New Brunswick, NJ: Transaction.

Brown, B. (1995). *CCTV in Town Centre: Three Case Studies.* London: Home Office.

Brown, L. P. (1989). "Community policing: A practical guide for police officials." *Police Chief,* August: 72-78.

Brown, S. D. (2008). *Combating International Crime: The Longer Arm of the Law*. New York: Routledge-Cavendish.

Browne, K. D. (1993). "Violence in the family and its links to child abuse." *Bailliere's Clinical Paediatrics* 1(1): 149-164.

Browne, K. D. (1995). "Alleviating spouse relationship difficulties." *Counseling Psychology Quarterly* 8(2): 109-122.

Buerger, M. (1992). *The Crime Prevention Casebook: Securing High Crime Locations*. Washington, DC: Crime Control Institute.

Buerger, M. E. (1993). *Convincing the Recalcitrant: Reexamining the Minneapolis RECAP Experiment*. Ph.D. dissertation, School of Criminal Justice, Rutgers University.

Bullock, K., Clarke, R. V. & Tilley, N. (2012). *Situational prevention of organized crime*. London, UK: Routledge.

Bureau of Justice Assistance (1995). *Drug abuse resistance education (DARE)*. Washington, DC: U.S. Department of Justice.

Burns, R. G. (2013). *Policing: A modular approach*. Upper Saddle River, NJ: Pearson Education Inc.

Bursik, R. & Grasmick, H. (1993). *Neighborhoods and Crime: The Dimensions of Effective Community Control*. Lexington, MA: Lexington Books.

Bynum, J. E. & Thompson, W. E. (1999). *Juvenile Delinquency: A Sociological Approach*. Boston, MA: Allyn & Bacon.

Callimachi, R. (2007). *Africa a New Conduit for Europe's Drugs*. Associated Press Report.

Cameron-Waller, S. (2008). "Interpol: a global service provider." In Brown, S. D. (ed.), *Combating International Crime: The Longer Arm of The Law*. New York: Routledge-Cavendish.

Campana, P. (2010). *La Camorra: Struttura e Mercati*. Tesi di Dottorato, Università di Torino.

Campbell, J. C., Webster, D. W. & Glass, N. (2009). "The danger assessment: Validation of a lethality risk assessment instrument for intimate partner femicide." *Journal of Interpersonal Violence* 24(4): 653-674.

Casey, J. (2010). *Policing the world: The practice of international and transnational policing*. Durham, NC: Carolina Academic Press.

Chaiken, J. M. & M. R. Chiaiken (1990). "Drugs and predatory crime." In Tonry, M. and J. Q. Wilson (eds.), *Drugs and crime*. Chicago: University of Chicago Press.

Chin, Ko-lin (2003). *Heijin: Organized crime, business, and politics in Taiwan*. Armonk,

NY: M. E. Sharpe.

Chu, Yiu Kong (2000). *The triads as business*. London: Routledge.

Clarke, R. V. & Eck, J. E. (2005). *Crime Analysis for Problem Solvers in 60 Small Steps*. Washington DC: U.S. Department of Justice.

Clarke, R. V. & Eck, J. E. (2007). *Understanding Risky Facilities.* Problem-oriented Guides for Police, Problem Solving Tools Series 6. Washington, D.C.: U.S. Department of Justice, Office of Community Oriented Policing Services.

Clarke, R. V. & Felson, M. (1993). "Introduction: criminology, routine activity and rational choice." In Clarke, R. V. & Felson, M. (eds.), *Routine Activity and Rational Choice*. New Brunswick, NJ: Transaction Pub.

Clarke, R. V. & Goldstein, H. (2003). "Thefts from cars in center-city parking facilities: A case study in implementing problem-oriented policing." In Knutsson, J. (ed.), *Problem-oriented Policing: From Innovation to Mainstream*. Monsey, NY: Criminal Justice.

Clarke, R. V. & Homel, R. (1997). "A revised classification of situational crime prevention techniques." In Lab, S. P. (ed.), *Crime Prevention at a Crossroads*. Cincinnati, OH: Anderson.

Clarke, R. V. & Weisburd, D. (1990). "On the distribution of deviance." In Gottfredson, D. M. & Clarke, R. V. (eds.), *Policy and Theory in Criminal Justice*. Aldershot, UK: Avebury.

Clarke, R.V. & Weisburd, D. (1994). "Diffusion of crime control benefits: Observations on the reverse of displacement." In Clarke, R.V. (ed.), *Crime Prevention Studies*, vol. 2. Monsey, NY: Criminal Justice Press.

Clarke, R. V. (1980). "Situational crime prevention: Theory and practice." *British Journal of Criminology* 20:136-147.

Clarke, R. V. (1992). *Situational crime prevention: Successful case studies*. Albany, NY: Harrow & Heston.

Clarke, R. V. (1997). "Introduction." In R. V. Clarke (ed.), *Situational Crime Prevention: Successful Case Studies*. Albany. NY: Harrow and Heston.

Clarke, R. V. (1999). *Hot Products: Understanding, Anticipating and Reducing Demand for Stolen Goods*. London: Home Office.

Clarke, R. V. & Glodstein, H. (2002). "Reducing theft at construction sites: Lessons from a problem-oriented project." In Tilley, N. (ed.), *Analysis for Crime Prevention*. Monsey. NY: Criminal Justice.

Clayton, R. R., A. Cattarello & K. P. Walden (1991). "Sensation seeking as a potential mediating variable for school-based prevention interventions: A two-year follow-up of DARE." *Journal of Health Communications* 3: 229-239.

Cohen, L.E. & Felson, M. (1979). "Social change and crime rate trends: A routine activities approach." *American Sociological Review* 44: 588-608.

Coleman, J. (1990). *Foundations of social theory*. Cambridge, MA: Harvard University Press.

Coles, C. & Kelling, G. (1999). "Prevention through community prosecution." *The Public Interest* (Summer): 69-84.

Collins, J. J. (1989). "Alcohol and interpersonal violence: Less than meets the eye." In Weiner, N. A. & M. E. Wolfgang (eds.), *Pathways to criminal violence*. Newbury Park, CA: Sage.

Collins, J. J., R. L. Hubbard & J. V. Rachal (1985). "Expensive drug use and illegal income: A test of explanatory hypotheses." *Criminology* 23: 743-764.

Cordner, G. W. (1985). *The Baltimore County citizen-oriented police enforcement (COPE) project: Final evaluation*. Report to the Florence V. Burden Foundation. Baltimore, MD: Criminal Justice Department, University of Baltimore.

Cornish, D. & Clarke, R. V. (1986). *The Reasoning Criminal: Rational Choice Perspectives on Offending*. New York, NY: Springer-Verlag.

Cornish, D. B. & Clarke, R. V. (2003). "Opportunities, precipitators, and criminal decisions: A reply to Wortley's critique of situational crime prevention." In Smith, M. J. & Cornish, D. B. (eds.), *Theory for Practice in Situational Crime Prevention*. Monsey, NY: Criminal Justice.

Cornish, D. B. & Clarke, R. V. (2003). "Opportunities, precipitators, and criminal decisions: A reply to Wortley's critique of situational crime prevention." In Smith, M. J. & Cornish, D. B. (eds.), *Theory for practice in situational crime prevention*. Monsey, NY: Criminal Justice.

Crisp, D. (1990). *The Police and the Public*. Home Office Research and Statistical Department Bulletin, No. 29. Loundon.

Crittenden, P. A. & Craig, S. E. (1990). "Developmental trends in the nature of child homicide." *Journal of Interpersonal Violence* 5(2): 202-216.

Cromwell, P.F., J.N. Olson & D.W. Avary (1991). *Breaking and entering: An ethnographic analysis of burglary*. Newbury Park, CA: Sage.

Crosson-Tower, C. (1999). *Understanding Child Abuse and Neglect* (4th ed). MA: Allyn & Bacon.

Currie, E. (1985). "Crimes of violence and public policy: Changing directions." In L. A. Curtis (eds.), *American Violence and Public Policy*. New Haven, CN: Yale University.

Dallas Area Criminal Justice Council (1975). *Geographic crime displacement in the Dallas area.* Dallas, TX: Dallas Area Criminal Justice Council.

Davis, R. C. (1990). "Victim Service Programs." In Lurigio, A. J. Skogan, W. G. & Davis, R. C. (eds). *Victims of Crime: Problems, Policies, and Programs.* CA: Sage Pub.

DeLeon, G. & M. S. Rosenthal (1989). "Treatment in residential therapeutic communities." In Kleber, H. (ed.), *Treatment of psychiatric disorders: A task force report of the American Psychiatric Association,* vol. 2. Washington, DC: American Psychiatric Association.

DeLeon, G. (1984). "Program-based evaluation research in therapeutic communities." In Tims, F. M. & J. P. Ludford (eds.), *Drug abuse treatment evaluation: Strategies, progress and prospects.* Washington, DC: National Institute on Drug Abuse.

Ditton, J. & Short, E. (1999). "Yes, it works, no, it doesn't: Comparing the effects of open-street CCTV in two adjacent Scottish town centers." In Painter, K. & N. Tilley (eds.), *Surveillance of Public Space: CCTV, Street Lighting and Crime Prevention.* Monsey, NY: Criminal Justice Press.

Doerner, W. G. & Lab, S. P. (2002). *Victimology* (3rd ed.). Cincinnati, OH: Anderson.

Duffala, D. C. (1976). "Convenience stores, armed robbery, and physical environmental features." *American Behavioral Scientist* 20: 227-46.

Eck, J. E. & Rosenbaum, C. G. (1994). "The new police order: Effectiveness, equity, and efficiency in community policing." In Rosenbaum, D. P. (ed.), *The Challenge of Community Policing: Testing the Promises* (pp. 13-25). CA: Sage Pub.

Eck, J. E. & Spelman, W. (1987). *Problem-solving: Problem-oriented Policing in Newport News.* Washington, DC: U.S. Department of Justice, National Institute of Justice.

Eck, J. E. (1993). "The threat of crime displacement." *Criminal Justice Abstracts* 25: 527-546.

Eck, J. E. (1994). *Drug Markets and Drug Places: A Case-control Study of the Spatial Structure of Illicit Drug Dealing.* PhD dissertation, University of Maryland, College Park.

Eckenrode, J., Laird, M. & Doris, J. (1993). "School performance and disciplinary problems among abused and neglected children." *Development Psychology* 29: 53-63.

Edmonton, Canada, Police Department. (1989). *Beat Officers' Reports.*

Eiser, C. & J. R. Eiser (1988). *Drug education in schools.* New York: Springer-Verlag.

Ekblom, P. (1997). "Gearing up against crime: A dynamic framework to help designers keep up with the adaptive criminal in a changing world." *International Journal of Risks, Security, and Crime Prevention* (2): 249-265.

Ekblom, P., H. Law & M. Sutton (1996). *Safer cities and domestic burglary.* London: Home Office.

Elfers, H., D. Reynald, M. Averdijk, W. Bernasco & R. Block (2008). "Modelling crime flow between neighborhoods in terms of distance and of intervening opportunities." *Crime Prevention and Community Safety* 10: 85-96.

Elliott, D. S. & S. S. Ageton (1981). *The epidemiology of delinquent behavior and drug use among American adolescents, 1976-1978.* Boulder, CO: Behavioral Research Institute.

Engstad, P. A. (1975). "Environmental opportunities and the ecology of crime." In Silverman, R. A. & Teevan, J. J. (eds.), *Crime in Canadian Society.* Toronto, CAN: Butterworths.

Europol. (2004). *Annual report 2004.* European Police Office.

Europol. (2007). *Annual report 2007.* European Police Office.

Ewing, C. P. (1997). *Fatal Families: The Dynamics of Intra-familial Homicide.* CA: Sage Pub.

Fabricant, R. (1979). "The distribution of criminal offenses in an urban environment: A spatial analysis of criminal spillovers and of juvenile offenders." *American Journal of Economics and Society* 38: 31-47.

Fagan, J. & J. G. Weis (1990). *Drug use and delinquency among inner city youth.* New York: Springer-Verlag.

Famularo, R., Kinscherff, R. & Fenton, T. (1992). "Psychiatric diagnoses of abusive mothers: A preliminary report." *Journal of Nervous and Mental Diseases* 180: 658-661.

Farrington, D. P., T.H. Bennett & B.C. Welsh (2007). "The Cambridge evaluation of the effects of CCTV on crime." In Farrell, G., K.J. Bowers, S.D. Johnson & M. Townsley (eds.), *Imagination for Crime Prevention: Essays in Honour of Ken Pease.* Cullompton: Willan.

Fattah, E. A. (1991). *Understanding Criminal Victimization.* Upper Saddle River, NJ: Prentice-Hall.

Fattah, E. A. (1997). "Toward a victim policy aimed at healing, not suffering." In Davis, R. C., Lurigio, A. J. & Skogan, W. G. (eds.), *Victims of Crime.* Thousand Oaks, CA: Sage Pub.

FBI (2016). Organized crime: The impact of organized crime. http://www.fbi.gov/about-us/

investigate/organizedcrime/overview. 2016/09/17.

Feden, N. & Klinger, D. (1992). *The South Seattle Crime Reduction Project*. Washington, DC: National Institute of Justice.

Federal Bureau of Investigation (1983). *Crime in the US, 1992*. Washington D.C.

Felson, M. & Boba, R. (2010). *Crime and Everyday Life*. Thousand Oaks, CA: Sage Pub.

Felson, M. (1986). "Linking criminal choices, routine activities, informal control, and criminal outcomes." In Cornish, D. & Clarke, R. V. (eds.), *The Reasoning Criminal: Rational Choice Perspectives on Offending*. New York, NY: Springer-Verlag.

Felson, M. (1994). *Crime and Everyday Life: Insight and Implications for Society*. Thousand Oaks, CA: Pine Forge.

Felson, M. (2006). *Crime and Nature*. Thousand Oaks, CA: Sage Pub.

Felson, M. & Clarke, R. V. (1998). *Opportunity Makes the Thief: Practical Theory for Crime Prevention*. London, UK: Home Office Police and Reducing Crime Unit.

Felson, M., M.E. Belanger, G.M. Bichler, C.D. Bruzinske, G.S. Campbell, C.L. Fried, K.C. Grofik, I.S. Mazur, A.B. O'Regan, P.J. Sweeney, A.L. Ullman & L.M. Williams (1996). "Redesigning hell: Preventing crime and disorder at the port authority bus terminal." In Clarke, T.V. (ed.), *Preventing Mass Transit Crime*. Monsey, NY: Criminal Justice Press.

Fiala, R. & LaFree, G. (1988). "Cross-national determinants of child homicide." *American Sociological Review* 53: 432-445.

Finch, E. (2011). "Strategies of adaptation and diversification: The impact of chip and PIN technology on the activities of fraudsters." *Security Journal* 24: 251-268.

Finkelhor, D. (1997). "The homicides of children and youth: A developmental perspective." In Kantor, G. K. & Jasinski, J. L. (eds.), *Out of The Darkness: Contemporary Perspectives on Family Violence*. CA: Sage Pub.

Fishman G. & Dinitz, S. (1995). "Japan: A Country with Safe Streets." In Laufer, W. S. & Adler, F. (eds.), *Advances in Criminological Theory*. N.J.: Transaction Pub.

Flanagan, T. J. & Maguire, K. (1990). *Sourcebook of Criminal Justice Statistics 1989*. Washington, D.C.: Government Printing Office.

Forrester, D.H., M.R. Chatterton & K. Pease (1998). "The Kirkholt Burglary prevention demonstration project." Home Office Crime Prevention Paper No. 13. London: Her Majesty's Stationery Office.

Fors, S. W. & D. G. Rojek (1991). "A comparison of drug involvement between runaways and school youths." *Journal of Drug Education* 21: 13-25.

Francis, E. & S. Kim (2015). *What you should know about the new credit card chip rule.* Retrieved form http://abcnews.go.com/credit-card-chip-rule/story?id=34148839.

Friedman, J., Hakim, S. & Weinblatt, J. (1989). "Casino gambling as a 'Growth Pole' strategy and its effects on crime." *Journal of Regional Science* 29: 615-23.

Friedrichs, D. O. (2010). *Trusted Criminals: White Collar Crime in Contemporary Society.* Belmont, CA: Wadsworth Cengage Learning.

Friedrichs, D. O. (2014). *Trusted criminals: White collar crime in contemporary society.* Belmont, CA: Wadsworth Cengage Learning.

Frisbie, D., Fishbine, G, Hintz, R., Joelsons, M. & Nutter, J. B. (1977). *Crime in Minneapolis: Proposals for prevention.* St. Paul, MN: Governor's Commission on Crime Prevention and Control.

Gabor, T. (1981). "The crime displacement hypothesis: An empirical examination." *Crime & Delinquency* 27: 390-404.

Gabor, T. (1990). "Crime displacement and situational preventions: Toward the development of some principles." *Canadian Journal of Criminology* 32: 41-73.

Gaines, L. K. & Cordner, G. W. (1999). *Policing Perspective: An Anthology.* Los Angeles, CA: Roxbury Publishing Company.

Gambetta, D. (1993). *The Sicilian mafia: The business of private protection.* Cambridge, MA: Harvard University Press.

Gambetta, D. (2009). *Codes of the underworld.* Princeton, NJ: Princeton University Press.

Garcia, V. (2003). "Difference' in the police department: Women, policing, and doing gender." *Journal of Contemporary Criminal Justice* 19(3): 330-344.

Gelles, R. J. (1998). "The youngest victims: Violence toward children." In Bergen, R. K. (ed.), *Issues in Intimate Violence.* CA: Sage Pub.

Gells, R. J (1997). *Intimate Violence in Families.* CA: Sage Pub

Glensor, R. W., Correia, M. E. & Peak, K. J. (2000). *Policing Community: Understanding Crime and Solving Problems.* Los Angeles, CA: Roxbury Pub.

Goldsmith, A. & Sheptycki, J. (2007). *Crafting transnational policing: Police capacity-building and global policing reform.* Portland, OR: Hart Publishing.

Goldstein, H. & Susmilch, C. E. (1982). *Experiment with the Problem-oriented Approach to Improving Police Service: A Report and Some Reflections on Two Case Studies.* Madison, WI: University of Wisconsin Law School.

Goldstein, H. (1979). "Improving policing: A problem-oriented approach." *Crime and Delinquency*, 25, 236-258.

Goldstein, H. (1990). *Problem-oriented Policing.* Philadelphia, PA: Temple University.

Goldstein, P. J., H. H. Brownstein & P. J. Ryan (1992). "Drug-related homicide in New York: 1984 and 1988." *Crime & Delinquency* 38: 459-476.

Goolkasian, G. (1986). *Confronting Domestic Violence: A Guide for Criminal Justice Agencies.* Washington, D.C.: National Institute of Justice. U.S. Department of Justice.

Gottfredson, D. M. (1999). *Exploring Criminal Justice. Los Angeles.* CA: Roxbury Pub.

Gottfredson, M. & Hirschi, T. (1990). *A General Theory of Crime.* Stanford, CA: Stanford University.

Gottfredson, M. R. (1986). "Substantive contributions of victimization surveys." In Tonry, M. H. & Morris, N. (eds.), *Crime and Justice: An Annual Review of Research.* Chicago, IL: University of Chicago.

Graves, J. (1983). *Early Interventions in Child Abuse: The Role of the Police Office.* Saratoga. CA: R & E.

Green, L. (1995). "Cleaning up drung hot spots in Oakland, California: The displacement and diffusion effect." *Justice Quarterly* 12: 737-754.

Groenhuijsen, M. S. (1999). *Trends in Victimology in Europe with Special Reference to the Europe Forum for Victim Service.* Keynote Address to the 10th Annual Conference of the Japanese Associations of Victimology, held in Kyoto on 26th June, 1999.

Guerette, R.T. & K.J. Bowers. (2009). "Assessing the extent of crime displacement and diffusion of benefits: A review of situational crime prevention evaluations." *Criminology* 47: 1331-1368.

Gurr, T. R., Grabosky, P. N. & Hula, R. C. (1977). *The Politics of Crime and Conflict: A Comparative History of Four Cities.* Beverly Hills, CA: Sage Pub.

Haberfeld, M. & McDonald, W. H. (2005). "International cooperation in policing." In P. Reichel (ed.), *Handbook of Transnational Crime and Justice* (pp. 286-309). Thousand Oak, CA: Sage Pub.

Harper, T. & Leapman, B. (2007). "Foreigners 'Commit Fifth of Crime in London'." *Sunday Telegraph*, 23 September 2007.

Harrison, L. & J. Gfroerer (1992). "The intersection of drug use and criminal behavior: Results from the national household survey on drug abuse." *Crime and Delinquency* 38: 422-443.

Hearnden, I. & C. MAGILL. (2004). *Decision-making by house burglars: Offenders' perspectives.* London: Home Office.

Hesseling, R.B.P. (1994). "Displacement: A review of the empirical literature." In Clarke,

R.V. (ed.), *Crime Prevention Studies*, vol. 3. Monsey, NT: Criminal Justice Press.

Hesseling, R.B.P. (1995). "Theft form cars: Reduced of displaced?" *European Journal on Criminal Policy and Research* 3: 79-92.

Hill, P. (2002). "Tokyo: la rete della yakuza." *Lettera Internazionale* 71: 53-55.

Hill, P. (2004). "The changing face of the Yakuza." *Global Crime* 6 (1): 97-116.

Hindelang, M. J. (1976). *Criminal Victimization in Eight American Cities*. Cambridge, MA: Ballinger.

Hirschi, T. & Gottfredson, M. R. (1994). *The Generality of Deviance*. New Jersey: Transaction Pub.

Hogarth, R. M. & Reder, M. W. (1981). *Rational Choice: The Contrast Between Economics and Psychology*. Chicago, IL: University of Chicago.

Holden, R. N. (1992). *Law Enforcement*. Englewood Cliffs, NJ: Prentice-Hall.

Home office. (2003). *Reducing burglary initiative project summary - Yew tree, sandwell*. Supplement 3 to Findings #204. London: Home Office.

Hotaling, G. T., Straus, M. A. & Lincoln, A. J. (1990). "Intra-family violence and crime and violence outside the family." In Straus, M. A. & Gelles, R. J. (eds.), *Physical Violence in American Families: Risk Factors and Adaptations to Violence in 8,145 Families*. New Brunswick, NJ: Transaction Books.

Houston J. & Parsons, W. W. (1998). *Criminal Justice and the Policy Process*. Chicago, IL: Nelson-Hall Pub.

Hser, Y., M. D. Anglin & C. Chou (1988). "Evaluation of drug abuse treatment: A repeated measure design assessing methadone maintenance." *Evaluation Review* 12: 547-570.

Huba, G. J. & P. M. Bentler (1983). "Causal models of the development of law abidance and its relationship to psycho-social factors and drug use." In Laufer, W. S. & J. M. Day (eds.), *Personality theory, moral development and criminal behavior*. Lexington: D. C. Heath.

Huizinga, D. H., R. Loeber & T. Thornberry (1994). *Urban delinquency and substance abuse: Initial findings: Research summary*. Washington, DC: Office of Juvenile Justice and Delinquency Prevention.

Huizinga, D. H., S. Menard & D. S. Elliott (1989). "Delinquency and drug use: Temporal and developmental patterns." *Justice Quarterly* 6: 419-456.

Hunt, D. E. (1990). "Drugs and consensual crimes: Drug dealing and prostitution." In Tonry, M. & J. Q. Wilson (eds.), *Drugs and Crime*. Chicago: University of Chicago Press.

Inciardi, J. A. (1996). "A corrections-based continuum of effective drug abuse treatment."

NIJ Research Preview. Washington, DC: U.S. Department of Justice.

Inciardi, J. A., R. Horowitz & A. E. Pottieger (1993). *Street kids, street drugs, street crime: An examination of drug use and serious delinquency in Miami.* Belmont, CA: Wadsworth.

Inkster, N. D. (1992). The essence of community policing. *Police Chief* 59 (March): 28-37.

Ismail, M. N. & Chee, L. K. (2005). "An empirical investigation of sexual harassment incidences in the Malaysian workplace." *Journal of American Academy of Business* 7(1): 202-207.

Jacobs, J. B. (1988). "The law and criminology of drunk driving." In Tonry, M. H. & Morris, N. (eds.), *Crime and Justice: An Annual Review of Research.* Chicago, IL: University of Chicago.

Johnson, D. R. (1981), *American Law Enforcement History.* St. Louis, MO: Forum Press.

Johnston, L. D. et al. (2016). *Monitoring the Future National Survey Results on Drug Use, 1975-2015. Volume 2: College Students and Adults Ages 19-55.* Ann Arbor: Institute for Social Research, University of Michigan.

Johnston, L. D., P. M. O'Malley & J. G. Bachman (1989). *Drug use, drinking, and smoking: National survey results from high school, College, and Young Adult Populations.* Washington, DC: U.S. Government Printing Office.

Kandel, D. B., O. Smicha-Fagan & M. Davies (1986). "Risk factors for delinquency and illicit drug use from adolescence to young adulthood." *Journal of Drug Issues* 16: 67-90.

Katz, S. & Mazur, A.M. (1979). *Understanding the Rape Victim: A Synthesis of Research Findings.* New York: John Wiley & Sons.

Kaufman, J. & Zigler, E.(1989). "The intergenerational transmission of child abuse." In Cicchetti, D. & Carlson, V. (eds.), *Child Maltreatment.* Cambridge: Cambridge University.

Kefavuer, E. (1951). *Crime in America.* Garden City, NY: Doubleday.

Kelling, G. L. & Moore, M. H. (1988). *The Evolving Strategy of Policing.* Washington, DC: National Institute of Justice.

Kelling, G. L. (1987). "Acquiring a taste for order: The community and the police." *Crime and Delinquency* 33: 90-102.

Kelling, G. L. (2000). "Acquiring a taste for order: The community and police." In Glensor, R. W., Correia, M. E. & Peak, K. J. (eds.), *Policing Communities: Understanding Crime and Solving Problems.* Los Angeles, CA: Roxbury Pub.

Kelling, G. L., Pate, T., Dieckman, D. & Brown, C. (1974). *The Kansas City Preventive Pa-*

trol Experiment. Washington D.C.: Police Foundation.

Kennedy, D. M. & Moore, M. H. (1995). "Underwriting the risky investment in community policing: What social science should be doing to evaluate community policing." *Justice System Journal* 17(3): 271-290.

Kennedy, D. M., Piehl, A. M. & Braga, A. A. (1996). "Youth violence in Boston: Gun markets, serious youth offenders, and a use-reduction strategy." *Law and Contemporary Problems* (59): 147-197.

Kethineni, S. (2014). Comparative and international policing, justice, and transnational crime. Durham, NC: Carolina Academic Press.

Klockars, C. (1983). *Thinking about Policing*. New York, NY: McGraw-Hill.

Koper, C. (1992). *The Deterrent Effects of Police Patrol Presence upon Criminal and Disorderly Behavior at Hot Spots of Crime*. M.A. thesis, Institute of Criminal Justice and Criminology, University of Maryland, College Park.

Kropp, P. R. (2004). "Some questions regarding spousal assault risk assessment." *Violence against Women* 10(6): 676-697.

Kukhianidze, A. (2009). "Corruption and organized crime in Georgia before and after the 'Rose Revolution'." *Central Asian Survey* 28 (2): 215-34.

Lab, S. P. (1997). *Crime Prevention at a Crossroad*. Cincinnati, OH: Anderson.

Lab, S. P. (2010). *Crime Prevention: Approaches, Practices and Evaluations*. Cincinnati, OH: Anderson Pub.

Lacoste, J. & P. Tremblay (2003). "Crime innovation: A script analysis of patterns in check forgery." In Smith, M.J. & D.B. Cornish (eds.). *Theory for Practice in Situational Crime Prevention*. Monsey, NY: Criminal Justice Press.

Laub, J. & Sampson, R. (2003). *Shared Beginnings, Divergent Lives: Delinquent Boys to Age 70*. Cambridge, MA: Harvard University.

Laub, J. H. (1997). "Patterns of criminal victimization in the United States." In Davis, R. C., Lurigio, A. J. & Skogan, W. G. (eds.), *Victims of Crime*. Thousand Oaks, CA: Sage Pub.

Laycock, G. (1984). *Reducing burglary: A study of chemist's shops*. London: Home Office.

LeBeau, J. L. (1987). "Patterns of stranger and serial rape offending: Factors distinguishing apprehended and at large offenders." *The Journal of Criminal Law and criminology* 78(2): 309-327.

Lemieux, F. (2010). *International police cooperation: Emerging issues, theory and practice*. Devon, UK: Willan Publishing.

Lempert, R. (1989). "Humility is a virtue: On the publication of policy-relevant research." *Law and Society Review* 23: 146-61.

Letkemann, P. (1973). *Crime as work*. Englewood Cliffs, NJ: Prentice Hall.

Levine, M., Freeman, J. & Compaan, C. (1994). "Maltreatment-related fatalities: issues of policy and prevention." *Law and Policy* 16: 449-458.

Lew, M. (1988). *Victims no Longer*. New York: Harper & Row.

Lincon, Nebraska, Police Department. (1991). *Statement of the Mission of the Department*.

Lintner, B. (2004). "Chinese organized crime." *Global Crime* 6 (1): 84-96.

Livingston, J. (1996). *Crime and Criminology* (2nd ed.). N. J.: Prentice-Hall, Inc.

Loeber, R. (1988). "Natural histories of conduct problems, delinquency and related substance abuse." In Lahey, B. B. & A. E. Kazdin (eds.), *Advances in Clinical Child Psychology,* vol. 11. New York: Plenum Press.

Lyman, M. D. & Potter, G. W. (2015). *Organized crime*. Upper Saddle River, NJ: Pearson Education Inc.

Madensen, T. D. & Eck, J. E. (2008). "Violence in bars: Exploring the impact of place manager decision-making." *Crime Prevention and Community Safety* 10: 111-25.

Madensen, T. D. (2007). *Bar Management and Crime: Toward a Dynamic Theory of Place Management and Crime Hot Spots*. Unpublished PhD dissertation, University of Cincinnati, Ohio.

Mallicoat, S. L. & Gardiner, C. L. (2014). *Criminal justice policy*. Thousand Oak, CA: Sage Publications. Inc.

Manning, P. K. (1977). *Police Work: The Social Organization of Policing.* Cambridge, Mass.: MIT.

Marciniak, E. (1994). *Community Policing of Domestic Violence: Neighborhood Differences in the Effect of Arrest*. Ph.D. dissertation, Department of Criminal Justice and Criminology, University of Maryland.

Martin, S. E. & Sherman, L. W. (1986). "Selective apprehension: A police strategy for repeat offenders." *Criminology* 25: 155-73.

Massari, M. (2001). "La criminalità mafiosa nell'Italia centro-settentrinale." In Mafie nostre, mafie loro (ed.), *Stefano Becucci and Monica Massari*, 3-38. Turin: Comunità.

Mawby, R. I. (1977). "Defensible space: A theoretical and empirical appraisal." *Urban Studies* 14: 169-79.

Mayhew, P. (1981). "Crime in public view: Surveillance and crime prevention." In Brantingham, P. J. & Brantingham, P. L. (eds.), *Environmental Criminology*. Beverly Hills,

CA: Sage Pub.

Mayhew, P. Elliott, D. & Dowds, L. (1989). *The 1988 British Crime Survey*. Home Office Research Study, No. 111.

Mazerolle, L. & Ransley, J. (2005). *Third-party Policing*. Cambridge, UK: Cambridge University.

Mazerolle, L., Price, J. F. & Roehl, J. (2000). "Civil remedies and drug control: A randomized field trial in Oakland, California." *Evaluation Review* 24: 212-41.

McBride, D. C. & J. A. Schwartz (1990). "Drugs and violence in the age of crack cocaine." In Weisheit, R. (ed.), *Drugs, Crime and the Criminal Justice System*. Cincinnati, OH: Anderson Publishing Co.

McClain, P. W., Sacks, J. J., Froehlke, R. G. & Ewigman, B. G. (1993). "Estimates of fatal child abuse and neglect, United States, 1979 through 1988." *Pediatrics* 91: 338-343.

McCurdy, K. & Daro, D. (1994). *Current Trends in Child Abuse Reporting and Fatalities: The Results of the 1992 Annual Fifty-State Survey*. Chicago: National Committee for the Prevention of Child Abuse.

McElroy, J. E., Cosgrove, C. A. & Sadd, S. (1992). *Community Policing: COCP in New York*. Newbury Park, CA: Sage Pub.

McLennan, D. & A. Whitworth. (2008). D*isplacement of crime or diffusion of benefits: Evidence from the New Deal for communities programme*. Wetherby: Communities and Local Government Publications. Retrieved form www.communities.gove.uk/documents/communities/pdf/737988.pdf.

Merry, S. F. (1981). "Defensible space undefended: Social factors in crime prevention through environmental design." *Urban Affairs Quarterly* 16: 397-422.

Miethe, T.D. (1991). "Citizen-based crime control activity and victimization risks: An examination of displacement and free-rider effects." *Criminology* 29: 419-440.

Milner, J. S. & Chilamkurti, C. (1991). "Physical child abuse perpetrator characteristics: A review of the literature." *Journal of Interpersonal Violence* 6: 345-366.

Mon, W. (2001). *Policy Making in Crime Contro*l. Paper presented at the 2001 Annual Conference of the Asian Association of Police Studies, Taoyuan, Taiwan.

Morgan, J. & Zedner, L.(1992). *Child Victims: Crime, Impact, and Criminal Justice*. New York: Oxford University.

Mumola, C. & J. Karberg (2006). *Drug use and dependence, state and federal prisoners, 2004*. Washington, DC: U.S. Department of Justice, Office of Justice Programs.

Mustaine, E.E. & R. Tewksbury. (1998). "Predicting risks of larceny thief victimization: A routine activity analysis using refined lifestyle measures." *Criminology* 36: 829-858.

Nasar, J. L. (1981). "Environmental factors and commercial burglary." *Journal of Environmental Systems* 11: 49-56.

National Institute of Justice (1990). *Drugs and Crime: 1989 Drug Use Forecasting Report.* Washington, DC: National Institute of Justice.

National Institute on Drug Abuse (NIDA) (2012). *Principles of Drug Addiction Treatment: A Research-based Guide,* Third Edition. Washington, DC: National Institute on Drug Abuse.

National Institute on Drug Abuse (NIDA) (2014). *Drug Facts: Lessons from Prevention Research.* Washington, DC: National Institute on Drug Abuse.

Nee, C. & Taylor, M. (1988). "Residential burglary in the Republic of Ireland: A situational perspective." *Howard Journal of Criminal Justice* 27: 105-116.

Nelken, D. (2011). *Comparative criminal justice and globalization.* New York, NY: Ashgate.

Newman, G. (1989). *Understanding Violence.* J.B. Lippincott Company.

Newman, O. (1972). *Defensible Space.* New York, NY: Macmillan.

Nurco, D. N., T. W. Kinlock, T. E. Hanlon & J. C. Ball (1988). "Nonnarcotic drug use over an addiction career: A study of heroin addicts in Baltimore and New York City." *Comprehensive Psychiatry* 29: 450-459.

Office of National Drug Control Policy (2014). *ADAM II: 2013 Annual Report.* Washington, DC: The White House.

Painter, D. & D.P. Farrington. (1999). "Street lighting and crime: Diffusion of benefits in the Stoke-on-Trent project." In Painter, K. & N. Tilley (eds.), *Surveillance of Public Space: CCTV, Street Lighting and Crime Prevention.* Monsey, NY: Criminal Justice Press.

Peak, K. J. (1997). *Policing America: Methods, Issues, Challenges.* New Jersey: Prentice-Hall Inc.

Peak, K. J. & Glensor, R. W. (2004). *Community Policing and Problem Solving: Strategies and Practices.* Upper Saddle River, NJ: Pearson Prentice Hall.

Pease, K. (1991). "The Kirkholt project: Preventing burglary on a British public housing estate." *Security Journal* 2: 73-77.

Pence, D. & Wilson, C. (1994). *Team Investigation of Child Sexual Abuse.* Thousand Oak, CA: sage Pub.

Petrosino, A.J. & D. Brensilber. (2003). "The motives, methods and decision making of convenience store robbers: Interviews with 28 incarcerated offenders in Massachusetts." In Smith, M.J. & D.B. Cornish (eds.), *Theory for Practice in Situational Crime Prevention*. Monsey, NY: Criminal Justice Press.

Pierce, G. L., Spaar, S. & Briggs, L. R. (1986). *The Character of Police Work: Strategic and Tactical Implications*. Boston, MA: Center for Applied Social Research, Northeastern University.

Pistone, J. D. & Brant, C. (2007). *Donnie Brasco: Unfinished business*. Philadelphia: Running Press.

Pocock, S. J. (1983). *Clinical Trails: A Practical Approach*. London: Wiley.

Portland Police Department. (1991). *Summary of Findings of Five Community Police Meetings*.

Poyner, B. (1988a). "Situational crime prevention in two parking facilities." *Security Journal* 2: 96-101.

Poyner, B. (1988b). "Video cameras and bus vandalism." *Journal of Security Administration* 11: 44-51.

Putnam, R. D. (1993). *Making democracy work: Civic traditions in Italy*. Princeton, NJ: Princeton University Press.

Puzzanchera, M. & S. Hockenberry (2013). *Juvenile Court Statistics 2010*. Pittsburgh, PA: National Center for Juvenile Justice.

Raab, S. (2005). *Five families: The rise, decline, and resurgence of America's most powerful mafia empires*. New York: St. Martin's Press.

Reaves, B. A. (1993). *Census of State and Local Law Enforcement Agencies, 1992*. Washington D.C.: Bureau of Justice Statistics.

Regoli, R. M. & Hewitt, J. D. (1996). *Criminal Justice*. N.J.: Prentice Hall.

Reichel, P. & Albanese, J. (2014). *Handbook of transnational crime and justice*. Thousand Oaks, CA: Sage Publications.

Reichel, P. (2005). *Handbook of Transnational Crime and Justice*. Thousand Oak, CA: Sage Pub.

Reichel, P. (2013). *Comparative criminal justice system: A topical approach*. Upper Saddle River, NJ: Pearson Education Inc.

Reiss, A. J. & Roth, J. (1993). *Understanding and Preventing Violence*. Washington D.C.: National Academy of Sciences.

Reiss, A. J. (1971). *The Police and the Public*. New Haven: Yale University.

Rengert, G. & Wasilchick, J. (1990). *Space, Time, and Crime: Ethnographic Insights into*

Residential Burglary. Washington, DC: Office of Justice Programs, National Institute of Justice, U.S. Department of Justice.

Rengert, G. & Wasilchick, J. (1985). *Suburban Burglary: A Time and a Place for Everything*. Springfield, IL: Charles C. Thomas.

Reppetto, T. A. (1974). *Residential Crime*. Cambridge, MA: Ballinger Pub.

Reppetto, T. A. (1976). "Crime prevention and the displacement phenomenon." *Crime & Delinquency* 22: 166-177.

Reuter, P. (1985). *The organization of illegal markets: An economic analysis*. New York: U.S. National Institute of Justice.

Ringwalt, C. L., S. T. Ennett & K. D. Holt (1991). "An outcome evaluation of project D.A.R.E." *Health Education Research: Theory and Practice* 6: 327-337.

Roberg, R. R. & Kuykendall, J. (1990). *Police Organization and Management: Behavior, Theory, and Processes*. Pacific Grove, CA: Brooks/Cole Pub.

Roberg, R., Crank, J. & Kuykendall, J. (2000). *Police and Society*. Los Angeles, CA: Roxbury Pub.

Roncek, D. W. & Bell, R. (1981). "Bars, blocks and crime." *Journal of Environmental Systems* 11: 35-47.

Roncek, D. W. & Faggiani, D. (1985). "High schools and crime." *Sociological Quarterly* 26: 491-505.

Roncek, D. W. & Lobosco, A. (1983). "The effect of high schools on crime in their neighborhoods." *Social Science Quarterly* 64: 598-613.

Roncek, D. W. (1981). "Dangerous places: Crime and residential environment." *Social Forces* 60: 74-96.

Rose-Ackerman, S. (2001). "Trust and honesty in post-socialist societies." *Kyklos* 54: 415-44.

Rosenbaum, D. P., R. L. Flewelling, S. L. Bailey, C. L. Ringwalt & D. L. Wilkinson (1994). "Cops in the classroom: A longitudinal evaluation of Drug Abuse Resistance Education (DARE)." *Journal of Research in Crime and Delinquency* 31: 3-31.

Rosenbaum, D. P. & G. S. Hanson (1998). "Assessing the effects of school-based drug education: A six-year multilevel analysis of project D.A.R.E." *Journal of Research in Crime and Delinquency* 35: 381-412.

Rosenbaum, D. P. (1988). "Community crime prevention: A review and synthesis of the literature." *Justice Quarterly* 5: 323-395.

Rosenbaum, D. P. (1994). *The Challenge of Community Policing*. Thousand Oaks, CA:

Sage Pub.

Roy, R. (1998). *Childhood Abuse and Chronic Pain: A Curious Relationship?* Toronto: University of Toronto.

Rubin, H. (1985). *Juvenile Justice: Policy, Practice and Law* (2nd ed.). New York: Random House.

Russakoff, D. (1994). "Another kind of help." *Washington Post*, 20 March, A1, A25.

Russell, D. E. (1983). "The Incidence and Prevalence of Intra-familial and Extra-familial Sexual Abuse of Female Chilren." *Child Abuse and Neglect* 7: 133-146.

Sadd, S. & Grinc, R. (1994). "Innovative neighborhood oriented policing: An evaluation of community policing programs in eight cities." In Rosenbaum, D. (ed.), *The Challenge of Community Policing: Testing the Promises*. Thousand Oaks, CA: Sage Pub.

Sagatun, I. J. & Edwards, L. P. (1995). *Child Abuse and the Legal System*. Chicago, IL: Nelson-Hall.

SAMHSA (2016). *Results from the 2015 National Survey on Drug Use and Health: Detailed Tables*. Washington, DC: U.S. Department of Health and Human Services.

Sampson, R. & Cohen, J. (1988). "Deterrent effects of police on crime: A replication and theoretical extension." *Law and Society Review* 22: 163-189.

Sampson, R. (2002). "The community." In Wilson, J. Q. & Petersilia J. (eds.), *Crime*. Oakland, CA: ICS.

Saviano, R. (2007). *Gomorrah: Italy's other mafia*. London: Macmillan.

Savicki, V., Cooley, E. & Gjesvold, J. (2003). "Harassment as a predictor of job burnout in correctional officers." *Criminal Justice and Behavior* 30: 602-619.

Schaps, E., J. M. Moskowitz, J. H. Malvin & G.A. Schaeffer (1986). "Evaluation of seven school-based prevention programs: A final report of the Napa project." *International Journal of the Addictions* 21: 1081-1112.

Scherdin, M.J. (1986). "The halo effect: Psychological deterrence of electronic security systems." *Information Technology and Libraries* (September): 232-235.

Schmalleger, F. (2002). *Criminology Today*. Upper Saddle River, NJ: Prentice-Hall.

Sciarrone, R. (1998). *Mafie Vecchie, Mafie Nuove*. Rome: Donzelli.

Scott, M. (2000). *Problem-oriented Policing: Reflections on the First 20 Years*. Washington, DC: Office of Community Oriented Policing Services, U.S. Department of Justice.

Seattle Law and Justice Planning Office (1975). *Evaluation report: Target hardening*. Washington, DC: Law Enforcement Assistance Administration.

Senna, J. & Siegel, L. (1987). *Introduction to Criminal Justice* (4th ed.). M.N.: West.

Sewell, J. D. (1999). *Controversial issues in policing*. Boston, MA: Allyn & Bacon.

Shapland, J. & J., Willmore & Duff, P.(1985). *Victims in the Criminal Justice System*. London: Gower.

Shepard, M. F., Falk, D. R. & Elliott, B. A. (2002). "Enhancing coordinated community responses to reduce recidivism in cases of domestic violence." *Journal of Interpersonal Violence* 17(5): 551-569.

Sheppard, D. (1992). *Study to Improve Joint Law Enforcement and Child Protective Service Agency Investigations of Reported Child Maltreatment*. Washington, DC: Police Fundation.

Sherman, L. & Weisburd, D. (1995). "General deterrent effects of police patrol in crime hot spot: A randomized controlled trial." *Justice Quarterly* 12: 625-648.

Sherman, L. W. (1992a). "Attacking crime: Police and crime control." In Tonry, M. H. & Morris, N. (eds.), *Crime and Justice: An Annual Review of Research*. Chicago, IL: University of Chicago.

Sherman, L. W. & Berk, R. A. (1984). "The specific deterrent effects of arrest for domestic assault." *American Sociological Review* 49: 261-272.

Sherman, L. W. & Cohn, E. G. (1989). "The impact of research on legal policy: The Minneapolis domestic violence experiments." *Law and Society Review* 23: 117-44.

Sherman, L. W. & Gartin, P. R. & Buerger, M. E. (1989). "Hot spots of predatory crime: Routine activities and the criminology of place." *Criminology* 27: 27-55.

Sherman, L.W. & Rogan, D.P. (1995). "Effects of gun seizures on gun violence: 'Hot spots' patrol in Kansas City." *Justice Quarterly* 12: 673-694.

Sherman, L.W. (1990). "Police crackdowns: Initial and residual deterrence." In Tonry, M. & N. Morris (eds.), *Crime and Justice: An Annual of Research*, vol. 12. Chicago, IL: The University of Chicago Press.

Sherman, L. W. (1991). "Review of Herman Goldstein problem-oriented policing." *Journal of Criminal Law and Criminology* 82: 690-707.

Sherman, L. W. (1992b). *Policing Domestic Violence: Experiments and Dilemmas*. New York, NY: Free Press.

Sherman, L. W. (1995). "The police." In Wilson, J. Q. & Petersilia, J. (eds.), *Crime*. Belmont, CA.: ICS.

Sherman, L. W. (1983). "Patrol strategies for police." In Wilson, J. Q. (ed.), *Crime and Public Policy* (pp. 143-167). CA: ICS.

Sherman, L. W., Gartin, P. R. & Buerger, M. E. (1989). "Hot spots and predatory crime:

routine activities and the criminology of place." *Criminology* 27: 27-55.

Sickmund, M., T. J. Sladky, W. Kang & C. Puzzanchera (2013). "Easy access to the census of juveniles in residential placement." Retrieved from http://www.ojjdp.gov/ojstatbb/ ezacjrp/, 2016/12/21.

Simpson, D. D. & S. B. Sells (1982). *Highlights of the DARP Follow-up Research on the Evaluation of Drug Abuse Treatment Effectiveness.* Washington DC: National Institute on Drug Abuse.

Sims, B., Yost, B. & Abbott, C. (2006). "The efficacy of victim services programs; alleviating the psychological suffering of crime victims." *Criminal Justice Policy Review* 17(4): 387-406.

Skogan, W. G. (1988). "Community organizations and crime." In Tonry, M. & Morris, N. (eds.) *Crime and Justice: A Review of Research, Vol.10* (pp. 47-71). I.L.: The University of Chicago.

Skogan, W. G. (1990). *Disorder and Decline.* New York, NY: Free Press.

Smith, C.J. & Patterson, G.E. (1980). "Cognitive mapping and the subjective geography of crime." In Georges-Abeyie & D.E. Harries (eds.), *Crime: A Spatial Perspective.* New York, NY: Columbia University Press.

Smith, D. A. & Visher, C. A. (1981). "Street-level justice: Situational determinants of police arrest decisions." *Social Problems* 29: 167-78.

Sparrow, M. K., Moore, M. H. & Kennedy, D. M. (1990). *Beyond 911: A New Era for Policing.* New York, NY: Basic Books.

Spelman, W. & Brown, D. K. (1981). *Calling the Police: A Replication of the Citizen Reporting Component of the Kansas City Response Time Analysis.* Washington, D.C.: PERF.

Spelman, W. (1992). *Abandoned Buildings: Magnets for Crime?* Austin, TX: Lyndon Johnson School of Public Affairs (March).

Spelman, W. & Eck. J. E. (2000). "Sitting ducks, ravenous wolves, and helping hands: New approaches to urban policing." In Glensor, R. W. Correia, M. E. & Peak, K. J. (eds.), *Policing Communities: Understanding Crime and Solving Problems.* Los Angeles, CA: Roxbury Pub.

Stephens, R. C. (1987). *Mind-Altering Drugs: Use, Abuse, and Treatment.* Newbury Park, CA: Sage.

Sutton, A. (1994). "Crime prevention: Promise or threat?" *Australian and New Zealand Journal of Criminology* 27(1): 5-20.

Swartz, J. A., A. J. Lurigio & S. A. Slomka (1996). "The impact of IMPACT: An assessment of the effectiveness of a jail-based treatment program." *Crime & Delinquency* 42: 553-573.

Taylor, R. B. & Harrell, A. V. (2000). "Physical environment and crime." In Glensor, R. W., Correia, M. E. & Peak, K. J. (eds.), *Policing Communities: Understanding Crime and Solving Problems*. Los Angeles, CA: Roxbury Pub.

Thibault, E. A., Lynch, L. M. & Mcbride, R. B. (2007). *Proactive Police Management*. Upper Saddle River, NJ: Pearson Education Inc.

Thomas T. (1994). *The Police and Social Workers*. Vermont: Ashgate Pub.

Thurman, Q., Zhao, J. & Giacomazzi, A. L. (2001). *Community Policing in a Community Era*. Los Angeles, CA: Roxbury Pub.

Tilley, N. (1993). *Understanding car parks, crime and CCTV: Evaluation lessons from safer cities*. London: Home Office.

Tilley, N. (2002). *Analysis for Crime Prevention*. Monsey, NY: Criminal Justice.

Tilley, N. (2002). "Introduction: Analysis for crime prevention." In Tilley, N. (ed.), *Analysis for Crime Prevention*. Monsey, NY: Criminal Justice.

Tilley, N. & Webb, J. (1994). *Burglary reduction: Findings from safer cities schemes*. London: Home Office.

Tobler, N. S. (1986). "Meta-analysis of 143 adolescent drug prevention programs: Quantitative outcome results of program participants compared to a control or comparison group." *Journal of Drug Issues* 16: 537-567.

Trojanowicz, R. & Bucqueroux, B. (1990). *Community Policing: A Contemporary Perspective*. Cincinnati, OH: Anderson.

Tunnell, K. D. (1992). *Choosing Crime: The Criminal Calculus of Property Offenders*. Chicago, IL: Nelson-Hall.

U.S. Advisory Board. (1995). *A Nation's Shame: Fatal Child Abuse and Neglect in the United States* (Report of the U.S. Advisory Board on Child Abuse and Neglect). Washington, DC: U.S. Department of Health and Human Services.

U.S. Department of Justice (1988). *Report to the Nation on Crime and Justice*. Washington, DC: U. S. Goverment Printing Office.

U.S. Department of State. (2010). *Trafficking in Persons Report 2010*. Washington DC: Author.

United Nations (1992). *Compendium of United Nations Standards and Norms in Crime Prevention and Criminal Justice* (Scales No. E. 92.IV.1). New York, NY: United Nations.

United Nations (2000). "Offenders and Victims: Accountability and Fairness in the Criminal Justice Process." Paper read at Tenth United Nations Congress on the Prevention of Crime and the Treatment of Offenders, April 10-17, at Vienna, Austria.

Van Daele, S. & T. Vander Beken (2011). "Outbound offending: The journey to crime and crime sprees." *Journal of Environmental Psychology* 31: 70-78.

Van Dijk, J. (2001). "Attitudes of victims and repeat victims towards the police: Results from the International Crime Victims Survey." In Farrell, G. & Pease, K. (eds.), *Repeat Victimization*. Monsey, NY: Criminal Justice.

van Kammen, W. B. & R. Loeber (1994). "Are fluctuations in delinquent activities related to the onset and offset in juvenile illegal drug use and drug dealing?" *Journal of Drug Issues* 24: 9-24.

Van Ness, D. W. (1996). "Restorative justice and international human rights." In Galaway, B. & Hudson, J. (eds.), *Restorative Justice: International Perspectives*. New York: Criminal Justice.

Vandeviver, C., S. Van Daele & T. Vander Beken (2015). "What makes long crime trips worth undertaking? Balancing cots and benefits in burglars' journey to crime." *British Journal of Criminology* 55: 399-420.

Varese, F. (2001). *The Russian mafia: Private protection in a new market economy*. New York: Oxford University Press.

Varese, F. (2011). *Mafias on the move: How organized crime conquers new territories*. Princeton, NJ: Princeton University Press.

Veltri, E. & Laudati, A. (2009). *Mafia pulita*. Milan: Longanesi.

Vermeulen, G. (2005). *Essential Texts on International and European Criminal Law*. Antwerpen: Maklu.

Vito, G. F., Maahs, J. R. & Holmes, R. M. (2007). *Criminology, Theory, Research, and Policy*. Sudbury, MA: Jones and Bartlett Pub.

Walker, S. (2006). *Sense and Nonsense about Crime*. Belmont, CA: Thomson Wadsworth.

Waller, I. (1986). "Crime victims not to be orphans of social policy: Needs, services and reforms." In Miyazawa, K. & Ohya, M. (eds.), *Victimology in Comparative Perspective*. Tokyo: Seibundo.

Waller, I. (1989). *Crime Prevention in a Community Policing Context*. Ottawa: Report for Solicitor General Canada.

Walmsley, R (2009). *World Prison Population List* (8th ed.). International Centre for Prison Studies. School of Law, King's College London.

Walsh, B. (1996). "Criminal investigation of physical abuse and neglect." In Briere, J. et al. (eds.), *The APSAC Handbook on Child Maltreatment.* Thousand Oak, CA: Sage Pub.

Weisburd, D. & Braga, A. A. (2006). *Police Innovation.* Cambridge, UK: Cambridge University.

Weisburd, D. & L. Green (1995). "Measuring immediate spatial displacement: Methodological issues and problems." In Eck, J.E. & D. Weisburd (eds.), *Crime and Place.* Monsey, NY: Criminal Justice Press.

Weisburd, D., L.A. Wyckoff, J. Ready, J.E. Eck, J.C. Hinkle & F. Gajewski (2006). "Does crime just move around the corner? A controlled study of spatial displacement and diffusion of crime control benefits." *Criminology* 44: 549-592.

Weisburd, D. & McElroy, J. (1988). "Enacting the CPO role: Findings from the New York city pilot program in community policing." In Greene, J. & Mastrofski, S. (eds.), *Community Policing: Rhetoric or Reality?* New York, NY: Praeger.

Weisburd, D. L. (2008). *Place-based Policing.* Ideas in American Policing Series 9. Washington, D.C.: Police Foundation.

Weisburd, D. L., Bushway, S., Lum, C. & Yang, S. (2004). "Trajectories of crime at places: A longitudinal study of street segments in the city of Seattle." *Criminology* 42: 283-322.

Weise, D. & Daro, D. (1995). *Current Trends in Child Abuse reporting and Fatalities: The Results of the 1994 Annual Fifty State Survey (Working Paper No. 808).* Chicago: National Committee to Prevent Child Abuse.

Weston, J. (1993). "Community policing: An approach to youth gangs in a medium-sized city." *Police Chief* 60 (August): 80-91.

Whaley, G. L. & Tucker, S. H. (1998). "A theoretical integration of sexual harassment models." *Equal Opportunities International* 17 (1): 21-29.

Whisenand, P. M. & Ferguson, R. F. (2005). *The Managing of Police Organization.* Upper Saddle River, NJ: Pearson Education Inc.

Whitcomb, D. (1992). *When the Victim is a Child* (2nd ed.). Washington, D.C.: National Institute of Justice, U. S. Department of Justice.

White, G. F. (1990). "Neighborhood permeability and burglary rates." *Justice Quarterly* 7: 57-67.

White, H. R. (1990). "The drug use-delinquency connection in adolescence." In Weisheit, R. (ed.), *Drugs, Crime and the Criminal Justice System.* Cincinnati, OH: Anderson Publishing Co.

White, H. R., R. J. Pandina & R. L. LaGrange (1987). "Longitudinal predictors of serious substance use and delinquency." *Criminology* 25: 715-740.

White, R. & Perrone, S. (1997).*Crime and Social Control: An Introduction*. N.Y.: Oxford University.

Widom, C. S. (1989). "Child abuse, neglect and adult behavior: Research design and findings on criminality, violence and child abuse." *American Journal of Orthopsychiat* 59(3): 355-367.

Wiehe, V. R. (1998). *Understanding Family Violence: Treating and Preventing Partner, Child, Sibling, and Elder Abuse*. Thousand Oak, CA: Sage Pub.

Wikstrom, P. H. (1995). "Preventing city center street crimes." In Tonry, M. & Farrington, D. P. (eds.), *Building a Safer Society: Strategic Approaches to Crime Prevention*. Chicago, IL: University of Chicago.

Williams, Linda S. (1984). "The classic rape: When do victims report?" *Social Problems* 31(4): 113-127.

Wilson, J. Q. & Boland, B. (1978). "The effect of police on crime." *Law and Society Review* 12: 367-80.

Wilson, J. Q. & Kelling, G. (1982). "The police and neighborhood safety: broken windows." *Atlantic Monthly* (March): 29-38.

Wilson, J. Q. & Kelling, G. L. (1982). "Broken windows: The police and neighborhood safety." *Atlantic Monthly*, March: 29-38.

Wolfgang, M., Figlio, R. & Sellin, T. (1972). *Delinquency in Birth Cohort*. Chicago, IL: University of Chicago.

Wortley, R. (2001). "A classification of techniques for controlling situational precipitators of crime." *Security Journal* 14: 63-82.

Wright, R.T. & S.H. Decker (1994). *Burglars on the job: Streetlife and residential break-ins*. Boston, MA: Northeastern University Press.

Wright, R.T., M. Heilweil, P. Pelletier & K. Dickinson (1974). *The impact of street lighting on street crime*. Ann Arbor, MI: University of Michigan.

Wycoff, M. & Skogan, W. (1994). "The effect of a community policing management style on officer's attitude." *Crime and Delinquency* 40: 371-383.

Wysong, E., R. Aniskiewicz & D. Wright (1994). "Truth and DARE: Tracking drug education to graduation and as symbolic politics." *Social Problems* 41: 448-472.

Young, M. A. (1997). "Victim rights and services: A modern saga." In Davis, R. C., Lurigio, A. J. & Skogan, W. G. (eds.), *Victims of Crime* (2nd eds.). (pp. 194-210). CA: Sage Pub.

國家圖書館出版品預行編目資料

警察與犯罪預防／黃翠紋、孟維德著. －－三
版. －－ 臺北市：五南圖書出版股份有限公
司 2021.09
　　面；　　公分. --

ISBN 978-626-317-044-5（平裝）

1.警政　2.犯罪防制

575.8　　　　　　　　　　110012635

1V03

警察與犯罪預防

作　　　者 ― 黃翠紋(300.9)、孟維德(77.2)

發 行 人 ― 楊榮川

總 經 理 ― 楊士清

總 編 輯 ― 楊秀麗

副總編輯 ― 劉靜芬

責任編輯 ― 黃郁婷

封面設計 ― 王麗娟

出 版 者 ― 五南圖書出版股份有限公司

地　　　址：106台北市大安區和平東路二段339號4樓

電　　　話：(02)2705-5066　　傳　　真：(02)2706-6100

網　　　址：https://www.wunan.com.tw

電子郵件：wunan@wunan.com.tw

劃撥帳號：01068953

戶　　　名：五南圖書出版股份有限公司

法律顧問　林勝安律師事務所　林勝安律師

出版日期　2012年2月初版一刷（共四刷）
　　　　　　2017年9月二版一刷（共三刷）
　　　　　　2021年9月三版一刷

定　　　價　新臺幣580元

經典永恆・名著常在

五十週年的獻禮——經典名著文庫

五南，五十年了，半個世紀，人生旅程的一大半，走過來了。

思索著，邁向百年的未來歷程，能為知識界、文化學術界作些什麼？

在速食文化的生態下，有什麼值得讓人雋永品味的？

歷代經典・當今名著，經過時間的洗禮，千錘百鍊，流傳至今，光芒耀人；

不僅使我們能領悟前人的智慧，同時也增深加廣我們思考的深度與視野。

我們決心投入巨資，有計畫的系統梳選，成立「經典名著文庫」，

希望收入古今中外思想性的、充滿睿智與獨見的經典、名著。

這是一項理想性的、永續性的巨大出版工程。

不在意讀者的眾寡，只考慮它的學術價值，力求完整展現先哲思想的軌跡；

為知識界開啟一片智慧之窗，營造一座百花綻放的世界文明公園，

任君遨遊、取菁吸蜜、嘉惠學子！